为了人与书的相遇

America
and
the Korean War

by
David
Halberstam

THE COLDEST WINTER

最寒冷的冬天

美国人眼中的朝鲜战争

[美] 大卫·哈伯斯塔姆 —— 著
王祖宁 刘寅龙 —— 译
徐进 —— 审校

台海出版社

图书在版编目（CIP）数据

最寒冷的冬天：美国人眼中的朝鲜战争／（美）大卫·哈伯斯塔姆著；
王祖宁，刘寅龙译 .—北京：台海出版社，2017.5（2025.4 重印）

ISBN 978-7-5168-1434-5

Ⅰ . ①最… Ⅱ . ①大… ②王… ③刘… Ⅲ . ①美国侵朝战争－史料
Ⅳ . ① K312.52

中国版本图书馆 CIP 数据核字（2017）第 131662 号

THE COLDEST WINTER: AMERICA AND THE KOREAN WAR
by
DAVID HALBERSTAM
Copyright © 2007 BY THE AMATEURS LTD.
This edition arranged with Bob Solomon Agency
Through Big Apple Agency, Inc., Labuan, Malaysia.
Simplified Chinese edition copyright:
2017 Beijing Imaginist Time Culture Co., Ltd.
All rights reserved.

本书中文简体版译稿通过 Grand China Publishing House（中资出版社）授权北京理想国时代文化有限责任公司在中国大陆地区出版并独家使用。未经译稿权利方书面许可，本书的任何部分不得以任何方式抄袭、节录或翻印。

最寒冷的冬天：美国人眼中的朝鲜战争

著　　者：（美）大卫·哈伯斯塔姆
责任编辑：阴　鹏　　　策划编辑：冯　柯
装帧设计：储　平　　　内文制作：龚碧函　陈基胜

出版发行：台海出版社
地　　址：北京市东城区景山东街 20 号，邮政编码：100009
电　　话：010-64041652（发行，邮购）
传　　真：010-84045799（总编室）
网　　址：www.taimeng.org.cn/thcbs/default.htm
　E-mail：thcbs@126.com

经　　销：全国各地新华书店
印　　刷：肥城新华印刷有限公司

本书如有破损、缺页、装订错误，请与本社联系调换

开　　本：960mm×1340mm 1/16
字　　数：666 千字　　　印　张：45.75　图　片：25 幅
版　　次：2017 年 5 月第 1 版　印　次：2025 年 4 月第 3 次印刷
书　　号：ISBN 978-7-5168-1434-5
定　　价：88.00 元

版权所有　翻印必究

目 录

序言：被忘却的战争　v

第一章　云山惊兆　001

云山伏击战 / 美第 1 骑兵师陷入重围

戴维斯很少见到这样的情形。美军发射信号弹以后，从小在纽约州北部一个农场长大的他看到满山遍野的敌军时，不由想起家乡麦浪翻滚的景象。现在这种景象令人不寒而栗，成千上万的敌军士兵朝他们扑将而来。就算你撂倒一个，还会有下一个；就算你撂倒一百个，还会有另外一百个。

第二章　天寒地冻：朝鲜人民军南下　043

"打击他们，打击他们！" / 麦克阿瑟狂妄自大 / 李承晚要做民族英雄 / 南北大战一触即发

1945 年的朝鲜基本上是一个没有政治制度与本土领袖的国家。当红军横扫北方的时候，苏联人将自己的政治制度以及一位新的领导人强加在他们头上；而在南方，不管美国人喜欢与否，他们还是选中那位大半生的时间都在国外流放的李承晚。无论是李承晚的多舛命运，还是金日成的种种人生际遇，正是朝鲜历尽磨难的现代历史悲剧的生动写照。

第三章　华盛顿介入战争　081

杜鲁门不想参战，最后却不得不下令出兵 / 麦克阿瑟的母亲说："你必须成为像你父亲那样伟大的人！" / 出师不利，美军没能顶住朝鲜的猛烈攻势 / 沃克将军是一个英勇的胖子，偏偏碰上了阿尔蒙德这个死板的"救世主"

1950 年 7 月是美军历史上表现最差的一个月。整整一个月，面对朝鲜一次又一次的大兵压境，美军只能节节败退。美国的部队始终坚守着几个关键的据点，战场上美军部队竭尽全力争取时间，力图压制住朝鲜的猛烈攻势，从而为美军赢得在本土集结以及开赴战场的时间。时间就是生命。在美国本土，举国上下都因为这场战争被调动起来了。

第四章　洲际政治　　167

民主党与共和党的争斗 / 走向国际主义的艾奇逊时代 / 一份长电报和一份NSC68号文件，拉开了冷战的序幕 / 杜鲁门是怎样当上总统的？ / 谁丢失了中国？ / 蒋介石政府的垮台 / 美国的院外援华集团

杜鲁门政府正好处在美国历史上的一个关键时期。他们即将面对一个最根本的选择：是让美国担当起国际责任变得更国际化，还是继续以往的孤立主义？他们还必须认真考虑，美国究竟愿意为自己的国际化付出多大的代价。要看待这一抉择，就要从杜鲁门坚信要与一个强大而民主的欧洲结盟、美国"丢失"了中国、毛泽东的崛起、朝鲜战争的爆发以及民主党与共和党的竞争开始。

第五章　孤注一掷：朝鲜人民军挺进釜山　　255

一决雌雄的最后关头 / 洛东江决战 / C连独自抵御了朝鲜军队的全力攻击 / 23团团长弗里曼 / 人民军溃败

洛东江战役由大大小小上千次战斗组成，其中相当一部分都异常激烈，仿佛就是这场大战的缩影。这些战斗缺乏宏大的规模，但是对参加这些战斗的个人来讲，他们具有非同寻常的历史意义，并且始终萦绕在他们的脑海之中，永远残酷地冻结在他们的记忆之中。

第六章　仁川登陆：麦克阿瑟力挽狂澜　　297

一个巨大的赌注 / 登陆成功，司令部却开始分裂 / 台湾

各军种参谋长非常谨慎，因为这场战役十分危险，成败关乎美军大批有生力量的生死存亡。就连麦克阿瑟自己也说，这次行动的胜算只有五千分之一的概率。麦克阿瑟像往常一样开始了个人的表演。他压低嗓音，一字一句地说："我已经听到命运之钟滴答作响的声音。我们必须立即采取行动，否则只会死路一条……仁川计划必胜无疑。它会挽救数十万生命。"

第七章　跨过三八线，向北挺进　　329

决策者们在激烈争论：到底应不应该跨越三八线？ / 唇亡齿寒，中国决定出兵 / 谁敢横刀立马，唯我彭大将军 / 作战第一原则：了解你的敌人 / 杜鲁门和麦克阿瑟在威克岛会面，毫无成效 / 作为麦克阿瑟的情报官，威洛比坚持认为中国并未出兵 / 麦卡锡在国内大肆"反共"，前方开始发动总攻

麦克阿瑟向杜鲁门保证："我们将在朝鲜大获全胜。"杜鲁门提出最关键的问题：中国和苏联出兵干预的可能性有多大？麦克阿瑟不假思索地回答："可能性非常小。"

毛泽东的想法似乎已经成为在场每个人的想法：朝鲜问题并不是一个孤立的问题，中国决不允许美国人在自己的边境线上有一大块军事集结地。

第八章　志愿军猛击　　399

清川江就像是战争的地狱 / "我顶不住了，敌人太多了！" / 麦克阿瑟慷慨激昂地说战争将在圣诞节结束，第二天，中国人便发起了潮水般的进攻 / 第2师陷入混乱 / 美国军事史上最大的一场伏击战 / 世界上最强大的师：陆战第1师 / 谁该为溃败负责？ / 李奇微抵达朝鲜，开始重振军威

在海军陆战队的历史上，陆战第1师在长津湖的成功突围是一个奇迹。史密斯少将是朝鲜战争中一个伟大的无名英雄，他的谨慎和执着让陆战第1师逃脱了全军覆没的命运。在最终下令北进时，他命令部队沿途留下一定数量的补给，这些补给"最终拯救了几千名战士的性命，甚至可以说，挽救了整个海军陆战队第1师"。其他海军陆战队军官都认为，史密斯理应得到"国会荣誉勋章"。

第九章　学会与志愿军打仗：双联隧道、原州和砥平里两军激战　　517

是否继续进攻，彭德怀有所顾虑 / "中央走廊"的拉锯战 / 又一个陷阱 / 志愿军在双联隧道设下埋伏，只等美军侦察部队进入山谷 / 在砥平里这个小得不能再小的村庄，发生了朝鲜战场上最典型的一场战斗 / 原州炮击成为整个战斗的转折点 / 救援队："无论如何，速到！" / "麦吉山"：血战之后，一个排只有四人生还

中国军队向原州进发，他们的另一个目标是砥平里。到此时为止，美国人在原州的任何决策都是错误的，而中国人似乎还在延续清川江的胜利之路。当时，原州和砥平里都处于危险之中，美军被迫对战术进行了重大调整，正是这次调整使美军转败为胜。

第十章　将军和总统　607

麦克阿瑟飞扬跋扈，公开宣扬要扩大战争 / 李奇微说："他的虚荣让我无言以对。" / 麦克阿瑟屡屡独自发表声明，杜鲁门大发雷霆："这简直就是叛国！" / 麦克阿瑟在国会发表演讲《老兵不死》/ "他说得越多，对自己的伤害就越大。"

在经历了漫长而充满荣耀的军旅生涯之后，麦克阿瑟的缺点终于毁了自己。

第十一章　结局　639

艾森豪威尔上台 / 边打边谈，战争在两个轨道上进行 / 战争的误判 / 半个世纪的余波 / 为平局而死

1953年7月27日，朝鲜战争正式停火。对许多美国人而言，朝鲜战争始终是历史中的一个黑洞，一场没人愿意再去回忆和了解的战争。对中国人而言，这是一次值得自豪的成功，它代表的不仅是一场胜利，也是新中国的又一次解放，与旧中国的彻底决裂。

尾声　663

中国问题 / 越战泥潭

注释　677
后记　701
致谢　705

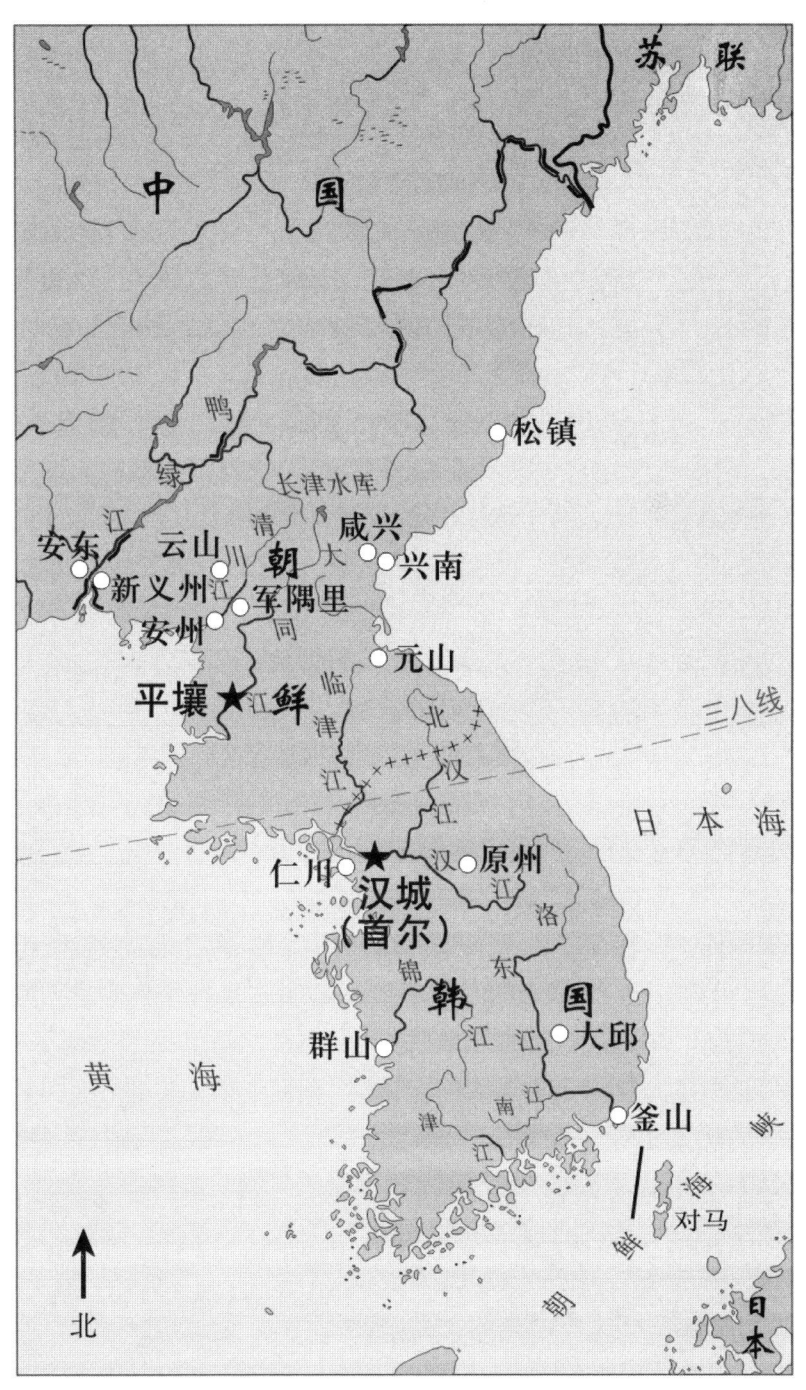

图 1 对峙前的朝鲜半岛局势,1950 年 5 月。

军事术语表

军事单位介绍

各个军事单位的建制与领导,因时代、地点和环境的不同而不同。在朝鲜战争初期,几乎所有的作战单位都出现了兵力不足的情况。因此,下列数据仅供参考。

集团军　约 10 万名士兵
　　　　由两个或两个以上的军组成
　　　　由上将指挥

军　　　约 3 万名士兵
　　　　由两个或两个以上的师组成
　　　　由中将指挥

师　　　约 1.5 万名士兵,朝鲜战争时期一般只有 1.2 万名士兵
　　　　由三个团组成
　　　　由少将指挥

团　　　约 4500 名士兵,包括炮兵、装甲兵以及医护人员
　　　　由三个营组成
　　　　由上校指挥

营　　　700—850 名士兵

	由四个或四个以上的连组成
	由中校指挥
连	175—240 名士兵
	由四个排组成
	由上尉指挥
排	45 名以上士兵
	由四个班组成
	由中尉指挥
班	10 名以上士兵
	由上士指挥

武器装备

M-1 步枪 口径 .30[†]	半自动步枪，枪重 9.5 磅[*]，加刺刀后重 10.5 磅，弹夹可装 8 发子弹。
卡宾枪 口径 .30	短管步枪，弹夹可装 15 或 30 发子弹，射程较近，射击精度较低。
勃朗宁 自动步枪 简称 BAR 口径 .30	一种由两人共同操作的武器，一人装弹药，一人发射，有半自动和全自动两种功能，射速为 500 发 / 分钟。

---

[*] 1 磅 =0.454 千克
[†] 即 7.62 毫米。

军事术语表

机关枪	.30 口径的机关枪射速为 450—500 发 / 分钟。 .50 口径*的机关枪一般安装在卡车、坦克或其他车辆上，射速为 575 发 / 分钟，射程为 2000 码[†]。
火箭筒 能够穿透 较厚的装甲	2.36 英寸[‡]的火箭筒由于效率过低，因此 1950 年朝鲜人民军南下时，其已经被 3.5 英寸火箭筒所取代。射程可达 75 码。
步兵迫击炮 60 毫米 81 毫米 4.2 口径	前装炮弹，发射角较高。能够击中山谷或者战壕，射程为 1800—4000 码。
榴弹炮 105 毫米 155 毫米 8 英寸	射程为 2—5 英里[§]的大炮。

（注：本部分所有信息译自原著）

---

*　即 12.7 毫米。
†　1 码 =0.914 米。
‡　1 英寸 =25.4 毫米。
§　1 英里 =1.609 千米。

地图列表

图 1	对峙前的朝鲜半岛局势,1950 年 5 月	vii
图 2	第一次遭遇中国军队,1950 年 11 月 1 日	20
图 3	云山战役,1950 年 11 月 1—2 日	25
图 4	朝鲜人民军大举南下,1950 年 6 月 25—28 日	56
图 5	史密斯特遣队作战情况,1950 年 7 月 5 日	147
图 6	朝鲜人民军高歌猛进,1950 年 8 月底	156
图 7	釜山包围圈,1950 年 8 月 4 日	164
图 8	洛东江战役,1950 年 8 月 31 日—9 月 1 日	263
图 9	仁川登陆,1950 年 9 月 15 日	315
图 10	开赴汉城,1950 年 9 月 16—28 日	320
图 11	联合国军突破三八线进入朝鲜	352
图 12	志愿军在清川江对第 2 师的攻击,1950 年 11 月 25—26 日	416
图 13	志愿军对 L 连的攻击,1950 年 11 月 25—26 日	422
图 14	志愿军西线作战要图,11 月 25—28 日	443
图 15	陆战队作战区域,10 月—11 月 27 日	446
图 16	"长手套"之战,1950 年 11 月 30 日	462
图 17	长津湖突围,11 月 27 日—12 月 9 日	480
图 18	中国军队的大举进攻,1951 年 1 月	495
图 19	中央走廊之战	522
图 20	双联隧道—砥平里—原州地域,1951 年 1—2 月	534
图 21	双联隧道之战,1951 年 1 月 31 日—2 月 1 日	540
图 22	砥平里之战,1951 年 2 月 13—14 日	579
图 23	麦吉山,1951 年 2 月 13—15 日	581
图 24	克罗姆贝茨特遣队,1951 年 2 月 14—15 日	587
图 25	停战后的朝鲜半岛,1953 年 7 月 27 日	654

序言：被忘却的战争

1950年6月25日，朝鲜人民军近七个精锐师一举越过三八线，扬言要在六周之内解放整个南方地区。在中国内战期间，这七个精锐师中的许多士兵都曾为中国人民解放军效力。此前大约六个月，由于国务卿迪安·艾奇逊一时疏忽，美国没有将韩国纳入其在亚洲的防御范围之内，从而铸成大错。当时驻扎在韩国的美军不仅为数极少，而且仅仅隶属于一个微不足道的军事顾问团，因此对于朝鲜的这次进攻，他们几乎毫无防备。在这次攻击行动开始后的几周里，朝鲜人民军势如破竹、节节胜利。对美军而言，从战场上传来的每一条消息都令人失望。此时的杜鲁门总统及其高级顾问们正在华盛顿就敌人的意图展开唇枪舌剑式的辩论。这次进攻是俄国人的授意而朝鲜只不过是莫斯科手中的一枚棋子吗？或者，敌人意欲声东击西，而这次行动也许是共产主义妄图称霸全球的第一次挑衅？他们随即就做出决定，派遣美国军队以及随后组成的联合国军开赴韩国，以抵御朝鲜的进攻。

然而朝鲜战争不仅没有在三周之内结束，反而持续三年之久。在这场艰苦卓绝的战争中，面对敌方数量上的强大优势，兵力相对有限的美军与联合国军只能扬长避短，发挥自己在武器装备与技术上的过人之处。但是，朝鲜半岛不仅地势极为险峻，气候也十分恶劣，对于美军来说，最大的威胁与其说是朝鲜或者中国的士兵，不如说是这里冬季凛冽刺骨的寒风。因此，军事历史学家S. L. A. 马歇尔称之为"20世纪最令人难以忍受的局部战争"。[1]崔嵬险要的崇山峻岭不仅足以抵消美军及联合国军在武器装备上（尤其是在装甲车辆上）的所有优势，还为敌方提供了众多栖身之所和天然屏障。在战争结束几年以后，艾奇逊国务卿说："无论是从政治角度还是从军事角度来讲，如果让全世界最为高明的专家找出一处这场糟糕的战争最不应该发生的地方，他们一定会异口同声地说，这个地方就是朝鲜。"[2]就连艾奇逊的朋友艾佛瑞·哈里曼也认为："这是一场有苦难言的战争。"[3]

美国方面所谓"没有必要挑起战争"的言论完全是一派掩人耳目之辞。实际上，正是那位不愿将此行冠名为"战争"的总统亲口号召美军奔赴朝鲜战场。然而杜鲁门从一开始就相当谨慎，力图淡化这一冲突的本质。对于那些凡是有可能激化美苏对峙局面的因素，他都要加以限制，而其惯用伎俩之一就是玩弄文字游戏。6月29日，也就是朝鲜人民军越过边境线之后的第四天下午，杜鲁门刚刚把美军送上战场，就立即在白宫接见记者。当有记者问美国是否实际上已经处于交战状态时，他断然否定。于是，又有一名记者问道："那么我们能否将其称为一次联合国主持下的警察行动？"杜鲁门答道："是的，这是一种恰如其分的说法。"[4]这无疑等于说，驻韩美军充其量只不过是维持秩序的警察而已，然而这一暗示却让那些奔赴朝鲜战场的美军士兵感到无比辛酸（无独有偶，四个月之后，当中国领导人毛泽东下令数十万中国军人挺进朝鲜时，出于某种与杜鲁门相似的原因，决定采用同样微妙的措辞——"志愿军"）。

提问者漫不经心，作答者也不痛不痒，然而这正是政策乃至战争的玄机所在。不知什么缘故，杜鲁门当时的说法被人沿用相当长的一段时间。对于这一回答，如果说总统本人一直感到无怨无悔的话，那么许许多多在前线浴血奋战的美军将士却并不这么认为。事实证明，朝鲜战争既像第二次世界大战那样，不是一场仅仅为了捍卫国家统一这种动机单纯的大规模战争，也没有完全相反，成为人们挥之不去的梦魇，就像数十年后的越南战争那样。反之，这是一场令人困惑的、阴云惨淡的、远在千里之外的战争，是一场旷日持久的战争，看似永无希望，永无止境。而个中缘由，除了那些在前线奋力厮杀的美军将士，大多数美国人都宁愿不求甚解。不过，在

序言：被忘却的战争

这场战争结束将近三十年之后，约翰·普莱恩的一段歌词倒跟人们现在的心境很贴切："戴维曾在朝鲜战争中挂掉／然而原因我们却不知道／现在一切都已经不重要。"半个多世纪过去了，这场战争仍然停留在美国的政治与文化视野之外。关于朝鲜战争，有一本杰出的著作名叫《被忘却的朝鲜战争》，书名本身就是这段历史的生动写照。从某种程度上来说，朝鲜战争似乎已经成了美国历史的弃儿。

许多驻韩美军士兵对这次劳师远征都满怀怨恨之情。他们有些人曾经在"二战"期间服役，然后退入预备役，现在又被迫放弃自己的平民工作，极不情愿地应征入伍。当他们的大多数同僚能够在国内安居乐业时，他们却不得不在十年之内两次远涉重洋、南征北战。还有一些人在"二战"结束后决定留在军中，对于朝鲜发动进攻时美军的可悲状况，他们备感触目惊心。兵员不足、素质低下、装备陈旧不堪，再加上那些高级将领愚蠢透顶，让驻韩美军陷入窘境。在这些老兵看来，"二战"期间美军之辉煌、素质之精良、将士之孔武与朝鲜战争初期美军的困窘形成了强烈的反差。他们愈是身经百战，就愈是对当前遭遇的状况感到心灰意冷与惊恐不安。

第2师第23团某营营长乔治·罗素中校曾经写道，朝鲜战争最糟糕的地方，"正是朝鲜本身"。美军一向过于依赖其发达的工业生产与先进的军事装备，尤其是离不开坦克，然而这里的地形却让他们难以施展身手。虽然西班牙与瑞士也都地势陡峭、群山连绵，但是山区过后很快就是一马平川，让工业强国的坦克可以长驱直入。然而，朝鲜在美国人看来，正如罗素所言，却是"过了一山又一山"。[5] 如果可以用一种颜色来代表朝鲜的话，罗素说，"那一定是棕色"。如果说要为这里的美军颁发一条军功绶带的话，那么所有参加过此次战争的将士一定都会不约而同地认为，这条绶带理所应当是棕色的。

与越南战争不同的是，朝鲜战争发生时，美国尚未进入信息社会，而电视新闻也刚刚出现。在朝鲜战争时期，每晚15分钟的电视新闻过于简短，不仅内容索然寡味，影响也微乎其微。在当时的技术条件下，要想把从朝鲜战场上拍摄的胶片寄到纽约新闻中心，需要相当长的一段时间，而且在国内也形成不了什么气候。美国人多是通过白纸黑字的新闻报道来了解朝鲜战争，因此这种黑与白的印象也一直延续至今。2004年，在写作本书期间，我有幸参观佛罗里达州的基韦斯特图书馆：那里的书架上一共有八十八本有关越南战争的书籍，而有关朝鲜战争的著作却只有四本。也许这一事实多多少少说明这场战争在美国人心中留下多少记忆。第2步兵师一位名叫阿登·罗利的年轻工程师曾经在战争中被俘，且被关达两年半之久。他不无辛酸地写道，不论是2001年还是2002年，都是朝鲜战争中数次重大战役的五十周年纪念，然而在这两年间美国只有三部以战争为主题的电影——《偷袭珍珠港》《风语者》和《我们曾经是战士》，前两部是关于"二战"的，第三部是关于越南战争的。即使再加上1998年拍摄的《拯救大兵瑞恩》，一共也只有四部。在所有涉及朝鲜战争题材的电影中，最著名的人物应该是1962年拍摄的《满洲候选人》中的英国演员劳伦斯·哈维，在影片中他扮演一个名叫雷蒙德·肖的美国战俘。

如果说朝鲜战争最后终于在流行文化中占有一席之地的话，那么罗伯特·奥尔特曼的一部反战题材电影（同时也是情景喜剧）《陆军战地医院》功不可没。这部影片拍摄于1970年，时值美国国内反对越战运动浪潮高涨。表面上看，这是一部有关朝鲜战争的影片，但就当时的好莱坞而言，导演对于制作一部反战题材的电影仍然感到惶恐不安。因此，这部影片虽然打着朝鲜战争的幌子，实际上演的却是越南战争的事情。无论是导演奥尔特曼还是编剧林·拉德纳都对越战表现得极为关注，但是碍于这一题材过于敏感，难以随心所欲地处理。然而值得注意的是，影片中的人物以及军官的发型不是朝鲜战争年代的平头，而是越南战争时期的寸头。

因此，尽管这场战争如此惨烈，但是却从未触及美国文化意识的深处。据估计，朝鲜战争中美军有3.3万人阵亡，10.5万人受伤；韩国有41.5万人丧生，42.9万人受伤。但是，中国与朝鲜却一直对自己的伤亡人数秘而不宣。据美国官方粗略估计，这一数字约为150万人[6]*。朝鲜战争让两大阵营从

---

* 以上数字是作者研究得出的结果，仅代表作者观点，与我们国家公布的数字不一致。（本书页下注释均为译者所加）

序言：被忘却的战争

"冷战"暂时转入"热战"，不仅加剧了美国与共产主义世界之间业已存在并且不断升级的紧张局势，也加深了美军与共产党势力在亚洲争夺势力范围的鸿沟。美国一招不慎，让中国也卷入战争，在两极对峙的格局下，双方之间这种剑拔弩张、互不相让的态势愈演愈烈。当签署停战协定时，双方都宣称自己取得战争的胜利，但实际上朝鲜半岛的局势与战前毫无二致。然而美国的情况却非如此：它的亚洲战略视野变了，国内的政治平衡也被打破了。

那些远赴朝鲜战场的美国士兵常常感到与自己的同胞在认知上存在巨大的隔膜——没有人对他们所做的牺牲表示感激，也没有人认为这场战争至关重要。近日有人指出，在"二战"期间，美国人民万众一心、同心同德，战场上的将士被国人奉为美国民主精神与优秀价值观的传承者而备受崇敬。然而，朝鲜战争却是一场难熬的局部战争，人们很快就认为这场战争对美国毫无益处。于是，当驻韩美军服役期满回归故土时，对于他们在朝鲜的所作所为、所见所闻，街坊邻里不仅显得无动于衷，而且很快就抛诸脑后，那些在后方发生的重大事件、工作职位的提升、新房产或新轿车的购置才是他们更为迫切关注的话题。这一方面是因为来自朝鲜战场上的新闻总是令人沮丧，即使战局有所好转，媒体也似乎从未感到乐观。1950年10月底，当中国参战后，美军打破困境的可能性好像越发遥不可及，就更不用说胜利了。当时在军中，有一句广为流传的戏谑之语讽刺这种僵局，那就是"为平局而死"（Die for a Tie）。

无论他们的表现多么骁勇，无论他们的目的多么崇高，这种前方将士与后方人民之间的巨大隔阂让驻韩美军始终觉得，较之于先前参加过其他战斗的士兵，他们总是次人一等，从而感到一种无可名状的、难以磨灭的痛苦。

第一章

云山惊兆

正是美军远东司令官道格拉斯·麦克阿瑟对警兆的麻痹大意，一场小规模战役才会最终演变为一场大规模战争。

1950年10月20日，美军第1骑兵师直捣平壤。然而事后，关于究竟是谁先抵达该地的问题，第1骑兵师第5团与韩军第1师却各执一词。实际情况是，骑1师防区内所有通往大同江的桥梁都被敌方炸毁，因此拖慢了他们的行军速度，而韩军趁机抢先一步进入这座几乎已经被夷为废墟的城市。尽管如此，美军上上下下仍然额手称庆，因为在他们看来，拿下这座城池就意味着这场战事已经接近尾声。为了能让所有人知道，在美军诸多作战部队中是骑1师首先到达平壤的，一些官兵甚至还带着颜料与刷子，在城里的大街小巷涂满了该师的徽标。

此外，在平壤的各个角落，到处都有士兵三三两两地私下里进行庆祝。第99野战炮兵营的前方观察员菲尔·彼得森中尉正在与骑1师8团3营的好友沃尔特·梅奥中尉互相道贺。他们两人不仅是推心置腹的挚友，而且还是患难与共的知己。彼得森认为，只有军队才能造就这种非同寻常的真挚友情。沃尔特才智过人、老于世故，他曾经就读于波士顿学院，其父也是该校的音乐系教授，而彼得森出身候补军官学校，此前只在明尼苏达州的莫里斯读过几年书；上到九年级的时候，为了赚取五美元的日薪，他不得不弃学去田间劳作。在平壤的时候，沃尔特从苏联驻平壤大使馆的大型酒窖里搞到过一瓶俄罗斯气泡酒，然后和彼得森就用自己野战炊具箱里的金属杯一起分享了这瓶看似香槟一样的烈酒——那种辛辣刺鼻的味道简直令人作呕。[1]

驻平壤3营L连的比尔·理查森上士同样感到如释重负，他知道这里的战事已经基本结束，骑1师很快就可以从朝鲜撤军。这不仅仅是因为军中早已众口相传，而且连部也下令要求所有具备装船经验的士兵向上级报告。毫无疑问，这代表他们马上就能够凯旋。此外，还有一个迹象足以表明战争即将结束，就是上级下令让他们上缴大部分军火。这样看来，从各级指挥部传出来的那些只言片语一定不是空穴来风。

在自己的排中，理查森一直以元老自居，因为几乎所有人都是新面孔。他时常回忆起三个月前那些与他一起出发的战士，对他来说，这短短的三个月似乎要比此前他人生当中的21个年头还要漫长。其他人不是阵亡就是受伤，或者在战斗中失踪，唯一一个与他一起熬过这三个月的是他的好友吉姆·沃尔什上士。一天，理查森找到沃尔什，对他说："老天，我们成功了。伙计，我们到底还是挺过来了。"[2] 于是，他俩一边相互庆贺，一边仍对自己的好运将信将疑。这次小小的庆祝会发生在10月底，然而第二天上级又将弹药重新分配下来，并且下令让他们一路北上，去援救那些身陷困境的韩国部队。

尽管如此，他们还是听说东京将要举行一场胜利大阅兵。据说届时骑1师会走在队伍的最前头——这不仅是因为他们表现英勇，更因为他们一直都颇受最高统帅道格拉斯·麦克阿瑟的赏识。他们还听说，阅兵式前要拿回黄色骑兵领巾，还要把自己拾掇得精神一点儿，不要看起来灰不溜秋的。是啊，总不能破衣烂衫地走过东京的银座吧？于是，骑1师决定在路过麦克阿瑟位于东京第一大厦的总部时好好表现一下。他们的确应当好好表现一下了。

总而言之，驻韩美军当时的心态十分复杂，一方面过于乐观，另一方面在精神和体力上都极度疲劳。有人甚至设下赌局，赌他们出海的具体时间。至于从釜山到平壤的战斗有多么凶险，对那些初来乍到的替补士兵来说只是听说过而已。重要的是，最艰难的时刻已经过去，这本身就是莫大的安慰。一名来自俄亥俄州名叫本·博伊德的年轻中尉在平壤加入骑1师，任1营B连某排排长。四年前，博伊德从西点军校毕业，所以非常渴望在这里一试身手，但当他听说这个排的近况时，却不由自主地打了个寒噤。一位高级军官问他："中尉，你知道你对这个排意味着什么吗？"博伊德答道："不知道。""这就对了，不要以为你有什么了不起，中尉。从我们来到朝鲜以后，你已经是这个排的第十三任排长了。"[3] 从那一刻起，博伊德决定，他再也不会觉得自己有什么了不起了。

他们在平壤的最后几天里还发生一件事,那就是鲍勃·霍普前来劳军演出。这可不是一次寻常的演出:这位大名鼎鼎的喜剧演员曾经在"二战"时为军队作过一场又一场表演,而现在竟然来到朝鲜的首都为他们讲笑话,当天夜里,骑1师的许多士兵纷纷前来观看霍普的表演。可是第二天一早,他们就带着重新配发的弹药,一路北上奔赴云山,去那里解救被围追堵截的韩国军队。在他们看来,韩国士兵总是陷入这样那样的麻烦,而他们无疑只是去收拾残局而已。

因此,从出发的那一刻起,他们就没有做好充分的准备。是的,虽然他们已经拿回部分弹药,但问题是,究竟应该穿什么样的衣服?他们是应该穿上特意为东京阅兵式准备的制服呢,还是应该裹上笨重的冬装呢?不知道什么原因,他们全都选择了前者。但是,朝鲜的冬季——一百年来最寒冷的一个冬季——即将来临。他们北上的目的地距离朝中界河鸭绿江只有咫尺之遥,因此十分危险,但是这支队伍上到军官下到士兵,无不认为自己早已脱离险境。许多人还听说,就在两周前,麦克阿瑟与杜鲁门在复活节岛会面时,誓言要从朝鲜撤出一个整师的兵力转移到欧洲战场。

骑1师刚到平壤不久,麦克阿瑟也随即到来。"难道就没举办什么庆祝仪式来为我接风吗?"他一边下飞机,一边问道,"金大牙在哪儿?"[4]他打趣金日成,好像这位朝鲜的劳动党领袖已经成了他的手下败将。接着,他下令让所有从一开始就在骑1师服役的士兵出列。在当天集合的两百多名将士里,只有四个人站了出来,而且每个人身上都挂了彩。检阅结束后,麦克阿瑟随即登机返回东京,并没有在朝鲜过夜。事实上,在坐镇指挥的这段时间里,他从来都没有在朝鲜待过一个晚上。

麦克阿瑟回到东京以后,华盛顿的一些高级将领认为他显然准备让美军继续深入北方。麦克阿瑟坚信,中国不会介入。当时的美军一往无前、所向披靡,而朝鲜人却溃不成军、望风而逃,因此,麦克阿瑟的将令也变得越来越不受约束,越来越含混不清。形势很明显,他志在挺进鸭绿江,直趋朝中边境,而对于华盛顿意欲强加于他却又不敢强加于他的那些步步紧逼的限令，麦克阿瑟根本就不屑一顾。就连参谋长联席会议（下面简称参联会）禁止派遣美军进入任何毗邻朝中边境省份的命令也丝毫没有放慢他北上的步伐。其实，这件事没有什么值得大惊小怪的地方，因为人人心里都十分清楚，麦克阿瑟只会听从一个人的命令，而这个人就是他自己。众所周知，中国军队早已在鸭绿江的对岸严阵以待。对他们意欲何为，麦克阿瑟自认为要比杜鲁门政府的高官更了如指掌。他曾经在复活节岛上告诉总统，中国绝对不会参战。就算他们真的参战了，他也完全有能力把朝鲜战场变成人类历史上最大规模的杀戮场，这一点只怕人们早就有目共睹。对于麦克阿瑟及其手下来说，顺利穿越这片与阿拉斯加州有着相似气候与地貌的不毛之地，就等于从仁川登陆开始的北伐行动取得决定性的胜利。这不仅仅是一场伟大的胜利，还是一段颇具传奇色彩的佳话——因为华盛顿的大多数人极力反对时，麦克阿瑟将军却力排众议。因此，当麦克阿瑟下令让美军向北方挺进时，华盛顿的文武高官变得越来越惊慌不安。对于中国（实际上也包括苏联）究竟意欲何为，他们无法像将军那样镇定自若，而且联合国军不堪一击的作战能力尤其让人触目惊心。然而他们都十分清楚，麦克阿瑟极难驾驭——虽然他们都对这位将军敬畏有加。

如果说当前的局势对联合国军极为有利的话，那么在6月末朝鲜人民军刚刚越过三八线时，无疑是朝鲜人民军占了上风。他们似乎攻无不克、战无不胜，而那些孱弱无能、疏于防范的美军与韩军却节节败退。然而，随后美军立即派遣大批精兵强将前来增援，再加上麦克阿瑟指挥的仁川登陆也大获全胜，从而使美军成功地深入朝鲜腹地。此后，朝鲜人民军已成强弩之末，尤其是在美军经过几番苦战拿下汉城*以后，朝鲜的抵抗能力几乎已经丧失殆尽。尽管华盛顿的高层大都对仁川一役赞赏有加，但是麦克阿瑟日渐增长的威望却让他们感到如芒在背。中国方面早已发出警告，扬言他们将要介入。但在目前这种情况下，仁川登陆不仅让麦克阿瑟变得目空一切，而且让人们对他奉若神明。这位一直以精通所谓东方心理学自诩的

---

* 汉城，韩国首都，自2005年1月18日后中文名称统一为首尔。

将军曾断言，中国一定不会参战。然而在"二战"前夕，对于日本人的参战意图与作战能力，正是这位专家做出了大错特错的判断。后来，华盛顿的一些高官认为，在联合国军抵达平壤之后、北上云山之前，美国丧失了最后一次机会，从而使朝鲜半岛的战事升级为一场与中国之间的大规模战争。

那些率军北上的将领同样感到惊慌不安。许多作战经验丰富的军官发现，在他们艰难跋涉的同时，这里气温骤降，地形愈加险峻，北上的征途正变得令人毛骨悚然。数年之后，韩军第1师师长白善烨（美国人眼中首屈一指的韩国名将）曾忆及这次北上时的不安——因为一路上他们几乎没有遭遇任何抵抗，到处都是一片荒凉，仿佛与世隔绝。作为一名曾经参与过对日作战的资深指挥官，白善烨起初同样感到十分迷茫，直到后来才意识到，韩军所到之处，无一不是万籁俱寂、荒无人烟。就在此前，南下的难民总是络绎不绝，而这时路上却杳无人迹，好像要发生什么大事，而他对此却一无所知。与此同时，这里早已是天寒地冻，气温差不多每天都要下降5摄氏度左右。

此外，感到不安的还有一些情报人员。他们从各种各样的消息来源那里获得了一些信息。这些传闻让他们确信，中国军队将于10月底前大举进军朝鲜。第1军（骑1师归其所辖）情报官珀西·汤普森上校是驻韩美军中一致公认的最佳情报员之一，对于这些传闻，他同样感到十分悲观。他几乎可以肯定中国军队已到眼前，因此试图向上级发出预警。然而不幸的是，骑1师的高级军官对于东京总部的态度深信不疑，因而盲目乐观。于是，汤普森直接向骑1师8团团长哈尔·埃德森报告，说他认为该地潜伏大批中国军队，但是埃德森和其他军官却认为他是在耸人听闻，因此对他的情报"置若罔闻、不屑一顾"。在接下来的几天中，他的女儿芭芭拉·汤普森·艾森豪威尔（即德怀特·艾森豪威尔的儿媳）发现，父亲在从朝鲜战场寄来的信中一改往日的语调，好像就要与她生离死别一般。后来她回忆说："他确信美军将一败涂地，而自己也要战死沙场。"[5]

汤普森完全有理由感到惶恐不安。后来的事实证明，他最初得来的情报准确无误：中国军队已经进入朝鲜，悄悄地潜伏在北方的群山之中，耐心等待韩军和联合国军一路北上，继续拉长已经吃紧的战线。他们没有打算立即对美军下手，而是要等到美军长途跋涉、精疲力竭之后再开始进攻，因为那时打败美军简直易如反掌。

"打到鸭绿江边去，"10月末，白善烨将军率领的士兵们摇旗呐喊，"打到鸭绿江边去！"[6] 然而，就在10月29日，中国军队开始大规模出击。兵败如山倒，白将军后来这样写道。一开始，韩军将领不明所以，在中国军队猛烈的迫击炮攻击之下，韩军第1师第15团完全陷入瘫痪状态，第12团也随即遭到迎头痛击。接着，第11团（师预备队）的侧翼与尾部也遭到攻击。显然，敌军深谙用兵之道，因此白善烨认为这一定是中国人干的。于是，他迅速做出反应，马上把该师撤回云山镇内，从而保住了第1师的大部分兵力。这就像美国西部片中的那些场景一样，白将军后来写道，当白人遭到大批印第安人围追堵截时，只能采取迂回战术。同样，他的整个师也陷入了中国军队的"口袋阵"中。有些韩国部队就没那么幸运，也没碰上那么好的指挥官。

白善烨很快就明白，这一定是中国军队。战斗开始的第一天，第15团抓到了一名俘虏。白善烨亲自对其进行审问。这名俘虏在35岁上下，身穿一件厚实的、正反两用的御寒棉衣，一面是土黄色的，另一面是白色的。"穿上这种服装，"白善烨写道，"无疑是在雪原上进行伪装最简单最有效的方法。"此外，他还戴着一顶又厚又重、两边都有耳罩的棉帽，脚下穿着一双胶底鞋。对于这身装束，韩军很快就不再陌生。虽然此人略显木讷，但是在审讯过程中却承认，他来自中国广东省，是中国人民志愿军的一名正规兵。他还告诉白善烨，附近的群山埋伏着中国数万军人，韩军第1师可能已陷入重围。

白善烨立即给军长弗兰克·米尔本（绰号大虾）打电话，然后将这名俘虏带往米尔本的大营。这次审讯由米尔本主持，白善烨不时插话。白将军后来写道，审讯过程大致如下：

"你是哪里人？"

"我是中国南方人。"

"你是哪个部分的？"

"我是 39 军的。"

"你都参加过哪些战役?"

"我参加过(中国内战时期的)海南岛战役。"

"你是中国的朝鲜族人吗?"

"不是,我是汉族人。"[7]

白善烨完全能够肯定,这名俘虏讲的都是实情,因为在审讯过程当中,他既没有自吹自擂,也没有躲躲闪闪。根据他所提供的情报来看,眼下的局势无疑相当危急。当然,他们早就知道,至少有 30 万中国大军驻扎在鸭绿江边,随时听候差遣。唯一的问题就是:当北京向全世界扬言要出兵朝鲜时是不是在危言耸听。米尔本立即把这一最新情报上报给第 8 集团军司令部,然后再由该部通报给麦克阿瑟的情报部长查尔斯·威洛比准将。但是,威洛比一向都对中国人不会介入战争的判断深信不疑,因此他认为朝鲜境内不可能存在中国军队,至少不可能存在大批足以制造事端的中国军队。这一论点与他的上司不谋而合。而对于麦克阿瑟来说,军情部门的唯一工作与第一要务,就是要证明他的决策有多么英明。美军、韩军与联合国军之所以胆敢以有限的兵力深入北方、直捣鸭绿江畔,正是建立在朝鲜境内没有中国军队这一前提之上。如果这时麦克阿瑟的总部突然对外宣布,美军已经与中国方面发生正面交火,那么此前一直不得不在后方静观其变的华盛顿恐怕就要趁机主动出击了,届时东京总部不仅会丧失主动权,而且再也不能一举到达鸭绿江边。这肯定不是麦克阿瑟想要听到的消息,而他想要听到的消息是,威洛比的情报要能够向所有人证明,他的决策有多么英明。当第一次有报告说有大批中国军队在鸭绿江北集结时,威洛比只是对此嗤之以鼻。"这很可能是一种外交讹诈。"[8]他向总部报告说。而现在,当韩军捕获第一个中国战俘时,对于这个显而易见的证据,威洛比的情报部很快便传过话来:这名俘虏是一名中国的朝鲜族人,而且他是自愿参战的。这一说法相当古怪,其真正意图就是为了尽量淡化这名俘虏可能造成的影响。也就是说,这名俘虏不仅不清楚自己的身份与国籍,而且对自己所属部队与该部队的兵力更是一无所知。然而,这个结论却让中国的最高统帅部大喜过望，因为这正是他们想要美军所持的态度：美方越是对此漫不经心，他们将美军一举包围、大获全胜的可能性就越大。

在接下来的数周里，不断有美军或者韩军报告抓获中国俘虏，这些人不仅指认他们所在的军队，还承认已经有大批中国军队跨过鸭绿江。然而，对于这些来自前方战地的最新情报，威洛比一次又一次轻描淡写地搪塞了过去。至于这些中国俘虏是否真的就是中国人，他们是否真的来自某个师、集团军或者集团军群，以及这一事实对于那些孱弱无能的联合国军来说意味着什么，一旦让美军各个师、军、集团军以及远东司令部就这些问题争执不休的话，其后果将不堪设想，因此绝不能让这一消息走漏到美军各部队中。尤其是正在从平壤向云山进发的第8骑兵团始终坚信，挡在他们前方的只是朝鲜人民军的一些散兵游勇，他们很快就可以抵达鸭绿江畔，然后对着江水撒尿以庆祝胜利。

在第8集团军的高级将领当中弥漫着一种极其危险的盲目乐观情绪。就像麦克阿瑟本人一样，他们没有对此进行过认真反思。既然美军身经百战的最高统帅都坚信他们的未来一片光明，那么各个师与军的高级将领同样应当感到信心十足才对。尤其是在东京总部，这些将领的军衔越高，对战争盲目乐观的情绪就越发盛行；在他们看来，现在剩下的唯一任务不过是收拾残局而已。

实际上，这种盲目乐观的心态从很多事情中都可以窥知端倪。10月22日，也就是韩军抓获第一名中国俘虏的三天前，第8集团军军长沃尔顿·沃克中将曾经请求麦克阿瑟批准，将所有装有军火的货船从朝鲜转运至日本。麦克阿瑟不仅批准了这一申请，还亲自下令，让六艘载有105毫米口径和155毫米口径炮弹的船只转运到夏威夷。同样是这支队伍，在此之前的四个月里弹药极其匮乏，然而现在却弃之如敝屣。

11月25日，在第8集团军的防区内，久负盛名的第2步兵师师长劳伦斯·凯泽少将（绰号荷兰人），召集所有将领参加一次特别军事会议。当时，第37野战炮兵营的前方观察员拉尔夫·霍克利中尉记得十分清楚，在朝鲜战争中拿下最多硬仗的第2步兵师将要撤离朝鲜。凯泽神采飞扬地说道："我们要回家了,我们要在圣诞节之前回家了。"[9] 他告诉这些军官:"我们已经接到上级的命令。"当有军官问他们会被派往哪里时,凯泽回答他不便透露具体地点,但是绝对是一个他们想去的地方。于是,人们纷纷开始猜测:东京、夏威夷或者美国本土,甚至是欧洲的某个军事基地。

第1骑兵师第8团一路畅通无阻地抵达云山。赫伯特·米勒中士(绰号面糊)听说,上级之所以让他们离开平壤北上云山,是为了稳定韩军军心。米勒是8团3营L连某排的副排长,他本来倒是还想在平壤多待上几天,但是军令如山,而他们的任务就是去收拾韩军留下的那些烂摊子。对于为什么会有人认为韩军能够遥遥领先,他一直都感到大惑不解。米勒不怎么担心中国军队会参加战斗,他担心的是这里寒冷的天气,因为大家穿的还是夏装。当他们还在平壤的时候,就有人说冬装快要到了,已经装进卡车里了,再过两三天就能发下来。可是,这话他们已经听了好多天,冬装仍然迟迟不见踪影。在过去的几个月里,米勒所在的团已经参加过无数次战斗,死伤无数,营里的士兵基本上面目全非。米勒与自己的挚友——来自密苏里州乔普林市的另一位"二战"老兵理查德·赫廷格曾经相约,要互相照顾对方。尽管大家纷纷传言说美军要在圣诞节前回家,但是米勒却固执地认为,除非你已经站在家门口,否则就还没有到家。

"面糊"米勒来自纽约州的一个小镇普拉斯基。"二战"结束后,他从42师退伍还乡,但找不到合适的工作,无奈又在1947年重新入伍,成为3师7团的一员,随后又并入骑1师。1950年7月,当他被派往朝鲜参战时,再有六个月他的三年服役期就到了。"二战"期间,米勒一直觉得诸事顺遂,但在朝鲜战场上每件事都磕磕绊绊。7月中旬的一天早上,他们连队抵达朝鲜,随即风风火火地赶往前线的关键接合部(大田附近的一个村庄),一开始就要面对强敌。从那以后,他遇到的麻烦越来越多,这就是为什么连里的士兵给他起了个绰号叫"面糊",尽管他只有24岁。

第一天,在向大田前线进发的途中,许多只在电影上见过行军打仗的年轻士兵夸夸其谈,扬言要给朝鲜人来一个下马威。米勒这时却在旁边一言不发,因为在他看来,夸夸其谈最好等到战斗结束以后,而不是在战斗开始之前。但是，米勒没有必要向他们讲这些，因为这些只有过来人才能够理解。由于他们毫无防范，而朝鲜人民军不仅骁勇善战，而且经验丰富，因此刚一交锋他们就立即败下阵来。第二天，全连的人数从160人锐减为39人。"我们几乎是在一夜之间就被敌人全歼。"[10]米勒愤愤地说。从此以后，再也没有人说要给朝鲜人来一个下马威了。

不是因为战士们仗打得不好，而是因为他们准备不足，完全没有进入状态。此外，朝鲜人似乎多到数不胜数。不管你仗打得有多好，朝鲜人民军总是源源不绝。他们会偷袭你的后方，切断你的退路，然后包抄你的侧翼。这可是他们的拿手好戏，米勒心想。前两批发起进攻的朝鲜人民军可能还带有步枪，而后面那些没有步枪的士兵会捡起前面倒下的同胞的武器，继续战斗。米勒认为，要对付数量如此众多的朝鲜士兵，连里的每一个人都需要配备自动武器才行。但是，美军的装备十分糟糕，他们基本的步兵装备简直就是一堆垃圾。当他还在德文斯堡兵营*的时候，上级配发的枪支不仅早已落伍，而且严重变形、保养极差，根本一文不值。这大概就代表着这个国家和平时期对待军队的态度吧。

等他们到达朝鲜以后，弹药变得极其匮乏。米勒还记得，战争刚刚开始的时候，他们遭遇一场硬仗。有人搬来一箱弹药，但是子弹却上不了膛，他们只好自制弹匣。此情此景，米勒不禁要问，究竟是什么人给这些在敌众我寡局势下命悬一线的步兵送来了这些上不了膛的弹药。真够外行的，他想。朝鲜人民军开着先进的俄式T-34型坦克，而美军那些"二战"时期可怜兮兮的老掉牙的反坦克火箭筒根本连它的皮儿都擦不破。在"二战"的战场上，美军不仅目标明确，而且防守得当。然而，在朝鲜战场上，他们却乱打一气，甚至不知道自己的侧翼有没有人进行掩护，因为那些韩军士兵很可能早就不见踪迹了。

---

* 美国陆军预备役部队训练营。

第一章　云山惊兆

到达云山后，米勒对驻地方圆 5 英里的地方进行一次巡逻时，途遇一位朝鲜老农。这个农民告诉他们，在这一带有成千上万的中国军人，其中不少还是骑兵。老农的话虽不多，但却言之凿凿，因此米勒深信不疑。于是他把这个农夫带到营部，但是营部里却没有人相信他的话。中国军人？成千上万的中国军人？哪里有中国人的踪迹？还有骑兵？真是荒谬至极。最后这件事不了了之。好吧，米勒暗想，他们可都是情报专家啊，如果真的有中国军队出现，他们一定会心中有数的。

8 团 3 营 I 连有个名叫莱斯特·乌尔班的年轻下士第一个嗅出这里的险情。乌尔班是营直属连的传令兵，因此时常在营部附近转悠，也有机会能够听到军官们的只言片语。年仅 17 岁的乌尔班身高只有 5.4 英尺（1 英尺=30.48 厘米），体重只有 100 磅，在西弗吉尼亚州德尔巴顿的高中，他这样的块头打不了橄榄球。这里的人们给他起了个外号叫"花生"，但实际上乌尔班吃苦耐劳、跑得飞快，所以后来成了一名传令兵。在那时的朝鲜战场上，美军的有线与无线通讯设备都经常失灵，因此他的任务就是把上级口头或书面的军令从营部传到连部。这项任务非常危险，可是乌尔班不仅能够顺利地传达命令，而且还能够保全自己的性命，对于这一点他常常引以为傲。如果某天他要走上几个来回的话，乌尔班总是不断变换路线，而且从不懈怠。在他看来，作为一名传令兵，一旦有规律可循的话，那就必死无疑。

近来乌尔班感到有些惶恐，因为本部队的左右两侧都无人掩护，从而极度增大了易受攻击程度。不过在过去的几个星期里，由于美军节节胜利，几乎没有遭到任何抵抗，他的不安也就一闪即逝。至少在他们抵达云山之前，没有什么能够让他感到十分不安。然而到了云山以后，用乌尔班的话来说，他们团却形单影只、孤军奋战，只要有人稍加留心便会发现，这三个营不仅来得不是时候，而且驻扎得也不是地方。总部的地图显示这三个营之间的距离很近，但是乌尔班走了几趟之后发现这段距离其实相当远。

10 月 31 日这天乌尔班正在营部附近，曾任 8 团 3 营营长、上周刚刚晋升为 5 团团长的哈罗德·强尼·约翰逊中校想在离开之前检阅一下自己的旧部。离开平壤之前，约翰逊做的最后一件事就是为 3 营在这次战役中牺牲的近四百名官兵举行追悼活动。与他一起参加这次追悼的是那些从一开始就在该营的战士。"他们的人数少得可怜。"约翰逊这样写道。

对于他的大多数旧部来说，约翰逊值得敬佩和爱戴。他从抵达朝鲜之日起就与他们患难与共，而且总能在战场上做出英明的决定。约翰逊对属下极为爱护，这一点那些普通士兵在评价军官时会注意并给予重视——他们总是关注军官的表现，因为这关系到他们的性命。有一次，在战争刚刚开始的时候，为了能够与初来乍到的3营士兵待在一起，为了能够对自己带来的这些战士负起责任，约翰逊甚至回绝了一次晋升团长的机会。

约翰逊是一名饱经忧患的老兵。"二战"期间，他在巴丹岛被日军俘虏，然而却在巴丹死亡行军与三年的铁窗生涯中奇迹般活了下来。一般来说，战俘的经历无助于一名军官的晋升，然而约翰逊却最终成为第8军的参谋长。"他是一个出类拔萃的人，"乌尔班在数年后追忆道，"有些人天生就是领袖。在我看来，约翰逊总是在替他人着想，从来都没有人能够超越他。"[11]

巴丹岛的经历让约翰逊对于所谓的传统观念不屑一顾，因此他远比大多数美军军官都更清楚，盲目乐观的后果会是什么。就在那时，他下令让5团作预备队，在他的旧部以南数英里以外驻扎待命。当听说有大批敌军经过此地，有可能封锁道路、切断8团与其他团之间的联系时，他感到十分紧张。于是，约翰逊独自一人驾车北上，想要察看一下这里的情况。途中他也遇到白善烨将军曾经遇到的问题，那就是这里悄无声息，这让约翰逊感到十分恐慌。他后来追忆说，这种情况让人觉得如芒在背。然而当他最终来到自己的旧部时，却吃惊地发现这里的情形更加让人恼怒。在约翰逊看来，继任者罗伯特·奥尔蒙德完全是个外行，3营部署得一团糟。大部分士兵都驻扎在平坦的稻田上，而且连战壕也没有挖。

看到这两人会面时的情形，乌尔班感到约翰逊十分沮丧。在乌尔班看来，向来和颜悦色的约翰逊这一次对奥尔蒙德却极为严厉："是你让这些人从低地来到高原！这样做他们会不堪一击！要是有敌军进攻，这样还怎么防守！"（"我还以为他会当场狠揍奥尔蒙德一顿呢。"乌尔班时隔数年以后回忆道）约翰逊满以为奥尔蒙德会采纳他的建议，但后来却惊讶地发现，奥尔蒙德对他的建议完全置若罔闻。[12] 不仅 3 营的部署有失妥当,在这场惨剧发生以后,就连许多高级军官都承认,整个 8 团的部署都疏于防范;他们随随便便地就驻扎下来,好像根本就没有什么敌人值得他们畏惧一样。

云山战役之后,休利特·雷纳中尉加入该团。他做的第一件事就是对刚刚发生的事情进行反思。他对该团当时的部署同样感到十分震惊。"首先,三个营之间缺乏有效的连接,根本就不能互相援助;其次,这三者之间相距太远,中国军队完全可以在不为人知的情况下顺利通过。这就是敌军的作战方式,突然出现、移向侧翼然后再包抄挤压,"雷纳说,"我知道总部没有事先告知 8 团有关中国军队的消息,但是他们绝不应该把驻扎地点视同儿戏,好像马上就要回国一样。说他们玩忽职守还真是太轻了。"[13]

L 连重武器排的比尔·理查森上士率领一支配有无后坐力炮的小分队。对于 1950 年 10 月 31 日发生的事情,他记得一清二楚。当时,他的小分队正在"骆驼鼻子"(也就是 3 营的南端)附近放哨,这里有一道桥梁直通南面川。此前一天,他们曾经接到一船货物,军需处负责人说是冬装,等打开一看,才发现里面只有一些野战服装、薄袜和一些小件物品。理查森吩咐手下一名士兵好好地分发这些服装,而且因为数量有限,不够发给那些下士。几年以后,当有人写到他们连的士兵是在睡袋里被人活捉时,理查森勃然大怒。他们被动挨打就够糟的了,但他们肯定不是在睡袋里,因为根本就没有睡袋。实际上,所谓的睡袋就是他们东拼西凑裹在身上的毛毯与破衣烂衫而已。

那天轮到理查森在桥上放哨,恰巧约翰逊中校从营部返回时经过此地。约翰逊似乎很想对他说些什么,但是却几番欲言又止。他说:"你看,有报告说这一带有敌军。我们认为他们很可能是朝鲜军队的残部。现在他们很可能已经从河湾地带北上,朝这里进发了。"听了约翰逊的话,理查森越发地感到摸不着头脑。他告诉约翰逊:"中校,如果有人到了河湾地带,他们早就应该知道了。"(这是他的口头禅)接着,约翰逊告诫他要多加小心,然后他们俩互相握手作别。临行前,约翰逊祝他好运。可是理查森却觉得,约翰逊孤身一人在乡间小路上穿行,他倒想说:中校先生,需要好运的人恐怕应该是你自己吧。

他们两人曾经同在马萨诸塞州德文斯堡接受训练。在"二战"接近尾声之时,理查森正在欧洲服役,但当时为时已晚,他没有亲身经历惨烈的战斗,只是见到了大战后的一片废墟。然而在朝鲜战场上,理查森身经百战,而且还参加了迄今为止最为艰苦卓绝的战斗。理查森从小在费城长大,父母都是艺人。他的学习成绩并不理想,因此被送往当地的一所工业学校,这就意味着从此以后他将与大学无缘,而理查森似乎也从未动过这个念头。于是,上完九年级之后,他的学校教育生涯就告一段落,转而加入军中——在这里理查森感到如鱼得水。他还接受过"二战"战场上最恶劣条件下职业军人的专门训练,因此对于生存之道颇为精通。1950年早春,理查森的服役期第三次延长,但是当时正值战后大裁军时期,因此部队一直想让他退伍。就在此时,朝鲜人民军突然南下,于是他的上级在一夜之间改变想法,决定让他留在军中。

7月末,在德文斯堡退伍不成的理查森反而成了8团3营的创建者之一。他清楚地记得,6月26日至27日,就在朝鲜发动进攻后不久,约翰逊在哨所电影院里召集全营士兵。但是因为当时人数太少,他们只能占满前面两三排的座位。那天放映的是一部步兵宣传片,其中有些战士因为表现英勇而获得银星勋章与铜星勋章。约翰逊告诉他们:"小伙子们,你们当中如果谁还没有勋章的话,再过几个星期就会有了。"听了这话,理查森还以为他精神失常了呢。[14]然而没过几天,各色人等纷纷抵达,包括宪兵、厨师以及后勤人员在内的所有步兵人员,足够坐满整个电影院。接着,他们就远涉重洋,来到朝鲜战场。

后来,在他们遭到中国军队的袭击后,理查森才真正感受到此前约翰逊的那番话其实意味深长——当时他一定是想警告自己的部队,该地区已经有中国军队出没,通向8团的道路门户洞开。在当时的情况下,"中国"这个字眼无疑会让军中一片哗然,因此约翰逊只能点到为止。如果约翰逊还是该营营长的话,理查森完全可以相信,他一定会收紧阵地,同时向高处转移,并且确保该营的火力能够相互支援、相对集中。理查森想,也许有一天奥尔蒙德会成为一名出色的指挥官，但此时此地可不是让战斗开始的当口。

就像约翰逊一样，3营负责作战指挥的菲尔莫尔·麦卡比少校对该团的部署同样感到十分不安，但是却再也没有机会就此同约翰逊进行讨论，因为此后三年他是在战俘营中度过的。麦卡比参加过"二战"，是一名战斗经验丰富的军官，来朝鲜之前曾任骑1师某连连长。大家一致认为，他有着杰出的作战指挥能力，但是此时此刻，中国军队的进攻却让他产生了强烈的挫败感。无论是奥尔蒙德还是他的参谋维尔·莫里亚蒂少校都没有指挥经验，因此在麦卡比看来，他们的作战经验与一般的团级干部相仿。此外，这两人彼此十分熟稔，反而将身经百战的麦卡比排挤在外。"我感觉会出状况，但自己却是局外人。"后来他这样说道。尽管麦卡比屡次试图提醒奥尔蒙德，该营所在的地形十分不利，但是却总是白费唇舌。此外，当时营中氛围也令他不快，这要归咎于那些高级军官——正是因为他们掉以轻心、妄自尊大，才使得流言满天飞，让人们误以为美军马上就要撤离朝鲜。随后麦卡比发现，当陆续有中国士兵被俘时，美军各个作战单位却对此一无所知。他认为，总部就是要封锁这些消息，而即使封锁不住也要竭力遮掩，这种做法真是闻所未闻，完全是玩忽职守、敷衍塞责。当逐渐熟悉中国军队的战术后，他发现当时他们团的部署过于分散，很容易成为敌军首选的攻击目标。[15]

在中国军队发起进攻之前，包括奥尔蒙德在内的军官们其实知道，上级司令部正在就此争论不休。8团团长哈尔·埃德森上校想将本团撤离该区域，不仅因为该团位置过于暴露，而且已经有太多征兆引起了他的警惕。11月1日，当他醒来的时候，发现森林上空浓烟滚滚。埃德森和其他一些军官都怀疑，这场大火很可能是敌军为了迷惑美军的空中侦察力量的掩人耳目之举。对于该地区已有中国军队出现的报告，骑1师师长哈普·盖伊要比他的上级更为警觉，甚至感到战斗很可能一触即发。11月1日那天，他在云山以南的龙山洞设立师指挥所，但是由于军部一时心血来潮，完全不考虑该师的完整性，而将他的几个营调到其他师，致使骑1师的编制被割裂，这让盖伊感到大惑不解。现在8团孤军作战，完全暴露在敌人的枪口之下，因此盖伊感到十分不安。

对于军部指挥这场战斗的方式，盖伊的副官威廉·韦斯特中尉能够感觉到盖伊从一开始就十分不满。在"二战"期间，盖伊是乔治·巴顿将军的参谋长，因此他对于如何运筹帷幄并不陌生。但在朝鲜，战事从一开始就指挥失当，他对战争初期美军的糟糕状况十分震惊。在盖伊看来，麦克阿瑟一直对敌人掉以轻心，自以为"一只手捆在背后"也能打败朝鲜军队，实际上却犯下兵家大忌。盖伊觉得，那些在东京坐镇指挥的高级军官完全不了解敌军与该地区的实际情况，而且似乎也根本不愿意去了解，这真是令人诧异。从麦克阿瑟的大营出来以后，他对韦斯特说："这些该死的家伙从来都不肯纡尊降贵，还在那里做他娘的美梦呢。"[16]最让盖伊感到愤怒的还不止这些：那些最具才华的军官，尽管盖伊非常想让他们担任营长，可麦克阿瑟的司令部总把他们抽调过去当参谋。他对"总司令部的臃肿程度已经超过'二战'时的同级司令部"的情况非常震惊。他忍不住开始发牢骚，1945年时第3集团军司令部只有数百名军官指挥前线的数万名将士，而眼下的情况却恰恰相反，东京总部有数千名军官坐镇，指挥前线数万名士兵。总部甚至还派出一名军官，专门负责定期往返于东京与盖伊的师部之间，据说是为了及时了解他们的需求。有一次，盖伊列出一份被派往东京总部的参加过"二战"的军官名单，迫切希望让这些人回到前线指挥。然而，等到那名联络员回来后，盖伊问起那些军官的情况时，他得到的答复却是："麦克阿瑟将军说，不能浪费这些人才。"

"天哪，难道让这些身经百战的军官指挥美军作战也称得上是浪费人才吗？"盖伊嘟囔道。[17]

此外，对于美军在圣诞节前就能回家的传言，盖伊也感到大惑不解。他问道："是哪个圣诞节？今年的还是明年的？简直荒谬至极。这种说法只会动摇军心，让我们麻痹大意。"让盖伊忧心忡忡的是，自己的一个团有可能陷入敌军的包围圈，因此他想方设法要将该团撤离，从而增强全师的战斗力。但是，他的上司第1军军长弗兰克·米尔本却不愿意这样做。在军队里,"撤退"是一个不招人待见的词儿,除非万不得已,他们是不会这样说的,而更为通行的说法则是"反向前进"。然而即使这样,米尔本还是不同意,因为在此前的六个星期里,他们的进军一帆风顺。而且重要的是,麦克阿瑟的总司令部一直不断施压,要求他们尽快抵达鸭绿江畔。韦斯特知道,尽管东京总部一再宣称没有发现敌军的踪迹,但是盖伊却越来越担心,自己很可能会失去整整一个团的兵力。如今,总司令部与前线之间已经产生巨大的裂痕:一方面是前线的美军将士出生入死、命悬一线;另一方面,东京的高级官员却自欺欺人、盲目乐观。同样,军部与师部之间也有巨大的隔阂:军部似乎对东京的热切希望深信不疑,而师部却感到前方敌众我寡、不堪一击。虽然他们有不止一次的机会能够让8团脱离险境,但是米尔本却始终不肯下令撤军。

11月1日下午,当盖伊与查尔斯·帕尔默将军(该师炮兵指挥官)一起在指挥所的时候,一则由L-5侦察机上的观察员通过无线电发出的报告引起了他们的注意:"这是我见过的最奇怪的事情。有两大股敌军步兵纵队正从龙塘洞与龙云洞附近的小路上向东南方向进发。我们的炮弹刚好击中敌军部队,但是他们却没有停止前进。"[18]那是距离云山五六英里处的两座小村庄,帕尔默将军立即下令炮兵开火,同时盖伊也紧张地拨通第1军司令部的电话,再次请求上级准许8团撤到云山以南数英里以外,然而他的请求再次遭到拒绝。

这样一来,他们就丧失了挽救8团尤其是3营的最后一次机会。接下来的这场战役几乎在顷刻之间就胜负已定,中国人民志愿军由经验丰富的士兵组成的两个精锐师,与一支毫无准备、部署不当、在大多数情况下都由那些盲目以为朝鲜战争业已结束的军官指挥的美军精英师进行了一场正面交锋。

5团在约翰逊的率领下,在北上云山展开救援行动的途中被中国军队设置的一处巨大路障困在半路。实际上,他们不仅难以解救出受困的8团,就连自身能否从这场鏖战中顺利脱身、免遭全军覆没的命运都不知道。正如那位以严谨著称的朝鲜战争历史学家罗伊·阿普尔曼所描述的那样:"11月1

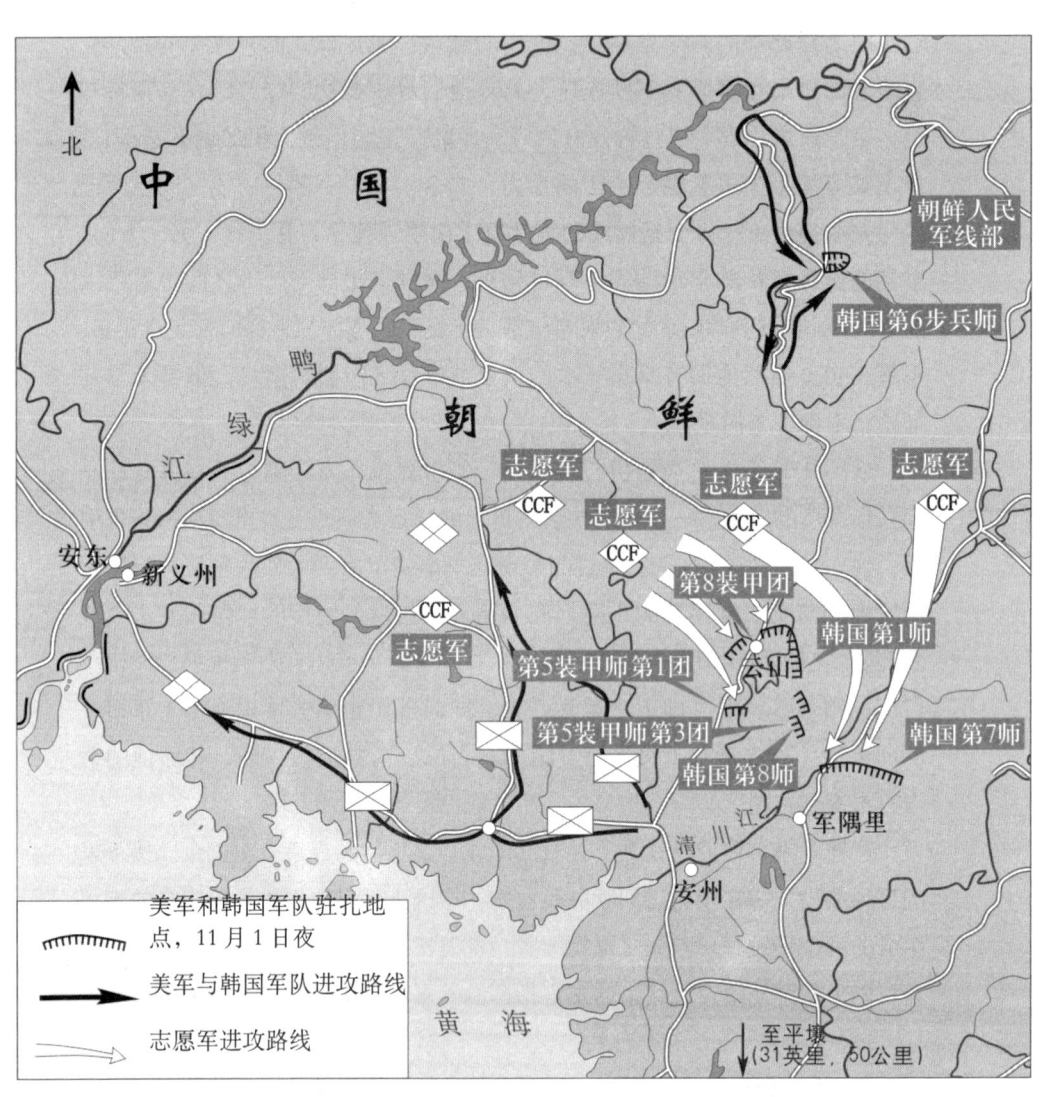

图 2　第一次遭遇中国军队，1950 年 11 月 1 日

日夜幕降临前，8团被中国军队围三阙一，只在东面留有一个缺口。如果当时韩军15团能够在原地抵抗的话，那么他们也许还有一线生机。"[19]

本·博伊德中尉是8团1营B连的新任排长。1营配有坦克和火炮，实际上是个营级特遣队，当时驻扎在云山以北400码开外，因此是8团三个营中最容易受到攻击的目标。该营营长名叫小杰克·米利金，是博伊德在西点军校的战术教员。博伊德印象中的米利金是一个为人和善、行事稳妥的人，他的父亲也曾经在欧洲战场上担任过巴顿将军麾下的某军军长。据博伊德所知，1营曾经先于其他两个营抵达平壤，当时其他两个营在什么地方则不得而知。而就在1营到达这里的当天下午，曾把迫击炮对准四周的目标，并且与敌军进行几番交火，但是因为战斗进行得并不激烈，因此大家都想当然地以为，敌方只不过是朝鲜的一些散兵游勇而已。可是到了晚上，刚从营部开会回来的8连连长却对博伊德说："这一带大约有两万洗衣工。"[20]博伊德当然懂得他的意思——他们的周围驻扎着两万中国军人。

接着，他们听到类似于某种亚洲风笛的乐器声音；一开始，有些军官还以为是英国旅的援军到了。然而那种声音却不是风笛发出的，而是从军号与喇叭里发出的一种诡异的声响。对于这种声音，只怕很多人会在此后终生难忘，因为他们很快就知道，这种声音不仅代表着中国军队即将投入战斗，同时还是对敌人的一种强大威慑力。博伊德相信，尽管人手短缺，但是他的士兵已经严阵以待。他的一半属下都是韩军混编人员，即所谓的KATUSA。大部分美国军官认为，这些韩军混编人员训练不足，到了与敌军真枪实弹交火的时候，完全指望不上他们——将他们混编进来不是为了加强美军的战斗力，而是为了增加美军与联合国军的人数。对于这种轻率的做法，不仅那些必须与韩军并肩作战但言语不通的美军连长与士兵感到十分不满，整天被呼来喝去的韩军混编人员同样感到不快。

10时30分左右，中国军队发动猛攻。这真是兵败如山倒，博伊德心想。后来有人说，中国军队如入无人之境，迅速穿过美军薄弱的防线。美军看似防守严密的营指挥所在顷刻之间就被夷为平地；各个排的一些幸存者想要临时构建一条防线，但很快就因寡不敌众而土崩瓦解，到处都是美军伤兵。

对于眼前越来越混乱的局面，米利金已经竭尽所能了，博伊德心想。于是，他下令让剩下的十辆载重2.5吨的卡车一字排开，尽可能地将伤兵转移出来。就在此刻，博伊德突然看到一名叫埃米尔·卡朋的随军牧师正在全力照料自己身边的伤员。博伊德立即下令，让部下安排这名牧师上车，但后者一口回绝，因为他打算与这些很可能冲不出去的伤兵待在一起。尽管卡朋神父十分清楚，他们最终很可能会一起被俘，但是他会尽其所能让这些美国士兵得到善待。

3营有两辆坦克。当护航车队开始出发时，米利金登上一辆坦克在前方开路，博伊德上了另一辆坦克负责断后。到云山镇以南约一英里之时，出现了两条岔路，他们的一支队伍向东南方向进发，另一支队伍沿西南方向前行，先后进入3营的防御圈，然后通过比尔·理查森及其辎重分队镇守的那座桥梁。后来的事实证明，米利金不顾一切率部南下是对的，凡是最后突出重围得以幸存下来的士兵莫不是受益于此。

中国军队早已在这条道路的两侧埋伏重兵。博伊德当时很难预计敌军会在什么时间、什么地方开火，但是他模糊记得，他们沿着这条道路走出五六百码之后，中国军队就开火了，火力异常凶猛。而他们的车上全都是伤兵，根本无力还击，于是整个车队都熄灭车灯。慌乱之中，博伊德所在的那辆坦克的驾驶员操作失误，炮塔开始猛烈旋转，坐在上面的那些士兵全都掉了下来，博伊德也跌进一条战壕里。后来他能够活下来，博伊德心想，完全是出于天意。

他甚至能够听到中国士兵的脚步声，这时唯一的办法就是装死。不一会儿，有人走了过来，先是用枪托狠敲博伊德的脑袋，而后又猛踢他的身体。所幸没有人用刺刀戳他。博伊德等了很长一段时间——少说也有几个小时，才慢慢地爬了起来。这时的他完全迷失方向，除了浑身是伤以外，还有严重的脑震荡。博伊德听到不远处似乎有开炮的声音，很可能是美军的炮火，于是朝着那个方向蹒跚前行；蹚过一条大概叫作南面川的小溪，才发现自己的双腿疼得厉害，他觉得这很可能是中国士兵使用的白磷所造成的烧伤。

博伊德小心翼翼地走了几个晚上，一到白天就尽可能地躲藏起来。他带着极度的伤痛与饥饿,朝着美军防线的方向走了至少一周的时间,也许有十天左右,最后是一位当地农民给他食物充饥,并且用最原始的手势为他指明美军的位置。博伊德相信,没有这位农民的帮助,他绝对不可能活着回来。11月15日左右,在经历将近两周的艰难跋涉之后,博伊德终于来到一处美军营地。他的烧伤已经十分严重,当时立即有人对他进行了一系列治疗。对于博伊德来说,这场战争已经结束了,他成了少数几名幸存者之一。博伊德只知道他的连长在这次战斗中阵亡,但不知道他的排中是否还有人幸存下来,因为从此以后,他再也没有见到过其中的任何一个人。

在中国军队发动攻击之前,在8团的防御圈南端,L连的比尔·理查森仍旧驻守在那座长约90英尺的水泥桥上。桥下原是一条小河,但现在河水已经干涸。理查森和大部分士兵都守在桥北的平地之上,也就是8团驻扎地点的最南端。营部就在此地以北大约500码之处,而L连的其余兵力则在向西大约350码处。当理查森第一次听到南边山头上传来的声音时,他问自己的好友,也就是这个班里除了自己唯一有过作战经验的士兵吉姆·沃尔什:"我听到了什么,你听到了吗?"理查森感到那里一定是出了什么事,但是却抽不出人手来进行侦察。于是他拨打连部的电话,希望他们能够给予支持。但是连拨了三遍,连部那边才有人拿起电话,这让理查森感到愤怒不已——他们怎么能够如此麻痹大意?接下来,连部又接通营部,最后由营部从情报侦察处派来一名士兵。这个士兵一路悠然自得地走了过来。在理查森向他说明任务之后,这名士兵很快就不见了。过了一会儿,只见他与其他四名士兵在山顶上大呼小叫地进行所谓的侦察,理查森想,他们的声音大概整个师都能听得到。等到他们声势浩大的侦察行动结束以后,带头的士兵说:"这里没有任何情况。"但是,另外一名士兵的手里却拿着一把铁锹和一副手套——这种手套理查森从来没有见过。更重要的是,手套是干的。显而易见,在这种雨雪交加的天气里,只有一种可能,那就是刚刚有人把它们落在了这里。"没错,"这名士兵承认,"是有几个散兵坑来着,但那肯定很久没有人用了。"听了这话,理查森勃然大怒。即使不是侦察人员或者情报人员，也应当能够立即理解这副手套的重要性。于是，理查森坚持要他把这副手套与工具送到自己的上司那里，并且通报这里可能有情况发生。可是这名士兵满脸愠色地回答："好吧，要是您不喜欢我们的侦察结果，那劳驾自己去瞅瞅吧。"

所有这些情况都让理查森越发警惕起来。那天晚上，他还接到一个电话，要求他派一个班的士兵增援连部的侦察巡逻。这让理查森大为光火，因为他这里只有十五名士兵，其中五个还是不会讲英语的韩军混编人员。于是，理查森只好让这五个人留下，派遣自己的得力助手沃尔什与其他三名士兵去参加连部的侦察行动。理查森后来听说，这些士兵到连部后，有人告诉他们，此行的任务就是挖几条沟，然后就可以休息了。尽管这时理查森的营区仍然没有任何动静，但是1营与2营却同时遭到中国军队的痛击。

接着，11月2日凌晨1时30分左右，营里突然炸开了锅，原来是中国军队突袭了8团3营。数年以后，理查森在其他史料中读到，中国军队身着韩军俘虏的服装，成功地偷袭了美军。不过对于这种说法，他并不认同，因为中国军队完全没有必要进行伪装，可以从东面的开口处如潮水般涌入。片刻之前，营部里还都是左冲右杀的美国士兵，但眨眼之间，这里已被中国军队占领。与此同时，在距理查森左侧大约350码开外的地方，L连也被中国军队一举击溃。那时，中国军队只需要使用四挺机枪对理查森的阵地进行扫射，就能够立即把他们撕成碎片。

在此之前，L连的一个排长，一位刚刚来到朝鲜战场的年轻中尉罗伯特·凯斯，与理查森的好友、副排长"面糊"米勒（他在到达云山镇时曾经听到过有关中国军队的传闻）正从理查森的阵地西南方向、距离有两三个山头之遥的904高地后撤。理查森不太熟悉凯斯，因为8团的排长换得很快。凯斯急匆匆地到达后，坚持要用理查森的有线电话询问一下发生什么事情——由于通讯状况欠佳，凯斯所在的排已经与外界失去一切联系。可是理查森的电话突然也打不出去了，凯斯断定是中国人切断了电话线。于是，凯斯决定一路前行，把自己的手下带到营部。米勒同理查森握了握手，并

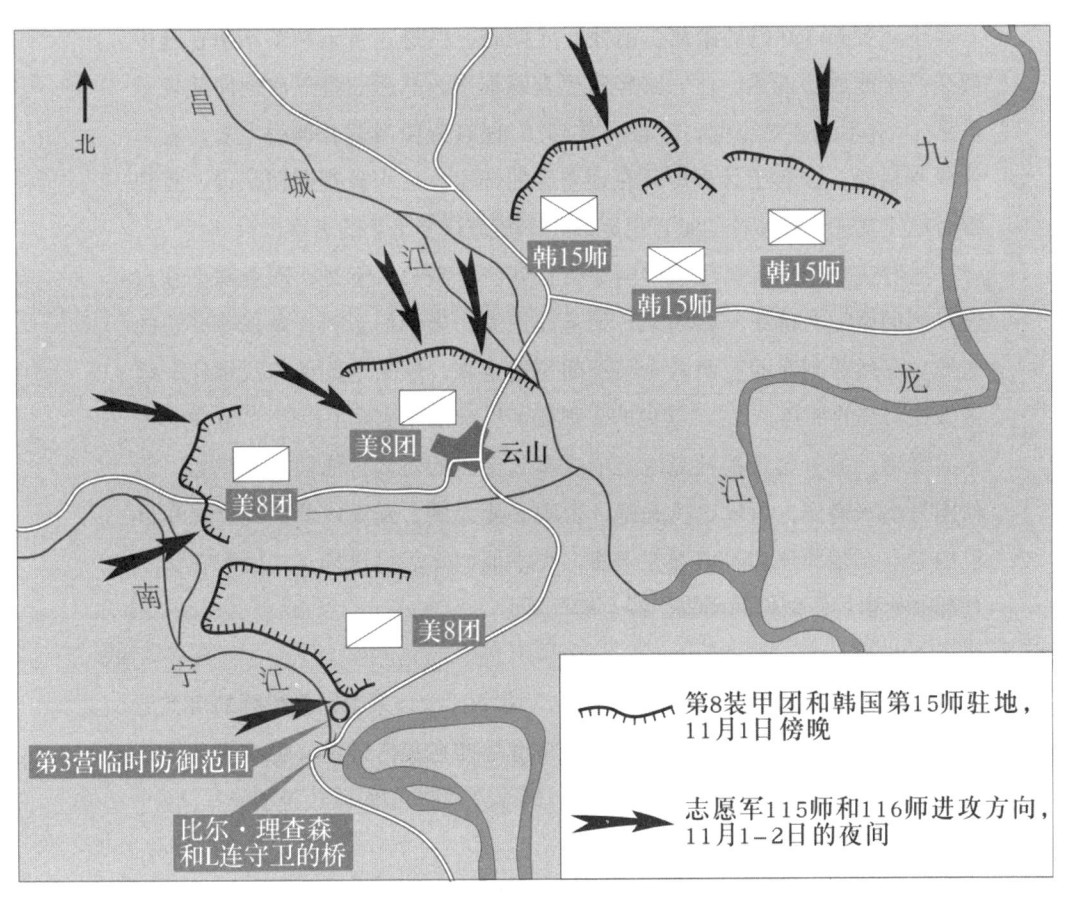

图3 云山战役,1950年11月1—2日

祝他好运("我再次见到他时，是在五十二年后的一个骑兵师老战友见面会上。"米勒说道)。当时理查森甚至无法与自己的连队取得联系，于是他派一名士兵穿过350码的距离，前往L连探查，但是这名士兵却不幸在途中遇袭，未能成功抵达。他一路爬回理查森那里，然后三番五次地向他表示歉意："对不起，对不起，我没有做到。"理查森俯身解开他的上衣，看到他浑身是血。这名士兵最后死在理查森的怀里。后来理查森回忆说，直到那时他才发现，最糟糕的是自己竟然还不知道这名士兵的名字。

他们驻守的桥梁已经被中国军队打开一个缺口。于是，理查森率领自己仅剩的两三名部下一路向北，朝营部进发。当他们走到一条战壕旁边的时候，突然看到对面有两名士兵正朝这边走来，原来是此前与沃尔什一起被派往营部的那几个人。"其他的人都死了！沃尔什也死了！"[21]其中一名士兵说道。另一名士兵补充说，中国军队突袭的时候，他们正在睡觉，而他刚好出来撒尿，所以趁机逃跑，否则必死无疑。几天以前，理查森和自己的老友沃尔什还在平壤互相道贺，庆幸他们一起挺过来了，而现在沃尔什却战死疆场，他们的团也已经土崩瓦解。

对于3营负责作战指挥的菲尔莫尔·麦卡比少校来说，最糟糕的事就是军中已经乱成一锅粥，他们甚至还不知道是谁在袭击自己，也不清楚敌方究竟有多少兵力。"是一万、一百还是一千人？是中国军队还是朝鲜军队？"数年后他这样问道。

有两个问题显得尤为重要：现在谁在指挥这里的美军？都下了哪些命令？那位身负重伤、只身北上云山探查敌情的营长奥尔蒙德这会儿不是奄奄一息，就是已经一命呜呼，麦卡比再也没有看到过他。那位前去侦察的参谋莫里亚蒂也一去不返，麦卡比也没有再见过他。在此后的数年中，麦卡比对莫里亚蒂的失踪始终耿耿于怀；尽管这位参谋最终活下来了，但是麦卡比觉得自己有责任留下来，帮助3营重整旗鼓。

麦卡比向南出发，想要看看究竟发生了什么事情，却在路上撞见三名中国士兵。从他们的棉衣与有耳罩的帽子，麦卡比立即猜到他们的身份。

当这三名士兵看到他的时候，也是大吃一惊。他们举起手中的步枪，对准麦卡比。在这种情况下，要进行沟通是不可能的，于是他指了指前方的道路，让他感到诧异的是，这三名中国士兵竟然没有开枪射他，而是径直朝着麦卡比手指的方向离开了。就在这时，他的好运到头了，突然有两颗子弹射中他，显然是远处的几名中国士兵开的枪，但是麦卡比没有看清楚。第一颗子弹击中他的脸颊，接着第二颗子弹射穿他的肩胛骨。麦卡比觉得自己肯定是完了，因为头部已经血流如注，身体越来越虚弱，再加上这里严寒的天气，几乎没有生还的可能；然而这时不知从哪里过来一名美国士兵，半推半扶地把他架到了营部。

凯斯中尉在桥边与理查森道别以后，就失去了一切联络。当中国军队开始使用机关枪与迫击炮发起进攻的时候，他正率领自己的残兵向营部进发。他想让士兵经由一条战壕到达路边，却被夹在中国军队与美军的中间，伤亡十分惨重。"中尉，我想我们已经被黄种人包围了。"其中一名班长卢瑟·怀斯中士说道。[22] 话音刚落，一枚迫击炮弹打了过来，怀斯不幸阵亡，凯斯也身负重伤。凯斯中尉发现自己的一只胳膊突然抬不起来了，但是他继续率领残部朝营部指挥所走去。混乱中，他们差点儿就与一名中国军官撞个正着。幸好凯斯及时发现，于是他们立即后撤，并且最终成功抵达重建的指挥所，而那里实际上已经成为营部的一个救助站。在返回营部的途中，有一挺机枪的火力恰好阻断了他们的去路。但是凯斯注意到这名机枪手的开火方式十分特别，他停停打打、打打停停，而每次间隔的时间完全一致，就好像是在发密码电报一样。于是，凯斯算准他每次开火的时间，然后让自己的部下分成小股，依次在间隔时间穿过去。在凯斯看来，当时中国士兵的尸体已经越积越多，或多或少阻碍机枪手的视线，这使他们得以顺利脱险。到达救助站后，凯斯粗算了一下，出发时排里还有28名士兵，现在仅余12人。他的排从一开始就因为兵源告急而人手短缺，现在简直成了一个班。当军医克莱伦斯·安德森进行治疗的时候，凯斯想要帮他一把，这时一枚手榴弹突然落在他的脚下；凯斯再次负伤，一条腿上被炸了四个洞，另一条腿也受了轻伤；手榴弹刚刚落下，又有一枚迫击炮弹击中这里，炸死了凯斯排里仅剩的五名尚有战斗力的士兵。凯斯觉得很难有人能够再突出重围，自己就更没有指望了，因为他的两条腿已经动弹不得。

这时，营部指挥所已是一片混乱，身受重伤、目瞪口呆、麻木迟钝的人散乱地从不同的位置赶往这里。到达营部以后，理查森惊讶地发现，这里早已乱成一锅粥。攻克指挥所的中国士兵和美军残兵混杂在一起，这些中国士兵似乎不敢相信自己的胜利，好像现在的结果完全出乎他们的意料。虽然他们已经拿下指挥所，但是对于接下来该怎么做却显得茫然不知所措。一位军医告诉理查森，他们在附近为40名伤兵辟出一块地方，安德森大夫和卡朋神父都在那里。然而，最重要的问题还是究竟由谁来领导这支队伍。奥尔蒙德和麦卡比都身负重伤，莫里亚蒂不见踪影，看来这支队伍的新任领导只有留待自行出现了，理查森想。

他决定回L连去看看那里还有没有人能到指挥所来。于是，他一边向回走，一边高声报出自己的名字，这样他的部下就不会向他开枪射击了。理查森发现L连的连长保罗·布罗姆瑟中尉已经中弹身亡，参谋弗雷德里克·吉鲁中尉虽然负伤，但还能够行走。真是太可怕了，吉鲁说，中国军队席卷而来，原来连里的180个人恐怕只剩下25个人了。吉鲁问："你能带他们出去吗？"理查森回答："能，但是不能过桥。"他得绕过弯弯曲曲的小道另寻出路。途中，他们遭遇两名背有手榴弹的中国士兵，击倒了其中一名。这时一枚手榴弹突然爆炸，中国军队的一挺机枪开始向他们扫射，这些美军士兵顿时惊慌失措。当他们接近营的临时防区时，发现有两辆美式坦克正朝这边开来。有些士兵本能地立即跳上坦克——美国人总是离不开自己的运输工具，理查森想，好像这些工具能够让他们大难不死。他敢肯定，中国军队一定会首先拿坦克下手，所以他和吉鲁将许多士兵劝了下来。

他们在先前的营部指挥所方圆200码内建立环形防御带，然后迅速在松软的河床上挖出几道战壕，把那三辆坦克推了进去。这样一来，他们具备了一点儿有限的火力，另外捕捉到一些微弱的无线电信号（这几辆坦克的无线电台那时还能正常使用）。那天晚上，他们一直在开火。令人感到诧异的是，虽然中国军队完全可以趁机将他们一网打尽，却没有再次全面出击。理查森认为，那天晚上中国人和美军一样，都感到十分困惑。不过，理查森还记得，中国人的困惑并没有持续到第二天。破晓时，美军稍稍松了一口气，他们熬过了敌军的第一次攻击。在这场战斗中，敌方很少在白天进攻。即使这是美中两军的第一次交锋，美国人也觉得中国军队与朝鲜军队大不相同。这里似乎仍然还有一线希望，从他们收到的最后一条无线电信息来看，援军已经上路了。就在此时，那位后来因表现得英勇无私而为人铭记（并且被授予荣誉十字勋章）的随军牧师卡朋问起理查森的状况。

"你知道今天是什么日子吗？"神父问道。

理查森回答说不知道。

"今天是万灵节。"

"神父，"理查森说道，"最好有人正在寻找我们失去的灵魂，我们真的很需要。"

"是的。主正在寻找，主正在寻找。"神父回答。[23]

那位在平壤与沃尔特·梅奥分享一瓶气泡酒的菲尔·彼得森中尉，是99野战炮兵营C连的前方观察员。C连负责支援8团3营，隶属于3营的K连驻扎在营部指挥所附近。在敌军发动进攻前几个小时，营部已经事先收到有关该地有中国军队的报告，但对这一重要情报做了牵强附会的解释。时隔五十年后，彼得森几乎还能一字不落地回忆起当时营部的说法："他们认为中国人只是来这里保护朝鲜（鸭绿江上游）的发电机组，所以中国人不开火，我们就不开火。任何前方观察员不得召集炮火轰炸电力设施。"

中国军队发动攻击后，彼得森才意识到此前上级总部曾经试图告知他们当时的险情，但却故意语焉不详。多年以后，他不无愤怒地说道："他们给我们的情报，只不过是一堆表面文章。"当天夜里9时许，在双方还没有开始猛烈交火的时候，有人从K连的哨所带来一名身穿棉衣棉裤的俘虏。当该连的韩国混编士兵想同他讲话时，却发现这名俘虏根本不懂朝鲜语。彼得森可以肯定，这是他们碰见的第一名中国士兵。随后他们接到上级命令,让该连撤出这块高地与营部会合。但是那天晚上的行动却着实匪夷所思,连队被分成十人左右一组的小队分别撤出。就在这时,中国军队突然开火,彼得森带领的一支小分队被困在稻田旁边的一条水沟里,两面都有中国军队猛烈的火力。他与一名被射中臀部而哭笑不得的中士一起盘坐在沟底。两人心里都很清楚生还的可能性微乎其微。无奈之中,这名中士半开玩笑地对彼得森说:"瞧啊,中尉,我中了个百万大奖的枪伤!"这样的枪伤必须回家才能治疗。此时此刻,家,对于他们来说,似乎已经成了一个遥不可及的词语。

当彼得森被困在战壕里的时候,K连的其他士兵正在手忙脚乱地转移该炮兵连的六辆105毫米口径的榴弹炮车。他们迅速关上窗户,想要挡住敌人的炮火。然而,当他们制定好突围路线,临时拼凑起一支可怜的护卫队(约有十六部车辆,由卡车拖着榴弹炮,吉普车运送人员与干粮)时,一切为时已晚。中国人已经神不知鬼不觉地切断了通向南方的道路,并且埋伏在道路两旁守株待兔,其中许多士兵都配有在刚刚结束的中国内战中从国民党手中缴获或者购买的汤普逊冲锋枪。尽管美军早已淘汰这种枪支,但是此时此刻它们派上了大用场。

敌军先是堵住他们的去路,然后便发起了猛烈的进攻。汉克·佩蒂科恩中尉是该连最为出色的军官之一,曾经在"二战"中荣获银星勋章。当天晚上,他也是护卫队成员之一,并且奇迹般幸存了下来。后来他告诉彼得森,他们本来没有一点儿突围的机会,只能眼睁睁地看着整个连被敌人消灭。就在那天早些时候,佩蒂科恩曾经向上级请求开始撤离,但得到的答复却是要等候命令。佩蒂科恩说:"我们等不来什么命令,因为我们完全失去了联系,所以只能自力更生。"[24] 包括炮兵连长杰克·博尔特上尉在内的少数几个人率先登上一辆吉普车,并且设法突出重围。当时中国军队突然停火,大概是想要等那辆拖着榴弹炮的大卡车过来时再集中攻击,因为这个战利品不仅更加惹眼,而且还可以顺便制造路障。最后,该连大约180名士兵活下来的屈指可数。这是美军最后一次试图逃出云山地区。与此同时,彼得森正率领手下缓缓撤退,一边朝营部进发,一边等待黎明的到来。

天刚蒙蒙亮的时候,他们终于到达一处距离营部指挥所大约200码的平地上,然后迅速形成了一个小型防御圈。

11月1日夜,"面糊"米勒、他的好友理查德·赫廷格以及残余的部下在距营部大约一英里远的地方突然接到命令,让他们原路返回。整个3营,实际上是整个8团接到上级命令,要求他们撤出该地。不过这道命令为时已晚,他们刚刚经过一道桥梁附近的哨所,从那里传出第一声枪响,敌军已经将他们团团包围。于是,米勒迅速带领该排从桥下穿越这条已经干涸的溪流,但是对岸早就有伏兵。在大多数人上岸后,米勒发现自己被一枚手榴弹的碎片割伤一只手。当时他唯一还能记得的就是到处都乱作一团,中国军队似乎无处不在,美军已经无路可退。他感到敌军早就埋伏在附近,然后突然出现在他们的头顶。那时他们已经到了路旁的一条水沟里,于是只好隐蔽在那面。米勒还记得,身旁的这些部下大部分都是刚刚到来的新兵。他从来没见过这种场面。实际上,他们不应该把这条水沟当作掩体,因为这里毫无掩护可言,更不要误以为自己已经脱离险境,因为现在他们毫无安全可言。同样,不论你是站在制高点上,还是待在营部的指挥所里,都没有绝对的安全可言。米勒知道,此时此刻最不安全的地方就是在水沟里躲避,但是里面已经有35名士兵,一些是他排里的,另一些是其他排的。于是,他对自己的朋友赫廷格喊道:"嗨,赶快出来,不要在这里等死。"然后他们一起催促里面的人全都出来。米勒估计,当时应该是11月2日凌晨3点左右。当他差不多已经让所有的士兵都从战壕里出来的时候,一枚手榴弹突然落下来,炸断了他的一条腿,血肉横飞、脚骨破碎。米勒再也走不动了。

于是他只好躺在那里等待天亮、等待死亡,因为他知道没有什么人能够把他背走。唯一的希望就是他也许能够爬到附近的营部救助站,但是即使他爬到,那里的救助站很可能也已经被敌军占领。刺骨的寒风让他几乎无法呼吸。他担心中国军队很快就会过来检查尸体,到时候他的呼吸就会暴露目标,于是米勒设法用旁边敌军的尸体掩盖自己。11月2日下午大约

2时许，五六名中国士兵一边穿越这片战场，一边颇为熟练地检查中国士兵与美国士兵的尸体。于是他们很快就发现了他，其中一个用枪抵着他的脑袋。哦，米勒心想，最后还是轮到我了。就在那时，卡朋神父突然冲了过来，一把推开那名士兵，把他从枪口下救了出来。米勒等着中国士兵向卡朋和自己射击，但或许是神父无畏的神色镇住了他们，他们谁也没有开枪。卡朋看也不看那些中国士兵一眼，使劲把米勒拽起来撂在背上；他们很可能都会成为俘虏，但是不管还能走出多远，卡朋都不会丢下米勒。

8团1营的官兵对中国军队的袭击大吃一惊。实际上，此前他们曾经与中国军队有过一次小规模的交火，却不知道自己的对手究竟是何许人也。1营D连（重武器连）的一名19岁下士雷·戴维斯还记得，那是一次漫无目的的乱射——这种事情好像经常发生。10月31日，他们已经抵达云山镇。当他和一支连级规模的队伍穿越一片稻田时，附近的几座山头上突然传来枪声。戴维斯记得，枪声刚刚响起的时候，他们显得漫不经心，许多人甚至连头盔都没有戴；接着，双方都后撤了。真正的激战在一天半之后才到来。

戴维斯隶属于一支重机枪分队。他们驻扎在地势较高的地方，所在的山头位于一条通往东南方向道路的南端。这条道路十分狭窄，一次刚好只能通过一辆牛车，然而当时8团的车辆却一辆接着一辆，磕磕碰碰地难以顺利通行，好像美军离开汽车就不会行军一样。在敌军看来，他们显得非常无能。中国人徒步行军，轻而易举就穿过那条道路直达高地，而美军士兵的命运似乎和那些车辆连在一起，全都被困在低地。

刚过子夜，中国军队发起总攻。在过去的四个月里，无论是参加哪场战斗，戴维斯总会遇到敌众我寡的状况，但这一次对于他的班来说，最大的问题是机枪因超负荷使用而失灵。戴维斯早就料到有可能会出现这种情况。刚到朝鲜的时候，对于这种必须由两人操作的武器，他负责背负弹药，接着负责装弹，最后才成为一名机枪手，其间他已经损耗掉三四挺机关枪。因为敌我力量对比过于悬殊，对于重型火器的需求也总是源源不绝。一开始，他们使用的是步兵最为常见的武器——M-1步枪、卡宾枪甚至机关枪。但是无论什么武器,对于数量庞大的敌军来说都远远不够。有一次,营长鲍勃·凯恩中校对他说:"这场战争的关键就是,你得撂倒一百名敌军,然后就能回家了。等到你真的撂倒一百名敌军,这场战争也就不算什么了。"不过,至于为什么要撂倒一百名敌军才能够回家,凯恩没有做过多的解释。

戴维斯很少见到这样的情形。美军发射信号弹以后,从小在纽约州北部一个农场长大的他看到满山遍野的敌军时,不由想起家乡麦浪翻滚的景象。现在这种景象令人不寒而栗,成千上万的敌军士兵朝他们扑将而来。就算你撂倒一个,还会有下一个;就算你撂倒一百个,还会有另外一百个前仆后继。这种场景对凯恩的玩笑来说无疑是一种莫大的讽刺。接着,戴维斯又看到一名骑马的军官,他似乎正在指挥这些士兵。他们还拿着号角,而每当号角声响起时,敌军士兵便会时不时地变换进攻的方向。

戴维斯知道,身边几名士兵的弹药已经所剩无几,而且恐怕他们的时间也所剩无几;他们不断开火,通常是近距离平射。戴维斯后来回忆说,一小时,最多两小时之后,弹药都打光了,机枪也因为过热而不能使用。凌晨2时许,副排长找到他,戴维斯用手中仅剩的一枚手榴弹炸毁自己的机枪,然后两人设法一起来到迫击炮旁边发射空包弹,这多少给了他们一点儿掩护。眼下最重要的事情是熬过这个夜晚。天刚破晓的时候,他们试图重新编组,惊讶地发现有些人还活着。

他们已经彻底陷入重围。

在营部指挥所附近匆匆建起的防御圈内,身负重伤的吉鲁已经成为事实上的领导。他是一名"二战"老兵、经验丰富的步兵军官,深知美军的作战能力;他很清楚怎样才能在极为有限的时间里、极为有限的范围内做出选择,从而使部队发挥出最大的作用。和他在一起的还有彼得森中尉、他的朋友梅奥和理查森;后者虽然不是一名军官,但是在战争初期艰苦卓绝的北进过程中,已经成长为一名具有丰富作战经验的军士。一开始,他们就意识到自己的对手是中国人,意识到整个8团已经成为战场上的先头部队,意识到这次战斗最终会演变成一场大规模的战争。[25]虽然防御圈内的这些士兵已经在第一次战斗中成功脱险，但是今后的日子仍然愁云惨淡。尽管总部已经不止一次说过援兵就在路上，但是至今仍毫无影踪。那一天，一架美军直升机为了运出部分伤员而试图降落，但因中国人的炮火过于猛烈，在投掷了一些小包医疗用品后，不得不掉头飞走。

防御圈内这些绝望的士兵正面临着双重困境，那就是如何突围以及如何处置伤兵。此外，他们的弹药所剩无几，枪支也不够用，但冷静而实际地看，这不是最麻烦的问题。如果他们能够干掉一些敌军士兵，那么枪支弹药也许不成问题。然而，他们的防线却极为薄弱，这里地势平坦、毫无遮挡，而且距离住着许多伤兵的营部指挥所只有70码。11月3日正午，彼得森、梅奥、理查森和吉鲁一起到指挥所商议，怎样面临即将到来的末日。因为理查森不是军官，所以没有参加这次会议，但是他很清楚他们几个会讨论些什么。所有的军官，包括那些受伤的军官，无一例外地都在讨论那个难以启齿的话题：众所周知，现在已经到了最后的危急关头，而他们又当如何处置这里人数众多的伤兵；那些受伤的军官即将要做出决定，要不要把自己的性命留到敌人手里。布罗姆瑟和梅奥走到凯斯中尉的身边，表示他们愿意尽力突围；接着，他们又问凯斯能不能和他们一起杀出去。凯斯却回答说不行，并且让他们忘掉自己，因为他现在不能行走，所以不愿意拖别人的后腿。

理查森那时心想，这些年轻人要做出怎样令人心碎的抉择啊！他主动请缨，要求与这些伤兵待在一起，并且尽可能地为他们掩护，但遭到那些决定留下来的伤兵的断然拒绝。凡是还有行动能力、能够指挥他们突围的人，绝不能浪费到——如果可以这么说的话——保护这些伤痕累累甚至奄奄一息的士兵身上。所有的人都很清楚，剩下的时间十分有限，而且敌军的下一次进攻一定会更加猛烈。他们甚至能够听到中国士兵从河床附近向这边挖战壕的声音（这样他们就能够抢在美军之前占领这里的制高点）。和理查森在一起的是一名格外刚毅的中士，但是理查森却记不得他的姓名。理查森把每个人手里的手榴弹都收集过来发给他，对他说他的责任就是设法阻止中国人继续挖战壕。这名中士一路匍匐前进，然后单枪匹马地阻止敌军的挖掘行动。理查森心想,这该是何等英勇无畏的壮举啊!这种情形只会出现在电影里,从来没有出现在现实生活中。

敌军的包围圈越缩越紧,现在几乎没人再谈论救援行动了。当天,澳大利亚的飞行员驾驶几架 B-26 对该地进行了一次空袭,但是天公不作美;还有一次空投补给行动,一架小型侦察机在距离防御圈大约 150 码开外处投下一个粗呢包裹。理查森一路匍匐过去捡了回来,但是里面的东西很少,而且也没有他们急需的弹药与吗啡。

援军是不会来了。数天前就坚持让 8 团撤离该地域的盖伊师长曾经派几支队伍前来营救,但是途中却遭到埋伏在一处最佳地点的中国军队的痛击,并且切断了他们北上的道路。这是中国某军的一支队伍,他们早就埋伏在此,等候一举歼灭前来营救的美军;然而,美军的救援分队却缺乏必要的炮火与空中打击力量,很难对中国军队造成什么威胁。约翰逊中校率领的骑 1 师 5 团是其中的一支救援分队,他们试图突破敌军的防线,但伤亡惨重,有 250 名官兵葬身于此。11 月 3 日,眼看救援无望,米尔本军长下令该师撤回;盖伊结束了救援行动,不得不让被困者自生自灭。盖伊后来说,当时自己做出了一生中最为艰难的一次抉择。

当天晚些时候,又有一架侦察机传来信息,要这群被困者尽力脱险。这算不上一种鼓舞,理查森和这里的大多数人早就决定要依靠自己的力量了。夜幕降临以后,中国军队发起全面进攻。被困的官兵向南方和东南方向道路上一些废弃的美军车辆发射反坦克火箭筒,车辆很快就燃起熊熊大火。汽车着火后会燃烧相当长一段时间,既能作为己方的信号弹,也能暂时有效地阻止敌军的进攻。然而一夜过去,防御圈内尚有行动能力的美军仍在不断减少。一开始他们还有将近一百人,但是现在人数越来越少,弹药也所剩无几。11 月 4 日天亮前,理查森估计,大约还有 25 人正在使用从中国士兵尸体上搜罗来的冲锋枪坚持战斗。第二天晚上又是一场硬仗,他们的最后一辆坦克也完蛋了——有人说是美军故意毁掉的,也有人说是在战斗中毁掉的——这样一来,这里与外界的一切无线电联系都不复存在,意味着不会再有任何人前来救援,这一点着实令人感到可怕。有件事彼得森记得十分清楚,那就是当中国军队集中火力进攻时,他们只剩下最后一挺机枪,而周围美军的尸体却堆积如山。

11月4日一早,理查森、彼得森、梅奥和其他一些士兵进行巡逻,看看是否还有突围的可能。此时军衔高低已经不再重要,尽管梅奥和彼得森都是军官,但是他们同时也是炮手和前方观察员。而吉鲁也提醒理查森说,尽管他只是一名军士,但很可能是这群人中最有步兵战术经验的人,因此他必须相信自己的直觉。

出发之前,彼得森记得发生了一件令人十分难过的事情。当他爬过一个身负重伤、躺倒在地的无线电话务员身边的时候,这名士兵问道:"彼得森中尉,你要去哪里?"彼得森回答,他们要去看看能不能突围,然后再来救大家。这名士兵哀求道:"彼得森中尉,请不要丢下我!请不要丢下我!你们不能把我丢在这里!"彼得森看了一眼,知道这名士兵大概活不了几个小时了。"对不起。对不起,我们必须得走出去,才能回来搭救大家。"他一边说着,一边和巡逻队的其他人爬走了。

理查森认为正东方向应该有能够突围的路线,因为除此之外,到处都有中国军队的火力。在缓慢前行时,他们发现河床附近到处都是横七竖八的中国伤兵。尽管理查森知道本方的伤兵很可能将会成为中国人的俘虏,但他还是郑重其事地告诉身边的美军士兵:"别让人以为你在想拿枪指着他们,更不能向他们开枪射击,想都别想。这是你们听到过的最严厉的命令。"随后,他们在一所装有美军补给的房屋前停下来,里面到处都是中国伤兵,这些伤兵似乎都在发出同样的声音——Shwee,简直令人毛骨悚然。后来理查森才知道他们说的是"水"。他们走到河床后发现,这里的中国伤兵有四五百人之多,大都是被炮弹炸伤的,大部分人已经死亡,活着的也气息奄奄,手里拿着杯子向他们讨水喝。至此,这些美军士兵才相信,他们能够带领同伴从东面突围,于是他们又悄悄地溜回防御圈内。

理查森回来后不得不做出一生中最艰难的决定,此后发生的任何事情都难以与之相提并论。这里现在大约有150名伤员,在敌人猛烈炮火覆盖下的崇山峻岭当中,他们根本没有突出重围的可能,而且还会让那些尚有行动能力的战士白白牺牲。所有伤员都清楚这一点,但没人希望自己落到中国人手中。理查森回来后,不断有人找到他,哀痛欲绝地请他看在上帝的份上,不要把他们留到中国人的手里,不要眼睁睁地看着他们死去。理查森在想,如果自己尽忠职守,服从上级的命令,并且尽可能地救出战友,自己的良心是否仍然会感到不安?对于做过的这些事情,你会不会最终原谅自己?五十年后,他仍然在问自己同样的问题。[26] 他丢下那么多曾经朝夕相处的战友、那么多曾经共同浴血奋战的士兵。

在最初的几天里,吉鲁一直表现出色。他试图建立某种战场秩序,并且照料重伤员,但他后来死在战俘营中。凯斯和其他伤员一起等着中国军队的到来。他们已经完全没有指望了。中国人终于来了,其中一个人命令凯斯站起来,凯斯挣扎着想要站起来,但却倒了下去。他的腿已经废了。由于伤口肿胀得厉害,他不得不割开自己的军靴。凯斯记得,中国人把美国俘虏分成两组,一组是像安德森大夫和卡朋神父那样能够行走的人,另一组是像他那样丧失行动能力需要被安置在担架上的人。凯斯估计后者大概有三十人。这一组中有五个人当晚就死掉了。在接下来的数周里,中国人不停地更换这一组伤兵的房间。凯斯回忆说,十六天当中,他们就像原始部落的人一样活着,只在夜间出行,而且速度非常缓慢。凯斯记得,中国人带着他们向北走了大约两周以后,他听到河水流淌的声音,凯斯相信那一定就是鸭绿江了。一天夜里,中国人出人意料地折回头向美军所在的南方行进,大概是他们不想再让这群俘虏拖累他们了吧,凯斯后来猜想。11月末,他们把这群俘虏留在距离美军营地以北大约几英里的一所房屋里。在凯斯的这组人当中,有一个刚刚被关进来的俘虏还能走路,并且设法向南联络到美军,最后美军派来几辆汽车把他们接走了。凯斯总共做了将近一个月的俘虏,他知道自己已经很幸运了。凯斯隐约记得,在他们原来将近三十人的那组被俘者中,最后得救的只有八个人左右。他的左腿被一枚迫击炮弹炸伤,有四处骨折,腰部以下的伤口也有52处之多。那名搭救他的士兵说道:"你看起来可真惨。"他辗转于各家医院,终于挺了过来,身体基本复原,后来还在越南战场上担任过两年的军事顾问。[27]

让我们回过头来再看看美军小防御圈的情况。那些准备突围的人在下午5点前开始行动。这支将近六十人的队伍在河道向南转弯前来到河床边，但是想要继续前行却十分困难。现在他们已经突破中国军队的防线，但是由于人数过多，很容易被敌军察觉。来到主干道后，他们在理查森的指挥下鱼贯而行，迅速穿过这条道路。在停下来休息的时候，其中一名来自情报部门的军士溜到理查森身边对他耳语，大意是说如果他们两个悄悄离开，那么完全有可能顺利回到美军的防线之内，因为他们都是职业军人，否则就会受到这些外行人的拖累。他的话固然没错，换作别的军官也许会听从他的建议，但是理查森没有这样做，此时此刻，他更不会丢下这群人不管，即使为此付出自己的生命也在所不惜。

11月5日一早，他们误打误撞地来到一个中国军队的哨所面前，于是双方交火。现在他们已经暴露目标，中国军队也知道了他们的具体位置。在这支队伍当中，理查森拿着唯一的一把冲锋枪，他让别人先走。当他觉得自己就要成功突围之时，却被中国人发现并活捉。看来，他不能像东京总部承诺的那样，在圣诞节前回家了。反之，在接下来的两年半里，他将要在战俘营中度过。像理查森一样，菲尔·彼得森也遭到了同样的命运。

这次战斗结束后，8团原有的两千四百人中死伤八百余人。时运不济的3营原有的八百余人只有近两百人成功突围。迄今为止，这是朝鲜战场上美军伤亡最惨重的一次败仗。美军经过四个月的苦战，眼看就要胜利在望时，战场形势却突然逆转。这一结果对于一向战无不胜的美军来说尤其让人感到痛心疾首。中国军队仿佛突然从天而降，转瞬之间就将美军的一个精英师打得溃不成军。在云山战役中，8团死伤惨重，还损失了许多先进武器装备，包括12门榴弹炮、9辆坦克、125辆卡车与数十门无后坐力炮。在中国人发动攻击后的次日，该团发言人对记者的一席话却令人发抖。他说："我们不知道他们能否代表中国共产党政府，但是这次战斗就像当年卡斯特在小比格霍恩河遭印第安人袭击一样，完全是一场印第安式的大屠杀。"[28]

"面糊"米勒在受伤被俘之后，被卡朋神父背着，与其他一小组俘虏一起每天晚上缓缓北行。在前往战俘营的途中，他们曾经来到一处中国军队用作临时基地的地方。在那里,他们看到铺天盖地的中国士兵,足足有两三万人。这里仿佛成了朝鲜的一个秘密城市——除了中国士兵,还是中国士兵。此情此景,米勒不由得心生感慨,形势发生了天翻地覆的变化。但是现在这番话他又能去告诉谁呢?在接下来的两年里,他被关进了一座战俘营。

不管联合国军是否喜欢听到"撤退"这个词,他们也开始迅速地向清川江的另一侧撤离,准备迎接中国军队的下一轮攻击。但是此时,就像他们神不知鬼不觉地出现一样,中国军队在眨眼之间消失得无影无踪。谁也不知道他们究竟到了哪里。他们悄悄地离开战场,又一次把自己隐藏起来。尽管东京总部的人们乐于相信他们已经离开朝鲜,但是实际上他们仍然躲在北方某处。他们希望美军再次陷入圈套,来到距离他们大本营更近的地方。云山战役只是一个开始,而真正的鏖战发生在三周以后,在比云山更北、更冷的地方。

云山之战是中国人发出的一个警告,但是美军却没有注意到。在此前的数周里,美国总统及其高级顾问们一直对中国介入这场战争的意图大惑不解,而现在他们变得愈发惴惴不安。为了消除杜鲁门总统的不安情绪,11月3日,参联会主席致电麦克阿瑟,要求他对"共产党中国军队在朝鲜境内赤裸裸的干涉行为"做出回应。然而接下来几天发生的事情却暴露了一心想要打到鸭绿江畔、统一朝鲜半岛的麦克阿瑟同唯恐与中国发生全面战争的华盛顿之间的巨大分歧。

对于华盛顿来说,中国究竟意欲何为再一次成了首先要考虑的问题,而麦克阿瑟故伎重演,想要通过控制情报来获得做决定的主动权,于是威洛比将军就成为关键人物。他刻意缩小中国军队的伤亡数字,有意淡化中国方面的参战意图。11月3日,在他的精心处理下,美国国内只知道,中国赴朝军队的人数在1.65万到3.45万人之间(然而仅在云山一处,就有接近两个师的约两万名中国士兵袭击了美军。几乎与此同时,在朝鲜半岛东侧,美国海军陆战队的一个营遭到另一股兵力相当的中国军队的袭击,并且伤亡惨重)。实际上,当时在朝鲜境内的中国士兵已经有30万人或者30个师的兵力。麦克阿瑟对这次袭击十分震惊,却试图敷衍过去,因此他对参联会主席电报的回复同威洛比如出一辙。他在回电中说,中国人之所以要开赴朝鲜,只是为了能够"在朝鲜拥有一处名义上的立足之地",从而有机会"从废墟上进行掠夺"。[29]

如果说一开始麦克阿瑟被中国军队的袭击吓坏了的话,那么当他们消失以后,这位将军又开始夜郎自大起来。美国第8集团军司令沃尔顿·沃克将军在云山遭袭后向东京发出电报说:"我方遭到一股有组织、高素质队伍的伏击与突袭,其中有些是中国军队。"[30]再没有比这更明显的事实了,但是对于沃克的直言不讳,麦克阿瑟的总部感到十分不快。将军想让沃克尽量淡化与中国发生正面接触的危险,装作一切正常,然后继续挥师北进。然而沃克对于继续北上感到惴惴不安,并且像华盛顿的官员一样,想要将朝鲜半岛一分为二,尽快了事。对此,麦克阿瑟的措辞很快变得严厉起来。就在沃克担心麦克阿瑟很可能要将自己撤职的时候,这位将军质问沃克,为什么第8集团军在云山之战后就与敌军脱离接触,退缩到清川江之后?接着又逼问道,难道就因为有区区几个"中国志愿军"吗?显然麦克阿瑟想要沃克继续向北挺进,而他给沃克造成的与日俱增的压力远比那些此时深藏不露、静观其变的中国人造成的威胁要大得多。

11月6日,麦克阿瑟在东京发表一则公报。公报中称由于他已经在平壤北部收拢包围圈,因此朝鲜战争基本结束。然而,不是每一个人都像他这样志在必得,对于亲身经历云山战役的第8集团军的高级军官们来说,这次战役只是中国潜在威胁的冰山一角。

此时此刻,华盛顿的人们比以往更加有理由感到惶恐不安。正如后来马修·李奇微将军注意到的那样,当中国人首次发动进攻的时候,麦克阿瑟把它当作一次灾难,并立即致电华盛顿,对于任何有可能阻止他炸毁鸭绿江上桥梁的禁令表示抗议。如果允许中国军队穿过这些桥梁,他说,"就会对我指挥下的美国军队造成毁灭性的威胁"。参联会立刻回电,指出中国的介入,用李奇微的话来说,就是"已经成为事实";也就是说,对于美军是否应当继续北上,需要做出一番痛苦的权衡。麦克阿瑟再次回电,却与自己前一封电报自相矛盾地告诉华盛顿不用担心,美国空军完全有能力保护他的陆军,从而挫败任何挡住去路的强敌。随着美军继续一路北上,决定朝鲜战争最终命运的时刻似乎已经到来。[31] 在自己征服朝鲜半岛的伟大梦想与在强敌当前的局势下置美军安危于不顾两者之间,麦克阿瑟最终选择为实现自己的个人梦想而将美军推入险境。

对此,华盛顿的高官们无可奈何。国务卿迪安·艾奇逊后来写道,我们起初寄望于中国人、后来又寄望于麦克阿瑟去控制战争。然而我们现在对前者无能为力,对后者也力不从心。艾奇逊曾经写道:"麦克阿瑟究竟想要通过向我们展示这次惊人的军事举措达到什么目的?"此时此刻尤为关键的是:一支全新的、骁勇善战的敌军突然出现在战场上。而在大败美军之后,似乎转眼之间就"消失得无影无踪"。艾奇逊补充说:"最值得我们警惕的是,他们完全有可能像上次那样突然卷土重来,给我们造成极大的阻拦。"[32]

11月2日至4日,在朝鲜半岛另一端一个叫作"水洞"的地方,第10军所属海军陆战队一部在一场与云山之战规模相当的战役中遭到敌人的痛击,44人阵亡、163人受伤。他们认定,中国人的这次袭击显然经过精心筹划。中国人早已布好天罗地网,却等不及更多的美国人北上自投罗网。水洞一役足以证明云山之战不是偶然巧合。这是美军停止北上、迅速南撤,从而避免与中国发生更大规模战争的最后一次机会,但是华盛顿却无所作为。艾奇逊在回忆录中写道:"当麦克阿瑟展开这场梦魇的时候,我们就像吓瘫了的兔子,坐在那里袖手旁观。"

第二章

天寒地冻：朝鲜人民军南下

一

不到五个月前，大概是 1950 年 6 月 15 日，朝鲜人民军的六个师秘密开赴三八线附近，与此前驻扎在那里的几支队伍会合。他们一起进行了强化训练，还实行无线电静默。与此同时，大批工兵也被暗中遣送至此，设法加固通往南方主要干道上那些简易桥梁，以便让重达 32 吨的苏制 T-34 坦克能够顺利通过。"二战"末期，这个国家一分为二，贯通南北的铁路线被切断，此时，他们要不顾一切地修复这些铁路设施。24 日夜，天降大雨，一直持续到第二天清晨。朝鲜人民军约九万名士兵（至少七个步兵师和一个装甲旅）突然穿过北纬 38 度一路南下。这是一次经过精心策划的多路进攻，利用公路干线与铁路加速前进。在大多数情况下，他们的行动都异常敏捷，被围的韩国军队目瞪口呆，根本不知道发生了什么事情。第二天，一位苏联顾问对这次进攻给予高度评价：他们的行动甚至比苏联军队还快。

1945 年，当金日成被苏联安置在平壤时，这位朝鲜领导人就对挥师南下统一朝鲜念念不忘；他在这个问题上毫不退让，一再恳请苏联领导人斯大林准许他采取行动。1949 年末，他在一次会议上告诉斯大林，自己要"用刺刀尖碰一碰南方的土地"。[1]

当毛泽东高举革命大旗，眼看就要一统中国时，金日成对斯大林的施压也与日俱增。毛泽东的成功似乎加剧了金日成的挫折感——毛泽东已经一跃成为世界舞台上一个强大的新角色，而他却只能困在平壤无所作为。没有苏联的准许，他不敢轻举妄动，只能统治半壁江山的他还算不上一个真正意义上的统治者。于是，金日成一而再、再而三地向斯大林施压。他所兜售的想法十分简单，听起来也似乎轻而易举：一场共产主义攻势就能让南方唾手可得。在金日成看来，只要朝鲜以迅雷不及掩耳之势发动一次装甲攻击，南方人民就会立刻揭竿而起，一呼百应，战争在几天之内就能胜利结束。

过去，斯大林对于金日成的反复恳求一直反应谨慎。美国人没有离开南方,虽然他们的权力仅限于顾问,但是斯大林仍然处处提防,不愿与美国发生正面冲突。然而,金日成根本就没有把美国人扶植的李承晚政权放在眼里,并且对自己所鼓吹的那一套深信不疑。因此,他一直对斯大林不依不饶。在金日成看来,只要苏联人不再阻拦,同意他挥师南下,那么假以时日他就能所向披靡。同样,李承晚也认为,只要美国人不再令人生厌地对他指手画脚,攻克北方简直易如反掌。

对朝鲜半岛南北双方一定程度上的军事对峙局面,斯大林并无感到不快。在他看来,双方的对峙程度不算太严重,但足以使双方擦枪走火。斯大林有时会鼓励金日成继续打击李承晚政权。"现在进展如何,金日成同志?"1949年春,他在一次会议上问道。金日成解释说,那些南方人让事情变得十分棘手,边界地区冲突不断。斯大林问他:"你在说什么?难道武器还不够用吗?你必须和南方人直接对打。"他想了想,然后又说:"打击他们,打击他们。"[2]

但是,允许朝鲜进行"侵略"却又另当别论。苏联领导人并不急于公开制造事端。随后,一系列外部事件的发展改变了斯大林的态度,其中包括1月12日美国国务卿艾奇逊在华盛顿国家新闻俱乐部发表的那篇演说。艾奇逊似乎是在暗示,朝鲜已经不在美国的亚洲防御范围之内,而莫斯科则把他的演说解读为,如果朝鲜境内发生任何冲突,美国可能都不会轻易介入。这篇演说是对那一时代最坚强的外交人物的重大误解,因为它严重影响了共产主义势力的判断。中国共产党统一中国后,艾奇逊一直试图解释美国的亚洲政策,但最后反而向共产主义世界发出了一个极其危险的错误信号。数年以后,他的老朋友艾弗利尔·哈里曼说:"恐怕这一次迪安搞砸了。"[3]

为了得到斯大林的准许,从1949年末到1950年初,金日成一边加紧厉兵秣马,一边三番五次赶赴莫斯科进行游说。在这几个月里,苏联一直抱着静观其变的态度,想要看看如果允许金日成南下,自己能够有多少胜算。最后,他们认为美国人不会插手。在斯大林的要求下,毛泽东与金日成面对面地就美国可能采取哪些行动进行了一次讨论,并且一致认为,美国人参战以拯救这块"弹丸之地"的可能性微乎其微,因此无须中国派出援军。

但是日本仍是该地区一个不能轻视的劲敌。[4] 毛泽东允诺,如果日本妄图介入这场战争,那么中国一定会向朝鲜提供人力和物力援助。

中国发生的事情也对斯大林的态度产生了相当的影响。美国人曾经信誓旦旦地告诉自己忠实的盟友蒋介石,如果中国战场全线告急,他们一定会进行军事干预,最后却没有兑现自己的诺言。如果毛泽东发动的战争能在中国农民当中一呼百应,并且最终取得成功,那么韩国的农民会不会以同样的方式响应金日成的号召呢?难道他不是有先例可循吗?于是,金日成的计划逐渐赢得了莫斯科方面的支持。1949年末,毛泽东第一次与斯大林会面时,两人共同商讨了金日成的作战计划。斯大林暗示,可以让大约1.4万名在中国人民解放军服役的朝鲜族士兵加入朝鲜人民军,对此毛泽东表示同意。在一本名为《不确定的合作伙伴:斯大林、毛泽东与朝鲜战争》中,历史学家谢尔盖·冈察洛夫、约翰·刘易斯以及薛理泰对这一问题进行了开创性的研究。他们写道,金日成的这次游说活动表明,"斯大林最终决定支持朝鲜的军事行动,但又刻意与他保持距离,不愿直接介入其中"。[5] 斯大林在这里玩了一个极其微妙的游戏,给朝鲜一个半绿半黄的暧昧信号。由于事情的发展往往出人意料,并不一定会按照金日成的预言进行,斯大林可不想参加这次千难万险、代价高昂的冒险行动,或是在这次行动的批准书上留下指印。

1949年10月,毛泽东在国内战争的最终胜利进一步刺激了金日成的雄心。他认为现在轮到自己大显身手了。1950年1月,在为朝鲜驻华大使举行的饯行午宴上,金日成再次对苏联大使馆几位高级官员表明自己的态度。金日成说:"中国已经解放了,现在是解放韩国人民的时候了。"他又说,为了解决统一问题,他辗转反侧、彻夜难眠。接着,金日成把特伦蒂·什特科夫上将这位能左右朝鲜局势的苏联高层领导人拉到一旁,请他安排自己与斯大林再次见面,然后再与毛泽东会面。1950年1月30日,也就是艾奇逊发表演说的十八天以后,斯大林拍电报请什特科夫转告金日成:"我会在这个问题上帮助你。"[6] 当什特科夫将这一消息告知金日成时,后者表示十分愉快。

1950年4月,为了打消斯大林的最后一丝顾虑,金日成在朴宪永的陪同下访问莫斯科。这位南方的共产党领袖向斯大林保证,南方人民会在北方发出信号的第一时间内一呼百应,揭竿而起。然而南方人民并没有真的揭竿而起,白汉勇也为自己夸下的海口付出惨痛的代价。从4月10日到25日这十五天当中,金日成和朴宪永一共与斯大林见了三次面。[7] 金日成坚定不移地相信自己稳操胜券,因为在他身旁的人总是说,他有多么受人爱戴,而李承晚又多么令人憎恨,南方人民早就对他的到来望眼欲穿,与李承晚听到的逢迎之词恰恰相反。这两者当权都已经有五年之久,而无论南方人对于李氏政权如何怨声载道,对平壤的高压政策他们同样也闻之色变。作为共产主义的忠实信徒,金日成可想不到南方人是这么想的,也不认为自己的政权有压迫性。他始终坚信,在北方崛起的新朝鲜乃是一个真正的公平正义的民主国家。

金日成向斯大林保证,美国不会冒着与苏联和中国开战的危险对朝鲜进行干涉。至于毛泽东,这位中国领导人历来都对朝鲜半岛的解放事业表示支持,而且愿意派兵支援。不过,金日成似乎早已成竹在胸,不需要中国军队的任何帮助。当时,斯大林告诉金日成,虽然自己与他的立场一致,但是不会提供过多的援助,因为自己在其他地方尤其是欧洲还有更多重要的考虑。因此,假如美国真的介入,金日成没法指望苏联派兵增援。"如果到时候你打不过美国,我不会出手相救。你还是得让毛泽东助你一臂之力。"[8] 斯大林说,金日成的任务就是向那位对"东方之事知之甚深"的毛泽东寻求更为可靠的援助。

这是斯大林的典型做派。他既不出言反对,也不提供援助,而是把责任推给了一个眼下立足未稳但却对他感恩戴德的新生共产主义政权。毛泽东一直想要一统中国,但是在台湾问题上却遭到美国横加阻拦,如果他想要收回国民党的最后阵地,就不得不仰仗苏联的力量。因此,斯大林很清楚自己能够对毛泽东施加相当大的影响。实际上,毛泽东已经开始与苏联方面密切磋商,请求提供必不可少的空中与海上援助。1950年5月13日,金日成在北京秘密会见毛泽东;第二天,毛泽东收到斯大林来电,电文中确认苏联对金日成的进攻只能给予十分有限的支持。于是毛泽东承诺要向金日成提供援助,并且询问他是否需要中国向中朝边境派兵,以防美国介入。金日成对此一口回绝。后来,毛泽东对自己的俄语翻译师哲说,金日成的回答有些"自大"。[9] 他们原本以为,这是一个危难中的小国的代表向一个刚刚在国内战争中大获全胜的大国统治者求援,而中国会慷慨大度地施以援手。中国人认为,好像金日成来北京只是为了兑现自己对斯大林的承诺而已。显然,在金日成看来,朝鲜的统一大业无须中国人染指;他坚定不移地相信,战事不出一个月就会结束,即使美国想要出兵,届时恐怕也为时已晚。但是,毛泽东向他暗示,既然美国一手扶植了李承晚政权,日本又是美国东北亚政策的关键所在,那就不能完全排除美国介入战争的可能性。金日成对这一暗示无动于衷。至于援助问题,苏联会给他们提供足够的武器装备。他这话倒是不假,苏联的重型武器已经通过补给通道陆续运抵平壤。(在战争开始之前,朝鲜人民军的装备不仅远胜于韩军,而且也大大超过仍在使用从日军与国民党军队手中缴获的武器的中国军队。)

正如沈志华*所言,毛泽东向金日成暗示,要想"速战速决",朝鲜人民军应当绕过城市,不要让部队陷入城市战中,而要打击李承晚军队的军事要地。速度是关键。毛泽东预言般向他承诺,美国要是参战的话,中国一定会出兵相援。[10] 这次会见结束以后,金日成当着毛泽东的面告诉苏联驻华大使罗申,他与毛泽东对自己即将发动的这次进攻意见一致。

在此之前,朝鲜在很大程度上还是苏联的卫星国,而后者也一直在刻意淡化中国方面的影响。随着战事日益临近,金日成身边的高级顾问——那些苏联将军逐渐接管策划战争的大权。他们认为金日成此前制订的进攻计划并不高明,并且根据苏方的意图进行修改。在历次高度敏感的战争计划会议上,朝鲜劳动党政治局和朝鲜人民军中的亲华人士都被刻意排除在外;某些重型武器也是通过海路而不是铁路运抵朝鲜,为的就是绕开中国。

---

* 著名历史学家,华东师大历史系教授,代表著作有《毛泽东、斯大林与朝鲜战争》《无奈的选择》《苏联专家在中国》等。

显然，朝苏双方都想尽量缩小中国的作用。金日成曾经暗示，希望在6月中下旬雨季来临前的某一时间发动攻击。最后，斯大林同意把时间定在6月末。苏联最后一批，也是最大的一批军火已于6月初运达；距离朝鲜发动进攻的日期越近，苏联的指使就越明显。直到6月27日，也就是朝鲜人民军越过北纬38度两天以后，金日成才通报中国；在此之前，中国只能依靠广播报道获取有关消息。当金日成终于接见中国大使时，一口咬定是韩国首先发动攻击。有意思的是朝鲜"入侵"前几周三方（苏、朝、中）的态度：尽管金日成一直认为自己稳操胜券，但这三国之间由于某些历史原因出现相当程度的紧张和对立，相互之间的信任程度很低。

对于美国及其他西方国家来说，这不是一场内战，而是一次越过国界的"进犯"，是一国对另一国的"侵略行径"。因此他们很容易就联想到，西方国家因没有及时阻止希特勒的侵略行为而引发第二次世界大战。然而，这种观点对于中国、苏联和朝鲜却显得匪夷所思。他们认为，1945年美国授意作为南北分界的那条38度纬线，根本就不是什么边境线。在他们看来，朝鲜在6月25日的所作所为与当时印度尼西亚尚未结束的、而中国业已结束的国内战争如出一辙，只不过是他们代表朝鲜人民的利益所进行的长期斗争过程中的一次行动而已。

实际上，早在北方发动攻击的前几周里，就已经出现某些征兆。不过，在当时美国情报部门获悉的关于虎视眈眈的南北双方的报告中，每天都有不计其数的正反两面的消息证明某些事件即将发生或者根本不会发生，因此这些迹象很容易从情报人员的眼皮底下溜走。如果当时稍加留心，美国人也许能够从中发现一些不祥之兆。一位年轻的前美国战略情报局（OSS，中央情报局的前身）驻华官员杰克·辛格劳布当时正在培训一批韩国特工去寻找一些能够证明平壤方面不再采取"打了就跑"的游击战术的证据。随后，他派遣这些人越境潜伏。这些人都是新手，而且他们的训练也没有达到最高水平，因此这些特工的任务就是搜寻那些最简单的迹象；其一，同时也是最重要的是，边境地区有无疏散或者撤离当地居民的行动，因为这是战争准备正在进行的信号,而共产党当局对此会极力掩饰;其二,他们有没有对一些小型桥梁进行拓宽或者加固;其三,有没有人从事任何有可能重新开通南北铁路的活动。[11]

辛格劳布的手下都很年轻,不过他认为有些人相当优秀。到了春末,他已经搜集到不少非常有价值的情报。这些情报显示,朝鲜正在向边境地区派遣精锐部队,同时悄悄撤离当地平民;此外,他还得知有些桥梁正在被加固,而每到夜间,边境地区就有人加紧修复铁路。因此,辛格劳布相信,尽管有关情报铺天盖地,但边境地区源源不断的事件足以证明,这里必将有大事发生。

然而,辛格劳布的工作却受到诸多方面的束缚。作为一名在前战略情报局即今中央情报局就职的官员,他甚至不能公开在朝鲜半岛搜集情报,因为无论是麦克阿瑟还是情报部长威洛比都对战略情报局恨之入骨。"二战"期间,他们就将该局排除在自己的战区之外,现在他们又故伎重演。麦克阿瑟的宿怨部分来自他素来为人所知的反英情绪,以及对那些在战略情报局影响甚深、威望颇重的东方当权派的不满情绪,部分则是出于某种更为实际的考虑:如果他的情报部门能够垄断这一战区的所有消息,他就更有可能掌控该战区的决策大权。因此他和威洛比都希望,在亚洲那些他们的地盘上发生的事情,五角大楼和杜鲁门政府最好能完全依赖他们的情报,这样麦克阿瑟就不会被反面情报所掣肘。掌握情报就等于掌控决策权。

此前造访过东京的乔治·凯南对东京司令部忽略正在发生的事情丝毫不感到奇怪,因为他对麦克阿瑟的参谋,尤其是那些华而不实、极端反共、过度自信的情报人员的素质和能力深感怀疑。某次他对一位空军高级军官说道,如果美国从韩国撤出地面部队,那么朝鲜半岛地缘政治形势将变得极为脆弱,这位军官却不以为意地认为根本没有必要使用地面部队,因为驻冲绳的战略轰炸机足以击退任何可能来犯的敌军。然而,凯南表示难以苟同,因为他曾经目睹过中国内战,中共的军队似乎并不惧怕国民党的空中打击。随后,在1950年的五六月间,凯南在国务院政策规划司的一些同僚听到一些风声,据说共产主义世界即将有大事发生,而且很快就会有大批军队投入到战斗中。当时,美国的各个情报部门在对整个共产主义阵营进行了深入分析之后,信心十足地认为,无论是苏联还是其东欧的卫星国,都不可能轻举妄动。凯南却认为,也许朝鲜有这种可能。然而从军中传来的消息却是,所谓的共产主义袭击完全是"无中生有之事,因为韩国军队装备精良,训练有素,作战能力远在北方之上"。[12]

来自辛格劳布手下情报员的报告被威洛比之流打上了"F-6"的最低等标签,就是说该特工不值得信任,其报告的可信度极低。因此,朝鲜人民军在清晨挥师南下时,韩国军队及其美国顾问团完全猝不及防。这场战争从一开始双方就不是势均力敌。朝鲜人民军骁勇善战,武器装备也相当先进。他们的武器大都是专为此次进攻而由苏联新近制造并运抵朝鲜的;他们的士兵训练有素,而且人数上几乎是韩军的两倍,其中将近一半士兵有丰富的作战经验。经毛泽东允许,大约有 45 000 名曾在中国人民解放军服役的朝鲜族士兵逐步调入朝鲜人民军中。这批官兵思想坚定,多数人有十年以上的军旅生涯,并且在一场军事装备始终处于劣势的战争中幸存下来。实际上,朝鲜人民军是一支令行禁止、纪律严明、等级森严、信仰坚定的队伍,为同样令行禁止、纪律严明、等级森严、信仰坚定的政府服务。这些士兵大都出身农村,对自己的生活状况极其不满。一开始,当权者把他们的怨恨归咎于生活的贫困、日本统治者的暴虐无道,以及上流社会与日本人的同流合污,而眼下在他们心里,美国已经取代日本成为新的仇恨对象。如果无人刻意强调这些那倒也没什么,然而生活的残酷却无时无刻不在反复强化着这些信条。

在汉城,作为韩国政治和军事顾问的少量美国人反应迟缓,很晚才意识到正在发生的一切,即有十万北方大军杀将过来了。朝鲜的进攻始于当地时间周日凌晨 4 时,即华盛顿时间周六下午 3 时。时任美国驻韩国大使的约翰·穆奇欧是国务院才具非凡的官员之一,然而却是在战斗开始四个小时后才从一位助理打来的电话中得知这一消息的。"你可要坐稳了，"美国驻韩大使馆临时代办埃弗雷特·德伦姆莱特对穆奇欧说，"共军正在全线进攻。"[13]李承晚是在清晨6时30分听到这一消息的，也就是说，在其间至少有一个半小时，他没有通知美国人。穆奇欧与德伦姆莱特通话结束后，两人决定在使馆见面。在前往使馆的路上，穆奇欧碰到合众社记者杰克·詹姆斯，詹姆斯本来打算处理一些工作然后就去野餐的。穆奇欧告诉詹姆斯，有报告说朝鲜人在全线进攻，自己正要去核实这一消息。詹姆斯一进大使馆就遇到一位在军情部门工作的朋友。这位军官问詹姆斯："你听说边境那边出事了吗？"詹姆斯回答说："我听到的不多，你都听到了什么？"这位军官答道："见鬼，除了第八师的地盘以外，恐怕他们早就无孔不入了。"

听到这些消息后，詹姆斯立刻来到一部电话机旁，开始疯狂拨电话，试图把这些只言片语拼凑起来。随后，大约在上午8点45分，一名海军陆战队警卫保罗·杜普拉斯中士问他出了什么事。他回答说，朝鲜人已经越过边境。杜普拉斯说，这没什么，这种事情时有发生。詹姆斯答道："是的，但这次他们开着坦克。"随着各方面的细节越来越多，詹姆斯在当地时间上午9点50分左右发布第一则新闻快报。此前他一直在城里四处打探消息，等回到大使馆后，一位在军情部门工作的朋友告诉他，现在是让华盛顿了解一些情况的时候了。詹姆斯觉得，既然他们能够接受这样的消息，那么自己当然也可以接受。于是，詹姆斯字斟句酌，他后来这样说，为了尽量避免引起轩然大波，因为这事关一场战争，没有必要再去夸大任何事实，此后数小时以及数天当中，更详细的报道一定会接连不断。虽然合众社向来因其恶趣味而臭名昭著，但是这一次詹姆斯却自作主张，用最快的速度发了这则新闻快报。由于他行动迅速，因此他的报道第一个到达美国，并且立即被刊登在周日的晨报上。这则报道的措辞是典型的通讯社风格："据纽约合众社25095通讯员詹姆斯紧急报道，陆续有消息称，朝鲜军队于周日上午穿过北纬三十八度线，全线进攻。当地时间9点30分的报告称，距离汉城西北四十英里的开城和韩1师师部已在9时失守。敌军已抵达瓮津半岛南三四英里处。据悉，敌军在距离汉城西北五十英里处的春川地区使用了坦克……"[14]

此后，华盛顿也不断收到大使馆的报告，但是詹姆斯的新闻快报是第一个触动美国神经的。当合众社以及其他新闻机构纷纷致电政府高官想要确认这一消息时，他们才如梦初醒，一场始料未及的新战争已在朝鲜半岛拉开了序幕。

当朝鲜人发动进攻时，麦克阿瑟的反应出人意料地迟缓。他对那些有关北方进攻的最初消息似乎无动于衷，反而对周边一些人感到忧心忡忡。这些人不光是出于国内政治原因要架空他的自由派人士，还包括那位与国家安全部门过从甚密的极端保守派人士、共和党影子内阁国务卿、时任国务院顾问的约翰·福斯特·杜勒斯，以及曾经作为杜勒斯的助手到访过汉城和东京的国务院强硬派人士约翰·阿利森。

杜勒斯与阿利森恰巧都在东京，他们是为与日本签署正式结束美国对日占领的和平条约而来的。在战争爆发的数天前，他们一同来到三八线附近韩军的一处地堡视察，还与当地的军人合影留念。当时，杜勒斯头戴一顶招牌式的卷檐帽，好像要去华尔街参加银行家大会一样。国务卿艾奇逊说："福斯特竟然戴着一顶卷檐帽出现在地堡里，这幅景象可真是让人啼笑皆非。"[15]他对杜勒斯这个一心想占据自己职位的人毫无好感。十八个月前，在汤姆·杜威竞选总统的时候，杜勒斯满以为自己能坐上艾奇逊现在的位置。第二天，这位从不自恋的杜勒斯竟然在韩国国民议会上摆出一副满腔正义悲天悯人的样子发表演讲。他告诉议员们："你们并不是孤军奋战。只要继续为人类的自由事业奉献自己的绵薄之力，你们就永远不会孤军奋战。"[16]这篇演讲稿是专门为杜勒斯在华盛顿讲话而量身打造的，执笔人就是在几个月后的强硬派中坚人物、负责远东事务的助理国务卿迪安·腊斯克和政策规划司司长保罗·尼采。[17]尽管杜勒斯的演讲措辞夸张，但是人们没有理由觉得韩国陷入危境。就在几天前，杜勒斯和阿利森听过威洛比将军的汇报，汇报中没有提及朝鲜可能发动袭击之事。

当朝鲜发动攻击时，杜勒斯与阿利森私下里一直对麦克阿瑟总部某些人的意见十分关注，这些人在意识形态上对朝鲜抱有同情心，但不是麦克阿瑟团队的核心成员。一开始,传来的消息非常不利,可是麦克阿瑟及其手下却令人难解地漠然置之。6月25日,也就是攻击发生的周日晚上,麦克阿瑟在情况通告会上显得非常放松。他告诉杜勒斯与阿利森,之前的有关报道都是不确定的。他说:"这很可能只是一次武力侦察而已。如果华盛顿不在那里碍手碍脚的话,我把一只手捆在背后都能对付他们。"[18]接着又补充道,李承晚总统曾经要求美国增援一些歼击机,虽然他认为韩国人还玩不转这些飞机,但是为了鼓舞士气,他还是打算送一些过去。

阿利森觉得,麦克阿瑟信心满满的态度一度让杜勒斯如释重负,不过他还是想给艾奇逊和负责远东事务的助理国务卿腊斯克拍一份电报,请他们立即增援韩国。但是,阿利森和杜勒斯与麦克阿瑟圈外的人士交流越多,他们越感到事关重大。当晚,阿利森前往老朋友横滨港司令克伦普·加尔文准将家中赴宴,后者向他透露,最近两三周第8集团军情报部门的多份重要报告显示,朝鲜边境附近居民正在被悄悄地疏散,并有大批军队在该地集结。阿利森大吃一惊。加尔文对阿利森说:"凡是看过这些报告的人都明白,很快就有大事发生。不知道东京的情报部门都在干什么。"[19]

到了周一,前方的事实与麦克阿瑟总部的情报之间的出入似乎已经越变越大。美国驻韩大使穆奇欧下令美国妇女儿童要尽快撤离韩国。麦克阿瑟仍然摆出一副听之任之的模样,还暗示穆奇欧的做法有失妥当。他信誓旦旦地说:"没有必要在韩国引起恐慌。"然而,前线传来的坏消息却是一条接着一条。

当晚,这两位高级官员开始分头行动,阿利森前往东京与某些高官共进晚餐,杜勒斯参加麦克阿瑟的一次私人晚宴。晚餐期间,阿利森看到不断有高级新闻记者与外交人员进进出出,核实来自各个方面越来越多的不利战报——韩国已经溃不成军。傍晚之后,阿利森决定与杜勒斯核实一下情况,想来他在晚宴上得到的消息一定比自己多得多。"我想你一定听说了朝鲜方面的坏消息。"他说。然而杜勒斯却表示对此一无所知。"难道你不是与将军共进晚餐吗?""是的。"杜勒斯回答,席间只有麦克阿瑟夫妇及他们夫妇四人,晚餐结束后大家还一起观看了将军最喜欢的一部娱乐片,

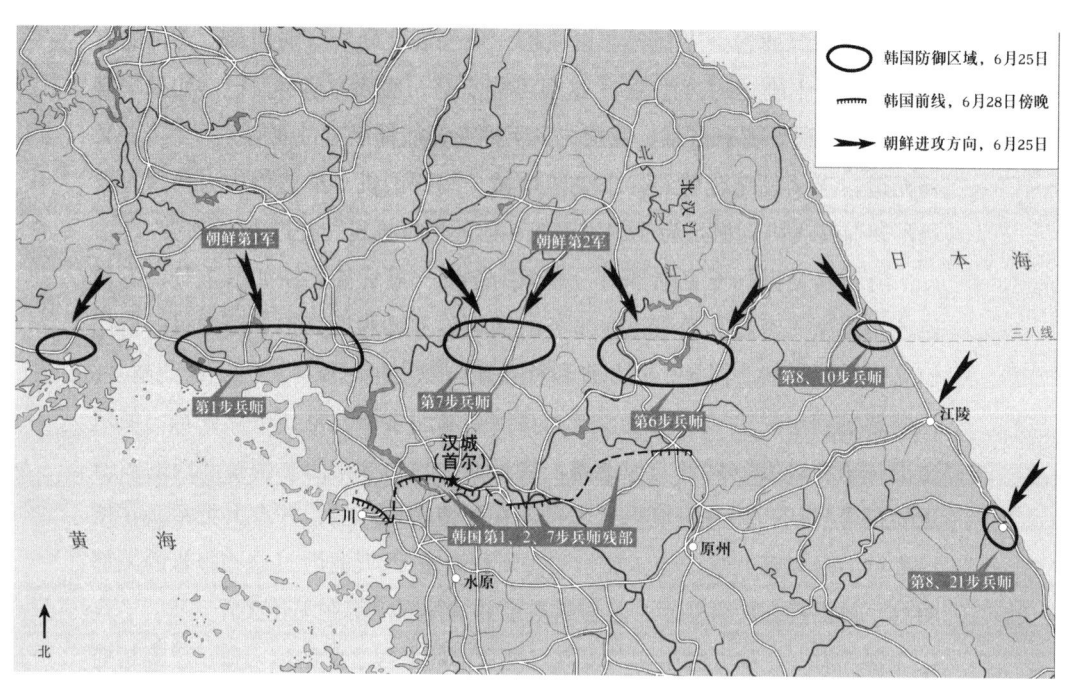

图 4 朝鲜人民军大举南下，1950 年 6 月 25—28 日

没有人打断他们的晚宴。于是,杜勒斯打电话给麦克阿瑟,问他有关韩国溃败的情况。将军回答说他要先了解一下情况。阿利森后来写道:"让一个国务院代表告诉美军司令他的后院发生了什么事情,这种情况在美国历史上恐怕屈指可数。"[20]

第二天,越来越多的迹象显示,展现在他们面前的将是一场巨大的灾难。穆奇欧大使报告说,汉城已经开始撤离行动,李承晚政府准备撤到汉江以南的大田。就在当天,杜勒斯和阿利森准备飞回美国。他们在羽田机场候机时,麦克阿瑟来了,神色异常,这让阿利森感到十分诧异。这位两天前还洋洋自得、顾盼自雄地认为朝鲜不过是在搞武装侦察的风云人物现在却垂头丧气、满面阴云。虽然他们此前就听说过这位将军有些喜怒无常,但是乍见之下,杜勒斯和阿利森还是感到无比震惊。麦克阿瑟宣布:"韩国已经全线失守,现在我们唯一能做的事情就是让我们的人安全撤离。"阿利森后来写道:"我从没见过麦克阿瑟将军像1950年6月27日那天那样灰心丧气、萎靡不振。"[21]

然而,更让人大感不解的还是飞机因机械故障而延误时麦克阿瑟的举动。告别仪式似乎没完没了,这时陆军部长来电,要求在东京时间下午1点与将军进行一次电讯会议。由于当时的通讯手段尚不发达,所谓电讯会议就像通过打字员之间的文字往来而进行的电话会议。杜勒斯与阿利森一致认为,这一定是一次极其重要的会议,因为华盛顿急切地想从这位身在前线的总司令那里知道,应当如何应对这次重大危机。麦克阿瑟必须立即离开羽田机场才能赶上这次会议,但让他们感到吃惊的是,这位将军满不在乎地告诉助手,他正忙着为杜勒斯送行,华盛顿方面与他的参谋长谈就行了。麦克阿瑟的做法让杜勒斯极为不解,于是他设法让麦克阿瑟履行自己的职责:他让机场方面呼叫他们一行人立即登机。直到这时,麦克阿瑟才起身前往总部。此后,杜勒斯以及随行人员又返回贵宾室等了几个小时。后来阿利森才得知,就在那次电讯会议上,杜鲁门政府决定向朝鲜半岛派遣美国的空中和海上力量。这可不是一个令人鼓舞的开端。

有些人会由此而联想起当年太平洋战争爆发时,麦克阿瑟的司令部同样措手不及。他低估了日本在太平洋美军势力范围内的打击能力，再加上各级指挥员的疏于防范，致使日本空军一举摧毁了美国在复活节岛上的所有轰炸机，而那时已是日军偷袭珍珠港九小时之后，他们在这段时间内竟毫无作为。英国历史学家麦克斯·黑斯汀写道："在其他国家，像他那样经历了美军1941—1942年在菲律宾的惨败后，不仅撇开一切责任，而且还能在军中担任重要职务的将领恐怕少之又少。像他那样在巴丹一战中放弃自己的指挥职责，与亲信甚至仆人逃出生天，还宣称自己对于国家的价值远远高于那些为之牺牲的将士的将领，恐怕更是鲜有其人。"[22] 看来，那些适用于他人的规则并不适用于麦克阿瑟本人。

二

当朝鲜军队突然越过三八线发起全面进攻时，没有人比麦克阿瑟上将更吃惊了。为了让日本从战败国转变为一个更平等、更民主的国家，他此时正全神贯注于该国的政治发展。"二战"刚拉开序幕时，日本还只是一个奇特混合体：既有现代的经济和军事体系，也有封建的社会和政治结构。为了进行土地改革、组建工会、维护妇女权利，麦克阿瑟一直在创造相互制衡的力量，并且取得巨大成功。他似乎是应运而生的——这个国家在太平洋战场上一败涂地，天皇也因此威望扫地，日本正在寻求一个新的世俗领袖。麦克阿瑟恰巧是那种喜欢受人崇拜的人，这正是他进行自我神化的绝佳机会。天性独断专行、自以为是的麦克阿瑟在处理这个战败国时显示出令人惊叹的敏捷性。他审时度势，挟天皇以令诸侯，不仅无损天皇的神威，而且增加了自己的威望。在美国，他本是个保守人士，与许多顽固的保守派政治人物过从甚密，但在日本，他仿佛象征着自由而现代的美国。尽管在国内的时候，他向来都对所谓的新政不以为意，但是在这里，他不仅极为热情地对待那些拥护新政纲领的年轻自由派人士，而且允许他们极为自由地重塑战后的新日本。自由派领袖查尔斯·凯兹相信，他们当时的确拥有塑造日本的自由权力，这不仅是有助于社会进步的正确选择，而且在由旧体制向新社会转变的过程中，日本发生的变化越大，麦克阿瑟就显得越重要，在该国的权力也就越大。[1]

这位将军一直致力于推动改变日本社会以及《和平宪法》的颁行，因此无暇旁顾。对其麾下的驻日美军部队，那支在太平洋战场上曾经大败日军但如今已丧失昔日风采的军队，他漠不关心；尽管这支队伍已经人员短缺、装备落后、缺乏训练，麦克阿瑟仍然置若罔闻。对曾经沦为日本的殖民地，在1945年被美苏两国解放后又一分为二、南北对峙的这个半岛，他更是漠然置之。麦克阿瑟对于韩国没有任何兴趣，他只行色匆匆地造访过一次。美军驻韩司令约翰·霍奇将军反复恳请作为太平洋盟军最高司令官的麦克阿瑟多关注一下那里的局势，他依然置之不理。有一次，他搪塞霍奇说："我对于当地的情况不够了解，因此难以向你提出更加明智的建议，但是对你在这一事项上的任何决定，我都会表示支持。"

显然，在1945年到1950年之间，麦克阿瑟对朝韩双方没有兴趣。他的办公桌上堆满了霍奇将军向他征询建议或者寻求帮助的电报。其中一份电文如下："我迫切希望在这一问题上能够得到您的积极配合……"福宾·鲍尔斯因为能说一口流利的日语而成为麦克阿瑟最得力的助手之一，他还记得，有一次霍奇自作主张前去拜访将军，在门外满怀希望地苦苦等候了几个小时以后，得到的答复却是他得自己管好自己的地盘。麦克阿瑟在驱车回家的途中告诉鲍尔斯："我不会涉足朝鲜的，那儿归国务院管。他们不是想要朝鲜吗？好啊，就让他们管好了。那儿是他们的管辖范围，不是我的，我连碰一下都不会。那些该死的外交官挑起战争，但仗是我们打赢的。我为什么要向他们伸出援手？我才不会去帮霍奇，就让他们各顾各的吧。"[2]实际上，麦克阿瑟只到过韩国一次，还是为了出席由美国扶植上台的总统李承晚的就职典礼。在那次典礼上，他漫不经心地向李承晚夸下海口，如果韩国遭遇袭击，美国会像"保卫加利福尼亚州那样保卫韩国"，[3]而他说这话前没有征询任何华盛顿官员的意见。

在他的诸多仰慕者与部下看来，像麦克阿瑟这样年逾古稀仍然精力旺盛的人并不多见，然而他的年龄与健康状况却早已成了外界议论纷纷的话题。甚至在1945年日本败局已定之时，就有高级将领开始为他感到担忧。当年9月，在"密苏里"号战舰上观看日军受降仪式的约瑟夫·史迪威将军发现麦克阿瑟的双手不住地颤抖，这让史迪威感到十分震惊。一开始，史迪威将军还以为这是由于紧张，但麦克阿瑟手下的一名高级军官沃尔特·克鲁格告诉他说，这是帕金森症的表现，史迪威心想："这可太糟了。"[4]此外，还有许多迹象足以显示他的健康状况正在日益恶化。他的注意力似乎越来越难以集中，有时候甚至魂不守舍，也很难理解新挑战的严重性。他日渐衰退的听力早已不是什么新闻，消息灵通的参谋助手都知道，正是因为这个缘故，这位最高司令官才不怎么喜欢主持会议。还有些人认为，当有来宾有幸获接见时,他却总是在自言自语,那是因为他听不清楚别人在说什么,很难进行交流。麦克阿瑟向来注重外表,尤其是上了年纪以后,为了确保记者从正确的角度拍摄照片,好使他显得年轻一点儿,他的助手可谓煞费苦心。麦克阿瑟总是喜欢戴着军帽出现在公共场合,就是为了掩饰他日渐稀疏的头发。然而,无论他年轻也好,年迈也罢,不管他堪当此任也好,力不从心也罢,他仍然是一尊极具政治资本的偶像。在他漫长而辉煌的一生当中,他也犯过不少小错。有时候,与其说他是一位雄才大略的将军,不如说他更像是一个虚荣自负的俗人,许多人都因他的失误而付出了惨痛的代价。然而,作为一位曾经在"一战"期间敢作敢为、名扬四海的将领,作为一位曾经在"二战"太平洋战场上运筹帷幄、以少胜多的指挥官,作为一位在朝鲜战争爆发之时正在为日本的现代化事业而努力工作的领袖,1950年的麦克阿瑟仍然算得上一个叱咤风云的人物。

麦克阿瑟对朝鲜毫无兴趣的态度在他的同胞中也屡见不鲜。朝鲜与美国既没有政治上的共性,也缺乏精神上的契合。长期以来,美国人一直对中国兴致盎然,对在贫穷和苦难中挣扎的中国人怀有强烈的父爱之感,其中还掺杂着好奇心。美国人对日本也曾经敬畏交加。但对于朝鲜,他们却始终提不起一点兴致。1906年,一位名叫霍默·赫尔伯特的传教士曾经这样写道,对于朝鲜,"我们丑化的太多,而欣赏的太少。他们没有中国人口众多,又不像日本人那样诡计多端,他们既没有中国商人的精明,又缺乏日本武士的勇猛,但他们却堪称远东地区最为和善友好的一个民族。他们错就错在随波逐流、随遇而安。如果他们能够获得更好的机会,一定能够迅速改变当前的境况"。[5] 此后的四十多年中,美国对于朝鲜的兴趣并无明显增加。在太平洋战场上,苏联人姗姗来迟,美国的两枚原子弹让这场大战戛然而止。直到那时,好像为了亡羊补牢一样,在这场战争的最后一刻,朝鲜才被五角大楼里的人漫不经心地从三八线处一分为二。因此,第一批来到这里的美国将领对于韩国人如何痛恨日本的占领,对于日本的统治有多么暴虐无道毫不知晓,甚至还在利用日本的警察势力来维持韩国的秩序。霍奇是战后第一位在韩国坐镇指挥的美国将军,他性格粗鲁、说话直率,既不喜欢韩国这个国家,也不喜欢韩国人民,在他看来韩国人"就像日本人一样卑贱"。[6]美国人在朝鲜的存在也许是以一种随随便便甚至不负责任的形式开始的,但他们的出现却给这个小国带来一个新的强权。韩国随后几年因其地理位置而不是自然资源成为邻近强国争相重视的对象。正如历史学家布鲁斯·卡明斯所指出的那样,一支新生力量——美国的出现,打破了该地区原有的平衡,不仅仅是因为自1945年以后苏联人就盘踞在此,而且更是因为朝鲜的安危还直接关系到日本的安全。

美国与朝鲜(更准确地说是韩国)之间始于1945年的联姻,或多或少是一种无奈的结合或者冷战的产物,因此这一过程必然不会一帆风顺。作为一个附庸国,韩国不仅因为刚刚结束的殖民统治而感到满腔酸楚,更让他们愤愤不平的是,在被人一分为二之后统治他们的竟然是一个笨手笨脚、似乎还不知道自己究竟想不想要称霸世界的新兴超级大国。韩国人认为,"二战"以及日本殖民统治的结束,并没有像他们希望的那样为他们带来自由的呼吸,也没有为他们带来按照自己的政治蓝图重建国家的机遇。他们认为朝鲜被一分为二的事实是让人痛心疾首的不公。他们不仅不能按照自己的意愿塑造国家的命运,相反却又一次沦为在他人阴影之下生存的国家。韩国人首先意识到,他们的国家,或者更准确地说,他们的半壁河山竟然掌握在千里之外、远隔重洋、对这个国家既不了解也不想去了解的人手中。美韩关系从一开始就注定充满紧张与误解。随着冷战进一步加剧,两国关系才真正变得具有价值与意义。如果全球不存在共产主义的威胁,美国才不会关心韩国的死活;有了这种威胁,美国才会誓死为之奋战到底。

朝鲜是一个面积虽小却充满民族自豪感的国家。不幸的是,它不得不在三个更大、更强的国家——中国、日本与苏联之间求得生存。这三国都想把朝鲜作为自己攻击或者防御其他两个国家攻击的战略基地。1950年6月之前,朝鲜的这些强邻都曾在历史上的某一时刻,为了抵御其他对手的攻击,为防患于未然而入侵过朝鲜。就像因为地理因素而不得不在德国与苏联的夹缝之间艰难求生的波兰一样,朝鲜的地理位置在很大程度上决定了它的命运。关于这一点,李承晚更乐于引用一句朝鲜谚语:"群鲸相争,

第二章 天寒地冻：朝鲜人民军南下

小虾丧命。"[7]

中国在历史上对朝鲜半岛的影响比其他两国更大，1895—1896年的甲午战争却暂时终结了中国对该地区的影响，而此时的日本作为一个国力迅速上升、工业化步伐不断加快的传统军国主义国家，正在逐渐成长为一个新的帝国，成为地区霸权的有力竞争者。1896年的俄国这个在社会上、政治上与经济上都已经腐朽不堪的庞然大物与积极进取的日本达成一项协议，双方沿三八线划分势力范围。如果俄国看起来要比实际上更加强大的话，那么日本看起来好像没有实际上那么强大，而它们之间的协议不过是一种暂时的妥协而已。

1904年2月，在事先没有发出任何警告的情况下，日本突然袭击俄国的军舰，并且在对马海战中将其彻底摧毁。此后不久，驻太平洋与中国东北的俄军也遭到重创。后来，为了给自己这次在远东的不宣而战寻找借口，日本宣称一个俄化的朝鲜会对他们造成极大的威胁。日本一位著名的政治人物藤泽利喜太郎说日本袭击俄国是迫不得已，因为"朝鲜就像一把对准日本心脏的尖刀"（一位美国国家安全高官在近半个世纪以后也这么说）。接着，他补充说："俄国占领下的朝鲜，无论怎样腐败无能，随时都可能沦为强大的俄国的捕食对象，从而使得日本的命运落入这个肆无忌惮的'北方巨人'之手。日本不能接受这样的命运。因此，日俄战争不只是日本进行的防御战，还是其为了独立而进行的生存斗争，这一点无须做出更多的解释与说明。"[8]这其实是一场进攻战的绝妙托词，让日本蠢蠢欲动的不是魔鬼，而是朝鲜。

对于自己的未来没有发言权似乎已成为朝鲜国运的一部分。日俄战争的和平缔造者不是朝鲜人，而是时任美国总统西奥多·罗斯福，他还为此荣获了诺贝尔和平奖。实际上，他付出的一切努力与朝鲜人民的福祉毫无关系。罗斯福代表着一个全新的、强大的美国，这个国家正在开始展现其潜意识中的帝国主义冲动。1898年，他极力鼓吹美西战争，并且使菲律宾沦为美国的殖民地。罗斯福是一个应运而生的时代人物，他笃信并身体力行所谓"白人的负担"这一说法，也就是说，他认为（信仰基督教的）高加索人种体格健硕、为人可靠、品质高尚，因此他们有义务对虚伪狡诈的非白人世界进行统治，同样非白人世界也应当心甘情愿地接受他们的管辖。唯一被罗斯福排除在自己所认为的亚洲低等国家和民族之外的就是日本。"日本人很有意思，我喜欢他们。"[9]他在寄给一位朋友的信中这样写道。总之，日本人除了在肤色、体型与眼型方面与盎格鲁—撒克逊民族有异，在吃苦耐劳、体格强壮、有组织、有纪律，甚至在富于帝国主义的侵略性方面与白人都如出一辙。

罗斯福对日本人的能力印象深刻、赞赏有加；在他看来，日本这个国家"完全有资格与文明世界当中的任何一国比肩"。[10]这一切使得朝鲜，按照罗伯特·迈尔斯（作家、前情报人员，专长朝鲜问题）的说法，"在恶狼一样的日本帝国主义面前，仿佛就像一头初生的小牛犊一样软弱无力"。[11]对不幸处于特殊地理位置的朝鲜来说，唯一能和日本有别的就是远隔重洋的美国。实际上，早在1882年，朝鲜王国就曾经与美国（以及其他一些欧洲国家）签订条约，请他们在自己遭受攻击时施以援手。然而，这种援助却始终口惠而实不至，因为美国对朝鲜鞭长莫及，而且在日俄战争之时，美国的海军力量也十分有限。此外，对于亚洲事务的安排，罗斯福总统自有轻重缓急之分，而朝鲜永远都上不了台面。美国感兴趣的不是增援朝鲜，而是保卫自己的新殖民地菲律宾。因此，在美国人的默许下，日本对朝鲜的控制愈加严格，日俄战争结束后更是成为朝鲜的"保护国"；到1910年，日本公然吞并朝鲜，将其完全变成自己的殖民地。

由于能说一口流利的英语，李承晚被朝鲜宫廷选作特使，于1905年夏赴美会见老罗斯福总统。此时老罗斯福总统正准备磋商结束日俄战争的和约，李承晚希望老罗斯福能够帮助自己，终结日本对朝鲜的殖民统治。用记者兼历史学家约瑟夫·古尔登的话来说，罗斯福给李承晚灌了一通"不失礼貌而又模棱两可的含混之词"。他知道，朝鲜驻美国大使馆的亲日分子不会给李承晚任何帮助。他也没有告诉李承晚，国务卿威廉·霍华德·塔夫脱正在前往东京的路上，准备与日本签订一项秘密协议，美国准许日本控制中国东北与朝鲜；作为回报，日本应承诺不插手美国在菲律宾的事务。后来，之所以有些美国友人认为李承晚生性多疑、为人狡诈，正是因为我们曾不止一次地背叛、欺骗了他。最终，日本人开始了在朝鲜长达四十年之久的暴虐无道的殖民统治。老罗斯福后来在回忆录中写道,美国"连对自己都保证不了的事情,当然无法向朝鲜做出保证"。[12]日本对朝鲜的殖民统治虽然异常残暴,但在朝鲜境外,这一情况却鲜为人知。

李承晚留在美国,接受了对于他那一代朝鲜人来说非常优异的教育,并且继续为朝鲜的解放孤军奋战。这一期间,他经常与一些有地位的美国人见面,这些人多数与教会有关系,通过他们又结识了许多有政治影响力的人。然而,这些关系只是为他提供了一些途径,使他有机会为祖国的自由大声疾呼,他依旧人微言轻。在普林斯顿大学攻读政治学博士学位期间,李承晚颇受校长伍德罗·威尔逊的赏识。他成了威尔逊家非正式社交聚会的常客,在那里经常有许多学生一起弹琴、唱歌。尽管李承晚不会唱歌,却乐于分享这种轻松自在的美式聚会所带来的温馨感觉。威尔逊看来很喜爱他,也经常向陌生的来宾夸赞他是"未来朝鲜独立的缔造者"。[13]

但是,后来登上美国总统宝座把美国带入"一战"的威尔逊,与在普林斯顿当校长时的威尔逊相比,已不可同日而语。在"一战"后召开的巴黎和会上,威尔逊表示希望能够建立起一种全新的世界秩序,其中之一便是给予殖民地国家自决权。对于威尔逊这一设想,没有人比他的门生兼故友李承晚更感欢欣鼓舞了。在这次八月盛会上,那位曾经属意于李承晚作为独立的新朝鲜领导人的导师,为李承晚的祖国带来了自由的曙光。这正是李承晚期盼已久的时刻,他希望自己能够立即离开美国前往巴黎,代表自己的同胞向这位伟大的知己进行游说,让日本殖民者松开攥紧朝鲜的拳头。但是,威尔逊在巴黎和他不是一条心。正像过去一样,这位总统需要日本在亚洲的配合。此外,日本在"一战"中选择了正确的一方,作为胜利者,它正准备继承战败国德国在中国的特权。李承晚这才懂得世界大战的首要原则,那就是获胜者继续拥有自己的殖民地,而失败者只能把自己的地盘拱手送人。与此同时,美国国务院接到命令,不得给李承晚签发护照。

1950年6月,美国决定要誓死保卫韩国,这不能不说是一种莫大的讽刺。美国之所以看重韩国,绝不是因为它自身有什么价值,而更多的是因为美国担心,如果自己没有对共产主义的挑战做出干预与回应,那么曾对朝鲜长期实行殖民统治而其工业潜力对美国又极为重要的日本,不知会发生什么。历史前进的步伐就是这样难以捉摸、没有定数。现在,本来看似将成为盟友的中国,正在成为美国的敌人,而日本却要改头换面,成为美国的新盟友。

日本的长期殖民统治给朝鲜人民带来了深重的苦难。日本殖民者的暴虐无道与残酷压迫,使大批杰出的朝鲜政治家被捕或遇害,再加上李承晚及其未来的对手金日成被流放,让朝鲜丧失像其他国家一样推动政治进步与现代化的一切可能。有些南方人与日本人沉瀣一气,沦为他们的帮凶。"二战"期间,正如罗伯特·迈尔斯所指出的那样,欧洲被占国家一直对援军的到来望眼欲穿,等待强大的盟军在此集结,然后结束德国对欧洲的蹂躏。然而朝鲜从来都没有指望过援军的到来,十年、二十年、二十五年过去了,没有任何国家的援军前来解救贫困、屈辱的百姓,把日本人从他们的土地上赶走。[14]

直到1941年12月,当日本人的手伸得太长,悍然攻击美国、英国与荷兰在南亚和东南亚的殖民地时,一丝希望出现了,虽然还太过渺茫,因为战争初期的胜利都属于日本。当太平洋战局逆转之时,朝鲜人对时局变化的消息仍一无所知。西方的援军正在到来,即使不是为了朝鲜的利益,而是出于他们自身的考虑。他们的胜利意味着日本的末日。但是到了1945年,朝鲜的中上层已经不同程度地与日本殖民者沉瀣一气、同流合污,甘愿接受日本人的统治,并且变得孱弱无能。[15]日本的占领使朝鲜人中滋生出一种玩世不恭的情绪,有些人甚至开始羡慕起日本人来,无论如何,他们是第一个打败其他亚洲国家白人殖民者的亚洲国家。

1945年的朝鲜基本上是一个没有政治制度与本土领袖的国家。当红军横扫北方的时候,苏联人将自己的政治制度以及一位新的领导人金日成强加在他们头上;而在南方,不管美国人喜欢与否,他们还是选中那位大半生的时间都在国外流放的李承晚。那时的他已是一位75岁的老人,易动感情、自以为是、反复无常,具有强烈的民族主义和爱国主义情结,极端仇视共产主义;他曾经是一个民主主义者,可一旦掌握全国的民主制度后,所有的人都要对他唯命是从。正是日本人与美国人造就了这样一个李承晚，他的一生都在背信弃义、铁窗生涯与政治放逐中度过，他的性格因此而改变，心也变得坚硬如铁。无论是这位曾经野心勃勃的年轻政治家的多舛命运，还是金日成的种种人生际遇，实际上这些正是朝鲜历尽磨难的现代历史悲剧的生动写照。

李承晚年纪轻轻就已是个几次与死神擦肩而过的政治犯。尽管他拿到了哈佛大学的学士学位和普林斯顿大学的博士学位，他的人生仍然像他的祖国一样充满坎坷与失望。作为一个被流放国外的政治犯，李承晚始终感到自己人微言轻；同样，作为列强眼中一个被人遗弃的国家，朝鲜一直举步维艰。获得博士学位以后，他曾经短暂回国，但是此后却不得不重返美国，度过了三十五年的时光。他成为一名逆境中的"乞求者"，为了让朝鲜挣脱殖民统治的枷锁而不断游说。李承晚既是一个满腔热忱的民族主义者，同时还是一个不屈不挠的自我倡导者——当大权独揽时，他的成功助长了他的偏执倾向。

1945年太平洋战争结束后，李承晚的手里攥有一张王牌，为了这个出牌的机会，他已经苦等了三十年。由于那些即将决定战后朝鲜命运的少数美国人从来就没有关心过这个国家的战后地位，因此长期生活在美国，曾经为了朝鲜的独立而四处游说的李承晚就成为能够得到美国支持的不二人选。此外，他还与一直同华盛顿过从甚密的中国国民党有长期的交往。在朝鲜，就像在中国一样，美国人想要选出一个既是民族主义者又是基督徒的领袖。同时，这些人的民族主义情结还必须符合西方的宗教和政治标准。

有了蒋介石的支持，就等于有了一张能在华盛顿发挥影响力的通行证。实际上，那些无论赏识还是憎恶蒋介石的人都认为李承晚就是一个"小蒋"。与蒋介石不同的是，他是一个严谨的基督徒。李承晚在一个非基督教国家加入基督教，并且在许多场合都因为自己的信仰而遭人诟病。对那些早年力挺李承晚的美国人来说，尽管亚洲人与他们格格不入，但是他（以及蒋介石）的宗教信仰却让他们感到宽慰。就在朝鲜战争爆发前，一位外交官向当时很有影响力、后出任艾森豪威尔政府国务卿的杜勒斯讥评蒋介石与李承晚，杜勒斯颇有启发地回答说："好吧，我告诉你，不管你说他们什么，这两位绅士都相当于当代的耶稣。他们为了自己的基督教信仰而遭受磨难。"[16]

包括蒋介石在内的许多人都向麦克阿瑟推荐过李承晚。当他最终回国出任总统时，乘坐的是麦克阿瑟的飞机，这件事本身就是一则典型的政治宣言。美国人似乎找到了自己人，或者更准确地说，是自己人找到了他们。对美国十分友好的英国高级外交官罗杰·梅金斯认为，美国当时的举动就像一个孤立主义国家极不情愿地被拖入世界大国的新角色，因此他们始终倾向于找到一个让自己放心的代理人；美国选择李承晚说明"美国人总是希望与一个能够被他们当作'自己人'的外国领袖打交道。他们不喜欢大动干戈"。[17] 但是，喜欢李承晚的并不包括那些在韩国每天与他打交道的美国人，其中相当一部分人对他十分反感。生性粗鲁、不擅外交的首任驻韩美军司令霍奇将军尤其鄙视李承晚；正如军事历史学家科雷·布莱尔所说，霍奇认为李承晚"阴险狡诈、喜怒无常、凶残腐朽、捉摸不定"。[18]

三

在北方，苏联选择扶植金日成，这一做法显然更有远见。"二战"结束后，金日成凭借斯大林的力量与红军的强势大权在握。正是因为如此，从一开始他就借用苏联模式，他的身边围满苏联顾问。到1950年春，金日成已执政五年之久。在其中至少两年的时间里，他反复向斯大林施压，要求攻打南方，并且一次比一次积极。他信誓旦旦地向斯大林保证，南方人民一定会揭竿而起，自发地支持他的进攻。届时，南方二十万共产党人与爱国人士一定会拿起手中的武器，痛打李承晚这只美帝国主义的走狗（那个时代共产党的流行语）。但是，能够对这次进攻行动大开绿灯的只有一个人，那就是斯大林。

斯大林从一开始就不断地获得越来越多的个人权力，并且在"一战"后的近二十五年中左右着苏联的发展。他因苏联红军大败希特勒德国而赢得崇高的威望，虽然他曾经严重误判希特勒的意图，而且更为糟糕的是，在希特勒发动侵略战争的数月前，他还在军中搞大清洗。不管斯大林犯过多大的错误，苏联人仍然把他当作卫国战争的伟大领袖。至于那些几乎让德国人击败苏联的错误，反倒让他在苏联人的眼中更具英雄色彩，从而进一步巩固了他对苏联的控制，同时还为他的领导神话平添几分神秘色彩。斯大林体现的不是苏军早期的惨败，而是斯大林格勒保卫战中的浴血奋战与红军在柏林的大获全胜。这次胜利让他在苏联百姓心中变得分外伟大，使他成为现代的传奇"沙皇"，成为20世纪苏联的主要人物。

1950年，毛泽东已经成为中国政府的领袖。他在经历多年的镇压、斗争与内战后才掌握中国的政权，理应成为更加显赫的历史人物。毛泽东是中国革命的总设计师，引领中国革命度过漫长而艰辛的岁月；他经常以寡敌众，从蒋介石与军阀的联合攻击中拯救革命。在中国内战期间，他既是一名政治战略家，也是一名军事战略家。他创造了一种新的战争形态，把政治和战争紧密联系与结合起来，使军事因素永远是实现政治目的的一种手段。毛泽东使马克思主义适用于中国社会，他的革命理论在20世纪后五十年中在世界范围内引起广泛共鸣，其影响非常大。

朝鲜全国都有反抗日本殖民统治的丰富土壤。随着日本人占领的时间越来越长，一种宿命论开始在受过良好教育的中产阶级中传播开来；许多特权阶层的人也极不情愿地与日本人达成了妥协，并且最终沦为他们的帮凶。朝鲜战争结束后，他们当中的许多人都在韩国经济界和军界成为呼风唤雨的人物。与此相反，那些出身农民、对日本统治者恨之入骨并且不会为钱而与之勾结的人，最后变成了一群疏离于社会的左派分子。诚然，他们的确感到自己孤立无援，因为日本对朝鲜的殖民统治异常残暴。在日本人看来，朝鲜人是低等人，并因轻易被征服而更加下贱。

日本有明确的帝国主义目标和高人一等的优越感，毫不留情地摧毁朝鲜一切独立的可能与民族文化。他们从语言入手，想让朝鲜文化荡然无存。日本宣布朝鲜的官方语言为日语，而日语课本则被命名为《母语读本》。他们还规定，朝鲜人都要取日本名字，而朝鲜语只是方言而已。正如许多其他殖民统治者一样，日本人后来才逐渐意识到，对于被征服民族来说，你越是想要压制某种东西，它就会变得越发重要；只有到了那个时候，这些本来看似习以为常的事物——历史、语言、宗教以及许许多多人们认为理所当然的事，才体现出真正的意义。日本殖民者给朝鲜社会中制造的鸿沟变得越来越深，深得超出许多外国人的想象。将这个国家一分为二的不仅仅是一条三八线，还有全体国民心中那一条深深的裂痕，也就是在那段令人心碎的岁月里，一个朝鲜人到底站在哪一边；这条裂痕产生了各种各样的分歧，这些分歧又在朝鲜战争时期相互碰撞。这不仅仅是一场越境战争，一场北方对南方的"侵略"战争，而更像是因为殖民统治阴魂不散，那种压抑几十年之久的政治冲突犹如离弦之箭爆发了。双方都试图以不同的方式或不同的名义解决持续将近半个世纪的纷争。日本的殖民统治异常残暴，因此民族主义无法在本土滋生。可以说，那些留在当地的爱国人士通常都或多或少地与日本人有瓜葛，而那些被放逐到国外的民族主义者同样也多多少少与自己客居之处的外国势力发生过一些联系或者深受其影响。正是

第二章 天寒地冻：朝鲜人民军南下

这样一个一贫如洗、被他国占领的殖民地朝鲜，让李承晚在自己的放逐生涯中前往美国求援，同时也使金日成走上另一条道路。在日本的早期殖民统治下，朝鲜的经济状况极不平衡，使得许多朝鲜家庭，包括金日成一家难以维持生计。从孩提时代起，金日成就受到政治的深刻影响。年幼的他曾被流放国外，大部分青年时期也是在与日本人的艰苦斗争中度过的。因此，金日成年纪轻轻就成了一名矢志不渝的民族主义者与坚贞不屈的共产主义者，他以自己的方式表现出朝鲜近代史上的愤怒与辛酸。

金日成原名金成柱，生于1912年4月15日，也就是日本在朝鲜开始殖民统治两年之后。可以想象，如果一个欧洲儿童从出生到33岁都生长在纳粹当权时期的荷兰或者法国，那么金日成身上的愤怒与强硬就不难理解了。他的祖父母生活在万景台村，后来这里因为是金日成的出生地而闻名于世。有一次，金日成宣称，他的曾祖父在1886年率领当地人民袭击了一艘美国武装商船"谢尔曼将军"号，当时这艘船偏离大同江航线太远，后来又不慎搁浅，当地居民蜂拥而至，把这些外国佬打得七零八落。他的父亲金亭稷出身农家，中学没上完就辍学了。15岁时，金亭稷与当地一名小学校长的女儿结婚，并且先后当过小学教师、韩医，偶尔还充当过守墓人。当时，他的妻子康磐石17岁，比金亭稷年长两岁。康磐石的家人大都受过一定的教育，在她的亲戚中既有教师，也有牧师。康磐石的家人对于他们的婚姻并不怎么热心，因为金亭稷门第较低，名下只有两英亩（1英亩=4046.856平方米）土地。金日成出生的时候，他的父亲只有17岁，仍然在自己父母的家中生活。金日成的家人与政治有不解之缘，他的父亲和两个叔叔都曾经因为从事独立活动而屡次被捕入狱。1919年，金日成只有7岁的时候，他们家也像其他成千上万朝鲜民族主义者一样，举家越过北部边境来到中国东北，逃避日本人的苛政。他们在间岛一带定居下来。该地有一个大的朝鲜族聚居区，金日成在那里的中国学校读书，并且学习汉语。

金日成11岁的时候，父亲将他送回朝鲜，想让他对自己的祖国及母语有更深入的了解，虽然日本人禁止公开使用朝鲜语。他在那里与外祖父母共同生活了一段时间,然后回到中国东北,进入一个由朝鲜民族主义者举办的军事院校就读。后来,金日成声称,因为自己过于激进,所以在入学六个月之后就退学了。不管怎样,他很快移居吉林,那里有大批朝鲜流亡人士,也有许多日本特务。在吉林,他们有足够的时间从事革命活动。后来他说,自己经常和好友一起争论,他们究竟是应该先进行一场结束日本经济掠夺的斗争,还是应该先进行一场结束日本殖民统治的革命。他们还探讨这场革命究竟是应当由朝鲜首先发动,还是要等到共产党在日本掌权以后再伺机行事。就像他那一代的许多朝鲜人一样,随着时间的推移,以及日本殖民统治所带来的难以磨灭的痛苦,金日成变得越来越激进。金亭稷去世之后,金日成的母亲开始做一些缝缝补补的针线活。他在中国上初中的时候,遇到一位名叫尚钺的老师。尚钺是一名共产党员,出于对自己学生的赏识,他把自己的藏书全部借给了金日成(随后由于观点激进,尚钺很快就被该校开除,后来成为著名的历史学家)。

此后,金日成的思想日渐左倾,并且成为一个共产主义青年团体的创始人之一。1929年秋,金日成在17岁时被中国东北当局拘捕入狱。写过金日成传记的作家布拉德利·马丁写道,幸运的是,当局没有把他转交给日本人。六个月以后,金日成获释,并于次年加入中国共产党。从大约1931年开始,作为游击队长的他就成为了日本人的眼中钉、肉中刺,度过了一段艰苦卓绝、危在旦夕的岁月,经常与搜捕他的日军部队正面交锋。

这就是说,金日成在不到20岁的时候就开始拿起武器与日本殖民者进行斗争。到1932年春,他已经有了自己的一支游击队。回国以后,金日成以及其他一些像他那样的民族主义者因为经常在东北甲山一带活动而被人们称为"甲山派"。此时,由于在东亚地区连连得手,日本人的野心膨胀起来。他们妄图把殖民统治范围扩大到中国东北,还给它取了一个日本名字"满洲国"。打击日本殖民者的游击队中既有朝鲜人,也有中国人,而金日成的队伍就是其中之一。游击战争持续将近十年,但几乎屡战屡败。日本军队人数众多、武器精良、弹药充足。日本人还让当地农民不得不经常作出痛苦的抉择:要么提供这些可能是他们朋友或者同乡的游击队员的情报,并因此获得不菲的酬劳；要么不与日本人合作，那就等于死路一条。

大约从1934年到1940年，日本人往该地区派遣大批军队，用极其残忍的手段迫使当地居民招供。他们最终打败了游击队，并将他们驱逐到苏联的远东地区。当时金日成的队伍加入了由中国将军杨靖宇指挥的东北抗日联军。游击队的目的与其说是歼灭日军，不如说是骚扰日军，使他们难以顺利进入中国。尽管金日成的部下大都是朝鲜人，但是他们从一开始就是在中国共产党的支持下开展活动的。

毋庸置疑，当时他对游击队的领导举足轻重，他的级别也越来越高：从营长到后来的师长，不过据说他的手下只有三百多人。对于共产党方面来说，他是一位久经考验、忠诚可靠、价值很高、受人尊敬的游击队领导，但是对于日本人来说，他是重要的通缉犯之一。从1935年起，日本人就不惜重金悬赏金日成的人头，但他总能顺利脱险。虽然金日成与中国人和苏联人之间有着牢固的意识形态纽带，但是他们之间仍有巨大的民族差异，从而不可避免地相互猜忌。

1940年，当杨靖宇将军最终落入敌手并被日本人杀害时，金日成暂时成为该地区被通缉的头号游击队员，被悬赏20万日元捉拿。但是，随着这一带的日军变得越来越强大，游击队被迫暂时撤退。在这个阶段，大约在1940年，金日成最终来到苏联。1942年，他已经转入苏联军队，并被派往苏联远东地区伏罗希洛夫村附近的训练营。在那里，金日成迅速成为苏军一支秘密部队第88独立狙击兵旅*的成员之一。该旅的任务是侦察进入苏联境内的日军动向（当时苏联与日本并未正式进入交战状态）。他不仅成为一名苏联士兵，还从开始的上尉升为后来的营长。在这支高度集权的队伍当中，他成为彻底的苏联军官，以及事实上的苏联公民。他的营大约有两百名士兵，全部是朝鲜族人，其中有一些是在苏联境内土生土长的。他们个个都极为坚定，因为思想政治教育在苏联军中是最为重要的一门课程——对政治信仰的要求甚至超过对军事能力的要求。在"二战"期间，金日成曾经来到

---

* 实际应为苏联远东方面军第88步兵教导旅。

莫斯科。不过在苏联人看来，随着"二战"接近尾声，以及苏军的不断东进，他的营不再适于用来对日军进行迎头痛击，倒是可以另作他用。

像其他同时代的朝鲜人一样，金日成知道，朝鲜的独立离不开外援。对于身着苏联军装的金日成来说，他更倾向于让苏联人而不是中国人做自己的后盾，因为中国在历史上对朝鲜的影响特别大。此外，到1944年，苏联人的胜利指日可待，而且必将成为战后具有重要影响力的大国之一，而此时毛泽东的革命运动仍主要在中国贫穷落后的西北地区进行。再说，苏联不但完成国内革命，一举击溃敌军，而且还成功地让这个腐朽落后的国家进入了现代社会。因此，苏联模式对于这位来自不发达世界、即将成为朝鲜劳动党领袖的金日成来说，显得格外有吸引力。那时的金日成是一位全新的现代朝鲜爱国人士，一个对苏联模式顶礼膜拜、身体力行的信徒。有些人也许会认为，民族主义与苏联模式是两个互相矛盾的概念。但是对于朝鲜伟大的共产主义事业，或者更准确地说，苏联和朝鲜伟大的共产主义事业，金日成始终坚信不疑。从一开始，他就认为这两者其实毫无二致，因为凡是对苏联有利的事情也都对他和朝鲜有利。

就在这时，"二战"戛然而止，让苏联人与美国人大感意外。朝鲜立即被从三八线处临时一分为二。苏联红军——而不是朝鲜人，当然更不是金日成所在的第88独立狙击兵旅——随即开赴朝鲜，由此赢得解放朝鲜的美名。数周以后，苏联红军中的朝鲜族部队才得以进入境内。刚开始的时候，金日成为了统一朝鲜只能依靠苏联人的势力，而这也正是斯大林想要在共产主义世界里达到的目标。

朝鲜不可避免地成为那些为苏联模式歌功颂德者的乐土，而金日成的经历就是一个现代传奇。为了宣扬他在战争中的英勇，为了宣扬他如何单枪匹马战胜困难、赤手空拳勇退日寇、游击战术无人能及，为了证明他不出手太阳在朝鲜就升不起来，任何手段都能派上用场。朝鲜的革命与中国的情况完全不同。在漫长而艰苦的斗争中，毛泽东出色而严格地运用革命思想去争取人民群众的广泛支持，从而有力地打击了殖民主义或新殖民主义秩序。与此相反，金日成必须依靠莫斯科的决定与红军的强大实力。

在那些不了解斯大林心理的外界人士看来，可能还有许多其他人能够领导战后的朝鲜，但是从该国独立之日起，大部分人就被自动排除在外。有些朝鲜人曾经在毛泽东的军中长期服役，并且立下过汗马功劳，然而正是因为他们与中国的关系过于密切，因此在斯大林看来不够纯洁。另外还有一些人无论从观点上还是理想上，都与克里姆林宫大相径庭，因此也不在考虑之列。

朝鲜人民翘首企盼一位雄才大略的领袖人物来为他们指点江山，决不再要一位外国统治者，无论他比日本人友善多少。1945年10月初，苏联人特意选择在某饭店的一次小型午宴上推出这位政治人物。一位苏联将军在午宴上致辞说，金日成是一位英勇抗击日寇的伟大的朝鲜爱国志士。参加这次宴会的还有一个人称"朝鲜甘地"的非暴力民族主义者曹晚植。他出席这次宴会的任务之一是给金日成接风，但是在苏联人的眼里，他有过于沉重的历史包袱，而且在意识形态上也不能让人放心。

10月初的这场盛宴算不上成功，给其他赴宴的朝鲜政治家留下的印象不深。到了10月中旬，在平壤的一次群众集会上，苏联人再次郑重其事地向人们推出这位政治人物。

金日成终于在朝鲜的半壁江山里大权独揽，但无论是在世界舞台上还是在社会主义阵营中，他都不是最重要的角色。金日成既不像毛泽东那样有那么强的合法性，因为毛泽东是靠自己的力量掌握政权，苏联人只提供了少量帮助；也不像当时正对法国殖民者发动一次军事攻击的越南共产党领袖胡志明，是越南本土民族主义的化身。

金日成也像斯大林那样搞个人崇拜。在1948年出版的一本传记中，金日成就被说成是最英勇的抗日游击队长，是"我国最伟大的爱国主义英雄，我们人民希望的太阳"。这本传记中还写道："在朝鲜三千万人民中，日本帝国主义者最痛恨的就是金日成将军。"[1]在他回到朝鲜尚不满一年的时候，一首《金日成将军之歌》似乎就在向人们暗示今后将要发生的事情："满洲原野茫茫风雪请你告诉我／密密森林漫漫长夜请你告诉我／不朽的游击战士他是谁？卓越的爱国者他是谁？／劳动人民的解放者，我们的恩人／你是民主的新朝鲜，伟大的太阳。"[2]

　　1950年初，金日成一步一步地掌握了所有的大权。现在最让他耿耿于怀的问题是，他不甘心只执掌半壁河山。他最大的希望莫过于亲自率领这支日渐强大的、经过苏联训练和装备的、纪律严明的军队去解放南方，而千百万南方人民正期盼着他打过来。他要一统江山。6月25日，朝鲜人民军终于挥师南下，一开始连战连捷，似乎印证了金日成的预言。面对轻而易举的胜利，金日成及其高官们开始对中国共产党的代表显得不屑一顾，甚至嗤之以鼻。7月5日，斯大林建议中国向鸭绿江畔派遣九个师的兵力以防万一。这与中方的想法不谋而合，因为对于美国是否会介入战争，中国的态度没有金日成那样乐观。事实上，早在几天之前，周恩来就派自己的得力助手柴军武（即柴成文）赶赴平壤，以加强中朝之间的关系。7月10日，柴军武抵达后立即与金日成见面，但是后者却告诉他说："如果你需要什么，随时都可以来找我。"随后，金日成专门委派一名高官每天向柴军武通报战况，从而将其排除在决策圈外。事实证明，朝鲜人所谓的通报根本毫无价值可言，因为他们提供的情报完全可以通过当地的外国电台得知。中国领导人要求向平壤派驻一批高级军官以便实地考察，金日成表示拒绝。他确信朝鲜没必要请求中国增援，因为事态的发展一帆风顺。

四

　　韩国军队不仅缺乏训练，而且毫无防范。也许有一天，韩国会发展成为一个更强大、更富于活力的国家，但是建国之初的韩国政府和军队管理不善、混乱不堪。高级军官个个都腐败无能，广大士兵思想懈怠，装备陈旧。他们使用的大都是"二战"后已被磨损、淘汰的武器，缺少火炮，没有装甲车辆，只有几架歼击机。华盛顿始终担心，如果他们按照李承晚开出的单子给韩国提供武器的话，那么他很可能第二天就挥师北伐。这一切都表明，喜怒无常、在所有傀儡中最有独立性的李承晚与那些以主子自居的美国人之间的巨大分歧。李承晚有一种近乎病态的反共心理，他唯一的愿望就是对北方宣战（或者如有可能的话，诱使更加富强的美国代替自己向北方宣战）。他的目标与金日成恰恰相反，那就是不惜采取任何手段，建立起一个由他执掌大权的独立统一的非共产主义朝鲜。在亚洲，美国已经在蒋介石身上有过一次教训，而这次和上次一样棘手：是他们在战后把李承晚作为一个亚洲领导人安插在南方，因此他越是依赖美国，他们之间的关系就会变得越发艰难。作为一个傀儡，他渴望采取措施以证明自己有独立性，痛恨美国人的控制。

　　1950年，等级鲜明、高度集中的朝鲜人民军折射出该国当时的社会状况，同样，一盘散沙的南方军队也能够折射出韩国当时的困窘局面：一个压抑的半封建社会，正在与殖民历史和封建包袱作斗争，在一个自诩为真正民主主义者的喜怒无常的独裁者领导下，笨拙、缓慢而又无力地从历史阴影中走出来。朝鲜现代化的进程即将到来，一开始南方要比北方慢，虽然北方的现代化进程迅速，但空无一物，缺少某种灵魂。南方的现代化进程更困难、更复杂。实际上，正是朝鲜的这次"入侵"让韩国突然获得现代化的形式与目标。五十年后，当韩国发展成为一个令人羡慕的、充满工业活力甚至更加民主的国家时，朝鲜依旧还是一个贫瘠呆板的国家，与朝鲜战争刚开始的状况差不多。

1950年6月，南方的情况大致可以这样形容：一支孱弱无能的军队正在为一个同样孱弱无能甚至难以确定是否真正存在的国家而浴血奋战。韩国士兵大多是青年文盲，被人从街头或田里强拉而来，许多人在上战场之前没有经过任何训练。在朝鲜战争的第一年，逃兵不计其数；战斗一开始，韩国士兵就大量消失，还以为他们阵亡或在战斗中失踪了，不过几周或几个月之后，他们就会回来，但手中的武器肯定丢失了。韩国也有一些英勇无畏的青年军官，但是正如科雷·布莱尔所言，军队竟然成为"投机分子以权谋私的避风港。在这里，偷窃、贿赂、勒索以及回扣屡见不鲜"。[1]那年6月，韩国军队正如韩国这个国家一样，距离现代化还有很长的路要走。

但是，在1950年6月，那些负责韩国军队发展的人通通不关心这支队伍的窘迫状况。恰恰相反，韩国军事援助与顾问团的美国顾问与高级官员对于军队的现状存在相当惊人的自欺欺人现象。这个顾问团的英文缩写是KMAG，后来很快被那些在战场上与韩军并肩作战的美军官兵语带揶揄地，同时也是不可避免地，解读为"Kiss My Ass Goodbye"*。同样的自欺欺人现象又出现在十年后的越南，当时许多美国高级军官在明知南越军队不堪一击的情况下，还公然宣称这支军队是亚洲的常胜军。无论是在朝鲜还是在越南，美国人通常会担忧，如果他们坦承当地军队训练不足，战斗力低下，恐怕他们就与晋升无缘了。

朝鲜战争开始的数周前，韩国军事顾问小组组长威廉·林恩·罗伯茨将军刚刚结束视察工作，他是当时唯一敢于直言相告的人。早在1949年3月，他就写了一封2300字的长信，递交给自己的上司——参联会的查尔斯·博尔特中将，详细汇报了韩国军队的糟糕状况。但因当时美国出于财政紧张正准备从韩国撤军，所以公开口径是这样的：韩国军队的状况已经好转，武器装备亦在朝鲜人民军之上。这就是1949年6月博尔特在国会作证时的证言；他还说，现在美国军队可以从那里安全撤出。没有一个参与训练韩国军队的人相信他的话。1950年6月，也就是他即将赴国防部任职前的几

---

* 意为"快给我滚开"。

第二章 天寒地冻：朝鲜人民军南下

周，罗伯茨开展了一次宣传活动，目的是告诉公众韩国军队如何英勇无敌。他在韩国军事顾问小组的大多数手下都知道，他在撒谎。1950年6月15日，也就是在朝鲜发动攻击的十天前，该团向五角大楼递送了一份报告，指出韩国军队基本没有作战能力，武器装备形同虚设。他们至多只能抵抗十五天。该报告最后总结说："韩国面临的是一场像中国曾经遭受过的巨大灾难。"[2] 由于小道消息满天飞，部队状况之差早就不是什么秘密，而罗伯茨将军的继任者弗兰克·基廷少将也因此被勒令退休。

让罗伯茨将军特别担心的是朝鲜空军，因为它拥有一百多架苏式飞机。不过没想到他作为一名前坦克部队指挥官，竟然对朝鲜的装甲部队不怎么担心，因为他认为在这样一个极不适合坦克战的国家里，坦克并不重要。他的看法没错，朝鲜的确是一个不适合使用坦克的地方，因此美国在坦克制造与战术方面的优势变得荡然无存，不能再像他们在其他战场上那样仅靠坦克就能一举定乾坤。然而，他的错误在于，朝鲜一开始利用自己在坦克而不是空军方面的优势，将没有配备坦克、仍旧在使用老掉牙的反坦克火箭筒的韩国军队打得溃不成军。对于本方没有坦克或者没有反坦克武器的普通步兵来说，没有什么比坦克更加让人感到可怕的了。所以说，在战争初期，引起韩国军队恐慌的不是坦克，而是朝鲜坦克部队就要来了的传言。科雷·布莱尔写道："作为一名作战经验丰富的坦克手，罗伯茨一定知道，在'二战'期间的阿登反击战中，德军装甲师曾使那些没有配备坦克的美国步兵惊恐不已。而现在他却无视朝鲜人民军的装甲部队，这可真是令人费解。"[3]

尽管当时"斯大林Ⅲ"已经取代 T-34 成为苏联最先进的坦克，但 T-34 坦克仍然威力惊人，而且朝鲜军队有 150 辆此型坦克。战争初起的那几周，T-34 所向披靡。大约在十年前的莫斯科保卫战中，T-34 在抗击纳粹德军方面起到了关键作用，被曾在 1939 年率领德国装甲师横扫波兰的海因茨·古德里安将军誉为"世界上最好的坦克"。当它在 1942 年首次出现在苏联战场上时，苏联人终于能和德国人一争高下。这型坦克前脸低平，这样就容易使敌方炮弹偏离目标；它结实耐用，行动迅速，最高时速可达 32 英里；它的履带很宽，能在泥地或冰面上平稳行驶，100加仑的超大油箱使之能在不加油的情况下连续行进150英里；它重32吨，装有一门85毫米口径的主炮、两架7.62毫米口径的机关枪以及厚实的防弹钢板。韩军使用老式2.36英寸火箭筒对付它，但这种火箭筒在"二战"的战场上就不怎么好使。吉姆·加文准将曾经在"二战"后对这种火箭发射筒进行过专门研究，结果对其有效性十分怀疑，认为它还没有德国的火箭筒好用。五年后，事实证明，这种火箭弹通常会被T-34坦克的装甲弹开，而且有些甚至不爆炸。毫无疑问，在朝鲜战争初期，T-34可以粉碎韩军的一切抵抗。凑巧的是，当时美国刚刚研制出一种经过改良的新型反坦克火箭筒，并于1950年6月10日开始投入生产。6月12日，第一批新型反坦克火箭筒运抵韩国，还有专人负责指导他们如何使用。此后，朝鲜人民军在战场上已有的巨大优势开始丧失。

朝鲜人民军所打击的是美国这个超级大国的大防御圈上最薄弱的一个点，此时美国对于什么才是其国家安全的责任依旧茫然不清。因此，在朝鲜人民军的猛攻之下，韩军不可避免地节节失守，并且迅速分崩离析。6月27日，即北方发动进攻两天以后，朝鲜人民军就占领了距离三八线以南60英里的韩国的首都汉城，而韩国守军匆匆炸毁汉江上的桥梁，好让自己有片刻的喘息之机。

第三章

华盛顿介入战争

一

朝鲜"入侵"的消息抵达华盛顿时,已经是星期六的深夜。当时美国政府还没有实行每天十八小时周末不休息的值班制度,政府要员们早已下班。那位酷爱火车旅行的总统先生在周六白天参加完巴尔的摩友谊机场的落成仪式后,随即飞回位于密苏里州独立城的家中,而国务卿艾奇逊也正在马里兰州的农场度周末。其他政府要员也都各有各的周末活动。艾奇逊的下属向他汇报了有关朝鲜进攻的消息,经过仔细核实,艾奇逊叫醒杜鲁门总统:"总统先生,我这里有一条重大消息。朝鲜对韩国发动了进攻。"杜鲁门打算立即动身返回华盛顿,艾奇逊劝他暂时别回来:一是他手头的消息还不够翔实;二是艾奇逊认为,如果总统深夜返回华盛顿,这种紧张气氛会立即引起其他国家的警惕与不安。尽管如此,艾奇逊的直觉却告诉自己,这件事非同小可。

在接下来的三十六个小时里,有关朝鲜进攻的消息铺天盖地涌向华盛顿。然而,最早也是最能说明这件事情的重要性的信号却来自杜勒斯和阿利森:他们在周日清晨从东京发电报告诉杜鲁门和艾奇逊,一旦韩国坚持不住,美国就应该出面干涉。这份由杜勒斯署名的电报上说道:"如果我们坐视不管,任由韩国被无端的武装攻击所推翻,就会引起一连串灾难性的后果,从而极有可能引发世界大战。"[1] 同样,这份电报也提醒杜鲁门,要从政治立场去考虑这起事件。而杜鲁门刚刚接到这则消息时,他仅是本能地反应,没有去关注这起事件的政治意义。

一听到朝鲜发动进攻的消息,杜鲁门就开始考虑尽快返回华盛顿,然而他并没有大幅改变原有的行程计划。周日一早,他仍然按原计划造访兄长维维安的农场。下午3点左右,他飞返华盛顿,与高级军事顾问和文职专家们召开了一系列马拉松式的会议。总统的第一个决定本来是利用美国驻韩空军与海军力量保护美军眷属,但是随着朝鲜军队迅速向南推进以及韩军一败涂地,会议最终在周末做出一项历史性的决定:派遣地面部队进入韩国。

1950年6月25日下午，杜鲁门志得意满地乘机返回华盛顿。当时他不但摆脱了富兰克林·罗斯福的阴影，还在美国人面前证明了自己——他在总统选举这个最盛大的国家赛事中大获全胜。他对自己的决策能力越来越自信，同时也对身边的大部分同仁深感满意，像马歇尔、艾奇逊、布莱德雷和哈里曼等。在杜鲁门看来，哈里曼是一位不可多得的人才，他以前为杜鲁门在欧洲跑腿，但现在即将被授予更大的权力，充当一个矛盾调停者。此外，杜鲁门与国务卿艾奇逊的关系也与日密切，最终相互信任的程度恐怕在整个美国政治史上都绝无仅有。因此，杜鲁门毫不怀疑自己能够胜任总统这一职位，他没有历史包袱，也没有党内人士会对他说，你要考虑这件事罗斯福会怎么做。不管怎么说，杜鲁门不必顾虑既往。

某种程度上，有关朝鲜的决议在杜鲁门的飞机抵达华盛顿之前就已成定局，杜鲁门与他的诸多高级顾问都清楚他们将要选择哪条路。国家安全委员会的所有成员无一例外地认为，朝鲜悍然越过三八线，乃是对联合国宪章的公然挑衅。同样，在美国人看来，这是一个国家无缘无故地侵犯另一个国家的行径。然而，如果远在地球另一端的社会主义领袖们认为，这一次华盛顿会像对待中国内战那样对待这件事，那么他们就大错特错了。与此相反，这一代人的国家安全意识均由"二战"铸就，而朝鲜的举动无疑激起了他们脑海中有关"二战"初期的某种回忆，认为正是民主国家的纵容态度导致侵略的蔓延，因此面对朝鲜问题，他们的反应如出一辙。在朝鲜战争双方产生的诸多误会中，共产党一方的最大问题可能是他们错误估计了西方民主国家尤其是美国的态度。美国是根据慕尼黑事件来看待朝鲜"入侵"的。据杜鲁门回忆，在飞回华盛顿的途中，他一直想的是，在第二次世界大战时，民主国家是如何丧失阻止墨索里尼入侵埃塞俄比亚的最后机会的，又是如何坐视日本侵占中国东北的，以及法国和英国是如何一度能够轻而易举地阻止希特勒进军奥地利与捷克斯洛伐克的。在杜鲁门看来，肯定是苏联唆使朝鲜跨越三八线，而苏联人懂得的唯一语言就是武力。后来，杜鲁门写道："我们必须在武力的基础上与之打交道。"[2] 韩国在美国人的眼中未必有多么重要，但是他们必须对共产党的挑衅做出回应。他们认为，朝鲜的"侵略"行径是对美国尊严的严重挑战。艾奇逊也说，他在听到朝鲜越过边境的消息时深深地感到："尊严是由武力铸就的，唯有武力才能够产生强大的威慑力。"[3]

此时的杜鲁门已经是一名强硬分子。"二战"后的这五年是非常艰难的五年，两个强大而又极为焦虑的国家相互对峙，每一方都因自己成为超级大国而如履薄冰，每一方都在自己的模式中基本处于孤立状态，每一方建立的经济体制都让他们视彼此为死敌，每一方都预言对方就是洪水猛兽，要将自己毁灭，每一方都对自己在前所未有而又令人可怕的核时代中的新角色感到莫大的恐惧与担忧，每一方都有自己的焦虑，甚至是偏执。从1945年7月末波茨坦会议上的第一次交锋起，过分自信、盲目乐观的杜鲁门就对斯大林做出过错误的判断。当时盟军在欧洲战场上的胜利几乎已成定局，但杜鲁门低估了斯大林的阴暗面。实际上，他对斯大林的政治权力欲只略知一二，会议一结束，他甚至对身旁的人们说："我对斯大林就像对汤姆·彭德格斯特这些人一样熟悉。"[4]彭德格斯特是堪萨斯城的政界领袖，杜鲁门正是在他的支持下开始了自己的政治生涯。他必须清醒地意识到斯大林是个难对付的人。后来他说"我就喜欢这狗娘养的家伙"。[5]在波茨坦会议期间，他曾希望凭借中西部美国人的那种坦率和直接，依靠自己开诚布公的态度，为战后的世界创造出一种稳妥可行的模式，可能是一种对战时关系谨慎而又分明的延续。然而，他的这些举动对斯大林没用，因为斯大林从来不把自己的牌亮在桌面上，更不会向世界最强大的资本主义国家的总统亮出自己的任何一张牌。其实，杜鲁门也并没有他自以为的那样坦白。正当波茨坦会议进行之时，美国成功进行了第一次核试验，虽然杜鲁门不准备提及此事，但是斯大林早已通过苏联间谍了解得一清二楚。

在处理苏联与西方世界的关系时，始终有一种由来已久的偏执（国家的偏执和个人的偏执）驱使着斯大林，对战后同这些国家建立同盟关系，他既无兴趣，也不相信。到1950年时，那个满心希望要与斯大林通力合作的杜鲁门不见了，代之而起的是一个口气生硬、满腹狐疑的杜鲁门，认为自己以前是个"天真的理想主义者"。[6]正如杜鲁门误解了斯大林，斯大林也误解了杜鲁门。他们在波茨坦见面之后,斯大林就像许多美国的保守政客一样,严重甚至是危险地低估了这位刚刚走马上任的美国总统;他告诉当时开始在苏联政坛崭露头角的尼基塔·赫鲁晓夫说,杜鲁门毫无价值。[7]随着英国、法国、德国与日本的陆续崩溃及其帝国体制的先后瓦解,美苏两国迅速填补了因此出现的权力真空,一场新的大国博弈不可避免地在战争中出现了。到朝鲜"入侵"韩国之时,美苏之间的冷战达到白热化的程度,这为十二年后美苏在古巴导弹危机中的核危机埋下了伏笔。1950年6月25日,在丘吉尔发表铁幕演说的四年后,也是在柏林危机(苏联突然对柏林实施封锁,于是美国通过空投物资对其进行支援)的两年后,朝鲜战争一触即发。截至1950年,西方盟国眼看就要顺利完成马歇尔计划,同时还成立了北大西洋公约组织(NATO),以帮助那些饱受战争蹂躏而局势动荡的欧洲国家增强自己的实力。然而在共产党人看来,美国此举是为了利用自己手中的核武器来武装更多国家与他们为敌,从而对共产主义世界形成合围之势。

6月25日,正当杜鲁门政府的高级官员齐聚一堂,试图参透朝鲜这次进攻究竟意欲何为时,他们不再将此事单纯地视为朝鲜武力占领另一个国家的侵略行为,而是希望能够窥探到此事背后更深层、更黑暗的意义。在美国政府看来,苏联在那段日子里的一举一动都暗藏着极端诡秘的意图,甚至连莫斯科的电话黄页都被认为是机密文件。在华盛顿与总统共商大计的政府要员们的第一反应就是朝鲜的武装行动受莫斯科的直接领导,斯大林才是整个行动的幕后主使,金日成不过是他在朝鲜的代理人而已。直到后来,人们才发现这种观点与事实完全不符:多年以后,当苏联的档案文件被公之于众时,历史事实才清晰地呈现出来,原来年轻气盛的金日成才是朝鲜战争的真正推动者,一向谨慎的斯大林只不过是在极不情愿地默许附和而已。当时杜鲁门手下的苏联专家们认为朝鲜只是苏联的一个卫星国,完全处于苏联的管辖之下,大多数时候情况确实如此;但在朝鲜战争问题上,斯大林却充其量只是个后盾,而不是煽动者。在战争初期,华盛顿首先关注的问题是:这次入侵会不会只是一个假象或者一次佯攻,只不过是苏联进一步侵略计划的第一步？如果真是这样，那么斯大林的下一步行动又是什么？斯大林是在暗中瞄准欧洲世界，还是在觊觎中东国家？艾奇逊认为，这次入侵只是一个序幕，接下来苏联会支持中共夺取台湾、对蒋介石展开进攻，或者中共因蒋介石的挑衅而发动反攻，无论是哪种情况，都同样危险。

相反，杜鲁门认为斯大林的下一步行动会在伊朗展开，就连和杜鲁门经常意见相左的麦克阿瑟也这么认为。6月26日，杜鲁门和几位亲近幕僚在一起商议时，他走到一个地球仪旁边，然后把它转到中东地区，用手指着伊朗说："如果我们不加倍小心，这里就是他们挑起事端的地方。朝鲜就是远东的希腊。如果我们现在足够强硬，如果我们能像三年前在希腊时那样顽强抵抗，那么他们就不会有更进一步的行动。但是假如我们袖手旁观，他们就会入侵伊朗进而控制整个中东。所以，如果我们现在不奋起抵抗，天知道他们会做出什么事来。"[8]

25日傍晚，当杜鲁门返程抵达华盛顿时，国务卿艾奇逊、国防部长约翰逊、副国务卿韦伯在机场迎接。从这三人坐进杜鲁门总统专车的那一刻起，历史的进程就毫无疑问地被定下来了。杜鲁门说："我以上帝的名义发誓，一定要让他们罪有应得！"[9] 约翰逊立即表示同意杜鲁门的意见。不过韦伯却提醒杜鲁门先看看国务院递交的一些材料。国务院根据来自韩国的不完整报告提出许多早期应对建议，这些建议都不怎么样：他们希望杜鲁门能够授权麦克阿瑟将军给予韩国需要的武力支援，派遣美国空军和海军部队掩护美军眷属撤离，同时保护韩国的港口，以免在撤退途中落入朝鲜人之手。与此同时，根据总统之后的决定，他们希望参联会随时做好准备，在必要时以武力阻止朝鲜人。他们还希望杜鲁门派第七舰队前往台湾海峡，既防止中共进攻台湾，也阻止蒋介石挑衅大陆。此外，他们还认为，美国应该着手向印度支那的法国人提供军事援助，同时向缅甸与泰国提供军事援助。当总统专车抵达杜鲁门的临时住所布莱尔大厦时，韦伯趁着自己与杜鲁门独处的时机提出另一条建议：既然华盛顿有意将朝鲜"侵略"一事提交联合国，那么应考虑将台湾问题与朝鲜问题分开处理。

假如当时美国政府没有旗帜鲜明地提出干涉朝鲜战争的决议，那么其立场很可能就此模棱两可，也许整个历史会因此而改写，而不仅仅是朝鲜问题。"二战"结束后的几年里，华盛顿的决策者们在处理世界旧秩序的瓦解与其他战争遗留问题时面临着这样两大难题。首先是如何制止苏联在欧洲的扩张，这是众所周知的最亟待解决的问题。美国政府对这一问题的处理极富外交技巧与远见卓识，但不幸的是以第二个重大问题为代价的，即如何应对殖民时代的结束。如果单从影响力来看，第二个问题或许不那么紧迫，不算中心要务。当时，美国最重要的盟国在政治上（有时在军事上）受到其前殖民国的威胁。由于民族主义时常表现为共产主义，因此美国很难理解那些经济落后国家的民族主义。实际上，有两种不同类型的共产主义会引起完全不同的威胁：一类是旧式的、呆板的苏联共产主义，由苏联红军传播到欧洲诸国；另一类是出现在第三世界的共产主义，反殖力量在无法得到华盛顿的支持后转向莫斯科寻求帮助，此时共产主义就会成为反殖人士最便捷的思想武器。不管怎么说，朝鲜的进攻是一种老式的越境行为，但是在印度支那问题上，虽然美国人将其与朝鲜以及欧洲更大范围内的对峙联系起来，但其本质还是纯粹的殖民战争。

当晚，所有的文武高官在布莱尔大厦共进晚餐；饭后，他们开始谈论朝鲜的军事行动。随着讨论的深入，许多事情变得更加清晰：虽然无人知道朝鲜入侵背后的意图到底有多深，但是这毫无疑问是一种非常严重的"侵略"行为，而且韩国军队表现糟糕，很可能无法自保。第一个发言的是参联会主席布莱德雷将军。一年前，他曾赞同撤回驻韩美军作战部队，因为朝鲜战场的作战条件极其恶劣，而且此地毫无战略价值可言。他说，我们必须与共产主义阵营划线而治，而朝鲜半岛不失为一个合适的地点。因此，朝鲜半岛的地位一夜之间就发生了翻天覆地的变化。这时杜鲁门插话表示完全支持他的观点；美国政府的态度就在这一刻尘埃落定。布莱德雷补充说，从战争的规模来看，朝鲜背后一定有苏联的指使。接着，海军作战部长福里斯特·谢尔曼上将、空军参谋长霍伊特·范登堡上将先后发言，话里反映出美国人对其空军和海军力量的乐观与信赖，同时对自己军队无与伦比的战斗力信心十足。相反，他们对朝鲜人的作战能力都不以为意，认为只

第三章　华盛顿介入战争

要出动空军和海军就够了。陆军参谋长柯林斯却认为，根据他得到的报告，美国有必要出动地面部队入韩作战。动用陆军是不同寻常，甚至是更加生死攸关的一步；布莱德雷、柯林斯和陆军部长弗兰克·佩斯则坚持认为美国没有必要如此冒进。然而布莱德雷不久后就发现，他大大低估了朝鲜人民军的作战能力。他后来说："当时没人相信朝鲜人竟然这么强大。"[10]

与会人员逐步达成如下共识：立即动用空军延阻朝鲜人的攻势，同时向联合国提交这一问题以获得支持，不过如果有必要，美国仍然愿意采取单边行动制止朝鲜的侵略行为。在会议即将结束时，韦伯提醒杜鲁门要从政治角度分析局势。杜鲁门严厉地答道："我们根本不用讨论政治！我会处理好所有的政治问题！"[11]之后，杜鲁门立即签署命令，要求使用空军保护美军眷属撤退，同时在韩国领空与朝鲜空军争夺制空权。他要求佩斯命令麦克阿瑟派一个调查小组到韩国，查明军事所需。接着，他又命令谢尔曼从菲律宾撤回第七舰队，并且将其部署到台湾海峡。当时，台湾海峡是共产党的占领区域，因此杜鲁门的这一命令显得尤为关键。但他说，在舰队部署到位之前，不要对外公布此事。

虽然，总统的顾问们都认为韩国军队很可能自身难保，但派遣地面部队一事仍然像暴风雨前的乌云一样笼罩在众人心头。第二天，杜鲁门在给当时仍在独立市的妻子贝丝的一封信中提到，他返回华盛顿的空中旅行非常顺利，在布莱尔大厦举行的会议也极为成功，但是朝鲜问题仍然很棘手。"自从希腊和土耳其落入我们之手后，我再没有如此不安过。就让我们向好的方向想吧……"[12]当时几乎没人愿意相信，斯大林只是默许了朝鲜的侵略行为，而不是这场战争的幕后操纵者，否则我们今天的历史就会发生重大改变。然而，默许也好，操纵也罢，在美国人看来毫无区别。当时美国颇具影响力的主流媒体《纽约先驱论坛报》曾经在头版头条刊登一则标题为"苏联红军入侵韩国，坦克部队直捣汉城"的新闻。

对国家安全部门的某些高官来说，类似的新闻报道虽说令人心惊胆寒，但也算是天赐良机；即使算不上天赐良机，至少也是令人喜出望外。在此之前，他们曾迫切地希望大幅提高国防预算，但是却希望渺茫。实际上，他们一直在惴惴不安地等待类似危机的发生,并且相信这一天总会到来。他们相信这些事件能够让美国人更加清醒地认识到自己面临的新挑战。

作为美国最重要的苏联问题专家,乔治·凯南却与布莱尔大厦会议无缘,这着实令人感到沮丧。后来他写道:"此次凡是受邀赴宴的人就是后来负责执行国务院决定的那帮人。"用凯南自己的话说,他只不过是个局外人。他已经离开国务院政策规划司司长的位置,准备前往普林斯顿大学,对美国的过去而非现在和未来进行反思。在接下来的几天里,由于艾奇逊担心朝鲜的军事行动只不过是苏联侵略计划的一个序幕,因此他就苏联人的真实意图认真地征询了凯南的意见。凯南并不认为这次进攻是什么大不了的事。他在写给艾奇逊的信中说,苏联并不想与美国进行一场更大规模的战争,但如果美国陷于一场"既无利可图而又名誉扫地的战争"泥沼之中,或者坐视朝鲜占领整个朝鲜半岛,从而丧失该地区对美国的信任,那么他们当然会大喜过望。[13]他评论说,在考虑如何应对朝鲜人时,美国要意识到自己最大的危险不在欧洲,而在亚洲;苏联很可能会让中国作为代理人而卷入进来。这话表明凯南不认为更大规模的战争会爆发,而且认为美军应当对此慎重地做出反应。这的确是由美国最重要的苏联问题专家提出的清醒而有预见力的建议。

第二天,当这些要员再次聚于布莱尔大厦时,艾奇逊(在朝鲜问题上除总统之外最为重要的人物)宣布,第七舰队已经准备就绪,因此总统应当立即签署命令,命其保护台湾。他还提到,美国应当立即告诫蒋介石,要求他停止对中国大陆的一切军事活动,而第七舰队会密切关注蒋介石的举动。随后,艾奇逊简明扼要地阐述了自己对于朝鲜以及整个亚洲事态的建议。美国准备向正与共产党游击队交战的菲律宾政府提供援助,向正与具有共产主义和民族主义双重身份的越南独立同盟交战的法国提供援助。这是让印支半岛战事升级的关键一步:美国本来反对法国重新开始在印支半岛的殖民统治,只是迫于巴黎的压力才无奈附和,可是在战争进行四年后,正当法国人疲态显露之时,美国却准备提供大量财政支援。此后不久,美国成为法国最大的支持者与财政赞助者。随后，美国又向印度支那派遣一个大型军事顾问团，这意味着美国开始涉足新的领域，投入到一场痛苦不堪的殖民战争中去。当时没有人能够想象，或者说没有人会在乎，这场战争的后果是什么；当时没时间考虑这么多。6 月 29 日，也就是朝鲜"入侵"南方四天以后，美国派出八架 C-47 运输机，载满救援物资飞越太平洋，直抵印度支那。自此，美国开始向法国提供大规模军事援助，这种援助在后来渐渐演变为美国人一种难以自拔的、令人悲哀的冒险行动。

在周一早晨的会上，华盛顿的决策者们还讨论了动用蒋介石部队到韩国作战一事。此前蒋介石自告奋勇地向华盛顿表示，可以派出部分精锐部队参与对朝作战。他的这一表态引起了杜鲁门的极大兴趣，并且倾向于接受蒋的提议，但是艾奇逊坚决反对。从朝鲜危机爆发开始，他就一直在考虑有关蒋介石的问题，当蒋提出介入战事的请求时，他并不吃惊，因为艾奇逊很清楚蒋介石的意图，那就是引发一场更大的战争，从而使得中共以某种方式卷入其中。这种想法与美国人把朝鲜战争限定为一场将中国排除在外的局部战争的目的背道而驰。美国和蒋介石可以结为同盟，但是双方想要的东西却大相径庭。艾奇逊认为自己对这一问题的判断不容置疑。退一万步讲，凭蒋介石在中国大陆战场上的狼狈表现，艾奇逊也不愿将朝鲜战争的胜利寄希望于他，更何况就在此前，中国国民党军队刚刚被中国人民解放军打得落花流水。不过，包括麦克阿瑟在内的不少人对艾奇逊的观点表示异议，对蒋介石参战的想法兴奋不已，因为这一提议解除了美国人的后顾之忧。艾奇逊坚决反对这种看法，而出于军事方面的顾虑，参联会的大多数成员也投了反对票。

然而，杜鲁门的政敌却支持动用蒋介石的军队。他们认为朝鲜战争的爆发是他们反对杜鲁门与艾奇逊的天赐良机，可以将朝鲜问题与杜鲁门政府支持下的蒋家政府失守中国大陆这件事联系起来。这是一种本能而敏捷的反应。6 月 26 日，与"院外援华集团"相交甚深的斯泰尔斯·布里奇斯参议员在参议院振振有词地质问："我们是否还要继续推行绥靖政策？我们是否还需要等待'尘埃落定'？（这是对艾奇逊早前言论的揶揄。艾奇逊认为，美国应该等待中国政局稳定后再伺机分离苏联和中国。）我看现在就是划清界限的最佳时机。"加州参议员比尔·诺兰（与"院外援华集团"过从甚密，人称"来自台湾的参议员"）补充说："如果我国对这种公然的侵略行径都熟视无睹，那么想要阻止共产主义在亚洲大陆的扩张就是异想天开。"最后，内华达州乔治·马隆将当前的形势与阿尔杰·希斯一案联系起来（供职于美国国务院的希斯被控在苏联间谍案中作伪证）。马隆还声称，无论是过去发生在中国的事件，还是现在爆发的朝鲜危机，都是那些思想左倾的顾问搞出来并上报国务院的。

一开始，杜鲁门对朝鲜"入侵"一事的反应是下意识的，甚至完全缺乏政治意图，但政治因素在朝鲜战争期间始终发挥了重要作用。在是否庇护蒋介石和保卫台湾岛的问题上，杜鲁门内阁中也存在着诸多分歧。由于杜鲁门没有一如既往地对蒋介石表示支持，这不仅成为其诸多政敌最常攻击的对象，而且在政府最秘密的会议上大家也开始对此议论纷纷。在艾奇逊看来，蒋介石政府败局已定，美国应该慎重考虑是否给予援助；考虑到亚洲瞬息万变的态势以及动荡不安的政治格局，从长远来看，支持国民党政府只会对美国产生不利的影响。然而，国防部长约翰逊（他其实希望自己能够成为杜鲁门之后的民主党总统候选人）与艾奇逊针锋相对，公开表示支持蒋介石参战。但是杜鲁门的一些亲信认为约翰逊是一名"院外援华集团"成员；他曾经向蒋介石的"驻美大使"夸下海口，称自己不但要孤立艾奇逊，而且会将他逐出政府。他的高级助理保罗·格里菲思和国民党"大使"同时也是"院外援华集团"核心人物的顾维钧一直保持着密切联系。此外，其他政府成员不知道的是，大约九个月前，顾维钧在纽约市的里弗代尔区安排宋美龄与约翰逊共进晚餐。[14] 约翰逊与国民党之间的瓜葛是杜鲁门政府内人尽皆知的事，这就意味着政府内部有人传播共和党人对当局对华政策的批评，而且政府高层会议的情况都会立即传到国民党的耳朵里。

这种情况在政府内部引发了某种令人不快的政治斗争。这一斗争从朝鲜战争一开始就影响着政府的决策，就像中国问题影响美国政府的所有决策一样。约翰逊注定难以获得这场斗争的胜利。杜鲁门与艾奇逊有相近的政治立场,而且杜鲁门对艾奇逊的为人处世和政治判断能力也十分信任,因此最终他还是同意了艾奇逊的建议,开始小心谨慎地避免让战争扩大化。但是另一方面,杜鲁门还欠约翰逊一个人情:1948年的民主党全国代表大会过后,杜鲁门迎来了一个最为艰难的时期。当所有人都认为杜鲁门会在即将到来的总统大选中一败涂地时,约翰逊却挺身而出,坚定地支持杜鲁门。后来,当民主党因为财政空虚无力支持杜鲁门时,约翰逊成为他最重要的资金筹措者。杜鲁门在当选总统后,举荐约翰逊出任国防部长,作为回报。

从杜鲁门在布莱尔大厦召集班子开会伊始,艾奇逊与约翰逊就在台湾问题上产生了尖锐而不必要的龃龉。虽然其他与会者都希望将重点放在朝鲜问题上,约翰逊还是在会上提出了台湾问题。[15] 此前,他一直试图违背总统与艾奇逊的意愿,建议将台湾纳入美国在亚洲的保护范围;在布莱尔大厦的会议上,他再次借机提出这项建议。约翰逊在会上指出,台湾问题对美国安全的影响程度要远远高于朝鲜问题,而艾奇逊却一直试图将主题拉回到朝鲜战争上,如此反反复复,最后杜鲁门只好中断会议,宣布晚餐开始。晚饭过后,约翰逊试图再提台湾问题,杜鲁门又一次截住了他的话头。

此后,众人很快就将蒋介石部队抛诸脑后,转而关注更为重要的朝鲜问题。柯林斯指出,现在韩国已经溃不成军,用他的话说,韩军总参谋长"早已丧失斗志"。他们都知道这意味着什么,这意味着美国有必要动用地面部队出兵韩国。即使是在"二战"期间,美国也始终坚持避免向亚洲大陆派兵作战,因此布莱德雷提议总统静观其变,过几天再公布这一重大决定。于是,杜鲁门建议参联会研究此事。考虑到这一问题的严重性,杜鲁门一度神情肃穆地望着众人说:"我不想参战。"但他深知自己正在一步步地接近于最后决定。

6月27日早晨,杜鲁门和艾奇逊一起会见国会领导人,向其重述了他的决定。国会领袖们基本同意杜鲁门的决定。新泽西州共和党参议员亚历山大·史密斯问杜鲁门是否会请国会两院通过一项联合决议,批准美军即将在韩国展开的军事行动。这的确是一个重大问题,这两天在布莱尔大厦开会时竟然无人认真考虑过;与会者都认为应该先把政治放在一边,至少是应该被他们放在一边。杜鲁门告诉史密斯,他们会考虑这件事。当天晚些时候,杜鲁门又分别向艾奇逊和哈里曼提及此事。朝鲜战争爆发后,哈里曼立即成为杜鲁门的特别助理,他不像艾奇逊那样出身富家巨室,却对美国政治有敏锐的洞察力。他强烈建议杜鲁门寻求一项国会决议,而艾奇逊反对这么做,因为现在是兵贵神速的时候。杜鲁门倾向于艾奇逊,虽然他是由国会选举产生的,如果自己在事关战争与和平的重大问题上凌驾于国会之上,那一定会惹恼国会,但他也不想因此而放慢行动的步伐。杜鲁门与国会之间在中国和蒋介石的问题上产生的龃龉也让他对参议院中的那些政敌心怀顾虑。三天后,也就是 6 月 30 日早晨,杜鲁门再次会见了国会领袖。这一次,内布拉斯加州的参议员肯尼思·惠里直截了当地询问杜鲁门,关于出战的决议是否得到了国会的批准。杜鲁门政府的官员大多不喜欢惠里。据说在一次听证会上,艾奇逊差点儿就对其大打出手,最后被惠里的助手拦下才控制住了局面;而杜鲁门则喜欢称惠里为"一个脑子进水的、内布拉斯加州办丧事的人",[16]因此对于惠里的问题,杜鲁门搪塞道:"如果有必要经过国会批准,我一定会找你。但是我希望最好无须国会插手就能制伏那些朝鲜强盗。"[17]

实际上,这时正是寻求国会决议的最佳时机,这个机会稍纵即逝,而在战争初期形成的政治统一战线也逐渐瓦解。战事的惨烈程度渐渐超出人们原有的设想,美国国内对于战争的态度变得愈加复杂,许多人的立场开始发生变化。由于杜鲁门没有考虑过要事先获得国会的支持,反对者们开始变得理直气壮起来,他们拒绝为美国参战带来的后果承担任何责任。陆军部长佩斯也建议寻求国会批准,但杜鲁门却对他说:"弗兰克,我们根本没必要这么做。他们都是和我站在一起的。"佩斯答道:"没错,总统先生。他们现在的确支持您,但是我们不能保证在一段时间之后,他们依旧一如既往地支持您。"[18]在最初那段时间内,几乎所有的人都同仇敌忾、团结一

第三章　华盛顿介入战争

致,所以杜鲁门表现得十分自信。当总统决定出兵韩国的消息抵达众议院时,整个众议院都为之欢呼雀跃。作为华盛顿出类拔萃而又经验丰富的资深记者之一,《基督教科学箴言报》的约瑟夫·哈施写道:"我以前从未感觉到这样一种如释重负与万众一心的气氛弥漫在整个城市之中。"[19]

在那个星期,所有的总统顾问都很清楚地意识到,他们离派兵亚洲大陆的日子越来越近;这是军政两界最不愿意看到的事情,但现在却越来越沉重地压在每个人的头顶。此前,麦克阿瑟曾经接到命令(如果那也可以称作命令的话)前往韩国,对战场的情况进行深入调查,了解当地的作战条件。麦克阿瑟在调查报告中称,仅靠美国的空中与海上力量不足以击败朝鲜人。此时此刻,也就是6月30日的凌晨时分,东京的消息即将抵达华盛顿,所有人都知道这不会是什么好消息。在华盛顿时间凌晨1点30分左右,穆奇欧告诉艾奇逊,麦克阿瑟要求派出更强大的武装力量,因为韩国的情况不妙。穆奇欧的这番话为麦克阿瑟致电华盛顿要求增兵埋下了伏笔。

一个半小时之后,刚刚从韩国视察归来的麦克阿瑟向参联会报告说,美国急需大幅度增兵韩国。他这番有决定性意义的话如下:"要想守住现在的战线,要想收复失地,唯一的保障就是派遣美军地面部队深入韩国战场。没有有效的地面攻击,单凭我们的空军和海军力量,难以取得决定性的胜利。"麦克阿瑟想先派一个团的先遣战斗小组迅速前往战地,然后再从驻日美军中尽快抽调两个师的兵力展开反击。他还宣称,除非我们这么做,否则"我们在这场战争中的最好结果是无谓地牺牲生命、金钱与尊严,而最坏的结果就是以失败告终"。

在华盛顿,负责远东事务的助理国务卿腊斯克与陆军参谋长柯林斯想要在凌晨三四点安排一次与东京方面的电话会议。但是由于他们的级别较低,需要层层上报才行,加上当时又是凌晨时分,因此等待这次会议的过程十分漫长。东京方面提出的问题事关重大:战还是不战?华盛顿的答复姗姗来迟,他们在好多问题上都拖而不决,这让麦克阿瑟非常不满。"岂有此理!我当陆军参谋长那会儿,要是想和赫伯特·胡佛讲话,他就得立刻放下手中的所有事情!但在这儿,不但陆军参谋长拖泥带水,就连陆军部长和国防部长也都拖拖拉拉。这就是他们领导的结果,这些人难辞其咎!"[20]

华盛顿时间凌晨4点30分左右,麦克阿瑟再次向柯林斯询问派遣地面部队一事,柯林斯再次上报给佩斯,经由佩斯打电话告知杜鲁门。杜鲁门一直保留着在农场劳作时的作息习惯,所以一向起得很早,佩斯打来电话时,他正在刮胡子。6月30日凌晨5点前,杜鲁门批准了派遣地面部队进入韩国的请求,这正式标志着美军地面作战的开始。在朝鲜战争初期,麦克阿瑟曾经夸下海口,只要华盛顿不对他横加干涉,他就能轻而易举地遏制朝鲜的武装入侵。可是现在,他却说需要两个师的兵力才能完成这一目标。后来的事实证明,即便如此,他还是低估了对手的实力,同时过分高估了自己指挥的军队(包括美军在内)的素质。

杜鲁门始终在考虑动用国民党部队一事,于是他召集艾奇逊、哈里曼、约翰逊和参联会成员,最后一次讨论是否可以让蒋介石部队参战。考虑到韩国军队眼下溃不成军,杜鲁门认为蒋介石的提议不失为权宜之计;艾奇逊却坚持认为,一旦动用国民党军队,那么势必会将中国共产党牵扯进来。参联会方面并不希望蒋介石军队参与进来,因为既然蒋介石军队在武器装备远比敌方精良的情况下都会败给中国共产党,那么在面对装备更为先进的朝鲜人民军时,就更不能指望他们能够有什么作为了。

在阴云密布的气氛中,尚有一条可以稍稍振作人心的消息,那就是美国军队将以联合国的名义参战。在杜鲁门批准使用地面部队之前,他已经得到联合国的授权,因为当时获得联合国授权要比现在容易得多。1950年的联合国在很大程度上仍然是美国与西欧诸国利益的代表;尽管苏联及其卫星国的异议常常引人侧目,但那时的联合国基本上是白人的世界。在联合国安理会就是否出兵韩国进行表决时,仅有两票弃权,而且这两张弃权票均来自非白人国家——印度和埃及。从20世纪50年代末至60年代初,反殖运动的浪潮席卷全球,非洲、亚洲以及中东国家的先后独立与成长,使联合国的面貌发生巨变,大大削弱了西方国家对联合国的影响。从此,美国与西欧的保守派们极为蔑视联合国。但是在1950年,联合国仍然深受美国及其盟国的影响。由于苏联人抵制参与安理会就朝鲜问题进行表决,因此也就不可能行使自己的否决权；他们这么做的理由竟然是反对国民党政府代表中国成为安理会常任理事国。6月27日，美国人终于如愿以偿地拿到他们想要的决议，于是美军在联合国的旗号下出战了。

二

　　美国即将出兵朝鲜，而杜鲁门并不愿意出任总司令，不愿在一个美国国家安全部门认为毫无价值的地方，依靠一名他从来都不喜欢而对方也从来不尊敬他的战地指挥官，打一场他不愿打的战争。将军们从一开始就不合作。朝鲜战争爆发后的第三天，时任哥伦比亚大学校长的艾森豪威尔顺道走访五角大楼，与李奇微中将讨论了朝鲜战场的指挥问题。担任参联会副主席的李奇微在刚刚崛起的新一代高级将领之中有着极高的威望，他被指为继麦克阿瑟之后最适合担任朝鲜战场指挥官的合适人选。几乎没有人比艾森豪威尔更清楚麦克阿瑟的行事套路。艾森豪威尔先后在华盛顿与马尼拉担任过麦克阿瑟的助理，因此非常清楚麦克阿瑟在向华盛顿军、政两界报告战事时，是如何巧舌如簧地夸大事实的。艾森豪威尔告诉李奇微，现在朝鲜战场上急需一名更为年轻的指挥官，而不是（用他的原话说）一个"谁都管不着的人"、一个不可捉摸的人或者一个擅自决定什么消息可以让华盛顿知道什么消息必须隐瞒不报的人。[1] 后来艾森豪威尔写道，军事与政治之间有着泾渭分明的界限，几乎所有的高级军官都会小心翼翼地遵守这个原则；但是，麦克阿瑟却与众人迥然不同，"即使麦克阿瑟将军意识到这条界线的存在，他也宁愿对此置之不理"。[2] 马克斯·黑斯汀斯写道，麦克阿瑟一生都根据某种信念行事，这一信念就是"那些为少数庸人制定的规则并不适用于麦克阿瑟本人"。[3]

　　杜勒斯和阿利森亲眼目睹了麦克阿瑟在朝鲜战争之初坐立不安的狼狈模样，但是普通美国民众对此却无从得知。相反，在资深媒体记者、出版商与编辑面前，麦克阿瑟始终是一个全民神话。麦克阿瑟对这些重要的传媒人士一直殷勤备至，这就是他的形象能够在公众面前一直屹立不倒的奥妙所在。在朝鲜"入侵"之后的第四天，《纽约时报》就像往常一样迫不及待地发表了一篇热情洋溢的社论，对美国能够拥有麦克阿瑟这样的谋臣良将深感欣慰。"全世界不会再有比麦克阿瑟更合适统治这个自由不羁的民族的人了。他是一位深谋远虑的战略家、一位才华出众的领导者；他临危不惧、英勇无畏、机敏果敢，并且始终能够保持着莫大的耐心与沉着的气质。"

当时的麦克阿瑟已经年逾古稀。这位从西点军校走出的天才人物少年得志，一路青云直上，最终成为美军的高级将领。有人说，现在只有上帝的资历比他更深。麦克阿瑟年少时便在西点军校的历史上留下了浓墨重彩的一笔，他是校历史纪录中的最高分获得者之一——四年的平均成绩为98.14分，这超出了其自己立下的誓言。在此后的仕途中，他总是获得晋升的最年轻的军官。在"一战"出征法国时，他是美国有史以来最为年轻的师长。在西点军校的历史上，他又是最年轻的校长（还是西点军校实施现代化改革的代表人物）。他是最年轻的陆军参谋长、最年轻的少将，以及最年轻的上将。新闻界众口一词地赞颂他，并且塑造出一个圣人般的形象。这不仅因为他事业的辉煌与资历的深厚，更因为他始终煞费苦心地竭力维护着自身的形象。他无时无刻不在确保自己在每一场胜利中都能够获得最大的功勋与褒奖，反之，他的手下能得到的则越少越好。他是美国军界中最矫揉造作的一位。让他席不暇暖的是，他不仅要处理将军的公务，而且要用一种引人注目的方式演绎一个将军的神话。伟大的麦克阿瑟将军不愧是一位出色的演员，历史就是他的剧场，生活就是他的舞台，全世界的人都是他的观众。

虽然《纽约时报》常对麦克阿瑟歌功颂德，但是其社论版的理念属于中右翼，远没有《时代》周刊那样言过其实。当年，《时代》周刊的创办人和主编亨利·卢斯对中国和蒋介石有着极大的兴趣，并且和后来被称作"院外援华集团"的那帮人过从甚密。在"院外援华集团"看来，中国就等于蒋介石，因此他们认为美国政府对于蒋介石的援助力度还远远不够。从20世纪40年代末到50年代，就政治影响力与社会舆论导向而言，《时代》周刊远比其他任何一家杂志都更强调"亚洲第一"的观念。这在很大程度上是因为卢斯的父亲曾经在中国传教，并且极大地影响了卢斯。除了丘吉尔，蒋介石或许是卢斯心目中最伟大的世界领袖；正是由于其他国际主义者对亚洲毫不关心，而麦克阿瑟却和卢斯在亚洲问题上一拍即合，所以麦克阿瑟便成了卢斯心中最为理想的将军。朝鲜"入侵"事件发生后，1950年7

月 10 日，麦克阿瑟一跃登上《时代》周刊的封面。在那个年代，能够在《时代》周刊的封面上亮相是一件有相当影响的事情，而这已是他第七次在《时代》周刊封面上出现了，堪与蒋介石媲美。下面的这则报道，即使是为了赞扬一位深受国人爱戴的将军也显得过于夸张，其吹捧艺术到了登峰造极的地步。"在曾经使日本保险业帝国中心的东京第一生命保险大厦内，一位近视的参谋从堆积如山的文件中抬起头来，不无骄傲地自言自语道：'天啊，他是一个多么伟大的人啊。'麦克阿瑟的参谋长阿尔蒙德也坦承：'他是世界上最伟大的人。'此外，可敬的空军上将乔治·斯特拉特迈耶则更直截了当地评价道：'他是史上最伟大的人。'"[4]

当然，并不是所有人都这么认为。如果说麦克阿瑟在讨好那些一言九鼎的出版商和主编方面不遗余力的话，那么这位高傲而虚荣的将军对于普通的新闻记者根本不屑一顾。许多记者都对麦克阿瑟身边的阿谀逢迎气氛议论纷纷。对麦克阿瑟的采访从来都不会像一场新闻发布会那么简单，反倒更像是一场个人表演；将军投入这场表演的精力与关注程度，要视采访者的地位而定。史迪威将军曾经对自己的高级助理弗兰克·多恩说，麦克阿瑟的问题在于"他已经成名太久了"。史迪威在 1944 年说："他在 1918 年得到第一颗将星成为准将，这意味着到今天为止他已经当了将近三十年的将军。让一群人在自己身边三十年如一日地溜须拍马，这对谁来说都不是一件好事。"[5]

1950 年的麦克阿瑟高高在上，所有人都必须按照他的指令行事。实际上，他不仅在规模庞大的军队中纠集了一支对他唯命是从的小部队，甚至还创造出一个由他一人大权独揽的小世界。华盛顿方面的任何指示、建议甚至命令，即便是来自麦克阿瑟名义上的上级部门，他都一概置之不理。在麦克阿瑟的等级观念中，那些所谓的上级根本无法与他相提并论，因此也就没有资格对他进行非难或者发号施令。他营造了一个以自我为中心的极其危险的小圈子。无论是从社会、政治还是军事方面来说，这个小圈子都将他自己与现实世界里的社会、政治和军事事务脱离开来，只对麦克阿瑟俯首帖耳、言听计从，对他的所有言论都奉若圣旨，只差把它们镌刻在石碑上名垂青史了。在他们看来，麦克阿瑟不仅是一个活在历史中心的智者圣贤，更是一位能够未卜先知、料事如神的预言家——因为对于未来将要发生的事情，他那些冠冕堂皇的泛泛之言似乎从来都能够得到验证。麦克阿瑟身边的人无不对自己的主子敬畏有加，而那些不够毕恭毕敬的将领很快就会被他排挤出去，更不用说在这个圈子里久留了。那些经麦克阿瑟钦定的来访者在抵达位于东京第一生命保险大厦的司令部后，都可以在访谈的时候亲眼目睹一出由将军本人自导自演的剧目。在接待来访者的当天早晨，麦克阿瑟会穿着浴袍站在镜子前提前演练，等那些来访者到来以后，他就能够信心十足地告诉他们即将发生哪些事情；而大多数人，无论如何学富五车，对这些事情都要谨言慎行，因为历史总是变幻无常。麦克阿瑟的表演总是光彩夺目，虽然每一场演出都经过他的精心排练，但是他总能把它们演得就像即兴演出一样。每次表演时，麦克阿瑟都是一个技巧高超的独白者。在这样一个无法控制、无法安排的真实世界中，麦克阿瑟的表演永远都构思精巧、安排合理、排练充分。然而当今世界已经不同于此前的任何一个世纪，总是会不断出现一些突如其来的敌对力量。

　　根据东京司令部里不成文的规定，所有人都是麦克阿瑟忠实的听众；没有谁会挑战麦克阿瑟恢宏的言论，没有谁会质疑麦克阿瑟扮演的先知。他高谈阔论，大到全球时事，小到苏联和中国的动态。虽然他早已与真正的美国失去交流，而且几乎从来没有真正理解过这个国家，他也仍会大谈特谈美国时政。然而，他身上缺乏一种任何成功的军事将领都应该具备的关键品质，那就是倾听的能力，不过他根本就不想学会这种能力。没什么比1948年凯南的到访更能说明这个问题。当时，凯南奉命前往日本，就当地战后的政治改革与经济复苏事宜进行指导。很多资深外交官和高级指挥官都对凯南的到访兴奋不已，尤其是那些要和苏联人打交道的当事人。虽然他们对凯南的观点并非全盘接受，但仍然认为与凯南的短暂相处可以让他们受益良多。那时的凯南声誉日隆，被视为美国政府中最能洞悉苏联意图的首席专家；人们公认凯南才智过人，思路清晰，熟稔苏联和中国的历史与政治。处于事业上升期的凯南可能略显稚嫩,但无疑是个里程碑式的杰出人物。然而,凯南却无法跨越他与麦克阿瑟之间的那道鸿沟,因为他太像麦克阿瑟讨厌的那类人了,所以两人之间不可能推心置腹或者互通有无。凯南对于自己在东京的所见所闻感到极为震惊。他写道,麦克阿瑟对美国政府竟然"如此有意排斥、满腹猜忌",而凯南自己的工作仿佛就是"在与一个总是充满敌意、处处杯弓蛇影的外国政府展开对话并且试图建立外交关系一样"。[6]

如果说杜鲁门是一位由意外事件造就的总统,那么麦克阿瑟绝不是一位偶然出现的将军。麦克阿瑟从出生起就被刻意培养,这是一件很多人无法企及的事情。这种培养来自他的父亲阿瑟·麦克阿瑟,一位凭借自身才华赢得众人敬畏的军官。阿瑟·麦克阿瑟不但是南北战争时期联邦军的战斗英雄,而且在此后的镇压菲律宾起义中也扮演了重要角色;更重要的是,老麦克阿瑟在儿子的眼中简直就是传奇中才有的丰碑式人物。而这一传奇则由阿瑟的妻子、道格拉斯的母亲平克尼·麦克阿瑟精心创造并完美演绎。她经历丈夫的离世,目睹丈夫对自己未竟事业的眷恋和不舍。然而幸运的是,她看到了儿子身上有超乎寻常而又百折不回的雄心壮志,以及一种独一无二的专心致志,因此她成为了儿子事业的设计师。

虽然道格拉斯·麦克阿瑟的勃勃雄心和顽强斗志在很大程度上源于自己的母亲,但是他的父亲阿瑟也不是个含蓄谦逊的角色。反之,阿瑟·麦克阿瑟的内心有一种非常强烈的悲剧式诉求:他要时时刻刻让自己绝对正确。他自认为在军事艺术和政治判断力上无人可与他匹敌。他的副官伊诺克·克劳德上校评价说:"在见到他儿子以前,我一直认为他是我见过的最赤裸裸的个人主义者。"阿瑟·麦克阿瑟的军事生涯既辉煌夺目又充满荆棘,有时好像惊鸿一瞥,有时仿佛黯淡无光。退休之前,他几乎出任过美军所有的重要职位,获得了当时能有的最高军衔,包揽了美国能够给予英雄们的所有奖章。他以当时的最高军衔中将结束自己的军事生涯,还被授予美国国会荣誉勋章,但是他却始终对自己的事业深感不满,对军队非议颇多,更与当时的国内政治环境抗争多年。凭借自己一生辉煌灿烂的经历与至高

第三章 华盛顿介入战争

无上的荣誉，阿瑟·麦克阿瑟完全有资格被安葬在阿灵顿国家公墓，可是出于政治上的怨愤，以及与当政者的疏离，他断然拒绝了这项提议。

从某种角度来看，阿瑟·麦克阿瑟虽然是一名伟大的爱国者，可是他的爱国却包含着很多扭曲甚至是反国家的情绪。这似乎是因为他的灵魂深处有着极为黑暗的一面，或许是因为他所投身的事业需要他超越小我、为更博大的理想与信念做出冒险和牺牲，而这些都不允许他将过多的心思放在那个以自我为中心的世界中。因此，无论他获得了多少殊荣，无论他取得了多大的成功，都无法填补阿瑟·麦克阿瑟灵魂的欲望。对于已经得到的东西，他永不知足，只有没有得到的东西才会令他魂牵梦萦，让他直到生命的最后一刻仍然念念不忘。阿瑟·麦克阿瑟和自己的儿子有太多的相似之处：如果什么东西不在他的掌控之中，或者没有按照他的意志发展，那么他们宁愿将其毁掉。军中有许多高级将领在与政府部门打交道后，都会变得不喜欢或者至少是不信任政客们，这一点本来无可厚非，因为政客与军人处在两种截然不同的文化氛围之中。一般来说，那些出类拔萃的将士之所以如此优秀，是因为他们不会像政客一样见风使舵。然而，阿瑟·麦克阿瑟绝不仅仅是普通地厌恶与怀疑，可以说，他对政客之流的排斥已经到了某种病态的程度。无论对方的政见如何，无论对方是谁，他都会毫无例外、强迫性地进行抵制。阿瑟·麦克阿瑟最关注的问题莫过于华盛顿怎样对待他。到了晚年，他天天咒骂那些邪恶的政客，而这种态度无疑也遗传给了自己的儿子。

在道格拉斯·麦克阿瑟的军旅生涯即将开始时，他面临的是一场极为艰难的竞赛：他不但肩负着青出于蓝的使命，去取得父亲曾经取得的成就，而且要对所有曾经令父亲不满的对象伺机报复，对那些曾经中伤和轻视过父亲的人以牙还牙。事实证明，这些使命对于任何人来说都过于沉重。父子两代人的生命和事业交织在一起，在美国国土成倍扩张、国民经济蓬勃发展、军事实力迅速强大、政治影响力蒸蒸日上的关键时期，演绎了美国历史上的一个神话。阿瑟·麦克阿瑟出生于1845年，18岁时成为南北战争中的英雄。道格拉斯·麦克阿瑟生于1880年，在20世纪的三场大战中，无论是第一次世界大战、第二次世界大战,还是后来的朝鲜战争,他都是美国军队中举足轻重的战地指挥官。道格拉斯于1964年去世,正好与其父成为战争英雄时隔整整一个世纪。除此之外,父子二人事业的终结方式也几乎如出一辙:当时荣膺少将的阿瑟·麦克阿瑟在率军成功镇压菲律宾的民族起义之后,却因自己与美国政府部门之间的一些不必要的纠葛被勒令回国。半个世纪以后,道格拉斯·麦克阿瑟同样因为过于频繁地跨越军事与政治之间的分水岭以及表现得过于政治化,而在朝鲜战争中被美国总统撤销总司令的职务,黯然下台。

阿瑟·麦克阿瑟出生在密尔沃基,他的父亲是当地一名才能卓越、颇有雄心的法官。内战爆发时,他试图将儿子送进西点军校。此外,他还让威斯康星州的一名议员带着阿瑟·麦克阿瑟去白宫觐见亚伯拉罕·林肯。可惜当时所有的职位都满员了,因此这位法官先生只好利用自己在政界的人脉关系,将儿子安排进了威斯康星州第24步兵团,成为一名少尉副官。就这样,18岁的阿瑟·麦克阿瑟成了一名美军军官。虽然步兵团里的许多人最初对这位娃娃官并不看好,但是1863年11月,在查塔努加附近的传教士岭一战中,阿瑟·麦克阿瑟崭露头角,开始赢得公众的关注。当时南军已经占领传教士岭的高地,并轻而易举地消灭了大量集结在高地下的北军。此后,北军指挥官下令展开牵制性进攻,反而造成了更大的伤亡,让本就十分脆弱的北军损失惨重。然而转机出现了,仿佛是惨烈的战况激起了战士们拼命的决心,北军的士兵奋不顾身地直逼敌军的坚固战壕,最终把他们赶走。

事后人们才发现,这次冲锋是由第24步兵团的阿瑟·麦克阿瑟率领的。当有两三名士兵倒下以后,接下来高举团旗到达高地的人就是阿瑟·麦克阿瑟。时任北军司令的菲尔·谢里登将军对眼前突如其来的变化瞠目结舌,他喝令自己身边的士兵:"给我好好掩护那个高举团旗的小伙子,他刚刚获得了美国国会荣誉勋章。"实际上,在接下来的二十七年中,阿瑟·麦克阿瑟并没有真正获得那枚奖章。[7]此后,在谢尔曼夺取佐治亚州的远征过程中,阿瑟·麦克阿瑟参加了十三次战斗，前后四次负伤。由于骁勇善战，他在19岁时就被授予上校军衔，成为联邦军中最年轻的上校。在南北战争期间，人们满怀钦佩地称其为"娃娃上校"，他英勇过人、神机妙算，对作战有种天然的直觉。南北战争结束后，阿瑟·麦克阿瑟离开了军队。但是平民生活很快就让他感到厌倦，因此即使在失去战时军衔的情况下，阿瑟·麦克阿瑟还是义无反顾地重返军中。

重新入伍的阿瑟·麦克阿瑟很快就晋升为上尉，但是在接下来整整二十三年的时间里，他没有得到提拔。对于一个野心勃勃而又孤芳自赏的人来说，没有外界褒奖的二十三年是何其漫长的等待，这深刻地影响了阿瑟·麦克阿瑟后来的个性。在这一时期的西进运动中，阿瑟·麦克阿瑟指挥军队战斗在国土扩张的最前线。他所在的作战地区大都艰苦落后，毫无法纪可言，因此阿瑟·麦克阿瑟的话就成为当地的法律。凡是他所到之处，地方官员都会遭受排挤而被边缘化，几乎没有人能对阿瑟·麦克阿瑟发号施令，而政府对于这位指挥官的管辖形同虚设。如果非要说有什么限制的话，那么这种限制来自华盛顿的政客。在阿瑟看来，这些远在天边、不懂战事的政客除了喜欢指手画脚，让军队为他们肮脏的政治目的流血卖命，别的什么都不会。在军人眼中，他们要对付的政客要么已经妥协，要么正在妥协。

在枪林弹雨的前线，阿瑟仍然像从前那样英勇机智、攻无不克、战无不胜，他对自己统率军队作战指挥的能力也变得越发自信。虽然阿瑟没有接受过多少正规的教育，但是他有惊人的阅读能力，对自己的聪明才智格外有信心。没有地方官员干涉的战斗生活让原本生性高傲的阿瑟更加自负，用道格拉斯·麦克阿瑟的传记作家威廉·曼彻斯特的话来说，这段经历让他对政府部门更加不屑一顾。但是后来，这种态度让他在菲律宾吃了大亏，并殃及了他的妻儿，因此整个麦克阿瑟家族都对政客之流分外仇视。然而正是这种对政治的仇视，反而让麦克阿瑟一家以一种怪异而又痛苦不堪的方式变得更加政治化，这不能不说是一种莫大的讽刺。

1889年，阿瑟终于被提拔为少校，并且以助理陆军副官长的身份前往华盛顿。1897年，即美西战争爆发前夕，他被任命为陆军中校。1898年初，美国作为世界领先的工业大国已经开始感受到经济腾飞带来的雄厚国力，但是西班牙却是一个日薄西山、腐朽衰败的封建帝国。阿瑟怀着能够晋升上校的目的，自告奋勇率军前往古巴歼击西班牙军队。时人认为，古巴是美西争战的焦点所在。然而出乎阿瑟预料的是，他并没有被直接提拔为上校，而是连跳两级成了陆军准将；他也没有带兵征战古巴，而是被派往菲律宾。时任美国总统的是来自俄亥俄州的共和党人威廉·麦金莱，他对美国如何扮演刚刚赢得的太平洋霸主角色怀有复杂而矛盾的心理。像美国政府中的其他人那样，他惊讶地发现自己不但要应对南美的古巴暴乱，还要思索美国在太平洋地区获得轻易胜利后的下一步计划。他发现自己面临一个更为复杂的问题，即如何把美国人的意志施于亚洲人的身上；在菲律宾，当地的民族运动领袖们一心只想把西班牙的帝国主义者赶走。一开始，菲律宾人欢迎美国的帮助，可是很快就发现，美国人来这里不是为了帮忙，而是为了沾光。美国人想在菲律宾建立起一种在美国领导和统治之下的全新的政治秩序。这是美国第一次真正意义上的殖民经历，却令人颇为不快。大约在1899年2月，美军与菲律宾起义军之间爆发第一次武装冲突。此时距离新世纪还有十个月之久，但美国在菲律宾国土上对当地人民的血腥镇压，却给即将到来的新世纪带来了阴影。实际上，美国最初对于菲律宾群岛的兴趣不过是出于偶然，也就是古巴战争的附赠品而已。在古巴战役刚刚打响的时候，太平洋舰队总司令乔治·杜威率军前往马尼拉湾去打击当地的西班牙军队，意外地发现驻守菲律宾的西班牙军队早已气息奄奄；于是美军仿佛囊中取物一般，顺势拿下了菲律宾。

麦金莱总统对这个群岛没有太大的奢望。他告诉自己的一位朋友，他不会说"那些该死的岛屿坐落在两千英里之内"。[8] 然而，迫于内部的压力，美国必须进行扩张，这种压力不但是19世纪美国天命思想的延续，而且源于美国人迫不及待地想要向世人展示自己强大经济实力的欲望。这样一来，美国人就产生了殖民的动力。如果有人想要考证美国在19世纪末的强大国力，那么殖民属地就是最好的证据。实际上，有两种原动力驱使着美国人

第三章 华盛顿介入战争

的殖民扩张，一种源于军事和政治上的需求，另一种则更为残忍和贪婪，而且似乎比第一种原动力更重要，那就是获胜的欲望。正如《华盛顿邮报》一篇评论中所写的那样："似乎有一种新的意识——力量的意识，逐渐进入了我们的头脑。正是由于有了这种新的意识，我们才有了新的欲望，一种想要展示我们的野心、捍卫我们的利益、扩张我们的领土、炫耀我们的骄傲的欲望以及对于战斗的纯粹嗜好。无论这种欲望是什么，它都令我们生机勃勃……人民口中帝国的味道就像丛林中鲜血的味道一样。这意味着帝国主义政策。"[9]

当菲律宾人奋起反抗西班牙的殖民统治、为民族独立而浴血奋战时，美国曾经是菲律宾的盟友，甚至可以说是伙伴。美国人向自己的盟友一再强调，他们天生不喜欢统治别人。然而，美国最终却以一场对菲律宾土著惨绝人寰而又丑陋不堪的武装镇压违背了自己的誓言。在此过程中，美国人的两种原动力得以暴露：一方面他们怀揣某种传教士的理念，认为自己的殖民统治可以帮助这些野蛮人走进文明世界，以此解除白人基督徒的负担；可是另一方面，他们对这些异己的人种充满蔑视与敌意。美国人把当地的游击队称为"黑鬼"或者"咕咕"。"咕咕"是菲律宾人对当地一种树皮的叫法，妇女用它们来洗头发，后来这个词演变成一个更为宽泛的蔑称——"咕克"（gook）。从"二战"到朝鲜战争再到越南战争，美军官兵都用这个词来泛指所有亚洲人。[10]

是否向菲律宾派兵，这是萦绕在麦金莱总统心中最大的问题。来自他身边的推动力要大于他自己的意愿，他看上去对占领菲律宾没什么特别的兴趣。麦金莱对某个传教士团说，自己最终派兵是无奈之下唯一可行的选择。他还说，出兵菲律宾是一个经过深思熟虑和反复权衡之后的决定。他甚至提到，自己曾在白宫双膝下跪，祈求"万能的上帝给予自己光明和指引"。一方面，他不能把这个群岛再送给西班牙人，这么做显得太懦弱、太不道德；另一方面，他也不能把菲律宾拱手送给另外两个殖民地掠夺者——法国和德国；他也决不能让孩子气的菲律宾人自治。因此他唯一的选择就是将菲律宾收归美国管辖，从此让美国人"教育他们的子民，升华他们的灵魂，让他们成为基督的信徒。为他们奉献出我们的一切,就像耶稣基督为我们的同胞献身一样"。[11]

实际上,美国人在战争中的表现却和麦金莱总统冠冕堂皇的言论有着天壤之别,菲律宾人似乎丝毫没有从美国人的实际行为中感受到他们的好意。美军最初低估了菲律宾起义军,他们很快就发现,当地人善于利用熟悉的地形,还得到广大人民的支持。他们拿起武器,以游击战抵抗外国占领军,而且打得非常好。美国唯一略微占有优势的就是武器装备。多亏挪威人制造的新式步枪,这种"克拉格-约根森步枪"的弹匣可装五发子弹,使用无烟火药,也就是说,开枪射击不会产生烟雾,因此敌方士兵难以发现开枪者。当时在美军士兵中流行的一首歌唱道:"星条旗高高飘扬,我们用克拉格为文明开道。"所有这些不过是美军此后参与亚洲诸多战争的一个开端而已。出于对黄种人的蔑视,美国人最初将亚洲人视如敝屣,但是不久之后,他们意外而又痛苦地发现,这些亚洲人的反抗令他们难以招架。在镇压起义军的战斗打响之后,一名美军少校向自己的上级弗雷德里克·芬斯顿上校报告说:"上校,快点来吧,舞会开始了。"[12]其实这绝不是一场舞会,实际上,菲律宾战场的艰难境况和惨烈程度远远超出所有人的预期。为了这次殖民战争,成千上万的美国军人像阿瑟·麦克阿瑟一样从边境及与印第安人作战的战场上赶来。他们对菲律宾人的态度正如此前对待其他战场上的敌人一样,不只是简单的敌对情绪,而且还包含着某种复杂的种族仇恨与他们对异族的莫名恐惧。有一个美国士兵对记者说:"只有像对待印第安人那样,把这些黑鬼斩尽杀绝,才能平息这个国家的战乱。"另一名士兵也有同样的看法:"菲律宾人只有死了才不会干坏事。"[13]正如美国人六十年后对越南人的愤恨一样,许多美军指挥官都对菲律宾人恨之入骨,因为菲律宾人很少公开与美国人对垒,也很少在白天美军能够观察到他们的情况下进攻;相反,他们非常狡诈,昼伏夜出,擅打伏击战。由于菲国民众掩护起义军,被激怒的美国人对平民百姓展开了大规模的搜捕和杀戮,因为在民族独立运动中,没有哪个菲律宾人会持中立的立场。这场看似应能轻易而迅速地取胜的战争却大范围地蔓延开来。到战争结束时,美国共

第三章 华盛顿介入战争

向菲律宾派出了11.2万名士兵，包括6.2万名正规军和5万名志愿军。

暴力不断升级，同时也变得越发邪恶。人称"魔头"的雅各布·史密斯准将告诉属下："我不要战俘，我希望你们把他们统统杀了。你们杀的人越多，烧的房子越多，我就越高兴。不要留下哪怕一个能扛得起武器与美国为敌的战俘。"当一名士兵问史密斯对于被处决战俘是否有年龄限制时，史密斯的回答是"10岁"。"10岁？"那名士兵吃惊地问道，"10岁的孩子就能手执武器与美国为敌吗？""是的。"史密斯毫不犹豫地答道。这场战争持续了三年半，到战争结束之时，美国人早已丧失最初的野心和热情。1901年，芬斯顿将军俘虏了起义军领导人阿奎纳多，而美军对菲律宾的疯狂进攻也加快了战事的结束。最后，美军有4200人阵亡、2800人受伤；有大约2万名起义军战士和25万菲律宾平民在战火中丧生。有一次，麦金莱对自己的一位朋友说："如果当初杜威在击败西班牙舰队后径直离开而没有接管菲律宾群岛，那会为我们省去一个多大的麻烦啊。"[14]

1900年5月，阿瑟·麦克阿瑟少将接替埃尔韦尔·奥蒂斯将军成为驻菲美军司令。阿瑟·麦克阿瑟非常鄙夷奥蒂斯，他对奥蒂斯的评价是："一辆四脚朝天的火车头，怎么开也是原地打转。"奥蒂斯曾试图推行政治改革来争取当地民心，但是阿瑟·麦克阿瑟宁愿使用极端暴力来消灭游击队。上任之初，阿瑟·麦克阿瑟就注定将与华盛顿之间关系紧张：一方是固执己见、孤傲自负的麦克阿瑟，另一方是举棋不定、进退维谷的华盛顿政府。麦金莱总统不想卷入一场没完没了、消耗人力物力而又逐渐失去民众支持的战争，因此纯粹依靠武力镇压并不是一个理想的办法。相反，他希望能够寻求某种政治途径来解决双方的冲突。1901年，麦金莱最终决定派遣一支五人小组深入菲律宾，制订一套切实可行的政治解决方案，组长是他的朋友威廉·霍华德·塔夫脱。塔夫脱是俄亥俄州一位非常干练的法官兼律师，原本一心只想在最高法院赢得一席之地，从来都没想过自己会和菲律宾产生任何牵连。不过他也十分清楚，如果自己拒绝麦金莱的邀请，恐怕就再也没有机会进入最高法院了。这位体重320磅的大块头律师一想到要前往马尼拉就打不起精神。他在见到麦金莱时说："总统先生，我对祖国在菲律宾遭遇的困境深表遗憾,但是我从来都没有想过要占领菲律宾,所以我想您应该找一位更加同情这场战争的人来出任组长。"麦金莱答道:"我和你一样也不想占领这个鬼地方。"[15]据塔夫脱回忆,麦金莱坚持让他出访马尼拉。总统告诉塔夫脱,他需要的只是一个值得信任同时又能够代表总统立场的人。

身为菲律宾军事总督的阿瑟·麦克阿瑟闻讯后勃然大怒,因为这个小组的到来将对他在菲律宾的绝对权威构成潜在威胁。麦克阿瑟决意不给塔夫脱任何机会。按照惯例,在工作小组到达马尼拉的第一天,麦克阿瑟就应该到码头迎接,可他只派了一名副官前去。更糟糕的是,用外交家、历史学家沃伦·齐默尔曼的话说:"麦克阿瑟纯粹是要压我们一头。他让我们五人在酷暑中足足等了一天,然后才像个君主一样接见了我们。"[16]阿瑟·麦克阿瑟试图传达这样一条信息:就连接见他们对他来说都是一种极大的侮辱。虽然塔夫脱和阿瑟·麦克阿瑟都面临着棘手的任务,但是在这种情形下却显得尤为困难。在过去,那些相互看不惯的地方官员和军队将领只会暗中怀恨、落井下石,可是阿瑟·麦克阿瑟却赤裸裸地表达了自己对塔夫脱的蔑视。虽然塔夫脱在众人眼中一向做事利落、性格和善,却还是遭到了阿瑟·麦克阿瑟毫不留情的侮辱。侮辱塔夫脱就是在侮辱总统,可是阿瑟·麦克阿瑟并无不安。他的斗争结果是自我战胜了常识——他没有击败塔夫脱,而是击败了自己。

塔夫脱的任务是个政治任务:最大限度地保障美国的未来利益,同时协助菲律宾人在遥远的未来独立。有时候,他会采用"菲律宾人的菲律宾"这样的措辞,不过在某种场合,他也偶尔会用"我们棕色皮肤的小兄弟"来称呼菲律宾人。但是麦克阿瑟麾下的士兵们从不将这些战场上的劲敌视为兄弟,军中流传着这样的话:"他们的兄弟可能是威廉·霍华德·塔夫脱,但绝对不是我。"将军和组长之间的私人交往少得可怜,因此塔夫脱只能给他写信进行联络。此前,塔夫脱与许多最具影响力的政客打过交道,然而麦克阿瑟的自我膨胀还是让他感到忍无可忍,最后不得不写信给包括国防部长伊莱休·鲁特在内的华盛顿政要们,对阿瑟·麦克阿瑟的人品表示质疑。这些话与半个世纪后人们对道格拉斯·麦克阿瑟的评价如出一辙,这不能不说是历史奇怪的轮回。阿瑟·麦克阿瑟缺乏幽默感，"宁愿热衷于研究某个民族深刻而抽象的心理状况，而对于初来乍到的本国政府官员却傲慢无礼、不闻不问"。[17]塔夫脱认为阿瑟·麦克阿瑟喜欢夸夸其谈，却从不善于聆听。

塔夫脱不仅由麦金莱亲自任命，还是麦金莱的密友，因此阿瑟·麦克阿瑟的行为不仅狂妄自大，而且目光短浅、自掘坟墓。在和塔夫脱展开的这场军政双方孰重孰轻的战斗中，麦克阿瑟无可挽回地触怒了美国四位至关重要的共和党人：麦金莱、鲁特、老罗斯福（1900年麦金莱参加总统选举时的竞选伙伴，在麦金莱遭到暗杀之后继任总统）和塔夫脱。

1902年，塔夫脱成为菲律宾总督，而后又被任命为国防部长，1908年当选美国总统。在处心积虑地和塔夫脱周旋了十三个月后，阿瑟·麦克阿瑟终于被华盛顿召回。在马尼拉的日子是阿瑟·麦克阿瑟事业中最辉煌的时期。八年之后，当塔夫脱出任总统后，阿瑟·麦克阿瑟立即辞去军职。然而，他的职业生涯早在此之前就画上了实质性的句号。

虽然他被授予美军当时最高的中将军衔，但他始终没有得到陆军参谋长——这个在他看来最有价值的职位。除了那些功勋卓著的战绩，阿瑟·麦克阿瑟的事业与人生最终在一种绵延不绝的痛苦与无法排遣的愤懑中黯然结束。根据威廉·曼彻斯特的记载，在那些岁月里，阿瑟·麦克阿瑟在儿子的心中种下了一粒文武权力冲突的可怕种子："这粒种子虽然耗费半个世纪的漫长等待才开出花来，但最终结出了惊人的果实。"

回顾阿瑟·麦克阿瑟的生平和他怠慢塔夫脱（也就是怠慢总统）的行为，再看看道格拉斯·麦克阿瑟与杜鲁门总统关系的破裂，这对父子之间惊人的相似性在历史上留下了怪异的一笔。类似麦克阿瑟父子这样的情况，恐怕在历史上屈指可数。

阿瑟·麦克阿瑟在1909年辞职后只活了短短三年。在他去世以后，妻子平克尼接过丈夫的衣钵，继续着丈夫的神话。在她看来，年轻的道格拉斯应当为麦克阿瑟家族报仇雪耻。她不断地教诲自己的儿子："你必须成为一个像你父亲那样伟大的人。"有时候，她还会这样说："或者成为一个像罗伯特·李将军那样伟大的人。"[18]道格拉斯不但要达到父亲的高度，而且应该超越父亲的成就，让她成为最成功的母亲。当道格拉斯最终被任命为陆军参谋长时，平克尼说道："要是你父亲能活着看到今天就好了！道格拉斯，你已经成为他最想成为的人了。"[19]

第三章　华盛顿介入战争

三

　　谁也没有想到，出生在19世纪的一位女性会对发生在20世纪中叶的朝鲜战争有着如此意义深远的影响。道格拉斯·麦克阿瑟的母亲出生在朝鲜战争爆发前的九十八年，在朝鲜战争到来的十五年前就离开了人世。想要从本质上了解道格拉斯·麦克阿瑟，除了要谈到他自视甚高、不可一世的父亲，同样也不得不提及他那深谋远虑的母亲。在那个年代，所有重要人物，即使是富兰克林·罗斯福受其极为强势的母亲的影响都远远不及道格拉斯。道格拉斯·麦克阿瑟这位国会荣誉勋章获得者，在敌人的炮火面前——即便是在自杀式袭击面前也毫不畏惧，但同时他一直是"妈妈的乖儿子"。很少能有女性像道格拉斯·麦克阿瑟的母亲那样，在儿子离家去西点军校求学时，为了监督孩子的成长而举家搬迁。为了确保儿子朝着伟人的方向发展，平克尼在西点军校附近的哈德森小镇上找了家最好的旅馆，她就在"克雷尼酒店"里整整住了四年，以监督儿子的四年学业，免得他误入歧途、沦为庸人。西点军校是美国要求最严格的四年制高校，但平克尼仍然对学校的管理忧心忡忡。她唯恐管理人员疏忽大意，让平庸散漫有机可乘，或者校方没有认识到，她给西点送去的乃是一位青年才子。

　　平克尼不仅是道格拉斯·麦克阿瑟终生事业的主要设计师，而且更重要的是她一手塑造了麦克阿瑟的个性和灵魂，使他成为一个彻头彻尾的自我崇拜者。可惜的是，这种以自我为中心的个性反而掩盖甚至削弱了麦克阿瑟无与伦比的才华，她耗尽心血塑造的是一个令整个美国政府不得不与之辗转周旋四十余载的人。现在看来，平克尼更像是一位典型的犹太人母亲，胸怀大志而又勇敢无畏。由于难以依靠自身的力量施展抱负，她转而将这种理想寄托在儿子的身上，儿子事业的成功就是她生活的全部意义。可以说平克尼是一个世界级的超级野心家，而她的野心就是道格拉斯·麦克阿瑟。平克尼随着麦克阿瑟的成长而成长，随着麦克阿瑟逐一攻克成功之路的关卡要塞，她也获得了胜利的喜悦。当他获得荣誉的时候，她也仿佛受到了褒奖。她养育麦克阿瑟绝不仅仅是为了让他获得普通意义上的成功，而是为了让他不惜牺牲所有其他的个人品质为代价来获得成功。想成功就不能顾及他人，否则就会反受其累。

平克尼正是以这样的方式将道格拉斯·麦克阿瑟培养成了一个极端自我同时也因此而极端孤立的人。从年轻时起，麦克阿瑟就没有朋友。结婚典礼一向都是西点军校学生中一项颇为重要的活动，新郎常常会邀请自己的同学参加婚礼，以示同学间的深厚情谊。然而麦克阿瑟的婚礼却因为缺少朋辈的出席而引人注目，当时，麦克阿瑟仅有一位朋友参加了他的婚礼。多年后，当麦克阿瑟的事业走向尽头时，他已远离所有的军中同僚，除了一个溜须拍马遭人唾弃的下属，无人愿与麦克阿瑟为友。麦克阿瑟完全不具备与人建立真诚友谊的能力，也许在很大程度上是因为他认为没人有资格与他平起平坐。

平克尼对道格拉斯的培养不仅是为了让他替父报仇，更是为了让他成为一个不逊乃父的大人物。她培养出的道格拉斯是一个天赋过人、才能出众、无人能及之人；他既是一个军事天才，也是一个人中之妖——从不犯错、从不失败。虽然他才华过人，却有可怕而不为人知的人格缺陷。在朝鲜战争爆发时，也许那个让麦克阿瑟与之殊死搏斗的劲敌既不是杜鲁门总统，也不是中国人，而是麦克阿瑟自己。实际上，整个朝鲜战争不过是一个聪明胆大、极富创造力的麦克阿瑟和一个虚荣自私、骄傲自大的麦克阿瑟之间的一场对抗。麦克阿瑟究竟是一个圣贤伟人还是一个恶魔化身，人们很难去分辨。西点军校的军事史教授科尔·金西德曾经把麦克阿瑟与英国的奥利弗·克伦威尔进行对比。某个描述克伦威尔的句子似乎也可以恰如其分地用在麦克阿瑟的身上，那就是"他是一个伟大的恶人"。[1]

麦克阿瑟一生的轨迹都与自己的母亲平克尼息息相关。平克尼教会他如何力求完美，或者至少做到如何看起来完美，教会他如何巧妙地掩盖内心的任何一丝懦弱。最重要的是，这位母亲还教他不能承认错误。成就完美不可避免地要与狂妄自大相伴同行。在他心目，别人总是不如自己，别人怎么可能比自己强？他年轻时在法国司令部当军官时是如此，后来在华

第三章 华盛顿介入战争

盛顿当高级军官时也是如此。他生活在这样一个世界里：当人们谈论起他时，只能想起他的丰功伟绩。即使在出现问题或者遭遇失败时，麦克阿瑟也绝不会从自己身上寻找原因，失败一定是自己的敌人造成的，或是其他什么人的失误造成的，绝对与己无关。在第一支进入朝鲜作战的部队因为准备不力而遭遇惨败时，麦克阿瑟写道："我不停地问自己，为什么我们的国家会允许这么糟糕的局势发生？这不由让我想起不久前的美国，那个世界上最大的军事强国。在短短的五年时间里，美国的实力迅速衰退。更可怕的是，从长远来看，美国在世界上的领导能力仍然在继续衰减。"此时，麦克阿瑟当然不会提及是自己加快了美国裁军速度，因为他对外宣称，只需不到驻日美军一半的兵力就可以轻松拿下朝鲜；当然他也不会提到在他的直接领导下，无论防守还是进攻，自己的军队在朝鲜人民军的面前都显得不堪一击；他更不会提起自己很少真正关心部属，除非他们是在参加军内的橄榄球赛；他同样也不会提起自己和美国政府一样，承平日久，早就忘了怎么打仗。

玛丽·平克尼·哈迪是个南方美人，这在当时可非比寻常。她是弗吉尼亚州诺福克的一位棉花经纪人的女儿。她与阿瑟·麦克阿瑟的相遇发生在新奥尔良四旬斋狂欢节那天。1873 年，即美国内战八年后，他们二人步入了婚姻的殿堂。当时的南方人仍然没有从内战的阴影中走出来，对北方人仍然有很多偏见。平克尼的两个哥哥就是如此，出于对未来妹夫的仇视，他们甚至拒绝参加平克尼的婚礼，因此平克尼的婚姻生活并不安逸。她出生在一个富裕而有地位的家庭，是上流社会的名媛。无论在娘家如何锦衣玉食，婚后的她却必须面对捉襟见肘的生活。她跟随丈夫在荒凉的西部和西南部地区安营扎寨，频繁地搬家。为了一家人的吃穿用度，她竟然不知不觉地成为了西部拓荒者。人们很难想象，出身显赫的她这么多年是凭借什么样的力量坚持下来的。在威廉·曼彻斯特看来，她的动力是源于"奉献精神、勇气以及强烈的社会责任感"。[2]

平克尼的长子阿瑟·麦克阿瑟三世在成年之后加入海军，但是在 1923 年就过早地牺牲了；二儿子马尔科姆在 5 岁时因麻疹而不幸夭折；三儿子道格拉斯1880年出生在阿肯色州的道奇堡,后来这个地方改名为小石城。次子的夭折对平克尼来说是个沉重的打击,因此她把自己毕生的精力都放在了对三儿子的培养上。道格拉斯成为了她唯一的希望。在道格拉斯出生的十七年前,阿瑟·麦克阿瑟就已经成为国家英雄,如果说父亲是道格拉斯的学习与崇拜的榜样,那么母亲平克尼就是他的军事教练——她希望把他培养成为一个像父亲那样的人;她不断地向道格拉斯讲述老麦克阿瑟的传奇,希望有一天儿子能够超越父亲。日本国会通过《日本土地改革法案》那一天,作为日本实际统治者的麦克阿瑟靠在椅背上,抬头凝视着父亲的照片。他的父亲在生前曾力推一部菲律宾土地改革法案,但最终没有成功。此时的道格拉斯却从某种意义上完成了老麦克阿瑟生前未竟的事业。他仰望着父亲的照片,喃喃地问道:"爸爸,我做得怎么样?"[3]

平克尼迫切希望自己的儿子能够进入西点军校学习。让她意外的是,尽管麦克阿瑟家在政治圈里有些人脉,但是想要得到西点的录取通知,仍然不是一件容易的事。最终,她带着麦克阿瑟搬到一名国会议员所在的地区,而这名国会议员是道格拉斯祖父的朋友。即便如此,要录取道格拉斯还有一个麻烦:由于他驼背,所以体检不合格。于是,平克尼又找来一名医生,帮忙修改了道格拉斯的体检报告。由于申请者纷至沓来,而国会议员们又难以一一仔细审核,再加上所有这些想进西点军校的孩子的家庭背景都旗鼓相当,因此他们要举办一场特别考试。平克尼立即找到一位高中校长来为自己的儿子进行考前准备。在考试的前一晚,道格拉斯感到十分紧张,辗转反侧甚至难以入眠。平克尼却沉着平静,她鼓励道格拉斯说:"儿子,只有克服紧张情绪才能获得胜利。你必须相信自己,否则没人会相信你。你一定要自信,要大胆。不管成功与否,只要你尽到最大的努力就行,而现在正是你要努力的时候。"在这次共有十三名年轻人参加的考试中,麦克阿瑟以99.3分的成绩名列第一,而第二名只有77.9分。

道格拉斯进入西点军校以后,一如既往地表现优异,始终是班里的第一名,而且在西点军校有史以来的所有成绩中位列第三。比他成绩高的两人中,罗伯特·李是平克尼的偶像。"一战"爆发后,道格拉斯的军事才能

第三章　华盛顿介入战争

开始让他崭露头角。他在指挥第 42 师（即"彩虹师"）时表现出来的杰出的组织能力和领导能力使他得到上级的肯定与推崇。作为"一战"中最年轻的师长，他表现优异，荣获七枚银星勋章，还几乎获得一枚国会荣誉勋章。但是平克尼仍然认为自己的儿子可以做得更好，她总是提醒儿子还有更加重要的事情等着他去做。如果有人对儿子的能力不甚清楚，她会亲自向他们举荐麦克阿瑟；她经常给麦克阿瑟的上级写信，信中除了满纸的褒扬，还有隐约暗示收信人不要忘记麦克阿瑟在法国的战斗业绩以及在西点的骄人成绩。"一战"时，她觉得道格拉斯的上校已经当得太久了，于是就给国防部长牛顿·贝克写信，建议他提拔自己的儿子做将军。她在信中写道："麦克阿瑟已经从各个方面做好准备，对他委以重任是个绝对正确的选择……他是一个忠诚无私、愿为祖国利益献出生命的年轻人。希望您能考虑提拔他，这不但对他本人是难得的锻炼，从长远看，也是一种对国家有利的行为。"虽然贝克没有给她回信，但是她却没有放弃。八个月后，她再次致信贝克："恕我冒昧，再一次以诚恳的心情给您写信。感谢您能抽出宝贵的时间阅读我的信，我这个远在加利福尼亚州的普通母亲想和您聊聊我的儿子。我衷心地希望您能够给他一次升职的机会。鉴于他以往对祖国的贡献与他在枪林弹雨中取得的杰出成就，我希望您能升任他为将军。这必将得到全体美国军人的集体支持与拥护。"[4]

在收到平克尼的第二封信后不久，贝克就把她的意见转达给约翰·潘兴将军。得知此事，平克尼欣喜万分。潘兴是阿瑟·麦克阿瑟当年在菲律宾的老朋友，那时他只是个年轻的上尉，而阿瑟·麦克阿瑟已位居少将。不久潘兴就收到平克尼的来信，信中写道："我以老朋友的身份真诚地向您和您的家人问好，我代亡夫向您表达最诚挚的钦佩之情……我与国防部长以及他的家人非常熟悉。国防部长非常喜欢也非常了解麦克阿瑟。"[5] 1917年麦克阿瑟终于升任为将军后，平克尼还继续写信，因为这次成功的经历让她意识到对军方施压还是起作用的。在麦克阿瑟当了五年的准将（在她看来太久了）之后，平克尼再次感到儿子的成就早已超出现有的职位，于是又开始新一轮的战斗，为麦克阿瑟争取提升为少将的机会；麦克阿瑟的第一任妻子路易丝·麦克阿瑟也参与其中。路易丝雇佣了一位"彩虹师"的前任军官帮助自己游说军方——这位军官在退伍后成为华盛顿地区一个人脉很广的律师。路易丝对他说:"花多少钱我不在乎,只要能办成事就行。你该怎么做就怎么做,该打点的地方就不要吝惜,只需要把账单寄给我就可以。还有,不要把这件事告诉道格拉斯。"这位说客召集了许多"一战"时曾在法国为麦克阿瑟效力的上校,领着这群人和美国国防部长约翰·威克斯会面。部长却告诉他们,麦克阿瑟还太年轻,暂时不能升职。威克斯的话很快便传到麦克阿瑟的耳朵里,于是他颇为不快地抱怨道,成吉思汗13岁时就能统领骑兵东征西讨,拿破仑在26岁时就能运筹帷幄、执掌三军。为什么我却因为年轻不能成为少将?[6]

在麦克阿瑟掌管西点军校时,平克尼还是他的女主人。麦克阿瑟和一个魅力四射的寡妇的第一次婚姻遭到平克尼的极力反对。实际上,一听到儿子将要结婚的消息,平克尼就病倒在床上,对于这个坚强的女人来说,这还是头一次。她仿佛是在向麦克阿瑟示威:你最好先照看好你的妈妈,再去管你的老婆。每当儿子似乎快要挣脱她的桎梏独立行事时,平克尼都会一次又一次地采取行动,重新赢回自己对儿子的掌控权。为此,她执意不参加儿子的这次婚礼。麦克阿瑟的这场婚姻没能维持多久——这是毫不令人奇怪的。当麦克阿瑟已经出任陆军参谋长时,平克尼还在背后掌握他的一切,当他正式的女主人。麦克阿瑟的第二次婚姻之所以能够维持,部分是因为吉恩·费尔克劳斯是平克尼亲自为他遴选的妻子,同时也因为费尔克劳斯这位南部女性对丈夫毕恭毕敬,而且满怀极端崇拜之情,也非常珍视自己作为将军夫人的地位。她在公共场合称麦克阿瑟为"将军",在私下里称呼麦克阿瑟为"我的主人"。

平克尼教导麦克阿瑟,成功是最重要的,为此,其他一切牺牲,特别是她作出的牺牲,都是值得的。个人的成功对国家也有利。在写给麦克阿瑟上级的那些满纸溢美之词的信中,她反复提到,对麦克阿瑟有利和对国家有利是一样的事。反之,麦克阿瑟的选择也都是出于对祖国利益的考虑,国家的利益就是麦克阿瑟的利益。在她的培养下,麦克阿瑟与同时代的将军们，甚至是同样高傲不羁的巴顿将军都大相径庭。其他的大部分军人，不论是在平时还是在战时，都可以找到与自己年龄相仿的朋友一起并肩作战，共同忍受旷日持久、栉风沐雨的军旅生涯；他们肝胆相照、同甘共苦，彼此之间可以建立起至死不渝的友谊。但是麦克阿瑟没有这样天长地久的友谊；他有辉煌的军旅生涯，却没有知己。在军中，每个人都会遇到如何处理自我需求、责任义务、忠诚守纪以及执行命令之间的矛盾。忠诚的品质从两个方面影响着军人：不但能让你的下属遵从你的命令，而且也教会你服从上级的命令。就像自己的父亲那样，在这场决定性的考验中，麦克阿瑟也一败涂地。

四

无论如何,朝鲜战争初期的麦克阿瑟,仍然是一位足以名垂青史的民族英雄。在当时,他的政治人物身份已经与其优秀军人的身份不相伯仲。无论华盛顿对他如何褒贬,麦克阿瑟仍然是美国人心中的偶像,是两次指挥美军驰骋于世界大战战场的人。尤其是麦克阿瑟在"二战"中太平洋战场上的杰出表现,更让人们对他的雄才大略钦佩不已。事实上,在太平洋战争刚开始的时候,他完全不清楚战争的形势是什么,既不知道航空母舰和制空权的重要性,也不了解日本士兵(包括日本飞行员)的技术水平。即使在日本人成功地突袭飞机场并炸毁多架飞机后,他仍然不相信日本人能拥有这样的技术和装备。出于个人对日本人的蔑视以及对黄种人的偏见,麦克阿瑟坚信日本人一定是雇用了白人飞行员。[1] 12月7日之前,他一直都在高谈阔论,声称日本人根本不可能做到这件事。譬如,他告诉《时代》周刊那位才华横溢的年轻作家约翰·赫西:"如果日军参战,英国、荷兰和美国三国只需动用他们部署在太平洋上的一半军力,就能不费吹灰之力地阻止日军的进攻,并控制住日本舰队。"[2]

不久之后,他终于开始意识到日本人的文化和军事力量有多大。一旦日本人制订了计划、获得了主动权,他们就会精密地按照原定计划执行下去。似乎所有日本人的行为都是按计划执行,都是一丝不苟而又无比忠诚地遵守上级的命令,都不允许自己有丝毫差池。但在战局对他们不利的情况下,如果日本人丧失战斗的主动权,这些固执、循规蹈矩的精神力量反过来会对他们造成危害。从另一个方面来看,这也反映出日本人胶柱鼓瑟的个性特点,也就是不会相机行事。因此只有在与自己有着相同作战方式的军队对垒时,日本人才能充分地发挥自己的战术技巧。日本是一个等级森严而又专制独裁的社会,对于个性的创新性毫不关注,因此面对瞬息万变的战场,战士们需要随时随地做出反应时,他们的一成不变就会将自己置于死地。从这个角度来看,他们并不善于指挥军队。与此同时,日本人还缺乏战场

第三章 华盛顿介入战争

上必需的一种关键品质,那就是对于未知情况的迅速应变能力。所以,当日本人面对美国人变化多端的作战方式时,很快就无计可施了。麦克阿瑟曾经告诫自己的手下:"绝对不要等日本人来攻击你。当日军制订出协同作战计划时,他们就能打得很漂亮。当日本人遭到攻击而又不知道下一步该怎么做时,那情况就完全不同了。"[3]

麦克阿瑟很快就适应了新的战争环境。如果说麦克阿瑟过去不了解制空权在现代战争中的重要性,以致在1941年12月8日让日军有机可乘轰炸克拉克空军基地,使他在毫无防备的情况下损失大量飞机,那么至少他还拥有极高的悟性和杰出的学习能力。很快,麦克阿瑟就纠正了自己此前所犯的错误,这还要得益于当时一位技术精湛、心直口快的青年空军军官乔治·肯尼。肯尼勇敢反对麦克阿瑟和他那个霸道的参谋长理查德·萨瑟兰,还教会了麦克阿瑟如何利用当时的环境充分发挥空军力量。当时美军四面环海,基地周围的汪洋之中有零星岛屿,其中一些岛屿便是日本的战略要地。有了肯尼切实可行的空战技术,加上麦克阿瑟出神入化的灵活运用,他们很快就共同制订出一套作战方案,后来不负众望地重创日军。战争伊始,麦克阿瑟处于进退维谷的境地:一方面,他的地面部队数量有限;另一方面,日军非常善于岛屿作战。日本官兵在近战时凶猛异常,而美军的装备和技术优势却无法在这些作战地区大显身手。面对这种困难的局面,最明智的办法就是避免与日军短兵相接。麦克阿瑟和肯尼一致认为,他们应该避重就轻,袭击日本兵力薄弱的岛屿,并且在其他珊瑚礁上新建飞机场,以便美军攻击被日本占领的纵深地带。同时,美军还缓慢而坚定地封锁日军的后勤供给线,将日本人活活饿死在驻地。此外,美军有意避开日本的军事要地。当日本在所罗门群岛附近的拉包尔集结十万多人准备和美军决一死战时,麦克阿瑟却远远地避开他们。"把他们困死在拉包尔!丛林!饥饿!它们都是我们的盟友!"[4] 这真是一招无往而不胜的必杀技。著名记者约翰·冈瑟虽然对麦克阿瑟的个人品质颇有微词,但对于这场战役,他夸赞道:"在大流士之后,没有哪位指挥官能像麦克阿瑟那样,用极少的伤亡就攻占了大量的领地。"[5]

麦克阿瑟身上不那么吸引人的一面也开始暴露出来。（早在"一战"之时，麦克阿瑟就露出自我膨胀的危险苗头。但当时的他一来年轻，二来还处于事业的上升期，因此在多数时候他都能精明地控制住自己。作为一名指挥官，他果敢干练、体恤下情，和普通士兵一起厮杀在最前线。到了"二战"时，情况就不一样了。此时的他声名显赫，还有了政治头脑。他的自我意识开始与军事需求不断地进行激烈斗争。此时，麦克阿瑟也面对着比以往更多的敌人：不只是战场上的侵略者，还有华盛顿的达官显贵和高级军官。）麦克阿瑟对于荣誉的追求也比以往更甚，渴望功名简直到了难以自拔的地步。与此同时，他受到的管辖和约束却越来越少。"二战"结束时，麦克阿瑟的自我膨胀已经超越他的军事才华，最终让他走上了一条自取灭亡的道路。

麦克阿瑟要求手下必须对自己绝对忠诚。他认为部下理当要为自己赴汤蹈火。但是如果有人想从麦克阿瑟那里分得一丝一毫的胜利荣誉，那就无异于自讨苦吃。他对艾森豪威尔之流的做法不屑一顾：让部下和自己平起平坐？让部将和自己一样声名远扬？麦克阿瑟的字典里向来没有这些概念。所有从他的军事基地派出的部队都只能以麦克阿瑟的名义执行任务。因此，在来自太平洋战区的所有头条新闻中，都只能找到"麦克阿瑟的部队"这样的措辞；这仿佛是在暗示，无论是谁在真正指挥作战，无论是谁在真正流血牺牲，他们的成就只能归功于麦克阿瑟一人。他甚至规定，所有太平洋战区的胜利消息都必须以麦克阿瑟的名义对外发布。威廉·曼彻斯特做过一项统计，结果发现，在"二战"开始后的前三个月中，太平洋战区总共对外发布过142条战况公报，其中多达109条有麦克阿瑟的名字。麦克阿瑟的部下罗伯特·艾克尔伯格（时任第8集团军司令）曾经对自己的新闻官说，他宁愿有人拿条眼镜蛇放进自己的口袋里，也不愿意在一篇报道中受到褒奖。艾克尔伯格是一位天资聪颖而又积极进取的战地指挥官，可是当有关艾克尔伯格的报道分别出现在《星期六晚邮报》和《生活》杂志（二者都是当时影响甚广的刊物）上时，麦克阿瑟大为光火。于是，麦克阿瑟立即召见艾克尔伯格，毫不留情地对他说道："你知不知道，明天我就可以把你降为上校，让你卷铺盖回家？"[6] 他所谓的忠诚是条单行道，所有人

第三章 华盛顿介入战争

都必须效忠于他，而他却可以明目张胆地违背总统的旨意，大张旗鼓地和华盛顿的上级分庭抗礼。年复一年，麦克阿瑟已经成为美国军界最政治化的人物，他的重点就是搞好与共和党人的关系。即使是在1944年硝烟弥漫的全球战争中，出于赤裸裸的野心和对罗斯福的个人仇恨，麦克阿瑟在百忙之中也没有忘记自己的政治活动，几乎和罗斯福最不共戴天的政敌结为盟友；接着在1948年，他又试图获得共和党总统候选人的提名，然而遭遇惨败；1950年麦克阿瑟出征朝鲜时，白宫官员和某些共和党总统候选人认为，他此举是在为1952年的总统大选铺路蓄势。即使在朝鲜战争最白热化的时候，麦克阿瑟仍然念念不忘远在美国的总统竞选。

共和党保守派一直认为麦克阿瑟是他们中的一员。他们认为麦克阿瑟很传统，这一点倒是不错，但麦克阿瑟的行动证明他也是最奉行自由主义原则的日本总督。根据美国政治的分类标准，20世纪中叶的麦克阿瑟是保守派而非自由派，他的政治观是在另一个完全不同的时代形成的。不过那些真正了解麦克阿瑟的人都很清楚，麦克阿瑟的意识形态是第二位的，他真正为之全力以赴的，是打造一个属于自己的王国。他唯一的政治观点，就是一切都要围着他转。

没有什么比麦克阿瑟在20世纪30年代"酬恤金进军事件"中的所作所为，更能说明他对成为一个出人头地的政治人物的渴望：为了能够登上全国的政治舞台，他不惜对手无寸铁的"补助金大军"进行无情的镇压。当经济大萧条席卷全球时，金融危机的冲击使美国国内迅速暴露出各种深刻的社会问题，经济衰退、政治动荡，人民生活在贫穷与恐慌之中，整个社会乱作一团。时任陆军参谋长的麦克阿瑟不但对胡佛政府忠心不二，而且竭力维护已经山穷水尽的旧政治经济秩序。因此，当"酬恤金进军事件"爆发时，麦克阿瑟自然而然也是不可避免地站在政府一边。这本来无可厚非，但是对名望和荣誉的强烈渴求，却让麦克阿瑟的行为表现大大超出正常的范围。所谓的"补助金大军"是一群曾经在"一战"中为国效力的退伍老兵，在大萧条时期他们生活非常窘迫，甚至一贫如洗，因此他们饥肠辘辘地来到华盛顿,希望能够拿到"一战"时美国政府承诺给他们的生活补助。事情发生在1932年,也就是大萧条的顶峰。麦克阿瑟在这种情况下所选择的政治立场,对他的一生都产生了决定性的影响。后来无论他在"二战"中表现得如何英勇善战,无论他如何名扬四海,所有从那个年代走过来的美国人都不会忘记麦克阿瑟的所作所为。"酬恤金进军事件"成为麦克阿瑟一生都无法抹去的污点,永远地烙在美国人民的心中。

成千上万的美国人失业,于是"补助金大军",或者像他们自己称呼的那样——这支"补助金远征军"开始了向政府的请愿运动。这些老兵都是退伍军人中最贫困的人。1932年春,他们千里迢迢赶到华盛顿,希望以此支持得克萨斯州议员莱特·帕特曼的提案,建议政府向退伍军人支付福利补助金。一旦提案生效,老兵们就能立即拿到政府的欠款,平均每人1000美元,这在当时无疑是一笔巨款。"一战"中的官兵,就像1945年的官兵一样,应当得到这笔补助。

大约三万名请愿者在华盛顿组成一个临时村落,村民中的大部分人都是退伍军人以及他们的妻儿。他们聚集在华盛顿南部安那柯斯提河对面的安那柯斯提低地。他们用厚纸板做成棚屋,或是蜗居在简陋的帐篷里,风餐露宿,衣不蔽体,食不果腹。在请愿者当中,只有极少数人是真正的激进分子。虽然在那个年代,越来越多的民众已经对贫富悬殊、因循守旧的资本主义制度丧失信心,然而在这场运动中,大部分请愿者的目的却非常简单。总是为麦克阿瑟辩护的考特尼·惠特尼(这位将军最亲密的助理之一)写道,补助金请愿者中有"相当一部分人都是罪犯或者曾经有犯罪记录。他们犯有谋杀、过失杀人、强奸、抢劫、入室行窃、勒索和侵犯他人人身安全罪"。[7]对麦克阿瑟而言,这群请愿者不过是一伙危险的乌合之众,他们聚集起来无非是想要寻衅滋事,找政府的麻烦。但是,从退伍军人管理部门后来的解密档案来看,94%的请愿者都是名副其实的退伍军人,其中67%还曾经在海外服役。当时还在麦克阿瑟手下当差的艾森豪威尔少校是麦克阿瑟的得力助理,但是这一次他并不认同麦克阿瑟的行动,反倒认为政府曲解了请愿者的意图。想到这些九死一生的"一战"老兵和他们卑微

第三章　华盛顿介入战争

的要求，艾森豪威尔就满腹辛酸："他们不但衣衫褴褛，食不果腹，而且还遭受着精神上的侮辱和虐待。"

随着国会内部关于帕特曼议案的政治斗争逐级升温，"补助金大军"的数量也在与日俱增。到 1932 年夏天时，仅凭华盛顿的警力已无法控制局面。胡佛总统疲于应对大萧条带来的经济冲击，一直没有找到有效的解决措施，因而他的民众支持率一路猛跌。在这种情况下，"补助金大军"声势浩大的请愿活动让胡佛格外警惕，寝食难安，精神紧张。虽然此前帕特曼的提案已经得到众议院的支持，但却终因参议院的反对而未能通过。与此同时，聚集在国会外的请愿者们与当地警方先后发生几次小摩擦，胡佛总统感到必须立即遣散请愿队伍，让他们迅速离开华盛顿。于是，他把这项任务交给了美国陆军。在与政府和军队高层的一次会议中，请愿军领导人希望政府承诺，在部队进入请愿者的宿营地时，必须要列队而行，给予这些退伍军人最后的尊严。当时在场的麦克阿瑟立即答道："没问题，当然可以，我的朋友们。"[8] 7 月 28 日，在陆军与请愿者发生几起暴力冲突后，情况开始变得复杂起来，胡佛总统责令美军迅速处理补助金大军的对抗行为。艾森豪威尔当时清楚地意识到，如果放任不管，请愿者和美军之间必定会爆发大规模的暴力事件，后果将不堪设想，因此他不想让军队过多地介入此事。为此，艾森豪威尔不得不耍了个小把戏，希望借此避免麦克阿瑟的直接干预。艾森豪威尔任命一名颇有能力的准将佩里·迈尔斯来指挥军队，年轻的装甲兵少校乔治·巴顿指挥坦克部队。坦克的出动清楚地表明，请愿者试图抵抗的后果将会是什么。但是当他意识到麦克阿瑟打算亲自到场指挥镇压行动时，艾森豪威尔顿时惊得目瞪口呆。当天早上，他和麦克阿瑟都穿着便装来到办公室。麦克阿瑟让艾森豪威尔回家去换军装，自己派勤务兵回营房去取他那套挂满勋章的军装；但是艾森豪威尔竭力反对，并且和麦克阿瑟发生了激烈的争执。他坚持认为麦克阿瑟亲临指挥会引发严重的后果，会让整个行动发生性质上的变化，使军队和请愿者之间的关系更为紧张，从而最终失去民主党人对他们的支持。（艾森豪威尔后来说道："我告诉那个蠢货他没有必要和这件事扯上关系，我告诉他那根本不是一名陆军参谋长应该去的地方。"[9]）一贯喜欢用第三人称指代自己的麦克阿瑟答道："麦克阿瑟已经决定要到现场指挥疏散行动。"此外，他还补充说："反动革命已经初露端倪。"[10] 艾森豪威尔无可奈何，再次向麦克阿瑟建议，如果他非去不可的话，他们两人应该身着便装出行。但是，就连这条建议也遭到麦克阿瑟的拒绝。

最后，麦克阿瑟与艾森豪威尔穿着整齐的军装出现在衣不蔽体的请愿者面前。陆军部长对这次任务有极为详尽的说明：胡佛总统希望出动军队能够使示威者驯服，但不想因此引发任何暴乱，因此士兵的行动必须有节制。同时他还下令，所有士兵都不得越过安那柯斯提河，也不得靠近河对面示威者们的主营区。艾森豪威尔后来回忆说，当时他明确提醒麦克阿瑟，而且胡佛总统也派一位传信官带来了关于此次任务的具体指示。但是麦克阿瑟却说："我不想听什么指示，把他给我打发走。"麦克阿瑟是在掩耳盗铃，他觉得只要自己不接待这个传令官，他就没有必要遵命行事，这样一来，也就没有人能够对他发号施令、指手画脚。于是他命令军队跨过安那柯斯提河，一举捣毁闹事者的营地。

当时的场面惨不忍睹，那些老兵们可怜的棚屋很快就被焚烧殆尽。艾森豪威尔十分清楚，军队的暴力行为会引发媒体连篇累牍的报道，人们会越发同情请愿者们的处境，从而越发厌恶胡佛政府。于是，他试图劝说麦克阿瑟离开现场。艾森豪威尔认为，这不过是一场民间运动，很快就会不了了之，军队没有必要过分干预。可是劝说麦克阿瑟离开引人注目的事发现场就像劝说一只飞蛾远离烛火一样徒劳无功。麦克阿瑟本来就是有意要成为新闻报道的焦点，为此他特意在当天晚上召开一场新闻发布会（它给胡佛政府带来了一次致命的信任危机，在接下来的总统大选中极大地帮助了民主党总统候选人罗斯福）。麦克阿瑟不但没有就这场新闻发布会请示胡佛，而且还在记者面前大肆赞扬胡佛对请愿者的强硬态度，"如果再等一周，恐怕我们的政府就要身陷险境了"。[11] 然而，这一次麦克阿瑟的马屁拍错了地方，他的说辞让人们瞬间认定"胡佛武力镇压退伍军人"的假想。此举让胡佛如坠深渊、百口莫辩，人们一致认为，麦克阿瑟的所作所为是胡佛

第三章 华盛顿介入战争

指使的,这无疑对胡佛造成了毁灭性的打击。没有人比罗斯福更清楚这是他锁定总统宝座的良机。

美国军队的无情镇压只能使成千上万生活困顿的普通民众更加同情那些和他们处境相同的退伍老兵。在这次事件中,麦克阿瑟给美国人民留下了永久的印象:一个滥用武力、作威作福的太爷,只会利用人民赋予自己的权力镇压人民,是一个无法信任其政治立场的军国主义者。然而在某种意义上,麦克阿瑟却由此达到了他原本想要达到的目的。此前右翼分子一直将"补助金大军"视为对自己的重大威胁,而麦克阿瑟的行为却帮他们排除了隐患。因此麦克阿瑟和右翼势力的关系空前密切,并且很快就成为这伙恶名昭彰而又日渐衰颓的政客心目中最受欢迎的美军将领,这些人痛恨罗斯福"新政"的每一条措施。虽然此时麦克阿瑟对政治事件的参与远远超出任何一位将军应有的范围,但是这却使他逐渐远离那些在政途上蒸蒸日上的人,反而沦落在那些失势的人群当中。

在镇压请愿者的当天,这两位主角的表现让人们清楚地认识了这两位个性迥异的陆军军官。虽然这两个人后来在美国历史上都扮演了极为重要的角色,但是他们却有着天壤之别。艾森豪威尔有着极高的政治敏锐性,对政治事件的预测有着某种天生的直觉,他深谙政治技巧,对普通劳苦大众的艰辛感同身受、充满怜悯;而麦克阿瑟却认为"补助金大军"是在蓄意谋反,会严重地威胁到整个国家的经济秩序。更重要的是,他身着戎装、挂满勋章,是为了站在全国舞台的中心,接受所有媒体的关注。

麦克阿瑟对国情和国家处境的感知常常与事实相去甚远。由科技创新和生产力发展带来的强大动力驱使美国以越来越快的速度向前行进,而与此同时,麦克阿瑟却越来越年老昏聩、刚愎自用。他对华盛顿当时的诸多政治改革都怀恨在心,而且把政见不和化为个人仇恨。在他看来,"新政"的支持者们除了颠覆传统以外,没有取得任何进步。"新政"的支持者就是他的敌人,是想篡夺他的领导地位的阴谋家。实际上,罗斯福的支持者们之所以会激怒麦克阿瑟,很大程度上也是因为这些人不像因循守旧的老一辈那样对麦克阿瑟言听计从。麦克阿瑟对这些不买账的后起之秀恼羞成怒。

虽然他先后为两任民主党政府服务，但内心却将他们视为毒药，他对罗斯福的仇视尤为刻骨。罗斯福精明老到、深谙世故，轻轻松松就将麦克阿瑟玩弄于股掌之间。更令麦克阿瑟愤懑的是，他竟然发现罗斯福比自己更加善于使用老派的手段对付他。罗斯福对麦克阿瑟的评价一针见血，颇为辛辣，他认为麦克阿瑟可用而不可信。罗斯福曾经对自己的助理雷克斯福德·塔格韦尔说过，休伊·朗是美国国内最为危险的两个人物之一。塔格韦尔于是问另一个危险人物是不是科格林神父，这个当时在电台节目中散布仇恨言论的人。"噢，不，"罗斯福答道，"另一个是道格拉斯·麦克阿瑟。"[12]

在"二战"期间，麦克阿瑟和罗斯福之间上演了一场最为复杂的拉锯战。一方是出类拔萃的政治家，另一方是同样出类拔萃但满腹怨恨的大将军。有一次，罗斯福对麦克阿瑟说："道格拉斯，我一直认为你是一位一流的军事家，但是我同样知道，你也是一个最糟糕的政治家。"[13] 后来，麦克阿瑟经常引用罗斯福的这句话，用以证明自己没有政治野心。也许罗斯福所言非虚，麦克阿瑟并不具备真正的政治素养，所以圆滑世故、气度非凡的罗斯福才能轻松地控制住麦克阿瑟，让他动弹不得。罗斯福对麦克阿瑟的了解（以及麦克阿瑟对总统之位的热烈渴望）要远比麦克阿瑟对罗斯福的了解更为深刻。虽然麦克阿瑟一向对总统宝座虎视眈眈，但由于他不懂得如何拉拢普通选民，因此总统先生从来不把麦克阿瑟当作自己的威胁。

但是为了以防万一，罗斯福保存了一份麦克阿瑟在"二战"爆发前呈交给华盛顿的报告。报告中麦克阿瑟极其自信地宣称，他能够守住菲律宾群岛和太平洋地区的其他要塞。在他看来，"敌人完全没有能力对我们的岛屿发动空中进攻"。除此之外，罗斯福还保留了另外一些文件。这些文件足以清楚地解释为什么麦克阿瑟的司令部在获知日军偷袭珍珠港九小时后，还让日本人轻易炸毁克拉克机场上的飞机。所有这些都是麦克阿瑟司令部指挥不力的结果。

罗斯福和麦克阿瑟之间互不信任。一向自视甚高的麦克阿瑟在罗斯福面前终于感觉到什么叫棋逢对手，而无法战胜对手的事实又让他对罗斯福充满嫉恨。1945年4月，在欧洲战场取得胜利的前夕，罗斯福在自己的办公室里与世长辞。举国上下都沉浸在对这位总统的哀思之中，但麦克阿瑟却毫无伤感。在听到罗斯福去世的消息后，麦克阿瑟转过身去对一名参谋邦妮·菲勒斯说道："罗斯福终于死了。他是一个能用谎言来粉饰太平而绝不会说真话的人。"[14] 所有听到麦克阿瑟这句话的人都感到极为震惊。人们很难想象会有人像麦克阿瑟那样，在听到自己的总统溘然长逝时，居然还能够说出这么刻薄狠毒的话来。

麦克阿瑟对罗斯福的记忆都是负面的，满腹不平，没有任何的喜悦。麦克阿瑟已经忘记，1942年初，当他身陷菲律宾，而日本人已经端了自己的司令部时，是罗斯福出面解围，下令对他进行营救。同样，麦克阿瑟也已经忘记，当他和海军高层在就太平洋地区的作战方式及如何夺取日本主要岛屿出现激烈争执时，是罗斯福在关键时刻同他站在了一起。可是在麦克阿瑟看来，罗斯福为他所做的一切都并不重要，重要的是罗斯福没有为他做什么。事实上，正是罗斯福总统的命令使麦克阿瑟撤出菲律宾成为美国外交史上的一次胜利，更为麦克阿瑟赢得了无上尊严，使他一跃成为公众神话。在抵达澳大利亚之后，他发表了那篇著名的《我会回来》的声明。华盛顿方面曾经想让他将这次演讲的题目改为《我们会回来》，但是他执意不从；他认为这是一句极为个人主义的誓言，除此之外，这项任务也将由他一手完成，因此这篇宣言就成了今天人们所熟知的样子。[15] 在那段危机重重的黯淡时期，美国民众迫切需要英雄的出现，而麦克阿瑟的撤离正是在这一背景下被视为一种壮举。在这一过程中，罗斯福无疑帮了麦克阿瑟的大忙，麦克阿瑟自己在战争初期的错误判断和指挥失职却被掩盖了起来。换了其他任何一位将军，如果犯了与麦克阿瑟同样的错误，可能早已被撤职退伍了。可是人们听说的却与事实大相径庭，这个故事里充满一种英雄主义的气概："麦克阿瑟活着是为了明日再战。"也许没有什么能比威廉·多诺万（华尔街律师，后成为战略情报局及中央情报局局长）的话更能表达人们对麦克阿瑟的英雄崇拜了。"伟大的麦克阿瑟，"他当时说道，"他是我们伟大祖国的象征。在寡不敌众、弹尽粮绝的情况下，在被敌军占领的海洋和天空中，他仍在为了自由而浴血奋战。"[16] 不过即使这样的奉承，麦克阿瑟也毫不领情，在"二战"和朝鲜战争中，麦克阿瑟不许战略情报局中央情报局踏入他的领地一步。

在"二战"时的欧洲战场，许多年轻有为的军官（无论是战地指挥官还是参谋军官）都主动投奔到艾森豪威尔麾下。但是在麦克阿瑟统率的太平洋战场，情况却完全相反，从战争之初到最终撤离日本，麦克阿瑟的部下中既没有什么人功成名就，也几乎没有人员变动。约翰·甘瑟在1950年11月写道："麦克阿瑟需要补充一些新鲜的血液，可惜他绝不会允许自己身边的人晋升得太快，有人甚至这样说道：'麦克阿瑟的手下没有人胆敢自居第一。'"[17]

麦克阿瑟的忠实信徒们被称为"巴丹帮"，这个名字本身就是一个考验，成为其中一员就意味着承受压力。被纳入"巴丹帮"的人，都是那些伴随着麦克阿瑟走过低谷时期的人。当麦克阿瑟在菲律宾受到日本人的四面夹击被迫撤往澳大利亚时，并无多少人愿意死心塌地跟随麦克阿瑟，但内德·阿尔蒙德是个例外，他是麦克阿瑟在日本时的参谋长，一直是麦克阿瑟最亲密的幕僚之一。到朝鲜战争爆发时，麦克阿瑟身边已经聚集了一批从30年代起就追随着他的下属，而他的高级幕僚也有相当一部分就是来自这个群体。这是一个极端排外的群体，除了圈内人之外谁都不信任。当德高望重的作家兼剧作家罗伯特·谢伍德（曾经在"二战"中坚定地支持罗斯福）抵达麦克阿瑟的总部时，立刻感到自己被包裹在敌意之中，似乎总部中的所有人都对其他军事集团与政治阵营怀恨在心，这让谢伍德感到深深的恐慌。1944年，谢伍德来这儿是为了给麦克阿瑟带来一个好消息：盟军已经越过雷马根大桥，这是向德国进军过程中的一个重要时刻。但是当他告诉查尔斯·威洛比这一消息时，后者却厉声斥责道："除了这里的事，我们他妈的才不在乎在欧洲发生了什么。"谢伍德后来在给总统的信中写道，麦克阿瑟的司令部"毫无疑问地处处弥漫着一种妄想，仿佛他们正在遭受来自外界的残酷迫害。如果你听过这里的参谋们的谈话，你就会觉得美国陆军部、国务院乃至白宫都处在'共产主义者和英国帝国主义'的掌控之下"。[18]

罗斯福始终认为，麦克阿瑟是个和美国政治彻底绝缘的人，整日对自

第三章 华盛顿介入战争

己的痴心妄想浮想联翩,毫不关注国内日新月异的政治经济现状。1936年总统大选时,麦克阿瑟坚信艾福·兰登能够击败罗斯福,而他的参谋长艾森豪威尔(和兰登一样都来自堪萨斯州)却认为兰登没有胜算,这让麦克阿瑟大为气恼。艾森豪威尔只好给麦克阿瑟看了一封信,这封信是艾森豪威尔在堪萨斯州阿比林城的一位朋友写来的,信中暗示兰登可能连在自己的老巢堪萨斯州都难以获胜。而麦克阿瑟则认为艾森豪威尔和另一位同样怀疑兰登获胜的军官是"胆小怕事、目光短浅的一类人。即使有足够的证据也不敢做出判断"。[19] 后来,兰登虽然赢得两个州,却输掉了四十六个州,其中就包括堪萨斯州。

到1944年太平洋战争中期时,已经有传言说麦克阿瑟和罗斯福总统关系恶劣。一些最为痛恨罗斯福的共和党右翼分子趁机极力怂恿麦克阿瑟参加总统竞选。其中,来自内布拉斯加州的共和党国会议员A. L. 米勒将麦克阿瑟的参选视为拯救美国的唯一希望。他写信给麦克阿瑟说:"我深信,除非有人能立即阻止'新政'改革,否则美国必将走向穷途末路。"米勒在信中大肆攻击当时的政治和军界要人,言辞中充满各种妄想。米勒这种人本该遭到唾弃,而麦克阿瑟却经常与他交换意见。他给这位国会议员回信说:"对您的智慧之言和政治立场,我深表赞赏。"他还批评当时的社会"混乱不堪"。他写这话时,恰逢美国全面转向战争,各行各业的美国民众都心怀善意、坚定不移地为国奉献和牺牲。

这些事实丝毫不能阻止麦克阿瑟和米勒的书信往来。米勒写道:"这个建立在美国的君主政体会极大损害普通人民的利益。"麦克阿瑟回信称:"您对美国现状的剖析深刻而清醒,一定会激起真正的爱国志士们的深刻反思。"[20] 麦克阿瑟对于米勒的阿谀奉承大为欢喜,对他来说,被他人崇拜比其他任何事情都更为重要。喜欢巧言令色之徒是麦克阿瑟的一个致命弱点,并且一步步将他引入歧途。然而米勒对能有这样一位伟大的爱国者与自己英雄所见略同而感到异常兴奋,因此他不顾此时如火如荼的太平洋战事,贸然公开了自己和麦克阿瑟的通信,这实在令麦克阿瑟尴尬不已。于是麦克阿瑟只好解释说,这些信件纯属私人信件(这倒不假),因此在任何情况下都不能被政界领袖或政治哲学所批评（这当然不对）。但是，这些信件对他造成了破坏性影响。在阿瑟·范登堡参议员（麦克阿瑟的朋友和支持者，孤立主义的化身）的敦促下，麦克阿瑟不得不发表声明，称自己无意在共和党大会上被提名为总统候选人。但事实证明，麦克阿瑟口是心非。范登堡认为，如果麦克阿瑟参加提名竞争，无疑将会沦为世人的笑柄。最后的提名结果是，汤姆·杜威获得了1056张选票，而麦克阿瑟获得一票，只有一位与会代表选择站在麦克阿瑟一边。可以肯定的是，1944年是麦克阿瑟在政治上最不痛快的一年，而同样可以肯定的是，麦克阿瑟并未因此放弃对总统职位的觊觎。

1946年5月，时任陆军参谋长的艾森豪威尔在东京拜访了麦克阿瑟将军。其间，他们谈到即将到来的总统选举，麦克阿瑟极力怂恿艾森豪威尔参选，作为回应，艾森豪威尔也力劝麦克阿瑟参与角逐。[21] 虽然当时麦克阿瑟声称自己年事已高，不太适合大型选举，但艾森豪威尔对麦克阿瑟的野心和虚荣却深为了解，他知道麦克阿瑟的答复不过是口是心非。回到华盛顿以后，艾森豪威尔就对杜鲁门提及此事，说麦克阿瑟很有可能参加1948年的总统大选。当时的环境对麦克阿瑟也确实十分有利：战争刚刚结束，国家万象更新、百废待兴，而麦克阿瑟在日本推行的民主改革又卓有成效，这些无疑将为其竞选之路积蓄力量。因此，1947年麦克阿瑟就放话给自己的支持者们，说他并不会追求共和党总统候选人的提名，但如果被委以此任，他也会乐意效劳。与此同时，他还向支持者们保证，参与竞选，他责无旁贷。事实上，在1948年的大选前，提名麦克阿瑟的呼声极高，可惜他对国情毫不了解。麦克阿瑟即便一直留在国内，他也可能远离同胞，更何况到1948年为止，他已经离开美国长达十余年了。

当时，成千上万美国人正在逐步走向中产阶级，这一变化很快就对美国的两大党派产生重大影响。随着经济基础的好转，曾经支持民主党的选民们开始对自己的选票更加审慎。即便如此，由于"新政"改革行之有效，罗斯福仍然得到了相当多选民的支持。那些力挺麦克阿瑟竞选总统的人认为，罗斯福的"新政"不过是其漫长而又危险道路中的第一步，这条道路终将会使美国走向共产主义。麦克阿瑟最忠实的支持者都来自中西部地区，其中又以罗伯特·麦考密克上校管辖的地区最为突出。麦考密克是《芝加哥论坛报》的业主，也是当时最主要的孤立主义者。虽然麦克阿瑟自己并不是孤立主义者，但他很乐意与这些人为伍。因此，麦克阿瑟最强硬的支持者是孤立主义者、本土主义者、种族主义者、反犹主义者和仇视劳工的人。这些人无一不坚定地认为自己是"美利坚主义"最忠实的代表。1948年总统竞选前夕，麦克阿瑟的好友乔治·凡·霍恩·默斯利少将写信向他表态道："大量的敌人对您闻风丧胆，包括产业工会联合会、共产党和犹太人等，甚至连沃尔特·温切尔（喜欢说长道短、评论时政的专栏作家）和德鲁·皮尔逊（此前和麦克阿瑟有摩擦的自由主义专栏作家）这样的讨厌鬼，也无不对您敬畏有加。"[22] 鉴于此，当时著名的散文家约翰·麦卡顿在《美国信使报》上写道："为麦克阿瑟摇旗呐喊的都是右翼集团中最糟糕的一帮人，包括那些露骨得像疯子一样的圈外人，这当然未必是麦克阿瑟的错，但肯定是他的不幸。"[23] 面对这些人鼓动他参加1948年大选，麦克阿瑟则以典型的语气这样回答："我只能说，我决不会因为将要面对危险和责任就拒绝美国人民的希望，无论我应当如何谦逊，我都必须勇敢地忠于我的人民。"[24] 他说得如此高尚，似乎无人可及。

那些鼓动麦克阿瑟竞选1948年总统的人都是些政治门外汉，他们满怀所谓的热情、正义感和愤怒。无论是同事还是朋友，他们身边的每个人都无一例外地一拍即合，在他们的世界中很少有异议的声音。此外，他们对于如何运用政治手段也一无所知。麦克阿瑟竞选的试验田定在威斯康星，这是麦克阿瑟幼年时曾居住过的地方。像许多军人世家一样，麦克阿瑟家族也在当地有着广泛的人脉。此外，威斯康星州不但是美国中西部的心脏地区，还是《芝加哥论坛报》的影响区域。麦克阿瑟的老朋友罗伯特·伍德当时是孤立主义组织"美国第一委员会"的领导人，他成为麦克阿瑟最主要的支持者和拥护者。伍德信心满满地认为麦克阿瑟至少会赢得威斯康星州27张选票中的20张。由于麦克阿瑟当时是缺席竞选，支持者们就对外宣称，他们的民族英雄由于忙于国事而无法参加竞选，因此总统职位非他莫属。他们之所以确信将在威斯康星州大获全胜，是因为麦克阿瑟根本不屑于亲自到该州拉选票，因此他们将要在候选人缺席的情况下，在威斯康星州大干一场。但是事情从一开始就没有他们想得那样顺利，他们甚至很难得到退伍军人的支持。民意调查显示，麦克阿瑟并不受普通士兵爱戴，更别提从退伍军人处得到选票。实际上，那些曾在麦克阿瑟手下任职的军人更欣赏的，恰恰是麦克阿瑟最厌恶的人——德怀特·艾森豪威尔。

威斯康星州被视作麦克阿瑟竞选的第一站，但很快就结束了。前明尼苏达州州长哈罗德·斯塔森巧妙地赢得了40%的投票和19张选举人票的支持；后来继续参与并终获提名的托马斯·杜威则获得20%的投票，但未能赢得选举人票；而麦克阿瑟，在这片本该拥有主场作战优势的地区，只赢得了36%的投票和8张选举人票。第二天，美国驻日大使威廉·西博尔德到第一生命保险大厦开会。麦克阿瑟的参谋长保罗·缪勒少将拦住西博尔德，并示意他离开。他告诉西博尔德："将军现在情绪异常低落，脾气很不好。"[25] 西博尔德只好决定改日再来。虽然1948年麦克阿瑟的总统候选人提名竞选最终遭遇彻底的失败，但却有力地证明了一件事：即使是自己的职业生涯已经到了暮年，麦克阿瑟也始终对总统宝座一往情深。

从一开始，杜鲁门总统和麦克阿瑟将军之间就注定无法和谐相处。麦克阿瑟对杜鲁门毫不尊重，杜鲁门同样也打心眼里不喜欢麦克阿瑟，更谈不上对他的信任。1945年，杜鲁门上任之后不久就在日记中写道："我要怎样处理与一位妄自尊大的五星上将之间的关系呢？麦克阿瑟比波士顿的卡伯特家族和洛奇家族更难对付。那两家人至少在采取任何举动之前还会互通有无，而麦克阿瑟呢？只有上帝知道他要做什么。更可悲的是，美国政府的要职上却有这样一位自命不凡的顽固分子。我不知道1942年罗斯福总统究竟为什么没有命令温赖特从科雷吉多岛返回美国，而让麦克阿瑟做一名烈士……如果当时召回来的是温赖特，那我们将拥有一个真正的斗士、一位真正的将军，而不会像现在这样，拥有的只是一个演员、一个说谎精。

第三章 华盛顿介入战争

很难想象,美国在造就罗伯特·李、潘兴、艾森豪威尔和布莱德雷等英雄的同时,还会诞生像卡斯特、巴顿和麦克阿瑟这样的蠢材。"[26]

在麦克阿瑟的眼里,杜鲁门的信任可有可无。杜鲁门虽然勤劳刻苦,却是一个糟糕透顶的政治家、一个差劲的民主党自由派分子、令人讨厌的罗斯福的指定接班人。麦克阿瑟怎么也想不通:一个"一战"时的小小国民警卫队队长,一个毫无建树的小人物怎么能够在自己的头上发号施令?杜鲁门和麦克阿瑟都把彼此看作异类,水火不容。他们的出身背景与个人经历完全不同,因此对荣誉和责任的理解也大相径庭,从1945年4月杜鲁门成为总统的那天开始,这二人之间就矛盾重重。时任参议院外交委员会主席的得克萨斯州参议员汤姆·康纳利曾经警告杜鲁门,不要让麦克阿瑟代表美国去接受日本的投降。杜鲁门在日记中写道:"康纳利对我说,如果我把道格拉斯的威望树立起来,他必将在1948年的大选中与我竞争。我告诉汤姆说,我不会参加1948年的大选,那样我就不用再和道格拉斯打交道了。"[27]

杜鲁门总统和他的高级军事官员都认为,太平洋战争刚一结束,麦克阿瑟就表现得行为失常。他们的意见分歧首先发生在军队裁员问题上。在世界恢复和平后的第一个月里,杜鲁门总统及其幕僚决定放缓战后的裁军计划。然而,1945年9月17日,麦克阿瑟却在东京宣布,由于战后日本社会稳定、人民生活秩序正常,所以他不用50万美军驻守日本,20万人就已足够。杜鲁门政府认为,麦克阿瑟在这个举国上下一致要求裁军的当口抛出这样的言论,会让政府的批评者喝彩,而且他是故意这么干的。

在布莱德雷和艾森豪威尔眼中,这是麦克阿瑟行为乖张的一个典型例子。作为军人,他不应该干涉政治,不应该表明自己的政治观点,更不应该把自己的政治利益放在国家安全之上。如果是其他军人做了这样的事情,就会立即被解除军职,或者至少遭到重处。但是没有人敢于公然反对麦克阿瑟,而他也总是专断独行。即使是在战争时期,五角大楼定下来的计划本应得到立即执行,但是对于麦克阿瑟来说,这些计划仅供参考。[28]然而,没有哪个身处后方的官员想去惹恼麦克阿瑟。在裁军这件事上,杜鲁门总统已经做了很多努力。他得知麦克阿瑟的发言后,大为光火,一度想要解除麦克阿瑟的职务。总统助理埃本·埃尔斯在日记中写道:"总统因麦克阿瑟的言论而大声咆哮,说他'一定要在合适的时候收拾一下那个把事件闹大的家伙'。他还说自己已经厌倦了无所事事。"[29] 这件事情让杜鲁门与麦克阿瑟之间的矛盾愈演愈烈,而后来发生的事情更使两人之间的关系进一步恶化。最后,在杜鲁门的指使下,马歇尔在发给麦克阿瑟的一封电报中轻描淡写地批评了后者。电报上说,你在日本的言行使国家在平时征兵和维持海外兵力更加困难。最后马歇尔还写道,今后如果再想发表类似言论,应当先与国防部协商。[30]

1945年的9月和10月,杜鲁门总统连续两次要求麦克阿瑟回国述职,以接受全国人民对他的感激之情。到时候他会让麦克阿瑟在参众两院发表演讲,并由国家授予他陆军服役优异十字勋章。虽然从表面上看这是新任总统的一次盛情邀请,但实际上这是三军统帅对他下达的命令。然而麦克阿瑟丝毫没有把它当作命令看待,连续两次拒绝了杜鲁门总统。尽管他是五星上将,是美国的最高级军官,但是以他的身份来说也不应该有这样的行为。如果总统召他前来,无论麦克阿瑟正在做什么事情,都应当听从指挥。因此,从一开始他就对杜鲁门总统表现得很不尊重,仿佛他们二人之间的地位是平等的(或者是他的地位更高一些),因此他根本不需要听从总统的命令。麦克阿瑟回复总统说他在东京很忙,如果现在离开的话,东京将会陷入危机,因为那里存在着"极其危险甚至一触即发的局面"。杜鲁门听后大为恼火,前不久麦克阿瑟还说,他只需要原来一半的兵力就能够维持日本的稳定,而现在又说当地的局势不稳,这简直是信口雌黄。当然,麦克阿瑟也很清楚自己在做什么。他对自己的一名助理说:"我打算做美国历史上第一个拒绝总统召回命令的将军。我会告诉他们,有成千上万的事正等着我去做,我没工夫回去述职。"[31] 实际上,他对助理说的原话要比这更刻薄。麦克阿瑟坚持认为,如果他现在就离开日本的话,整个日本乃至整个亚洲都将失去控制。他还对其他助理说过,他只会根据自己的时间来安排日程,选择在最方便的情况下回国。显然,麦克阿瑟是在闹情绪。当麦克阿瑟的一位朋友劝他回国时,他勃然大怒:"要我现在回国,门儿都没有。这一次

第三章　华盛顿介入战争

我必须这么做。我曾经对他们唯命是从，但反过来，总统也好，国会也好，马歇尔也好，都跳出来攻击我。他们最终都可以获得胜利全身而退，而我呢，苏联人追着我，共产党恫吓我。不过这反而把我推到风口浪尖，就连华盛顿也没法打败我。我真是要感谢苏联人让我反败为胜，我真想给他们颁发一枚勋章……"[32]

一个是总统，一个是将军，没有哪两个人会比杜鲁门和麦克阿瑟的职业生涯更具反差。早在"二战"之前，麦克阿瑟就已经是家喻户晓的国家英雄，而杜鲁门此时还屡战屡败，处处碰壁。20世纪30年代初，当麦克阿瑟违背命令，越权镇压"补助金大军"时，杜鲁门作为"补助金大军"的成员之一，身处人生低谷，处处如履薄冰。杜鲁门军事生涯的最高峰是在"一战"时作为密苏里州国民警卫队上尉参加了美国远征军出征法国，而麦克阿瑟也参加了这次远征。不同的是，杜鲁门的表现连给麦克阿瑟的杰出表现做注脚都不够。然而，所有这些强烈的对比都没有影响到1945年时杜鲁门和麦克阿瑟之间的关系：一个是总统，一个是将军。

从一开始，杜鲁门就对麦克阿瑟这样一个桀骜不驯、难以驾驭的总司令感到头痛不已。解除麦克阿瑟职务的想法频繁地在杜鲁门的头脑中闪现。然而在发生裁军事件之后，当有人向杜鲁门建议撤销麦克阿瑟的一切职务时，总统先生却回答："再等等，还要再等等。"[33] 麦克阿瑟的这一计策一直让他庆幸不已，他知道自己所选择的职位既重要又微妙，因此总统先生绝对不敢轻易撤销他的职务。

在美军刚刚介入朝鲜战争的那段阴云密布的日子里，杜勒斯赶赴朝鲜与麦克阿瑟进行磋商。在开过多次会议之后，他返回华盛顿向杜鲁门汇报朝鲜战场的局势，建议杜鲁门立即更换司令。他指出，麦克阿瑟老迈，注意力也有衰退的迹象。但是杜鲁门觉得自己很难做出这样的决断。他告诉杜勒斯，自己的双手被什么东西束缚住了。由于麦克阿瑟极端热衷于政治活动，同时又资历深厚，他很有可能会成为共和党的总统候选人。为了不让麦克阿瑟达到目的，杜鲁门只得让他远离美国。杜鲁门还补充道，只有将麦克阿瑟派往朝鲜，"才不会让麦克阿瑟在国内掀起滔天巨浪，因为美国人一直将他视为民族英雄"。[34] 这一决定有着非同小可的意义：总统先生将要依靠一个自己既不喜欢又不信任的将军来指挥一场远在千里之外的战争。不但如此，出于某种复杂的政治因素，杜鲁门甚至不敢把他替换掉。

麦克阿瑟自视为美国历史继往开来的继承者，只有华盛顿和林肯才能与他相提并论。（他曾经说过："我有两名最重要的顾问，一位创立了美国，一位保卫了美国。如果你仔细查看他们的生平，你就会找到答案。"[35]）在担任太平洋战区最高司令官时，他做的第一件事就是把华盛顿的肖像挂在办公桌后面的墙上。而战争胜利后，据西德尼·麦斯伯（一名出色的指挥官）回忆，麦克阿瑟在办公室向华盛顿的肖像敬礼时说："尊敬的先生，虽然他们穿的不是红色军服，但我一样把他们打得落花流水。"[36] 而他几乎对其他总统都深恶痛绝。在麦克阿瑟看来，罗斯福就是罗森菲尔德，而杜鲁门则是"住在白宫里的犹太人"。有一次，他的军事秘书鲍尔斯满腹狐疑地问道："白宫里的哪个犹太人？"麦克阿瑟回答："杜鲁门。你可以从他的名字就看得出来，或者看看他的那张脸就行了。"一次，为了反驳鲍尔斯说他几乎不喜欢所有美国总统的话，麦克阿瑟说道："胡佛总统，他还不算太差。"[37]

杜鲁门和麦克阿瑟之间的关系从来没有好转的迹象。他们两人几乎从未真正有过共同的目标，也从未达成过任何共识；他们站在完全不同的角度看待这场战争，对于怎样获取战争的胜利，对于美国需要对这场战争投入多大的努力，他们的认识都相去甚远。可是冤家路窄，从1950年的6月25日开始，这两个思想意识迥异的人物却因朝鲜战争而时刻纠结在一起，时间之长，关系之密，史上少有。在朝鲜战争的过程中，杜鲁门发现自己的宝座时常因无法控制麦克阿瑟而受到威胁，但麦克阿瑟也因对杜鲁门的无礼和怠慢而使自己在历史上的地位受到了严重损害。

第三章　华盛顿介入战争

五

　　美国即将在没做好充分准备的情况下走向战争。美国第一支投入战斗的部队装备陈旧、兵员不足，在大多数情况下指挥欠佳。曾经屹立于两次世界大战胜利之巅的那支美军已不复存在，现在的这支美军脆弱得很快就在朝鲜战场上不堪一击。这种表现应当归咎于美国朝野上下：总统为了偿还"二战"留下的战争债务，开始严格控制预算，大幅降低军费支出；国会力图削减一切预算；而那位战区司令麦克阿瑟在五年前的"二战"时期甚至鼓吹自己不需要全部投入从美国调来的军队就能大获全胜，然而时至今日他领导的军队依然训练不足。世界上最繁荣、最富裕国家的军队居然在财政上捉襟见肘，在战场上被蹂躏践踏，因此总统难辞其咎。由于资金短缺，陆军缺少必要的枪支弹药，炮兵在平时无法得到实弹演练，装甲兵由于缺少汽油只能进行模拟训练，甚至在著名的军事基地刘易斯堡等地，士兵们上趟公厕也只许使用两张卫生纸。[1] 由于缺少配件，那些刚入伍的新兵只能自掏腰包从外面低价购进二手军用物资来滥竽充数。[2] 如果说美军的武器有所升级的话，那也只是对空军的装备进行了改良，从来都没有为步兵更新过任何装备。

　　"二战"使沉睡的美国变成了超级大国。在自身领土不会受到别国威胁的情况下，美国已经成为世界民主国家的兵工厂。美国有现代化的工厂，有发展中国家羡慕的发达工业，并且能够以惊人的速度造出世界上最可怕的武器。"二战"初期，人们曾经认为美国人在舒适的环境下长大，因此不能成为战场上骁勇善战的士兵；美国的民主氛围也让人们一度担心美国人民能否真正打击那些强大的极权国家，比如德国和日本。然而事实证明，美国有一流的士兵，美国的民主精神把这支部队培养得更加英勇和坚忍。在"二战"时的欧洲战场，即使是那些来自美国普通家庭的年轻人，在配备了高科技武器之后，一样能够打赢纳粹德国强大的国防军。顽强的美军与苏联红军并肩作战，最终摧毁了第三帝国。在太平洋战场，虽然日军打得很顽强，但美军实施了多军种联合作战,再加上装备精良和麦克阿瑟旨在孤立而不是强攻的精明战略,还有日本人资源的有限性,最终使日军覆亡。

但是现在几乎天天可以听到如下报道:在朝鲜军队的进攻下,美军节节败退。难道"二战"后美军开始变得洋洋自得,从而对敌人不屑一顾了吗?尽管现在的美国比起"二战"时更加强大,难道仅凭强大的政治和经济就能理所当然地拥有强大的军队吗?难道美国人民认为其他国家在美国强大之后就不会对美国进行挑衅了吗?可以肯定的是,在朝鲜战争初期,美军的高级将领一致认为,虽然本方兵力不足,而且疏于防范,但是对付弱小的朝鲜军队绰绰有余。在美国人看来,不论美军存在什么样的问题,只要朝鲜军队跨越三八线,美军就会给予迎头痛击,轻而易举地打败敌人,从而取得这场战争的最终胜利。不仅是麦克阿瑟本人,就连其他高级军官以及政府官员们也一致认为,美军可以以少胜多,不费吹灰之力将朝鲜军队一举击溃。

然而,这些想法其实是美国人的种族歧视思想在作怪,即认为白种人在战场上天然优于亚洲人。但这一观念又不能解释日本在"二战"前期的连连得手,美国人只好把它解释为日本人狂热好战。这回是朝鲜人。美国军人一直在思考这样的一个问题:落后的朝鲜怎么会打败战术娴熟且装备先进的美国?威廉·费舍·迪安少将的话或许能解答这个疑惑。7月下旬,有报道传出迪安少将失踪,后经证实他是在大田防御战中被俘。在他被俘的前几天,《芝加哥每日新闻》的记者凯斯·比奇在一个飞机跑道边采访了他。迪安对比奇说:"我们必须承认,敌人有我军没有的战斗意志,那是一种视死如归的精神。"作为一名"二战"时的海军老兵,比奇很同意迪安的观点,他写道:第一支奔赴朝鲜的美军"在精神上、心理上和生理上都没有做好打硬仗的准备"。[3] 这是一支平常的军队,士兵大多娇生惯养,连生活都不能自理,经过简单训练,就匆匆远离舒适平静的东京生活,直接开赴战场。在出征之前,他们甚至夸夸其谈地说用不了多久自己就会返回日本。然而一夜之间,噩梦仿佛降临他们的头上。美军被朝鲜军队打得落花流水,连阵地都守不住。朝鲜的先头部队斗志高昂、装备精良,他们的凌厉攻势

第三章 华盛顿介入战争

让美军不得不一次又一次败退。到7月底,战局开始变得对美军极为不利。直到这时,美国国内才开始积极应战,加速向战场运送飞机、坦克和反坦克火箭筒。

韩国没想到朝鲜军队竟然如此骁勇,与韩军的表现形成鲜明对比,几乎在所有的防线上南方军队都一败涂地。让美国人感到吃惊的是,美国一支开赴朝鲜半岛的部队同样表现得极为糟糕。此时此刻,美国人的心情与其说是诧异,倒不如说是震惊。麦克阿瑟的参谋长阿尔蒙德少将拟定的首战行动计划——"蓝心行动"计划,也反映出美军对自己实力的盲目乐观。麦克阿瑟对这次行动的预期是,美军在仁川登陆后可以在朝鲜军队的身后发起两栖快速进攻。这样一来,美军就能像拍死几只微不足道的蚊子一样,轻轻松松就把他们打垮。仁川登陆的时间定于7月16日,即第一支美军部队到达朝鲜半岛两个星期之后。尽管驻韩美军装备极差,他们在战场上的表现差强人意,但是自信过度的东京司令部仍然认为美军可以完胜朝鲜军队。

然而美军的"蓝心行动"还没有来得及实施就戛然而止。这是因为美军更加艰巨的任务是要自保以免被赶出半岛。现在的战局既表示美军指挥官忽视了朝韩双方军事力量的悬殊程度,也表示东京司令部制订计划的失败之处。这些计划无不反映出当时美国人对亚洲人的种族歧视。任何有经验的指挥官都应当清醒地意识到,要想获得最终胜利,美军的第一支地面部队必须拿出最佳的状态痛击朝鲜人,这样才能够让美军在以后的战斗中保持良好的心理状态。然而,战情的实际发展却与他们的希望背道而驰,美军的作战计划不仅是他们草率从事的表现,而且是彻头彻尾的无能。司令部首先命令驻日美军四个师中实力最弱并且战前没有丝毫准备的第24师开进朝鲜半岛,而下达这个命令仅仅是因为这个师驻扎在日本的九州,离朝鲜半岛最近。九州是日本最南端的岛屿,离东京最远,因此它是最后在日本国内得到军官、士兵和装备补给的地方。那里大部分的团长、营长的能力都是二三流的,因此让这些人开赴朝鲜战场,成为美军在战争前几个月接连失利的主因。驻扎在那里的一位排长说:"这里是日本补给线的最后一环。"[4] 第34团的作战参谋形容说:"这里的武器装备简直就是国家的耻辱。"大量的迫击炮弹都不能用,点 30 口径的机枪破旧不堪,根本打不准。这里还有早已被淘汰的老式反坦克火箭筒。后来该师一位军官写道:"让这支实力不足、装备陈旧、训练差劲的部队去打仗,简直令人伤心,甚至是犯罪行为。"[5]

T. R. 费伦巴赫(曾经在朝鲜战争中任连长)写道:"二战"时的老兵已经走了,取而代之的新兵却对战争状况不甚清楚。他们不愿意去了解自己的南方盟友,更不愿意去了解自己的敌人,他们一点都不愿意踏上这个战场。用费伦巴赫的话来说,"这些志愿入伍的新兵参军目的五花八门,唯独不是为了打仗而来"。[6]麦克阿瑟的参谋长阿尔蒙德认为,最早派往朝鲜的部队有 40% 是精锐部队,不过科雷·布莱尔认为这个估计过于乐观了。[7]就像其他驻扎东京的美军一样,第 24 师的每个团都不是三个营的正常编制,而仅有两个营的兵力。更糟糕的是,第 24 师的师长只派两个团的劣势兵力奔赴战场,留下一个团在日本待命。即使这样,他们还是没有集中兵力和火力,而是兵分三路迎敌。最终美军抵挡不住朝鲜人民军的大规模进攻,终因寡不敌众而溃散。尽管面对敌人猛烈的攻势美军也曾英勇地反击过,但是由于实力悬殊最终还是败下阵来,甚至落荒而逃。这无异于是长他人锐气灭自己威风。

战事的结果不是偶然的,而是美国人被五年前的"二战"胜利冲昏了头脑而大幅裁军的结果。当艾克尔伯格把第 8 集团军交到沃克手上时,他很清楚这支军队的弱小程度,用他的话来形容就是,这支军队"只剩下了光杆司令"。[8]在"二战"中与日军战斗获得的那些来之不易的亚洲作战经验,现在一点也没有传承下来。在东京服役的士兵过的简直是一种天上人间的生活,那里的士兵没有任何军事任务,他们以胜利者自居,有一种身为富人的优越感。从美国来的新兵一到日本就受到良好的优待,很快就会发现日本就是一方乐土:只要在军中按章办事,其余的时间就可以出去寻欢作乐,甚至还可以有"同居女友";每个士兵在日本的生活水平都超过他们在国内时的水平。在这个一贫如洗、尽为灰烬的日本,每个美国人(即使是最底层的列兵)都能够找到童仆为自己穿衣擦鞋。与那些沦为乞丐的日本人相比，美国的列兵或者下士可以说十分富有（至少比他在国内的俄亥俄州或者田纳西州要富有），因此他们认为白种人在各个方面都更加优秀，从而进一步加剧了美国人的种族歧视。白人赢得了战争，于是非白人男子成了给白人擦皮鞋的人，而女子则成了白人的女人。在这种颇为轻松的生活方式下，士兵们甚至不用参加周一早上的点名，而是由连里的文书向上级报告本连队仍然有战斗力。

实际上，这支军队没有战斗力早已不是什么秘密。在1945年的阿登反击战中，曾经坐镇巴斯托涅的托尼·麦考利夫少将就在1948年带领过这支驻在日本南方的部队。当比奇问他是否喜欢这里的生活时，他嘲讽地答道："我很喜欢，但是这里的官兵却不喜欢我。实际上，对他们来说，我就是一个不折不扣的大浑蛋。不管是在和平时期还是战争时期，军队的职责都应该是备战，而这支军队简直他妈的一无是处……我做的事情把这里搞得一团糟，命令他们出去训练反而害得他们弄湿了鞋子，弄脏了脚。"然而，麦考利夫在这里待的时间很短，也没能改变这支军队的懈怠状况。[9]

这就是第一支派往韩国的部队，可想而知，他们当然会被朝鲜人民军打得落花流水。率领第一个团奔赴韩国的约翰·米凯利斯上校在最初几个月里发现本团的表现实在差劲。10月上旬，他对《周六晚邮报》的记者罗伯特·马丁说："当我的部队开赴战场的时候，他们不知道自己的武器怎么使用。大多数的士兵只是在教室里上上政治课，从来都没有参加过实战训练。他们娇生惯养，有人告诉他们要给家里写信，不要开快车，不要买国防公债，不要为红十字会捐款，不要得性病等，唯独没有人告诉他们，当枪支哑火时该怎么清理弹膛。而且他们过于依赖汽车，甚至都不会用腿走路了。让他们出去巡逻、侦察，他们也只会开车拉着成吨的行李在大街上招摇过市。"[10]

如果以上这些充分反映了美军的形象，那么朝鲜军队则截然不同。朝鲜全盘接受了苏联模式，在一夜之间从一个被压迫的殖民地国家转变成一个现代化国家。他们拥有坚韧不拔、骁勇善战的军队；他们的士兵能够轻装上阵，更好地适应野外生存的环境。据军事史学家罗伊·艾普曼估计，朝鲜军队三分之一的官兵曾经在艰苦的战斗中与中国共产党并肩作战，在他们的头脑里，这次战争只是过去抗日战争的延续。他们已被灌输了坚定的共产主义思想，与中国共产党人相比，他们对共产主义的信仰有过之而无不及。[11]

朝鲜人民军的官兵大多农民出身，憎恨日本对朝鲜的殖民统治，认为韩国政府不过是一个傀儡政府，不能带给人民美好的未来。在他们看来，现在的美国是日本的盟友，代表旧朝鲜的统治阶级，因此他们必须要把美国人从他们的领土上驱逐出去。然而让他们不能容忍的是，南方军队居然与日本人站在一起。朝鲜军队军纪严明、训练有素；他们不仅善于伪装，而且能够在荆棘地中赤脚行军，这些都是美军难以企及的。从他们的老师和盟友——中国共产党那里，他们学会了游击战：先是骚扰，然后偷袭，最后分割歼灭。他们甚至派出先头部队伪装成普通老百姓，对美军的位置进行侦察，以便准确地集中火力进攻。

与美军相比，他们一开始就清楚自己的敌人是谁，了解自己的作战目的。他们明确自己的敌人就是来自帝国主义、资本主义的白人侵略者以及任美国在南方傀儡政府摆布下的同胞。而美军尽管了解社会主义国家的意识形态与美国完全不同，但是他们不明白自己为什么必须要与朝鲜人民军开战。他们只是驻扎在日本的美军，没有想到有一天会与韩国军队并肩作战。第34团有一位名叫拉里·巴奈特的排长说："星期天，当我们得知出征的消息时，大家的第一反应就是，'韩国在什么地方？让那些亚洲人自相残杀去吧'。"[12]第24师的34团和21团是第一批被派往韩国的部队。他们接到命令尽快奔赴战场，从西向北行军，直捣朝鲜军队的老巢。在汉城以南水原市的一个村庄里，他们碰到了朝鲜军队。但是第24师师长迪安少将却犯了一个致命的错误。他没有在重要目标上集中有限兵力，而是极不明智地将队伍分成几个小分队，这一部署反映出美军严重的轻敌倾向。第一支离开日本奔赴韩国的先头部队是由布拉德·史密斯中校率领的"史密斯特遣队"。运输机把他们送到了韩国东南端的城市釜山。由于天气恶劣、运输机数量有限，美军花了整整两天的时间才把这些部队运送完毕，当所有特遣队的官兵到达该地时，已经是7月2日了。当晚，他们立即乘坐火车赶往前线大田市。7月3日早上，当他们抵达大田时，史密斯中校遇到了约翰·丘奇准将。丘奇是麦克阿瑟派来韩国调查美军需要哪些物资补给的。

然而丘奇的调查工作还没展开，朝鲜人民军就发动了猛烈进攻，韩国军队立刻溃不成军。丘奇只好把自己的司令部从水原市后撤到了90公里开外的大田市。朝鲜人民军的凌厉攻势同时也摧毁了美军自视甚高的心理，他对史密斯说，现在美军什么都不缺，唯一缺的就是能够打硬仗的士兵。他指着地图对史密斯说，只要他们拿下位于水原市南方的乌山，就能以那里为据点阻挡朝鲜人民军的进攻。于是，史密斯率部乘坐火车开赴安城方向。在安城火车站，南方民众的欢呼声令他们感到异常自豪，仿佛自己成了救苦救难的人民英雄。但是威廉·威利克中尉不久就发现，成千上万逃往南方的民众不是因为美军的出现而欢呼雀跃，而是因为他们看到了火车而如释重负，这样他们就可以搭乘火车逃往更安全的釜山。[13]

与此同时，迪安少将也赶到大田市，并且替换丘奇接管了在韩国的美军部队。他指派第34团开赴汉城—釜山公路一线的平泽市（位于乌山西南方）。由于第34团没有充足的军用物资，他们还从十公里之外的第21团借了些装备。其他人都认为美军应当集中兵力，以四十英里之外的锦江作为天然屏障构筑防线，但是迪安认为自己能够"快速而轻易"地完成任务；他错误地兵分三路，从而铸成大错。

从日本出发之前，第34团的士兵被告知要穿夏装上阵，因为出兵不久就可以攻克汉城，并且大获全胜。营长哈罗德·埃尔斯中校更是对自己的官兵说："朝鲜军队是一支不堪一击的队伍，他们没有现代化的枪炮武器，因此我们可以毫发无损地一举击败他们。"[14] 同样，普通士兵也都表现得狂妄自大，他们认为自己能够轻而易举地打败这些亚洲人，然后就可以返回东京继续自己的美好生活了。然而，在阿尔蒙德少将的副官弗雷德·拉德上尉看来，美军上下对胜利的乐观情绪显得过于盲目，"亚洲人没法抵抗美军，这种信念很难说是自上而下传染的，还是自下而上，也可能两者皆有"。[15]（在十三年后的越南战争中，他也同样体会到美军对敌人的轻视。）当第34

团到达平泽时,韩军的一些军官准备炸掉朝鲜军队必经的一座桥梁,但是美军却把爆炸装置扔了,并且嘲笑他们胆小如鼠。

当双方首次交火之后,美军才从现实中清醒过来,这就是轻敌要付出的惨痛代价。7月4日,史密斯扔下远在釜山的主力,只身带着两个加强连共540人的微弱兵力赶赴乌山。7月5日凌晨3点,他们到达指定作战位置。天上下着雨,他们又冷又累。好不容易熬到天亮,副排长劳伦·钱伯斯中士发现有八辆T-34型坦克从水原市朝这边驶来。排长菲利普·戴中尉问他这些是敌军还是友军。他回答道:"报告排长,这些坦克看上去不是友军的部队。"

紧跟在坦克后面的是长达六公里、浩浩荡荡的朝鲜部队,队伍后面的25辆坦克更是让人不寒而栗。当朝鲜军队距离美军还有一公里的时候,美军率先用迫击炮发起攻击。尽管有几辆坦克被击中,但是朝鲜的坦克部队继续向美军冲来。当距离近到只有几百码时,美军用反坦克火箭筒和步枪射击坦克,但是完全不起作用。于是,钱伯斯中士打电话请求上级用60毫米口径迫击炮进行火力支援。但上级的回话是,迫击炮打不了那么远。"那81毫米口径迫击炮呢?"他继续问道。然而得到的回答却是:"我们没有携带81毫米口径的迫击炮。""那4.2英寸的呢?""4.2英寸的迫击炮根本不能用。""大炮能不能用?""我们联系不到炮兵指挥部。""那空军呢?"空军也找不到史密斯特遣队的具体位置。"钱伯斯最终失望地说:哪怕给他一架照相机也好,可以把这里的情况拍张照片。[16]但是,他们转眼间就要被朝鲜军队包围了,很多人开始仓皇逃命;他们甚至扔掉武器,脱掉鞋子,好让自己在稻田里跑得快一些。

第34团的团部就驻扎在史密斯特遣队的附近,此时朝鲜军队已经向他们渐渐逼近。《伦敦电讯报》和《墨尔本先驱报》的澳大利亚记者丹尼斯·华纳被指派到平泽市附近的第34团1营随军采访。7月5日上午,当师炮兵指挥官乔治·巴尔特准将到访时,华纳正与营长里德·埃尔斯在一起。由于前线没有大炮,迪安只派他来管理其他事务。巴尔特走出吉普车对记者们说:"战斗就要开始了,我将代表麦克阿瑟将军向你们汇报战况。"他说自己已经下令,如果朝鲜军队进至1500码时,我军就会开火。华纳还记得,

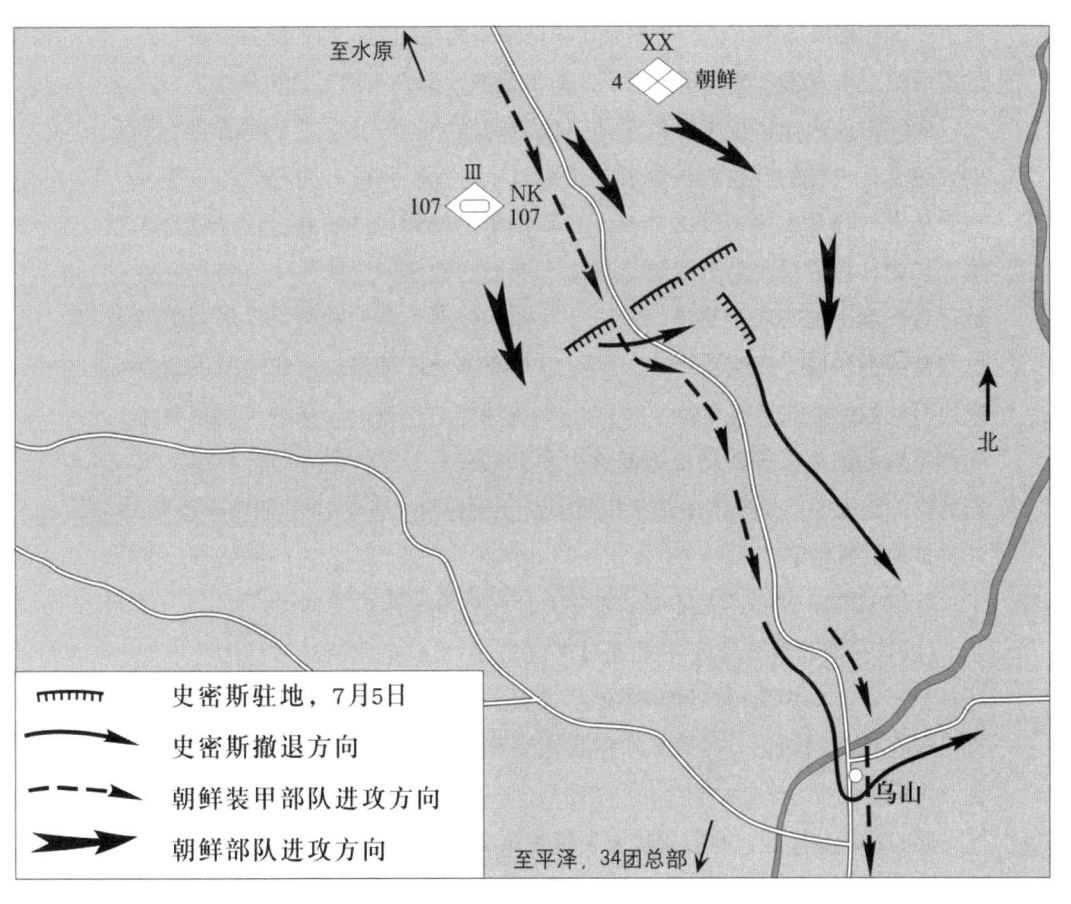

图 5 史密斯特遣队作战情况，1950 年 7 月 5 日

所有的美军军官似乎都对局势十分乐观。他听到埃尔斯说:"当那些朝鲜劳动党的混蛋看到我们这么强大的部队时,一定会吓得屁滚尿流。这个周末我军一定会把汉城拿下。"[17] 然而让华纳感到为难的是,他到底应该是相信这番话留下来完成采访,还是为了保命,搪塞一篇报道然后赶快逃跑。

最终,他选择留下来继续采访,但是奇怪的一幕发生了:在崎岖不平的大路上,大批的韩国农民朝着这边跑过来。凡是稍微有些警觉的人都会想到前方一定是发生了什么战况。尤其让华纳感到恐慌的是,在逃跑的这些人当中,韩国军人的数量要远远大于农民的数量,因此他决定和几个战地记者一起上前去看个究竟。不一会儿他们就遇到韩国的骑兵,华纳觉得这些骑兵的坐骑不是高头大马,而更像是谢德兰矮种马。这些韩国逃兵边跑边用他们的韩式英语大喊:"坦克,坦克来了!"这时,华纳也已经看到朝鲜军队的坦克正耀武扬威地朝这边驶了过来。于是,他立即转身往埃尔斯的营部跑去,但是埃尔斯却不相信华纳亲眼看到的事实:"我们没有坦克,一定是你们看错了。"

"没有看错,那些坦克不是我们的,而是朝鲜军队的。"华纳回答。

"就算是有坦克,也不可能通过那座桥。"埃尔斯坚持这样认为,但他还是派了一支反坦克部队随华纳返回去看个究竟。不一会儿,两辆朝鲜坦克出现在他们的面前,尽管美军的反坦克部队发起猛烈的攻击,但是伤不到敌军坦克的皮毛。

此时,埃尔斯还没有收到史密斯特遣队全军覆没的消息。最终几个幸存者突出重围向他报告了此事。华纳写道:"听到消息后,埃尔斯开始拼命逃跑。就在当晚,巴尔特的司令部被朝鲜的坦克夷为平地。7月6日黎明,朝鲜人民军的坦克部队开过平泽市,在早饭时间拿下水原市,并在当晚抵达天安,36小时推进了36英里。"[18] 第二天晚上,美军继续撤退,于是迪安将军解除了巴尔特的先遣部队指挥权,甚至还解除了一名团长的职务。

这就是美军在朝鲜战争的失败开局。毫无还手之力的美军连拖延朝鲜军队向南行进的能力都没有。在与朝鲜人民军战斗的第一个星期内,美国损失了两个团,三千多名官兵伤亡或在战斗中失踪;大批武器被丢弃在战场上,足以武装朝鲜两个团的兵力。

那真是一段不堪回首的日子。华盛顿和东京的情绪一落千丈。人们开始担心美国军队在压力下或许会动用原子弹。7月16日,《纽约时报》的一篇社论写道:"在朝鲜战场上,我们的士兵在武器落后、寡不敌众的情况下进行了殊死搏斗,这让我们感到既痛心疾首,又十分钦佩。他们的牺牲是值得的,少数人的牺牲换来了数百万韩国人的生命安全。尽管这个选择对那些阵亡的士兵来说极其残忍,但是他们的功劳是伟大的。美国人民绝不允许世界民主进程的倒退,绝不允许世界范围内的战争泛滥。"

朝鲜战争最初几周阵亡的将士让美国人民醍醐灌顶:美国需要的不仅仅是终极武器原子弹。实际上,靠原子弹来维护国家安全的思维源于第二次世界大战。人们以为,既然美国拥有像原子弹这样令人恐怖的武器,那么就不用再担心其他国家的挑衅或者入侵了。此外,依赖原子弹还可以削减国防预算,削减兵力规模。就在一年之前,布莱德雷还在国会听证会上说,如今陆、海军的时代已经结束。他说:"坦白地讲,只要原子弹用得好,我们将再也不需要海军和陆军来打击敌人。"然而,美军在朝鲜战争初期失利的教训表明,用原子弹来保卫国家不过是人们的幻想。原子弹的作用十分有限,只能用来威慑,譬如在冷战时期对敌人进行恐吓。但是它在阵地战时派不上用场。此外,由于原子弹的威力过于恐怖,不是特殊情况在道德上是不允许使用的,因此原子弹一度成了战场上禁止使用的武器,人们不会动辄以动用核武器相威胁。美国早期对核武器的垄断,使得"二战"戛然而止,于是美国人产生一种错觉,认为自己可以建设一支不需要一兵一卒的部队,而且这样既保卫了国家,又节省了预算。如果说投放在广岛和长崎的原子弹标志着人类战争历史的新篇章,那么人类就可以废弃所有的武器,创造一个军事力量仅由那些最富有、科技最发达的国家掌握的世界。然而,1950年7月,美国人的这一信仰在朝鲜战争中完全破灭。1945年的"二战"之后,世界军事格局发生了一定变化,虽然这一变化不是很大,但是作为美国人必须时刻保持清醒,如果想要自己的国家立于不败之地,就必须有一支强大的地面部队才行。对原子弹的幻想破灭之后,人们对朝鲜战争和杜鲁门的支持率直线下降;他们不接受朝鲜战争的结果,也不再信任现任的华盛顿政府,而现在美国所处的国内与国际局势甚至是他们自己都不想看到的。

1950年7月是美军历史上表现最差的一个月。整整一个月,面对朝鲜一次又一次的大兵压境,美军只能节节败退。尽管美军在兵力上和武器装备上都不及敌军,但是偶尔的反击却足以表现出美军的英勇。美国的部队始终坚守着几个关键的据点,战场上美军部队竭尽全力争取时间,力图压制住朝鲜的猛烈攻势,从而为美军赢得在本土集结以及开赴战场的时间。时间就是生命。在美国本土,举国上下都因为这场战争被调动起来了。在战争爆发的那一刻,驻日美军兵力十分短缺。为了广泛征兵,甚至是那些在日本犯有重罪的士兵或者是即将遣返美国监狱的犯人,都得到了在朝鲜战场上重新做人的机会;只要他们立下战功,犯罪记录就会被一笔勾销。[19]威廉·魏斯特中尉(骑1师师长盖伊少将的副官)说,在朝鲜战争爆发前,你会发现自己大多数的时间都要花在处理手下上军事法庭的事情上。[20]

7月上旬,麦克阿瑟告诉参联会,他需要十一个营的兵力才能守住美军在韩国的防线。于是美国在全国范围内征兵,征兵海报上写着:山姆大叔需要你为国效力,参加朝鲜战争。那些已经退役成为平民的"二战"海军陆战队士兵懊恼地发现:他们虽然已结束海军预备役服役期,但是依照之前同政府所签的协议,他们又不得不应召入伍,加入其他兵团。这是他们十年之间第二次踏上为国家出生入死的征程。在1941年12月的珍珠港事件之后,由于很少有年轻人来登记入伍,陆战队一直人手短缺。只要新兵一登记,他们就被编入部队,在没有经过训练的情况下直接送上朝鲜战场。曾在朝鲜战争初期指挥一个连的弗兰克·门诺兹上尉说:"我们就像是一个吸尘器一样吸走了所有的年轻人,包括公职人员、医生、司机。我们很快就把他们编入部队。"[21]起先,在新兵被送到战场之前,他们会有六个星期

第三章　华盛顿介入战争

的战斗训练，但结果是他们根本没有那么多的时间准备；后来，他们又被告知在到达朝鲜之后还会有十天的训练，但是这个训练过程也被省去了；最后他们还听说一到釜山就会进行为期三天的特别训练，但是由于朝鲜军队一次又一次逼近，他们最终还是没有受到过任何军事训练。这些新兵往往是从美国直接送到朝鲜，而且被直接派到作战地点。在此之前，他们既没有调准过自己的步枪，也没有测试过部队的迫击炮，更没有用"柯斯莫林"润滑油为自己的机关枪上过油。[22]

在五角大楼，人们对指挥官的领导能力表示怀疑，特别是对第8集团军司令，也就是驻韩美军司令（不久成为联合国军司令）的沃克少将表示怀疑。因此，五角大楼在8月上旬派遣李奇微中将作为三人特别专家组成员之一听取麦克阿瑟的困难与意见。同时白宫也表达了他们对麦克阿瑟与蒋介石关系的担忧。

三人小组的领头人哈里曼的主要任务是调查麦克阿瑟，并帮他修复与政府在蒋介石和中国问题上的裂痕；而李奇微的主要任务是视察沃克和他的司令部。李奇微曾在"二战"末期指挥过一支世界级的精英部队——美国空降兵，但是当他到达朝鲜战场时，却被这里的情况惊呆了。他认为，沃克手下的许多军官在战场上都表现欠佳；他们来韩国不是为了作战，而是想浑水摸鱼捞个军功，以便退役回家后能够谋个好差事或者高薪职位。在李奇微看来，华盛顿和东京司令部拖了沃克的后腿，他们没有派遣最好的青年军官来给沃克当助手。沃克常常为此感到十分恼火。那些素质较高的军官一到亚洲，就被东京司令部抽走了，没有前往战场的机会。李奇微认为沃克是一名好军官，如果给他一支坦克部队，让他执行特殊任务，没人比他干得好。不过，他认为沃克不适合担任这一职务，他手下的那些参谋显然很弱，组织能力很差。沃克手下的一些团长都是一群缺乏战斗经验的老人，甚至连他的参谋长也是一个非常消极、不求进取的人。李奇微在给华盛顿的报告中写道，这些人距离他们"二战"时期前辈的水准差得太远。

他的报告对这支部队各方面的评价几乎都是负面的：这支队伍缺乏步兵战斗素养，缺乏斗志；由于韩国的公路状况很差，他们几乎离不开交通工具；

他们不知道怎样反击,不懂得怎样挖战壕,不知道怎样在战场上伪装自己,不知道怎样布置火力点,甚至不知道怎样和其他连队进行通讯。李奇微很是震惊,美国把自己的士兵投入战场,却根本不顾他们的死活,让他们处在如此恶劣、如此危险的环境当中。对他来说,这严重违背了作为一名陆军指挥官的信仰。李奇微强烈认为应当免去沃克的职务,因为他不仅缺少指挥战局的技巧,而且缺乏改变局势的才能。然而,李奇微并不急着向华盛顿提自己的意见,因为他明白,撤换一个受困部队的指挥官,会使军心更加涣散,对战局更加不利。李奇微不断反问自己,这样的人事调动会不会有损于这支部队已经十分脆弱的斗志?同时,他还担心有人狭隘地认为他这么做是为了抢夺军队的大权。他很担心如果自己向麦克阿瑟建议免除沃克的职务,麦克阿瑟会作何反应。他不知道,麦克阿瑟实际上和沃克之间有着极深的隔阂。李奇微心想,既然麦克阿瑟总是同华盛顿过不去,那么一旦撤掉他的手下,他会不会借机向杜鲁门总统发难?于是他决定去和哈里曼商讨此事。早在20世纪30年代,哈里曼就已经开始处理这些困难的敏感任务了。最后,三人小组的成员——李奇微、哈里曼及空军将军劳里斯·诺斯塔德一致认为应当解除沃克的职务。同时他们也认为,除非麦克阿瑟自己要求解除沃克的职务,否则他们将按兵不动,并且谨慎行事。他们不想让麦克阿瑟觉得,自己从华盛顿来到前线的目的是挑战他的指挥能力。[23]

但是哈里曼建议李奇微同包括总统在内的华盛顿政府高级官员讨论有关沃克的事情,通过正当的途径解除他的职位。但是科雷·布莱尔后来指出,麦克阿瑟早已对沃克失去信心,并且早就想解除沃克的职位让李奇微来取而代之,这不能不说是一种莫大的讽刺。布莱尔曾经写道:"如果当时由李奇微取代沃克,那么朝鲜战场上的局势很可能会朝着有利于美军的态势发展。"[24] 与沃克不同的是,李奇微可以与麦克阿瑟平起平坐。也就是说如果换成李奇微,那么战场的指挥就能更好地与华盛顿的指挥遥相呼应。此外,这次换将也会使美军更加小心谨慎地去考虑自己是否真的要跨越三八线。

在返回华盛顿的路上,诺斯塔德劝说李奇微担任第8集团军的指挥官:"我认为你应该去那里指挥。"但是,对于利用自己的地位以及在五角大楼

第三章 华盛顿介入战争

的影响力去争夺另一个人的指挥权,李奇微却很反感:"别再提这件事情了。好像我去前线进行调查就是为了这个职位去的一样,我不想这么做。"[25] 有另一件事情引起了李奇微的注意,但是他没有说出来,那就是他担心麦克阿瑟准备在敌人的腹地仁川进行登陆。作为一名空降兵军官,他更喜欢在远离敌人主力的地方进行突袭。不过他认为,要反对麦克阿瑟的这个计划一定是一件非常困难的事情。

实际上,那时的指挥权几乎要交到李奇微的手上。哈里曼极力向杜鲁门总统、国防部长约翰逊、参联会主席布莱德雷以及陆军参谋长柯林斯推荐李奇微。这是一个理想的调动,所有人都同意,因为这样就可以让军中最精明强干、最为年轻的指挥官参与到战事中来,同时还可以防止麦克阿瑟独断专行。李奇微是一位在军中威望颇高的指挥官,就连向来刚愎自用的麦克阿瑟都不能不敬他三分。1951 年,柯林斯曾建议将李奇微升任陆军副参谋长,他不无担心地说道:"你很可能深陷朝鲜战争,我都拽不出你来。"[26] 在朝鲜战争中,美军的指挥令人难以理解。他们在战争初期的表现反映出华盛顿某种根深蒂固的观念,他们仍然认为真正的敌人只会来自欧洲。对于这一点,就连李奇微也深信不疑。

六

在战时的华盛顿和东京,尽管在制定重大军事战略时,麦克阿瑟及其亲信们都经常把沃克排除在外,并私下里嘲笑他,但是这些伎俩都掩盖不了沃克在战争中不可取代的作用。沃克的心腹飞行员迈克·林奇曾经形容道:作为一名作战先锋,沃克不时受到"两面夹击",一方面他需要与当地的朝鲜军队斗智斗勇,另一方面还需要与美军的东京最高司令部进行斡旋。[1] 沃克心里清楚,自己的作风很难得到上级的青睐,他总感到身边危机四伏,时刻有被解除职务的危险。因此,即使在李奇微看来沃克办不到的事情,沃克也会以自己的坚韧意志完成。在战局不利的情况下,将军们思考的问题是,要么死守釜山环形防御圈,要么撤出整个朝鲜半岛。为了稳妥,将军下令沃克的部队全部撤退到洛东江。在军事会议上,李奇微问沃克,他的部队撤退后沃克将怎样排兵布阵,但是沃克却回答他的部队不会撤退。"你可以那样命令你的部队,"李奇微说,"但我想知道的是如果你的军队撤退到洛东江一线,你将怎样部署他们。"沃克坚定地答道:"将军,我的部队不会撤退到洛东江沿线。"[2]

唯一对沃克有利的是,他没有时间去担心华盛顿或东京的高层们怎样看他。他每天都马不停蹄地忙着调动部队以逃脱朝鲜军队的进攻;战争的危机接踵而至,使得他完全没有时间顾影自怜。由于伤亡惨重,各个师、团、连都缺兵少将。在7月的每个晚上,朝鲜人民军似乎都能够在四五个地点突破美军的防线;沃克每天的工作就是在防线上查缺补漏,看哪个据点需要部队增援。在战场上,很少有美军将领处理过这么棘手的问题。沃克的军队疏于防范的原因也在于此,在战争爆发的6月25日之前,作为一名东京司令部的指挥官,他没有做到防患于未然。在战争爆发的初期,他所领导的部队被人多势众而且熟悉地形的敌军压制得不能动弹。沃克军队的补给线很长,甚至一直延伸到大后方的加利福尼亚州,因此他的军队几乎什么都缺:不仅缺兵少将,最要命的是就连弹药都供给不足。在两军交锋时,他的部队不熟悉这个多山国家的地形,因此敌方的胜算要大得多。更糟糕的是,在司令部里他更像是个局外人。

对麦克阿瑟和他的参谋长阿尔蒙德来说,即使他们不会对沃克嗤之以鼻,也不会重用他。有时候,沃克似乎是远东地区最后一个得知军事指令的人。麦克阿瑟和阿尔蒙德派来的指挥官就像这两位长官一样蔑视沃克,还经常对沃克指手画脚。

在战时,沃克一直没有得到他急需的一线指挥官。在华盛顿的人以及出巡的李奇微都抱怨沃克没有好的参谋;但他们不知道的是,那些记录良好的军官都会在运兵船停靠在日本横滨前就被远东司令部挑出来。好的军官会被麦克阿瑟的司令部挑走,剩下的才能派往沃克的第8集团军。[3] 司令部把精锐分子放在错误的地方,这完全是一种失败的做法。沃克不是一个喜欢抱怨的人,他总是服从上级的那些不切实际的军事决策。他只能向好友抱怨,司令部怎样蔑视他的幕僚以及军事决定,怎样拒绝向他增派急需的军官人才。他一直想把斯利姆·吉姆·加文招至自己的麾下,因为加文是"二战"时期著名的空军指挥官,是一个出类拔萃的年轻人;可是这么优秀的人才他却得不到,这使得沃克大为恼火。[4] "二战"时期,马歇尔总是喜欢把有活力的年轻人升为团长,因为他不希望自己的团长年龄超过45岁。但是在朝鲜战争爆发的前一刻,九名团长中仅有米凯利斯符合马歇尔的标准,其他的团长中,一人55岁,一人50岁,四人49岁,还有两人47岁。在战争初期,米凯利斯发挥良好,他的第27团就像消防队一样,在各个危急时刻都派上了用场。当美国部队被朝鲜军队包围时,米凯利斯总能够率部突出重围。作为一名空军指挥官,米凯利斯早就受过专业的训练,即使被包围仍能临危不乱。从某种意义上说,无所畏惧已经流进每个空军士兵的血液里。换作其他指挥官,他们一定会惊慌失措,迅速命令自己的部队撤退,这样一来反而会受到那些训练有素的朝鲜军队伏击。米凯利斯的军队总是把战争全局利益放在首位;即使被包围,米凯利斯的官兵也会奋不顾身,用火力掩护其他士兵。

对沃克来说,战争是他军旅生涯的转机。沃克出生于得克萨斯州东北

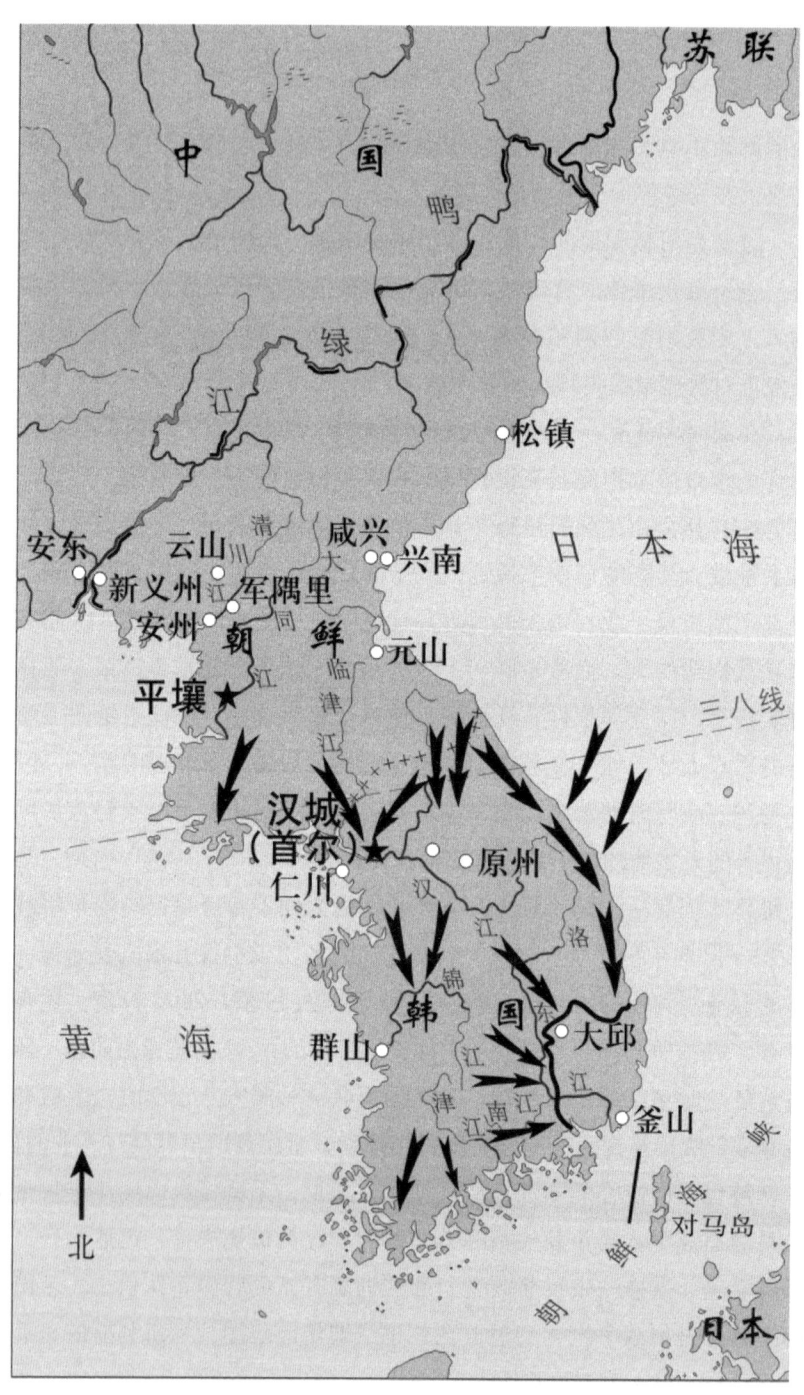

图 6　朝鲜人民军高歌猛进，1950 年 8 月底

第三章 华盛顿介入战争

部的贝尔顿。像那个时代的所有孩子一样，他想要出人头地，除了选择入伍参军没有其他选择，于是他先到当地一所军官学校就读。毕业之后本打算进入西点军校，但由于他当时只有15岁，只能先进入弗吉尼亚军事学院学习。他的成绩不算优秀，在一个有92名学生的班里仅排第52名，但是在1907年6月，他却成功获得国会的批准，并于1911年正式加入西点军校学习。那时得克萨斯州人的生活十分艰苦，他的父亲曾经写信给他，要他回家帮忙盖一座仓库；当年10月，他休学回家，并于1912年重返西点。返校后，他的学业同样不出众，在96人的班里他排名第71。毕业以后，时值"一战"爆发，他才真正开始了自己的军旅生涯。在"一战"之前，他隶属于第19团，这个团的任务是在美墨边境平息以潘乔·维亚为首的团伙所引发的一系列武装冲突。[5]

在"一战"中，作为一名年轻的军官，沃克手持机关枪英勇地与德国人作战，并在默兹—阿拉贡战役后获得两枚银星勋章。他与同龄人都关系要好，其中包括莱昂纳德·杰罗和那个时代的闪耀之星艾森豪威尔。1925年，沃克被选入位于堪萨斯州利文沃斯堡的指挥参谋学校。这所学校建于"一战"之后，目的在于选拔人才，作为未来将军人选的储备。在那个和平时期，谁要想在军中升职，利文沃斯的指挥参谋学校不失为一条快速升迁的通道。杰罗和艾森豪威尔是245个学员中的佼佼者，他们总是鹤立鸡群，而处在这些人当中第117名的沃克却被分配了一个很好的机会。1935年，尽管对军官进行大幅裁员，沃克还是进入陆军学院学习。1936年毕业之后，他被分配到位于华盛顿州温哥华兵营的第5步兵旅当参谋。实际上，他的运气很好，因为旅长正是年轻的马歇尔。作为一位卓越的实战家，严谨朴实的马歇尔很喜欢这个激进大胆的沃克。1939年，马歇尔在华盛顿担当作战计划处主任时，和沃克一家人共同生活了一段时间，因此马歇尔和沃克建立了深厚的友谊。但是，这件事情对沃克有利也有弊：作为马歇尔派系的重要人物，这个友谊增进了沃克升迁的机会；但是后来在日本与朝鲜前线，同样由于派系的问题，沃克却没有受到麦克阿瑟的重用。

沃克算不上一个有魅力的人，他只有5英尺高，又矮又胖。"他很胖，不是吗?"曾经有人这样对沃克在"二战"时的上级巴顿将军说。"是的,但他是个英勇善战的小混蛋。"[6]巴顿将军这样回答。沃克的下巴又厚又圆,脸和身体一点也没有雕塑般的美感。相对于他的身高来说,165磅的体重确实有点儿超重了。一位英国作家写道,他长得很像法国一个米其林轮胎广告中的那个男人。[7]如果好莱坞要挑选演员饰演沃克,那么他们必须得挑一个长得较高或者稍瘦的人来对沃克进行美化,而不是真的找一个和沃克一模一样的演员,因为按照普通人的思维,凡是将军都应该高大威猛才对。然而在现实生活中,即使沃克穿着戎装,他看起来也不像一名指挥官,而更像一名平民百姓。

让沃克籍籍无名的原因在于他讨厌报刊,即使对于那些喜欢他理解他的记者,他也总是抱着一种怀疑与谨慎的态度。有一次,面对他信任的新闻记者,《时代》周刊的弗兰克·吉布尼时,沃克向他提及自己所处的恶劣环境以及有待提高的部队素质。[8]在其他时候,他总是对自己的愤怒与挫折守口如瓶。沃克兢兢业业地执行公务、服从指挥、处理问题,并且凭借自己的实力,从巴顿将军指挥的第3集团军之下的一个师长升任至军长。实际上,艾森豪威尔一直想要巴顿将军手下的这个职位,但天才的他后来被调到马歇尔的司令部,这才让沃克得到了这个装甲兵指挥官的职位。

巴顿将军很喜欢沃克的激进与勇敢。向来不肯轻易褒奖他人的巴顿曾在给沃克的信中这样写道:"在我指挥的所有军团中,你的军队是最能打硬仗的。"沃克能够把战略制定得像巴顿那样好,但是他从来不炫耀自己,更不会搞个人崇拜。[9]他明白,世界上只能有一位巨星,那就是巴顿;当有媒体把沃克比作巴顿时,他总是会出言制止。虽然如此,艾森豪威尔还是经常拿他和同一战场上的李奇微和"闪电"柯林斯相提并论。[10]但是沃克从来都不自以为是,他是一个兢兢业业的好军官,而他所建立的功勋完全能够与自己的上级媲美。

1948年的9月,沃克曾以第8集团军司令的身份到过东京。在朝鲜战争爆发前,他经允许暂留东京,但是由于没有和"巴丹俱乐部"的麦克阿瑟及其下属混熟,所以尽管他在东京待了很长时间,仍然没有得到重用的机会。而他得不到重用的原因在于他不是麦克阿瑟的人,提拔他的是马歇尔,他的伙伴是杰罗和艾森豪威尔,因此他的朋友与麦克阿瑟之流没什么过深的交往。反之,他与艾森豪威尔的关系极为密切,这点可从他能够出现在只有少数军方人员参加的艾森豪威尔儿子的婚礼上看出来。

在东京,沃克很难融入上层军官或者被他们接受,高层核心集团的资深军官都不怎么重视他,特别是麦克阿瑟的新任参谋长阿尔蒙德少将。阿尔蒙德是朝鲜战争中的重要人物,在整个战争时期他都与沃克作对。在他的军旅生涯前期,他不属于麦克阿瑟派系,反倒是出身于马歇尔派系。但是在后来的军旅生涯中,他极力想要证明自己对麦克阿瑟的忠诚,对太平洋远东司令部的忠诚,就像天主教徒皈依天主教那样。阿尔蒙德的性格很像沃克,但他更有心机,他试图抓住每一次机会向上爬。"二战"中,他指挥了非常特别的第92师。这个师的不同之处在于,所有的士兵都由黑人组成,而所有的军官都由南方白人组成,他们认为只有南方白人当军官才能够管理好手下的黑人。这个师表面上主张民主、平等,实际上却充斥着陈旧的种族歧视思想。后来,当第一夫人开始对该师的福利和表现表示关注之后,这个师的士兵们就被其他军的士兵们戏称为"埃莉诺·罗斯福的火枪手"。在诸多军官的歧视下,这些士兵的表现也常常会大打折扣。

1892年12月,阿尔蒙德出生于美国南部。他生长的环境使他从小就歧视黑人,而在"二战"以后,他的种族歧视观点变得更加严重。在朝鲜,他的命令无缘无故就会被人们打上种族歧视的烙印,仿佛他在军中是个异类。令人发笑的是,"二战"爆发前,他曾是马歇尔的手下。他领导的第92师极力效忠马歇尔,即使再艰难的任务,阿尔蒙德都能够马到成功。在战争开始时,他与同时代的布莱德雷、科林斯、巴顿和李奇微等人并肩作战,但是直到战争结束,他才发现自己总是苦于时运不济,没有机会得到提升。

朋友们认为,阿尔蒙德像巴顿将军一样自负。实际上,他认为世界上没有比他更好的指挥家。但是让阿尔蒙德感到失望的是,尽管他对自己信心十足,但是在关键时刻他的命令总会出岔子,因此他认为自己被上天愚弄了。他曾对麦克阿瑟说,无论在东京和韩国发生什么事情他都不会感到懊恼,因为他已经经历过在第 92 师那样的糟糕情形。在军中,那些毕业于西点军校或弗吉尼亚军事学院的军人都喜欢将自己与同级学生进行比较,例如:谁第一个晋升为上校?谁第一个当上营长?谁第一个得到奖章?谁第一个当上师长?他的同级都已经从战争中凯旋,获得高官厚禄,变成国家英雄,而他所领导的部队却一无所获。他从来不在自己身上找原因,在他的心里总是认为所有的错误都是他的部下造成的。

阿尔蒙德不畏艰难、信心十足、无所畏惧,甚至不惧死亡。实际上,他的部下一致认为,朝鲜战场上的他总是视死如归。在他的朋友们看来,他到达东京司令部时,悲剧就已经开始。由于他指挥的是第 92 师,他想成为"二战"中一名重要指挥官的这一伟大梦想破灭了。就其个人而言,他在"二战"中付出了惨重的代价。在 1944 年的某天,他收到妻子的来信,信中说他的儿子和女婿在一次战斗中双双牺牲:曾经就读于西点军校 43 班的小爱德华随第 45 师在意大利的波河河谷遇难,同样曾经就读于西点军校 42 班的飞行员托马斯·加罗韦在诺曼底登陆中也不幸牺牲。阿尔蒙德很难接受这个事实。他从儿子很小的时候就开始进行精心培养,一路把小爱德华送入西点军校,后来又把他送去当步兵。小爱德华奔赴战场时,阿尔蒙德还给儿子的上级写信,告诉他要委派自己的儿子去步兵连当连长而不是到司令部当参谋。

当晚,阿尔蒙德的高级参谋比尔·麦卡弗雷问他是否需要静养几天。麦卡弗雷已经不是第一次处理类似的问题,他的长官威利斯·克里滕伯格中将的儿子汤森德·克里滕伯格就在横渡莱茵河的战斗中牺牲了。为了寄托哀思,克里滕伯格中将把自己关在房子里,让手下替他管了两天军队。麦卡弗雷觉得,阿尔蒙德同样也需要休息几天。"不,不需要休息,"阿尔蒙德说道,"比尔,明天我还要照样指挥军队。"他告诫麦卡弗雷,无论如何都不要把他的事情传出去。他不想让别人插手他的部队,也不希望别人对他表示怜悯。[11]

战后的阿尔蒙德晋升少将,与他同辈的许多人却晋升中将或上将。1945 年战争结束,军队开始裁员,就连军官都开始大幅削减;如果再有敌人威胁美国的话,美国将会用原子弹来对付他们。对于一个错过最好机会的二

第三章 华盛顿介入战争

星将军，历史还会需要他吗？尽管他有机会前往欧洲战场，但是1946年他还是申请加入麦克阿瑟的司令部。他还有另外一个选择，那就是在墨西哥当武官，但是这个职位对他毫无吸引力。

在东京的这个职位是人事部主任，不能算作通往权力的跳板，但就在这样一个司令部中，他证明了自己拥有杰出的能力。麦克阿瑟很快就发现，不管是不是在欧洲，不管他是不是马歇尔的人，阿尔蒙德的办事效率都要比其他人高。阿尔蒙德是个渴望成功的人，这正是麦克阿瑟想要的；麦克阿瑟意识到即使自己有"巴丹党"，也仍然需要阿尔蒙德这样的人。1949年初，麦克阿瑟的参谋长转业回家时，阿尔蒙德立即占住了这个位置。虽然这不是战地指挥官，但总有一天可以实现他的梦想。在军队中，参谋长的工作着实令人厌恶，要想当好这个参谋长，就必须在人们寻求帮助的时候，能够公正地处理各种大小事情。凡是麦克阿瑟不想要或不想处理的事情，这位新任参谋长总是一口拒绝，搞得手下人都想越过阿尔蒙德，直接与更和善的麦克阿瑟打交道。

在接下来的几个月里，阿尔蒙德扮演着举足轻重的角色。随着前方连连告捷和战略部署的逐步展开，战争策略变得越来越重要。此时，不仅仅是东京和华盛顿之间矛盾重重，在东京司令部内部，政治斗争也日渐残酷，而争论的焦点集中在是否使用援军上。此外，阿尔蒙德在麦克阿瑟基地的政治影响要远远高于沃克，而阿尔蒙德和沃克之间旷日持久的矛盾，其实是另一场更为广义的对峙的缩影，即美国陆军和道格拉斯部队之间的对峙。阿尔蒙德有很多绰号，包括"大人物""恐怖之王"等，但在东京的高阶官员中人们用得最多的还是"救世主"。[12] 这是因为他是一个唯原则是从的人，是麦克阿瑟将军不折不扣的爪牙；任何人都不能对他的命令发出挑战，就像他从来不挑战自己的上级一样。他总是以麦克阿瑟将军的身份发号施令，或者经常为自己辩解，人们甚至很难听不到他为自己辩解的时候。阿尔蒙德变得甚至比麦克阿瑟还麦克阿瑟，他固执地认为自己拥有麦克阿瑟一样的洞察力，不管制定的战略是否符合韩国的国情，只要他认定的命令都要坚决予以执行。

　　阿尔蒙德比沃克更有心机，更有政治头脑。沃克代表参联会主席布莱德雷指挥美国军队，而阿尔蒙德则变成了东京司令部的第二号人物，指挥麦克阿瑟的"自治"部队。阿尔蒙德从一开始就明白，尽管麦克阿瑟有很多优秀的高级将领，但他最需要的还是一名效忠者。在阿尔蒙德的影响下，司令部变成了任人唯亲和奉承拍马的温室，一些高级官员甚至用"接近王位的人"来形容司令部最高行政长官。在阿尔蒙德到达东京若干年后，他最终成了这样一个人。[13]

　　阿尔蒙德很聪明，从来没有加入任何派系，也不会使自己陷入任何派系之争。最重要的是，他认为只有自己保持对麦克阿瑟的虔诚、忠诚和服从，才能得到麦克阿瑟的信任和重用。麦克阿瑟的敌人就是他的敌人，没有什么东西可以改变他对麦克阿瑟的忠诚。他也从来不怀疑麦克阿瑟将军的伟大军事决定，凡是将军的命令他都认为是正确无误的。毫无疑问，他已经变得唯麦克阿瑟是从。历史学家科尔曼曾在阿尔蒙德手下担任军官，他写道："逢迎讨好是阿尔蒙德的天性。"[14] 除了能说上级想听的奉承之词，阿尔蒙德还能预料到将军想要的，并提前为将军做好准备。

　　麦卡弗雷最佩服阿尔蒙德的一点就是他曾经的桀骜不驯，但是在麦克阿瑟面前阿尔蒙德完全没有了昔日的棱角。很久以前，阿尔蒙德曾经敢于直言不讳地和军长克里滕伯格讨价还价；由于担心阿尔蒙德的无礼之词触犯军长，麦卡弗雷甚至从他的手中抢下了电话，在他开始破口大骂之前阻止了他。[15] 他的坦率一直感染着麦卡弗雷，但麦卡弗雷发现如今的阿尔蒙德已经完全变了，变得对上级唯唯诺诺。最让他难以理解的是阿尔蒙德的三重处事标准，完全是为了迎合麦克阿瑟，而与其他同级别的军官勾心斗角，并且对自己的手下极为严苛。他最好的幕僚杰克·吉利斯，一位从事务执行员升任为团长的年轻人，也说阿尔蒙德"就像是一个在荒岛上孤立无援的人"，[16] 可见他是一位不易相处、脾气暴躁的人，大多数下属都不喜欢他。一位由于曾因报道朝鲜战争而获普利策奖的记者比奇说过这样的话："阿尔蒙德是我遇见过的最自私自利、最睚眦必报、最庸庸碌碌的浑蛋。"

第三章　华盛顿介入战争

除了设法迎合麦克阿瑟，阿尔蒙德还设法接近麦克阿瑟的整个团队，否则他的阿谀奉承就会功亏一篑。[17] 有一次，他发现自己若想讨好"巴丹俱乐部"的成员，就必须放弃原来的一些处事准则。在"二战"爆发的前一年，他还经常对麦卡弗雷说他看不起一位驻拉美某国的武官查尔斯·威洛比；同其他军官一样，阿尔蒙德常说威洛比是一个妄自尊大的蠢人，连他上报的工作报告都经常错误连篇。一夜之间，阿尔蒙德却一改常态，居然为威洛比辩护起来。对阿尔蒙德突如其来的变化，麦卡弗雷很不以为意。

阿尔蒙德熟知沃克的缺点，因此他经常耍手段戏弄沃克。虽然沃克是个三星将军，而阿尔蒙德只是个两星将军，但阿尔蒙德代表的是五星上将麦克阿瑟。当沃克接通司令部的电话时，阿尔蒙德总是狐假虎威。沃克总是压抑着自己，不过有时候他也会沉不住气，反问："现在是阿尔蒙德命令我，还是阿尔蒙德以麦克阿瑟将军的身份命令我？"[18] 沃克从来没有和麦克阿瑟亲近，但是他清楚阿尔蒙德是在麦克阿瑟将军委任之下行事，因此尽管他对阿尔蒙德的做派十分恼火，也只能忍气吞声地表示服从。沃克从来都不对阿尔蒙德表示反抗，也从来不向自己在华盛顿的朋友抱怨自己被小人愚弄的处境。

沃克的助手乔·泰纳认为，阿尔蒙德采取各种各样的手段把沃克的生活弄得一团糟。在多数情况下，沃克都默默忍受，但他偶尔也有发火的时候。泰纳还记得，在朝鲜战争爆发的前一年，阿尔蒙德在自己的家里邀请各级军官聚餐。沃克到达时，他发现按照军中的礼仪，原本属于自己的上座被阿尔蒙德让给了自己喜欢的友人——英国驻日大使阿尔瓦里·加斯科因勋爵。沃克拉着泰纳说："给我叫车，我们回去吧。"泰纳意识到将军十分生气，但是一旦让他离开，事态会变得更严重，于是他答道："将军，刚才我已经把司机派回去了。"然后他赶紧与阿尔蒙德的助手商讨有关座位的事情，并且最终让沃克重新得到了那个座位，挽回了自己的面子。[19]

美国国内加紧集结军队的同时，沃克也在指挥着自己那支兵力不足的队伍，以压住敌军强大的攻势。从7月到8月，战局开始朝着有利于沃克的局势发展：朝鲜人民军把美军和韩国军队赶到朝鲜半岛的一个偏远角落，

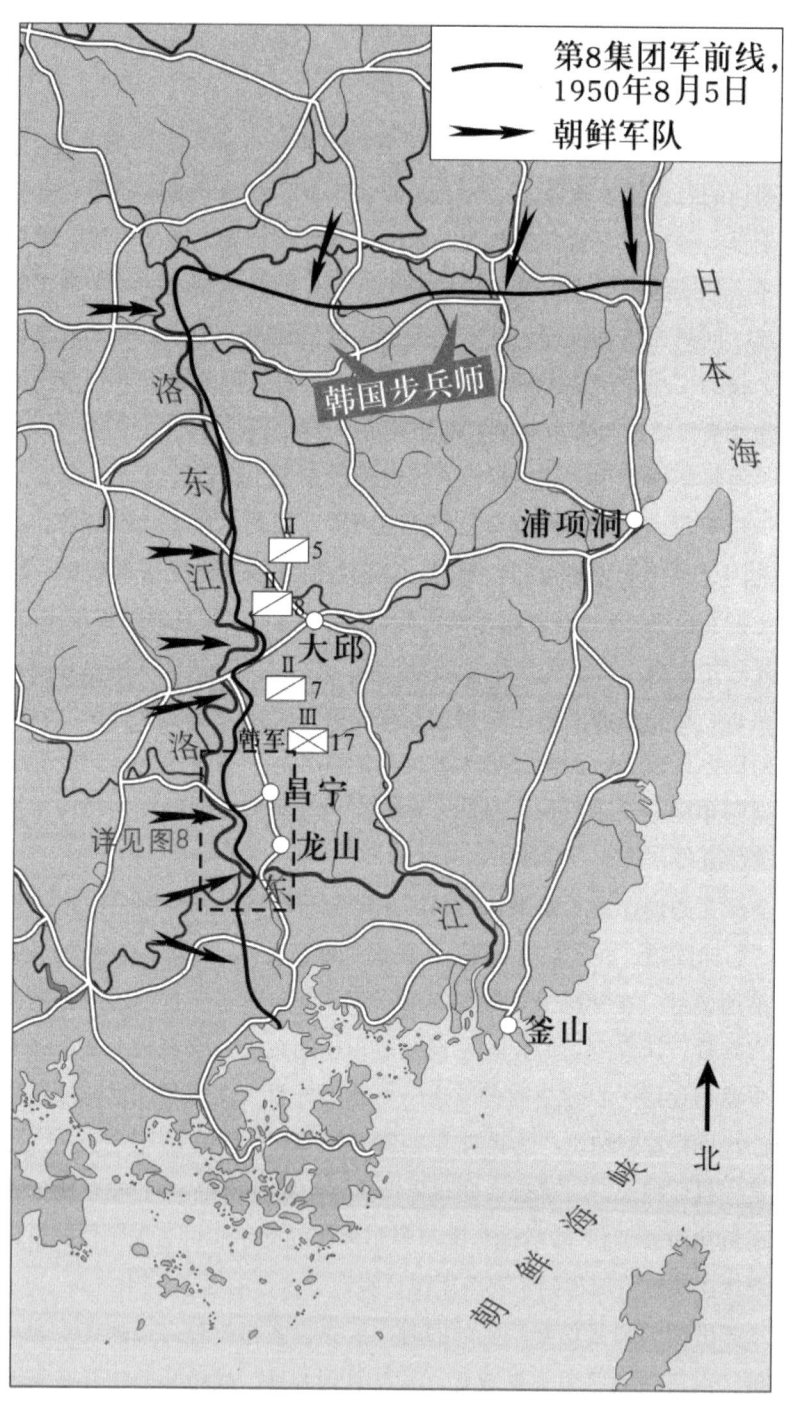

图7 釜山包围圈，1950年8月4日

第三章　华盛顿介入战争

但是在那里他们失去了原来的地形优势；朝鲜军队同时也给了沃克一个负隅顽抗的机会，使他可以调动美军官兵的士气，并且利用自己的军事智慧背水一战。由于朝鲜的交通和供给线拉得太长，使得他们极易受到美国空军的重创；据被俘的朝鲜人民军士兵说，他们现在已经开始缺粮草、缺弹药、缺医疗用品，甚至缺少有经验的老兵。日复一日，虽然朝鲜人仍然在进攻，但是这时他们的进攻已经很难讨到什么便宜了。

越来越多的美国精锐部队与联合国军被增派到釜山环形防御带。这是朝鲜战争爆发以来美军的第一次主动出击，他们进行了一次突袭，意欲包围朝鲜人民军。在那段满布愁云惨雾的日子里，沃克曾对自己手下的士兵和指挥官说，这场战争的真正目的是争取时间；他们希望能以此牵制朝鲜人民军的进攻，好让美军有时间等援兵到来。问题是，沃克的这支弱旅能够在战场上撑到美军精锐部队的到来吗？他的部队能够撑到麦克阿瑟计划在9月15日实施的仁川登陆吗？到了7月下旬，当他的部队全部跨过洛东江后，沃克命令手下士兵在此地加筑防御工事，他对自己的下属说："我们不会再次撤退，或者调整战线，我们要背水一战，誓死战斗到底。如果我们当中有人牺牲了，其他人仍然要踏着同伴的尸体继续战斗。"[20]

沃克反对以仁川作为美军的登陆地点，在他看来这个军事决策太冒险了，弄不好会全军覆没。可他的反对非但不能改变自己的命运，甚至被认为是对麦克阿瑟将军的不忠。最让沃克感到不安的是，在未来的六周内，这个任务可能会使这支曾经是美国的精锐而如今已精力耗尽的陆军部队，以及那些增援的空军、海军力量土崩瓦解。沃克认为最好的登陆地点不应该远离朝鲜半岛的海岸线，但是他的意见立即遭到了阿尔蒙德的否定。9月的仁川战役已经迫在眉睫，没有任何回旋余地。此时的阿尔蒙德已经掌握了美军的海军和陆军的指挥大权，即使海军高级将领对登陆地点提出异议他也毫不在意。

在登陆地点上，阿尔蒙德完全支持麦克阿瑟将军的意见。随着司令部里政治斗争的深入，阿尔蒙德逐渐得到了麦克阿瑟将军的完全信任。事实上，重权在握的阿尔蒙德已经有了两个头衔：仁川登陆部队第10军军长以及远东司令部参谋长。但是沃克的权力却遭到践踏,他明白自己已经没了发号施令的权力。于是,他半开玩笑地说:"我只是一个被打败的盟军将军。"[21]

仁川登陆计划在东京按部就班展开的同时,釜山防御战成了美军最残酷的战役之一。它的惨烈程度远远超过南北战争和美军在太平洋地区的岛屿作战。朝鲜战争的双方都信心十足,都觉得自己胜利在望。金日成曾经向斯大林保证,朝鲜人民军将在三周之内拿下釜山。因为他们意识到,必须在美军的防御工事建好之前就将其彻底摧毁。金日成虽然没有料到美军会介入朝鲜战争,但即使美军参战,他也没有因为对方先进的武器装备而产生过丝毫顾虑,相反,他仍然对自己的部队充满必胜的信心。战争到了白热化阶段时,金日成对其前方司令部下令"必须在8月底前结束战斗"。于是,朝鲜人民军的口号改为"8月必胜",[22] 金日成希望这场战争能够速战速决,因为他越来越担心这场战争会进入某种僵持阶段。即便如此,对于战争形势,金日成仍然保持着乐观向上的心态。对此,作为朝鲜战略盟友的中国却忧心忡忡。在中国看来,朝鲜人民军的南下注定会惨遭失败,战局必将对朝鲜极为不利。虽然金日成天天喊着"胜利在望",但是中国人却已经感到他必将失败,因为他们已经清楚地看到:一方面,朝鲜军队高歌猛进的日子已经结束,下一步的攻击十分困难;另一方面,美军的作战能力今非昔比。因此早在金日成开口之前,中国人已经厉兵秣马,蓄势待发。为了挽救自己的盟友,他们做好了随时参战的准备。

第四章

洲际政治

一

早在朝鲜战争爆发之前，杜鲁门政府就已经对两大危机头痛不已。第一个问题是，相当一部分政府高层官员认为，同美国与日俱增的全球责任相比，政府的国防预算还远远不够。他们感到国家对他们委以重任的同时，似乎不愿给予相应的资金支持。而在他们看来，实际所需的国防预算至少要在原有基础上增加一倍才行，如果可能的话，再增加两倍才足够。虽然与第二个问题相比，这个问题对杜鲁门政府的影响要小得多，但是对于一向在财政方面谨慎保守的杜鲁门来说，这几乎是狮子大开口，他对此表示坚决反对。而另一个更加敏感而又重大的问题是，杜鲁门政府要时刻应对迅速恶化的两党战时联盟。由于蒋介石政府的垮台，美国丧失了对中国的领导，因此有人怀疑杜鲁门政府是不是有意抛弃了中国。"丢了中国"是当时人们的一种说法，如果一个国家可以被"丢"的话。而实际上，与中国有关的这一问题，即民主党是否故意"丢了"中国，不仅在杜鲁门的任期内备受争议，而且影响了接下来的两代民主党人。

在20世纪五六十年代，美国的两党斗争一直都没有跨越"政治止于水边"的界限，也就是说两党在对外政策上会建立起统一战线。这一直是美国政治历史上的未解之谜，仿佛对外政策是一块不可侵犯的神圣领地，分离和凌驾于国内政治的卑鄙行为、利益冲突以及由此产生的爱憎情感之上。然而事实与此大相径庭。民主党和共和党的确在战时的几年内有过相当深入的协作（虽然有时很勉强），但是从某种意义上说，这种协作是在德国和日本的威胁之下产生的自发行为，是一种纯粹本能的行为，而非两党之间的有意结盟。战争一结束，随着威胁和压力的消失，这种统一战线就立刻分崩离析。如果非要说两党间曾有过密切合作的话，那也是因为共和党作为在野党，迫于战时一致对外的民意压力，自知既没有力量制造自己的政治势力，也难以得到人民的拥护，只好对民主党听之任之而无所作为。战争结束后，共和党人终于迎来了他们等候多时的反扑机会。在共和党看来，民主党已经统治国家太久了。这场反攻虽然姗姗来迟，却是酝酿已久，势不可挡，不但重新开启了美国两党政治暴风骤雨的时代，同时也形成了朝鲜战争最为关键的政治背景：共和党右翼分子以偏概全地指责罗斯福与美国的敌对势力暗中勾结，狼狈为奸。但是他们却忘记了，罗斯福不但领导美国取得了"二战"的胜利，而且是战后美国外交政策的总设计师；罗斯福不但在四届总统任期内彻底改善了美国的政治面貌，而且由他领导的社会和经济改革也成功地拯救美国于水火之中。但反对者们对此毫不感念，他们唯一在乎的是，罗斯福在成功实施"新政"的同时，至少是暂时削弱了共和党的影响力，使其一直处于边缘化的地位。

民主党之所以能让共和党处于某种边缘化的地位，与罗斯福超凡的个人魅力密切相关。他善于运用当时最为先进的通讯设备——收音机，来与公众进行沟通，而当时其他的重要领导人中无人能及。事实证明，罗斯福对收音机的运用为他赢得了一笔极为惊人的政治财富。通过这种先进的通讯工具，罗斯福能够以最亲密的方式和选民们交流，颠覆了以往陈旧的竞选理念，建立了政府高层与大众之间直接的、前所未有的情感联系。在民众的印象中，过去的总统通常是一个高高在上、一本正经、冷漠遥远而令人无法接近的形象，偶尔会以僵硬而矜持的姿态出现在报纸上。可现在，罗斯福通过新的通讯设备和大众建立了一种单向的亲密联系。在人们心中，他是值得普通民众信赖的朋友，一位热心而体贴的政治人物，关注人民的需求，宽慰人民的忧虑。就像一名最好的家庭医生会上门出诊一样，罗斯福也会通过电波拜访千家万户。罗斯福似乎从来都不需要做什么正式的演讲，实际上，他甚至自创了一种"炉边谈话"的方式来影响大众。他的讲话几乎都以"我的朋友们"开始，借此，他与成千上万的美国选民建立了一种全新的纽带关系。实际上，罗斯福堪称第一位大众总统，同时也是后来所谓"媒体政治"的开山鼻祖，为大约三十年后总统电视辩论的出现奠定了基础。

他的声音，他无与伦比的政治技巧，一场让无数美国人陷入水深火热之中并将罗斯福推向总统宝座的大萧条，深具经济和政治革命意义的"新政"，以及"二战"的推波助澜，所有这些因素综合起来，让罗斯福轻而易

第四章 洲际政治

举地深得民心，共和党因此显得毫无立锥之地。与罗斯福的亲民形象相反，共和党人在一场全民性的经济危机中选择与富豪阶层站在一起。此前没有一位总统的任期能够超过两届，但是富兰克林·罗斯福，出于各种各样特殊的原因，却在总统竞选中四次参选而四次完胜。他的"新政"立法赋予了美国社会的弱势群体更多的权利，同时也让劳动阶层更加团结。当时，蓝领工人仍然是美国从事社会生产的主力，因此，"新政"的实施让人们感到民主党是一个同情劳动人民疾苦、关注普通大众所需并为老百姓争取权利的党派，而罗斯福则是这个党派的领导者。1940年大选时，即将到来的全球战争使美国产生了一致对外的政治情绪，罗斯福因此再次巩固自己在政坛的领导地位，第三次赢得总统大选。1944年，虽然战时总统罗斯福的身体状况日益恶化，但是经过巧妙地掩饰，他再次连任。在正常的社会环境下，罗斯福的政治命运势必会衰减，可经济危机和世界大战这两个重大因素的结合，却使他能够和安定时期比更能延长在政治舞台上的杰出表现。1944年，共和党人认为，罗斯福当总统太久了，似乎会永远担任下去。在罗斯福的第三次总统任期内，一场全球战争不仅严重地打击了共和党，而且几乎让其分崩离析。作为一名国际主义者，罗斯福却逐渐带领美国走进一场令人畏惧的全球矛盾之中，毫不犹豫地站在美国最亲密的盟国、当时身陷重围的英国身边。

然而在这些问题上，共和党内部却分裂成两派，双方都顽固地各执己见，争执不休。一派是传统的国际主义的精英，他们主要聚集在大西洋沿岸城市，代表华尔街和道富银行金融家们的意见。他们认为，不管喜欢与否，美国对这场战争都不能坐视不管；美国不仅要参战，还得站到西方民主国家的阵营中去。他们的观点让共和党人处在赞成罗斯福国际主义理念的位置上，或是像在支持一个比罗斯福稍为保守的人物，但这个人在所有重大问题上都与总统的意见极为相似。另一派的意见却完全不同。它更接近普通民众的想法，代表长期居住在古老小镇的居民的意见；他们害怕美国卷入无休无止的争斗，不愿意为日益衰败的欧洲冲锋陷阵，更不愿意为英国流血卖命。持有这些观点的人们主要集中在小镇和小城市为主的中西部各州。他们的政治圈子里弥漫着一种对罗斯福的仇恨情绪，对罗斯福所有的国内政策都深恶痛绝，这些疯狂的反对者最喜欢用"社会主义的"这个词来形容"新政"。共和党内孤立主义者的数量要远远超过国际主义者，对普通民众无疑更具影响力。但在1940年的共和党大会上，由于希特勒在欧洲的崛起，孤立主义者输给了东部的国际主义精英。被称作"华尔街的赤脚律师"的温德尔·威尔基获得了总统候选人的提名，这是国际主义者的一大胜利。在1944年的全国代表大会上，那些来自中西部小城镇的党员自视为真正的共和党人和党的领导者，自认为他们的价值观要比国际主义者更正确，因为他们才是美国人民的真正代表，却再次败给国际主义者的代表、时任纽约州州长的托马斯·杜威。此后在1948年的全国代表大会上，他们又一次败给此人。对共和党中西部的核心领导人而言，他们的总统候选人在所有竞选中的言论听起来都与民主党人相差无几，他的政见不过是罗斯福和杜鲁门微弱的回声而已。有一次，杜威在谈及《芝加哥论坛报》（孤立主义者的喉舌和舆论工具）对他的报道时说："如果你读过《芝加哥论坛报》，你就会觉得我简直就是罗斯福的直系后代。"[1]

眼看罗斯福的总统竞选声势越来越浩大，共和党右翼虽然眼红嫉恨，却束手无策。他们失去的越多就越愤怒。每逢全国代表大会，这帮人都会带着必胜的信心去捍卫自己的真理，但最终只能眼看着来自工业大州的某位精英分子将总统候选人的提名抢去。在一些大权在握的国际主义出版商（其中最重要的就是《时代》周刊和《生活》的创办者亨利·卢斯，当时正处在他的传媒事业的鼎盛期）的支持下，杜威每次都能轻松获胜。1940年和1944年的全国代表大会让共和党右翼痛苦不已，他们几乎很难确定自己是更恨罗斯福和民主党人，还是更恨本党中的国际主义派。在他们看来，那些国际主义者根本就是伪共和党人，一群东部的势利小人。他们有足够的能耐从共和党人手上窃走总统候选人提名，却永远没有能力赢得总统竞选。

随着"二战"的结束和罗斯福的去世，右翼分子认为自己在党内和国内东山再起的时机到了。在1946年的中期选举中，右翼分子终于第一次有机会对政敌予以还击。在他们看来，自己作为传统价值的捍卫者，目标非

第四章　洲际政治　　　　　　　　　　　　　　　　　　　　　173

常简单，无非是要宣扬他们的美国主义，以免美国人丢掉传统价值观。而美国人如果不用自己的传统价值观来对抗敌人，他们就将变成右翼分子口中的社会主义者和共产主义者，或是政府给予过多补贴的人。共和党主席、来自田纳西州的国会议员 B. 卡罗尔·里斯在选前说："今年美国人要在共产主义和共和主义之间做出选择。"内布拉斯加州的参议员肯尼斯·惠里补充说："即将到来的竞选不只是一场竞选，还是共和党的一次十字军东征。"[2]从某种角度来说，在某些地区，事实的确如他所言。

　　与那些饱受战争蹂躏的盟国（以及敌国）不同的是，美国在"二战"中异军突起，成为全球唯一在战争时期仍然保持快速发展的经济强国。当其他国家正在贫困潦倒、满目疮痍中挣扎求生时，美国的财富却在日益积累壮大。无论是美国的盟国还是敌国，都因为在二十五年内两次卷入毁灭性的战争而饱受摧残。但美国却凭借两大洋的天然屏障幸免于难，避开了法西斯的进攻和轰炸。因此，战争结束时，美国的综合国力反而比其他国家更为强大，战乱让其经济达到一个鼎盛时期。但在歌舞升平的表象之下，美国人内心却隐藏着深深的焦虑和日益增长的怨恨，和平中的美国也不乏愈加复杂的问题。此外，随着美国在全球地位的上升，其领导责任也随之加重。苏联的阴影开始笼罩在美国政坛之上，这个昔日的盟友一夜之间变成最具威胁的敌人。对于那些没有掌握权力的人而言，苏联的转变不足为奇，因为苏联最初就不是美国的盟国。而对这部分没掌权的某些人而言，美国的参战一开始就是个错误，这让他们再一次拯救了英国，为英国流血卖命。战争结束后，大多数美国人都不愿意承担那些看似伟大恢宏的全球使命。这些使命他们从没有承担过，而且也不想承担，因为这将给自己带来极大的风险。因此，即使当前的形势使美国能够成为超级大国并取代英国成为西方国家的领导，美国人也对此毫不心动。此外，大多数美国人都对政府的外交政策不以为意，他们并不希望长期介入欧洲国家之间无休无止的政治军事斗争中。实际上，大多数美国人希望和欧洲国家的瓜葛尽量减至最少。

　　在这样的前提下，共和党人在1946年的国会选举中大获全胜。民主党人曾在战时提出过一句非常成功的口号——不要在河流中间换马。随着战争压力的解除，对现任总统的支持也就随之而去。与此相反，共和党人试图推行的一项全面减税20%的计划让他们赢得参议院的11个席位与众议院的54个席位。北方劳工联盟、大城市政治家以及南方保守的政治寡头对罗斯福的合力支持开始逐渐瓦解，代之而起的是共和党人所希望的那种"老式美国政治常态"。新罕布什尔州参议员布里奇斯说："美国已经成为共和党人的国家。"[3] 此人在后来出现的"院外援华集团"中扮演了重要的角色。一些新上任的共和党议员在竞选中没有强烈地反对民主党，而是反对共产主义和政治颠覆。选举为共和党人在参议院增加了席位，其中包括威斯康星州的约瑟夫·麦卡锡、印第安纳州的比尔·詹纳、俄亥俄州的约翰·布里克、华盛顿州的哈利·凯恩，以及密苏里州的詹姆斯·克姆。这其中的一部分人，后来与类似肯尼斯·惠里这样的参议院保守派一起，沉迷于共产党人和政府内的政治颠覆这一话题。他们在美国经济问题上缺乏见解，只好提出这些新问题来吸引眼球。大选结束后，T.R.B.*在当时的老牌自由主义杂志《新共和》上写道："俯首称臣吧，美国民众，保守主义已经席卷美国。当全世界所有其他国家都在走左翼路线的时候，美国却在向右进发。"[4]

　　美国人最为关注的问题莫过于美国在战后世界中将要扮演的角色。美国是否应该接过英国的权杖成为欧洲民主国家的领导者？而一旦美国担任这个领导角色，他们需要付出多大的代价？对普通美国百姓来说，需要缴多少税？两党领导人对此都难有定论。两党也都不敢急于为领导西方国家而付出经济代价。极端仇共的共和党人希望尽快裁军，最终单纯依靠核垄断来维护国家安全。他们对重建欧洲秩序更为担忧，因为欧洲各国饱受蹂躏，难以重建，对共产主义势力也缺乏抵抗力，许多欧洲国家还爆发了共产主义者的颠覆运动。实际上，在朝鲜战争爆发前夕，美国的国防态势非常混乱：国防预算被削减，军队规模很小，而五年前还处于世界领先地位的武器装备也日益落伍。对于美国究竟应该为国家安全付出多大代价，政府高官们各持己见。在朝鲜人民军跨越三八线时，当时被共和党右翼恶意地攻击为

---

* 受雇为《新共和》写社论者的共同笔名。

对共产主义过于软弱的国务卿艾奇逊正在设法从各部门中挤出一笔大额经费以供国防开支,使国防经费增加两倍。虽然艾奇逊当时已经成为总统最高国家安全团队中最具影响力的人物,他仍然不能保证稳操胜券。

国防预算难以增加的部分原因在于杜鲁门。如果说杜鲁门在大多数冷战问题上都很强硬的话,那么他也强硬地反对增加财政预算和讨厌财政赤字。"他是我见过的对金钱最为审慎的人,"华尔街保守派人士詹姆斯·福里斯特尔这样评价杜鲁门,"和我一样认为,我们不能在应对'冷战'的过程中不利于自身的经济发展。"来自中西部的杜鲁门天生就是一个敏感多疑、小心翼翼的民粹主义者,打心眼儿里提防那些位高权重、装腔作势之人,在他看来,太多的高级将领有这样的倾向。他始终认为,军队一直在浪费纳税人的钱。他在"一战"期间担任过炮兵上尉,这段经历让他对高级将领,尤其是西点军校出身的军官更为警惕;他认为这些人无一例外地自视甚高、颐指气使。而杜鲁门自己出身低微,少年时代生活艰辛,青年时代正好赶上大萧条,这都让他对财政计划小心谨慎、格外保守。他对财政支出的原则是"量入为出,不得透支"。作为参议员,他在"二战"初期领导过"杜鲁门委员会",对军中的管理混乱和行政浪费行径进行过彻底细致的调查,这更让他坚定了自己的财政理念。他曾经说过:"所有的军人都对财务一窍不通,他们唯一知道的就是怎样花钱,却从来不考虑这些钱花得值不值。"虽然杜鲁门一度与某些高级将领走得很近,比如奥马尔·布莱德雷,但他对军队的整体态度从未改变。正如他对作家默尔·米勒所说的那样,"他们当中的大多数人就像戴上了眼罩的野马,除了自己的鼻子,什么都看不到"。[5]

杜鲁门对债务深恶痛绝。当他还在独立城的时候,他的家庭欠债太多,不得不抵押掉自家的农场。战争结束时,杜鲁门日思夜想的就是如何偿付美国在过去四年欠下的2500亿美元的巨额债务。这一度让杜鲁门忧心忡忡,因为至少在当时看来,2500亿美元是一个难以偿还的天文数字。战争刚结束,杜鲁门就迫不及待地将原来每年910亿美元的国防预算削减到了100—110亿美元之间,而且希望不久后能进一步缩小到每年60—70亿美元。[6]换句话说,如果国家安全部门的领导人想让军费开支上调至自己所设想的水平,他们就得对杜鲁门做大量的说服工作。显然，马歇尔和艾奇逊想得到更多的军事预算。一般说来，国防部长在此类问题上应该和艾奇逊站在一起，但当时的国防部长约翰逊并非如此。约翰逊是代替因健康问题而离任的詹姆斯·福里斯特尔（头号冷战强硬分子）出任国防部长的，因此约翰逊便成为艾奇逊的头号敌人。不论是出于政治原因还是个人原因，约翰逊对艾奇逊的权力及其对杜鲁门的影响力都嫉妒万分，因此即便是以损失本部门的财政预算为代价，他也不惜借此毁灭艾奇逊的政治前途。对于约翰逊而言，自己的政治抱负比国防预算更重要。他一直梦想着自己能够成为1952年民主党的总统候选人，因此他始终努力将自己塑造成一位严格控制军费开支的国防部长。这样，到1950年冬季结束时，艾奇逊已经变成了要求增加国防预算的头号代表人物。共和党内艾奇逊的反对者也不赞成增加预算，他们一贯热衷于批评杜鲁门政府的外交政策，尤其是对华政策。因此当时的形势是，尽管美国将要痛击自己的敌人，但是却没有人认真考虑由此带来的经费问题。

这让艾奇逊陷入一片指责声中，批评者们纷纷攻击他对共产主义者显得过分怯懦。因为在艾奇逊看来，军费开支中有很大一部分将用于避免美国受到欧洲和其他地区共产主义力量的威胁。但是，提高军费开支这一话题无疑是政治雷区。军费的提高必定会导致税收的增加，因此艾奇逊只能采取巧妙谨慎的方法达到目的。他最得力的助手是刚刚在国家安全部门初露锋芒的年轻人保罗·尼采，当时他正设法取代乔治·凯南成为国务院政策规划司司长。在艾奇逊看来，尼采比凯南更强硬，与自己的政治观念更协调（1950年1月，尼采最终正式代替凯南当上司长。其实此前的几个月里，他就已经掌管了这个部门）。艾奇逊和尼采小心翼翼地透过政府各级部门对国防政策进行彻底审查，最终颁布了后来人尽皆知的《国家安全委员会第68号文件》，即NSC68号文件。这份在美国历史上前所未有的文件，重新改写了美国当时的国防任务。为了不引起约翰逊及其盟友的注意，艾奇逊和尼采尽量避免让别人探知自己的计划，尤其是不能让人知道他们对国防预算的期望水平。艾奇逊希望政府高层原则上认同提高军费开支，然后再

第四章 洲际政治

谈及具体数目问题。在做好一切准备工作之前,他不想和约翰逊正面交锋。这样一来,他就可以从约翰逊的背面出击。因此,在提高预算方面,虽然艾奇逊遭到约翰逊的强烈反对,但最终得到参联会成员的一致支持,因为美军五年来一直因捉襟见肘的军费而坐立不安,这不能不说是一种莫大的讽刺。美国军费如此之低,核心原因在于美国的核垄断允许它削减国防预算中其他项目的开支。当1949年秋苏联打破美国的核垄断时,这些长期被搁置的问题才重新浮出水面。

从1945年开始,军人和文人之间在预算问题上的矛盾愈演愈烈。"二战"刚一结束,在两党的极力煽动下,整个美国都急不可待地要裁军,颇有些卸磨杀驴的意味。所有政界人物,不论左右,都无一例外地表示支持裁军,并且希望立即实施,毫不拖延。战时的美国是一个样,仿佛一夜之间就建造出人类历史上最万能的军工厂。而战后的美国是另外一个样,人们纷纷要求遣散军人,削减军费。其中的矛盾就在于,战后人们的要求变了,而美国还是那个美国。凯南曾经提到,像美国这样一个民主大国所面临的问题就是,它似乎像一个沉睡的巨人一样对自己周围的变故毫不关心。直到有一天,它突然从梦中醒来,就会对自己的所见所闻感到异常愤怒,并且开始疯狂地攻击。

1946年,时任陆军参谋长的艾森豪威尔应邀去国会山会见众议院军事委员会主席约翰·帕内尔·托马斯。来自新泽西州的共和党人托马斯是当时最臭名昭著的国会流氓,也是那个疯狂时代的典型代表。他不但对共产党人恨之入骨,而且总是指责罗斯福通过实施"新政"故意破坏美国的资本主义制度。作为众议院非美活动调查委员会的头头,他因逮捕好莱坞的共产党人而一度名声大噪。但不久,他就因为在办公室薪水册上做手脚并贪污员工工资而锒铛入狱,被关进康涅狄格州丹伯里的一家监狱(在那里,托马斯的两名狱友恰恰是此前因为拒绝在非美活动委员会作证而被捕入狱的好莱坞作家)。当时,艾森豪威尔已经做好和这位国会要员打交道的准备,因为托马斯可能要和他就如何在对国家影响最小的情况下减少美国的军事力量进行一场严肃的讨论。可艾森豪威尔没有想到自己正在走进托马斯处心积虑设下的圈套中。在国会山，艾森豪威尔不仅看到了托马斯，还看到了他身边一群光鲜亮丽的年轻女性，一群正急切地期盼丈夫归来的军嫂，而在一张会议桌上则摆放着各式各样、让人眼花缭乱的婴儿鞋。一名摄影师突然闯出来，对着那些望眼欲穿的年轻妻子、那些寓意温馨的婴儿鞋，对着面带微笑的托马斯以及一脸暴怒的艾森豪威尔，拍下了一张照片。随后，这张照片很快就见诸各大媒体并迅速传播开来。[7]

战争末期，美国军队的规模达1200万人，而遣散和退伍的比例也达到了惊人的水平。每天都有15 000名军人办理退伍手续，成千上万退伍军人从海外返回故乡，让军事交通线一时难以满足运输要求；公众对此强烈抗议，并打出"没有回国船只，就没有选票"的口号。[8] 1947年，部队总人数已经降到150万人，而军费开支也由战时鼎盛期的909亿美元锐减到了103亿美元。此外，"二战"时美军先进的武器装备在战后也没有得到任何的补充和更新，结果不到几年，部队的装备就大大地落伍，很多武器甚至沦为废铁。后来公布的美军调查报告显示，在朝鲜战争爆发时，有43%的远东司令部在编人员在"陆军普通分类测验"中，作战能力和智力水平分别为四等和五等，即测验结果中最低的两等。在高级将领们看来，美国作为一个新崛起的强国，却突然抛弃了自己的所有责任。[9] 亲眼目睹这一急速裁军全过程的魏德迈将军说："美国在'二战'后的表现就像是打完一场橄榄球比赛，大获全胜后，他们就离开赛场去庆祝了。"马歇尔也评价道："这根本就不是裁军，而是一场溃败。"[10] 参联会主席布莱德雷将军也说，美军中"只有第82空降师尚有差强人意的作战能力"。在多年的人员裁减和军费紧缩之后，美军在朝鲜战争初期，用布莱德雷的话说，完全就是一支"手无缚鸡之力"的队伍。[11]

军费预算很快就成为不同军种之间斗争最为激烈的一个领域。正如《纽约时报》负责国家安全消息报道的记者卡贝尔·菲利普斯所写的那样，军费预算削减掉的不仅仅是肥肉，还包括最基本的支出，简直到了伤筋动骨的地步。1948年末，在上报1950年的年度财政预算时，海陆空三个军种分别递交了他们的暂编预算，合计300亿美元。国防部长福里斯特尔夜以继日地工作,将总预算降到170亿美元。但是比起军费开支,杜鲁门显然对国内的经济发展更为关注(与此同时,也是因为他深知任何程度的税收上涨都会导致灾难性的政治后果),他决定将三军总预算控制在150亿美元之内。在这个前提下,军费开支终于降到了142亿美元。面对这样一笔杯水车薪的资金,不同军种常常争得头破血流。海军被迅速排挤,地位不断下滑,而不少将领也对海军的地位不以为意。布莱德雷就曾经谈到两栖作战在未来战争中毫无用武之地,因此海军的发展也就显得无足轻重。与海军相反,掌管核武器的空军却在人们眼中尤为重要。当时核武器似乎成为民主国家特有的震慑力量,加上两大洋的天然屏障,越发让美国人在精神上感到安若泰山。即使在朝鲜战争爆发以后,在"二战"初期领导美国做好备战工作的马歇尔仍然坚信,美国人并没有从战争中吸取教训。1950年10月中旬,杜鲁门在威克岛会见麦克阿瑟时,马歇尔并没有随行,但是当与会人员回国时,马歇尔还是对他们表现出的乐观和喜悦感到震惊。陆军部长佩斯满怀激情地告诉马歇尔,麦克阿瑟对战事非常乐观,美军将在不日之内结束战斗,并且尽快回国。"马歇尔将军,"他高兴地说道,"麦克阿瑟将军说会在感恩节前结束战争,好让士兵们能回家过圣诞节。"

然而让佩斯感到吃惊的是,马歇尔看起来毫无喜悦之情。相反,他答道:"佩斯,我们的麻烦大了。"

佩斯难以理解马歇尔的反应,还以为他听错了,于是重复了一遍美军即将结束战争的好消息。但马歇尔却说:"我听到你所说的话了,但太渴望结束战争会让我们无法认清将要面临的局势。"对马歇尔的担忧,佩斯仍然大惑不解,于是他问马歇尔是否担心美国人民还没有充分意识到冷战的后果,马歇尔说这正是他的意思。佩斯说道:"马歇尔将军,美国人民也认为这是一场艰难而又沉重的战争。"但是马歇尔不接受这个观点。早在"二战"结束前,马歇尔就一直在思考这个问题。"二战"结束后,他又亲眼目睹了美军曾经纵横疆场的武器装备在太平洋上日渐腐烂,曾经千挑万选的精兵强将们退伍回家从事普通工作,曾经千辛万苦建立起来的军事力量,用马歇尔的话说,在一夜之间"灰飞烟灭"。这一切都让马歇尔对朝鲜战争的局势无法乐观起来。

但是佩斯却不这么认为,他反驳道:"此一时,彼一时。从'二战'结束到现在,世界早已发生翻天覆地的变化。如果说美国人民已经通过'二战'取得了战争经验,而且美军力量的发展已今非昔比,难道这会是一种天真的说法吗?"

"不会的,佩斯,我不会说你天真,"马歇尔答道,"我会说你真是难以置信的天真。"

冷战初期,福里斯特尔是美国政府高官中最努力的一员;他积极调整,努力适应杜鲁门的要求。锐减的国防开支给他带来巨大压力,加上对苏联意图的担忧,尤其是他个人心理状况的失调让他的精神状态不断恶化。但他一直坚持长时间超负荷地工作,用艾森豪威尔的话说,福里斯特尔的工作时间之长,"足以累死一匹马"。[12]福里斯特尔很早就在苏联问题上表现出自己的强硬态度。1945年7月,他非常独到地提出一个问题:"美国究竟应对日本实施何种程度的打击?"他担心,如果美国消灭掉日本所有的旧势力,东北亚地区就会出现一个政治真空,这会让苏联人乘虚而入。当时,许多政府高官都坚持对日本予以毁灭性打击,福里斯特尔不禁好奇:美国真的有必要摧毁日本的工业基础吗?[13]"二战"结束后,面对裁军和军费缩减这一情势,福里斯特尔对自己的事业显得愈加悲观。他相信,以这样的国防预算,美国根本无力对抗苏联。用美国人的话来说,就是美国的军事实力难以赶超政府的外交口号。在仕途遇挫和精神衰弱的双重打击下,福里斯特尔的健康状况在1948年底到了令人担忧的地步。他变得越来越偏执,常常妄想不断、憔悴虚弱而又忧心忡忡。除此之外,他的体重骤减,连衬衫都突然大出好几码。因长期失眠而面如死灰的他甚至断定,俄国人在他的电话里安装了窃听器。在任职的最后几个星期里,福里斯特尔每天都给杜鲁门打好几通电话,说自己的电话被窃听,这让杜鲁门困惑不已而又无可奈何。显然,这时的福里斯特尔已经处于精神崩溃的状态,连他自己都感到大限将至、无药可救。1949年2月初,福里斯特尔告诉杜鲁门,自己将在

第四章　洲际政治

6月1日之前离职，而这时杜鲁门已经清楚地意识到，福里斯特尔甚至可能连6月都撑不到。于是，3月1日，杜鲁门召见福里斯特尔，要求他提交辞呈。四周之后，在1948年总统大选时帮助杜鲁门筹集竞选资金的约翰逊接替福里斯特尔出任国防部长，福里斯特尔被安排住院治疗。5月末，他从贝蒂斯海军医院16楼的窗户跳下，结束了自己的生命。在冷战初期的紧张压力下，福里斯特尔不过是众多牺牲者中的一员。安排约翰逊接任国防部长被视为杜鲁门最糟糕也是最政治化的人事任命之一；约翰逊为人霸道，比福里斯特尔还情绪失常，只是两人的表现方式不同而已。由于力主大幅削减军费，再加上他对军人的污蔑和怠慢，约翰逊遭到了美军高层的长期厌恶。

回顾战后这几年，人们会清楚地发现，杜鲁门政府正好处在美国历史上的一个关键时期。有关未来发展持续不断的讨论，杜鲁门的幕僚之间对NSC68的争执不休，他不但要在全新的国际化环境中调整政府，而且要在美国逐步接受自己的国际职责的过程中，应对由此产生的政治变动甚至是政治矛盾。杜鲁门政府即将面对的一个最根本的选择，是让美国担当起国际责任，变得更国际化，还是继续以往的孤立主义？同样重要的是，他们还必须认真考虑，美国究竟愿意为自己的国际化付出多大代价。我们需要从杜鲁门坚信要与一个强大而民主的欧洲结盟、美国丢失中国、毛泽东的崛起、朝鲜战争的爆发和民主党共和党两党竞争的重新开始，来看待这一抉择。

在因NSC68号文件引发的辩论中，艾奇逊始终处于矛盾的风口浪尖，扮演着一个最为重要的角色。从广义上说，这不像是一场辩论，更像是杜鲁门政府中各派力量的一场对决。战后美国该扮演什么样的角色？美国究竟要成为一个多强的国家？美国应该在多大程度上接过英国的权杖，成为西方诸国的领导者？军政两界就这些问题相持不下。在出任国务卿之前，艾奇逊在国家安全领域逐步成为这个时代最重要的人物，此后的五十年里，也是如此。他策划的外交政策使美国顺利地成为西方国家的领导者，他设计的对苏政策也让美国在制衡对手的同时能够与其和平共存。大约四十年之后，自身体制的僵化和国民经济的衰退使苏联走向穷途末路。美国媒体下意识地将苏联的解体归功于罗纳德·里根，人们也不约而同地认为是他将一个濒临破产的苏维埃政体进一步推向全面崩溃的深渊。而更确切地说，这一"功劳"实际上应当归属于制定美欧关系政策的政治家们，是他们的外交政策有效阻止了苏联在欧洲的扩张，而艾奇逊就是这些人中的主角。

艾奇逊担任国务卿的时期，正是冷战中至关重要的几年。在这几年里，美国主要的战后同盟在巨大的"集体安全"需求的驱使下形成了，因此把这一时期称为"艾奇逊时代"是毫不为过的。

这段时期，除了总统以外，没有人能像艾奇逊那样主导美国的对外政策。"二战"时期的马歇尔在这一领域也曾发挥过重要作用，但随着"二战"的结束，以及随后几年马歇尔的健康状态每况愈下，他发挥影响力的日子结束了。福里斯特尔去世后，国防部没有独当一面的人了。艾奇逊还清楚地记得"一战"后政策失败的后果，因此他致力于创造多个军事和经济同盟，不但将西方世界团结起来，也将美国与欧洲前所未有地紧密联结起来。他在这方面发挥的作用比谁都大。尽管可能显得不够谦逊，但是艾奇逊还是把自己的传记命名为《创世亲历记》。

在大英帝国的旗帜逐渐落下时，美国的政策何去何从？没人比艾奇逊更清楚问题的答案了。艾奇逊始终大力推行美国与欧洲结盟。然而许多人基于各种原因对欧美结盟深恶痛绝：有些人是因为对实施"新政"的美国当局心怀不满，有些人是因为讨厌英国，有些人坚持奉行孤立主义，还有些人则坚持美国与亚洲结盟。因此，艾奇逊成为这些人的主要攻击对象。作为美国主流精英人士中的典型代表，艾奇逊直面种种指责，毅然坚持自己制定路线的权力，并且对这条路线的正确性深信不疑。可惜当时美国大多数人仍然满足于因循守旧的常规状态，因此在艾奇逊等人看来清晰、伟大的政治愿景，却难以被普通民众所接受。这使艾奇逊与许多人在美国如何对待世界这一问题上矛盾重重。战后几年的美国外交政策，正如他写的那样，"可以用三句话来总结：一是让小伙子们回家；二是别装圣诞老人；三是不要任人摆布"。[14]

从一开始，艾奇逊就在激烈的政治斗争中工作。1949年1月21日，即杜鲁门出任总统后的第二天，艾奇逊就被任命为国务卿。此前，共和党人对他恨之入骨。任命他为副国务卿的国会听证会开展得格外困难,似乎总是阴云密布、争吵不断,简直成为行政当局与共和党右翼之间直接对抗的导火索。在那些鼓吹"中国排第一"的人看来,艾奇逊始终是他们的天敌,也是麦克阿瑟的天敌。他们总感觉艾奇逊的存在就是为了限制麦克阿瑟将军的权力,而事实也正是如此。当麦克阿瑟声称自己统领的军队人数众多,早已超过了实际所需时,艾奇逊不以为意地反驳道,即使率领再多的士兵,军人也不能成为国家政策的制定者,而只是实施政策的"工具"。这番话让麦克阿瑟大为光火。[15] 正因为如此,在第一轮听证会中,对艾奇逊的反对和指责不绝于耳,相当一部分保守的共和党人反对提名艾奇逊为副国务卿。正如惠里参议员指责艾奇逊时所说的那样,艾奇逊"玷污了麦克阿瑟将军的名誉"。在这场听证会中,惠里提出要求重新提名副国务卿人选的意见,有 12 名参议员投了赞成票,但是他们的意见很快就被驳回,艾奇逊最终以 69 票对 1 票的绝对优势获任副国务卿。艾奇逊后来说到,反对者们之所以对他恨之入骨,最根本的原因是杜鲁门与麦克阿瑟之间的恶劣关系。时隔二十四年之后,艾奇逊写道:"如果当时能够预见未来,我们就会看到这些摩擦和矛盾不过是麦克阿瑟和杜鲁门长期明争暗斗的一个开始,而这场斗争最终导致麦克阿瑟在 1951 年 4 月 11 日被解职。"[16]

在战后全新的世界里,美国两党斗争日渐升级,艾奇逊成为保守派最频繁的攻击目标。然而,他竟然被批评者们视为左翼分子,这不能不说是一件颇具讽刺意味的事情,也反映了当时特定的时代背景。伊西多尔·范斯坦·斯通站在左翼的立场上写道:"只有在冷战时期的美国,在狂热而又扭曲的视角下,艾奇逊才会被人如此误解。实际上,他不过是一个措辞粗暴而又盛气凌人的'开明保守派人士'。""在当今麦卡锡主义盛行的年代,有谁记得艾奇逊刚刚在财政部任职时,曾经一度被支持新政的改革者们公开指责为华尔街的特洛伊木马,一个潜伏在政府当中、表面替民众工作、实际却维护银行家利益的内奸。"[17]

艾奇逊(全名为迪安·古德哈姆·艾奇逊)深知自己天生才智过人,而能够与他的才华相提并论的,是他同样非同寻常的正义感,但是这种正义感偶尔也会让他陷入麻烦的境地。迪安·艾奇逊是爱德华·坎皮恩·艾奇逊之子。爱德华.坎皮恩·艾奇逊是美国圣公会牧师，早年曾经参过军。在成为牧师并返回美国之前，爱德华一度辗转加拿大，并且在马尼托巴湖和印第安人作战。正义之情和为了正义拿起武器的行为很好地混合在艾奇逊的家庭文化当中。在加拿大期间，爱德华·艾奇逊迎娶埃莉诺·古德哈姆为妻。埃莉诺·古德哈姆的父亲是一位成功的威士忌酒蒸馏师，同时也是一名银行总裁。不久之后，爱德华返回美国，在康涅狄格州的米德尔敦担任当地圣公会牧师，最后成为该州的主教。1893年，迪安·艾奇逊出生在一个保守而虔诚的亲英派家族当中；这一家族在当地颇具声望，人脉广布，但并不富有。艾奇逊先在格罗顿中学读书，后来进入耶鲁大学，成为几乎可以说是这所大学里最不用心的学生。直到进入哈佛法学院后，艾奇逊才第一次全身心地投入学业之中。在那里，他成为菲利克斯·法兰克福特的门徒。法兰克福特是当时颇负盛名的法律教授，后来成为最高法院的法官。除此之外，艾奇逊还一度担任最高法院法官路易斯·布兰戴斯的私人秘书。法兰克福特是美国社交圈内的伯乐，为罗斯福政府推荐了不少栋梁之材。当他向罗斯福引荐艾奇逊时，后者已经是华盛顿一名成功的律师。1933年，艾奇逊被罗斯福任命为财政部副部长。法兰克福特在艾奇逊和罗斯福之间起了穿针引线的作用，此外，格罗顿中学同样是他们两人之间的纽带，因为罗斯福也曾经在那里就读。

无论是教育背景、衣着品位，还是举止修养，艾奇逊都显得异常出众。同时，他也毫不掩饰自己在知识水平和社交能力方面的信心。这让那些在艾奇逊看来各方面都平淡无奇的人大为恼火。即使这样，艾奇逊也从不怀疑自己的判断。相反，他一直秉持一种信念：和正确的人一起为了正确的目的做正确的事情无可厚非，非常高尚，而且超越了政治目的。然而他的反对者们做类似的事情时则缺乏荣耀感与道德力量，在艾奇逊看来，他们皆为动机不纯之人。艾奇逊和许多国会议员都交过恶，他觉得这些人已经被政治弄得臭气熏天。艾奇逊习惯用高高在上的姿态和他们说话，仿佛自己摇身一变，成了小学老师，在为一群令他不厌其烦的六年级学生上课。

明尼苏达州共和党人沃尔特·贾德就是这群国会议员之一。他曾经在中国传教,后来成为"院外援华集团"中的主要人物之一。他在评论艾奇逊时说,艾奇逊对待他们"总是带着一种屈尊俯就的架势,仿佛他无时无刻不对我们这些乡巴佬感到遗憾,仿佛他所说的一切都是在对牛弹琴"。[18]在反对者看来,艾奇逊穿着量身定做的英式西服,蓄着卫兵一样的胡子,举止傲慢、态度势利,简直已经把华盛顿官僚、罗斯福政府、新政改革者的形象集于一身,而这三者无一例外地让反对者们深恶痛绝。内布拉斯加州参议员休·巴特勒说道:"我看着他的一举一动,他高高在上、自以为是的言行,他英国款式的考究西装,还有他作为新政改革者的那副德行,让我真想对他大吼一声:'滚出去,滚出去。你一直坚持的都是对美国毫无利益的政策,我已经忍受你很多年了!'"[19]艾奇逊的胡子似乎一时之间成为反对者们攻击的焦点,他的老朋友哈里曼曾劝他把胡子剃掉,以免愈发引起反对者们的厌恶。"你去问问杜鲁门。"艾奇逊这样答道。[20]

艾奇逊是一个不折不扣的国际主义者,"二战"时就已经满怀激情地憧憬美国的国际主义路线。他也是罗斯福的忠实拥趸,1940年,当罗斯福的许多同龄人都认为连任三届总统有悖民主原则时,艾奇逊坚定不移地支持罗斯福连任。华盛顿高层中,不会有人比艾奇逊更为自然地接受了从罗斯福到杜鲁门的转变。他不但在1945年被任命为副国务卿,而且迅速成为深受新总统重用的左膀右臂。与其他人不同,艾奇逊从杜鲁门上任之初就敏感地认识到杜鲁门拥有的力量、个性、决心,以及在必要时刻的英勇无畏。在对待欧洲的态度上,杜鲁门的政见和艾奇逊不谋而合;他们都想在"二战"后重建一个和平稳定的欧洲,这是"一战"后的战胜国没有做到的。由于胸怀共同目标,缺乏外交经验的杜鲁门比罗斯福更需要艾奇逊的辅佐和支持;反过来说,艾奇逊也对杜鲁门的直率大为欣赏。和罗斯福这样一个城府深沉、不露声色的人共事多年以后,杜鲁门直率坦诚的个性让艾奇逊如释重负。

艾奇逊曾经对在国务院的中国问题高级顾问约翰·卡特·文森特谈起过杜鲁门:"约翰·卡特,街对面的那个小个子可比你想象的要强多了。"[21]

这句话透露出的不是艾奇逊对杜鲁门的傲慢与鄙夷,而是在称赞"那个小个子"值得共事。虽说是句恭维,但艾奇逊的话还是显得高高在上。然而杜鲁门和艾奇逊的私人关系之好在许多方面都令人不可思议,而且为总统和国务卿之间应有的关系树立了一个典范。正如艾奇逊曾经说到的那样,"我的选票只会投给一个人"。[22]

如果说这个时代是"艾奇逊的时代",那么它既能体现艾奇逊的才华和力量,也会暴露他的缺点和弱势。艾奇逊对欧洲的形势了如指掌,深知必须在战后让欧洲民主国家实现平稳过渡,并在彼此之间建立起强大的经济联盟,以此阻止苏联可能采取的扩张和渗透。在这一点上,美国无疑取得了巨大的成功。但在艾奇逊不够关注也并不了解的国家和地区,美国的对外政策就显得逊色不少。事实证明,艾奇逊还没有适应反殖时代的到来。实际上,他是一个真正意义上的保守派,这种保守就是过时落伍的代名词。同样,他对不发达国家也缺乏关注。当这些国家内部正在发生摒弃旧制度的革命时,艾奇逊对这股革命力量会以怎样的形式和强度出现毫无觉察。而正是这股力量,让他的后人在接下来的三十年中深感苦恼。

在处理与不发达国家的关系上,艾奇逊所面临的问题之一就是,这些国家的人并不按艾奇逊了解的规则出牌,因此也就谈不上如何应对。艾奇逊之前所接触的英国人、法国人,甚至"二战"时的德国人,都和艾奇逊有着同样的观念,遵守着同样的规则。可是当他面对这些贫困落后的国家时,他无法从这些人身上看到英国人安东尼·艾登、法国人让·莫内或是德国人康拉德·阿登纳的影子。艾奇逊当然不会将胡志明与前面三人相提并论。譬如在1952年时,面对越南独立同盟的军事反击和政治对抗,法国军队濒临失败,但艾奇逊却对此浑然不觉。法国人当时到了无计可施的地步,此前他们试图在当地人中挑出一名合法的领导人进行扶植。但让他们后悔不迭的是,这个名叫保大的末代皇帝不过是个轻佻无能的花花公子,出身贵族,但对政治毫无兴趣。在法国人进入越南之前,他只能在本国的稻田里撒欢,而在被法国人扶起来后,他却借机到法国南部游山玩水,本就无心国事的他更加乐不思蜀、流连忘返。然而越南人民却深陷一场前所未有的革命斗争之中,急不可待地想要颠覆腐朽王朝的统治,因此难以接受保大的领导。艾奇逊的传记作家之一戴维·麦克莱伦写道,在这种情况下,国务卿却固执地认为这一结局完全是越南人咎由自取。他评论道:"他们似乎天生就有东方人听天由命的态度,反而对领导国家毫无兴趣。""根据我们目前的观察,法国人已经给予他们足够的自治,但是他们却没有能力驾驭自治。"[23] 实际上,越南人民反抗的真正原因却与艾奇逊的观点截然相反,他们是想摆脱殖民统治,让自己的国家挣脱法国人的掌控。与此同时,法国驻越部队的指挥官们也不认为越南人听天由命,相反,他们倒觉得越南人过于狂热。

这一切都带有极强的时代性,艾奇逊的一言一行无不受到时代和环境的影响。他出身于一个教养良好的家庭,上的是美国的顶级名校,打下的是殖民时代的知识基础:教授们向自己的学生反复强调盎格鲁—撒克逊人的人种优势,不断诋毁白人以外的所谓劣势人种。在这些理念当中,艾奇逊学到的最重要的教训就是,世界应由那些有资格统治的人来全权管理。在艾奇逊先后就读的耶鲁大学和哈佛大学里,没有多少教授会替殖民地人民说话,更不会提到这些人对自由的渴望。相反,学生们所学到的理念是,殖民主义赋予那些落后地区的人们以慷慨的奉献,对这些野蛮人最大的恩赐就是让他们受到殖民统治。大学中的一些伪科学课程甚至宣称,非白人的脑容量要远远小于高加索人的脑容量。在这样的时代背景下,凡是在课堂上站起来反对殖民主义的学生,都会被当作极左分子;以艾奇逊的个性来看,他当然不会与此类人为伍。

艾奇逊自视为"实力政治"的忠实拥护者。对他来说,从现实主义的角度来看,蒋介石政府已经山穷水尽,国民党失去对中国的领导权早成定局。当毛泽东及其领导的共产党人将要接管中国大陆的初期,艾奇逊并没有将新中国视为苏联的傀儡,也不认为美国有朝一日会与中国交锋。1949年2月,艾奇逊感到中国内战即将结束,因此他认为此时任何对蒋介石的额外援助都会"愈加激发中国人民对中国共产党的支持,并且巩固他们与苏联站在一起的决心"。他的观点得到大多数"中国通"的支持,其中就包括凯南,可惜时局和政策却在瞬息万变。就在此时,范登堡参议员拜访了白宫高层,指出美国不能停止对华援助。几天之后,51名国会议员联名要求美国政府重新审视对华政策。到了2月末,艾奇逊就中国问题会见了国会领导人,希望能够为自己的外交政策争取时间,同时缓和一下紧张气氛。在这次会议上,艾奇逊谈到继续支持蒋介石政府的危害性,并发表了他"让尘埃落定"的观点。第二天,"院外援华集团"的领导人之一、内华达州民主党人帕特·麦卡伦听说了此事。他清楚地意识到艾奇逊身处困境,于是乘虚而入,顺势提出了15亿美元的对华援助计划。

艾奇逊身处一个狂热和骚动的年代,这种狂热和骚动可能是任何其他的国务卿都无法忍受的。不仅如此,他身为国务卿的四年,可能是美国历史上对外政策最难决断的时期;正是在他的任期内,蒋介石政府在中国大陆一败涂地,这位大元帅最后逃到台湾。(艾奇逊宣誓就职的那天,正好是蒋介石离开中国大陆逃亡台湾的那天。后来,艾奇逊不无辛辣地调侃道:"美国政府终于批准了我们的对华政策,我也终于宣誓入职,但是蒋介石却逃跑了。"[24])同年秋天,局势变得越发恶化。苏联成功地爆炸了自己的第一颗原子弹;短短几周后,中国共产党就在北京建立了自己的政权,这一事件引发了众多美国民众的诅咒和憎恨。这些事暗示着旧的世界均势遭到了破坏,美国政界一时陷入极大的恐慌之中。苏联原子弹的研制成功打破了美国的核垄断,美国也不再是世界上唯一拥有核武器的国家了。而几乎同时,中国这个曾经由于接受美国的传教计划而备受千万美国人推崇的国家却落入共产党的手中。美国曾将中国设想为自己在亚洲最重要的盟友,可是现在却不得不对其处处提防。

没有什么比苏联核试验的成功更让美国人感到震惊了,它几乎一夜之间改变了美国人对待国防的态度。1949年9月3日,美军一架用于测试同温层中核辐射强度的侦察机在完成对苏联的远程常规侦察之后返回国内,但调查报告却显示出远远高于以往的辐射活性。根据飞机上某台扫描仪显示的数据,同温层中的放射频率达到每分钟85次,而在正常环境中,这一数据应该维持在50次左右。

与此同时,另一台扫描仪的频率则为每分钟153次;两天之后,另一架

第四章 洲际政治

从关岛飞往日本的飞机检测出每分钟 1000 次的放射频率。美国的核专家们立即得出结论大约在 8 月 26 — 29 日，苏联人秘密核试验获得成功，试验地点可能是在苏联的亚洲区域内。苏联引爆的这颗原子弹很快被命名为"约瑟夫 1 号"，用来纪念苏联的领导人斯大林。在盟友英国日渐衰落的情况下，杜鲁门担心这两条消息会引发国际金融市场的崩盘，于是直到 9 月 23 日，美国政府才对外发布苏联核试验成功的消息。为了避免恐慌，杜鲁门特意在措辞中使用"核爆炸"而非"核弹"。尽管如此，人们还是立即对这一消息惶恐不安，政界上下更是惊慌失措。很快，美国的原子弹之父罗伯特·奥本海默对国会作证。范登堡参议员惴惴不安地问道："博士，我们现在该怎么办？"奥本海默答道："和我们的朋友站在一起，坚强地面对。"[25] 奥本海默帮助美国发明了核武器，而自己却成为政府的怀疑对象。早在"曼哈顿计划"实施的过程中，作为项目技术指导的奥本海默曾经亲身经历一系列的安全检查。他没想到的是，自己对原子弹的发明始终抱着矛盾情绪，他对在广岛和长崎投放的两枚原子弹造成的恐怖恶果深怀愧疚，他对氢弹计划犹豫推脱，最终这些让他自己成为安全调查的对象。

如果说"约瑟夫 1 号"的爆炸和蒋介石丢弃中国大陆这两个消息还不足以让艾奇逊坠入深渊的话，那么艾奇逊最终将自己再次推入绝望的困境。1950 年 1 月底，曾经在国务院任职的阿尔杰·希斯参加自己的第二次听证会。这次听证表面上是关于希斯的伪证案，实际上却蕴涵着更为严重的问题：希斯可能在"二战"中充当过苏联间谍。而这时，艾奇逊却向希斯伸出援手，以表自己对友谊的忠诚。当时的艾奇逊已经被骄傲冲昏了头脑，他无缘无故地发表声明支持一个背负叛国罪名的嫌疑人。艾奇逊的这一举动不但对自己的政治前途造成毁灭性的影响，同时也令他所效忠的杜鲁门政府陷入困境。在长达两年的时间里，希斯一案一直吸引着美国民众的注意力。后来有人说过，希斯一案实际上反映了当时美国国民整体的精神状态，由于大萧条带来的贫困与法西斯主义的崛起，左派自由主义者们开始对资本主义制度丧失信心，他们中的大多数不是变成共产党人，就是变成了亲共派。然而，这一说法极为荒谬：即使美国的民主制度当时真的失败了，大多数左派自由主义者仍然对美国政府忠心耿耿，没有人加入共产党，或者成为共产党的间谍。在对希斯案进行调查的初期，相比，美国民众似乎更同情希斯，而不是案件的原告惠特克·钱伯斯。这是因为希斯看起来更有魅力，而时任《时代》周刊资深作家的钱伯斯此前曾经加入过共产党。此外，在冷战初期，人们对政治迫害并不怎么热衷，已经有好几个地区率先打出反对政治迫害的口号。经常以旁观者的客观态度报道美国时事的英国作家阿里斯泰尔·库克曾说过，希斯"简直就像亨利·詹姆斯笔下的主人公，他比尖酸、困顿、自负而又世故的英国人原型更为睿智和优雅。他神态镇定、举止得体、待人友善，仿佛是在一个新世界中培养出来的人物"。[26]

最初，大众舆论似乎更有利于希斯。略有些固执却质朴的他，风度翩翩、举止得体，是有望进入"东部权势集团"的典型人物。他从一开始走的就是东部权势集团的路子：哈佛法学院毕业，经菲利克斯·法兰克福特引荐加入奥利弗·温德尔·霍姆斯律师事务所，新政期间作为政府要员肩负重任。还有就像后来有证据显示的那样，从20世纪30年代直至"二战"结束，他曾经担任过共产党的间谍。较之于外表高雅的希斯，钱伯斯心机深厚、内心阴暗、不修边幅又偏执激进。钱伯斯从童年时代起命运就极为艰苦，孩提之时，他的酒鬼父亲就为一个同性恋人而抛弃了他。钱伯斯好走极端，一度是一名笃诚的共产党员。后来他幻想破灭，退出共产党，对别的信仰更加相信。青年时期的钱伯斯相信世间所有的真理都源于共产主义信仰，而年长之后，当幻想破灭时，他转而相信世间所有的谎言都来自共产党。

作为《时代》周刊的资深作家，钱伯斯被同事们视为最有才华而又最难相处的人。战时，他因为曾经是一名共产党员，便认为同事们理应和他共同站在共产主义的立场上。后来，他退出共产党，便认为同事们理应和他一起仇恨共产党。在两大阵营在全球范围内的较量这个问题上，他认为《时代》周刊的所有记者都应该和他有同样的观点，否则他们就是亲共分子。从某种意义上来说，《时代》周刊的确是一份有些沉闷悲观的周刊，总是喜欢危言耸听地向人们宣扬西方的衰落。因时事报道而闻名于世的评论家穆里·开普顿也对希斯一案进行过报道。他说:"没有人能够像钱伯斯那样长期不懈地警告世人,以免西方文明走向末路。"[27]

钱伯斯声称他退党前就与希斯熟识,但希斯对此表示否定。然而希斯的供词很快就漏洞百出,反而证明钱伯斯所言不虚。加利福尼亚州国会议员理查德·尼克松注意到希斯的供词前后矛盾,而尼克松的观点得到了联邦调查局局长约翰·埃德加·胡佛的支持。正如当时《纽约先锋论坛报》记者霍默·比加特所报道的那样,希斯的供词有太多错误,太多的事件前后不符。[28]希斯的第一场审判旨在裁定他是否做了伪证,陪审团12名成员当中有8名认为他有罪。随后在1950年2月22日的第二次审判中,陪审团一致认定希斯的伪证罪名成立。那时正是艾奇逊担任国务卿的第二年,早在此前,艾奇逊就和希斯保持着良好的关系,尤其是和他的弟弟唐纳德·希斯相交甚欢。负责国务院安全工作的阿道夫·伯利在希斯一案发生前十几年就警告艾奇逊要提防希斯兄弟。1939年,钱伯斯告诉伯利,希斯兄弟二人皆为共产党员。希斯在"二战"中一直担任国务院特别政治事务办公室主任,主要负责处理联合国事务,而他的弟弟唐纳德那时担任艾奇逊的助理,后来成为艾奇逊的法律事务所合伙人。伯利后来指出,当希斯兄弟的问题被人提出时,艾奇逊回答说:"我从孩提时代起就和希斯兄弟及其一家颇为熟悉。我完全可以为他们担保。"[29]当希斯和钱伯斯面临第一场交锋时,艾奇逊暗中帮助希斯起草了一份公开声明,应对众议院非美活动调查委员会的调查。在被提名为国务卿后,艾奇逊和参议院外交委员会过从甚密。参议院外交委员会对艾奇逊其实颇为友好,但他们对其与希斯的关系感到有些苦恼,于是委员会中的一些成员建议并帮助艾奇逊起草过一份声明,其中反映出艾奇逊的反共思想。如果早知道艾奇逊对希斯的扶持和帮助,委员会中的共和党人可能就不会表现得如此友善了。

2月25日,也就是在希斯案第二次审判结束的三天之后,艾奇逊计划召开新闻发布会。艾奇逊对新闻记者们可能发起的攻击早已做好充分准备,因此这场新闻发布会没有对艾奇逊造成任何负面影响。当天早上,他对妻子艾丽丝说,他敢肯定,一定会有记者问起希斯的问题,而他决不会抛弃希斯。"除此之外,你还能怎样说?"爱丽丝问道。"不要小看这件事,"艾奇逊回答道,"这可能会引起轩然大波,让我惹祸上身。"于是,艾丽丝问道,他是否肯定自己做出了正确的选择。"我不得不这样做。"艾奇逊回答。[30] 艾奇逊的手下已经开始感到局势日渐紧张。他的私人助理卢修斯·巴特尔以及他在国务院最为亲密的同僚保罗·尼采都极力劝阻艾奇逊,恳求他避开有关希斯的提问。尤为焦虑的巴特尔担心右翼分子不断招惹是非、激怒艾奇逊,而一贯执拗的艾奇逊会在冲动之下做出错事。艾奇逊告诉巴特尔和尼采,他会读一读《马太福音》的那篇《山上训诫》,这不是一个好兆头。巴特尔后来说到,当时他感觉仿佛艾奇逊渴望挑起一场战争。[31] 在当天早晨的工作会议上,副国务卿詹姆斯·韦伯问他会说什么,并提醒他要小心从事。这时,艾奇逊再次提到他将根据《马太福音》第25章第34节的教义行事。于是,另外一名国务院高级官员卡莱斯·赫缪尔辛斯劝道,不同的人对于相同的教义可以有完全不同的理解。

《国际先驱论坛报》的记者霍默·比加特提到这一最为敏感的话题:"国务卿先生,您对阿尔杰·希斯如何评价?"艾奇逊首先回答说,这个案件还在审理当中,因此不便给予过多评论。艾奇逊的同事们听到这里,不禁如释重负:艾奇逊终于挺过了这一关。可是艾奇逊却继续说:"我猜你是醉翁之意不在酒,那么我不妨清楚地回答你,无论希斯先生和他的律师会在这场官司中结果如何,我都不会因此拒绝帮助希斯。"这可好了,阿尔杰·希斯,这个当时被大多数美国人所唾弃的人,一个提供伪证、还被怀疑为苏联间谍的人,得到了国务卿坚定不移的支持。如果一名普通政治家因为一个他并不在意的人而受到媒体的关注和怀疑,他一定会表现得唯恐避之不及,可是艾奇逊却在一名通共间谍嫌疑人面前,毫不避讳,无所畏惧,这是一种怎样的傲慢与自大。他继续告诉记者,回家把《圣经》找出来,读一读《马太福音》第25章第34节的教义。其中的内容是,耶稣召集他的追随者们,向门徒们训诫道,任何抛弃处于危难之中的同胞的人,就是在抛弃上帝。

在艾奇逊作出这番回答时,参议院也正在开会。麦卡锡说:"我怀疑参议员先生是否知道几分钟前,我们的国务卿发表了一场多么精彩的演讲。"

第四章　洲际政治

《纽约时报》的专栏作家詹姆斯·赖斯顿（艾奇逊的密友）对艾奇逊的蠢行感到十分震惊。赖斯顿相信，他完全可以回答说他不想落井下石，这样既可以避开矛盾，又能获得普通民众的理解。[32] 可是正如历史学家埃里克·古德曼所写的那样，艾奇逊的行为"对于那些坚持认为杜鲁门的外交政策是由亲共人物制定的反对者而言，无疑是个丰厚的意外之喜"。[33]

艾奇逊的回答堪称勇气可嘉，但是也透露出他极端的妄自尊大。这对杜鲁门政府无异于一次灾难性的打击。就连杜鲁门自己都对希斯的罪名深信不疑。在第二次开庭审理之前，杜鲁门对自己最信任的特工人员哈利·尼科尔森说道："迪安·艾奇逊跟我说阿尔杰·希斯是无辜的，可是在看完报告中的证词之后，我敢说这个狗娘养的东西肯定有罪，我希望他们快点绞死他。"[34] 国家安全问题一时间成为政治家们争论的焦点，党派间的争执也越发激烈。共和党右翼比以往任何时候都理直气壮，他们毫不留情地指责民主党是一个通共叛国的党派。艾奇逊不但将这场备受瞩目的间谍案推向全国，还把自己以及美国政府的核心与之联系起来。很难想象还有什么比这更能让共和党人幸灾乐祸的了，尼克松趁势发表演讲："我们政府内部的高层官员中出现了叛国者，这进一步证明，我们的外交政策始终有利于苏联。"[35] 在这场两党斗争的初期，一名记者曾经问杜鲁门，他是否觉得对希斯一案的大肆宣传仅仅是为了转移人们的注意力。杜鲁门做出肯定的回答。而现在，罗伯特·多诺万写道："即使那些言论不是杜鲁门自己发表的，毫无疑问，他也会因此而深陷困境。"正是由于艾奇逊这种大大咧咧的表态，让"杜鲁门面临着众口铄金，积毁销骨"。[36]

在这样的环境中孕育出一个全新而强大的政治病毒，那就是后来被称为麦卡锡主义的思想。1950年2月9日，在艾奇逊召开记者招待会的十五天之后，也就是距离朝鲜"侵略"韩国大约五个月之前，刚刚成为参议员不久的威斯康星人麦卡锡在西弗吉尼亚的威灵市发表了一次演讲。此前，麦卡锡一直在期待类似重大事件的爆发，好让他有机会崭露头角。有人曾经向他献计，杜鲁门政府中的共产主义者可能会成为矛盾的导火索。在威灵市的演讲中，他宣称自己手上有一份名单，记录了205名至今仍在国务院工作的共产党人。麦卡锡还说，虽然有人警告过国务院，但是国务院却对此毫不理会。他还言之凿凿地指出，在过去六年中，由于中国共产党取得政权，因此共产党的人数持续激增。接着，他又说到了希斯与艾奇逊的关系："正如你们所知道的那样，我们的国务卿刚刚对外公布了他对一个共产党人忠贞的友谊，这个人一边享受着人民给予的信任，挥霍着人民给予的权利，一边却犯下让人民最不能原谅的滔天大罪——叛国罪。"麦卡锡对杜鲁门政府的指控给了右翼势力一个绝好的反扑机会，因为他们终于有机会把手中掌握的所有把柄都串联起来，以此论证中国的"沦陷"并不是出于不可抗拒的历史原因，而是由于华盛顿的高层官员中出现了叛徒。他们宣扬说，国务院那些"中国通"很多都曾经表现出对美国不忠（其实不如说是过分天真），而且这些人大都与希斯有过交往。

第四章 洲际政治

二

再也没有什么比艾奇逊为了争取国防预算所作的艰苦努力更能反映美国当时的国内矛盾了。美国当时正在磕磕绊绊地从孤立主义强国转变为一个国际主义强国。为了能将原有的国防预算提高到一个看似不可能达到的水平，艾奇逊不惜让自己沦为右翼分子的主要攻击对象。右派势力批评艾奇逊对于共产党过于软弱，他们日益加深的愤怒和排斥，都让艾奇逊举步维艰。1950年初，为了提高军费，艾奇逊指派保罗·尼采撰写了一份核心文件，并且设法获得行政当局的批准，这就是后来的《国家安全委员会第68号文件》（NSC68）。艾奇逊的这一举动实属情理之中。作为一颗冉冉升起的政坛新星，尼采的思想和艾奇逊的理念如出一辙，简直就是艾奇逊灵魂的延续。尼采最初在福里斯特尔手下工作，而出于对尼采才华的欣赏，凯南成为尼采早期最重要的支持者；他提议让尼采担任国务院政策规划司*的副司长，尼采也欣然允诺。但是艾奇逊却否决了这个提议，他认为尼采曾经为当时华尔街最著名的投资家之一迪隆·里德工作过，因此尼采更适合从事与经济相关的工作。但是艾奇逊最终还是改变了主意，1949年夏，当凯南再次向艾奇逊建议起用尼采时，艾奇逊批准了此事。此后，随着凯南被冷落和受排挤，艾奇逊和尼采却在工作关系和私人友谊上成了密不可分的盟友。

仅在四年前，凯南还被视为一颗冉冉升起的政坛新星。由于他对苏联动向的准确把握与睿智分析，凯南深受美国国务院的器重。但是随着冷战的进一步深入，美国对内对外的政治立场日益强硬。他以稳定美国与苏联关系为重点的政策逐渐失宠，最终被排挤到国务院的边缘。凯南不再是国务院的主角本身就意味着美国政治局势的转变。对于凯南长篇累牍的一己

---

* 国务院政策规划司是国务院的智囊机构，对美国政府有巨大的影响力，是国务院内最能出谋划策的部门。在政策规划司，各路精英商谈某些政治事件可能引起的各种后果，从长远角度考虑政府面对的某些棘手问题。

之见，哪怕这些意见高瞻远瞩、非常中肯，艾奇逊也逐渐失去了兴趣。迫于一系列事件的压力，美国政府正在一步步跨越与社会主义国家之间的安全警戒线，然而美国人对此却浑然不觉。随着右翼势力迅速成长壮大，杜鲁门政府备受指责、四面受敌，凯南的价值也被迅速贬低。据说到了1949年秋天，那个此前可以直接向艾奇逊汇报工作的凯南变成一个只能向助理国务卿汇报的小吏。这就意味着凯南已经失去和国务卿直接对话的权力，所有人都很清楚，凯南的影响力和实权丧失了。几星期之后，凯南向艾奇逊请辞，尼采正式接替凯南的工作。

尼采和凯南只在一个重大问题上有难得的共识——他们都极力反对麦克阿瑟在1950年10月向北推进、跨越三八线的决定。在他们看来，麦克阿瑟的行为得不偿失，对美国毫无裨益。然而这只是唯一的例外，在其他方面，尼采都更像是艾奇逊欣赏的那一类人。因此接下来的十年里，尼采顺理成章地成了艾奇逊最为信赖的门徒。在NSC68号文件这一原则问题上，国务卿想把国防预算提高到原来的三倍。凯南对此坚决反对，他认为NSC68号文件完全误读了苏联的意图，将导致美国的外交政策走向军国主义，从而引发美苏两大阵营之间旷日持久的军备竞赛。在这个原则性问题上，尼采站在了国务卿的一边。

在所有人都蓄势待发的时候，凯南却对美国的前途感到悲观失望，这种反差越发让凯南变得孤立无援、处境凄凉。他开始迫不及待地想要离开华盛顿，前往普林斯顿。只有在那里，他的才华才能得到人们的承认，除此之外，他还能够安心从事写作。即便普林斯顿能够安慰凯南，凯南还是为人们认识不到自己的价值感到沮丧不已，在凯南看来，那些高高在上的美国政客选择的政治道路谬误至极，他们对待共产党人的态度过于粗暴简单。他们将所有共产主义国家一以概之，全都划归为莫斯科的爪牙，然而他们却没有看到这些社会主义国家各自的复杂背景和彼此间的差异分歧。凯南认为，随着民族主义的发展，这些社会主义国家之间的分歧早晚会凸显和激化。他是那个时代反对将共产主义社会视为统一整体的代表人物，可是在他看来，却没有人聆听他的声音。后来凯南自己曾经反思道，到了1949

第四章　洲际政治

年夏天，他已经变成了"一个政治小丑，时时刻刻都希望能引发众人的争论，好借此发布一些令人震惊的观点。自己冒着遭人厌恶的风险，仍然试图在平庸的同僚中引起关注。可惜到了最后制定决策时，却没有人会认真考虑这个小人物的意见"。[1]

所有曾经和凯南共事的政府人士都觉得，凯南是个在工作上很难相处的人。他的个性复杂而又难以捉摸，一方面，他希望拥有足够的影响力，可是另一方面，一旦得到这种影响力，他又对由此带来的种种压力感到惴惴不安。他为人腼腆内向，或者确切地说，他更适合当个历史学家，而不是外交使节。在国务院这样的工作环境中，政治决策往往需要在不同程度的紧急状况中立即执行，而凯南的行事就显得过于拘泥，过于苛求细枝末节。凯南希求对每个问题都找到最好的对策，然而在一个冲突不断矛盾迭出的世界中，政府却常常会迫于压力而做出某种决策，这自然会和凯南的想法出现偏差。作为美国早期著名的公共知识分子之一，凯南似乎总是在不断地陷入一系列复杂的争论当中，与国家安全部门的同事和上司进行争论，与强硬派以及反对者们进行争论，甚至在和自己争论。他偶尔会对政治中的不确定和微妙感到手足无措，因此认为自己提出的异议必须得到一一解答。如果说在人们尊重和接受他的意见时，凯南都感到失望不满，那么在行政当局对他失去兴趣、无人听取他的意见时，他就更是颓唐失落。与包括艾奇逊在内的同时代其他人相比，凯南对于美国政治的现状更加沮丧。在他看来，美国不仅政治环境残酷，就连文化氛围也充斥着粗糙和愚昧，再加上一群思想落伍的国家领导人，想要为一个如此庞大而又不懂规矩的民主国家制定出高瞻远瞩的外交政策，实在是难于上青天。

在越南战争爆发时，凯南成为反对越战的主要人物之一，而在此大约十五年前，他又对美军越过三八线向北挺进担忧不已。这些表现，即使在凯南的崇拜者看来，也难免有这样的感觉：凯南不仅仅是鸽派人物的代表，而且仅就外交政策而言，他也是个非常懦弱的人。但实际上，凯南是"实力政治"的真正推崇者。他之所以不赞成美军进入越南，并非出于对越南反殖力量的同情，而是因为他认为这些地区的人（或者是他们的国家）根本就不值得美军劳民伤财，美国人有比打越南战争更加宏伟的计划要执行。更何况，这场战争从一开始就注定会失败。

　　凯南相信，如果美国人非要将自己的意志强加给一个并不适合这一意志的地区，那么其后果往往不堪设想。对于越南和中国这样的地区，美国既没有地理上的优势，又对这些国家不甚了解。与此同时，美国还有很多无论是从地理位置还是意识形态来考量都更宝贵的盟友，而这些盟友正是苏联无法接触和控制的。这样一比，孰重孰轻，不难见分晓。在凯南看来，排除表面上的所谓两大阵营的对垒，当时世界上其实已经出现一种相对平衡的关系。并且从长远看来，这种平衡可以对美国的发展形成积极的影响。对凯南来说（不无讽刺，对斯大林来说同样如此），一个国家真正应该积蓄的力量是工业生产力，在必要的时候，这种力量可以在瞬间转化为军事力量。因此，唯一值得美国人关注的应该是那些生产力水平发达的工业强国，这些国家主要是北半球的白人国家。而日本可能要算美国唯一应该关注的亚洲国家。凯南之所以会在朝鲜战争爆发的初期对战事做出积极回应，是为了一个比朝鲜战争更为宏大的计划。凯南觉得，即使朝鲜统一了南方，将韩国合并为一个共产主义国家，美国也根本没必要费劲去招惹它。真正让凯南担心的是日本，他唯恐施行共产主义的统一朝鲜会对日本造成干扰。在朝鲜向南进攻后的第三天，凯南对英国驻美大使说道，虽然朝鲜对美国而言缺乏重要的战略意义，"但是它的象征意义却会产生深远的影响，特别是对日本影响尤其重大"。[2] 实际上，凯南并非如批评者所言是个怯懦之徒，相反，他是个极为理智冷静的人，理智冷静到可以用不带任何感情色彩的眼光去看待世界。

　　凯南是个心思很深的人，对政治事件大多抱着悲观的态度。相比于他的聪慧睿智，凯南出人意料地对身边人的情绪和感觉迟钝不已。当决心娶一位年轻的挪威女子为妻时，凯南写信给自己的父亲，描述了自己对爱人的浪漫感情，这本应是最为温柔甜蜜的一封信，可是凯南却这样写道："她有着真正斯堪的纳维亚人才有的简单个性，不会唠唠叨叨。她有着世人少有的能力，总能保持优雅的沉默。我从未见她有过任何烦躁不安的情绪，就算是我，也不会让她感到紧张。"[3] 华盛顿政府中的其他高层决策者大都出身于显赫的上流社会家庭，但是凯南不同。他来自中部一个普通的中产阶级家庭，是密尔沃基市一名税务律师的儿子。即便如此，凯南却相当虚荣势利，赤裸裸地蔑视那些在他看来属于社会下层的人，认为这些人只会妨害社会精英在这个民主国家发号施令的权力。

苏联问题专家奇普·波伦和凯南相交多年，时常体谅凯南的情绪，但即便是他也认为凯南不是一个容易相处的人。凯南最终决定离开国务院时，才惊讶地发现自己几乎没有可以道别的对象。在国务院工作的二十七年中，凯南几乎没有朋友，很少会和他人分享自己的内心想法，也从不会对自己身边的同事表现出特别的兴趣。然而无论如何，凯南作为一名外交政策分析家的天赋和创造力是毋庸置疑的。

出于对历史强烈的热爱，凯南倾向于用历史发展的眼光看待世界。历史的发展孕育着强大的力量，这种力量又塑造了各个国家不同的国民性。而历史的发展却不会以执政者的意志为转移，实际上，统治者们往往意识不到自己本身只是历史进程中的一部分；只有历史本身，才能决定一个国家的基因。在凯南看来，苏联本质上不过是俄国人及其统治者的组合。出于对俄国的恐惧，出于保全自己的考虑，加上平等主义思想的蛊惑，为了避免孤立，那些曾经与俄国长期纠葛的邻邦才与俄罗斯人共同成立了苏维埃联盟。

1943年，当华盛顿的官僚们仍然沉浸在盲目的乐观中，妄想美国在战后可以跟苏联和睦共处时，凯南却出人意料地提出异议。他竭力向自己的上级们表明美国即将面临的艰难道路：出于种种历史原因，苏联将在"二战"之后成为美国难以招架的竞争对手。然而在"二战"中期，除了哈里曼之外，几乎没有人听取凯南的意见。哈里曼来自一个显赫的铁路世家，曾经担任罗斯福的特别密使，负责华盛顿与丘吉尔及斯大林之间的联络。在20世纪40年代的国际政治中，哈里曼扮演着举足轻重的角色。

哈里曼虽然自身才华有限，但却是个极为耐心的倾听者，善于吸收利用他人的观点。哈里曼的政治生涯长达四十年，可能要算同时期的人中最能干的两三人之一。虽然当时凯南只是美国驻苏联大使馆中的一个小角色，哈里曼却对他的才华极为欣赏。

1946年，远在苏联的凯南向华盛顿发出他最著名的长电报。为了向当局说明美国即将面临的严峻形势，凯南用洋洋洒洒八千字，旁征博引，详细阐释苏联的社会文化和历史发展，反复强调苏联将是美国难以对付的劲敌。这封电报非常及时，当时华盛顿政府也正在思考同样的问题。

凯南的这封电报简直就像是为华盛顿大多数不明就里的官员量身定做的，向他们解释了莫斯科之所以难以对付的原因。这封电报与丘吉尔在密苏里州富尔顿的演讲不谋而合，在这次演讲中丘吉尔也宣称，铁幕已经覆盖半个欧洲。这正是凯南提出了后来被称为"遏制政策"的对苏战略。这封电报此后刊登在著名的《外交》杂志上，文章署名为"X先生"。文章发表后，首先在华盛顿引起轰动，继而震撼全国。凯南一夜之间成为外交界的明星，他后来这样写道："因为我个人声名鹊起，因此我的观点也被广泛采纳。"[4]在很长一段时间内，他的遏制理论都被视为华盛顿对莫斯科政策的依据。当理想主义蔓延、人们还沉浸在对战后联盟的憧憬中时，凯南却打破了这片歌舞升平。这封电报标志着一个时代的结束，预示着另一个时代的到来。

但是凯南备受推崇的日子却并没有持续太久。他在思想上过分孤立，同时又对风云变幻的政治浪潮缺乏关注。1948年，凯南将美国和苏联之间的紧张关系归因于两国之间的历史渊源。因此他认为美国政府对苏联的反应过于激烈，在他看来，虽然苏联红军势力强大，但不会主动去侵略任何国家。

此前在1939年，斯大林曾经妄图吞并芬兰，不料吃了大亏，并且后悔不迭。凯南甚至预见到，由于完全迥异的历史背景，中国和苏联之间将不可避免地出现紧张关系。他断定，即将建立的新中国，无论是不是由共产党领导，在刚刚赢得革命胜利后，正处于自信满满、百废待兴的状态，它绝不会甘心长期做苏联的卫星国，任由苏联人摆布。国务院的其他专家，例如约翰·戴维斯也对凯南的观点表示支持。正如他在1947年写的那样，"克里姆林宫的人们一直以为自己牢牢掌握着中国的革命。可是他们会突然发现，那些由散兵游勇和小打小闹换来的革命果实，早已悄无声息地从他们的指缝间流失殆尽。除了中国人礼节性的鞠躬和微笑，俄国人什么也没得到"。[5]

第四章 洲际政治

在政府里，如果你总是在别人之前就发现了真理，尤其当你被视为一名鸽派人士时，那么你一定得不到好报。从60年代初期开始，苏联和中国之间的关系开始日益紧张，同时，在两国的边界也不断爆发小规模的冲突。凯南虽然能够未卜先知，并且在之后很短的时间内通过事实证明自己预言的正确性，但是在1949至1950年间，艾奇逊却没有心情考虑凯南的意见。当时政府被包围在一片骂声之中，不但要应对苏联引爆核弹的惊人消息，而且要面对蒋介石失守中国大陆的残酷现实。在这种情况下，根本没有人关注凯南关于苏联和中国关系即将恶化的观点。

到了1949年，另一位在国务院刚刚崭露头角的新人大卫·布鲁斯注意到，艾奇逊已经对凯南的电报感到忍无可忍。在艾奇逊看来，这些报告全都长篇累牍、咬文嚼字，处处卖关子。此外，凯南发送这些电报的时机，也远不如他撰写长电报时那样好。没有人知道冷战会以迅雷不及掩耳之势骤然升级，也没有人知道美国国内的政治矛盾会变得如此激烈，更没有人知道凯南会在短短三年的时间里，从一颗巨星陨落成一个圈外人。艾奇逊认为凯南喜欢掉书袋、嗜好争辩，不过除此之外，凯南的政治观点都是对的。如果是在其他的政治环境下，艾奇逊可能会对凯南的主张欣然采纳。可是现在他不能这样做，因为这个时代的政治环境早已今非昔比，艾奇逊不得不迫于各种压力而做出其他的选择。对于这一点，无论是在当时，还是在后来的回忆录里，艾奇逊都出于自尊不愿承认。但是，凯南对自己观点的坚持以及他不愿屈从于政治势力改变自己主张，却间接表达了他对国务卿的指责与不满。而艾奇逊既不是一个喜欢接受批评的人，也不是一个会承认自己屈从现实的人。

不仅是在苏联和中国的问题上，而且在别的问题上，比如是否要继续研制氢弹，艾奇逊和凯南也持截然相反的立场。研制氢弹的计划主要由爱德华·泰勒主持推进。泰勒曾是"曼哈顿计划"的参与者，对罗伯特·奥本海默甚为不满。当杜鲁门筹组特别委员会来研究氢弹时，他选择了泰勒的支持者之一保罗·尼采来领导这个委员会；这意味着从一开始，这个特别委员会其实就已经决定了氢弹计划将势在必行。

对于尼采而言，氢弹研制计划不过是个可行不可行的问题：氢弹能不能产生强大的作用？他从泰勒那获得了肯定答案。但是对于与奥本海默过从甚密的凯南来说，这项计划并不只是可行不可行的问题，也不仅仅是个科学研究的问题，而更是一个道德问题。奥本海默已经为自己研制的核武器感到极度矛盾，对在广岛和长崎投放的两枚原子弹更是愧疚不已；凯南也对氢弹研制计划表达了同样的担忧，他感觉这将是一场潜在的道德灾难。奥本海默和凯南一致认为，一旦美国将研制氢弹的计划付诸实施，美苏之间必定会启动一场永无止境而又毫无胜算的军备竞赛，这会给整个世界的安全带来极大的威胁。

正如艾奇逊所期望的那样，尼采的特别委员会在报告中指出，美国应该推行氢弹研制计划。这意味着美国的国家安全有了新的蓝图。艾奇逊早就迫不及待要开始这项工作，这项研究是他日思夜想的国家安全政策的一个开端，而尼采将全权负责整个项目。1950年1月31日，在艾奇逊发表了对希斯讲话后的第七天，杜鲁门批准了氢弹研制计划。

在凯南看来，斯大林领导的苏联虽然有着根深蒂固的偏执和妄想，但其对外政策并不具有侵略性。尼采却并不这样认为。"总体说来，"他当时说道，"最近苏联的举动不仅表明他们有意囤积兵力，而且暗示着他们变得前所未有的狂妄。"[6] 实际上，他是指美国作为一个超级大国，在制定对苏政策的时候不能将对方视为沙皇主义时的俄国。换句话说，无论凯南多么才华横溢，他的理论并不适合作为对苏政策的基础。尼采对凯南深感怀疑：万一凯南的理论并不正确怎么办？他只不过是个外交官和历史学家而已，而不是什么先知圣贤。一旦他的对苏理论是错误的，那么美国就会将自己的整个国防政策建立在一连串错误的历史理论上，并且因此变得极端脆弱。

在艾奇逊本人及其盟友看来，尼采起草的NSC68号文件最终让美国的军事力量走上了与其战后的国际形象相符的道路——美国从此不会夸夸其谈，而会真正掌握王牌，这张王牌，就是可能永远都不会真正用到的核武器。在这个前提下，美国将获得更多的军事主动权。然而在凯南看来，NSC68号文件将美国的对外政策推上了一条军国主义的道路。实际上，在凯南看来，

第四章　洲际政治

这项劳民伤财的国家安全计划最终只会创造出一个与美国的国防力量势均力敌的苏联。他曾经这样写道，苏联的原子弹并没有真正破坏美苏之间的平衡关系，"我们目前所看到的所谓严峻形势，其中大部分不过是我们自己的假想而已"。

此时华盛顿内部围绕美苏关系展开的讨论对后来的世界局势产生了重大而深远的影响。艾奇逊和尼采正在尽可能隐蔽地推进NSC68号文件的批准。在这个过程中，他们最需要防备的人就是国防部长约翰逊。参联会暗中对尼采说，艾奇逊应当绕过约翰逊，避免和他直接交锋。多年之后，布莱德雷写道，艾奇逊与约翰逊之间的矛盾制造了一个"罕见的、糟糕的而又极具讽刺意味的局势。在这场矛盾中，参联会选择站在了国务卿而不是国防部长身边"。[7]参联会觉得艾奇逊和尼采比约翰逊更同情他们的疾苦。尼采认为，想要将美国的国防系统建设成他们想要的那样，每年至少要有四五百亿美元的军费预算，否则，美国就无法实施他们的国防政策，最终还会让苏联称霸全球。

艾奇逊在得知尼采估计的国防预算额后说："保罗，别把这个数字写进报告。你只要告诉我就够了，我会转告总统先生。切记，不要在报告中出现任何相关数据。"[8]最终在1950年3月22日，他们和约翰逊及各军种参谋长在尼采的办公室召开一次会议，共同讨论NSC68号文件。会议开始时的气氛非常平静，约翰逊询问艾奇逊是否读过文件，艾奇逊当然已经读过。然而，约翰逊却没有读过。实际上，直到那天早上，他都只是对该文件略有耳闻。可是突然之间，他发现自己已经被踢出这场游戏，深陷于埋伏之中。很明显，布下这场天罗地网的就是艾奇逊及其爪牙尼采。他们为了收买人心，笼络参联会主席的支持，不仅承诺返还他们被约翰逊削减掉的那部分预算，甚至超过了约翰逊想象中可能给予他们的最高预算。约翰逊恍然大悟，忽然意识到自己已经被他们完全孤立了。正如艾奇逊后来写的那样，约翰逊突然"暴跳如雷，把椅子用力摔到地上，挥舞着拳头，把我吓了一跳"。[9]

约翰逊开始痛斥艾奇逊和尼采试图将他蒙在鼓里，这让他无法忍受，他无法向这样一个侮辱屈服。他说："这是一场背着我进行的阴谋，目的就是颠覆我的政策。我将和参谋长们一起离开。"此后不久,约翰逊再次来到艾奇逊的办公室与其争论,大声地说他受到了侮辱。艾奇逊将他赶出去,然后差人向杜鲁门报告所发生的一切。一个小时之后,杜鲁门电告艾奇逊继续执行文件。当时杜鲁门还没有批准NSC68号文件,朝鲜战争使他分心,但是艾奇逊和尼采已经开始执行这一文件。六个月后,杜鲁门令约翰逊辞职,转而让马歇尔接任,因为艾奇逊认为约翰逊当时的精神状态不够稳定。

NSC68号文件是个前所未有的文件,它奠定了美国在冷战中对苏联的整体战略。美国对苏联的不信任正如同苏联对美国的不信任那样根深蒂固,这种彼此间的不信任导致了进一步的恶性循环,因此在两国中制造出更多的不信任和庞大的军费开支。它反映出美苏之间纯粹意识形态上的矛盾,尤其是在只有美国高层才有权阅读这份密报的情况下。"苏联不同于以往任何一个野心勃勃的政权,他们受到一种狂热的信仰的蛊惑,而他们的观念与我们所秉持的信仰背道而驰。他们企图对世界其他地区拥有绝对的统治权。"起初,杜鲁门对这份文件的态度并不明朗,对于由其引发的巨额经费更是大皱眉头。但是随后朝鲜战争爆发了,美苏之间的冷战已经上升到白热化的程度,这让杜鲁门感到国防预算的增加势在必行。人们围绕这份文件展开的争论渐渐停留在学术范围内,对政治事件的关注取代了对国防开支的关注。NSC68号文件的目的就是要将国防开支增加到原有的三倍,而随着朝鲜战争的爆发,国防开支也到了不得不提升的时候;杜鲁门几乎不需要决定通过NSC68号文件,战争本身就推动着这份文件的实施。到1951年深秋,华盛顿已经准备好了1952财政年度的国防预算,这笔开支从朝鲜战争爆发前的130亿美元一下增长到了550亿美元,是原来的四倍还多。多年之后,艾奇逊在普林斯顿的一次研讨会上这样说道:"朝鲜拯救了我们。"[10]

三

不管怎么说，杜鲁门是个有决断力的人。即使罗斯福的许多旧部在杜鲁门初入白宫的时候都十分瞧不起他，认为这个平庸的人完全无法和他们深深爱戴的伟大领袖相提并论，然而现在他们理解这一点了。一些罗斯福的效忠者在杜鲁门上台伊始就离开了他，他们知道自己不会听命于这个新任总统，其他人则抱着效忠美国人民而不是杜鲁门本人的心态留了下来。然而，这些人渐渐地开始对他肃然起敬，因为他们感觉到杜鲁门是一个不平凡的人。

尽管杜鲁门是美国历史上最后一位没有上过大学的总统，但他从小就是个十分热爱学习的孩子；他爱好读书、涉猎广泛，是一名自学成才的历史学家。杜鲁门最优秀的品质在于，一旦开始执政，他就变得非常自信。他从来没有想过会成为美国总统，更没有想到自己会以继承的方式成为美国总统，但是他时刻准备着为美国人民服务。

出乎全国人民意料的是，在1948年凭借自己的力量夺得总统宝座之前，杜鲁门并没有窝囊地以副总统的身份藏身于办公室，而是认为自己应当在关键时刻挑起总统的重任。他明白如果自己仅仅变成伟大领袖的替身的话，就会很容易被自己的敌人——那些政见相左且对总统宝座虎视眈眈的人吞噬掉。但是他不想被这些人消灭掉，因为历史总是对那些政治斗争的失败者毫不留情。无论身处顺境还是逆境，杜鲁门一生都与形形色色的普通人站在一起，这种人生经历使得他到达了知人善任的境界。最重要的是，杜鲁门的丰富阅历教会了他做决定时要尽可能召集最好的人、获得最新的消息、对自己的问题深思熟虑、预估到最坏的结果，然后继续埋头做下一件事情。朝鲜越过三八线的那天早晨，当他飞回华盛顿后，杜鲁门清楚地意识到自己的一举一动随时会对整个朝鲜半岛的局势造成深远的影响；他知道，朝鲜战争将成为自己总统生涯中最大的挑战。

1950年6月，他当美国总统已有五年，人生的两次胜利使得他更加自信。尽管这两次胜利都让他记忆犹新,然而第一次胜利——1948年逆转击败杜威是最难忘的。这次胜利当选帮助他扫清了通往成功的障碍。他凭借自己的实力最终登上总统宝座,走出罗斯福总统的阴影,得到了其他政要、媒体及历史学者的尊重。他摆脱了"罗斯福的总统替身"的称号,卸下了自己"由于罗斯福的逝世才当上总统"的包袱。

就任总统之初,杜鲁门总是会犯政治错误,这也让他受到一些尖刻的批评。"杜鲁门老是出错。"共和党参议员罗伯特·塔夫脱的妻子玛莎·塔夫脱尖刻地对他进行过批评。"不过,我对他已经够体谅了。"[1]玛莎接着说道。专栏作家多丽丝·弗里森写道:"我想知道,杜鲁门在醒着的时候可以为我们做什么事情。"《新共和》杂志的理查德—斯特拉特也写道:"可怜的杜鲁门,可怜的美国人民。"[2]

杜鲁门大器晚成,60岁时才成为美国总统。杜鲁门在农场里长大,因此他的支持者多为农民。在1948年大选时,他曾对中西部的农民选民们说,他可以一口气给160英亩的小麦地播种。他的话感动了这些农民,因而获得他们的广泛支持,这成了他在这次大选中获胜的秘密武器。[3]1934年,杜鲁门进入参议院时已届天命之年。后来,杜鲁门加入彭德格斯特这一派,这似乎为他打开了政界之门。虽然汤姆·彭德格斯特的手下大多是腐败堕落的政治工具,但是杜鲁门却独树一帜,以自己的诚实谦逊而著称于世。杜鲁门来自小城镇,因此具有小城镇的美德。杜鲁门通常戴着梅森牌三联金戒指和一枚衣领章以表明自己参加过"一战"。他适应小镇上乡间小屋的安逸生活,是退伍军人协会和海外战争退伍军人协会成员,也是驼鹿党和糜鹿党的成员。

虽然相对于大部分总统来说,杜鲁门的一生充满失望与失败,但正是这种经历铸造了他独特的性格。在第一次见过杜鲁门后,布莱德雷将军这样写道:"我喜欢杜鲁门这个人。他为人率真,毫不做作,信心十足又头脑灵活。"[4]杜鲁门从不自欺欺人。他天性勤奋努力,似乎总是准备充分,因为他不想浪费别人的时间,更不想让别人浪费自己的时间。罗斯福总统总是在大可不必的情况下敷衍搪塞别人,但是杜鲁门因为天性坦率,反而能够更好地处理那些令人感到尴尬的事情。总而言之,杜鲁门为人单纯,不会遮掩。马歇尔在与罗斯福打交道时总是感觉不自在,因为有时候罗斯福甚至会对他这位高级顾问也采取敷衍了事的态度。当总统用昵称称呼马歇尔时,马歇尔总是感到很不适应,因为他认为政治人物之间的关系应当十分正式,交流应更直截了当。当罗斯福亲昵地称呼他为"乔治"时,马歇尔明白罗斯福这时很可能是想要利用自己;当罗斯福称呼他为"将军"或者"马歇尔将军"时,马歇尔明白罗斯福这时对他很可能爱理不理。在这一点上,马歇尔更喜欢杜鲁门为人处世的方式,因为杜鲁门不会对他云山雾罩,铺设陷阱。

在参议院里,杜鲁门对自己的不足之处颇有自知之明。他明白很多同僚比自己受过更好的教育,他们的生活更为富足和成功,他们甚至还通晓一些专属政界人士的深奥词汇,而他只能依靠猜测去弄懂这些词究竟是什么意思。他高中时代的朋友查理·罗斯(后来成为《圣路易斯邮报》的一流记者和白宫新闻秘书)说:"我知道杜鲁门在当参议员的时候很自卑,不过他其实很棒,只是自己不知道。"在他执政期间,美国经历了巨大的变化,变得更加任人唯贤。变化的动力来自"二战"所释放出的巨大的平等主义力量,以及由此而来的政治好处,比如,退伍军人可以根据《美国退伍军人权利法》去上大学。然而杜鲁门却成长在世纪之交,那时的美国远没那么公平,青年才俊经常怀才不遇。

杜鲁门是他那个时代那个地区的典型代表。他的传记作者大卫·麦卡洛写道:"他只要一开口,人们就知道他出身平平。但问题不在于他来自何方,而在于他来自一种美国的特殊经历,来自一种真正的拓荒背景和一块美国人想象中的特殊之地。密苏里州,就像杜鲁门喜欢强调的那样,是马克·吐温和杰西·詹姆斯的密苏里。"如果说罗斯福是来自伊迪丝·沃顿小说中的一个角色,那么杜鲁门就是来自辛克莱尔·刘易斯小说中的一个人物。[5]

没有人真正了解杜鲁门,即使是1944年支持他竞选的民主党人都不清楚他的伟大之处。他们推举杜鲁门为副总统候选人,仅仅是因为没有其他更看得上眼的候选人。他们尤其不喜欢现任副总统亨利·华莱士。正如《南方》杂志编辑乔纳森·丹尼尔斯所写的那样,"民主党想找一个好的竞选人,然而他们不知道自己的候选人是否就是最好的"。[6] 他既是一个普通人的缩影,也是这个国家制造的现代美国总统的缩影。身为共和党的主要政治捐客,同时也是《堪萨斯城星报》主编的罗伊—罗伯茨在杜鲁门最初当选的日子里写道:"如果杜鲁门能够顺利执政,那将是对民主的极大促进。反之,那将是对民主的极大考验。"[7] 杜鲁门是一位表现出色的政治家,总是考虑到普通大众的利益。由于他出身平凡,也曾过着普通人的生活,因此他能真真切切地急人民之所急,想人民之所想。

在杜鲁门的第一个任期里,他经常向朋友抱怨自己不喜欢"白宫监狱式的生活"。他曾经表示,如果艾森豪威尔愿意加入民主党的话,那么他将在1948年的竞选中支持艾森豪威尔,后来他才逐渐改变这种想法。总统生涯不仅改变了他的生活方式,还使他不得不和自己的家人分居两地。妻子贝丝和女儿玛格丽特常年住在老家独立城,因此他很想和母女二人团聚。然而杜鲁门不是一个知难而退的人——别人越是想取而代之,他越是显得自信,相信自己能够更好地在总统的职位上为国家效劳。如果民主党需要他、人民需要他,他将责无旁贷地挺身而出参加1948年的总统大选,鞠躬尽瘁、死而后已。杜鲁门从来都不会被困难击倒,他就像一只公鸡那样顾盼自傲,这不仅让美国人民看到了他的伟大,也让他们用自己的选票回报了他的努力。

他的"小城镇"出身与许多共和党人没有什么太大不同,但是他的人生历练却要比别人多得多。因此,杜鲁门抱着审慎的态度怀疑小城镇的人们头脑里根深蒂固地认为正确的东西。在美国当时的政治氛围下,人们只为那些可以给自己带来经济利益的人投票。由于当时罗斯福新政的实施,民主党掌握着国家的整个经济命脉。

譬如,在一个有8000人居住的小镇里,一个工厂可能就有1000名蓝领工人,而这些工人几乎都是民主党人。仅有少数的小镇居民,如工厂主、经理、银行主、律师、医生等会投共和党的票,大多数美国民众都要求比过去生活得好。虽然共和党人不断暗示,但是民众认为国家没有走向社会主义;

第四章 洲际政治

大多数劳动群众都相信，只有在民主党的带领下，他们的生活才能蒸蒸日上。那时民主党的党歌这样唱道："我们工人每天辛勤工作，我们创造出了累累硕果，不要让别人抢走我们的胜利果实。"从20世纪60年代中期开始，文化问题逐渐使民主党和蓝领工人、欧洲移民的后代、黑人的后代以及南方白人政客之间的同盟关系逐渐分裂。但是在杜鲁门执政时期，这个问题还不算严重，再加上工人们刚刚加入工会，生活有了保障，因此他们对民主党的经济发展成果仍然心存感激。

当杜鲁门参加1948年的总统竞选时，他认为民主党还保留有很好的政治基础。他是一个财政保守主义者，在前三年的执政期里，他谨慎地把税率控制在一个很低的水平。另外，他凭借自己的直觉发掘共和党内部的裂痕，并且在全国代表大会上揭穿共和党政策方针上的自相矛盾，改变国会大佬们的保守想法。他在国会批评共和党仅在少数几个大州的郊区增加了影响，而与大多数城镇中的普通民众脱离了联系；同时，他还批评共和党否决他在住房、教育、医疗方面的改革项目，并且呼吁共和党要解放思想、多为人民做实事。因此当他被提名为1948年的总统候选人时，他立即宣布要号召国会重新开会来通过共和党人支持的议案。真是一个巧妙果敢的行为。尽管共和党不喜欢这种称呼，但是参议员斯特莱斯·布里奇斯还是把杜鲁门称作"暴脾气的奥扎克的埃阿斯"。[8]*

1948年的总统竞选对杜鲁门来说简直是一个不可能完成的任务，几乎所有大城市的大佬都反对他的连任。当听到艾森豪威尔没有兴趣参加民主党的候选人提名时，民主党党魁弗兰克·黑格难过地说道："我的天哪，候选人竟然是杜鲁门，哈里·杜鲁门！"[9]所有的事情似乎对他极为不利：许多政客和普通人认为他与前任罗斯福相去甚远，而且民众也认为民主党已经执政太久，早就该换成其他政党了。由于彭德加斯特家族的黑道背景，他最信任和最亲密的朋友不免被媒体狂轰滥炸。同时，虽然人们不是针对

---

* 奥扎克是印第安人的一支，也是密苏里州的别称。埃阿斯是洛克瑞斯的依勒斯之子，矮小而傲慢的勇士，曾参加特洛伊战争。

杜鲁门本人的人品，但是对他的彭德加斯特背景还是引起一片非议。尽管艾森豪威尔已经明确表示自己不会参加竞选，尽管支持艾森豪威尔的人不清楚他的政见是什么，但是民主党自由派的吉米·罗斯福（已故总统罗斯福的儿子）还是不遗余力地邀请艾森豪威尔出山竞选。似乎没有人愿意支持杜鲁门，就连阿肯色州州长本·兰尼都说："我们可不想和一头密苏里的死驴一起竞选。"[10]

1948年的大选结果对于共和党人来说是残忍的。当时没人能够理解，也没有人可以接受，共和党创造了党史上灾难性的五连败，这是何其不幸啊！美国出版商权威亨利·卢斯的妻子克莱尔在共和党全国代表大会上说，杜鲁门已经是只"死鹅"。那时夏天还没有过完，共和党人就已经开始庆祝即将来临的胜利，所有见多识广的政客都承认受人民爱戴尊敬的杜威将获得压倒性的胜利。

在竞选的早期，共和党高层甚至认为胜负已分，没有必要再继续浪费钱财四处拉票。一位著名的民意调查者艾尔莫·罗珀早在9月上旬就宣布他将停止拉票活动，因为大选结果几乎已成定局："汤姆·杜威一定能够当选……对此我确信无疑，因为没有比这更清晰明了的事情了。如果连这都看不清楚的话，那么我们就像运动播报员假装没有看到比赛胜负已分那样愚蠢。"[11] 所有这些反过来也对杜威产生了影响。当另一位共和党人去纽约的波灵农场拜访他时，杜威引用了罗珀的话自豪地宣称："我现在的工作就是阻止破坏现状。"[12] 很明显，在他看来，这次竞选的主要目标与其说是争取本世纪中叶的共和党胜利，还不如说是避免再犯错误。

然而共和党人还是犯错了，而且犯下了轻敌的致命错误。尽管民主党从表面上分裂为三派，并因此显得凝聚力十分薄弱（极"左"一派跟随亨利·华莱士，南方民主党人由南卡罗来纳州的斯特罗姆·瑟蒙德领导），但是他们都没有给杜鲁门制造太大的麻烦。虽然表明政党分裂的信号比分裂本身更有戏剧性，但这的确使事情更难办了。1948年2月，在华盛顿举行的杰斐

第四章 洲际政治

逊—杰克逊日*晚宴上，南卡罗来纳州民主党参议员奥林·约翰斯顿买了一张大桌放在舞台的正前方。他的妻子安排了全部委员就座，唯独把这张大桌子留出来让总统就座，而且还故意把那些缺席者的位置和总统放在一起，以此羞辱杜鲁门总统。他们的一个朋友曾经说过："我们花1100美元，为的就是让总统一个人晾在那里，给他一点好看。"[13]

然而最让杜鲁门感到头疼的是，虽然民主党执政了十六年，但是临近秋季大选时，民主党居然身无分文，而且没有人愿意出任财务委员会主席。这无疑是在进一步提醒人们，民主党获胜的机会有多么渺茫。1948年9月1日，在大选开始两周之后，杜鲁门召集了民主党内80个有权有势的名人到白宫讨论党的资金问题，然而仅有50个人出席。在会上，总统呼吁党内成员自愿挑起管理财务委员会的大任，但是没有人愿意。第二天，杜鲁门打电话给路易斯·约翰逊，恳求他担任此职。约翰逊答应了。约翰逊是一个华盛顿总统那种类型的人、一个白手起家的车轮商人，对自己的政治能力和潜力信心十足。他勇于挑战自己的极限，并且敢于冲入各个权力真空。他原来甚至打算在杜鲁门总统期满的时候参选总统，然而在杜鲁门的大力请求下，他甘愿充当绿叶。约翰逊的政治基础来自他和退伍军人协会的密切关系。他曾经做过该会的高级官员，而且与该会在外交政策上的观点一致。那个夏天曾经在民主党全国委员会工作的吉恩·基尔里说他是"一个赌徒"。基尔里还说，约翰逊开始为杜鲁门筹钱时，是"以冷酷、精明的方式赌杜鲁门获胜。一旦杜鲁门获得成功，那么他就可以成为华盛顿的名律师和全国名人之一"。[14]

当时，杜鲁门的声望已经跌破历史纪录，而且民主党也负债累累，拿不出一分钱来。然而自从约翰逊参与进来以后，仅凭一张个人支票就给民主党送去了十万美元，一下子清了民主党的所有债务，还提供了杜鲁门火车旅行竞选的资金。杜鲁门预定在9月17日从华盛顿特区的火车站出发，

---

* 由民主党举办的募款庆祝活动日，以此纪念民主党最引以为傲的两名早期总统安德鲁·杰克逊和托马斯·杰斐逊。

准备跑遍火车沿线的各个小镇进行竞选活动。作为财务委员会的主席，约翰逊出色地完成了自己的工作——仅在两个月内就为民主党筹集了两百万美元。大选结束以后，杜鲁门已经负债累累，这也是为什么在福里斯特尔离任之后，约翰逊能够当上国防部长。[15]

在1948年大选前夕，民主党内的分裂程度远没有负债问题那么严重。"左"倾的华莱士阵营实际上保护了杜鲁门，使他免于受到别人对他"左"倾的质疑，没有人能比共产党及其追随者对他的指责更猛烈的了。南方民主党人只在四个南方州的39个选区占优。

那一年，杜鲁门最大的优点就在于，他从来没有失去对自己和对美国人民的信心。他精力充沛地参加竞选，竞选口号也简短有力，然而经济问题仍然是选举的重中之重。竞选运动开始之前，副总统阿尔本·巴克利就经常鼓励他："你要挺身而出，一举打垮那些共和党人。""是的，我一定会打垮他们，"杜鲁门说道，"我会把他们统统都送进地狱。"[16] 这一番豪言壮语赢得了全国民众的热烈支持。如果说罗斯福的高度是杜鲁门无法企及的，他天生就不可能成为罗斯福那样的人，那么杜鲁门也算是找到了自己的最佳角色——一个狂妄不羁的被压迫者和一个奋起还击大人物的抗争者。这个形象很符合他本人的个性以及他所处的时代。

除了杜鲁门自己，别人都认为他败局已定。在别人的眼里，杜鲁门此前执政的三年半里没做过什么大事，1948年的大选将是他最后一次参加政治选举。然而他们却不知道，美国民众对"火车竞选"表现出极大的兴趣，因为在火车的车厢里，他们能够与总统平等相处，于是总统在他们的眼里变得平易近人，一点也没有大人物的架子。白宫发言人萨姆·雷伯恩曾经这样说道："杜鲁门十分擅长在火车车厢里与百姓聊天。平民出身的杜鲁门对他们不会讥笑而会微笑，不会嘲笑而会在一起开怀大笑。"[17]

这种植根于群众的竞选方式不仅能够让杜鲁门与选民进行零距离的接触，而且就发生在那些喜欢惹是生非的媒体与共和党（甚至民主党）高层的眼皮底下。共和党人过于自负——考虑到杜鲁门在1946年中期选举时的表现，他们认为杜鲁门不可能再次创造奇迹。杜威的竞选表现也十分糟糕。

第四章　洲际政治

来自亚利桑那州的共和党全国委员克拉伦斯·凯兰说："杜威在竞选时过于沾沾自喜、骄傲自大、目中无人。"[18]他好像觉得自己已经大权在握，而民主党与杜鲁门只是总统职位的挑战者一样。他的演讲又臭又长。他的一些助手，包括赫伯特·布朗内尔就曾经责备杜威的妻子对其干涉太多，尽管她很想帮助杜威登上总统宝座，但是她的强势反而害了杜威，而且她不止一次影响了杜威的公众形象。多年以来，他的助手都劝他刮掉自己太过招摇的标志性胡子，虽然胡须有利于塑造他铁面无私的检察官形象，却使他显得不近人情，不利于塑造一个总统的形象。"他的胡子太多了，反而让人觉得他的脸太小。"数年之后，布朗内尔不无遗憾地说。然而杜威还是很喜欢蓄须，因此也就一直没有刮。

实际上，杜威能力出众，从他连任三届纽约州州长的事实就可见一斑。六年的州长经历为此次竞选做好了充分的准备。杜威的仕途与罗斯福大同小异，因为罗斯福本人也是从纽约州州长一路晋升上来的。杜威是第一位诞生于20世纪的总统候选人，参加总统竞选时才46岁，正值壮年，意气风发。他白手起家，最初不过是纽约州一个名不见经传的小检察官，每天负责追捕逃犯，然而后来他却一跃成为共和党的总统候选人。

不过，也有一些批评者认为，正是这种检察官的形象给杜威带来了很多麻烦。检察官通常要在陪审团面前表现得镇定自若与思维敏捷，但是这种形象却与总统亲民的形象格格不入。[19]

在10月中旬，《新闻周刊》向全国各地的五十多个政治评论家展开民意调查。调查的结果是，每个评论家都预测杜威会赢得大选。杜鲁门的团队听说这次名为"五十名政客预期杜威当选"的调查后，都感到十分沮丧，但是唯独杜鲁门不为所动，还鼓励大家说："那些该死的混蛋，他们到现在还没有弄清楚状况。管他什么调查呢，我们还是要踏踏实实地工作。"[20]在大选前夜，新闻界仍然算错了结果。《曼彻斯特卫报》的记者阿里斯泰尔·库克在撰写大选前的最后一篇文章时，将自己的报道命名为《哈里·杜鲁门——对"失败"的研究》。当时很具影响力的《吉普林格简报》也把杜鲁门和杜威决战前的那期新闻冠名为《杜威获胜后会做什么》。

然而大选的结果却出人意料，杜鲁门轻而易举地大获全胜：他以2410万票对杜威的2190万票胜出；他获得了二十八个州的303张选举人票，而杜威仅得到十六个州的189张选举人票。要不是同党的华莱士分散了杜鲁门的票源，他甚至可以拿下杜威所在的纽约州。杜鲁门胜利之时，正是美国历史上政治最为混乱的时刻。为了庆祝自己的胜利，刚刚上任的杜鲁门做了个颇为幽默的举动，只见他手持一份《芝加哥先驱报》，对着镜头拍下了一张历史性的照片，而这份报纸的头版标题上赫然写着《杜威打败杜鲁门》。对此，格劳乔·马克斯曾经这样评论道："共和党人现在唯一能够进入白宫的办法，就是娶到玛格丽特·杜鲁门（杜鲁门的女儿）。"

对共和党人来说，杜鲁门上任无异于一场大灾变。虽然罗斯福走了，但民主党却在一个被他们所轻蔑的男士服装经销商的带领下获得了胜利。除此以外，民主党在参议院还拿下了九个议席，更是创造了奇迹。民主党奇迹般赢得一次大选，但也即将付出惨重的代价：民主党此前的外交政策受到忠诚和安全问题的严重影响，而这正是共和党可以进行恶毒攻击的目标。

杜鲁门是一个优秀的政治家。他在夺得共和党对农业州掌控权的同时，还巧妙地控制了民主党内的各个派系。在很长一段时间里，他的反对者甚至没有回过神来，直到杜鲁门离开白宫以后，他们才真正明白这位总统的高明之处。在解释为什么杜鲁门能够意外获胜时，塔夫脱曾经说过："我不在乎别人怎么解释杜鲁门的成功，但是让这个粗鲁的政客再一次顺利执政，完全有悖于人们的常识。"[21] 在著名的政论专栏作家沃尔特·李普曼看来，尽管杜鲁门不是真心实意地拥护罗斯福新政，但是他极为巧妙地把自己和罗斯福的政治同盟放在同一条战线上。对于共和党保守派来说，虽然杜鲁门大获全胜，但是他们还是无法接受这个现实（关于这次大选，曾经有一本畅销书题为《逃出胜利的鬼门关》）。从那以后，他们开始不断指责杜威与共和党左翼组织了这次极为糟糕的竞选活动。从当时的历史情形来看，若是由他们最欣赏的塔夫脱出面与杜鲁门角逐，两人之间的差距甚至会更大。

回顾往事，杜鲁门的胜利给当时的共和党造成不小的冲击，他们迫切需要找到或者创造一个新的政治话题来与民主党抗衡。因此，蒋介石政府

第四章 洲际政治

的垮台无异于一次天赐良机,或者说,这是一次对政府对于共产主义软弱态度的无情打击。如果杜威在总统大选中获胜,那会产生什么后果呢?已经存在十年之久的两党合作是否仍将继续?在麦克阿瑟被指责为总统的反对者之后,他们之间的矛盾是否能够有所缓解?假如杜威当选美国总统,并由杜勒斯出任国务卿,那么共和党也会遇到杜鲁门与艾奇逊碰到的那些麻烦吗?这个国家能够逃过麦卡锡一劫,避免党内丑态毕露的互相指责吗?作为三军总司令,杜威能够轻而易举地拿掉共和党的英雄麦克阿瑟吗?或者,也许麦克阿瑟知道自己的影响力不及杜威,他会安安分分地听从这位总统的指挥吗?

民主党人得知杜鲁门获胜后,欢天喜地、额手相庆,而连续五次在大选中败北的共和党人则遭到致命的打击。共和党中的有些大人物已经开始担心,这个政党会永远成为在野党。竞选失败并不意味着共和党人就会缴械投降,一旦让国民经济操控在那些蓝领工人的手中,那么共和党人在经济议题上就没有任何可乘之机。但是,他们绝不会对民主党的颠覆问题置之不理,这一次反共将成为他们政治运动的主题。在这个问题上,正是那些民主党人难以控制的事件,尤其是蒋介石政府的垮台给共和党提供了巨大的帮助。从此以后,美国的国内政治斗争变得愈发激烈,而针对民主党人的最大指控将是他们在二十年里犯有的叛国罪。

四

　　一些事情的发生意味着朝鲜战争不能被当作孤立的事件，不能被当作小国里发生的小规模战争，不能被当作仅仅与朝鲜半岛有关。这些事情包括：中国的崛起成为美国国内政治的议题，关于美国对外政策日益激烈的争论，以及民主党政府的外交政策被认为过于软弱，尽管左派批评者们认为它过于强硬。朝鲜问题通常要与更大的事件联系起来，也就是曾引起美国最激烈的国内政治辩论的中国问题。当杜鲁门政府派兵前往韩国时，他们头上总是笼罩着一个巨大的阴影，也就是中共军队加入战团的危险。这是杜鲁门总统和他身边的大多数人都不愿意看到的，却是前线总司令麦克阿瑟将军及其拥护者似乎十分期待的。总统把国家带入了一场困难的战争，自己却放不开手脚。总统不得不在政治上采取防守的姿态，因为他没有选择指挥官的余地，尽管人们不愿意承认这一点。

　　当约翰逊加入内阁并与国务卿艾奇逊较量以来，行政当局内部对蒋介石和中国的争论就没有停止过。约翰逊一进入内阁，这两人就开始争论是否要援助台湾。在朝鲜越过三八线的四天以后，共和党领袖塔夫脱参议员在国会发表了慷慨激昂的演讲，他攻击杜鲁门没有得到国会批准就擅自对朝鲜开战。他抱怨说，朝鲜对韩国的"入侵"不仅说明艾奇逊亚洲政策的严重错误，而且表明他对共产主义的软弱。他强烈要求国务卿下台。塔夫脱演讲几个小时后，被杜鲁门从欧洲召回来帮助艾奇逊的哈里曼刚好来到约翰逊的办公室门前。因此，当约翰逊接到塔夫脱的电话时，哈里曼亲耳听到约翰逊对塔夫脱的演讲赞不绝口，特别是对塔夫脱要艾奇逊下台的意见表示首肯。约翰逊对塔夫脱说："你早该在国会提出这件事来了。"听到这里，哈里曼感到十分吃惊，因为这些人像是在私下里早已定下反对总统的阴谋。更让哈里曼震惊的是，约翰逊甚至建议哈里曼与他们合作，这样一来他就可以帮助哈里曼坐上国务卿的位置。哈里曼立即把这件事情告诉了杜鲁门，没过多久，约翰逊就被总统撤职了。

第四章 洲际政治

约翰逊过高地估计了自己的政治地位,而且许多高级将领看不起他。他支持蒋介石,反对总统的基本方针,因此,总统可以从这两个理由中随便找一个把他拿下。但对于前线总司令麦克阿瑟将军,那就是另外一回事了,他似乎不怕与行政当局对抗。其实,他和杜鲁门总统之间的龃龉早在朝鲜战争爆发之前就已开始。当时,美国最具影响力的周刊《生活》杂志(由亨利·卢斯一手创办,他不仅是一位"中国通",还是行政当局对华政策的主要批评者)上的一篇报道,就被看作他们之间所产生的冲突之一。1948年12月下旬,《生活》杂志发表了一篇题为《麦克阿瑟指出中国国民党政府的垮台会使美国陷入危机》的文章。文章说,麦克阿瑟曾给参联会发过一封长达16页的电报寻求帮助,这使"我们的军界高层前所未有地震惊"。麦克阿瑟认为,苏联夺取日本简直如探囊取物,"面对如此明了的现实,华盛顿怎么能对中国共产党胜利的结果感到心安理得呢"?在这个异常敏感的政治问题上,身为远东最高军事长官的麦克阿瑟却与美国总统不共戴天的敌人站在了一条线上。这对总统和麦克阿瑟将军之间的关系来说可不是什么好兆头。[1]

1950年7月下旬,总统和将军之间又发生一次摩擦。朝鲜战争爆发后,行政当局就台湾问题展开激烈的争论。由于台湾离中国大陆仅有85英里,参联会逐渐关注该岛的军事价值。当时情报部门曾经传言(后来证实这是完全错误的),中共正在大陆集结一支由4000条船组成的舰队伺机进攻台湾。这引发美国当局对朝鲜战争、台湾问题以及中国态度的极大关注。艾奇逊对任何可能导致把美国在韩国的行动与蒋介石联系起来并因此扩大战争规模的事都非常小心,而且他仍然坚决反对援助蒋介石。他认为帮助台湾就是帮助蒋介石,如果处理不好,很可能会演变成美国对华政策的灾难性行为。然而,杜鲁门总统在支援蒋介石这一问题上已经开始让步,他建议先派出一个调查组去评估是否有必要帮助台湾进行防御。参联会把这项任务委派给麦克阿瑟,而麦克阿瑟自己则担任这个调查组的组长。参联会建议,在国务院和国防部制定对台基本原则之前,麦克阿瑟应该先派出其他高级官员前去做初步的调查工作。如果让麦克阿瑟亲自出马,这种架势看起来更像是国家级的正式访问,而不是为了军事需要进行的评估。这样做会导致该地区的局势更加紧张。

然而，麦克阿瑟一点都不想等，也不愿让国务院干涉其中。因此，在接到委任以后，他就把美国代表比尔·塞巴尔德晾在东京，带着自己的人马立即飞往台湾。与他一同前往的还有许多高级军事将领，为此美军不得不动用两架C-54S运输机。在途中，麦克阿瑟通过无线电通知五角大楼说，如果大陆攻入台湾，他将用三个F-80S喷气式战斗机中队奋力将其击退。麦克阿瑟的这一举动让身在华盛顿的首脑们，特别是艾奇逊更为忧心。他以为麦克阿瑟已经把那三个战斗机中队派往了台湾。艾奇逊很是恼火，认为这是麦克阿瑟的越权行动。这件事同样提醒参联会，不论是在蒋介石和台湾问题上，还是在任何其他问题上，麦克阿瑟都不像其他的战区司令那样听从指挥，也从来不按照他们的要求办事。参联会主席布拉德利后来说，参联会的命令对麦克阿瑟根本就不管用，最好能够让杜鲁门总统亲自下令，让麦克阿瑟推迟前往台湾。

在朝鲜战争爆发五周以后，也就是7月29日，麦克阿瑟抵达台湾。对于他的大驾光临，蒋介石等人十分激动，就像迎接美国总统那样欢迎麦克阿瑟的到来。实际上，麦克阿瑟和蒋介石简直就是在竭力扮演着这样的角色，麦克阿瑟还很有礼貌地吻了吻蒋夫人宋美龄的手。尽管两人素未谋面，但是麦克阿瑟却称呼蒋介石为"我的老战友"。最关键的是，虽然就技术层面而言，美国对华政策还没有任何改变，但是麦克阿瑟此行足以说明，政策发生了改变，或者说美国表现出了一种不同的对华姿态。这对蒋介石政权的"外交部"来说是一个极大的成功。随后蒋介石发表一通讲话，说双方将为了"共同的利益"对抗共同的敌人。正如布拉德利所述："国民党的宣传给人们的印象是，在远东地区，美国将与蒋介石组成更紧密的同盟，共同打击共产主义，而且美国甚至会帮助蒋介石'反攻大陆'。"[2]

可想而知，杜鲁门和艾奇逊对这件事有多恼火。这一行动不仅蕴涵着诸多深刻的政治含义，还意味着麦克阿瑟可以无视总统的命令，可以凭自己的意愿制定国家政策，并擅自将其付诸实施。麦克阿瑟总是按照自己的安排进行活动，向来我行我素，完全不顾总统的命令。因此杜鲁门确信，

第四章　洲际政治

通过这次台湾行程,麦克阿瑟除了想鼓舞国民党的士气外,还想向他施加"右翼"方面的某种压力。尽管麦克阿瑟在报刊上看到总统对他的台湾之行很是生气的消息,但是仍然不肯就此罢手,甚至说了更多可能激怒总统的言辞。他说这次台湾之行"被那些在太平洋问题上始终坚持失败主义和绥靖政策的人在公众面前进行了恶意而错误的宣传报道"。这也可以算是麦克阿瑟对艾奇逊的又一次攻击。

为避免此类事情再次发生,杜鲁门立即派出"三人组"前往东京与韩国,以便得知朝鲜战争的状况以及前线指挥官们需要什么支援。上文提到,李奇微曾经到前线对沃克进行评估。实际上,杜鲁门的头号"麻烦解决者"哈里曼才是这次任务的关键人物。他的主要任务是改善杜鲁门总统和麦克阿瑟将军之间的关系,找出麦克阿瑟在战场最需要的人员和军用物资。正如哈里曼后来所述,他带来总统的两条口信,总统说:"首先,我将尽一切力量满足他的需要,以表明我的支持。其次,我想让你告诉他,我不想让他把美国卷入一场与中国共产党的战争中。"哈里曼还得弄清楚,麦克阿瑟都向蒋介石许诺了什么,而且需要告诫麦克阿瑟避开蒋介石。[3] 但是就在哈里曼飞往东京时,东京司令部就放出小道消息说,麦克阿瑟将告诉哈里曼,除非美国要与全亚洲范围内新露头的共产党开战,否则朝鲜战争会变得毫无意义。

哈里曼和麦克阿瑟的商谈最终没有成功。哈里曼对总统报告说,麦克阿瑟是个容易相处的人,但对总统却缺乏热诚;作为军人,麦克阿瑟知道服从,却"不完全听从命令"。根据哈里曼阅人无数的经历,他感觉到麦克阿瑟与杜鲁门之间的关系已经开始出现不好的兆头。哈里曼一直是政坛的重量级人物,就像麦克阿瑟一样显赫,因此才不会被这位将军盛气凌人的威严所吓倒。一到机场,麦克阿瑟就直呼其名地说道:"埃夫里尔,见到你我非常高兴。"同样,哈里曼也用这位将军的名字回称了麦克阿瑟。麦克阿瑟称他为埃夫里尔,他就称呼麦克阿瑟为道格拉斯。

哈里曼清楚地意识到,尽管他不同意麦克阿瑟的观点,但麦克阿瑟仍会一意孤行地认为对新中国的任何妥协都是绥靖行为。在此之前,麦克阿瑟就告诉哈里曼，美国对蒋介石的态度太强硬，应当"停止对蒋介石的粗暴态度"。[4]虽然麦克阿瑟并不欣赏国民党军队的表现，却也不排斥偶尔利用他们。在中国问题上，他完全反对华盛顿的对华基本政策。在回到华盛顿之后，哈里曼向杜鲁门报告说："由于种种复杂的原因，我认为我们和麦克阿瑟在怎样对待台湾和蒋介石的问题上并没有达成共识。虽然麦克阿瑟口头上接受总统的对华立场并愿意按照总统的指示行动，但是他不会完全地听从命令的。麦克阿瑟有个奇怪的观点，他认为美国应该支持所有反对共产党的人。他似乎认为，让蒋介石与中共为敌，便能让美国更有效地对付中共。不过即便如此，他也没有给我一个合理的解释。"[5]

8月8日，麦克阿瑟与华盛顿派来的三人组举行了最后一次会议。这时战局对于美军来说仍然不利，朝鲜人已经推进到釜山周边。然而在会上，麦克阿瑟对眼下局势仍然表示十分乐观，他不仅公布了自己准备在战线后方实施突袭登陆的计划，并且把登陆地点选择在远离韩国西海岸线的仁川港。这个计划是麦克阿瑟在朝鲜战争初期制订的"蓝心"计划的扩展和升级。仁川登陆原计划在9月15日进行，但是现在麦克阿瑟认为这个日子不是最佳作战时机。早在朝鲜军队刚刚跨过边界并继续向南进攻时，麦克阿瑟就想实施这个计划。在7月上旬的高级将领会议上，他的很多部下都建议他考虑进行两栖登陆。大家对登陆地点纷纷提出了自己的建议，有的说应该挑选一个离朝鲜军队后方较近的港口，也有人说应该挑选一个朝鲜军队阵线以北10公里的港口，这样美军的火力就可以覆盖到那里，另一位年轻的爱德华·隆尼少校更是大胆地建议应该在韩国东海岸以北25英里某处登陆。然而麦克阿瑟对他们的意见都不放在心上，他一边说"你们都是一帮胆小鬼"，一边在黑板边上用法语写下了"De Qui Objet？"。时隔多年之后，隆尼依然清楚地记得当时的情景——伟大的英雄麦克阿瑟做出出人意料的举动，居然在黑板上用法语写下了自己的想法。要把登陆地点选在哪里呢？接着，麦克阿瑟取过一支大号彩笔，在地图上把仁川圈了起来。仁川是距离汉城不远的一个港口，比起刚才各位建议的登陆地点要更加深入北方。麦克阿瑟接着说："我们就在仁川登陆，然后直捣朝鲜的咽喉。"一

第四章　洲际政治

些年轻人担心朝鲜军队很可能已经在仁川港埋有地雷，而且那里的潮汐也不利于登陆。但是麦克阿瑟完全不理这些异议，还说："你们不要畏首畏尾，只要有坚定的意志力和勇气，我们就一定能够取胜。"[6] 随后，他立即下令制订仁川登陆计划。

趁着哈里曼和李奇微都在场，麦克阿瑟积极向他们推销自己的登陆计划。要想完成登陆计划，他必须要有四个师的兵力。但是，由于"二战"后老兵退役，美国本土已经派不出那么多的人，因此他将调动自己的第7步兵师和第一海军陆战师来填补空缺。在李奇微看来，麦克阿瑟的登陆计划的确很是新颖，因此他以极大的热情支持这个计划，这样他就成了华盛顿国家安全团队中把仁川计划推上风口浪尖上的第一人。对于朝鲜即将来临的冬天，麦克阿瑟感到十分担忧，担心冬季的严寒会让美军陷入艰难困苦之中。李奇微对麦克阿瑟的担忧印象尤为深刻，他确信朝鲜的严冬比德国更厉害。麦克阿瑟认为，美军越早袭击仁川，对战局就越有利。一旦冬季来临，战事对于美军来说将会变得更加痛苦、更加严酷，甚至会导致非战争伤亡的人数超过战争伤亡的人数。[7] 令人不解的是，麦克阿瑟接着说，到了11月下旬，他会毫不犹豫地命令第8军和第10军向北挺进，直捣鸭绿江。哈里曼和李奇微记得，刚刚麦克阿瑟还担心严冬会对战事产生影响，现在又对此闭口不谈，竟然忍心让士兵穿着单薄的夏装在寒风刺骨的冬日里行军打仗。因此，哈里曼和李奇微认为，麦克阿瑟总是根据自己的需要说话，什么对自己的立场有利，他就会说出什么样的话来。

对哈里曼而言，仁川登陆计划使政府的文职官员陷入进退两难的困境。麦克阿瑟是一个双重性格的人，一方面是才华横溢又充满创造力的作战统帅，另一方面又是一个令所有文职领导都苦恼不已的麻烦人物，几乎总是抗命不遵，总有与上级不同的安排。所有的人都知道，只要有人提出批评意见，麦克阿瑟就会条件反射地把这些批评统统消灭掉。你怎么能够从一个一直以来只懂得从自己的政治利益出发考虑问题、不像其他高级军官那样按常理出牌、不会与你直来直去的人身上，得到任何政治好处呢？你怎么能够雇佣一个自己驾驭不了的人？难道一个如此才华横溢的人会老老实实待在你的团队里么？哈里曼和李奇微的这次行程完全凸显了麦克阿瑟的问题。麦克阿瑟不仅与蒋介石建立联系，并且擅自制订仁川登陆计划，这进一步把总统推向进退维谷的境地。哈里曼对李奇微说："现在至关重要的是先把政治考量和个人利益放在一边。我们同麦克阿瑟将军打交道时，应当首先从这个伟大国家的最高利益出发。"[8]尽管从表面上看，他们这次行程的结果是积极的，但是背后却蕴藏着巨大的麻烦。如果说莫斯科和北京这对社会主义兄弟的关系很快就变得非常棘手的话，那么驻日美军司令与其在华盛顿的军事和政治上级之间的关系同样棘手。

这几位高级官员清楚，麦克阿瑟在不久的将来很可能会出岔子。不出他们所料，三周之后，麻烦事果真发生了。麦克阿瑟应邀在海外战争退伍军人协会年会上发表讲话。同美国退伍军人协会一样，海外战争退伍军人协会不是一个温和派的选民。麦克阿瑟在会上的讲话是关于台湾的。他说，美国低估了台湾的军事地位，美国可以以台湾为中转站，"用空军控制从海参崴到新加坡的每一个亚洲港口，进而阻止任何太平洋地区敌对美国的行动"。麦克阿瑟在公共场合谈论如此敏感的话题，仿佛是为美国的对手提供攻击美国的炮弹。所谓"台湾是美国很好的军事基地"这一说法既是苏联以及由它代表的中国都想在联合国提出的问题，也是华盛顿力图缩小其意义，以免使朝鲜战争扩大化的问题。麦克阿瑟却得寸进尺，这一次，他不像是以前线总司令，而更像是以美国领导人的口吻郑重其事地宣布："提倡在太平洋地区搞绥靖政策和失败主义的那些人说，如果美国防御台湾，那我们将与整个亚洲大陆为敌。没有什么比这些陈词滥调更荒谬的了，说这种话的人根本不了解亚洲。他们不肯承认，其实亚洲人的内心崇尚好斗、果断而强有力的领导。"如果说麦克阿瑟的这番话不是意在攻击杜鲁门总统本人，那么他至少是在攻击国务卿艾奇逊，这一点显而易见。

杜鲁门又一次被麦克阿瑟激怒。尽管这次演讲已经公之于众，而且被报纸杂志连篇累牍地进行报道，杜鲁门却不甘示弱。他找来自己的心腹约翰逊，让他告诉麦克阿瑟，总统命令他收回在海外战争退伍军人协会年会上的讲话。杜鲁门问约翰逊："这是我作为总统下的命令，你明白了吗？"尽管约

第四章　洲际政治

翰逊赞同麦克阿瑟的观点，但他还是表示遵守总统的命令："是的，总统先生。""好了，你赶紧给我完成这个任务。"杜鲁门总统感觉到，约翰逊很可能是这件事情的共谋，因此他对约翰逊同样感到十分不悦。约翰逊走出总统办公室以后举棋不定，因为他既不想下令让麦克阿瑟收回自己的演讲，又不能违抗总统的命令。于是，他打电话向艾奇逊求助，问他能否找到弱化杜鲁门命令的方法，比如为麦克阿瑟找个借口，声称他的讲话仅仅是表达自己个人的见解，而每个人都应该有表达自己看法的权利等。艾奇逊提醒约翰逊，这可是杜鲁门总统下的命令，不得违抗。整个上午，约翰逊都在马不停蹄地给各位要员打电话寻求帮助。然而，就在响午时分，杜鲁门总统又打来电话，命令约翰逊告知麦克阿瑟："美国总统命令你收回发往海外战争退伍军人协会全国各分部的讲话，因为你关于台湾的部分演讲已经违背了美国的政策以及联合国的立场。"[9] 最终麦克阿瑟收回了讲话内容，但同时总统也触怒了麦克阿瑟。表面上看，麦克阿瑟撤回自己的讲话以后，这件事就此风平浪静，但是总统与将军之间有不可调和的矛盾，以致杜鲁门后来撤销了麦克阿瑟的职务。后来杜鲁门还经常抱怨说，要是在这件事后解除麦克阿瑟的职务就好了，那样就不会有后面的那么多麻烦事了。

这个事件也为约翰逊敲响了"丧钟"，由于执行命令不力，两周之后他就被杜鲁门总统解职了。杜鲁门总统再三催促约翰逊递交辞呈时，约翰逊几乎声泪俱下，表示不愿离开。杜鲁门传记作者麦卡洛写道："约翰逊可能是杜鲁门最差劲的人事任命。"[10] 艾奇逊曾经形容他"头脑不正常"。在约翰逊短暂的政治生涯当中，他几乎得罪过政府中的所有人，包括总统、国务卿、内阁成员以及几乎每一个他遇到过的高级军官。即使是两个各执一词、互不相让的高级军官，他们都可能会在对抗那个令所有人憎恨的约翰逊时结成统一战线。正如作家罗伯特·海纳尔所形容的那样，他经常用"自己特有的圆滑世故的口吻"与别人讲话，这一点简直令人厌恶至极。1949年12月，他在一封致某海军高级将领的信中写道："海军已经过时了……美国已经不再需要海军和海军陆战队了。布莱德雷将军告诉我，两栖登陆已经被时代所淘汰，美国将不必再实施两栖登陆了，海军陆战队没有用武之地。如今空军可以完成任何一项海军任务，因此我们再也不需要海军。"[11] 他错误地认为，有了原子弹就等于有了一切，因此他经常向高级将领们施压，勒令他们裁军，从而激起了这些将领的反感。在朝鲜战争爆发后三个月，即1950年9月约翰逊被解雇之后，五角大楼里开始流传这样一则颇具讽刺意味的笑话：参联会已经通知约翰逊，他最终可以取消那个无情的裁军计划了，每天都有很多士兵在朝鲜战争中被杀，以至于美军兵力达到了裁军的预期水平。几乎所有和他打过交道的人都十分鄙夷他。布莱德雷后来在回忆录中写道："杜鲁门总统无意之中用一个精神病取代了另一个精神病。"[12]

约翰逊在年底之前离职其实只是麦克阿瑟这次演讲后果中最不重要的部分。它更加剧了总统和将军之间关系的恶化。麦克阿瑟最终被迫让步，并且对总统的命令表示服从，这对他来说是个极为不快的经历，也预示着两人的关系终究会破裂。麦克阿瑟到台湾的行为让白宫意识到，无论是在政治上还是地位上，麦克阿瑟都已经成为行政当局的反对者。事实证明，他绝不会苟同政府的亚洲政策，也绝不会支持美国打朝鲜战争的真正潜在目的，还强烈反对美国的对华政策。总统和将军之间的关系已经产生巨大的裂痕：总统和国务卿尽可能地想在朝鲜战争中避开中国，而从麦克阿瑟将军的言行中却可以看出，他根本不担心中国人加入战团。正如麦克阿瑟自己所说，他每晚都下跪祈祷，希望中国参加这场战争。

杜鲁门总统想用马歇尔接替约翰逊的职务。但是自从上次退出政坛以来，马歇尔的身体状况一直不是很好，而且再过几个月就70岁了，现在的马歇尔实际上处在一种半退休的状态，只是偶尔打理一下红十字会的事。杜鲁门派人询问马歇尔是否愿意再次出山，马歇尔回答愿意为国效劳，但最多只能再工作半年，而且他还点名要在国家安全领域受人尊重的鲍勃·洛维特当国防部副部长，以便在他退休后接替他的职务。马歇尔问总统："您真的需要我为您效劳吗？"杜鲁门很可能是想再考虑一下，于是说："我最终还是会考虑任用你。共和党人仍然因为蒋介石政权的垮台而指责我。我需要帮助，但是又不想给你添太多的麻烦。"后来，杜鲁门在一封给妻子的

第四章　洲际政治

信中写道:"你还能想到其他更能胜任这个职位的人吗?我实在想不到,只有马歇尔才是最好的人选。"[13]

朝鲜战争爆发前,中国发生了巨变。蒋介石领导的旧中国倒下了,而毛泽东领导的新中国站起来了。如果共和党想要找到一个与民主党进行争论的议题,那么1949年新中国的成立再合适不过了。有了蒋介石政权的垮台,才有了二十个月后朝鲜战场上美国与中国之间的冲突。美国总统选举的前一天,即1948年11月3日,国民党军队从沈阳大举撤退,这也是他们第一次放弃大城市。沈阳及其周边地区迅速被中共所控制,而国民党的撤退仍在继续,蒋介石军队在以惊人的速度溃败,每一次新败似乎都注定了下一个更大更快的失败。有时,国民党军的整个师集体向共军投降,并且转变成毛泽东的新力量,而其他的国民党部队还没怎么与共产党交手就很快被消灭,给共产党的军队留下价值数百万美元的美式装备。

从此以后,美国和新中国对彼此的政治行为和军事行动视而不见,最终导致两国之间的军事冲突。尽管四年前的很多迹象就已表明蒋介石政权即将垮台,这则消息还是令上百万的关心中国的美国人难以接受。在"二战"期间,美国有很多刊物报道蒋介石,与狡诈、卑鄙、不值得信赖的日本人相比,蒋介石领导下的中国人民是一群勤劳、顺从、值得信赖的人。然而,这样美好的国家突然之间变成一个共产主义国家,那个在"二战"时的盟国苏联现在也成了美国的敌人。更让美国人难以接受的是,中国竟摇身一变成为苏联的盟国和美国的敌人。

数以百万计的美国民众感觉到十分不安,一旦中国和苏联联起手来,那么这两个国家无论是从领土面积还是人口数量上来说,对美国都是一种极大的威胁。如果这两个国家在地图上都用同一种代表着他们共同政治目的的粉色标记出来,那么这个地图对于美国来说该是何等可怕的景象。美国民众对中国的感情更甚于任何其他国家,而且民主党人已经连任五届总统,共和党无时无刻不在想要找出一个政治话题把民主党拉下马,因此,蒋介石政权垮台的政治后果已经被美国人无限放大。现在出现了一个让两党斗争日趋激烈的问题:究竟是谁把中国给弄丢了?如果美国人曾经认为中国是属于美国阵营的话，那么现在美国已经失去中国这个盟友。没有人能够明白也不愿意去明白，为什么蒋介石政权会突然垮台。在中国内战全面爆发的几年之后，蒋介石政权的垮台极大地改变了世界的政治格局。"二战"不仅是盟国和轴心国之间的斗争，而且像"一战"一样，它有极其深远的全球性后果。

美国人心目中的那个中国，实际上只是一个幻象。美国民众认为，中国人民是一个热爱美国人民的民族，是一群像美国人一样尽职尽责、遵纪守法的农民，一群同美国人一样对生活没有太大奢望的人。中国的普通农民也愿意信仰耶稣基督，尽管在他们前进的道路上有很多艰难险阻，但是他们仍渴望能够创造一个像美国一样美好的家园。因此，美国人认为，他们不仅热爱中国，了解中国，而且也有责任帮助中国人过上像美国人一样富足的生活。内布拉斯加州参议员惠里说："在上帝的指引下，我们一定能够帮助上海蒸蒸日上，使它达到堪萨斯城的繁华水平。"惠里是一个共和党人，一直以来都是美国对华政策的批评者，但是就连这样的人也会对中国产生误解，甚至曾经错误地认为所谓中国就是法属印度支那。[14]

在蒋介石逃往台湾以前，他的势力范围遍及整个中国大陆。在美国民众的想象中，中国是一个令美国人民向往的国家，但是现实中的中国与美国人的想象背道而驰。美国人民幻想着中国是美国的英勇同盟，是在勇敢、勤劳、拥护美国的蒋介石和他美丽妻子宋美龄执掌之下的国家。宋美龄是一名受过美国教育的基督徒，出身于中国最富有、最显赫的家族，为了国家的利益，她不惜挺身而出。蒋介石夫妇的目标似乎与美国的目标一致，他们的价值观也与美国的价值观完全一致。然而，实际情况并非如此。从某种程度上来讲，"二战"后发生在中国的事情对美国人来说显得很无奈。一百年来，成千上万的美国传教士来到中国，在那里尽职尽责、忠诚地传教，然而他们对中国的影响还没有他们对美国的影响深刻。虽然他们想改变这个国家，但是始终没能改变这个国家的文化和政治。正如美国驻重庆（"二战"时为中国的首都）使馆官员之一的约翰·麦尔比写道，美国传教士的宣传可以使数百万美国儿童把他们的零花钱捐给主日学校，来救助中国的穷人和下层人民。但是他们在中国传教则面临巨大的挑战，因为他们可以改变美国人的观念，却改变不了中国人的思维方式。[15]

实际上，这个有着5亿人口的大国长期被一帮极为残忍的军阀所掌管，被一个孱弱腐败的政府所掌控，被一小撮自私自利的寡头所控制，并且受到外国入侵者的掠夺。当西方列强急于寻找一个地方进行赤裸裸的资本掠夺之时，中国正是他们最好的选择。内战实际上反映出中国人对于重新界定中国的一种历史性尝试，成为一个真正统一或许更加强大的中国，不再外受西方列强、内受大小军阀的掠夺。二十余载不间断的内战以及日本人的野蛮入侵已经使这个国家变得支离破碎；经历过"二战"之后，中国愈发不堪重负、奄奄一息。领导中国走出内忧外患的境地对蒋介石来说无疑是一个极为艰巨的挑战。所有这一切都预示着，国民党政府将难以掌控局势，蒋介石的垮台为期不远。

当然，还有很多前兆也都预示着蒋政府的垮台。"二战"时期，蒋介石领导的国民党政府的主要任务是抗日，但是他们还同时与毛泽东领导的中国共产党进行厮杀。一份又一份的报告，不管它们是来自战场，还是来自文武官员，抑或来自与蒋介石有相同或不同意识形态的人，都表示一个同样的观点：中共的政治和军事领导力更好，政治合法性更强。此外，共产党还受到中国老百姓的支持与拥护。"二战"接近尾声时，凡是去过中国并了解事态的人，没有几个认为蒋介石能够在军事上获得胜利。国家安全团队中的一些人，比如国防部长福里斯特尔就认为，蒋介石的胜算很小，因此他建议美国增强在日本的驻军，并且以此作为日后阻止共产主义在亚洲扩张的一个基地。"二战"结束后，国共之间的内战正式爆发。国民党形势不妙，可以预见的是，随着势力范围的不断缩小，他对共产党的政策也变得更加残酷。即使在"二战"中曾派空军飞虎队帮助中国、支持蒋介石的陈纳德少将也在"二战"即将结束时致信罗斯福总统，说"如果中国发生内战的话，不管苏联人是否帮助中国共产党，延安获胜的机会都要比蒋介石大得多"。[16]

蒋介石在中国的崛起，反映了中国旧秩序的瓦解。他摆平了各个方面、各个集团的利益，表面上实现了中国的统一。美国的报刊都纷纷对他进行报道。芭芭拉·塔奇曼在她的关于蒋政府垮台的一本书中指出，在西方人眼里蒋介石有一个昵称叫作"福神"。这个昵称源于一个能给人们带来好运气的美国玩具。虽然它很好玩，但是也可以轻易地被人打倒。自1927年蒋宋家族联姻以来，他的政治地位越发稳固。宋氏家族在中国是一个最为富有、最具影响力的家族，同时也和西方国家的权力集团保持着千丝万缕的联系。宋氏家族的小女儿宋美龄不仅是一名基督徒，还极具政治野心，她曾经在美国的卫斯理学院就读。蒋介石追求宋美龄的时候，宋家提出要求，如果他想要娶宋美龄就必须先休了自己的前两任妻子，然后再皈依耶稣成为一名基督徒。这两件事情对于蒋介石来说倒也未为不可，于是他最终娶到了宋美龄。蒋介石的婚姻加强了他与美国的政治纽带，使美国人民相信，作为基督徒和资本家的他已经成为中国新式的民族领袖。于是，当时美国人都亲切地称他为蒋总司令，而称他的妻子为总司令夫人。

那时，蒋介石的主要任务就是同中国共产党进行斗争。共产党当时有很好的机会去挑战权威，但不必掌权。他们深入农村，倾听农民的苦难和不满，积极为农民谋福祉。共产党的所作所为是蒋介石和其他军阀没做过的，因为他们根本不顾农民的死活。尽管蒋介石拥有大量的美国军事援助，尽管美国的新闻、外交、军事等各个方面都建议蒋介石进行政府改革，然而他却置若罔闻，使自己的领导在中国逐渐丧失了凝聚力。许多美国的政治、军事顾问都敦促蒋介石合理地运用自己的政治、军事资源，但是蒋介石依然置之不理。他和美国人的想法不同，只想一味地巩固自己的统治地位，而美国人希望蒋介石实行美式民主。蒋介石不明白，只有像美国顾问所说的那样彻底肃清政治与军事腐败，他的统治才会更加牢靠。如果说蒋介石有什么特殊才能，那就是他可以做到在不伤害美国顾问感情的前提下，表面上接受他们的意见；然而，一回过头来，他就会把他们的意见抛在脑后，继续一意孤行。

1949年蒋介石政权垮台时，人们一点也不感到意外。史迪威将军是"二战"时期美国派给蒋介石的主要军事顾问。早在1942年，他就觉得蒋介石

第四章　洲际政治

没有价值,他不愿而不是不能用自己的军队抗日。史迪威将军不是唯一讨厌蒋介石的在华美国人。在中国的美军士兵给蒋介石取了个"梅毒杰克"的绰号*,可以想见人们对他有多么反感。史迪威将军三次来华任职,会说一口流利的汉语。然而他不善言辞、说话直白、脾气暴躁,因此他很难把这样一个腐败无力的政府与这样一个孱弱无能的元首扶起来。一向欣赏他的传记作家芭芭拉·塔奇曼形容他是一个"性格粗鲁、尖酸刻薄的人,有时候还十分野蛮"。史迪威在表达自己的看法时常常不能做到深思熟虑,哪怕是说蒋介石的坏话,他也会把自己的看法原原本本地讲给别人听。数年以前,他就认定蒋介石不会甘愿成为美国政策的傀儡。《时代》周刊记者特迪·怀特曾经问史迪威,中国军队在"二战"中常常溃败的原因是什么。他回答说:"我们的盟友蒋介石是一个愚昧无知的混蛋。"[17] 与其说是中国失败了,不如说是美国失败了,因为美国力图在一夜之间建立起一个美国人民想象中的中国,本就是一个不可能实现的目标。美国选择的中国领袖要么会让中国人民失望,要么会让美国人民失望,要么会让两国人民都失望。现实不如意是因为美梦从一开始就不可能实现。

　　史迪威经常向美国政府报告说蒋介石不是一个理想的军事盟友,他不愿派遣自己的军队与日本侵略者进行厮杀。但是,史迪威的报告却没有在美国国内引起关注。虽然推荐史迪威前来中国的陆军参谋长马歇尔对他的观点表示赞同,但蒋介石总是更胜一筹,因为他得到了罗斯福总统的支持。罗斯福是担心,如果自己把蒋介石赶得太紧的话,他可能会放弃与日本的抗争,使得日军长驱直入整个中国,从而渗透到亚洲的其他地区。随着"二战"不断展开,蒋介石及其部下对西方盟国特别是对美国的态度开始变得满不在乎。在描述中国的对美政策时,芭芭拉·塔奇曼这样写道:"以夷制夷是中国人治国的传统准则,他们长期以来认为这一治国方针是正确、可取的。然而,在华的外国人认为,中国人不仅认为自己在五年里的消极抗日是合理的,而且认为'在盟友与自己并肩作战时,他有权获得尽可能多的利益'。

---

*　即 Chancre Jack,这个单词的发音与英语中"蒋介石"的发音极为相似。

动用这种权力成为中国政府在战时努力为之之事。"[18]

从理论上来讲，蒋介石的军队是强大的，然而实际上并非如此。蒋介石号称自己有300个师的兵力，然而史迪威估计其实际兵力不足他宣称的60%，另外40%的兵力，只不过是登记在册而莫须有的"鬼士兵"。他这样做只是为了把这些多余的人头军饷转入自己的腰包。在"二战"早期，当中国宣称要保家卫国时，美国顾问对中国征兵的过程感到极为震惊。史迪威一个参谋戴夫·巴雷特上校记录了一次征兵工作："中国军队只有最差的装备，既没有医务人员，也没有交通工具。许多人生病。大多数新兵被捆着强征而来。征兵简直是场丑闻，只有那些无钱无权的倒霉蛋才会被抓来滥竽充数。"[19]这样看来，中国军队的软弱无能绝非偶然。它是蒋介石在腐败而封建的环境下购买自己影响力的工具。如果他按美国人的要求去做，那么他就将比美国人更清楚地发现，自己很快就会失去权力。

长期以来，蒋介石和史迪威分歧严重，各不相让。1944年的秋天，这个最不受蒋介石欢迎、却给了蒋介石很多逆耳忠言的人——史迪威，最终被美国政府召回国。尽管蒋介石不是美国政策的执行者，但是罗斯福还是选择继续支持他。尽管是他使中国陷入长期战争之中，但罗斯福仍然对他和中国抱有幻想。罗斯福总统错误地认为，如果美国人把蒋介石看成是一个伟大的民族领袖、一个世界级的领袖，他就会把自己塑造成美国人想象的那个样子。

蒋介石在政治斗争中赢了史迪威，却输给了史迪威的预言。后来，史迪威预言的事情都一一应验。蒋介石政权垮台的趋势越来越猛，哪怕是美国如此富有、如此强大的国家都无法阻止这一历史进程。"二战"时期，没有一个军人能像马歇尔那样临危受命，完成看似不可能完成的任务。1945年年底，马歇尔被派往中国调解国共之间的矛盾；他明白自己会以失败告终，因为机敏过人的他洞察到国共双方的矛盾不可调和。双方各执一词，互不相让，谁也不会听他的。当马歇尔接到这个命令时已是65岁高龄，早已退役，一心只想在弗吉尼亚州里斯堡赋闲。但当时杜鲁门总统对中国问题感到心绪不宁，担心如果不尽早解决，美国的内政将会受到影响。因此，他

第四章 洲际政治

请求马歇尔说:"将军,我需要您为我去趟中国。"于是,1945年圣诞节前夕,国务院远东事务司司长约翰·文森特在机场为马歇尔送行。飞机起飞以后,他对已经10岁的儿子说:"儿子,世界上最勇敢的人出发了,他要去试着统一中国。"[20]

这次行程是一场灾难。在助手们看来,马歇尔早已年老力衰,根本无法承担如此重任。为马歇尔担任翻译的约翰·麦尔比在日记中写道,年迈的马歇尔显得疲惫不堪,沮丧悲伤,这次行程对他而言无异于恶疾缠身。[21]也许马歇尔早就预见到这次中国之行必将失败,而且必将毒害整个美国的政治体系。1946年5月,马歇尔在中国邂逅了艾森豪威尔。在杜鲁门的邀请下,艾森豪威尔试探马歇尔是否愿意替换伯恩斯接任国务卿的职位。"谢天谢地,艾森豪威尔,我愿意接受世界上任何的工作,只要能让我脱离现在的这个工作就行。"马歇尔不假思索地答道。[22]听到马歇尔此行失败的消息以后,史迪威说:"他们到底想要干什么?难道他们以为马歇尔能够做到让水火相容吗?"马歇尔知道,中国的内战已经不可避免。尽管国民党的大佬希望得到美国的帮助,马歇尔却极力阻止美国军队支持蒋介石。正如1947年他对国务院远东事务司司长沃尔顿·巴特沃斯所说,"巴特沃斯,我们还是不要卷入中国内战为妙。如果我们要帮助蒋介石的话,就需要50万兵力,但这还仅仅是个开始。因为要想与共产党抗衡,我还需要更多的人力与物力"。他停顿了一下,接着说:"而且我怎么才能把部队撤出来呢?"[23]

"二战"结束以后,那些不了解内情的人以为蒋介石在中国的地位是令人羡慕的,然而了解中国情况的人都知道蒋介石政权的内部已经溃烂。尽管美国大部分的政客都怀疑蒋介石的执政能力,但他仍然获得了美国新政府的支持。"二战"后,媒体一度把蒋介石塑造成世界的霸主之一。美国民众也认为,他是一个伟大的、受人爱戴的亚洲领袖。1945年秋,蒋介石控制了中国的各大城市、工业基地以及四分之三的人口——估计有4.5亿到5亿人。同时,蒋介石还拥有250万装备精良的正规军,而这些先进的武器大多是由美国提供的。

当时,中国共产党的兵力只有蒋介石的一半,而且仅仅占据西北部的贫困农村地区。然而,几乎所有的外国和本国观察家,不管他们是文人还是武将,都认为蒋介石的实力完全是一种虚幻的泡影,他的政权正处在崩溃的边缘。蒋介石的财政仅仅是一个戏言,实际上是一小撮人手中掌握着大量国家财富,但是政府却在国内滥发货币。只要具备一定速度,你可以制造无数货币而不是财富,但这种情形显然维持不了多久;民众开始公开批评各个政要私藏大量黄金是在为他们的将来寻求后路,而不顾国家的存亡。马歇尔一抵达中国就警告蒋介石,他们的军事预算(占总预算的80%—90%)已经大大超过了可以接受的水平。长此以往,还没等获得军事胜利,国家财政就先崩溃了。马歇尔告诫蒋介石的财政部长,如果中国政府认为美国的纳税人会帮助中国走出财政危机,那就大错特错了。然而事实显而易见,蒋介石政权只是想一味地印钞,就像人们形容的那样,"印纸钱"。

蒋介石从来没有感觉到自己的弱点。虽然日本战败投降了,但他仍认为自己能够说服美国人帮助他击败新的敌人——中国共产党。就连蒋介石政权中最有钱有势的宋子文也开始公然藐视起美国人来。他在南京四处劝说同僚不要担心美国人,甚至还说:"我一个人就能对付那些笨蛋。"[24] 一直以来,美国人似乎都在被蒋介石牵着鼻子走。日本投降时,美国军队变成蒋介石的临时警察,全副武装地随时待命,等着国民党军来接受日本的投降。然后,美军帮助国民党把50万部队从中国的西南地区空运或水运到关键的据点。史迪威的继任者魏德迈曾经颇为自豪地说:"这无疑是世界历史上运送部队人数最多的一次空运。"[25] 在中国东北,美国派遣了大约5万海军陆战队官兵去守住各个城镇,直至国民党军队到来。于是在美国的盛情帮助下,装备着美式先进武器的蒋介石部队接受了120万日军的投降。[26]

虽然蒋介石表面上在内战中占优,但实际情况并非如此。关于这一点,马歇尔最清楚不过了。1946年10月,在杜鲁门委托的特别任务即将结束之前,马歇尔反复告诫蒋介石,不要在北方和西北地区追击共产党。马歇尔认为,蒋介石过于自大,很容易中毛泽东的计。蒋介石总是喜欢占领据点,但每当共产党打不下这些据点时就会撤退而不是投降;这也就意味着,当国民党远离他们的据点时,也就远离了自己的补给线,而这将给共产党反攻的机会。当然，蒋介石没有听从马歇尔的建议，因为他总是急于求成，从来都听不进别人的意见。一旦他的部队远离预定的战场，共产党就有了胜利的把握，这就是共产党军队的对敌策略。于是，蒋介石一口回绝了马歇尔的建议，还向他承诺说自己可以在八到十个月内消灭共产党。蒋介石要求美国当代最受尊敬的将领、一位精力耗尽、只想退休的老人马歇尔留下来当自己的军事顾问，但被马歇尔严词拒绝。马歇尔明白，如果自己作为美国总统的个人代表都影响不了蒋介石的话，作为蒋介石的手下更不会起到什么作用。若干年之后，马歇尔讥讽地说道："蒋介石的确十分信任我，但是从来都不听从我的建议。"[27]

较之于蒋介石政权的武器装备和兵力部署，弱小落后的共产党军队能够取胜简直就是一个奇迹，他们甚至可以为此感到自豪。他们曾经山穷水尽，并且撤退到延安山区贫穷的窑洞里，但最终却出其不意地通过游击战的方式战胜了日本人。他们更大的成功之处是与中国的广大农民建立起一种深情厚谊。他们十分清楚国民党军队日渐凸显的种种问题，也相信自己最终能够取得胜利，成功对他们来说只是时间问题。虽然美国的宗教领袖对中共胜利在望的局面极为愤怒，但从另一方面来讲，中共党员也是忠实的，他们以一种极为独特的方式把个人信仰、政治目的与军事斗争紧密交织在一起。正是在那个时代，毛泽东及其同人开创了一种崭新的战争形式，不是依靠武装力量而是依靠民众的支持来获取胜利。

五

蒋介石不等"二战"结束就开始进攻中国共产党。同时，中共也希望蒋介石这么做，因为一旦蒋介石将战线拉长，他们就可以开始追击蒋介石的军队。与此同时，美国对蒋介石的援助源源不断。美国人的做法正中共产党下怀，正如当时的一位共产党代表所说："美国武装支持国民党是正确的，因为只要国民党得到武器，我们就可以立即从他们手中夺过来。"[1] 从"二战"结束到1949年蒋介石逃亡台湾,美国总计支援蒋介石当局25亿美元。实际上，这些军事援助都被浪费或私吞了。在战争中，美国从印度向中国空运装备，途中要穿越世界之巅——喜马拉雅山。对那个时代的空军来讲，这是一项极其危险的输运任务，但是他们却被讽刺为"来自喜马拉雅的傻瓜大叔"。[2]

从表面上看，共产党的军队一开始相对较弱、装备又差，但是他们组织严密、纪律严明，抱着必胜的信念。他们有自己的战斗技巧和战略。从1934年10月开始，他们途经8000英里，经过370多天的艰苦跋涉，完成了从中国南部到延安的长征。这一战略转移同时确定了毛泽东在党内的领导地位。在此后的抗日战争中，他们经历长期严峻的考验，顽强地生存下来，同时还形成了最适合自己的战略。他们采用一种非常有技巧的作战方式打击日本人，使用小股游击队灵活机动地战斗：兵力不足时就撤退，占有压倒性优势时就积极进攻。眼下，当被装备精良的国民党大军围追堵截时，他们灵活地转换战场，而这些战场一般都有利于己、不利于敌。他们既不坚守城池，也不打阵地战。他们通常远离大本营，使常规部队难以对其造成威胁。一开始，他们从战场上捡起国民党军队丢弃的武器。然而六十年之后，当美国军队在伊拉克打击游击队时，人们采用了另外一个新名词来称呼这种作战方式，即"不对称战争"。

尽管共产党军队在1945年时还相当弱小，但是他们却有高昂的斗志。不久后，一些外国观察家发现军事形势正在开始发生变化。1945年12月，一位年轻的美国国务院官员约翰·麦尔比在日记中写道："最让我感到不可思议的是，他们这些人拥有如此坚定的信仰。与此同时，他们的同胞国民党军队却正在失去信仰。多年以来，共产党承受住不可思议的打击，注意吸收经验教训，同时又保持着自己的正直诚实，怀着必胜的信念，深信自己必定成功。"相比之下，在经历万般磨难之后，虽然国民党在大战中幸存下来，获得至高无上的威望，但是他们却以可怕的速度抛弃了自己的理想，取而代之的不是坚定的革命信念，而是腐败没落的思想。[3]

几乎从一开始，共产党的策略就注定他们会取得成功，而国民党却注定会失败。1946年秋，中国内战加剧。无论如何高估美国给予蒋介石的军事装备，如何低估共产党的战斗成果，蒋介石的美国顾问还是感到十分悲观。他们一度幻想，蒋介石的军队最终能够与共产党陷入拉锯战，最终进入僵局，如此蒋介石还可以划江而治，把长江以北归共产党，而长江以南归国民党。然而，他们并不了解这里的战势瞬息万变，两军实力的平衡早已被打破，一旦局势对国民党不利，他们就立即土崩瓦解，相反共产党却势如破竹。"没有人曾料到，中共能巧妙而迅速把抗日游击战变成对国民党的运动战。"费正清和费维恺在《剑桥中华人民共和国史》一书中写道。[4]

实际上，有一个人早已料到这个结果，那就是毛泽东。当蒋介石的大军在内战初期连连获胜时，毛泽东也从来没有失去信念。在他看来，自己的队伍植根于普通农民，因此一定能够获得这场战争的胜利。1946年夏，在一个短暂的休战时期，英国著名历史学家罗伯特·佩恩在延安的窑洞里拜访了毛泽东。在冗长的采访就要结束之时，有些疲惫的毛泽东问佩恩是否还有其他问题。"还有最后一个，"佩恩说道，"如果双方停火的话，中国共产党统一中国要花多长时间？"佩恩记得，虽然毛泽东语速很慢，但是很有把握地回答："一年半。"事实证明，毛泽东的说法完全正确。1948年年中，蒋介石的军队全线溃败，内战实际上已经结束。[5]

内战刚刚开始时，至少从表面看来国民党获得一些胜利，重新拿下一些被共产党占据的城镇。至于他们是否真正获胜还是一个问题，因为这很可能是共产党诱敌深入的策略。国民党固守城池，而共产党不断转换战场，有高度的机动性。共产党深知要敏捷，要在夜间快速移动。他们尤其擅长伏击战。"声东击西和诱敌深入的战术让他们显得无处不在而又神出鬼没。"[6]一名美国历史学家这样写道。他们经常从正面佯攻国民党的精锐部队，而将主力隐藏在后方的预设阵地，随时准备在国民党军队撤退时痛击敌人。他们在朝鲜战争初期采用同样的战术对付美军，并且获得重大胜利。他们经常在夜间发动进攻，而这正是国民党军队最疏忽大意的时候。由于他们与农民联系紧密，并将自己人渗透到蒋介石部队中去，所以他们能得到优质的情报，似乎总是知道国民党军的一举一动。由于具备极为出色的政治手段，因此即使有许多共产党士兵在战斗中阵亡，他们还是能够轻而易举地从广大农民那里征召到大量新兵。

1947年5月，蒋介石的全面进攻实际上已经停止。拙劣的指挥使国民党的兵力摊得太薄，补给线拉得太长使国民党部队只能龟缩在一些大城市，士气每况愈下。部队一蹶不振，而指挥官甚至还不知道这一点。据毛泽东及其部下估计，蒋介石原有248个旅的兵力，派出218个旅进攻共产党，但是在1947年夏天过完之前，这218个旅中已经有97个旅即将近80万人被消灭。即使在后方的美国人也对蒋介石的失败感到极度失望。"为什么身为大元帅的蒋介石从来都不会吸取前车之鉴？"[7]民主党的参议院外交关系委员会主席汤姆·康纳利愤怒地质问。

由于毛泽东和斯大林的关系紧张，中国共产党只得到苏联的少量援助。与此相反，国民党军队完全依靠美国的帮助。在美国人看来，国民党军队正在以惊人的速度把美国制造的武器转手交给他们的敌人。但是他们完全没有放在心上，仿佛觉得就算自己没有武器，还可以直接从美国那里拿来。在1947年年中，出身名门、擅长逢迎的国民党驻美大使顾维钧顺道拜访了当时的国务卿马歇尔。失望的马歇尔早已厌倦蒋介石军队在战场上的表现，同样厌恶顾维钧这样的人给华盛顿政府带来的政治麻烦。他对顾维钧说："蒋介石是历史上最烂的军事指挥家。"然而顾维钧还是要求美国继续提供武器。"他已经把40%的装备扔给自己的敌人，"马歇尔不无讥讽地对顾维钧说，"如果这个比例达到50%的话，他最好考虑一下，继续给自己的部队增添装备是否明智。"[8] 后来,毛泽东这样评价蒋介石:"他就是我们的军需官。"[9]1948年,当潍坊与济南相继失守以后,蒋介石政权的最后一位美国高级军事顾问大卫·巴尔说:"中国共产党拥有的美制武器装备已经比国民党多了。"[10]

在1948年10月底沈阳失守之前,美国助理驻华武官戴夫·巴雷特上校和约翰·麦尔比特地来到南京的机场,希望可以找到一架飞机飞往沈阳以调查战场形势,但是他们发现没有一架飞机愿意往北飞。这些飞机已经接到命令,只能携带国民党的将军夫妇及其私人财物。巴尔特对麦尔比说:"约翰,我们已经了解战争的局势了。这些将领开始准备带着他们的金银珠宝和女人撤离,战争失败在所难免。"[11] 蒋介石政府的垮台已经是不争的事实。然而,此时美国国内的政治局势更令人担忧。那些大权在握的高官在返回美国以后,出于各自的政治私利不愿意说出有关蒋介石溃败的实情。他们甚至修改自己的报告,说美国援助不足才是蒋介石失败的原因,而不是因为蒋介石用人不善、军令不严。与愤怒的麦尔比一样,许多人都想如实汇报有关蒋介石失败的情况,但是最终他们还是隐瞒了实情。他们在中国的时候可以大肆抨击蒋介石的失败,然而回到美国以后,他们发现国内还沉浸在一片拥护蒋介石的浪潮当中,于是迫于某种政治压力,他们不得不改变自己的方针,拒绝批评蒋介石,并成为"院外援华集团"的喉舌,纷纷指责行政当局和国务院里的"中国通"是蒋介石失败的主因。在中国,当美国驻华高官被一群知道蒋介石的部队打仗有多差的美国人和中国人团团包围时,他们讲的是一套,而在美国,当那些守旧的朋友希望听到想听的话时,他们讲的就是另一套了。

在麦尔比看来,魏德迈将军就是这样一个言不由衷的人。1947年夏,马歇尔十分高兴自己终于摆脱中国的麻烦。于是,他派蒋介石的老朋友魏德迈留在中国继续调查。总的来说,魏德迈是一位能力出众的参谋军官,也是一位激进的反共人士,因此马歇尔认为魏德迈是一个值得信赖的人,不会因为自己的主观意识而故意夸大或者掩盖对蒋介石的看法。同时,马歇尔起用魏德迈还另有目的。当他亲眼目睹国民党的糟糕表现以后,觉得启用思想保守、支持蒋介石的魏德迈还可以减轻右翼分子对美国政府的压力。从短期来看,任用魏德迈的确起到了一定积极作用。但是从长远来看,他的上任却造成事与愿违的结果。在他到达中国数日以后,魏德迈向马歇尔报告说"国民党全军士气低落",因为此时的国民党军队早已对他们的指挥官失去信心。相反,他报告说中共的军队"士气很高,群情激昂"。此外,他还形容蒋介石政府"腐败堕落,反动无能"。[12] 最后,当有人问及蒋介石失败的主要原因时,他回答说:"他们缺乏斗志,主要是军人缺乏斗志,而不是缺少装备。在我看来,如果他们愿意的话,只要守好长江这条防线,就能达到划江而治的目的。"[13]

1947年8月22日,魏德迈返回美国之前计划与国民党领导层开一次会,以商讨军政大事。蒋介石大元帅告诉他,在会上他可以畅所欲言,哪怕是批评国民党的话也行。但是言不由衷的蒋介石却派美国大使司徒雷登劝告魏德迈,不要在会上指责蒋介石的军队;然而,司徒雷登告诉魏德迈,鉴于蒋介石政权已经岌岌可危,现在是时候给他们当头一棒,让他们清醒清醒了。就这样,魏德迈中肯地批评了蒋介石。他说,蒋介石政权在精神上垮了,没有得到广大人民的支持,这必然导致他们的失败。魏德迈的讲话对国民党来说是一个沉重的打击,一名高级将领竟然当场流泪。然而,魏德迈此举却触怒了蒋介石。在会后的第二天晚上,国民党原计划在司徒雷登的处所为魏德迈准备欢送晚宴,但是蒋介石却在晚宴开始前的最后一分钟,谎称自己因生病而不能出席,而由宋美龄代为出席。对此同样感到十分不悦的魏德迈最后撤销了这次欢送晚宴。[14]

然而一回到美国,魏德迈却以反共斗士自居。他积极为蒋介石政府游说,指责蒋介石垮台的根本原因是由于美国的背信弃义以及缺少援助。1947年12月,在魏德迈游说参议院拨款委员会之前,他先拜访了亲蒋介石的主席布里奇斯。当布里奇斯问起一些关于蒋介石的事情,魏德迈答道:"蒋介石大元帅是一个品行优良的人。这个委员会中像您这样的绅士一定会称赞他、敬佩他。"当布里奇斯问到美国是否需要拿出更多的财力物力去支持蒋介石时,在中国时坚持认为不需要继续支持蒋介石的魏德迈,此时却做出了支持的回答。布里奇斯又问："你认为在这么多年以后，美国是否仍然应当恪守自己支持蒋介石的承诺？""是的，先生，我认为应当恪守承诺。"魏德迈答道。[15]

然而，蒋介石政府的垮台比人们意料的要快得多。1948 年 11 月 5 日，即杜鲁门赢得总统大选的三天后，国民党政府建议美国驻华大使馆的人员撤离中国。与此同时，斯大林派来的苏联特使米高扬告诫毛泽东，不要跨过长江追击国民党余部，否则美国有可能会介入中国的内战，对中共造成不利影响。1949 年 1 月 21 日，蒋介石名义上放弃对国民党政府的掌控，并暗地里把自己储备的黄金运往台湾。正如美国国务院公告中所报道的那样，蒋介石丢弃了"中国历史上最大的军事力量"，逃往"沿海的一个小岛上避难"。[16] 1949 年 4 月 21 日，毛泽东的军队跨过长江，三天之后拿下国民党政府所在地——南京。此时，距离中国内战结束已经近在咫尺。

从 1947 年起，杜鲁门、艾奇逊和马歇尔就很清楚他们的对华政策旨在系统地脱离中国事务：对于正在进行的中国内战参与得越少越好，国内的批评声越少越好。像"一战"时腐烂透顶的沙俄政权再也无法维持下去，被世界大战带来的压力压垮一样，蒋介石政权的崩溃同样是历史潮流，不可逆转，即使有美国的帮助也回天无力。然而，两者还是有本质上的不同。在俄国的罗曼诺夫王朝倒台之后，俄国没有那样强大的游说集团，不像中国那样劝说美国支持蒋介石政府复辟。俄国的东正教会在美国的影响不大，与普通美国人缺乏紧密的联系，而到中国传教的美国传教士则深深地植根于美国社会。俄国不属于美国人，因此失去俄国的不是美国人；而中国属于美国人，因此失去中国的是美国人。

蒋介石政府的垮台给美国政治结构留下一片正在扩大的裂口。在国内政治中，没有人愿意再谈起蒋介石政府。现在杜鲁门政府唯一想做的就是怎样才能与新中国的领导人和平相处，并且让他们至少部分远离莫斯科的影响。在此基础上，美国将执行一项新的对华政策，并以承认新中国为最终目标。但美国人错误地认为，毛泽东及新中国迫切需要美国的承认。然而事情并非如此。

六

　　蒋介石政府的垮台很快就暴露了美国国内的政治问题。一般来说，像蒋介石这种外国政权的垮台不会波及美国政治，但这次情况不同。1949年，蒋介石垮台后不久，美国国内就盛传蒋介石的垮台完全是因为美国政府抛弃了他。蒋介石在美国新闻界有强大的盟友，比如斯克里普斯·霍华德报业集团的哈里·卢斯和罗伊·霍华德，他们利用自己报社的记者作势引导美国舆论。因此，大多数关于蒋介石垮台的报道都具有明显的政治偏向。

　　关于蒋介石的政治议题正合共和党人的胃口。杜威竞选失败后，他们需要一个合适的政治议题来与民主党抗衡，而蒋介石的失败正中他们下怀。虽然蒋介石败退台湾，中国内战已经结束，但是这一议题从来都没有结束。颇具讽刺意味的是，那些曾经预言蒋介石政府最终会失败的人发现，自己现在反而成了众矢之的。人们纷纷指责，正是由于他们这些左派导致美国削弱了蒋介石的力量。尽管国务院的中国事务官员准确地报告了中国的实情，但是为了不影响仕途，他们让自己尽量远离政治漩涡中心。1946年10月，那位见证蒋介石政府走向衰亡的伟大将领史迪威去世了。美国政府发现自己现在身处一种不利的政治局面：共和党人把蒋介石的问题和欧洲复兴计划（杜鲁门和艾奇逊的首要任务）联系在一起批评。杜鲁门和艾奇逊不能全力制订重建西欧的马歇尔计划，除非他们肯在中国问题上妥协，因为他们的欧洲政策受到那些想用中国问题来挑事的政敌的掣肘。

　　行政当局在输掉政治斗争的同时，又很快地输掉了宣传战。1949年，艾奇逊授权国务院收集资料，公开发表《美国与中国的关系》白皮书。这份权威的历史文件记录了蒋介石在美国强大援助下仍然一败涂地的真正原因。但是这一举动既得罪了许多美国人，又得罪了远在大洋彼岸的新中国。"院外援华集团"对书中提到美国不再对蒋介石进行援助的言论感到极其愤慨。而毛泽东一下就抓住了这个美国人自己制造的把柄——美国在不断与他所领导的中国作对，那么美国显然就是中国的敌人。

第四章 洲际政治

所以行政当局的对华政策破产了：援助了蒋介石，但知道援助也不起作用，只是为了不想让蒋介石即将到来的失败与美国扯上什么关系。不仅民主党人这样认为，一些共和党人也这么认为。1948年，保守的艾奥瓦州参议员伯克·希肯卢珀向共和党参议院党团领袖范登堡发问：5.7亿美元的对华援助是否会给美国带来利益？正如托马斯·克里斯滕记录的那样，范登堡回答道："至少我们不用为中国政府的垮台负责。"范登堡所言就是当时美国民众的主流观点，即使蒋介石政府已经奄奄一息，他们还是愿意援助中国。"我们正在抗击共产主义的进攻。我们彻底忽视了一块土地，让它在得不到一点援助的情况下被共产主义弄得四分五裂。"[1]

中国内战结束了，然而关于中国的政治斗争在美国才刚刚开始。美国并没有同人们预期的那样与蒋介石划清界限，因为支持蒋介石的政客依然具有强大的影响力。尽管美国和新中国都没有意识到这一点，但是双方已经开始走向不可避免的军事冲突。

在美国对蒋介石的援助问题上，有人批评政府做得太少，而新中国却谴责美国做得太多。在毛泽东及其同僚看来，美国的行为是故意与他们作对。美国在中国内战中处处帮助蒋介石：从1941年到1949年，美国政府一直对国民党政府进行经济援助。此外，在1945年抗日战争结束时，美国动用飞机和轮船运送国民党军队到中国北方接受日军的投降。他们认为，一个中立国是不会帮助蒋介石政府做这么多事情的，然而在美国人看来，这些举动不过是举手之劳。因此，毛泽东和其他高层官员认为，美国政府的行为已经严重干涉了中国内政。美国的这些举措并不意外，因为按照中共的逻辑，发达资本主义国家必然会做出这样的选择。

蒋介石败退台湾以后，美国政界出现了一股新的政治势力——院外援华集团。这个组织结构松散，成员目的各不相同，但他们都与有权、有钱而且精明的蒋氏家族成员保持着密切联系。蒋氏家族成员一般都在华盛顿任职，或是在那里执行特殊任务，比如收买美国的保守政客、结交新闻界的朋友。"院外援华集团"虽然没有固定的组织形式，但是它确实存在，而且频繁吸引着美国人的注意力。它是当时世界上最有权势的游说团体——在华盛顿没有哪股外国势力比他们更有影响力。一开始，他们的目标简单明了：尽可能地帮助蒋介石政府获得最大的援助。20世纪40年代末，在中共可能获得内战胜利的情况下，他们又希望美国能够继续支持蒋介石政权，阻止美国承认毛泽东领导的新中国；他们还试图阻止新中国加入联合国。最后，他们甚至要求美国能够继续援助那个已经逃往台湾的蒋介石。尽管蒋介石在中国内战中最终失败，但是游说者依旧希望美国能一如既往地支持他。他们希望有一天，蒋介石能够抓住历史机遇，在美国的庇护下成功地"反攻大陆"，或许他们可以挑起一场美国与新中国之间的战争，那么他们就可以坐享其成并且从中渔利。

在这个"院外援华集团"里，有些人是因为真心热爱着自己的祖国才聚集在一起，而另一些人则是出于对蒋介石的个人崇拜，他们认为蒋介石一定会成为一个伟大的领袖。其他成员支持蒋介石的初衷就不光彩了——他们主要是为了个人利益，有时只是因为国民党可以付给他们很高的薪水。对于许多共和党人来说，抓住蒋介石这个议题就等于抓住了反击民主党政治霸权的良机。国会议员沃尔特·贾德（年轻时曾在中国行医）以及《时代》周刊和《生活》杂志的出版人亨利·卢斯（一位传教士的儿子）就是其中的代表。他们不仅唯中国是尊，更是唯蒋介石是从；他们坚定地认为，蒋介石就是中国，而中国就是蒋介石。"院外援华集团"中的许多人都不喜欢长久以来以欧洲为重心的美国外交政策，他们希望美国能够关注太平洋对岸，因为在他们看来，只有反共才能创造美国更美好的明天。

那些从小在中国长大的传教士的孩子对中国有着深厚的感情，中国一直深深地吸引着他们；从某种程度上说，中国就是他们的第二故乡。另外，蒋介石的失败就意味着他们父母的失败，因为他们的父辈曾不畏艰难把基督教带到中国（实际上，从狭义的传播宗教信仰方面来说，他们父辈的确是失败了）。1946年秋，卢斯在前往中国的途中碰到麦尔比，后者说献身于蒋介石而不是献身于中国的做法是错误的。卢斯的回答暴露了他内心的感情。他说："你应该记得，我们都是在中国出生的。中国是我们熟知的土地。

我们必须一生献身于中国基督教的进步事业。你这样说完全是在否定我们存在的价值。难道你认为那里的人们是无可救药的,我们的工作都只是在白白地浪费生命吗?难道你认为他们就没有积极向上的进取心吗?进取心是个很难得的东西,即便是美国人也同样可能懒惰散漫,难道事实不是这样吗?"虽然麦尔比同意他的观点,但是当时的世界已经发生翻天覆地的变化,而他们所了解的那个中国已经消失了。[2]

然而,正是这种激情(还有思乡之情)推动"院外援华集团"完成了许多工作。在1948年年底的一段日子里,"院外援华集团"的很多政治活动不是由国民党驻美大使馆指挥,而是由宋美龄亲自挂帅。那时她刚从纽约来到华盛顿。蒋介石的内兄宋子文和连襟孔祥熙(以及华盛顿大使顾维钧)都很擅长政治游说。宋子文曾经告诫约翰·帕顿·戴维斯(外交官,最有能耐的中国事务专家),美国驻华大使馆发往国内的所有备忘录,他都能在两三天内看到。这些国民党的高官似乎比美国同行更懂华盛顿的运作方式。他们的盟友遍布政府各部门,还有一帮有权有势的共和党参议员,甚至一些民主党的叛徒,比如内华达州的帕特·麦卡伦。可以肯定的是,尽管他们有最好的政治盟友,但是对游说者来说最重要的不是政客,而是那个时代最著名的出版商亨利·卢斯。如果没有他,"院外援华集团"就只能处在政治的边缘,不能名正言顺地为他们拥护的人发声。

在拥护蒋介石的同盟者中,没有谁比卢斯更重要,他的观点传遍了美国各个角落。他的政见很有权威性,似乎就是来自权力中心的政策。然而他又很专横地力图压制那些与他的观点相左的看法。他是一名党性很强的激进共和党人,把自己的政党称为"第二教堂"。他经常利用自己的媒体工具抨击民主党自由派;任何反对他亲华政策的人,卢斯都会毫不犹豫地穷追猛打。他在政治、外交、新闻等职业生涯中,从来没有受到过被人打击的痛苦,因此也从来不遵守普通伦理道德和新闻从业者的职业道德。在卢斯看来,只要有人偏离他所谓的真理,不同意他的观点或者阻碍他前进的步伐,那么他就应该利用自己的报刊对其口诛笔伐。

卢斯的父母都曾在中国传教。他天资聪明,才华横溢,对自然充满好奇却不善交际。从霍奇基斯私立高中到耶鲁大学,他的成绩一直很差,赶不上班里的其他同学,他的父母也很少与班里其他优秀学生的家长交往。卢斯总是穿着中国裁缝做的粗布衣服,打扮老旧过时,仿佛是几个世纪以前的古人。因此,有人给他取了个"中国佬卢斯"的绰号,而这个带有蔑视的绰号让他极为恼怒。他曾经对小说家赛珍珠说,他非常憎恨自己的高中和大学,因为他在那里感到自己很穷而且是个异类。[3] 卢斯是一位出色的出版商,坚信自己的各种观点,其中最主要的一个就是美国将主宰20世纪,因此他把20世纪称作"美国的世纪"。他是一个奇怪的综合体,各个组成部分似乎并不协调:既是一名新闻从业者,又是一名加尔文教徒;虽然他不会像封建军阀那样把反对他观点的人抓起来,但他同样会对这些反对者进行无情的口诛笔伐。在他新闻生涯的早期,他的内心似乎没有一丁点中国情结。从小时候起,中国带给他的只有痛苦的回忆,一直是他想要摆脱的痛苦阴影。但是在1932年,34岁的卢斯访问了中国。这时的他已是一名非常成功的编辑和出版商,而这次中国之行重新激发了他内心深处对中国的热情。中国最富有的宋氏家族(在美国的援助下,之后将成为世界上最富有的家族)热情周到地款待他。与西方人相比,宋氏家族更知道怎样讨好西方权贵。他们很会阿谀奉承,能说尽世间最好听、最顺耳的话,能做尽世间最溜须拍马的事。盛情的款待使得卢斯一下子就忘掉了自己以前的那些痛苦经历。于是,他对中国的认识大为改观,他觉得所有中国人都优雅大方,并且像这个显赫的家族一样都是基督徒和资本主义的拥护者。他给自己下了一个任务:一定要扭转所谓"中国人残忍而且不信上帝"的西方偏见。这就是他的使命,也是美国的使命。最终他带着这样的目标离开了中国。

卢斯越来越着迷于中国问题,或者说变得狂热。1941年,卢斯和他的妻子克莱尔·卢斯(政治家兼作家)第一次拜访蒋介石及其夫人宋美龄。他在离开后写道:"我与他们相见恨晚。蒋介石夫妇是这个世界上最优秀、最杰出的人物。世人将永世难忘他们的伟大。"[4] 在美国,没有第二个人像卢斯那样推崇蒋介石,并且想让蒋介石光辉高大的形象深入人心。如果蒋介石政府真的有卢斯所描绘的一半成功与高效的话,如果蒋介石真的有卢斯所描述的一半才能的话，那么国民党政权恐怕就不会以失败告终。

没有人能够改变卢斯的想法——中国需要美国提供的发展目标，蒋介石家族也一定能够带领中国人民完成这个目标。如果有任何美国政治人物胆敢说蒋介石的坏话，卢斯就会不遗余力地打击这些政客。他的《时代》周刊和《生活》杂志记者不能报道有关蒋介石彻底失败及中国共产党大获全胜的新闻，否则他一定会亲自进行审核、修改，使其最终成为对蒋介石有利的报道。有很多新闻对蒋介石的为人处世以及他的最终命运做了公正的报道，但是卢斯不为这些报道所动，而是更加严厉地对待收集、发布这些消息的人。在很长一段时间内，他希望朝鲜战争可以帮助蒋介石完成"反攻大陆"的梦想。卢斯的姐姐伊丽莎白·摩尔对卢斯的传记作者说："他总想找机会颠覆中国的共产党政权。他知道美国不会草率地向共产主义宣战，但是认为中共挑起的战争可以让美国重返中国。他很希望朝鲜战争能够变成一场美国与中国之间的战争，而且在50年代初他也是对越南这么说的。"[5]

无论卢斯是否是一个真正意义上的"院外援华集团"成员，但他确实是"院外援华集团"成员中最重要的一个。他和其他成员井水不犯河水、互不干连。布林克利认为："他更像是一个教唆者，而不是真正的盟友。对于大多数问题的看法，他属于虔诚的国际主义者，而其他的人则属于独立主义者。"大多数中国游说团成员就像是那个时代孤立主义领军人物的支持者麦克考密一样，然而卢斯却视孤立主义者为自己的政敌，因此不断在自己的报刊上嘲弄他。[6] 同样，因为卢斯在大选时一直帮助共和党的总统候选人温德尔·威尔基、汤姆·杜威（两次提名）以及艾森豪威尔造势，麦克考密也把卢斯当成自己的敌人。然而就是这样势不两立的两个人却由于共同的目标中国而走到一起。

卢斯厌恶艾奇逊，他认为正是由于艾奇逊的无能才使得蒋介石政权病入膏肓。因此，在私下里他称艾奇逊为"那个浑蛋"。当朝鲜人民军第一次跨越三八线时，卢斯觉得自己义不容辞，于是他立即安排担任《生活》杂志主编长达二十年之久的约翰·比林斯撰写一篇题为"杜鲁门的对华政策"的社论。朝鲜战争开始以后，《时代》周刊经常对艾奇逊进行评论。1951年

1月，《时代》周刊评论说："人们原以为艾奇逊是美国人民的领路人、一个高深莫测的人、一个把美国带入世界大战中的好战分子，然而现在他却变成了温和派。要不是他的软弱表现有目共睹，艾奇逊一定会成为一位伟大的国务卿。"

尽管与其他同类杂志相比，《时代》和《生活》杂志的文章内容相对严谨，但是一旦事关重大，例如在报道总统大选时，它们就变成赤裸裸的宣传工具。关于中国的报道，卢斯公然掩盖事实，他的出版物中也总是充斥着他个人的政治倾向。作为蒋介石的支持者，卢斯最主要的任务之一就是审查和压制当时美国最著名的新闻记者白修德关于中国的报道。卢斯不能扭转乾坤，但可以颠倒黑白；他把白修德写的蒋介石节节败退的稿件改成蒋介石节节胜利的报道。那时，白修德的文章经常被卢斯改得面目全非，但是他早已习以为常。白修德曾经在自己办公室的门上贴了张纸条，上写："如果这里写出的文章和《时代》杂志上的文章雷同，那么纯属巧合。"尽管他们两人之间不断争斗，但同样深爱着中国，只不过白修德认为蒋介石最终会彻底失败，中国只有通过自我强大才能够屹立于世界。1944年秋，蒋介石和史迪威的矛盾已经不可调和，罗斯福总统因此解除了史迪威的职务。史迪威将军招来两名他最信任而且是当时最有影响力的记者——白修德和《纽约时报》的布鲁克斯·阿特金森对他进行采访。在长时间的采访中，他就自己被召回的原因以及自己为何对蒋介石政府非常失望等问题发表看法。对白修德和阿特金森来说，这是一次非常重要的采访。史迪威说"蒋介石是一个愚昧无知的混蛋，他根本不想和日本人开战……每一场战争的失败对蒋介石来说都在所难免"。[7] 史迪威有很多实情可讲，于是阿特金森特意与史迪威将军同机回国，这样他既可以完成翔实的报道，又避免自己的文章被新闻审核部门审查、退稿，从而有机会获得普利策奖。白修德的13页采访记录却被卢斯改得惨不忍睹，用他自己的话来说，就是"卢斯不切实际的报道将误导美国人民的看法。他的职责是偏袒蒋介石，而我的职责则是要告诉美国人民什么才是真相"。[8]

"二战"结束以后，行政当局对中国问题以及国内政治斗争只能采取消极防守的应对方式。迫于右翼的压力,杜鲁门不得不对此有所表示。此前,负责中国事务的外交官一直提醒人们,蒋介石政权终将垮台。现在,他们的话虽然应验,但是他们却因为办事不力遭到指责。然而,后人在提起他们的时候,一定会认为他们是最有才华、最优秀的外交官。从20世纪40年代中期开始,他们中的很多人被派往利物浦、都柏林、瑞士、秘鲁、英属哥伦比亚、挪威以及新西兰等地。他们中的佼佼者雷·卢登还被短时派驻都柏林、布鲁塞尔、巴黎以及斯德哥尔摩,但决不派他去亚洲国家。他说:"从1949年开始,我不断地在世界各地赶时间,没得到过一份长期的工作。"[9]他们的个人悲剧其实也是美国的悲剧。政府失去这些智囊就等于失去了对战争局势的判断能力。更重要的是,美国辨别不了自己不喜欢的事物和威胁自己的事物。如果他们不离开,美国军队就不会在1950年的10月向北跨越三八线;如果他们没有离开,美国也不会在十五年之后重新陷入越南战争。

起初清洗还只是针对国务院的中低级官员,但是到了1948年,"院外援华集团"开始孤注一掷,准备发动一次更大的政治斗争。从当时丑陋露骨的政治争论中可以清楚地看到,"院外援华集团"的下一个攻击目标不是别人,正是马歇尔。马歇尔一直都是中国的朋友,他年轻时曾经作为一名军官在中国任职。他一直珍惜与中国人民的友谊。当宋美龄于1948年末来美寻求帮助时,她住在马歇尔在弗吉尼亚的家中。马歇尔极不情愿地背离蒋介石,不是因为他个人对蒋介石的不满,而是因为他知道国民党政权已经病入膏肓、无法挽救,也因为马歇尔以美国利益为重,而不是把蒋介石的利益放在第一位。他无奈做出放弃自己盟友的决定,承认中国的另一方获胜。然而,他的爱国主义却在当时遭到美国民众的攻击,因为他们认为蒋介石政府的垮台是马歇尔造成的。

当1945年"二战"结束时,如果要找出一个举国上下都尊敬的人,那么这个人一定是马歇尔。他大公无私,没有意识形态与党派之分,连杜鲁门总统都钦佩地称他为"这个时代最伟大的人"。1941年,美国的无知和对孤立主义的坚持使美军处于实力弱小、装备不良、人员不足的境地。在这种情况下,马歇尔在短短两年半的时间里就把美军塑造成了一支强大的军队、一支可以横渡英吉利海峡并且成功夺得胜利的军队。在"二战"后,很多普通民众都同意杜鲁门总统对他的评价,认为他是当今世上最伟大的美国人。其他的军事奇才如李奇微也认为,马歇尔是美国历史上继华盛顿之后的又一位伟大的军人。马歇尔曾提出蒋介石和中共划江而治,但是仅仅五年之后,这个曾经无数次决定帮助蒋介石的人却受到不应有的指责。马歇尔为此感到十分悲伤,不仅是因为人们质疑他对中国局势的判断,更是因为人们怀疑他的爱国情感。

在"二战"期间,《时代》周刊不遗余力地赞美马歇尔。现在"院外援华集团"想要找到马歇尔反对蒋委员长的原因。他们找到的第一个理由是由顾维钧提供的。这个理由很简单:马歇尔在中国的调处任务失败了,因此他感到十分痛苦,对中国不再抱有任何幻想。实际上,这个理由颇具讽刺意味。如果说有一个人不在乎个人得失的话,那么他一定是马歇尔。尽管这个理由难以自圆其说,但是《时代》周刊还是在1947年3月的封面故事里这样描述马歇尔:如果他继续帮助中国,那么世间再恰当的形容词都难以对其进行描绘。他将是一个斯巴达式的人物:冷酷、果断、博学。他在和平时期的表现可以媲美自己在战争时期的表现。最后,《时代》周刊问了一个极不和谐的问题:"马歇尔还有能力处理他即将面临的中国问题吗?"[10]这仿佛是一个挑衅:你必须帮助中国,否则就是一个失败者。此外,这句话中还暗含另一层意思:卢斯和"院外援华集团"可以任意诋毁或是褒奖任何一个人,甚至包括马歇尔这样的伟人。

1947年5月中旬,卢斯再次会见顾维钧。这一次,他们大部分的谈话内容是关于放弃攻击马歇尔。几天前顾维钧刚和马歇尔交谈过,因为顾维钧得知马歇尔正在担心国民党的前途,并且已经看到蒋介石政权注定失败的命运。实际上,顾维钧也在担心马歇尔所担心的问题,但是卢斯却很乐观地认为,马歇尔其实在很多政治斗争中都帮助了他们,这次应该不会袖手旁观。顾维钧记得卢斯对他说过:"马歇尔必定会把他的对华政策和美国的全球政策统一起来,不然他自己就是不守信用。"顾维钧接着回忆道:"卢斯先生告诉我,如果马歇尔不改变自己的对华政策,那么他控制的《时代》

第四章 洲际政治

杂志将指责马歇尔在对华政策上的自相矛盾。卢斯本以为马歇尔会改变自己的观点,但是马歇尔没有被卢斯牵着鼻子走。"[11]

马歇尔没有屈从于"院外援华集团"的意志,也不在乎卢斯的新闻媒体,更不怕别人污蔑他为左翼分子,但是这也让他排除了国务院中其他人的建议。更糟糕的是,马歇尔对中国的了解都来自一些错误的人。印第安纳州参议员维纳·詹纳(一个麦卡锡式的人物)说:"马歇尔不仅愿意而且非常渴望成为叛国者的带头人。他这么做可不是第一次了,因为马歇尔将军就是一个活生生的谎言。"当有人问起詹纳对他的攻击时,马歇尔反问:"詹纳?詹纳是谁?我想我不认识他。"[12] 可见马歇尔对此有多么不屑一顾。

如果卢斯的任务之一就是败坏那些损害蒋介石声誉者的名声,以保持自己在美国政坛的地位,那么他的另一个任务就是避免蒋介石成为别人攻击的靶子。这个主意又是顾维钧想到的。蒋介石政权驻美大使馆的人明白,杜鲁门当局越来越孤立他们,而且把美国外交政策的重点放在欧洲的集体安全防御上。杜鲁门政府的官员们一致认为通过"马歇尔计划"稳定被战争重创的欧洲经济,以及通过人们熟知的"杜鲁门声明"来帮助希腊和土耳其恢复经济才是重中之重,而这些计划都是为了防止苏联的扩张。顾维钧希望把对中国的援助和美国对其他地区的外交政策捆绑起来,从今以后,没有对中国的援助,不会有对希腊和土耳其的援助,也同样没有钱支持欧洲的复兴。新罕布什尔州参议员布里奇斯在参议院的听证会上问:"我们在欧洲是人,而在亚洲是老鼠吗?"从此以后,"院外援华集团"又有了一个政治斗争的新阵地,他们可以拿亚洲对美国的威胁说事。但是对于杜鲁门当局来说,这些心胸狭隘的人为他们增添了不少烦恼,而对蒋介石政权的援助简直成了对美国的政治勒索。

中国问题被用来向杜鲁门发难,但对杜鲁门的攻击远非中国问题这么简单。他们认为,美国人在世界大战中一直都是在替英国人流血卖命。在他们看来,就连美国在战后试图建立欧洲新秩序的努力,都纯粹是为了帮助英国完成其未尽的国家使命。这些中西部的保守派人士并不认为和欧洲结盟对美国人有什么好处。在武器装备日益先进的当时,大西洋作为天然屏障的作用已经大大减弱。因此,普林斯顿大学的柯庆生将这些人称为"亚洲主义者"。美国的两大党派似乎是在依靠不同的大洋各自为战。正如理查德·罗维尔和小阿瑟·施莱辛格在1951年写的那样,共和党人以太平洋为基,而民主党人则以大西洋为营。[13] 即使是对美国的外交事务忧心忡忡的鲍勃·塔夫脱似乎也倾向于让共和党依靠太平洋施政:"我坚定地认为,对于美国未来的和平而言,远东地区要比欧洲更为重要。"

对杜鲁门最为不满的人主要集中在中西部地区,那些人天生就有恐英症。著名政治学家约翰·斯帕尼尔曾一针见血地指出,民主党人在制定对华政策时从来没有给国会中的共和党领袖参与的机会。当蒋介石政府开始显露颓势时,康涅狄格州的民主党人同时也是参议院外交关系委员会成员的布赖恩·麦克马洪议员,查看从1947年到1949年这一关键时期中的会议记录,想查看是否有共和党参议员对当时的官方政策持有异议,但是最终他没有发现任何建议,也没有发现任何共和党人曾经在参议院或众议院主张过向中国派遣地面部队以支援蒋介石政府。[14] 于是,这些问题最终不了了之。有一次,杜鲁门的拥护者之一,得克萨斯州参议员康纳利询问自己的共和党同僚范登堡:"你会把自己的儿子送到中国去参加内战吗?"[15]

作为一个重要的共和党中间派人物,在本党即将走向分裂时,范登堡已经为这个问题困惑许久。在蒋介石政府屡战屡败之时,共和党右翼仍然对中国问题热衷不已,这让范登堡感到十分忧虑。他曾经告诫自己的一些同事,一旦共和党执政,中国问题就有可能成为一把双刃剑,既对他们有益,也会对他们造成威胁。因此,1948年9月,如果共和党获胜就能成为国务卿的范登堡写信给蒋介石的忠诚支持者诺兰参议员,警告他不要过分推进中国问题,以免对共和党造成负面影响。他写道:"我现在仍然像以往任何时候一样,对蒋介石政府充满同情。但是在由美国培训和装备的蒋介石部队不发一枪就投降的情况下,还想我们通过派出美国作战部队和提供武器装备来予以他们有效的援助,那就是另一码事了。"[16]

共和党人认为,蒋介石失守中国大陆有可能会帮助他们重新赢得政权,让美国成为共和党人的天下。此时的美国正处于风云变幻之中，拥有强大的经济实力和传统的道德观念。而共和党人则是这个时代美国人的典范，他们衣食无忧，不用担心失业和破产。在一个几乎清一色由白人男性新教徒执掌政坛的时代中，他们身兼要职。此外，他们大都是来自政治世家，而在当时，美国只有一小部分人属于中产阶级。他们身边的人也大都有同样的感觉，认为美国正在离他们所认为的"美利坚主义"越来越远。他们认为新政以及由新政带来的力量是他们的敌人。内布拉斯加州参议员休·巴特勒在1946年大选前说道："如果大选之后，新政改革者们仍然控制着国会，他们一定得感谢美国的那些共产党人。"由此可见，这些人的想法异常幼稚，对于这个曾经选举出罗斯福和杜鲁门担任总统的美国，他们既不喜欢也不信任。他们觉得，这个美国只是属于那些大城市的天主教徒、犹太人、黑人及工会，不属于他们，他们不喜欢任何与自己意见相左的人。而现在，正是他们进行报复的机会。在共和党人看来，罗斯福统治下的美国与他们的价值观念格格不入，更糟糕的是，罗斯福的统治持续了将近二十年。

杜鲁门和艾奇逊对于共和党的政治把戏非常清楚，对于那些领导这股势力的人极端鄙夷；艾奇逊称他们为"野蛮人"，杜鲁门称他们为"畜生"。[17] 从一开始，杜鲁门就知道，无论是在国内政治还是在外交政策上，蒋介石都将失败。1947年3月，在一次内阁会议中，总统先生对蒋介石政府表现出极大不满。正如他在日记中所言："蒋介石绝不可能胜出，共产党人会取得胜利。（在目前的情况下继续援助蒋介石政府）简直就像拿钱填一个无底洞。"[18] 实际上，总统从蒋介石执政之初起就对蒋介石及其政府极为恼怒。在他看来，蒋介石治国无方、为人奸诈、不够忠诚。对援蒋资金去向进行的一次暗中调查发现，相当一大笔资金都被蒋介石家族用于投机倒把。有一次，他对新政的支持者戴维·利连索尔说，国民党人全都是"一群贪官污吏和诈骗分子。我敢打赌，援助资金中的10亿美元现在都在纽约银行里"。[19]

最让杜鲁门愤怒的是，国民党只会一味施加政治压力，但没有取得任何军事成绩。蒋介石政府对于杜鲁门的意见也从不采纳，因此杜鲁门觉得这个政府不但没有支持他，反而在不断地攻击他，并一直要求增添武器装备。实际上，蒋介石的军队根本就不配拥有这些武器。

1948年11月24日，杜鲁门和顾维钧大使举行了一次开诚布公的会议。这场会议反映了杜鲁门对国民党极端不信任。杜鲁门很清楚，当他和顾维钧一起坐下来开会的时候，他不仅仅是在对付一个身陷麻烦的外国代表，而且是在面对一个主要的政治敌人——顾维钧虽然极具个人魅力，但是实际上他却领导了一股反对杜鲁门的势力。这位大使曾经与杜威一度过从甚密，而杜鲁门刚刚击败杜威。顾维钧选择了一个错误的时间与杜鲁门会晤，而且在刚刚上任的美国总统面前，他表现得过于自以为是。后来，顾维钧写道："我没有用英式英语而是用美式英语与他交谈，我们谈得非常融洽。"[20]然而实际上，对于一个即将灭亡的政府来说，这并不是继续索要军事援助的最佳时机。杜鲁门看起来完全没有首肯的表示。总统先生问顾维钧，他是否知道刚刚有32个师的国民党军人在徐州投降了共产党，并且将自己的全部武器装备都交给了共产党。顾维钧只好承认他并不知道。杜鲁门告诉顾维钧，在援助的问题上，虽然他知道中国人民正处在水深火热之中，但也只能和马歇尔商谈，而不能给出别的答复。在这次谈话中，杜鲁门没有点明的是，32个师就意味着25万—30万人投降了共产党，而且还有大量武器装备也被他们拱手赠送给共产党，这种情况已经不是第一次发生了。一离开白宫，顾维钧就找到自己的朋友、国民党政府的副外长叶公超询问徐州战况，叶公超回答说不算太坏。顾维钧感到大惑不解，刚才杜鲁门总统告诉他有32个师投降了中国共产党，这是事实吗？叶公超承认是事实。这一事实就是国民党军队已经溃不成军、抱头鼠窜。[21]

在共产党赢得内战胜利前的最后几个月，美国军事顾问团团长大卫·巴尔少将甚至在蒋介石的高级官员会谈时旁听他们的对话，仿佛他自己是个中国将军。（他恳求国民党在撤退前毁掉自己的武器，以免落到共产党的手里。但是就像以往任何时候一样，根本没有人听取他的建议。）因为害怕引发国内对美国政策的批判，他们甚至不允许美国驻华大使司徒雷登会见中

第四章 洲际政治

共的高层领导。

即便如此,蒋介石在丢掉中国大陆的情况下仍然获得了华盛顿的足够支持,从而得以继续统治台湾。1952年艾森豪威尔胜选之后,仍然担任蒋介石"驻美大使"的顾维钧举办了一场大型的庆祝宴会。参加宴会的人包括一些蒋介石最为重要的支持者,其中就有亨利·卢斯、参议员威廉·诺兰、帕特·麦卡伦、乔·麦卡锡以及众议员沃尔特·贾德。在晚宴结束前,他们纷纷举杯庆贺,并用他们最喜爱的战斗口号为蒋介石祝福:"早日杀回大陆!"[22]

第五章

孤注一掷：朝鲜人民军挺进釜山

朝鲜半岛已经到了一决雌雄的最后关头。8月初,朝鲜军队准备对龟缩在洛东江后、兵力不足的联合国军发起最后一次进攻。联合国军司令部认为,洛东江是一道他们得以稍事喘息的天然屏障,而此时增援部队也正从美国奔赴朝鲜。在军事历史学家罗伊·阿普尔曼看来,洛东江实际上形成了一条巨大的战壕,能够护佑釜山防御圈内大约3/4的地带。然而也应注意到,这个防御圈过于庞大,因此在接下来的数周里,双方交火不断,打了几百场小仗,还有几次大战。据阿普尔曼描述,釜山防御圈呈矩形,从北至南约为100英里,从东向西约为50英里,东临日本海,南临朝鲜海峡,西面就是洛东江。江水浑浊泥泞、流速缓慢,最深处不过6英尺,宽约0.25到0.5英里。[1]"就像密苏里河一样宽。"第2工兵营的一等兵(大老粗)查尔斯·哈梅尔说道。他从小在距离密苏里河大约50英里的地方长大,因此被派遣到洛东江上修建桥梁。一旦朝鲜军队大兵压境,那么他们而不是美军,就可以立即使用这些桥梁。[2]如果没有洛东江所提供的天然保护,那么美军也许难以稳住战局。对于他们来说,洛东江不仅是一道屏障,而且还成了沃克得以集结人马、首次能够保护自己侧翼的有效据点。

在防御圈内,事态的发展越来越顺利。由于这一带公路与铁路纵横交错、交通十分便利,因此美军的增援部队趁机开进,并且迅速展开有效行动。对于沃克来说,在自己的范围内查漏补缺不是什么难事。此外,6月中旬,第2步兵师的第一批部队已经从美国到达朝鲜。与此同时,第一海军陆战队后备旅,即后来的陆战第1师的几批先遣队也已经抵达,正是他们在此后的仁川登陆一役中一马当先。所有这一切让双方的力量对比产生戏剧性的变化:美国的战斗能力大幅提升,而朝鲜方面却已时日不多。到了8月末,美军司令部的每一个人都很清楚,朝鲜即将准备从洛东江西北两侧发动一次大规模进攻。他们大约有13个师,每个师平均7500人左右,再加上一个1000人左右的装甲师,以及两个500人左右的装甲旅,战斗能力相当强大。然而，尽管朝鲜人训练有素，并且在几周前一帆风顺、势如破竹，但是现在的局势却变得越来越难以驾驭。为了增援韩国，联合国军的空军在8月的飞行架次是6月的两倍，硬生生地把朝鲜军队的凌厉攻势给压了下去，并且切断了他们粮食弹药的补给与一切后勤供应，让他们一刻也不能安宁。8月底，当洛东江畔的生死大战打响时，人民军高歌猛进的日子已经结束，但是美军还是很少人意识到这一点。按照某步兵小分队指挥官费伦巴赫的话来说，战场上可谓"血流成河"。[3]数年以后，朝鲜退役将军刘成哲这样说道："朝鲜战争原计划在几天之内结束，所以我们没有做任何坏的打算。但是在战争中，如果你对失败毫无准备，那就等于是在自讨苦吃。"[4]

8月31日，金日成不惜把13个师的兵力投入到洛东江的最后战斗中去。此时双方的兵力几乎不相上下，而美国的精锐部队还在源源不断地开赴战场。譬如，第2步兵师的三个团中的最后一个团即第38团已于8月19日抵达釜山。这也就是说，当朝鲜10万大军跃跃欲试、准备在最后一役中一举拿下釜山港的时候，来自第8集团军的近8万美军正在釜山防御圈内严阵以待。

此前的两个月中，第8集团军之所以能够坚守阵地，完全是沃克个人的巨大功劳。作为一名不受东京与华盛顿赏识的军官，一个在不适于坦克作战地区作战的坦克手，以及一个率领着远比他当年率领的在法国和德国作战的军队更加不堪一击的队伍的指挥官，在7月末到9月中旬的六七个星期里，沃克完全称得上是一位才能出众、英勇无畏的将领，并且几乎没有出现过任何失误。如果说20世纪美国军事史中有一场战争被其他战争的雄壮所淹没的话，那一定是朝鲜战争；如果说这场战争中有一些战役被人们所忽视的话，那这些战役就一定是1950年7月至9月发生在洛东江畔的一系列小型战役；如果说这些战役中，有一名指挥官没有得到应得的荣誉的话，那这名指挥官就一定是沃尔顿·沃克。沃克的飞行员林奇说过这样一句话："他是这场被人遗忘的战争中被人遗忘的指挥官。"[5]

如果说朝鲜战争始终没有在美国民众心中留下过深刻的印象，那么较之此后发生的那些大型战役，洛东江一战与釜山防御圈就会显得更加黯然失色。在这段艰苦卓绝的日子里，沃克不愧是一名伟大的将领。当美国仍然对自己突如其来的新义务迟疑不决时，沃克在手下兵力不足、装备落伍又毫无防范的情况下，成功地抵御敌军精心策划、咄咄逼人的攻势。当他下令让手下死守阵地时，毫无疑问，他早已将生死置之度外。9月上旬的一天，他和好友林奇仍在大邱——朝鲜战争开始之前，这只是一个名不见经传的小镇，然而现在却成了一个战略要地。一旦大邱镇失守，朝鲜军队就可以长驱直入，攻打南方45英里之外的釜山。沃克转身告诉林奇："我们俩就在大邱街头与敌人周旋。要是他们突破了防线，我需要你和我待在一起，直到最后一刻。"[6]

英勇无畏的沃克不知疲倦地驾驶着自己的小型侦察机，有时甚至在距离地面只有数百英尺的高度、敌军的枪林弹雨中飞行。沃克时不时地从机窗探出头来，拿着一个手提式扩音器对着自己的队伍喊话。如果看到有士兵临阵退缩，他就会立即喝令他们回到原位、坚守阵地，他娘的！他们飞得太低，所以有时林奇不得不把机身上象征着这是一架中将专机的三颗星星摘掉。随着朝鲜战争日渐深入，许多指挥官开始崭露头角，其中尤为著名的就是李奇微，他让沃克黯然失色。如果说有什么事情让人们记住沃克的话，那就是11月末12月初美军在清川江畔遭遇大批中国军队伏击时，一个愚蠢的家伙未经沃克许可擅自行动，最终使得这位指挥官声名扫地。

这对沃克来说很不公平。在洛东江战役中，他异常迅速地将自己的残部集合起来，从另一个团悄悄借来一个营，然后又将该营遣往另一个团，并且动用海军陆战队与第27猎犬队四处围追堵截，挡住了朝鲜军队一次又一次的突破。他比敌军更充分利用了地势这一至关重要的因素——由于此地交通相对便利，不仅有一条铁路干线从此穿过，而且公路网络也四通八达，因此极大地加快了美军的行进速度。而此时朝鲜军队却因无法迅速调动自己队伍突破敌军防线，已经身陷困境。在这一阶段里，他们的失败可以归结为战场指挥失当、没有及时集结已方队伍以及未能根据实地情况变化做出迅速有效的反应。这次失利，在美国人看来，不仅反映出美军通讯器材的落后，还折射出军内等级森严的体制缺陷。对于第8集团军司令部的军官来说，沃克与其说是一名指挥官，不如说是一个魔术师。无论朝鲜下一步意欲何为，他总能明察秋毫。尽管他不是什么魔术师，却有敏锐的洞察力。朝鲜军队使用的无线电密码太原始，而且不经常更换，所以美军轻而易举就能将其破译。因此，对于敌军下一步的行踪，沃克总是料事如神。这是他的重要情报来源之一，此外他还相信亲力亲为。他频繁地和林奇驾驶飞机在人民军阵地上方低空飞行，因此他们对于敌军的兵力分布与变化了如指掌。

如果可以用两个字来形容他们当时的处境，那么沃克觉得非"绝望"莫属。美军不仅总是兵力不足，而且时常为敌军有可能突破防线而感到忧心忡忡。沃克每天都会问自己的参谋长尤金·兰德拉姆上校："兰德拉姆，今天你给我找来了多少预备队？"[7] 现在他们迫切需要的，也是他们一直需要的是——士兵。朝鲜大有可能通过海路对他们迎头痛击，而且这种危险已经迫在眉睫。沃克唯一的失误就是严重低估了洛东江湾处的人民军的实力。此处有一小段河流折向西方，然后又掉转头向东流去，这样一来就形成一个从北至南长约5英里、从西至东宽约4英里的河湾地区。正是在这里，双方展开了这场战争中一系列伤亡最为惨重的战斗。美军痛击了人民军第4师，还从俘虏的口中得知该师已经乱作一团，因此估计这支朝鲜部队的作战能力已经十分有限。但是他们万万没有想到，该地区除第4师外，还有另外两支生力军，第2师和第9师。

沃克把第2师第23团三个营中的两个安置在那里，而把另一个营借给了第1骑兵师。说他们布防得过于薄弱那是有意轻描淡写了。哈罗德·格雷厄姆二级军士长是2师23团2营C连某排的代理排长。他经人推荐来到战场上，希望在此建功立业，但是来到洛东江湾的第一个晚上就在人民军的一次猛烈进攻中挂了彩。由于伤势严重，他的军旅生涯不得不告一段落。据格雷厄姆估计，除去早先战场上的伤亡以外，借出一个营给骑1师，现在他们剩下不过区区9000人，较之此前的1.8万人，这个师的兵力已经严重不足。然而他们却要掩护一条将近40英里长的战线，现在23团1营只有四五百名士兵，最多能够守住三四英里的地方。"在敌军发动袭击之前，我发现我们的防御居然前所未有地薄弱。"C连的一名排长乔·斯特莱克说。

几天前他被派遣至该营负责通讯工作,是这次战役中少数得以生还的幸存者之一。因此,他对当时的情形了如指掌。"那是一根地雷拉发线,不过实在是太细小,你根本就不会想到那竟然是一根地雷拉发线。"他说。那真是惊天动地的场面,与其说它是敌军的一种防范措施,不如说是他们埋下了一个巨大的人肉筛子。如果这个营的士兵以前还有可能配备一架直升机的话,那么现在则是一件遥不可及的事情。这场战争从一开始就是这样,斯特莱克心想。他第一次在前线安营扎寨时,像往常一样首先要侦察一下自己的两侧有没有友军,并且设法与他们取得联系。于是他上了一辆吉普车,然后一直开出大约5英里后,他终于看到两个隶属于附近第24师的士兵。当他们看到斯特莱克时,真是又惊又喜——好像斯特莱克就代表着第2师,好像整个第2师已经到达韩国。因此,斯特莱克实在不忍心告诉他们他驻扎在5英里之外。

当第23团在这里严阵以待的时候,他们比平时更加觉得与世隔绝。团长保罗·弗里曼上校后来回忆说,尽管事实证明沃克有关朝鲜军队动向的情报完全正确,但当时他却对此不以为意。8月即将过去,23团1营越发感觉到这里即将发生重大情况。当朝鲜军队发起进攻时,他们才在洛东江东岸待了两天。第2营已经从他们的后面跟了上来,首先到密阳镇,那里是守卫洛东江的一个据点,然后再到距离洛东江更近的昌宁。23日晚,他们得到不少情报,朝鲜军队在对岸的活动越来越频繁,据说有可能在当天晚上或次日晚上发动一次进攻。[8]

有时候,某支队伍命中注定要步入历史的轨道,与某些重大事件发生联系。这就是那天晚上C连遭遇的情况:他们以寡敌众,与大批试图涉水而来的朝鲜军队进行殊死搏斗。如果说美国军队在洛东江漫长曲折的江岸防线过于薄弱的话,那么美军中就没有哪个团的防线比第23团更加薄弱,这个团中也没有哪个连比C连的处境更加危急。在这次战役中,该连幸存下来的士兵屈指可数,因此被人称为"最后的C连"。即使在数年以后,对于两军初次在洛东江湾对峙时力量悬殊之大,斯特莱克仍然感到难以置信。

斯特莱克想，几乎可以肯定的是，朝鲜两个师，大约1.5万到2万人，蜂拥而至，迅速占领了C连的防区，单是进攻连部的人民军就有8000到1万人之多。据他说，当时一般来说每个连应当有200名士兵，能够防御大约1200码的范围。但是，C连所在的第1营的防区却有大约1.6万码。这也就是说，该营兵力不足的三个连却要分别承担5000——6000码的防御范围。因此，一个70人左右的排要防守2000码的地带，而一个20——25人的班则要防守700码的范围，相当于七个足球场那么大的地方。[9]

斯特莱克的估算与格雷厄姆上士以及欧文·埃勒上士的印象不谋而合。格雷厄姆是C连2排的排长，下辖一个迫击炮班和一个配有无后坐力步枪的班；埃勒是负责重型武器的第4排排长。当时，格雷厄姆的第2排位于C连的中心，第2排的左边是埃勒的第4排，右边是B连。在埃勒的第4排左边就是昌宁公路，然后才是2师9团。他们之间的空当大得惊人。"我们之间距离太远，对于谁在自己身边并肩作战，我们完全没有概念。"[10] 埃勒回忆道。当天晚上他负了重伤。格雷厄姆所在的第2排前面有大约200码的距离，而随后B连的兵力也被分成了小股。"白天，我们可以利用火力守住中间的那些空当，"格雷厄姆上士写道，"但晚上就不行了。"[11]

没有人比C连连长西里尔·巴特尔迪上尉更清楚当时防御之薄弱了。巴特尔迪有丰富的战斗经验，并且与自由女神像的设计师颇有渊源。"二战"期间，他曾任指挥官，因此对于眼下美军不堪一击的状况知之甚深。他们就像一条脆弱不堪的地雷拉发线，难以像众人期望的那样阻止朝鲜军队向前推进，很快整个第8集团军就能感觉到这里的危险。他们的任务就是向军部报告朝鲜发动了攻击以及敌军的兵力，并且尽可能减缓敌军的速度。如果前去报告的士兵有幸从相距甚远的上级司令部带回足够的援军和武器装备的话就更好了。巴特尔迪上尉很清楚，他们在这里的最终结果很可能是全军覆没。

8月31日下午，包括C连在内的第23团各部同时注意到，敌军正在洛东江对岸大批集结，有些士兵还在扎制竹排。显然，这次袭击已经箭在弦上——或者可以说，实际上他们已经出发了。尽管洛东江是一条极具价值

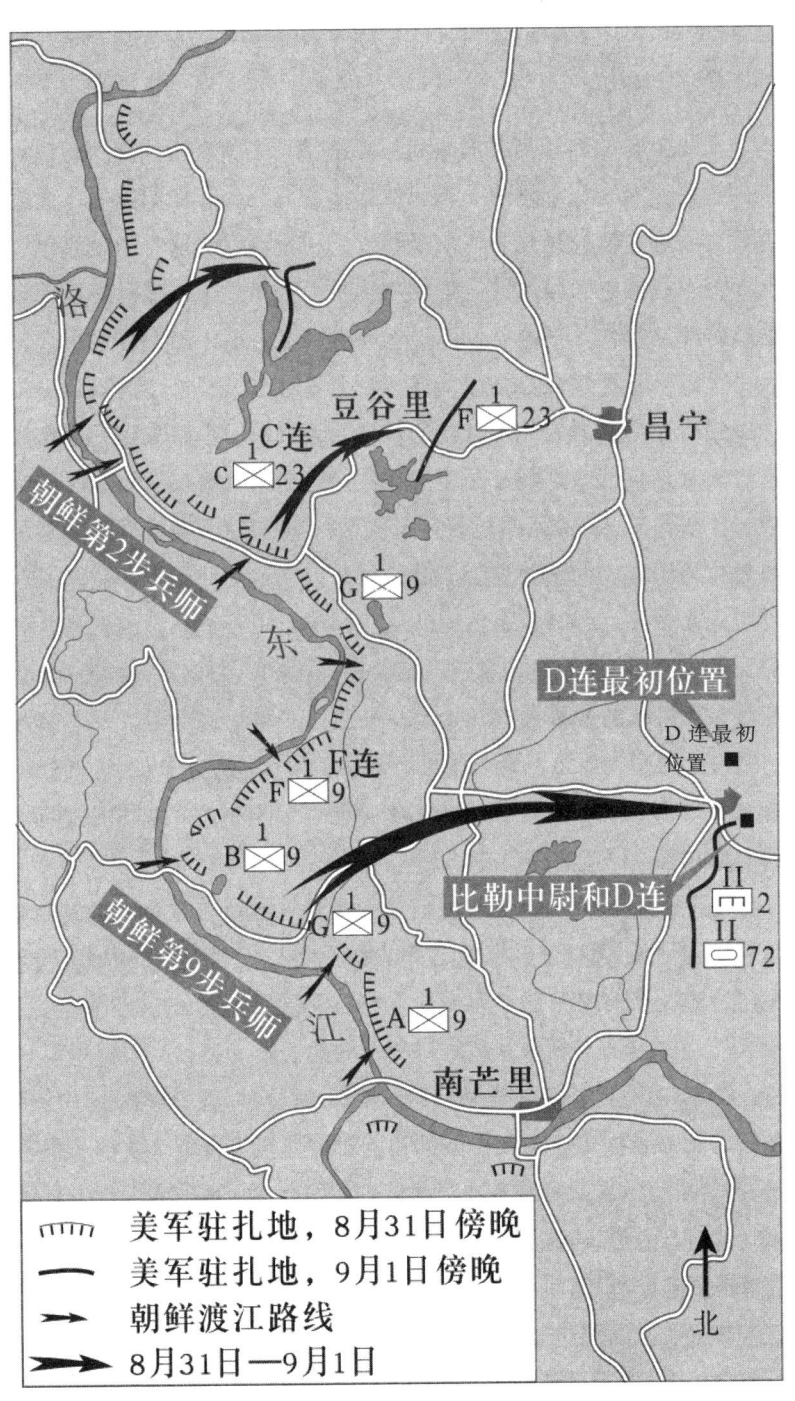

图 8　洛东江战役，1950 年 8 月 31 日—9 月 1 日

的防线，但是美军的部署却漏洞百出。美军发现，朝鲜士兵昼伏夜出，在河里堆砌沙袋。因为江水浑浊不堪，他们甚至能在美军的眼皮底下于水中搭建浮桥。随后，战役一开始，敌军的士兵和车辆就轻而易举地渡过了洛东江，而美军只能眼睁睁地看着他们从浮桥上一路杀来，然后不无惊惧地等待他们出击。

人民军的第一个进攻目标是8连。晚上8时30分，8连的威廉·格拉斯哥中尉报告说自己看到一种奇特的景象：无数敌军手擎火把朝洛东江进发，这些火把连接起来，似乎是字母"V"和"O"。没有人知道这两个字母代表着什么含义（如果那真的是字母的话），也许这只是敌军用来指示不同军事单位行军方向的一种颇为原始的方法。在这个问题上，美军抓获的朝鲜俘虏几乎帮不上什么忙。他们从这些俘虏口中唯一获悉的就是，信心不减的人民军打算在三日之内推进到釜山。

随后，人民军的弹幕射击开始了。突然，美军士兵看到了令人惊惧的一幕：朝鲜士兵蜂拥而至，迅速渡过洛东江。据C连估计，不到15分钟就至少有1300人渡过洛东江。据人们后来猜测，单是到达8连防区内的敌军就有四个独立营，也就是说超过一个师的兵力。

B连遭到敌军猛烈的攻击。"我们第一次看见他们的时候，就像是成千上万只蚂蚁从河面上朝我们的方向过来一样。"[12]一个管军需的中士特里·麦克丹尼尔说道。当时美军孤立无援，人数极少，几乎是在绝望中一边目睹朝鲜大兵压境的可怖景象，一边等待敌军对他们发动袭击。人民军第一次进攻就让美军伤亡惨重。"一开始，我们觉得自己可以好好地大干一场了，"该连的一名文书也被逼上前线，因为在当时的情况下，每个人都不得不来到最前方，"排里的士兵呼喊着要对他们进行扫射，但很快我们就发现被扫射的不是他们，而是我们。"[13]

营部也遭到攻击，这也在意料之中，只是没想到敌军的炮火会如此凶猛。如果这一带还需要援军的话，那至少需要几个师的兵力，再加上空军对敌人进行空中打击，以及用许多大炮对敌军行进的路线进行轰击，才能守得住。但实际情况是，他们只有极其微弱的火力，更不用说进行空中打击了，而且兵力少得可怜，无法进行有效的指挥。因此，他们的策略——假如此时尚有策略可言的话——几乎就是某种本能反应，阻断通往洛东江湾两岸通向釜山的道路，为援军的到来争取时间。但实际上，他们几乎孤立无援。"我们的兵力简直是弱不禁风。"乔治·罗素还记得回到营部以后这样说道，想到当时自己使用的这个词，他不禁哑然失笑。也许还有更合适的表达方式，他想了想又说："弱不禁风，一吹就倒。"[14] 到了子夜，B 连在格拉斯哥的指挥下开始撤退，而 C 连却遭到围攻。他们势单力薄，而且相距遥远，一些朝鲜士兵趁机迅速抄到他们的尾部，直扑营部而去，并且在 9 月 1 日到达该地。敌军立即绕到后面，切断了他们的退路，在此后的三天里，没有人从这里出去。

当 B 连向上级报告朝鲜军队举着火把发动袭击时，第 23 团团长弗里曼上校下令炮兵立即开火。因为火把暴露了敌军的位置，所以炮弹一下就命中目标，暂时减缓了人民军的攻势。但到了最后，即使再准确的炮弹也无法阻止敌军继续进攻。回到营部后，他们面临着一种两难的境地：要么尽可能地坚守各自的阵地，要么集结起来以便能够多坚持一天。弗里曼意识到自己的整个营和团都受到敌军的威胁，而且敌军的最终目标是釜山，于是他立即下令各部合力阻击，并且要求官兵尽可能地拖延时间。随后，他迅速返回团部，带领着 F 连和 H 连一起来到前线，命令第 2 营参谋劳埃德·詹森少校进行指挥。他们的任务就是尽可能地突破敌军防线，与第 1 营的克莱尔·哈钦中校会合，结果却未能如愿。于是现在他们唯一能够做的，就是设法在洛东江通往昌宁的路上建立起一处防线。

显然，弗里曼的位置不可避免地成了人民军的目标。他指挥的团只有两个兵力不足的营，其中一个已经失去联络，从这里根本就杀不出去，他们的伤亡也一定十分惨重。由于天气十分糟糕，所以空军的增援根本无济于事，最后弗里曼的炮兵连的炮弹也不够了。于是，詹森为阻断通往昌宁主要道路而设的关卡，立即成了该团最主要的防御目标，该团在接下来的两周里与敌军发生激烈交火。就连曾经在"二战"期间参加过太平洋战场上异常惨烈的对日作战的罗素也认为，他从来都没有见过哪一次战役像这场战役一样艰苦卓绝、残酷无情，其惨烈程度简直无法想象。美军几乎是在拼死一战，唯恐这里失守，他们在朝鲜半岛上就再无立足之地。同样，朝鲜军队也非常清楚，如果他们在这次战役中失败，那么这将是他们的最后一次猛攻，而且很快就会被美军逼回北方。

弗里曼派 G 连在此处防守，最终为第 1 营在 9 月 3 日的撤退以及他们在一处人称"交换站"（"交换站"的附近是此前某营的一个名为"交换台"的联络中心）的地方重新集结赢得了宝贵的时间。也就是说，在第一次袭击进行的 48 小时后，美军终于稳住了自己的阵脚。9 月 3 日，见朝鲜第 2 师的大部队已经开始向主干道进发，弗里曼于是集中所有火力对其进行阻击，防止他们朝釜山方向推进。弗里曼后来写道，他作为一名指挥官在这场战斗刚刚开始的几个小时里就做出了一生当中最残酷的决定。当 9 月 1 日团部被敌军占领后，他打算后撤 600 码。这时他就知道为了争取时间，就不得不牺牲部分队伍。

洛东江沿岸的战斗已经接近尾声。朝鲜军队将 C 连团团围住，试图将其全歼。对于当晚在此地值守的美军士兵来说，他们的脖子上就好像被敌军套上一根绳索，这根绳索很快越收越紧。子夜时分，C 连的士兵已经所剩无几。那天夜里，年仅 18 岁的贝利·罗登下士率领一个由七名配有无后坐力步枪士兵组成的班，而入伍前他在佛罗里达州乡间以私酿威士忌为生。由于没有足够长的电话线，哈钦中校的第 1 营营部与巴特尔迪的 C 连之间无法建立联系，于是他们只好利用仅有的电线设法架设一条通往罗登哨所的通讯线路，而罗登的哨所与数百码开外巴特尔迪的 C 连之间有一条独立的电话线。这样一来，罗登就成了一个实际上的电话交换员，并且听到了从 C 连敌众我寡的士兵那里传来的最后一声怒吼。然而可悲的是，自顾不暇的营部回复说不可能派去任何援军。这个消息对于罗登来说尤其痛心疾首，因为下一个遭受同样命运的将是他们。

他听到巴特尔迪上尉恳请营部允许他疏散自己的士兵："我们顶不住了！重复，我们顶不住了！现在唯一可行的就是全体解散，让大家自寻活路！"罗登一字不落地转达巴特尔迪的原话，暗自希望营部能够派遣其他营的兵力前来解围,或者在这个最后关头动用空军进行几次轰炸。事情最后总是这样,罗登清楚地记得,仿佛这只是电影里的情节。但那天夜里,洛东江东岸的情形并非如此。巴特尔迪率领手下进行了顽强的抵抗,但在战斗开始45分钟以后,他们几乎弹尽粮绝。因此当巴特尔迪几近绝望地请求营部准许他们疏散时,也表示自己对罗登小分队的担忧。但营部传过来的话却是:"不惜任何代价,死守阵地!绝对不能疏散!"罗登将这一指示传达给巴特尔迪上尉,上尉的最后一句话是请求炮火增援,至少能够给他们打一些照明弹,但还是什么增援也没有。接着,两边的电话同时断线,显然是朝鲜人切断了他们的通讯线路。很快,罗登又听到两端的电话线开始刺啦作响。他知道肯定是朝鲜士兵正在连接线路,并且试图找到自己的地点。于是,罗登立即切断自己的电话线,就让他们接吧,到头来什么也没有。现在是设法让自己的人突出重围的时候了,罗登心想。[15]

C连1排的排长哈罗德·格雷厄姆认为,最好的办法就是收紧阵地,尽量集中本方的火力。他很清楚,突围的可能性从十分渺茫变成几近于无了。士兵们认为格雷厄姆是一个出色的军士长。像多数军士长那样,他一直未婚:如果部队想让你结婚的话,就会给你分配一个新娘。格雷厄姆性格强悍,因此人送绰号"公牛"。他过去从不与士兵打成一片,从不像其他军士长那样表现出一副铁汉柔情的模样,因为对他来说,做个铁汉就够了。数年以后,他告诉手下,自己之所以变得越来越冷酷无情,是为了尽量避免自己与部下之间产生某种感情联系——一旦他们在战场上牺牲,这种感情不仅于事无补,而且会对他的决策能力产生影响。诚然,自己的部下在战场上阵亡是一件十分痛苦的事情,但更痛苦的是眼睁睁地看着朋友在战场上牺牲。因此,在格雷厄姆的手下看来,他这类军士长就是美军的中坚力量;如果说有人能率领他们从这样一处毫无希望的地方突出重围的话,那么这个人一定就是格雷厄姆。尽管他冷酷无情,却正是他们此时此刻需要的人。他不会惊慌失措,不会只顾自己,只会想方设法集中火力。

格雷厄姆很快就意识到,这场战斗的本质,与其说是仰仗匹夫之勇,不如说是依靠枪支弹药。此时此刻,多一些弹药就意味着多一些时间。对战场上的一切声音，格雷厄姆有着非同寻常的敏锐感觉，甚至能够准确指出发出这些响动的位置。因此当旁边汤姆·威尔逊中尉的部队突然变得鸦雀无声时，他立刻明白，朝鲜军队已经占领此地。这就是说，格雷厄姆的手下将要承受更大的压力。直到那时，他才下定决心要带领手下悄悄突围。这时无论营部再有什么指示，缺少弹药的他们都不能阻止敌军的进攻。他们的机枪只剩一条子弹带，一些自动步枪已经完全没了子弹。他的手下都在大喊，要求赶快给自己的 M-1 步枪补充弹药。除了刺刀以外，他们已经没有多少子弹了。格雷厄姆连刺刀都没有，他甚至已经记不得它究竟是被敌人射掉，还是自己掉了。在这里，尤其是对于那些枪法好的敌军士兵来说，他们的刺刀根本派不上用场。

于是，格雷厄姆将手下召集起来。刚才在那座山头上，他损失大约 12 名士兵，也许是 15 名。在这场疯狂的战争中，谁能预言接下来还会发生什么事情呢？他不知道自己究竟还有多少士兵，因为有些人在厮杀中失散，但是几天之后又回到这里。当这场战役结束后，让格雷厄姆感到自豪的是，自己的阵地最终没有被敌军占领。他们折回头去，迅速朝着 C 连哨所的方向赶去，却发现那里只有巴特尔迪上尉、威尔逊中尉以及威尔逊排里的六七名士兵，他们正试图集结自己的力量。如果他们想活着出去的话，那么现在最需要的就是弹药。他们只好在死尸身上到处搜寻，但所获寥寥无几——如果这些士兵身上还有弹药的话，他们一定会打完最后一发。此时此刻，对于 C 连连部的人来说，时间已经所剩无几。于是，他们设法将四挺 .50 口径机枪架在一辆半履带车上，组成一个机枪方阵，再加上一副 40 毫米口径双管防空炮（也架设在半履带车上）。如此一来，他们就暂时有效地阻止了敌军的攻势，但这只是在拖延时间而已。战斗的胜负早已注定。

随着敌军的火力越来越猛，他们想用一辆补给用的吉普车将伤兵偷偷运送出去，但没有成功。曙光来临之前，朝鲜士兵已经缴获他们的 .50 口径机枪和 40 毫米口径双管防空炮，并且把枪口对准近在咫尺的美军。当他们准备突围的时候，子弹与炮弹溅起的尘土在身旁四处飞扬。格雷厄姆也不记得自己是怎样带领残部来到旁边的一座小山顶上的。他们看见朝鲜

第五章　孤注一掷：朝鲜人民军挺进釜山

士兵早已在附近一处地势较高的山顶上严阵以待。这是格雷厄姆生平第一次在敌人的眼皮底下被动挨打，但他们仍然继续前进。[16] 现在这支队伍中的士兵已经所剩无几，算上巴特尔迪上尉、威尔逊中尉、罗伯特·艾格纽中士、杰西·华莱士下士、一等兵戴维·奥尔蒙德以及军医一等兵阿诺德·罗布，他们大概还有 25 个人。不过，大家认为奥尔蒙德已经奄奄一息了。他是上尉的通信兵，但背上的无线电设施被敌人击中。于是，巴特尔迪一路匍匐过去，把浑身颤抖的奥尔蒙德放在自己的双腿上，然后拖着他离开险境，来到一处安全的地方。

格雷厄姆还记得，当时他们想从那座小山上下来，上尉绝望地搜遍自己的口袋，想要找到最后几发子弹。就在这时，格雷厄姆再一次中弹，子弹还是从那个山头上打来的，只是来自另一个方向。格雷厄姆顿时感到血流如注，一条腿立即失去知觉。于是他脱掉自己的内裤，让奥尔蒙德为自己包扎止血，一半缠在他的皮带下面，一半裹在皮带的外面——这就是战场上的即时绷带，因为在这种情况下你只能尽力而为。据格雷厄姆回忆，当时敌军的炮火异常猛烈，每个人都挂了彩，只有少数几个人尚能行走。战壕里大约有 20 名奄奄一息的士兵，格雷厄姆也很难分清这些人究竟是死是伤。那几个尚有行动能力的士兵问格雷厄姆该怎么办——是打，是逃，还是降？要继续抵抗的话，他们已经一点弹药都没有了，究竟该怎么办呢？

格雷厄姆告诉他们，自己快要死了，不能告诉他们该怎么办，他们必须依靠自己。格雷厄姆最后见到他们的时候，这些人正准备缴械投降。于是他仔细地听，好像没有火力攻击的声音，也没有子弹呼啸的响声，于是他长出一口气，这至少说明他们没有被敌人就地处决。后来，格雷厄姆听说，威尔逊和罗布被打死，华莱士、奥尔蒙德和艾格纽后来终于被美军找到。格雷厄姆躺在那里，一边看着自己血流如注，一边静静地等死。算是让这些外国佬得手了，他想。前两批经过此地的朝鲜士兵以为他已经死了，因此与他擦身而过。但当第三批士兵发现他仍活着时，他们抢走了他身上的一切——靴子、袜子、打火机、手表，甚至他口袋里装着的黑名单，凡是惹过他的人和事，上面都记得清清楚楚。不过这个本子已经没有什么用了，因为里面记录的大部分人都死了，而格雷厄姆也快要成为他们当中的一员了。"你，军官？"一个朝鲜士兵问。"不，我是大兵。"他回答。这时格雷厄姆就连最后一点点运气也丧失殆尽。这支队伍里有一个自作聪明的家伙，看起来比谁都更加狡猾卑鄙。他先是用手里步枪的枪托捣了捣格雷厄姆两眼中间的地方，看看他会不会站起来。格雷厄姆试图比画着告诉他们，自己的腿受伤了，站不起来。于是，这名朝鲜军官举起刺刀，装腔作势地想要刺向他的裤裆。格雷厄姆只好摇摇头，并且再次比画着说自己站不起来。这时他腰部以下的军装已经被血染透。那名军官暂时放过格雷厄姆，转而去检查其他美军尸体。但仍然有几名朝鲜士兵试图戏耍格雷厄姆，他们用半生不熟的英语问他多大了，还问他渴不渴。格雷厄姆想要他们给自己一些水喝，尽管他们看起来比那名军官友善一些，但却一口回绝了他的要求。这时那个自作聪明的军官折回来。这下好了，格雷厄姆心想，我的大限已到。但这些朝鲜人显然认为格雷厄姆已经用不着他们动手了，于是他们一把拽掉他的颈牌，扬长而去。

　　后来大约过了十二个小时，格雷厄姆忽然觉得身上有劲了，竟然能爬得动了，这真是一个奇迹。在接下来的十二个夜晚，他手脚并用地朝着美军所在地的方向爬去。白天，格雷厄姆就躲藏起来，到了夜晚，他就会忍着剧痛，缓缓地、小心翼翼地继续向前挪动。在第一个 24 小时里，格雷厄姆估计自己大概爬了 100 码。最后，格雷厄姆找到一根木棍，把它当拐棍来使。凡是有水的地方，就连草茎上的露珠他也不会放过。当他历尽艰辛终于回到营部后，格雷厄姆发现自己长出长长的络腮胡，胡须末端已经开始卷曲。这时的格雷厄姆看起来形销骨立，体重差不多下降了 50 磅。当他爬进哨所的时候，那里的一小群军官，包括克莱尔·哈钦中校，好像见到鬼一样。布奇·巴比利斯少校刚打开一瓶啤酒，看到鬼一样的格雷厄姆，就将酒瓶递给他。"从来没有喝过这么好的啤酒。"[17]格雷厄姆对巴比利斯说道。对他来讲，朝鲜战争业已结束。C 连几乎全军覆没。第二天，大约有十五到二十名士兵返回营部。一般来说，一个连里应当有六名军官，但是 C 连只有三名，其中两名在过去 24 小时里不幸遇难。

第五章　孤注一掷：朝鲜人民军挺进釜山

巴特尔迪上尉没有被处决，而是和其他一些人一起被俘。在接下来的两周里，敌兵用电线捆住每一个俘虏的手，一个连着一个，每天晚上他们都要徒步行走大约几英里的路程。朝鲜人想按照级别与军衔把这些俘虏分开，然后对那些在他们看来是资产阶级代表的军官狠下毒手。白天，只要停下来，这些朝鲜士兵就会对他们进行询问。你的家里是穷是富？如果有人回答富，那就马上会挨一顿猛揍，于是每一个人很快都学会正确回答：穷。你喜不喜欢麦克阿瑟？他们问。不喜欢，那些俘虏回答。你喜不喜欢杜鲁门？不喜欢，俘虏们回答。大家以前叫巴特尔迪为巴特上尉，现在为了保护他的安全就简称其为巴特。但两个星期后，朝鲜人威胁说如果军官不主动站出来，就将把所有俘虏统统杀掉。巴特站了出来，后来不久就牺牲了。其余大部分俘虏都在第二天被一支美军坦克部队救了出来，而巴特尔迪也在死后荣膺银星勋章。

那些日子里，C连独自抵御朝鲜军队的全力攻击，并且遭受了巨大伤亡。尽管美军后来重建C连，但该连的运气似乎始终都比其他连队差一点，伤亡也比其他连队多一些。很快团里就有军官会在喝令士兵的时候这么说："给老子好好干，要不就送你去C连。"[18]

尽管如此，在这场残酷无情的战斗中，C连还是尽力减缓了朝鲜军队的攻势。虽然敌军最终突破防线，却因此付出了同样惨重的代价。有一个朝鲜师作为预备队在洛东江突出部待命，令人费解地没有投入战斗。他们停在那里，重新集结，刚好给了沃克一个可乘之机。那天夜里，洛东江边到处都是C连的士兵。但是，没有人比沃克更了解援军到来的希望有多么渺茫，而且即使是美国最出色的部队，在到达朝鲜后仍然需要很长一段时间才能够适应这里的作战条件。对于曾经有着傲人历史的美第2师来说，如果没有在朝鲜战场上实地检验一下自己的战斗能力，那么就不能真正被称为精锐部队。而对于那些业已来到此地的排长、连长等军官来说，如果没有亲临火线，那么就无从判断他们是否真正具备合格的战斗资质以及悟性。这一点无论是在西点军校或者弗吉尼亚军事学院，还是在后备军官训练团都无法学到。借用麦克·林奇的话来说，沃克就是一个即使忙得不可开交也总是能保持充足精力的人。

根据后人的军事判断，人民军之所以在对釜山防御圈进行最后一次进攻时大败而归，很大一部分原因在于他们没有布置好自己的兵力。如果他们能够把力量集中起来，全力攻击少数几个据点，那么他们的胜算就会大得多。当然，如果他们真的集中兵力，那么就会有可能成为美军炮火与空军的重点打击对象。然而沃克对这些马后炮不以为意，让他感到震惊的是朝鲜人那次残酷无情的袭击。麦克·林奇还记得，9月1日是最糟糕的一天。当他压低飞机高度，从第2师第9团的地盘上空飞过时，突然发现有一支美军连队在没有任何敌军追击的情况下，正沿着河岸后撤。这可真是糟透了，沃克心想，这里本来是一个能够减缓朝鲜军队攻势的绝佳地点，但他们却与之擦肩而过。于是，他告诉林奇尽量低飞。林奇只好降低大约300英尺的高度，然后收起机翼，关闭引擎，在美军大约50英尺的上空滑翔（并且暗中希望飞机引擎能够再次发动）。接下来，只见这位第8集团军的三星将军尽可能地把身体探出窗外，举着喇叭扯开嗓门喊道："快停下来！都给我退回去，你们这些狗娘养的家伙！没有人进攻你们！回到原地，那里才是最佳位置！"但是，这支队伍似乎毫不理会大发雷霆的沃克。在这样的关键时刻，一支刚刚从美国本土抵达朝鲜境内、隶属于所谓精锐师的部队竟然不战而退。沃克立即让林奇飞往第2师师长（绰号"荷兰人"）劳伦斯·凯泽少将的师部。根据沃克的近距离侦察以及其他一些零零星星的情报，他可以肯定第2师已经遭到朝鲜人的袭击。沃克后来推算，这等于是在他们的营盘正中打开一个大约宽6英里、纵深8英里的大缺口，当时第2师很可能陷入被一分为二的险境。

沃克和司令部里的其他人都对这位年满55岁的凯泽将军表示怀疑。作为一名师长，他的年龄的确大了些。对于凯泽来说，这场战争似乎来得太晚。凯泽总是被大批下属前呼后拥着，极不情愿离开自己的师部。在那些艰苦的日子里，科雷·布莱尔颇有微词地指出，凯泽所做的就是"在自己重兵把守的指挥所里运筹帷幄"。有时候，一个人年轻时会在战场上表现得英勇无畏,但随着年龄的增长,他的勇气和胆识却日渐衰退。凯泽正是这样一个人。他是西点军校 1917 届的学生,曾经在"一战"中指挥过一个营,并且获得银星勋章。当时的凯泽年轻气盛、胆识过人。但三十三年过去了,凯泽已大不如前。他不仅没有参加"二战",而且已经将近三十年没有参加过任何战斗。1948 年秋,凯泽调任第 2 师副师长。1950 年 2 月,他得到了第二颗将星,毫无疑问,是在自己的挚友兼西点军校同学、陆军参谋长柯林斯的大力提携下升任该师师长的。林奇不像沃克那样总是引而不发,而是向来心直口快、无所顾忌。林奇认为,年事已高的凯泽变成了一个懦夫,这场战争不适合他。[19] 那天早上,林奇对自己的所见所闻感到极为震惊。沃克原以为在战斗进行到如此惨烈的时刻,在他们的处境已经岌岌可危、毫无退路的时候,这里一定剑拔弩张,但当他看到凯泽的地图时,立即气不打一处来:这张地图简直是痴人说梦,与前线危在旦夕的局势毫不相干。当自己的师就要被敌军消灭时,他好像还毫不知情。

"荷兰人,你的师在哪里?"沃克开口便问,"你的预备队呢?你是如何布置兵力的?龙山坚决不能失守!如果守不住龙山,我们就会丢掉密阳;如果丢掉密阳,我们就会丢掉釜山。你是这里的核心人物,怎么能什么都不知道!"然而凯泽却向沃克表示,他正在等待联络员回来汇报本部队的位置,接着又抱怨说路上到处都是部队,交通极为不便,所以他的行军速度才慢了一些。没错,路上到处都是部队,林奇心想,路上到处都是你们的部队在仓皇逃窜。

凯泽还想向沃克解释自己的师究竟在哪里,但他所言却与沃克的所见所闻大相径庭。"事情完全不是这样,"沃克截住他的话头,"我刚刚从你们的前线飞过来。"就在这时,凯泽的一名联络官终于回来。他一边为自己的姗姗来迟道歉,一边解释其中的原因。公路的交叉口上站着一名上校,正在喝令大家停止撤退,因此挡了他回来的路。"哪个狗娘养的胆敢越过这条界线。"这名上校说道。"没错,"沃克回答,"我认识这名上校——他是我的作战处长。"

接着,沃克向凯泽放话说:"你给我管好你的师,否则我将接管,到时你就等着走人！我绝不会让这场战斗失败！"他还告诉凯泽应该在何处驻扎。当沃克转身离开的时候，凯泽紧随其后，想送他上飞机，却被沃克断然拒绝。"你马上给我行动，我不需要你送。"到了飞机跟前，沃克没有立即登机，而是坐了下来，显然是想整理一下自己的思绪。林奇开始以为，沃克大概想安静一会儿。他走上前去，才发现沃克哭了。"我不能眼睁睁地看着这个集团军被毁，但现在它已经岌岌可危，而我却不知道该怎么办。"[20] 这时的沃克看起来精疲力竭，他既没有挨打落败，也没有垂头丧气，只是精疲力竭、憔悴不堪。林奇禁不住想，这支队伍当中，究竟有多少人能够在他崩溃之前脱离这里的险地。

为了填补前线的缺口，沃克需要更多人手，但他们却被调去执行即将到来的仁川登陆计划。从国内赶来的援军大都被先派往第 2 师，随后便成为仁川登陆的有生力量。此外，沃克就连自己手下的海军陆战队也保不住，因为这些人将会成为美军攻打仁川的主力部队。为了能够将第 5 陆战团（隶属于第 1 海军陆战师）继续留在自己麾下，沃克同东京方面争执了几天，最终得到了一个前提颇多的许可：沃克可以在 9 月 4 日之前暂时掌管该团，但要尽量保证不在守卫釜山时动用这支队伍。毕竟仁川一战才是重中之重，而且距离原定的 9 月 15 日只有两周时间。为了确保这次冒险的袭击能够取得胜利，麦克阿瑟希望这支队伍一定要生龙活虎。这样看来，虽然他们名义上属于沃克，实际上却隶属麦克阿瑟。如果说沃克曾经有过濒临崩溃的时刻的话，那么一定就是此时此刻。在视察过第 2 师遭受打击的部位之后，沃克立刻打电话给海军陆战队指挥官艾迪·克莱格准将，告诉他在防守通往密阳的公路时需要动用这支部队，因此他们应当立即出发。此外，他还打电话给麦克阿瑟总部，与助理参谋长多伊尔·希奇少将通话，希奇作为作战部长与奥尔蒙德一起参与了仁川计划的制定。他极为恳切地要求总部准许自己使用海军陆战队，他的措辞简直就像是最后通牒，这也是麦克阿瑟的惯用手段。"如果我得不到海军陆战队，"他对这位外人眼中以公平正义著称的希奇说，"那么前方一旦失守，我概不负责。"就算是再高级的军官，听到这话时恐怕也会不寒而栗。很快希奇就传达了麦克阿瑟的指示，同意他们在防御釜山时动用这支部队,而且有必要的话,沃克对其的掌管期限可以延迟到9月4日以后。[21]

一支部队无论大小,其胜败输赢很大程度上往往取决于那些下级军官的指挥才能。在这场战争刚开始的时候,许多下级军官,包括第2师第2工兵营的李·比勒中尉挽救了沃克以及整个第8集团军。比勒与手下的工兵一起,组成了一支规模虽小却极为有效的防御力量。他们奇迹般阻断了敌军扑向龙山的攻势。9月1日深夜,眼看美军已经无力守住龙山时,比勒带领的工兵营却在节骨眼上刚好与赶来的增援部队和海军陆战队会合,合力击退敌军的进攻。龙山战役整整打了两个星期,持续时间长,战况异常惨烈。那些参加过此次战役的人对龙山之战也许终生难忘。龙山战役不仅是一场大战中的一次小战,而且是一场没有止境的战斗。早在此前,无论是陆军士兵还是海军陆战队的士兵都不止一次地听说龙山镇是何等重要,但等到他们真正占领这个小镇时,却不由得大失所望。这里只有两条交叉的道路,一条横贯东西,一条贯穿南北,除此之外别无其他。如果这是美国的一个城镇,其中一名工兵说道,那么你来到这里以后想做的第一件事情就是赶快离开。当他们穿越龙山的道路时,看到的全是斑斑血迹——有朝鲜士兵的,也有美军士兵的,他们不禁心生疑问:让他们血流成河的竟然就是这样一个看似毫无价值的地方。为了把守巴黎与罗马,无数士兵为之付出生命。在柏林的最后一战中,苏联损失了大约30万人。但为了这样一个几乎不存在的地方浴血奋战,美军士兵感到大惑不解,而这似乎进一步体现了这场战争多么失常。然而龙山镇毕竟是一个战略要地,因为它直通12英里之外的密阳,而密阳的公路又直达釜山。一旦釜山失守,那么这场战争就胜负已定。

迫于沃克的压力,凯泽只好带着第2战斗工兵营编入已经遭受重创的第9团。这支队伍已经看过不少部队的行动,其中大部分是步兵的行动。比勒负责指挥工兵营的D连。1950年7月,比勒来到朝鲜战场上的经历并不尽如人意。"二战"期间他就曾在美军服役,后来回到得克萨斯矿业学院上学。他有些意外地发现,自己其实十分怀念军中的手足之情与充实感。于是1946年他决定返回部队。部队以神秘的运作模式使比勒有机会到海外游历。他原以为自己应当有一些目的地可供选择,因此强烈表示自己想去欧洲,却被鬼使神差地派往韩国。比勒很快像其他美军士兵一样开始讨厌这个国家,尤其讨厌这里到处弥漫的粪肥臭味。此外他还发现,长期遭受殖民统治的韩国人经常会表现出一种愤怒的情绪,他们不知道美国人的到来对他们的未来意味着什么,因此显得尤为可悲。一些美军士兵告诉比勒,作为战败国和急于模仿占领国的日本环境舒适、人民友善,因而是个相当不错的去处。这一点其实很不公平:那个曾经对其他国家进行过残酷的殖民统治的民族,在大多数美国人眼中,其处境就像他们的殖民地一样可悲。

他在韩国的两年中从来没有感到过快乐。服役期满以后,他几乎是满怀激动地返回故土。当时,也就是1950年6月,比勒新婚的妻子刚刚怀孕,但他却接到命令:加入工兵营参战。从一开始,比勒就对这场战争有一种不祥的预感。一想到要回韩国,他的心都碎了。而当亲眼目睹各部队(包括本营)的状况时,他的感觉变得愈发糟糕。出发之前,他的上级打开刘易斯堡军事监狱的大门,向那里关着的人们承诺,只要他们能够前往朝鲜参战,那么战争结束后就可以回家,因此比勒接纳了许多身犯重罪的囚犯。即便如此,他的连到达龙山以后也只有150人,即平时2/3的兵力。(在龙山激战期间,有一个年轻的下士曾经在朝鲜军队发动袭击时表现得十分英勇。战后,他浑身是泥、满面疲惫,对比勒将他带出牢笼表示感激。也许这就是一个现代战士的复杂旅程吧,比勒心想。)

至于本应驻守在龙山的第9团,当时完全乱了阵脚。当大批朝鲜人开始横渡洛东江时,第9团中的一些士兵接到师部命令,向朝鲜军队发动一次愚蠢的试探性袭击。这次行动代号为"满洲行动"(第9团就是人尽皆知的"满洲团"),要求该团士兵越过洛东江对敌军进行骚扰。后来,该师的许多人都认为,这次行动近乎疯狂,完全是迫于上面的压力而虚张声势。因为早在此前就有情报显示,朝鲜人的兵力相当可观。没有什么比渡河作战更加困难的事情了。因此,当朝鲜军队首先渡过洛东江后,该团士兵就显得不知所措,让美军付出了更大的代价。那些前线的士兵没有坚守阵地,反而在毫无遮挡的空地上被敌军逮了个正着。就像第23团一样，第9团在洛东江沿岸的兵力十分薄弱而分散。

从一开始，比勒就对这次所谓的"满洲行动"疑窦丛生。根据自己在"二战"中得来的经验，比勒知道渡河作战非常困难。这件事证实他一到朝鲜就心生怀疑的地方：大多数情况下，他们的上级并没有人们以为的那样善于指挥。在第一次讨论有关这次袭击的话题时，比勒问团长约翰·希尔上校，他的手下有没有接受过渡河作战的训练；希尔却回答说，这不需要什么专门训练。但比勒坚持认为，战士们必须接受过特接受训练才行。早在"二战"期间，当美军第36师准备横渡意大利的拉皮杜河时，那条河水深流急，而德军就伏在对岸守株待兔。希尔没有理会比勒的异议，他不知道对于那些没有接受过专门训练的士兵来说，待在小船上有多么危险。比勒心想，希尔以为横穿洛东江就像乘坐计程车那样简单。希尔明知比勒的意见事关自己士兵的安危还置若罔闻，因此比勒对他的尊敬之情顿时烟消云散。这已经不是他第一次对某些指挥官的能力表示怀疑了，这些人本应对怎样行军打仗十分熟悉，而实际上不仅知之甚少，而且个个刚愎自用。于是，第9团刚一暴露目标，就立即在水上和岸边遭到敌人的袭击。希尔的一些参谋，包括他的副官汤姆·罗姆巴当场中弹身亡。时隔五十四年之后，比勒还清清楚楚地记得当他第一次看到朝鲜大军手擎火把、逼近洛东江时的心情，"眼前发生的一切开始让我感到惊恐不安，因为我知道对于我们的队伍来说，接下来发生的事情会有多么残酷。直到今天，每当我回想起当时的情景，仍然会感到不寒而栗"。[22]比勒立即让自己的大部分士兵退回营部，免得在河边遭到敌军的迎头痛击。从当天夜里一直到次日清晨，空气中都弥漫着一种恐怖的味道。

第二天，比勒亲眼目睹了他极不愿意看到的景象：这支大军中的高级将领们乱作一团、几近崩溃的场面。比勒并不知沃克与凯泽之前发生的不快，但9月2日一早，他发现希尔被撤掉了。副师长斯莱登·布拉德利准将比凯泽进行的实地视察要多得多。他来到团部以后，立即开始察看这里的情形。对于眼前混乱不堪的景象，布拉德利十分震怒。"上校，你的第1营在哪里？"

他问。希尔回答说他不知道。从昨天子夜时分起,就再没有该营的消息了。

"好吧,希尔上校,那么你的第2营呢?"

希尔仍然张口结舌。随后,布拉德利阴森森地看了希尔一眼,那眼神比勒至今记忆犹新。"上校,显然这里的局势已经失控,因此我准备接管这个团。"几分钟以后,布拉德利转过脸来,然后告知比勒,他的工兵连将以步兵的身份参与作战,立即开赴龙山。他接着说,第2工兵营的任务就是在龙山坚守24小时,直至海军陆战队前来接防。比勒后来得知,在这个过程中,工兵营营长乔·麦凯琴中校由于像希尔上校一样没有认清当前危如累卵的形势,而被查理·弗莱少校取代。"二战"期间,还是一名工兵的麦凯琴被派去修泛美公路,因此毫无战斗经验。这次,他仍然以为自己是来这里修路,而不是来打击朝鲜人的。当布拉德利告诉麦凯琴,如有必要,他们要死守阵地以阻挡朝鲜军队的攻势时,他又错误地同布拉德利进行了争执。"但是,长官,这些人都是专业人员,"麦凯琴反驳说,"他们不是步兵。您必须了解,他们只是一些技术人员而已。"

"上校,你没听明白吗?难道我说得还不够清楚?我说让你们死守,你们就得给我死守,他们打起仗来就是步兵。"布拉德利答道。为了避免其他军官误解当前的危急形势,也为了排除他们的私人顾虑,布拉德利当场撤掉了麦凯琴,并且让副营长接替了他的职务。"弗莱少校,你明白我的命令吗?"布拉德利问道。"是的,长官。"弗莱立即回答。[23]布拉德利将军派遣刚被撤职的希尔上校帮助比勒在龙山设防。可比勒认为,希尔的存在只是聊胜于无。尽管希尔刚被解除团长的职务,但他还是上校,而自己不过是一个中尉,一名工兵,因此他们之间的关系相当微妙。不过好在比勒久经沙场,以前率部在意大利的撒勒诺登陆,也就是说他参加过许多血腥残酷的战斗。当时的意大利之战打得异常艰苦,并不是所有的战斗都大获全胜。虽说有的人失败了,但是比勒相信,这些失败正好增加了他们的智慧与经验。他认为,指挥之道在于知己知彼,既要了解敌人的长处,又要摸清敌人的短处。他把这些经验应用到朝鲜战场上,并且很快就让下属对自己肃然起敬。"为什么有的军官就是比别人强呢?"有一次,比勒的一个班长基诺·皮亚扎问道。"没错，有些人对战斗很有感觉，他们能够预见到敌军的动向，并做出迅速反应。在危险来临之前，他们就能够看到某些征兆，而且他们知人善任，不是只关心自己的晋升与荣誉，而是关心每一个士兵。从这一点来说，他是这群人中最出色的。没错，最出色的。被这样的人指挥，我们感到十分幸运。"

希尔上校立即建议，把防御线建在龙山前方一处平坦的稻田里。尽管比勒知道自己的局限——他可能是一个优秀的工兵，却并不精通步兵战术，但希尔的方案只会使全连覆没。比勒不知道是谁教过希尔步兵战术，但在一处一览无遗、毫无遮挡的稻田里设防绝对是一种愚不可及的做法。然而更为糟糕的是，这样一来他们的两侧没有任何美军防守，会立刻暴露在敌军的枪口之下。而这也正是朝鲜军队最擅长的战术：他们先从侧翼包抄，然后再进行合围。"如果你想要让朝鲜军队全歼我们，这个地方还真是不赖。"比阿扎中士说道。

比勒强烈反对希尔的计划。他想把自己的士兵带到釜山另一侧，即南侧一个小镇后面的山丘上，采取迂回曲折的战术，而不是与敌军针锋相对。对抗在数量上占绝对优势的敌军，这里是进行防御的最佳位置。其实龙山不过是一个只有五六间茅舍的小镇，但是它的公路却通向险要之处，而这座山头刚好阻断了从龙山出来的去路。当比勒与希尔上校发生争执的时候，他不由得想起在小大羊角战役时的卡斯特。难道当时就没有人敢于对卡斯特愚蠢的行为表示反对吗？难道就没有一个士兵认为，他们指挥官的疯狂行为将整个队伍置于险境吗？难道司令部当中就没有人觉得，对于这位指挥官来说虚荣自负超出了他们的人身安全吗？此时此刻，比勒不知道自己身边到底发生了什么事情，他们的根本策略何在。但他知道，自己绝不会在敌众我寡的情况下，把士兵安置在那片开阔的稻田里，任由朝鲜的炮火和坦克攻击。然而，希尔上校却坚持要在那片稻田里进行防守。只有当他们顶不住朝鲜人的进攻时，才能够向山顶撤退，希尔说。这简直是愚不可及，比勒心想。朝鲜人经常打夜战，因此即便是黑夜，要想在战斗过程中从大批敌军的眼皮底下蒙混过关，也相当困难，更不用说白天了。

如此一来，所有的士兵都将命悬一线。如果比勒能够从这场战争中活着回去，却不得不在军事法庭上作证，他曾对这个导致全连覆没的决定表示过激烈反对，那么这一切又有什么意义？比勒决心已定，现在没有时间再浪费在争论上了。他要按照自己的意见行事，至于责任将由他一个人承担。此外，希尔上校的话恰好替自己找到一个借口。"内森斯军士！"他大声喝令军士长肯尼斯·内森斯，"我们刚刚遭到敌军袭击！把连队带到山丘上去！"希尔上校就没再说什么了。

过了一会儿，布拉德利将军出现在这里。"这是哪个部队？"他问。

"第2工兵营D连。"内森斯回答。

"我记得你们应该在镇子的前面。"布拉德利说道。

"不，长官，连长下令让我们来到这座山丘上——这里作为防御地点要好得多，您也应该能够看得出来，将军。"

"没错，军士，接着说。"布拉德利回答。[24]

于是，他们借助这座山丘的天然屏障，面对公路形成一个马蹄形的防御工事。战壕挖好后，刚好从此路过的内森斯看了一眼，就让他们挖得再深一些。"虽然我们很不高兴，但是后来却发现，内森斯的话简直太英明了。"比勒连队里的一等兵布彻·哈梅尔还清清楚楚地记得当时的情况。公路对面的A连每到白天就有一些大难不死的散兵游勇加入进来，即便如此，他们的兵力还是像D连一样严重不足。

那是一个大雾弥漫的夜晚。早在看到朝鲜人之前，美军就听见了他们的口哨声和交谈声。在这样寂静的夜晚，敌方的每一条军令都显得格外清晰，时断时续的声音听起来那样刺耳。接着他们便听到敌军坦克隆隆驶过的可怖声音。战斗开始前，比勒中尉告诫大家，只有等看清楚朝鲜人面孔时才能开火，否则会误伤到自己人。第一个遭到袭击的是距离龙山最近的第1排。交火的声音已经很久，但是哈梅尔排里的人迟迟没有开火。不知什么时候，这场大雾稍稍散了一些，他们一下子就看见第1排正与敌军交火，于是他们立即开火，让朝鲜人措手不及。接着，战场转移到哈梅尔排所在的位置。在这场战斗中，如果说可以用一个词来形容，那就是恐惧，凡是说自己不害怕的人都是在撒谎。每一个士兵都面临着艰难的抉择。你对活到第二天的渴望、对逃离的渴望比什么都厉害,但是,你决不能让自己的同伴把你当作懦夫。一想到当逃兵有多么可耻,会让自己的同伴对自己多么鄙夷,没有人想要临阵脱逃——正是因为如此,所有的人才能够坚守阵地、拼命死战。就在战斗刚刚开始的一刻,他们教给你的、填满你脑子的为了祖国而战、打击共产主义势力的念头统统烟消云散。

哈梅尔还记得,那天晚上有一名军士被击中颈部。本来伤势并不怎么严重,但是他却变得惊慌失措,开始朝着后面跑去。下一个战壕里的士兵立即向他射击,于是他们只好向着自己的同伴们大喊:"友军!友军!"这名军士很幸运,得以大难不死。他们也很幸运,哈梅尔心想,他们成功地阻击了朝鲜军队的攻势。不过,不是所有人都这么幸运。在这次战斗中,他们共有12人阵亡,18人负伤。这次长达三个小时左右的近战异常激烈、代价惨重。但是,比勒中尉把自己的队伍布置在一个几近完美的地点。在此后的所有战斗中,没有哪一次像这次一样防御得如此成功。比勒中尉极为镇定地从一处移到另一处,一边察看士兵的情况,一边询问他们弹药是否足够。"我这辈子从没在战场见过如此勇敢镇定的人。"时隔五十余载,哈梅尔仍然这样说道。[25]

他们刚刚来到这座山头上的时候,是那些韩国搬运工帮助他们运送辎重。比阿扎对这件事大发雷霆。当时的比阿扎只有23岁,如果说他在学校并没有学到太多东西,那么在另外一些事情上他却十分谨慎,尤其在战场上是不可能无缘无故地不劳而获的。比阿扎根本就不信任这些没有宣誓为美国效忠的韩国人。正是这个缘故,美军士兵只好自己把这些没完没了的武器辎重扛上山去。据比阿扎所知,朝鲜人民军里有许多士兵假扮平民,混进了美军的后方。这些人想要化装成搬运工的模样简直易如反掌,他们就可以带着美军具体位置的准确坐标溜之大吉。于是,比阿扎对着这些军官大吵大嚷,让他们叫这些该死的韩国人离开,但是他们却连声说不要紧,这些人是好人,是友军。"友军,去他妈的,"比阿扎心想,"你们这群笨蛋简直狗屁不通!只要有人朝你们笑一笑,蹦出几个英语单词,然后帮忙搬搬东西，你们就会认为这些人就是好人。美国人他妈的就是这么天真，他们一辈子没有经过任何磨难，唯一的愿望就是有人替他们搬运重物。"比阿扎立即把这些人赶走了。第二天的雾是比阿扎来到韩国以后最大的一次，但奇怪的是，朝鲜军队的迫击炮却能够极为准确地命中目标。比阿扎勃然大怒，可以肯定，昨天那些笑容可掬、助人为乐的韩国搬运工就是敌军的侦察兵，这些人还真他娘的有才。这次战斗过去以后，原本12个人的班就有5人阵亡。

比阿扎的排打得异常艰难，但是怒火中烧的比阿扎对敌军发起了猛击，好像要为在迫击炮弹下丧命的每一名士兵报仇雪恨。一名来自密西西比州奥克兰市的士兵罗尼·泰勒今年还不满18岁，比阿扎觉得自己义不容辞地要保护他。但是现在，泰勒的前胸中了好几颗子弹，"不要让我死掉！不要让我死掉！你得把我带出去！"比阿扎安慰他说他们正在想办法，但是心里却十分清楚，那天晚上没有人能够下得去这座山头。于是，他一手奋力还击，一手抱着泰勒，听着他生命中最后一刻的喘息声。用比阿扎自己的话来说，他已经怒不可遏了，只见他抄起自己的M-1步枪，一边朝冲过来的朝鲜人猛射，一边呼喊着这个班里在每一次战斗中死去的战友。比阿扎十分困惑，为什么战斗会让人们（包括自己）变成这样，为什么有人丧失理智，而有人却能够应付自如？有一名士兵受了轻伤，不过是擦破点儿皮，却惊慌失措，不停地说："我要死了。"最后他真的死了。这就是奇怪的战争心理，比阿扎心想。那名士兵是活活被自己咒死的。

比勒带着自己的队伍来到这块高地，绝对是英明之举，因为在清晨之前，朝鲜军队的至少两个营对他们发起了三次袭击。"他们越来越近，越来越多。我们猛烈开火，但是他们仍然在枪林弹雨中不断前进，"杰西·哈斯金斯下士说，"敌兵倒下了一片又一片，我却开始怀疑我们杀死的敌人还不够多。他们的人越来越多，前仆后继，似乎什么都不能阻挡他们的前进。好像我们根本就不存在，好像我们的存在无关紧要。"如果这些工兵没有被比勒带到这里来，哈斯金斯肯定，他们一定会全军覆没。[26]

他们一度打光弹药，心想大概要被敌军打败了。这时旁边一个排的一名年轻士兵冲过来，抱来了整整一箱手榴弹，这可是丢下山去的最好武器。这些没有迫击炮和大炮的美军士兵只好使用反坦克火箭筒，以及由四挺重机枪组成的.50口径机枪方阵，这些后来成了朝鲜战场上最为有效的武器之一。这些本来是防空武器，能够对敌军造成毁灭性的打击，为了抵消人民军在数量上的绝对优势，使用这种武器既可以高效杀戮，也可以给敌军造成某种威慑，因此有人称之为"切肉机"。战斗结束后，满山遍野都是朝鲜士兵的尸体，比勒认为正是.50口径机枪方队让他们扭转了战局。上级没有为他们送来任何火炮，但是幸好他们还有这些武器。比勒曾经请求上级给予炮火支援，但是那边只发射了一枚炮弹，而且没有命中目标。比勒打电话过去，想要纠正他们的射击方位，但是上边很快回话过来说，炮手们都是新手，还不知道怎么调整发射角度。

应当对比勒的战斗经验心存感激的是一个名叫弗恩·韦斯特的年轻人，他是D连的文书，那天晚上被迫作为步兵参战。韦斯特第一次在战场上挖掘战壕，对自己能在如此坚硬的山地上挖掘出来一个战壕感到非常骄傲，一名军士却告诉他应当挖得再深些（那天晚上过去以后，再也不用别人告诉他要挖多深才行了）。虽说他只是一个文书，却是连里最有准头的射手，他还在靶场上得到过一次周末通行证。有时候在一些军官俱乐部里，比勒会装作漫不经心地向他们吹嘘说自己连里的士兵个个都是神枪手，就连他的文书都能胜过其他连队的任何一个步兵。然后，比勒就会叫来韦斯特，而且他差不多每次都能获胜。那天夜里，韦斯特记得最清楚的就是那些哭喊声。一个处在较高位置的年轻士兵被击中面部。战斗进行到一半时，他忽然听到一声惨叫，借助照明弹的微光，韦斯特看到了这名士兵，他的脸已经血肉模糊，只见他一边向前爬，一边喊着自己母亲的名字。韦斯特立即明白，这名士兵已经没救了。[27]

他们的伤亡十分惨重，本来情况也许还会更糟。后来有人告诉韦斯特说，当比勒看到这些阵亡将士的名单时，忍不住开始抽泣。随后有人回到营部，充满男子汉气概地对此评论说，究竟什么样的连长会这么脆弱地哭哭啼啼。

韦斯特心想,无论是谁,在一场战斗中折损这么多士兵,恐怕都会哭泣。[28]当天早上的晚些时候,D连从山上撤离,只休息了不长时间,就又被上级命令第二天晚上返回阵地。比勒感到十分不悦,但是军令难违。他的手下已经精疲力竭,好几天没睡过觉——至少他们感觉是这样。比勒心想,如果这个山头在第一个晚上就如此重要,那么在第二天晚上它也同样重要。而且有消息说,海军陆战队就要到了。因此他们个个无精打采地返回阵地。就在这时,一辆陆战队的坦克朝这边驶来,坦克上的四名陆战队员看起来生龙活虎。比阿扎还记得,与他们比起来,工兵们看起来就像是毫无战斗经验的老头。在那些陆战队员的眼里,他们仿佛真成了陆军的小狗。一位年轻的陆战队上尉对他们这种松松垮垮的模样十分不满,就大声喝道,"振作一点!都他妈的给我振作一点!你们还是不是士兵?"为了让他们感到惭愧,这名上尉继续说道:"你们知道今天早上是谁守住了这座山头,挡住了朝鲜大军的进攻吗?是那些工兵!"比阿扎看了看他说道:"你以为我们是什么人?我们就是那些工兵。"然后,他们挺直腰板,加快步伐朝山上赶去。

幸运的是,那天夜里朝鲜军队没有再次发动攻击,他们和海军陆战队以及其他援军一起发起反击,然后才得以撤回。但是希尔上校还对比勒没有听命于他而不依不饶,而且想要与比勒在军事法庭上一较高下。事实恰恰与此相反,比勒被授予陆军二等荣誉勋章即"杰出贡献十字勋章"。在听说希尔准备将比勒告上军事法庭时,布拉德利将军告诉希尔不要再有这个念头,把一个挽救了连里大多数人生命并且获得荣誉勋章的人告上军事法庭无异于自取其辱。对于这枚勋章,比勒并不觉得自豪,部分原因是当天晚上布拉德利将军也被授予同样一枚勋章,据说是因为他集结并率领混乱失序的工兵连来到那座山头。比勒心想,那些颁发勋章的人都是一群花言巧语的骗子。[29]

这次战斗过去五天后,比勒被蚊子叮了一口,结果患上了乙型脑炎,然后被送往日本的一家医院。在那里,比勒的体重下降到 90 磅。三个月后,当第 2 工兵营在朝鲜北部一个叫军隅里的地方遭到袭击时,比勒还处在康复阶段。很快他就听说从军隅里传来的不幸消息,许多比勒的朋友阵亡或者失踪。也许是那只蚊子,比勒觉得,救了自己一命吧。

朝鲜军队在洛东江发动袭击的第二天,弗里曼召集第2营的军官在指挥所里召开一次会议。第1营副营长乔治·罗素少校还记得,当时他们在公路下面的一个涵洞里,由于连日特大暴雨,积水已经淹到他们的膝盖。弗里曼看起来慷慨激昂却精疲力竭,所有的人看起来都精疲力竭,因为这些天来谁也没有睡过一觉。弗里曼谈起眼下的困境,这些"亚洲牧民"大兵压境,却没有任何空中支援。"亚洲牧民",听到这里,罗素忍不住笑了起来。每一个人都在谈论这些"亚洲牧民"。"有什么好笑的?"弗里曼十分恼火。"还不至于那么糟吧。"罗素回答。但是后来罗素才发现,情况的确变得很糟,简直糟透了。[30]

毋庸置疑,人人都已经精疲力竭。截至9月3日,为了抗击敌军几个师的进攻,弗里曼率领自己兵力不足的团连续战斗了三天三夜——早在这次战斗开始前,他们就已经精疲力竭了。自从他们在8月初到达韩国后就经常被派往前线。对于在"二战"中没能亲自到战场上进行指挥的弗里曼来说,他一直希望自己能再有这样一次机会,事实证明,这与其说是一次机会,不如说是一场灾难。1949年,弗里曼刚刚升任团长,他担心上级会把自己界定为一个后勤人员,而不是战斗人员,这样一来自己的前程就会受到影响。随后,朝鲜战争爆发。此前,虽说他是一名运筹帷幄的专家,还深受华盛顿上级的赏识,但是"二战"结束后,他在仕途上一直毫无进展。在大幅裁员时期,像团长这样的空缺可谓少之又少,而且都给了那些曾经在战场上指挥过某个团的军官。

朝鲜战争爆发时,弗里曼已是53岁高龄,很有可能被那些在"二战"战场上立下汗马功劳的军官排挤在外。弗里曼称得上深谋远虑、小心谨慎,却毫无领袖风范。他个头不高、块头不大、态度温和,在某些人看来,缺乏那种气宇轩昂的大将风范。尽管弗里曼相貌英俊,但由于年事已高,满头乌发的他如今已经两鬓斑白。如果他能够得到部将的爱戴与尊敬,一定是来之不易。矫揉造作、装腔作势都不适合弗里曼。"他是一位十分杰出的军官。他之所以能够一呼百应,"比弗里曼年轻的同僚哈尔·摩尔上尉这样说道(摩尔在越战时期指挥了德浪河谷之战,表现英勇,最后晋升中将),"是因为他机智过人、处事谨慎,而且对任何人尤其是自己的每一名部下都十分尊重。那些曾经在他麾下的人都明白,凡是事关部下的生死,弗里曼都表现得十分小心审慎,因为战场无小事。他善于倾听,对身边的所有人都十分关照,从来都不浪费别人的时间与精力。如果你是一名即将到越南战场上进行指挥的年轻军官,那么你最好看看他是怎样在朝鲜战场上进行指挥的,因为他所做的一切可谓毫无缺憾。"[31]

弗里曼从小在军营中长大。他的父亲是陆军军医学校的早期毕业生,1904年成为一名团级军医。1907年保罗出生的时候,老弗里曼正在菲律宾驻扎,常常把自己的工具往背包里一塞就跟着装甲部队出征。因此,保罗小时候是在亚洲与美国的陆军营地度过的,从此他就爱上了军中的生活,而且从来没有想过自己会从事其他职业。他本想要上西点军校,高中时成绩却不怎么好。弗里曼一家长期漂泊在外,缺乏政治人脉,想走仕途的可能性也不大。于是,弗里曼开始刻苦攻读,但是在一次考试中仅以一名之差而名落孙山——这次共有200人参加的考试只招收12人,他考了第13名。当时他的父亲驻扎在纽约的总督岛,于是他和父亲一起致电纽约市的国会议员,看看有没有什么空缺。最后终于有消息传来,说这个有许多来自东欧讲意地绪语的犹太移民的区还有一个名额。这些移民对军队好像有着一种历史性的恐惧,因为在他们原来的国家,只要某位议员一出现,他们所在的小镇就会遭受灭顶之灾。因此,他们的孩子不会急着去上西点军校,并成为一名新世界的哥萨克。名额就这样轻而易举地落到弗里曼的手里。

弗里曼在西点军校表现平平,成绩在班里是倒数,也不擅长运动。弗里曼毕业于1929年,当时在部队里干很难。美国正处于两次大战之间,华尔街即将崩盘。本来就缓慢的晋升现在变得更加缓慢。弗里曼花了五年零四个月的时间才从中尉升为上尉。对于这些军人家庭来说,除非能够继承大笔财富,或者能吸引达官显贵的女儿,否则他们只能艰难度日、节衣缩食。1933年,富兰克林·罗斯福成为美国总统时,他的第一要务就是削减军费开支,平均降低10%。这也就是说,新婚的保罗和玛丽·安·费西布恩·弗里曼每月的收入从125美元减少为112.5美元。此外,普通军官为期两个半月的带薪休假也立即被减为一个月,而且不能带薪。但是,这是大家共有的苦难,每一个生活在那个时代的军人都经历过同样的事情,就像其他许多在军中发生过的事情那样,反而加强了他们之间的共同联系。

尽管弗里曼在西点军校的成绩不尽如人意,但是他的聪明才智从一开始就让他的上级刮目相看,其中包括他未来的师长劳伦斯·凯泽。凯泽曾经是他在军校里的战术教官,弗里曼毕业后在得克萨斯州的山姆·休斯顿堡加入第2步兵师第9团时,他还是弗里曼的第一任连长。一开始,弗里曼想要加入刚刚组建的陆军航空队("二战"后才独立出来)。对于年轻的现代军官来说,这是能让他们飞黄腾达的炙手可热的地方。但是弗里曼的右眼视力不合格。对于一个想要在和平时代里出人头地的年轻才俊来说,现在最严峻的问题是,他的职业生涯应当何去何从?弗里曼自告奋勇加入驻扎在中国的第5步兵团。当时的中国还是一个半殖民地国家,西方国家划分势力范围并在那里驻扎军队。该团声名显赫,涌现出许许多多杰出的军官,包括马歇尔和史迪威。弗里曼之所以会产生这种冒险念头,是因为从孩提时代起,他居住在菲律宾的父母就经常向他提起,他们在中国旅行时那些奇异美妙的经历。1933年1月,弗里曼来到中国。这里正阴云密布,完全有可能引发一场世纪大战。野心勃勃的日本刚刚占领中国的五个省,随后建立"满洲国",并将其作为自己的保护国。这次经历给弗里曼上了生动的一课。他曾经亲眼目睹这样一个半封建半殖民地的泱泱大国,是如何在内忧外患中从自身开始土崩瓦解的。他学过一些中文(朝鲜战争期间,弗里曼仍然能够使用流利的汉语审讯中国俘虏),但不了解中国。他到达中国时,弗里曼后来回忆说,这个帝国已经日薄西山,而他所结识的仅有的一些中国富人属于同一个俱乐部,像西方人那样喜爱同一种体育运动——马球与赛马,其中有些俱乐部甚至不允许中国人入内。弗里曼知道,自己对中国广大平民百姓的苦难生活知之甚少。[32]

"二战"期间,弗里曼逐渐成为一个亚洲通。1940年秋,国际局势日渐吃紧。正当日军越来越深入亚洲时,弗里曼待产的妻子被送回国内。直到女儿西维尔三岁半时,弗里曼才回到美国。珍珠港事件后,他就在中缅印战区内穿梭协调各方势力。当时,战区里的美英两家互不相让,而美国的两位重要军官——分别代表着不同地域的史迪威和陈纳德,为了显示自己地区的重要性也经常针锋相对。他还对国民党宣传机器的强大感到震惊。后来他说,国民党暗示"每一名中国士兵都将自己的生死置之度外,顽强抵抗日军的进攻。""这纯属一派胡言……我们刚参战时,他们就决定不再做任何抵抗"。弗里曼也曾经从旁观者的角度,亲眼目睹蒋介石如何对待史迪威所取得的胜利。"为了一己的私利,他很清楚怎样利用中国的局势。"弗里曼后来写道。[33]

随后,他被派到华盛顿,成为马歇尔负责太平洋战区的高级助理之一,因此他得以近距离地了解到麦克阿瑟与海军高层因为战时指挥权不统一问题而发生的争论。麦克阿瑟巧舌如簧,表示坚决反对,可正是麦克阿瑟本人在朝鲜战场上下意识地分裂了自己的指挥权,其他人最终反而成了他的牺牲品,这一点颇具讽刺意味。弗里曼急于离开华盛顿这个是非之地,1944年11月,他得到一个指挥战斗的机会,被派往菲律宾,成为第77师的参谋长。不到一个月,弗里曼又被华盛顿召回,研究对日作战计划。

在战场上,弗里曼运筹帷幄的才能为众人所公认,实际上他几乎没有真枪实弹地参加过任何战斗。"二战"过后,弗里曼的仕途岌岌可危。当时美军采取一套名为"记录版"的审查制度,用来评估每个军官在"二战"中的表现及其未来任务与晋升的可能性。根据这一制度,那些参加过实战的军官就能得到最高分,而在国内军中经营陆军消费合作社的人只能得到最低分。弗里曼的得分很低。"一个极其平庸的军官。"弗里曼心想,就好像董事会成员一样冷冰冰地在给自己打分。[34] 到了1949年,弗里曼对自己究竟应当何去何从而忧心忡忡,于是,他走访一位负责军事职业管理的同僚,后者告诉弗里曼,他现在处于一种进退两难的困境。由于弗里曼没有实战经验,他应当设法指挥一个团,并且进入国家战争学院学习。但是更困难的问题是:美军正处于大幅裁员时期,团职空缺寥寥无几,作为师长自然想要一个有过指挥作战经验的军官来补上这些空缺。到国家战争学院学习同样不行,因为那里只接收在战场上做出过杰出贡献的团以上军官。因此弗里曼很可能到智利担任美国武官,以此来结束自己的军旅生涯。

但是,弗里曼的朋友中也不是完全没有大权在握的人物,"二战"期间,他大部分时间都在马歇尔手下工作。一年以后,他造访自己的职业顾问时,他的情况奇迹般发生翻天覆地的变化。"你的运气不错。"这个名叫皮克·迪拉德的顾问不无讥讽地说。这已经是他们第二次见面,这一次弗里曼不仅被任命为团长,而且还获准到国家战争学院深造。弗里曼在纽约有一处房产,而国家战争学院就在旁边,因此他想先去学院就读。但是军队自有其安排,弗里曼不得不打起背包,接管这个团。美国的军官手头总是十分拮据,因此在前往刘易斯堡担任第 2 师第 23 团团长之前,弗里曼卖掉自己的房子。在登船出航之前,弗里曼没有和这支队伍相处多长的时间。正是在他的指挥下,第 23 团(以及第 2 师)参与了朝鲜战争,并且在一系列残酷的战斗中威名远扬。

弗里曼对于中国以及 1945 年以来所发生的事情有所了解,因此从一开始他就不看好这场战争。他在寄给自己妻子的一封信中说出了自己的想法,还反复叮嘱她不要对别人透露:"看在上帝的份上,不要把这个说出去,你和自己的好友知道就够了。"尽管只是个人观点,弗里曼还是担心,作为一名团长,他的怀疑与忧虑是难以被别人所接受的。弗里曼告诉妻子,这次战争异常残酷,他感到十分沮丧。虽然他很清楚朝鲜战争对美军来说意味着什么,但是作为一名指挥官他并没有表现得与众不同。战争现实已经把美军的士气消耗殆尽。他在信件当中的态度代表了后来一个名为"永不再来"俱乐部的人们的心声,那些参加过朝鲜战争的军人在离开这里以后,坚定地认为美军绝不应该再踏上亚洲大陆一步,一来是因为后勤补给极为不便,更多还是因为美国缺乏足够的兵源。值得注意的是,早在中国出兵朝鲜前,弗里曼就已经持有这种观点。在这些信中,弗里曼经常对中国的介入表示忧心忡忡。他总是感觉到这场战争的力量对比会产生严重失衡,美国能够在不影响自身安全的前提下,对这场与本国安全利益无关痛痒的战争中的投入，无法与对方能够投入的人力物力相提并论。

8月9日，弗里曼在一封家信中写道，自他来到这里以后，韩国就成为"美军曾经涉足的最为艰险的地方之一。我们不仅人数太少，而且也来得太迟。无人能理解上级的乐观情绪以及镇静态度。敌军从来都没有任何示弱的迹象"。这里无论是地形还是天气都极为恶劣。"说到我这个团长，我是一个乐观主义与热爱事业的楷模。我会不遗余力做一名优秀的职业军人。"[35] 两周半以后，就在朝鲜军队向釜山推进之前，弗里曼写道："我们就像是一群鼹鼠一样在山里挖洞。这里到处都是可怕的苍蝇蚊子，那些没有来得及掩埋的尸体已经开始发臭。我们从不敢脱掉自己的鞋子。这里水源奇缺，我们的干粮也是从十英里外运过来的。"

弗里曼写道，每一个人都感到精疲力竭，既没有时间休息，也没有地方吃饭睡觉。美军在白天发动进攻，而那些没有空中力量支援的朝鲜军队却在晚上来袭，因此每个晚上都不得空闲。即使是偶尔有一些安静的时刻，他们也不得不时刻保持高度警惕，因为不知道敌军下一次发动攻击会在什么时候，而那些睡得比较死的士兵据说很难有机会再醒过来。洛东江一战中，尽管美军在前58个小时成功地阻止了朝鲜主力部队向前推进，并且逐渐加强了自己的防御力量，战斗的激烈程度却没有丝毫减弱的迹象。即使是在9月16日，当美军在此前一天麦克阿瑟仁川登陆的配合下，开始在洛东江地区发起大反攻时，战斗同样异常惨烈。

大约是在9月8日，朝鲜人民军直捣第23团的防线，并且对团部的后方发动袭击。当时负责防御的F连过于薄弱，差点就被敌军打开一个缺口。那是一个可怕的夜晚，大雨倾盆，正好为朝鲜人提供掩护。由于F连的所有军官在上周都已经阵亡，拉尔夫·罗宾逊上尉升任F连连长，很快他成了实质意义上的副营长，他对敌军的进攻作出了极为敏捷的反应。虽然敌军已经深入他们的营地，但是罗宾逊借着这场暴雨，硬是从敌军凶猛的火力之下钻了出来，到达A连，然后带着后备排赶回来；他让A连补上防线的缺口，然后奋力把朝鲜军队赶出去。这真是一个漂亮仗，他的上级后来这样评价。

第五章 孤注一掷：朝鲜人民军挺进釜山

洛东江战役结束以后，据团长副官估算，从9月2日至15日，朝鲜人至少对第23团发动了十七次袭击。这次战斗结束十天后，弗里曼在一封寄给妻子的信中写道："最后三天下着倾盆大雨，所以没有任何空中支援。（不过就算是天气很好，他们的支援也他娘的少得可怜。）我们的飞机过不来。我们就像是瞎了一样，只能坐在那里干等。我们已经遭受了十三次军事打击，其中有十次发生在夜里。在夜里打仗真是糟透了。那些外国佬突然蜂拥而至，怎么杀都杀不完。其余的时间里也一直交火不断。敌军随时有可能渡过河来。我们恨透了空军。我们损失惨重。现在我的兵力还不到8月31日这次战斗开始前的40%。连里几乎所有的军官都已经阵亡……我们不顾一切地拼死一战，不只因为我们认为自己是一支正义之师，更是为了求得自己的生存。但是这一切似乎都毫无意义、愚蠢透顶。为了'解放'韩国，在这场战争中毁掉这个国家和人民的不仅是朝鲜人，还有我们。所有的朝鲜人都对我们恨之入骨。这里所有的人都是我们的敌人。我们谁也不能相信。"

最后，弗里曼总结道："我越来越相信，我们已经掉进一个美丽的陷阱。我们在这里不得不应付这群疯狂的'亚洲牧民'。好像整个部队都已经投入战斗，并且统统遭到痛击。我看不出能有什么办法跳出这个陷阱。我们甚至打不过这些东方疯子，他们一个接着一个，人命在这里分文不值。他们与我们不同，既不依靠武器装备，也不指望通讯设施。我越来越感到担心，我们让美军跳进这个无底洞，其实是犯了一个巨大的错误。"这就是一个在连续几个星期里都没有好好合过眼的陆军指挥官的肺腑之言，就连他写信的纸也都因为下雨而发霉。

最后，弗里曼相信，他们在洛东江一役中所遭受的一切苦难与损失都是值得的。他们无比幸运地挺了过来。朝鲜人似乎不知道他们的防线其实很脆弱，因为敌军没有空中侦察机，没有人能够看到通往釜山的道路上，美军的防守是何等的不堪一击。根据第23团日志记载，第1营和第2营分别有50%的官兵伤亡。在这次战斗的前两周里，这两个营中所有步兵连的连长都牺牲了，据官方报告，有些连甚至更换了三至五次连长。弗里曼永远都不会忘记洛东江边那些可怕的日子，以及为了挽救整个团的命运，他不得不残酷地决定牺牲某些年轻士兵的生命。大约十七年后，当弗里曼上将在退役前准备前往本宁堡时，意外地发现前C连军士贝利·罗登虽两鬓斑白却仍在此地驻守。对于那些曾经与他在第23团出生入死的部下，弗里曼向来都十分亲密。好几次他都想要找到罗登，就是为了和他聊聊。现在是他退役的纪念日，弗里曼邀请罗登与自己一起前往本宁堡。当天还有另外一位少将参加了仪式，于是就出现了这样奇特的一幕：在一位四星将军和一位两星将军的中间，站着一位军士。过了一会儿，弗里曼转过身去，看着自己同僚说："我想向你介绍你的一位指挥官，贝利·罗登军士。他是我的老伙计。作为一名军官，我做出过一生当中最为艰难的一次决定，那是一个可怕的时刻，他却活了下来。为了挽救整个团以及釜山防御圈里的美军部队，我不得不牺牲他的连队，好让我们赢得时间，重新集结起防御力量。是他们为我们赢得了这个时间。那是一个非常可怕的时刻，也是一个极为残忍的决定，是我一生当中做过的最艰难的一次决定，他所在的连队几乎全军覆没。听好了，你得好好照顾他。"这又是一个令罗登与弗里曼终生难忘的时刻。[36]

为了挡住通向密阳的道路，第2工兵营的增援以及海军陆战队的到来都没能结束洛东江—釜山战役。仁川登陆后，敌军的攻势稍减，但即使在那时，一些朝鲜部队甚至毫不顾及自己的退路会被切断，仍然继续厮杀，这让朝鲜半岛上的那些老兵回想起"二战"接近尾声时与日军作战的情形。朝鲜军队不慎落入美军精心铺设的崇山峻岭的包围之中，却继续抵抗了数日之久。"我们对610高地发起的进攻异常猛烈，"比勒回忆这次战役说，"这次战斗结束后，它应当改称609高地才对。"

沃克是首先感觉到洛东江战局变化的人之一。在9月初那些艰苦的日子里，他常常担心洛东江防线会不会全线溃败，然后退往戴维逊防线的总部，三周前，麦克阿瑟将军担心第8集团军有可能会让洛东江防线失守，于是在这里建立一个指挥所。这里范围更小更窄，但比洛东江更容易把守，距离釜山也更近。9月4日夜，沃克让参谋长兰德拉姆准备传令，全线向戴维

第五章 孤注一掷：朝鲜人民军挺进釜山

逊防线撤退。第二天，沃克让林奇载着自己飞往前线。凡是他们所到之地，当那里的美军士兵看到机身上油漆一新的三颗星时，都会热烈地发出欢呼声。他们的这一举动给沃克留下很深的印象，看来他手下的士气已经变得越来越高。有鉴于此，沃克决定继续守住洛东江的防线。

朝鲜军队并没有溃败。但是由于此前进攻的失手，他们现在战线过长，陷入极为危险的境地。他们的补给已经跟不上。在长达两个月的激战中，美军在装备、武器、大炮与空军方面的优势日渐明显，再加上美国不断往前线运送人力物力，这时朝鲜的精锐部队已成强弩之末。朝鲜三周之内直捣釜山的神话，与此前所谓韩国将会有 20 万人揭竿而起加入战斗的狂言一样都化为泡影。此时的朝鲜人不得不孤注一掷，寄希望于 8 月 31 日时天气能够突然转寒，但是这个希望也很快破灭。一开始很少人能够觉察到战局缓慢地发生逆转，朝鲜军队开始处于守势。突然之间，他们反而成了不得不坚守阵地的一方。

这一变化立刻使得杰克·墨菲中尉获益不少。才识过人的墨菲是西点军校 1950 届毕业生，毕业几个星期后就来到朝鲜半岛，那时他的蜜月才刚刚过了一半，就不得不接管第 2 师第 9 团的一个排。从一开始，他就卷入洛东江一战。在墨菲到达前线的第一个 24 小时内，他就遭遇了一场相当艰苦的战役，并因此获得银星勋章，他排里的军士罗伦·考夫曼也因为表现英勇荣获国会荣誉勋章。[37]

墨菲认为，洛东江战役是一场最为艰难激烈的拉锯战。对参加过此次战斗的人们来说，每一天都是一次胜利，或者是一次失败，因为这里只可能发生这两种情形。当精疲力竭的双方遭遇时，最后决定胜负的往往是手中的刺刀。胜利已经不像往常那样分明与重要，能够多活一天才是一切。攻打某一座山头的问题在于，早晚会有另外一个军官不知从哪里冒出来，让你去攻打另外一座山头。也许这座山头本来无关紧要，但是如果不加防守，就会让朝鲜人直逼釜山。直到 1950 年 6 月 25 日，釜山这个地方，除了本国人以外，仍然只是一个不为外人所知的小城，美军也一直不以为意，除非朝鲜人占领这座城市。

洛东江战役由大大小小上千次战斗组成,其中相当一部分都异常惨烈,仿佛就是这场大战的缩影。这次江湾之战,借用罗素的话来说,除了规模、范围与历史地位,包含著名的朝鲜战争所具备的一切主要特点。如果说从一位伟大的历史学家的角度来看,这些战斗缺乏宏大的规模,但是对参加过这些战斗的个人来讲,它们具有非同寻常的历史意义,并且始终萦绕在他们的脑海中,永远残酷地冻结在他们的记忆中。"是我们拿下了124高地。"有些人在回到总部以后会看着地图这样说,然后在上面插上一枚大头针。就像其他计划取得成功时那样,他们会进行简短的祝贺,随后便会有军官找到这条路上另一个地段需要防守的山头,也许是202或者203高地,然后再次派更多士兵前去把守。

在从G连的排长升任F连连长后的大约两周时间里,墨菲一直守在前线。F连已经损失了所有的军官,这可不是一次墨菲所希望的调动。在这异常艰苦的两周里,墨菲逐渐爱上了连里的这些家伙:随着每一次战斗的打响,他们之间的情谊从无到有,又从有变得越来越深厚;好像他们是在同一天出生在同一个镇上的同一所医院,好像他们彼此早就是相交已久的知己,好像除了这些人,他们就再也没有别的朋友。墨菲毫无选择的余地,上级命令他接管F连,他就得接管F连。不知怎的,墨菲仿佛感觉到,联合国军方面好像发生了什么大事。在他这个级别的在前线作战的军官是不可能事先知道即将展开的仁川登陆计划的,但是军中已经有人开始风言风语地说将要有什么大事发生。在9月13日或者14日,墨菲记不清楚具体是哪一天,他返回洛东江边的时候突然接到上级命令,要他占领距离江岸2英里远的大山。但是那里的敌军似乎早就严阵以待,每当他们试图靠近,迫击炮弹就会如同雨点般向他们砸来。此前在这里就发生过一次战斗,时任F连连长不幸殉命,这就是墨菲能在24岁就担任连长的原因。这次战斗出人意料地艰难,山势崎岖不平,到处都成了朝鲜士兵进行攻击的天然掩护场所。

战斗一开始,墨菲就变得非常紧张,因为敌军的迫击炮轻而易举地就能将他们连撕成碎片。但是当他们来到一处相对开阔的地方时,什么事情也没有发生。墨菲怀疑朝鲜士兵想要守株待兔,等到他们走近了再一网打尽,然

第五章 孤注一掷：朝鲜人民军挺进釜山

而他们开始往上爬的时候，敌军还是什么动静也没有。最后他们终于毫发无损地来到山顶时，墨菲朝着刚才上来的方向看去，才发现自己的人马有多么不堪一击；然后他又朝着另一个方向望去，这才明白为什么这里没有敌军。朝鲜军队已经从这里撤退，他们把重型机枪朝着另外一个方向一路拖下山去。墨菲本以为这会是他生平遇到的最艰难的一场硬仗，他们会在陡峭险峻的山地与火力强大的敌军拼死一战，这次小小的奇迹无异于人生的一份馈赠。[38] 就在这时，墨菲接到上级的电话，要他立即返回指挥所，因为有大事发生。所谓的大事，他很快得知，就是仁川登陆。

朝鲜人民军开始溃败时就像一支旧式军队一样突然变得不知所措，而与法国人作战的越南人早已习惯与那些无论是空中力量还是武器装备都远胜于自己的西方强敌进行较量。如果这次战斗换作是越南人，墨菲心想，那么他们很快就会从对自己不利的战场上消失得无影无踪，然后在洛东江岸分成小股兵力，分头潜伏到附近的群山之中，到了夜晚再伺机行军。朝鲜人民军却始终沿着大路撤退，因此在刚开始的一两天里，给了美国空军一个自由射击区。墨菲率领F连赶到此地时，看到自己从来都没有看到过的悲惨景象：公路沿线到处都是烧焦的尸体与烧焦的车辆。

第六章

仁川登陆：麦克阿瑟力挽狂澜

一

仁川战役是麦克阿瑟在朝鲜战场上最后一次，也是仅有的一次大捷。这场战役是一场豪赌。正如麦克阿瑟预言的那样，仁川一战挽救了数以千计美军将士的生命。对于这次行动，不仅海军方面表示十分怀疑，而且参联会也竭力反对，但是他却坚持己见、力排众议。仁川登陆是麦克阿瑟的登峰造极之作，他打破传统的思维方式，有勇有谋、独辟蹊径、神机妙算，而且事实证明他还时运亨通。这就是为什么尽管接连两任总统都对麦克阿瑟的个人品行与职业能力持保留态度，但始终对他鼎力支持。"在麦克阿瑟的一生当中，1950年9月15日这一天让他成为一个军事奇才，"他的传记作家杰弗里·贝雷特如是写道，"对于任何一位伟大将领来说，总有一场战役要比其他战斗更加至关重要，而这场战役的考验让他得以跻身于那些不朽的将领之列。对于麦克阿瑟来说，这场战役发生在仁川。"[1]

从一开始，他就十分清楚仁川的价值所在。当时美军兵力奇缺，面临着被赶出朝鲜半岛的险境，唯有发动仁川战役才能发挥他们在技术方面的强大优势。也是从一开始，他就决定改变传统步兵战术，以避免美军在险峻地形上与兵力占优的敌军作战。麦克阿瑟最终成功地将自己的计划付诸实施，如愿以偿地打了胜仗。尽管他一直想要拿下汉城——那将是多么大的胜利——但是麦克阿瑟及其手下却没有对那些北撤的朝鲜军队撒下天罗地网，所以私下里他感觉有点小遗憾。但如果说他的计划中真有什么严重问题的话，那就是这次完胜反而让他没有多少与政府和参联会"对抗"的优势。因为此前他在所有的问题上都力排众议、坚持己见，因此他的这次胜利变得更加让人难以容忍。麦克阿瑟对仁川一战的判断正确无误，而非议他的人却大错特错。随着他的军队距离鸭绿江越来越近，他的支持者们开始担心那些怀疑他的人是否会因此变得更加紧张。麦克阿瑟已经孤注一掷，而这次他仿佛下了更大的赌注，任何人都不能阻挡他的步伐。

朝鲜战争初期，麦克阿瑟错误地低估了朝鲜军队的作战能力。他曾经说过，如果自己只向朝鲜派出一个师——第1骑兵师，不知道会有什么样的结果。"这些家伙会迅速直奔东北边境，到时候朝鲜军队就会全军覆没。"[2]但是，麦克阿瑟很快就意识到，自己面对的是一支骁勇善战的军队。在此前东京的一次会议上，他告诉哈里曼说，这支队伍中的每一个人都"能力出众、不畏艰险"。[3]他对朝鲜军队的全新认识立即对他的作战策略产生了影响。因此，美军被逼入釜山防御圈之前（为了不让他们看起来就像是"屠宰场中的牛犊一样"，麦克阿瑟后来这样说道），他就做好了两栖登陆的准备，以便充分发挥美军的技术优势，力争一击制胜。

他始终记得自己在"一战"中的教训。麦克阿瑟认为，英、法、德三国的将军们一次又一次地把本国军队引入歧途，把他们送往敌军猛烈炮火的中心地带，让他们遭到无情的打击。许多人都认为，在这场战争中，指挥像狮子一样勇往直前的士兵作战的是一群笨驴。"一战"结束以后，西线的伤亡数字十分惊人，以至于人们无法分辨谁是胜者，谁是败者。"一战"让麦克阿瑟得出结论，对于美国的未来而言，欧洲只是一片荒芜的土地，远没有亚洲那么重要。胜利一方的欧洲将领对手下的安危存亡似乎漫不经心，因此在麦克阿瑟看来，他们的时代已结束。"一战"让他懂得两军正面交锋的危险。在太平洋战场上，他使用"蛙跳战略"，从不攻击日军的战略要地，从而以极小的伤亡换取一次又一次成功，这一灵活的对敌战略正是来源于他从"一战"吸取的教训。在麦克阿瑟的身上仿佛存在着某种矛盾，他时常操着一口吉普林式的腔调，像一个嗜血的勇士那样酷爱在疆场拼命厮杀；但是当一场真正的战斗拉开序幕时，一旦事关自己部下的生死，他又会变得出人意料地谨小慎微。

麦克阿瑟在日本人完全没有料到的地点进行空中打击，不断孤立敌军的士兵与据点，而不是与之进行正面抗衡。他在朝鲜战场上采取了同样的策略。早在7月4日，他就已经开始考虑在朝鲜人民军腹背处登陆作战。麦克阿瑟显然并不了解第一批被派到朝鲜战场上的美军士兵有多么缺乏训练，武器装备有多么落伍，因此很难进行极为复杂的两栖登陆作战。一开始，这次行动被命名为"蓝鸟行动"，计划于7月22日付诸实施。但是这一计

第六章　仁川登陆：麦克阿瑟力挽狂澜

划显然难以执行。于是这次"蓝鸟行动"最终胎死腹中，但是关于两栖作战的想法却始终在他的脑海里萦绕。7月10日，在太平洋海军陆战队司令莱姆·谢泼德中将出访东京时，麦克阿瑟不无痛惜地表示，自己能有一支海军陆战师该有多好啊！一旦自己能有这样一支队伍，他就可以深入敌后。说到这里，他用手指向地图上的朝鲜，"我会让他们在这里——仁川登陆"。于是，谢泼德将军建议麦克阿瑟申请一个海军陆战师，因为这完全符合双方的利益。麦克阿瑟需要这支队伍，而海军陆战队需要一次机会来证明自己。迫于削减国防开支的压力，海军陆战队的地位一直岌岌可危，而且似乎一度没有政客愿意对他们表示支持——陆军和空军的地位都远在传统的海军之上。麦克阿瑟对海军陆战队的这一致命弱点了如指掌，因此他很清楚自己的想法会与谢泼德将军一拍即合，而且事实也的确如此。谢泼德向麦克阿瑟承诺，他会在9月1日之前提供一个海军陆战师。

关于这次两栖登陆计划，麦克阿瑟越想越觉得应该把登陆地点定在仁川。仁川位于朝鲜半岛的西海岸，远离前线，距离釜山西北约150英里，是汉城最主要的港口，距离朝鲜的空军基地金浦大约20英里，因此这个登陆地点无疑是非常危险的。当然，无论在哪儿进行两栖登陆都会冒着极大的风险，但是在仁川登陆更难。"我们列出了登陆地点所有自然与地理方面的困难，而仁川全都具备。"[4] 亚力·凯普斯少校（海军负责两栖作战的詹姆斯·多伊尔上将的参谋）说。几乎所有人都认为，仁川简直就是魔鬼制造的一个梦魇。这里没有海滩，只有海堤和码头。位于港口正中的月尾岛只是一个弹丸之地，却有重兵把守，同时还将登陆地点一分为二。港内水流湍急。然而，仁川最危险的不是这些，而是那里的潮汐。除了芬迪湾以外，这里的海水涨潮时高度大概在世界上首屈一指，最高能够达到32英尺。即使是在低潮的时候，根据罗伯特·海内尔在《胜利在高潮》一书中的记载，想要在此地登陆也需要徒步蹚过大约1000码的距离，此外还需要蹚过将近4500码"就像是快要变硬的巧克力软糖一样"黏糊糊的泥浆地。[5] 因此，与其说这是一个海滩，还不如说这是一个陷阱。要是有人想到在此铺设地雷的话，那么朝鲜恐怕早就在苏联的帮助下在这个港口布满了地雷。选择这里登陆也必定会是一场巨大的灾难。"如果说有一个地方最适合铺设地雷的话,那这个地方就是仁川。"[6] 太平洋舰队的高级将领亚瑟·斯特鲁布上将说道。更糟糕的是,能够实施这次登陆计划的机会少得令人难以置信。在未来一段时间里,只有两天潮汐处于合适的高度,登陆舟能够靠近仁川的海堤和码头。一个是9月15日,届时潮水会涨到31.2英尺的高度;另一个是10月11日,潮水会再次涨到30英尺的高度。还有一个问题是9月15日的第一次高潮发生在清晨6点59分,也就是日出前45分钟;而第二次高潮发生在下午7点19分,也就是日落37分钟后。对于两栖登陆来说,这两个时间都不够理想。10月根本就不用考虑,因为麦克阿瑟绝对不会眼看着自己的大军身陷釜山防御圈而再等上一个月之久。因此登陆时间只能定在9月15日,而这一天对于麦克阿瑟来说,要么是大功告成,要么则是满盘皆输。

几乎每一个人都对这个时间感到无比震惊,尤其是那些参与制订和执行此项计划的海军将领。参联会立即提高警惕,麦克阿瑟心里对这点一清二楚。这些人是他的顶头上司,而麦克阿瑟则认为他们只不过是一群为了升官揽权而不惜谄媚迎合无聊政客的心胸狭隘的官僚而已。他知道要想取得仁川战役的胜利,自己眼前有两场战斗需要面对,其中一场就是同这些人进行周旋。麦克阿瑟早就料到参联会会反对自己的计划,这一方面出于他的偏执,另一方面也是事实使然。他既不喜欢,更谈不上尊重布莱德雷主席。他认为布莱德雷不过是艾森豪威尔的跟班(这可以算是他的一个缺陷),马歇尔的宠儿(第二个缺陷),一个在欧洲战场上毫无指挥能力与勇气的懦夫(第三个缺陷),一个在太平洋拥有兵力甚至超过麦克阿瑟的家伙(第四个缺陷),一个与杜鲁门过从甚密的政客(最后一个缺陷)。

如果说他们二人的关系很糟,那么这种敌意大部分来自麦克阿瑟。在这些年里,每个人的心里都积攒了一些东西。麦克阿瑟可以肯定,自己在对日作战期间否决了布莱德雷的指挥权,因此此人一定会对自己怀恨在心。尽管这一猜测毫无根据,但有相当多的迹象足以证明,就像其他战后国防系统的高级将领那样,布莱德雷对无法掌控麦克阿瑟感到十分不快。因此,麦克阿瑟(完全有理由)相信,在1949年艾奇逊试图通过削减他在日本的

第六章 仁川登陆：麦克阿瑟力挽狂澜

职责从而限制其权力的那场阴谋中，布莱德雷是他的帮凶。后来，那位曾经在仁川登陆计划中出谋划策的多伊尔上将向麦克阿瑟提到，当他与布莱德雷在东京会面时，后者似乎颇为冷淡。"布莱德雷就是个农民。"麦克阿瑟对多伊尔说。[7]

各军种参谋长们非常谨慎，因为这场战役十分危险，其成败关乎美军大批有生力量的生死存亡。就连麦克阿瑟自己也说，这次行动的胜算只有五千分之一的概率。但是，他们的保守态度还与军界内部的尔虞我诈相关。出于种种堂而皇之（抑或卑鄙龌龊）的原因，几乎所有人都反对这项计划。只有少数几个人表示支持，其中包括哈里曼和李奇微，以及在最后关头对麦克阿瑟表示支持的杜鲁门。然而，策划仁川行动的主要人物之一多伊尔上将却对这次行动顾虑重重。就像其他那些不得不与仁川计划的主要制订者阿尔蒙德打交道的人一样，多伊尔很快就对此人妄自尊大、欺下谄上的做派感到厌恶。如果真的要把仁川计划付诸实施，那么麦克阿瑟就应当了解这项计划的一切利弊，多伊尔也是这样对阿尔蒙德说的，阿尔蒙德却说将军对具体细节不感兴趣。但是愤怒的多伊尔不肯善罢甘休，坚持要让将军了解具体的细节。[8] 最终阿尔蒙德不得不作出妥协，并且向他保证会让麦克阿瑟了解这次行动的具体细节，而所谓的细节其实就意味着危险。

不过，阿尔蒙德一直想将多伊尔从这一行动中排挤出去，因为他认为麦克阿瑟永远都是英明的，因此不应该过问这些琐事。像这一计划能否顺利实施这种微不足道的细节末节，是那些微不足道的下级军官应当处理的问题。实际上，这一原则也正是麦克阿瑟对待所有人与所有事的不二法门。现在，他正在为自己人生当中最盛大的演出之一做准备工作，也就是说，他要说服海军与其他反对者支持仁川行动。因此，他需要在这些海军和参联会的代表面前进行一次出色的表演，而这恰好是麦克阿瑟最拿手的绝活。

麦克阿瑟始终是一个喜欢站在舞台中央的人。他对名气与荣誉似乎有着某种无法抗拒的欲望。聚光灯下的感觉对他来说不只是一种嗜好，更是一种诱惑。他总是站在舞台中央，在照相机面前摆出完美的姿势，让摄像师从最佳角度拍摄他高昂的下颌。实际上，随着麦克阿瑟年龄的增长，每一张新拍摄的照片都要接受他手下人的审查，凡是不足以显示将军英雄气概的特写绝对不允许外传。这些人甚至还严格要求摄影师只能从特定的角度进行拍摄。因此，摄影师必须尽量从麦克阿瑟的右侧进行拍摄。有一次，为了显示将军的伟岸气魄，一名摄影师不得不按照要求双膝跪地拍摄照片。麦克阿瑟总是戴着自己那顶标志性的军帽，这样摄影师就拍不到他那日渐稀疏的头发了。麦克阿瑟需要戴上眼镜才能看清楚东西，但是他不喜欢让别人看到自己戴着眼镜的模样，因此戴眼镜时摄影师同样不能拍照。麦克阿瑟无时无刻不在演戏，这一点尽人皆知。"我从来都没有见过如此个性鲜明、魅力四射的男人。""一战"期间，堪萨斯州恩波里亚的著名编辑威廉·艾伦·怀特在见过麦克阿瑟以后这样写道。鲍勃·艾克尔伯格在"二战"期间是麦克阿瑟手下的一位集团军司令，他说："麦克阿瑟是一个巴里莫尔与约翰·德鲁式的伟大人物。"[9] 为了绕开战时书信审查制度，麦克阿瑟用密码写信给自己的妻子。在这些信件中，麦克阿瑟的名字是莎拉——当时法国著名女演员莎拉·贝纳尔。"你认识麦克阿瑟将军吗？"有一次，一名妇女问艾森豪威尔。"我当然认识他，夫人，"艾森豪威尔回答，"我在华盛顿跟他学了五年的表演艺术，在菲律宾则跟他学了四年。"[10]

麦克阿瑟相信，神秘就意味着力量。所谓神秘，就是与那些凡夫俗子保持一定的距离，为他们创造种种神话，麦克阿瑟在这一点上始终不遗余力。凡是这个圈子以外的人都很难接触到他，直到他准备好怎么进行表演时，人们才能一睹他的尊容。他希望展示在公众面前的是一个经过精心包装的自己，每一个描述他的词语都必须经过严格审核。在"二战"期间，曾经有一篇关于他的特写，其中提到麦克阿瑟"为人孤僻"，但是他却试图利用审查制度将其改成"为人质朴"。他的下属不能与麦克阿瑟过于亲近，任何将军都不能与他相提并论。20世纪30年代，艾森豪威尔是他在菲律宾期间的第一助理，当他听到麦克阿瑟经常使用第三人称来称呼自己时，感到十分诧异。麦克阿瑟常常说诸如此类的话："好了，麦克阿瑟要去见参议员了……"[11] 在那段日子里，他一直以这个国家的历史伟人自居，而且始终在扮演着这一角色。能够得到他的接见，仿佛是一种至高无上的荣誉，而觐见者的任务就是把他奉若神明、顶礼膜拜。这些似乎已经变成某种神圣不可侵犯的规则,人人都必须遵守。在东京为接见政界要人定期举行的午宴上,麦克阿瑟夫人会出面迎接那些先于将军本人到达的宾客。等到麦克阿瑟进来以后,她就会不无崇拜地说:"将军终于来了。"然后,麦克阿瑟会对夫人致以问候,借用一位旁观者的话来说,"就好像他们已经多年不见了一样"。[12]

这就是那位具有雄才大略、独树一帜、喜怒无常的统帅。他在朝鲜首次发动袭击将近两个月之后的8月23日主持了关于仁川计划的重要会议。会议的地点就在东京麦克阿瑟的司令部。从华盛顿飞来参加会议的有陆军参谋长柯林斯、海军作战部长福雷斯特·谢尔曼,以及空军司令部作战部副部长伊德瓦尔·爱德华中将。空军参谋长豪伊特·范登堡没有出席,据说他不想给这次本应属于海军与海军陆战队的行动提供口实。如果仁川计划得到批准,那么海军陆战队将领导这次登陆行动,但是却没有人邀请他们与会,这不能不说是一个让人恼怒的事情。在这次会议上,海军上将多伊尔及其部下就像对牛弹琴一样,花了长达一个半小时对这次行动中诸多困难之处一一做出说明。多伊尔手下先后有九名将领起立发言,每个人都从技术上与军事上的角度进行分析。接着,多伊尔站了起来。"将军,"他说,"虽然你没有问我,也没有人愿意听一听我对这次登陆的意见。但是如果你问的话,我只能说在仁川登陆根本不可能。"说罢,他坐了下来。[13]

柯林斯再次建议,可以考虑仁川以南的群山或者浦项,因为在这两地登陆的危险性相对较小。然而不出柯林斯所料,他的谨慎态度并没有得到麦克阿瑟的回应。麦克阿瑟知道,房间里的每一个人都对仁川计划持保留态度,但是他唯一关心的是至今未表态的海军参谋长谢尔曼。没有谢尔曼的支持,就等于没有海军的支持,仁川登陆计划就成了泡影。虽然柯林斯极力反对,但是作为一名在华盛顿养尊处优的陆军参谋长,他是斗不过在前方运筹帷幄的集团军司令的。为了说服屋子里这些纷纷反对他的高级将领支持自己的计划,麦克阿瑟不得不使出浑身解数。后来据麦克阿瑟自己记载,一开始他仿佛听到他父亲的声音:"道格,战争会议只会滋养怯战情绪与失败主义。"[14] 麦克阿瑟说，在更安全的南部港口登陆并无益处，因此他对此毫无兴趣。"两栖登陆是我们最强大的武器。为了确保其顺利实施，我们必须不畏艰险、深入敌后！"仁川登陆的困难之处并非没有，但绝非不可克服。麦克阿瑟相信，他们一定有办法做到。他说，一切有关这次登陆的争执，实际上就是对于胜利的争执，敌军很可能对此毫无防范。"敌军司令会认为，没有人能够如此胆大妄为。"麦克阿瑟说，他准备效仿1759年魁北克之战的詹姆斯·沃尔夫。正是因为魁北克以南圣劳伦斯河的河岸十分险峻，守卫该城的德·蒙卡尔姆侯爵才把自己的全部兵力放在了城北。但是沃尔夫却率领着一小队人马从南侧穿越险地进行突袭，把蒙特卡姆打了一个措手不及。这是一次伟大的胜利，实际上结束了法国在北美的殖民统治。"就像蒙特卡姆一样，朝鲜人会认为我们不可能从仁川登陆。而就像沃尔夫那样，我会打他们一个措手不及。"

麦克阿瑟对海军有极大的信心，因为他们曾经在太平洋战场上横扫千军。除此之外，他坚定地说："我对海军甚至比他们对自己还有信心。美国海军过去从来都没有让我失望，这次也不会让我失望。"麦克阿瑟说这话的时候，屋里仿佛只有谢尔曼一个人。而柯林斯与沃克一再建议的登陆地点——群山则"是一个看似妥当却极不妥当的选择"。虽然此地与第8集团军的联系相对比较容易取得，但这只会让更多兵力陷入釜山防御圈内，因此，麦克阿瑟认为，这样一来当地美军会变得更加脆弱。"谁会为这个悲剧承担责任？我肯定不会。"但是，无论成败，麦克阿瑟发誓，他会为仁川登陆担负全部责任。"我不太相信他的承诺，"阿尔蒙德一名部下比尔·麦卡弗雷后来这样说道，"他曾经说过中国人不会介入这场战争，但事实证明他错了。我们为此遭到沉重的打击，但是他不仅没有承担任何责任，反而对除了他自己以外的所有人都横加指责。"[15] 如果他选错了登陆地点，麦克阿瑟告诉与会人员，他会亲临现场进行指挥。"一旦发现情况有误，我们会立即撤退。"听到这里，多伊尔反驳道："不行，将军，我们不会撤退。只要我们开始登陆，我们就会进行到底。"[16]

说完，麦克阿瑟直盯盯地看着谢尔曼，然后开始大谈起自己对海军的感情（实际上，他在"二战"期间对海军恨之入骨）。很久以前，当另一场战争进入到最黑暗的时刻，是海军从科雷希多岛把他送到平安地，因此他才能够继续指挥盟军对日作战。此后，仍然是海军一步一步地让他在太平洋战场上走向胜利。"现在我的事业已近暮年，难道这一次海军会告诉我说，他们不会让我去仁川。他们会让我失望吗？"屋子里最后一排坐着一个年轻气盛的陆军军官，阿尔蒙德的助手弗雷德·拉德。当麦克阿瑟终于发表完自己慷慨激昂的演说时，拉德暗自一笑——他终于得手了。任何一个高级将领也不会在此时冒天下之大不韪。[17]这时海军上将谢尔曼终于开口："将军，海军不会让您失望的。"[18]麦克阿瑟胜利了。"这才像个真正的法拉古特人说的话。"麦克阿瑟答道，他知道谢尔曼被打动了。听到麦克阿瑟这话，多伊尔将军对没有人理会自己的意见感到怒不可遏，于是他自言自语地说："这才像约翰·韦恩说的话呢。"[19]接着，麦克阿瑟就像往常一样开始个人表演。他压低嗓音，一字一句地说："我已经听到命运之钟嘀嗒作响的声音。我们必须立即采取行动，否则只会死路一条……仁川计划必胜无疑。它会拯救数十万的生命。"麦克阿瑟知道成败在此一举。"谢谢，"谢尔曼说，"这是一个伟大的号召，这是一次伟大的使命。"

"如果让麦克阿瑟走上舞台，你就不会再听见约翰·巴里莫尔的声音。"多伊尔将军后来这样说道。谢尔曼已经上了这条船。但是第二天，从麦克阿瑟的一番慷慨陈词与义正词严中清醒过来的谢尔曼却发现自己仍然忧心忡忡。"我希望自己也能够像他一样乐观。"他告诉自己的一位朋友。柯林斯同样也感到十分不安，但是无论怎样，各军种参谋长已经上了船。五天之后，他们拍电报给麦克阿瑟表示支持。后来，林奇问起沃克，为什么麦克阿瑟能够让参联会把他们的顾虑放在一边？"麦克阿瑟让每个人都认为，朝鲜只是一座岛屿，汉城才是最终目标。只要攻克了汉城，这场战争就会结束。"沃克的回答非常准确。尽管如此，各军种参谋长在回到华盛顿以后仍然感到惴惴不安。美军的兵力本已十分有限，但这个行动计划还破绽百出。于是，8月28日，他们再次致电麦克阿瑟，建议在群山登陆。将军以自己特有的方式回应了这封电报：他依然我行我素，但不对外界透露半点风声。

只有等到万事俱备、只待东风时,他才会让华盛顿知道仁川行动的具体计划。麦克阿瑟有意推迟向华盛顿通报具体计划,到时候就是他们想要阻拦也为时已晚。他的所作所为,用科雷·布莱尔的话来说,"完全是一场天大的骗局"。[20]一直等到9月8日,麦克阿瑟才派遣一名年轻的参谋林恩·史密斯中校带着记载这次行动计划的几本厚厚的卷宗前往华盛顿,并且叮嘱史密斯路上不要走得太快。于是,史密斯奉命行事。参联会原以为麦克阿瑟会派来一名高级将领,但是直到最后一刻却只等来区区一个中校。史密斯立即被带进屋里进行汇报。"这就是最后的计划,对吗,中校?"史密斯回答是的。柯林斯问什么时候发动进攻。"月尾岛登陆会在6小时20分钟后,也就是华盛顿时间17时30分开始。"他回答。"谢谢,"柯林斯说,"那么你最好抓紧时间进行汇报。"[21]从长远来看,麦克阿瑟当时的举动无疑毁掉了自己与参联会之间的关系。如果被他玩弄于股掌之上的只是华盛顿的文职官员,也许还情有可原,但是这一次遭他戏弄的却是那些和他一样对美军士兵的安危与行动的成败担负责任的四星将军;这一行径在军界是不可宽恕的。八个月之后,当杜鲁门解除麦克阿瑟职务的时候,正如约瑟夫·古尔登指出的那样,其中最重要的一个原因就是总统的决定得到各军种参谋长的一致支持。对于麦克阿瑟在仁川战役中先斩后奏的做法,这就是他们以眼还眼、以牙还牙的方式。

一般来说,两栖登陆时往往会遇到许多突发因素,但是令人感到惊异的是,这次登陆却出乎意料地一帆风顺。东京总部的每一个人似乎都已经知道这次行动的时间、地点与具体内容。在东京的新闻俱乐部里,有关朝鲜战争的各种流言蜚语不胫而走。大家都以为仁川行动早已是尽人皆知的事实。几乎是在华盛顿批准这一计划的同时,由谁来指挥仁川登陆也已经是尘埃落定。许多在华盛顿的高级将领都希望能够由久经沙场的海军陆战队指挥官谢泼德中将来指挥这支队伍,这与在日本的一些将领的想法不谋而合。首先,因为谢泼德同意借给麦克阿瑟一个海军陆战师,所以麦克阿瑟欠了他一个人情。其次,作为一名陆战队将领,没有人比他更熟悉两栖登陆。

然而结果却让所有人都大跌眼镜,这次行动的指挥官是内德·阿尔蒙德少将,现在他的头上已经有两顶官帽。陆军参谋长柯林斯听到这个消息时又惊又怒。据阿尔蒙德的手下约翰·切尔斯回忆,当时柯林斯差点从椅子上站起来,脱口而出:"什么?"[22]柯林斯不喜欢阿尔蒙德,对麦克阿瑟的做法也颇有微词,因为他不仅排除了第8集团军对仁川行动的指挥权,而且在没有事先征询参联会意见的情况下就擅自把它交给自己的心腹阿尔蒙德。(无论是在朝鲜还是华盛顿,在一些军官看来,这次行动又多了一个名称——"三星行动",因为阿尔蒙德显然能够借机获得自己的第三颗星。)

后来各军种参谋长才渐渐意识到,麦克阿瑟想要排挤的不只是沃克,还有他们。他的这种行径,尤其是没有征得参联会的同意就擅自行动的做法,是不会有第二个将军敢这样做的。然而这就是典型的麦克阿瑟作风,他不仅不愿听命于自己的上级,还要用手指戳一戳他们的眼睛。麦克阿瑟把朝鲜战场的指挥权交给一个对他忠心耿耿、唯命是从的人,而将各军种参谋长排除在外,这无疑是弄权。[23]谢波德是一名出色的将领,却处处体现出某种旧派的作风与忠诚,这正是问题的症结所在。因为他应当忠于麦克阿瑟,但是他却对参联会和海军表现出无限的忠诚。因此,在麦克阿瑟看来,天无二日,谢波德的表现令人难以容忍。

五角大楼对麦克阿瑟的这一举动同样感到不悦。海军陆战队认为,让阿尔蒙德坐镇指挥无异于一场灾难,因此他们对阿尔蒙德处处提防。这个人不仅把谢波德排挤出列,而且把8月策划会议上他们圈定的登陆行动指挥官、陆战第1师师长史密斯少将排除在外。此外,阿尔蒙德对德高望重的史密斯少将的种种行径,也让海军陆战队感到愤愤不平。史密斯原本以为麦克阿瑟会亲自向自己通报有关情况,但是在他苦苦等了一个半小时后,看到的却只有阿尔蒙德。显然,史密斯领教到谁才是真正的主子。更为糟糕的是,有一次阿尔蒙德竟然恬不知耻地称呼这位只比他小十个月、现年56岁的海军少将为"孩子",让这位身经百战的老兵大为光火。[24]当他想要说明两栖登陆有多困难时,阿尔蒙德却对此嗤之以鼻——这些东西,阿尔蒙德说,都是技术上的问题。此外,阿尔蒙德在自己的日记中声称这一带没有大规模敌军。这个人简直狂妄至极,史密斯心想。不过尽管他对阿尔蒙德满腔怒火,但是没有再多说什么,因为他担心自己说得越多,指挥这次行动的海军陆战队与陆军将领之间的分歧就会愈演愈烈。[25] 不过,史密斯手下的一些军官仍然对此愤愤不平。其中言辞最为温和的谴责来自史密斯的作战处长阿尔法·鲍泽上校,他说阿尔蒙德是个"出尔反尔、反复无常的小人"。[26]

选择在仁川登陆就像一个巨大的赌注:港口的入口处过于狭窄,只有在敌人毫无防范时才能进入。但是作为一名伟大的将领,麦克阿瑟相信,应当勇于冒险。在这次登陆行动的前一天,麦克阿瑟招来东京总部的几名随军记者,让他们登上自己的旗舰"麦金莱山"号共赴前线(当然,他们的头版头条上少不了会这样写:"来自麦克阿瑟总部的消息……")。在这艘旗舰离开佐世保港赶赴仁川之前,麦克阿瑟又突发奇想,并与多伊尔上将联合发出另一条作战指示。他想要切断朝鲜人的补给线路。他说,在历史上的每一场战争中,一支军队的失败十有八九是因为补给线被敌军切断。一位记者问他是否担心中国介入。麦克阿瑟对这个问题似乎完全不以为意,给出的答案与一个月前在复活节岛上对杜鲁门的答复如出一辙。他认识到双方在人口上存在着巨大差异。他说:"即使我们派出1.5亿美国士兵,他们仍然能够以四敌一。"因此,他无意在此地向他们发出挑战。但是,他有办法抵消对方在人数上的绝对优势,从而扬长避短,让美军发挥出最强的实力。"假如中国人想要介入,那么我们的空军就会把鸭绿江变成整个人类历史上最血腥的一条河流。"不过,至于麦克阿瑟及其手下对中国军队的战略战术在多大程度上限制了美国空中力量究竟知道多少,就要另当别论了。[27] 因此,当中国最终出兵朝鲜时,麦克阿瑟完全猝不及防,鸭绿江并没有像他所说的那样血流成河,中国军队早就毫发无伤地来到了对岸。

第六章 仁川登陆：麦克阿瑟力挽狂澜

二

在仁川战役中，麦克阿瑟可谓吉星高照，因为他的对手金日成绝对称不上足智多谋。不知道是出于何种原因，对于美军会在朝鲜大军后方进行两栖登陆这一说法，金日成根本就不以为意。但在仁川计划实施之前，中国方面就已经注意到大批美军在日本集结这一情况。在20世纪40年代末至50年代初，日本对外国间谍活动不设防，各个港口的安全防卫形同虚设，再加上日本的码头工人中有许多都是忠诚的共产主义者，因此中国人早就得到风声，知道这里的许多装备都是用来进行两栖登陆的。早在8月初，毛泽东就为朝鲜进攻南方而感到忧心忡忡。金日成曾经夸下海口说自己能够迅速攻克南方，但是这个目标并没有实现。毛泽东知道，从8月末至9月初，虽然美军一直在加强对釜山的防御，却在日本保留了两个师的精锐部队，并且正在进行两栖登陆演练，显然是有什么大事即将发生。在毛泽东的一生当中，敌人总是有更强大的武装力量与军事装备，因此战略战术对他来说尤为关键。中国军队只能避实就虚、扬长避短，为随时随地都会与外界断绝一切联系的情况而保存实力。毛泽东非常重视眼前发生的事情以及他预感到就要发生的事情。

8月初，也就是仁川登陆前期，他派自己的得力干将、同时也是周恩来的军事秘书雷英夫前去查看究竟，看看美国人在搞什么名堂，意欲何为。这是一次彻头彻尾的军事情报行动。这些中国的军情人员认为这里的情况显而易见。不少美国军队正在进行两栖登陆的演练，日本的许多港口也都停满来自世界各地的美军与联合国军战舰。此前在太平洋战场上，麦克阿瑟曾经不止一次地采取过两栖登陆的战术。雷英夫在认真地推敲所有相关情报之后认定，美国人已经为朝鲜军队布下天罗地网，他们准备出其不意地在朝鲜人民军的腹地登陆。他相信，美军不只是准备冲破釜山包围圈，还准备利用两栖登陆的战术一举打垮朝鲜的主力部队。雷英夫仔细研究了地图，并且试图按照美国人的方式去思考他们的行动。以麦克阿瑟野心勃勃的个性看来,在六个有可能进行两栖攻击的港口中,他极有可能会选择仁川。8月23日,也就是朝鲜军队最后一次进逼洛东江之前的一周(这个日子恰好也是麦克阿瑟在东京总部暖洋洋的房间里当着那些军种参谋长的面,进行一场精彩绝伦的表演的那一天),雷英夫向周恩来报告自己的调查结果。周恩来闻讯大吃一惊,立即将这一消息转告毛泽东。根据毛泽东的指示,雷英夫对此事进行了一次极为详细的汇报,并且提交一份三页的有关麦克阿瑟生平、思维方式、个性特征以及惯用战术的备忘录。[1] 于是,毛泽东让周恩来向金日成转达美军将可能在仁川登陆这一信息。与此同时,朝鲜的一些苏联顾问也提出同样的警告,但是金日成却不以为意。这并不奇怪,因为他本来就不是在战场上取得天下的,而是依靠在残酷的政治环境中艰难求生的能力以及对苏联人的态度。金日成能够上台执政很大程度上是苏联红军对他的慷慨相助,因此,他夺权的方式与毛泽东和胡志明截然不同。

　　毛泽东根据自己的推测确信,中国在这场战争中的角色即将发生变化。朝鲜高歌猛进的日子在8月中旬达到顶峰。8月19日与23日,他两次告诉苏联驻华大使帕维尔·尤金,如果美军继续向朝鲜增兵,那么人民军很有可能支撑不住,转而向中国求助。8月末至9月初,毛泽东又数次会见朝鲜驻华代表李相祖。毛泽东历数朝鲜军队因为没有听从自己的建议而犯下的错误以及遭遇的一次次失败。譬如,他们准备在如此宽广的战线上作战时却没有足够的预备队;他们过于注重攻占城镇,却没有对敌军穷追不舍。此外,毛泽东还提到,在金浦这样的地方建设空军基地简直不堪一击,因此朝鲜应从这些极为薄弱的地方撤退并且加强防御;他甚至指着地图对李相祖说,仁川是最有可能遭到攻击的目标。然而出乎中国人意料的是,金日成对此满不在乎,没有在仁川港埋设地雷。[2]

　　中国人很清楚前线正在发生的大事,但是朝鲜领导层却浑然不觉。在朝鲜制度下,最大的问题就是坏消息很难从前线准确地传到指挥部。尽管其他国家同样也发生过此类事情,但是这一点在朝鲜尤为明显;不利的消息往往会在传递的过程中逐渐变为有利的消息。因此,9月4日,当毛泽东的特使柴军武告诉金日成,战事已经在釜山地区进入僵持状态时,这位朝鲜领导人并不相信。他告诉中国代表,他的重大攻势才刚刚开始,势必迅速打破僵局。柴军武又提到,美军有可能会在朝鲜后方发动袭击,但是金日成回答说:"据我们估计,现在美军不可能进行反攻。他们没有足够的兵力进行增援,更不用说在我们后方进行登陆。"十分诧异的柴军武于9月10日,也就是仁川登陆五天前回到北京,但是随即又返回平壤。周恩来让柴军武转告金日成,希望他能战略撤退。"我从不考虑撤退。"金日成答道。[3] 周恩来对这一答复感到十分不快。美军几乎是在毫无阻碍的情况下实施了仁川登陆计划。三天以后,即9月18日,周恩来会见苏联代表,再次建议朝鲜军队撤退到北方进行重组,并且向西方国家宣称中国或者苏联会参战。

1.3万名美军官兵穿越海堤与码头进行登陆,随后向汉城迅速推进,这一切完全按照麦克阿瑟的预期发展,完美得令人难以置信;作战条件出人意料地极为有利,美军几乎没有遇到任何抵抗。从地形看来,仁川港就像是半截大拇指一样向外突出,向东大约10英里就是金浦机场,如果一切顺利,从金浦再向东大约五六英里就是汉城。陆战第1团和第7团将首先拿下仁川,接着攻克金浦,然后向东越过汉江直捣汉城。这样一来,他们很快就能够与沃克的第8集团军取得联系,后者届时将突破洛东江包围圈,迅速挥师北伐。

一开始,海军陆战队的伤亡相对很小:在月尾岛一战中没有人员伤亡,随即打开港口;在战斗的第一天,美军只有20名士兵阵亡。但是随着联合国军不断逼近汉城,朝鲜也加强了抵御。与此同时,第10军军长阿尔蒙德与属下陆战第1师师长史密斯之间的摩擦也愈演愈烈。阿尔蒙德主张不惜一切代价速战速决,而史密斯则认为,在这场愈见艰难的战役中,海军陆战队应当避免那些不必要的牺牲。史密斯(以及海军陆战队的大多数将领)逐渐意识到,阿尔蒙德是不顾现实条件的指挥官,除了听命于自己的上司以外,他根本不在乎自己的指挥正确与否,也不在乎手下将士的存亡安危,更不用说听取他人的意见了。这就为他们日后的各自为政埋下了祸根。从一开始,海军陆战队的高级军官就感到,毫无两栖登陆经验的阿尔蒙德不仅刻意忽略美军可能遇到的危险与困难,而且对于自己的下级军官及其需要置若罔闻。阿尔蒙德和史密斯本就是两类人：前者目空一切、刚愎自用；而后者踏踏实实、低调敬业。（事实上，史密斯还有一个绰号叫"教授"，不过没有人敢当面这样称呼他。）他们之间的摩擦也反映出陆军与海军陆战队之间本质的不同。陆军规模庞大，所以陆军将领与部下的关系往往异常冷漠。海军陆战队规模较小，因此陆战队军官与部下之间非常亲密、感情很深。此外，史密斯比一般的陆战队将领更加小心谨慎。1944年10月，当陆战第1师在佩莱利乌岛登陆的时候，史密斯是副师长。那是太平洋战场上最残酷、代价最高昂的战役之一。因为一次重大情报失误，海军陆战队在着陆时才发现敌我力量极其悬殊，自己将要面对的是九千多名在战壕里严阵以待的日军士兵。可以说，这样一次遭遇可以永远改变一个人的性格。

如果说这些将领从一开始就不和，那么随着战斗的展开，他们的关系就四分五裂了。他们之间的夙怨，借用海军历史学家埃德温·西蒙斯的话来说，可谓"一言难尽"。[4]西蒙斯曾经是一名海军陆战队的军官，参加过仁川登陆与长津湖战役。在他看来，这些人之间的摩擦与"二战"期间将领之间的不和完全不同。在欧洲战场上打击德军的美国陆军火力极为强大，当德军溃败时，大批敌兵会集体缴械，只有少部分人仓皇逃窜，因此使得部队能够立即顺势推进、乘胜追击。然而，太平洋战场上的海军陆战队与陆军官兵的战斗条件异常艰苦。当日军无力还击时，他们会慢慢撤退，因此部队只能一步步地向前推进，而且日本人极少投降。[5]

史密斯曾经告诫阿尔蒙德，仁川登陆大获全胜只是一种假象，美军打败的是敌军的小股部队，攻克汉城仍然十分困难。他说，初步侦察结果显示，守卫这座城池的是朝鲜精锐部队的数万将士。史密斯的猜测一点也没错。在此之前，麦克阿瑟的情报部长估计，在仁川—汉城一带有六七千名敌军官兵，但是仁川登陆结束后，金日成紧急调来两万大军，即一个师另加三个独立团的兵力增援汉城。因此，最终在汉城进行防御的是一支3.5万至5万人的大军，虽然有些士兵毫无作战经验，却个个异常勇猛。史密斯后来一针见血地指出，通往汉城的道路"在报纸上看起来平平常常，但在战场上绝非如此"。[6]人数处于劣势的美军只在武器装备与火力上占有优势。但是，

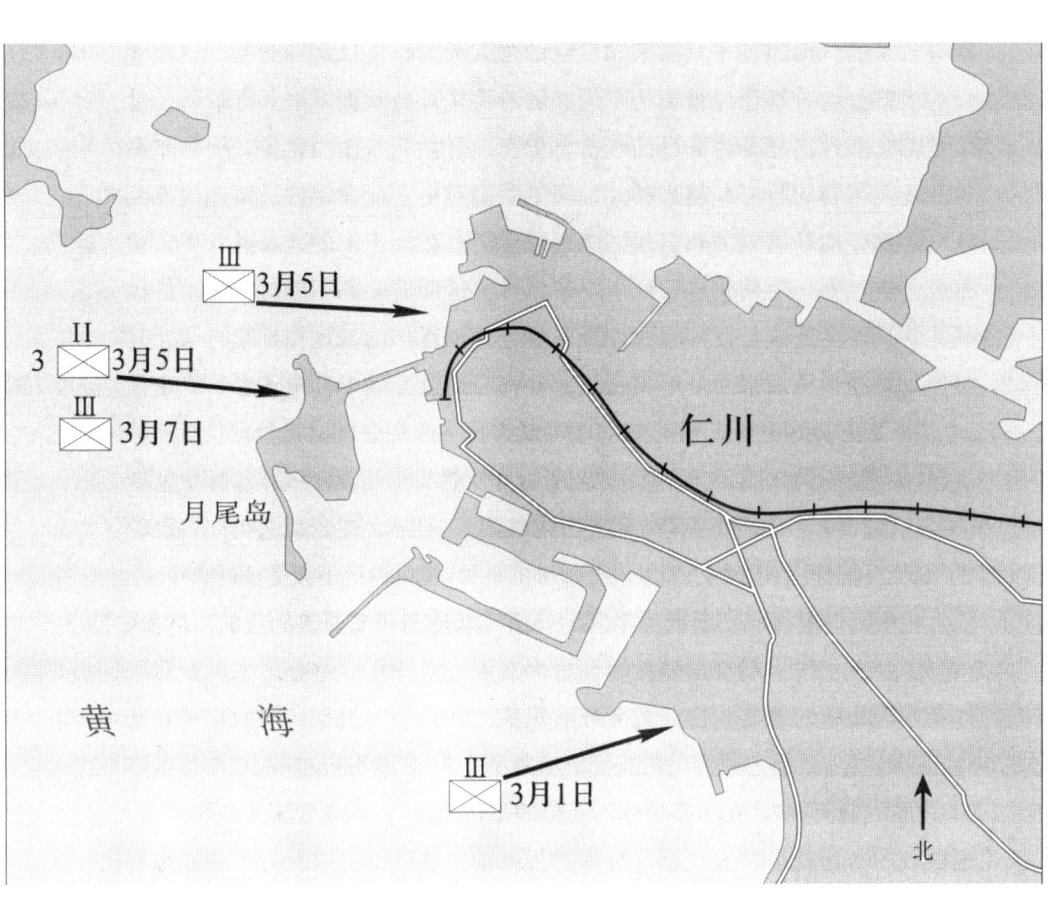

图 9 仁川登陆，1950 年 9 月 15 日

汉城易守难攻。攻占这样一座城市，巷战必不可少，因此这场战役打得极为艰难，美军为此付出了惨重的代价。有时候，胜利甚至是一条街一条街地夺过来的。因为美军只能依靠自己的强大火力，所以战斗过后，这座城市的大部分地方都已经被夷为平地。随着美军攻势逐渐减弱，夺取每一寸土地都需要付出越来越高昂的代价。史密斯开始变得压力重重，而阿尔蒙德和麦克阿瑟的野心却越来越大。阿尔蒙德对史密斯设定的进攻速度感到十分不满，他开始以师长自居，蠢蠢欲动了。在接下来的几场战斗中，他驾驶着自己的小型侦察机四处巡视，越过史密斯的师部不断对其手下的团长、营长甚至是连长发号施令。[7] 阿尔蒙德以杰出的战地指挥官自居，凡其所到之处，不管下面是哪支队伍，他都会通过无线电发出指令。史密斯对阿尔蒙德越权指挥十分恼火。"你可以给我下达指令，由我负责执行这些命令。"有一次他对阿尔蒙德说，但是后者依然我行我素，继续指挥史密斯的手下。阿尔蒙德的代号是"菲茨杰拉尔德"。最后，史密斯只得向自己的副师长鲍泽上校下达命令，如果没有师部的认可，他可以拒不接受任何命令。[8]

在史密斯看来，切断朝鲜军队的补给线能达到速战速决的目的。然而，战场上的重重压力反映了麦克阿瑟总部对于公众关系的过分迷恋以及对于虚荣永无止境的欲望，这无疑会分散军队的注意力。但是，他的这种看法让自己与阿尔蒙德之间的关系变得更加紧张。在这个问题上，东京与华盛顿出现了严重的分歧。在华盛顿远远观望的史密斯、沃克以及联席参谋长认为，最明智的方法就是越过汉城，对其进行封锁，然后迅速向东与正在挥师北上的沃克队伍会合。他们希望，这一战术不仅能让美军取得大捷，还可以对大部分朝鲜人民军形成合围之势。在他们看来，麦克阿瑟与阿尔蒙德对汉城的执着已经超出此次登陆的目的，如果按照他们的想法去做，大批敌军就能借机逃之夭夭。但是他们知道，麦克阿瑟急于在9月25日之前或者当天，也就是朝鲜首次越过三八线三个月以后这个别具纪念意义的日子里，一举攻克汉城。麦克阿瑟原本打算把攻克汉城的日期定在9月20日，但是后来却听从阿尔蒙德的这个建议。史密斯认为，阿尔蒙德为了登上报纸的头条，甚至不惜拿海军陆战队将士的生命去冒险。但是，他那一套在史密

第六章 仁川登陆：麦克阿瑟力挽狂澜

斯这里却行不通，因为在史密斯看来，那些东西只不过是骗人的鬼把戏而已。

与此同时，麦克阿瑟的总部对沃克及其第8集团军难以在洛东江一带有所突破感到十分困惑。但比起沃克来，他们的困惑算不了什么。9月17日，沃克在第一次听到仁川登陆的消息时就发现，那里的防御简直不堪一击，这让他大为光火。"他们耗费了大量弹药来对付月尾岛和仁川一小撮毫无作战经验的敌军，我们这里缺枪少弹，但是却要抵御朝鲜90%的主力部队。"[9] 沃克在看了仁川战报后对自己的一位朋友说道。沃克知道，在有些地点，他的手下很难冲破洛东江畔的封锁线。虽然这条河流无异于他们抵御朝鲜军队的一道天然屏障，但是洛东江同样也使美军难以追击朝鲜人民军。最让他感到愤怒的还是来自上级的压力。他这里弹药严重不足，还没有任何搭桥的材料，最好的办法就是前往第10军的守地，与他们一起渡过汉江，再炸毁所有的桥梁。然而让沃克感到不平的是，阿尔蒙德主管的参谋长办公室所做出的决定似乎都是针对自己的。

麦克阿瑟及其手下拒不承担任何责任。9月19日，在"麦金莱山"号的甲板上，远东司令部与海军和海军陆战队司令部召开了一次参谋会议。（"几乎可以称得上是一次公关会议。"科雷·布莱尔这样说道。）在这次会议上，麦克阿瑟以一种极其坦诚的口吻表达了自己对沃克的疑问，并且希望能够委任一名更加精明强干的将领取代沃克。这对沃克无异于一种侮辱。于是，沃克致电代理参谋长多伊尔·希奇，解释自己的队伍为什么进展缓慢。"最近我们的运气糟透了，"他告诉希奇，"工程材料还没有运到，我们已经焦头烂额了。"接着，沃克又说，"我可不想让你们认为是我拖了后腿，整个洛东江沿线的士兵都必须过河，但是这里只有两座桥，简直是无济于事。"[10]

当麦克阿瑟对沃克发牢骚的时候，海军陆战队的攻势也开始有所减缓，因为他们在这里遇到的强大阻力远比东京总部的估计要大得多。阿尔蒙德想要史密斯保证，海军陆战队能够在最后期限前攻陷汉城。"我告诉阿尔蒙德我什么也不能保证，因为这要看敌军的情况。我们已经竭尽全力。"后来史密斯说道。这可不是阿尔蒙德想要的答案。如果史密斯是一名陆军军官的话，那么他很可能会被阿尔蒙德就地解职。阿尔蒙德很快就带着自己制订的作战计划过来，想要史密斯加紧进攻，但是在史密斯看来，这个计划会分散美军的力量，而不是加强他们的火力。在阿尔蒙德的作战计划中，有一处让史密斯感到尤为不安，因为美军似乎是从同一个城市的两个完全相反的方向对敌军发动进攻，最终他们会在战斗中乱作一团，并且相互射击。他几乎是看了一眼就断然拒绝阿尔蒙德的计划。然而，这一举动令阿尔蒙德怨恨不已。一个师长竟然拒绝一个军长的作战计划，他们的关系近于崩溃。

9月25日，海军陆战队一部的确到了汉城的郊区。这样一来，阿尔蒙德就能发表公报，声称美军已经攻克韩国的首都。但对于那些正在前线浴血奋战的将士来说，这纯属无稽之谈。"如果这座城市已经被解放了，"在阿尔蒙德发出公报后的第二天，一位美联社的记者说道，"正在坚持抵抗的朝鲜人还不知道。"实际上，直至9月28日，激战仍在持续。美军仰仗自己猛烈的炮火最终取胜，但是他们所到之处无一不是一片废墟。在提到美军攻克汉城一事时，英国记者雷吉纳德·汤普森写道："场面极为混乱，四处狼藉。俯冲轰炸机呼啸着掠过人们的头顶，坦克炮管喷射出乌青色的火光，一幢幢大楼在冲天的火焰中噼啪作响，电线缠绕着横七竖八的电报亭和高压电线杆……这样的解放恐怕很少有人经历过吧。"[11]

这次残酷无情的战斗不仅给汉城造成惨重的损失，也给阿尔蒙德与海军陆战队之间的关系带来严重的后果。不错，阿尔蒙德按照原定的日期将汉城交给了麦克阿瑟。阿尔蒙德的这种做法，科雷·布莱尔写道，与他在"二战"期间的所作所为如出一辙。他是一个"吹毛求疵、目中无人而又毫无耐心的家伙"，他总是喜欢把自己手中的军队分成小股，然后在没有足够预备队的情况下就把他们送上前线，丝毫不担心他们的侧翼究竟有没有人防守。布莱尔还写道："他鲁莽到了极点，而且希望其他人也都和他一样。"[12]然而，在许多下层军官看来，他这种态度根本就是置将士的安危存亡于不顾。阿尔蒙德"反复强调要迅速攻克汉城完全是出于个人的心理或者公关之需，而不是为了建立起一道牢不可破的防线，防止朝鲜人民军溜走"。也正是因为如此，才会有许多敌军从这个本来应当是一张天罗地网的防御圈中逃之

第六章 仁川登陆：麦克阿瑟力挽狂澜

夭夭。出于对他的鄙夷，沃克偷偷地把第 10 军称为"公关旅"。[13] 尽管此战在战术上并不完全成功，但这对麦克阿瑟来说是一次辉煌的军事大捷与个人胜利，同时也标志着他的事业达到顶峰。这次战役摧毁了朝鲜大军的斗志，同时使韩国的大门为美军洞开。

仁川登陆的一举成功让麦克阿瑟的指挥性质发生巨大的转变，他立即开始秋后算账。凡是那些支持仁川登陆的人都受到褒奖，而那些对此表示怀疑的人则必须为自己对麦克阿瑟缺乏信任的行为付出代价。就在攻克汉城的当天，麦克阿瑟在刚被攻陷的金浦机场从自己的飞机上逐级而下，看都不看便径直走过那位在釜山率领将士英勇作战（而且在数次九死一生的残酷战斗中幸免于难）的三星将军沃克，热情洋溢地对阿尔蒙德致以问候，沃克的飞机驾驶员林奇满怀轻蔑地看着这一幕。"内德，我的孩子。"他亲昵地对阿尔蒙德说道。这一冷漠无异于是对沃克在仁川问题上错误地与柯林斯以及其他军种参谋长站在一起的一种惩罚。然而更糟糕的是，麦克阿瑟的这一举动对整个联合国军造成了严重的影响。沃克本以为仁川战役结束后，被借走的第 10 军应当顺理成章地归还给他，重新编入第 8 集团军，但现在他很清楚，这完全不可能。只要阿尔蒙德担任参谋长，他就不会放弃自己对第 10 军的战地指挥权。随着美军开始北上，麦克阿瑟显然想要削减他的指挥权。

从一开始，把第 10 军划归阿尔蒙德名下的决定就让包括东京与华盛顿在内的许多高级将领感到大惑不解；在他们看来，这是特殊情况下的一种权宜之计。事情再明显不过，沃克在苦守釜山时敌众我寡，而麦克阿瑟的总部早已人才济济。但现在，阿尔蒙德第 10 军却归他一人掌管，再也不会有人向沃克汇报。除此之外，沃克只能在北上途中与阿尔蒙德一较高下——这是第 10 军的又一次两栖作战计划，而此次的登陆地选在东海岸三八线以北的元山。初战大捷、春风得意的麦克阿瑟开始攫取更大的指挥权。然而与此同时，仿佛就像命中注定一样，事情开始变得棘手起来：补给不是川流不息地被运进仁川，而是部队与装备不断地从此被运走。在这一段极其宝贵的时间里，美军没有从汉城东进，以对正在撤退的朝鲜军队形成合围

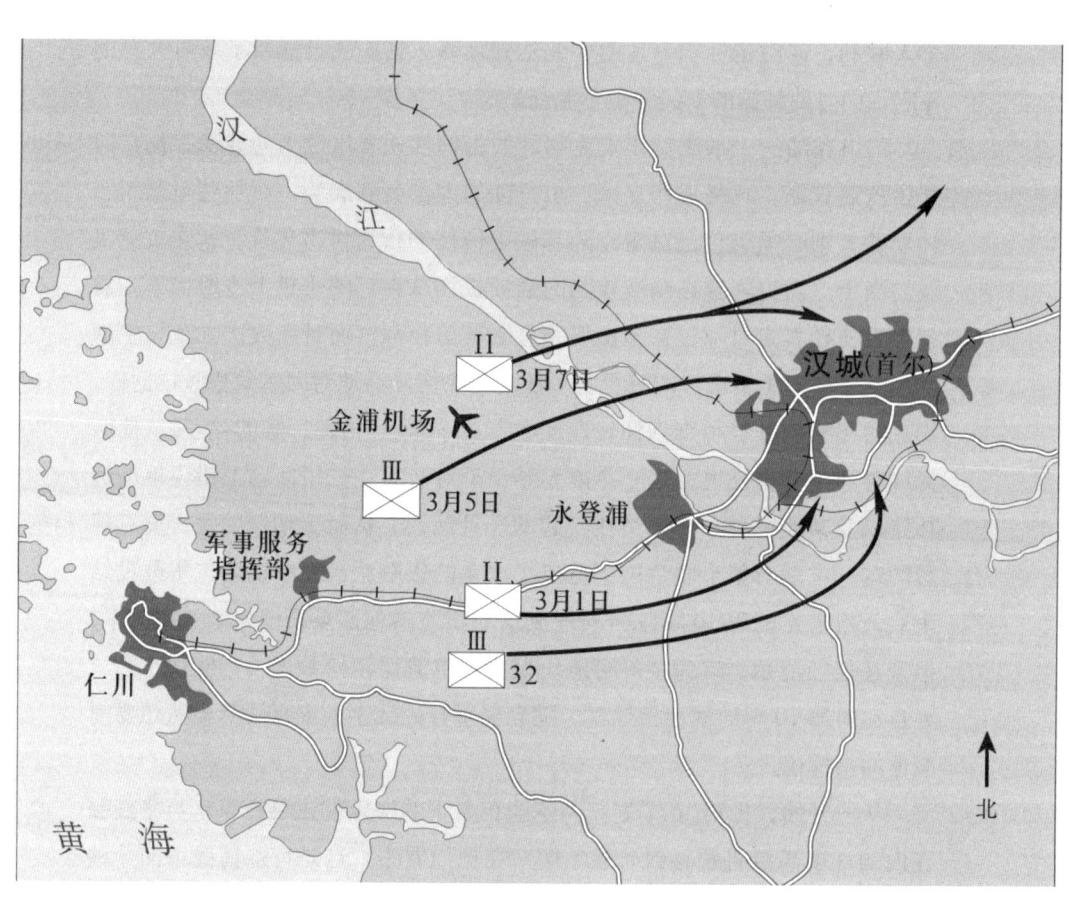

图 10 开赴汉城，1950 年 9 月 16—28 日

第六章 仁川登陆：麦克阿瑟力挽狂澜

之势，而是让第 10 军缓慢而笨拙地从釜山上船，向元山进发，以准备下一次登陆。此时，朝鲜军队正在沃克的追击下向北方仓皇撤退，而此时第 10 军第 7 师却有道路的优先使用权，因为他们正往南面的釜山地区进发，准备发动下一次海上袭击。因此，在这条狭窄的主干道上，北上的部队要为正在南下的第 7 师让路，但是这样一来就违反了陆军的基本准则之一：永远都不要跟丢你的敌人。

事实上，元山登陆从一开始就是一场巨大的灾难。海军对这个计划感到十分震惊。负责两栖作战的特纳·乔伊上将对元山登陆一点不感兴趣，因为他估计朝鲜人很可能已经在元山港布雷。因此，他想到东京对麦克阿瑟提出抗议，却吃了个闭门羹。事实证明，元山登陆完全就是儿戏。如果沃克的军队能够及时北上，即使是按照传统的行军模式，也能轻而易举地速战速决。然而，事事都不顺利。决策者们迟疑不决，一次次地贻误战机，反而让韩国部队先赶到了元山。10 月 10 日，韩军第 3 师和首都师在几乎没有遭遇任何抵抗的情况下到达元山，让美军丢尽脸面。第二天，沃克与战区空军司令厄尔·帕特里奇少将一起飞抵这个港口城市。当他们发现机场开放以后，便开始使用货轮向韩国军队运送补给物资。10 月 19 日，满载海军陆战队士兵的战舰终于抵达元山港。乔伊上将说得没错，朝鲜军队已经在这里布下了大约 200 枚水雷，而他们只带了 12 艘扫雷艇。于是，在扫雷的时候，海军陆战队的士兵只能待在舰艇里等待。在这段漫长的等待中，许多士兵很快开始晕船。接着，痢疾又流行开来。一艘大型运输舰上的 750 名官兵染病。在得知韩国军队已经拿下这座城市以后，他们把这次登陆行动称为"溜溜球行动"。然而更让他们感到羞愧的还应该是鲍勃·霍普的到来。霍普是一个著名的喜剧演员，经常到战地进行慰问演出。但是当他来到元山准备为前方的将士们进行义演时，却发现海军陆战队员还在等待上岸。于是，在元山临时搭建的舞台上，他灵机一动，脱口而出，说这是自己第一次先于海军陆战队登陆。"看到你们可真是高兴，"他对着一小群维修人员、韩国士兵以及一些从舰只上下来的胆大之徒说，"我们愿意邀请你加入我们的每一次登陆行动。"[14] 10 月 25 日，韩国军队到达元山两周以后，海军陆战队终于上了岸。

但真正的危险不是元山登陆,而是司令部的分裂——东京以及华盛顿的每一个人几乎都对此心中有数。在美国陆军所有不成文的规定中,这一条也许是最为严重的,因为这种事情无论在什么情况下都不应当发生。对于美国军人来说,一提起指挥权的分裂,他们就会立即联想起乔治·阿姆斯特朗·卡斯特在小比格霍恩战役中全军覆没的惨痛遭遇。现在能与卡斯特当时的情况相提并论的就是麦克阿瑟和阿尔蒙德,而他们最终的悲剧发生在清川江与鸭绿江。就是在那里,麦克阿瑟把自己的部队送进一个异常危险的、地形极其复杂的区域(就连天气也开始与他们作对,他后来这样说道),因此让这支部队变得不堪一击。此事不仅反映出麦克阿瑟身上的某些弱点,更反映出他对自己的下一个潜在对手中国的不够尊重。这个对手对麦克阿瑟早已了如指掌,而麦克阿瑟却从来没有认真去了解中国人,正是他的疏忽大意让自己的手下付出了惨痛的代价。

然而在麦克阿瑟看来,这只是一次小小的技术失误,根本就微不足道。当阿尔蒙德在麦克阿瑟的准许下身兼两职时,很多人对此都感到难以置信。用年轻时代曾任中尉、后来又成为一名战争学者杰克·墨菲的话来说,这一举动很可能代表"据我所知美国陆军内部最为严重的一场大规模利益冲突"。[15]

随着美军继续北上,人们对这支队伍的指挥结构越来越怀疑。他们当中的许多人都曾经到过各级司令部,看到过各种各样不同标志的作战地图。在洛东江一战中,墨菲被召至第8集团军司令部,当他看到眼前那张巨幅地图时,立即就被鸭绿江岸边三个红色的小三角吸引住了。这时有人告诉他,一个小三角就代表着一支中共部队。墨菲想,那么这就代表在那一带有三个中国师了,兵力相当可观。后来他才知道,一个小三角既不是代表一个师或一个军,也不是代表一个集团军(三个师相当于一个军,三个军相当于一个集团军,三个集团军相当于一个集团军群),而是一个集团军群。或者借用他在情报部门工作的朋友的话说,就像是一支27个师的队伍,粗略估计,兵力应当介于25万到30万人之间。无论洛东江战役有多么可怕,他想,只要看一眼这幅地图,就会立刻感到不寒而栗。[16]

第六章　仁川登陆：麦克阿瑟力挽狂澜

没有人能够完全明白，麦克阿瑟为什么会分散兵力，还要毫不犹豫地让其中一支踏上一个需要严加防范的险地。无论他后来说过什么还是做过什么都不足以解释这一决定；无论他的部下以及那些同情他的新闻记者或是其他人写了些什么，都不能说明他为何会做出这种举动。在李奇微看来，既然这一决定不能从军事角度进行解释，那么对于麦克阿瑟这样一个从来都不会漫不经心地出招、每一步都有着深刻政治意义的人来说，一定还有别的什么原因。这是一个信号，时隔五十年后李奇微说道，在仁川登陆以后，麦克阿瑟意识到自己的影响力与日俱增，因此他实际上是在着手建立一支独立于华盛顿与参联会，甚至在沃克管辖范围之外的军中之军。他想要逐步弱化华盛顿派来的那位第8集团军司令沃克的重要性与独立性，并且创造出沃克难以控制的、属于他自己的体制。从这个意义上来说，阿尔蒙德是一个工具，或者是一枚棋子，麦克阿瑟想要借他之手攫取本应属于参联会主席与政府的权力，但是等到他们意识到这一点时，一切都为时已晚。分散兵力的举动让他获得了更大的影响力，而华盛顿的影响力却随之被削弱。只要是麦克阿瑟想要的事情，就算他没有说，阿尔蒙德都会立刻照办。如果说麦克阿瑟希望不论自己下达什么样的命令都会有人唯命是从的话，那这个人就是阿尔蒙德。沃克却截然相反，因为他不是麦克阿瑟的人。从仁川战役中就可以窥知他崇尚独立的个性。李奇微相信，麦克阿瑟分散兵力是有意要破坏沃克的独立性，从而限制华盛顿在朝鲜半岛的影响。也就是说，沃克不再是麦克阿瑟手下唯一的集团军军长，他的左膀右臂已经被人毫不留情地砍掉了。沃克只是两位指挥官之一，实际上，许多问题上他不得不容忍身兼参谋长的阿尔蒙德。此外，他还被迫参与了一场与阿尔蒙德进行的看谁先打到鸭绿江边的角逐。但是，由于质疑了挥师北上的命令，因此他只能在上司的咄咄逼问下，设法解释为什么自己的队伍没有阿尔蒙德那样迅速。借用一个政治术语来说，李奇微认为，这是一场争夺势力范围的战争。为了能够让东京总部掌握更大的权力，在麦克阿瑟与华盛顿之间的不断冲突当中，他走了一步极为高明的险棋，并且取得了决定性的胜利。然而当参联会开始觉醒的时候，李奇微认为，一切都为时已晚。[17]

三

1950年秋，当国会里的两党议员，甚至那些曾经对蒋介石忠心耿耿的支持者都不愿意为向中国大陆派兵承担责任时，蒋介石"反攻大陆"的梦想就化为泡影了。然而在白宫，这个反攻的梦想还具有相当的政治价值，不仅可以让政客们反复用来抨击政敌，而且受到国民党"驻美大使馆"的极大鼓励。但是，当"使馆"的官员们得到那些可能对美国不利的消息时，他们往往不会对自己的美国朋友直言相告。

在中国参战的几周之前，大批中国军队在中朝边境集结。对于这一动向，无论是台湾的国民党高层还是其"驻美大使馆"里的要员都洞若观火，几乎能够肯定中共下一步会有何举动。他们完全知道，当美、韩两军直逼中朝边境时，中共对朝鲜摇摇欲坠的局势会有哪些反应，就像他们知道中共会对他们做出哪些反应一样。然而，他们的情报并不只是基于自己的直觉。在中国内战期间，当国民党某个师向中共投降时，一些前国民党党员也被强行并入解放军当中。这些人会通过无线电台透露中共的某些作战计划。因此，国民党往往能够掌握一些相当重要的情报，不仅从那些解放军内部的前国民党特务那里，还从一些铁路工人身上，甚至还能从封建残余势力那里得到这些情报。[1]从联合国军越过三八线那天起，对于即将发生的事情，他们有着某种强烈的预感，而且他们所得到的每一条情报似乎都是在印证着这些预感。有关此事的部分电报后来被国民党"驻美大使馆"的一位异议人士公之于众，因此才大白于天下。中国介入朝鲜战争可能会引发的冲突正是他们亟待看到的事情——只有等到新中国参战以后，他们才会有机会返回大陆。这是他们唯一能够反攻夺权的希望，因此他们并不急于提醒自己的美国盟友会发生什么事情，否则美国就会极力避免可能发生的冲突。[2]国民党"驻美大使馆"官员在美国问题上的态度要远比美国人在台湾问题上的态度复杂得多，他们反复告诫身在台湾的国民党高层要保持冷静，不要让这一消息传到美国人的耳中。

第六章 仁川登陆：麦克阿瑟力挽狂澜

国民党"驻美大使馆"的力量绝对不可低估，这不仅是因为他们个个足智多谋，更是因为在美国的右翼势力中有一个极为重要的派别特别想要支持国民党。到1948年，无论国民党政权是否能生存下去，他们在华盛顿的生存概率却比在中国大得多。它的支持者是美国的政客和记者，而不是中国的普通老百姓。国民党政权的两位佼佼者宋子文和顾维钧以高超的技巧活跃在华盛顿的政治舞台上。1949年5月，哥伦比亚广播公司的埃里克·萨瓦赖德（"二战"期间曾当过驻华记者）写道："国民党政府已经土崩瓦解。如果说它还有一个真正总部的话，那么一定是在华盛顿。在这里，国民党的说客及其美国支持者正在拼命地四处奔走，想要促成美国再次对国民党进行大规模援助。"[3]

引发美国与中国之间冲突的力量要远比大洋两岸人民所以为的强大得多。很多美国人都没有意识到，从蒋介石退守台湾的那一刻起，台湾就成为中美关系的症结所在。当新中国成立以后，美国立即断绝一切与其交流的可能性；当包括英国在内的重要盟友开始与中国对话时，美国仍然拒不承认新中国，孤立了中国，也孤立了自己。这无异于主动将中国推入斯大林的怀抱。此外，在美国人看来，与蒋介石保持联系就意味着要对他进行保护，而保护蒋介石就要保卫台湾。在美国与新中国断绝往来之前，参联会认为这个岛对美国的国家安全无关紧要。1949年3月，麦克阿瑟也表示，"把台湾作为我们的一个基地，毫无军事根据"。他的这一声明被国务院有意公之于众（这只会让这位太平洋战区司令在艾奇逊眼里变得更加面目可憎）。然而，政策并非总是一成不变。但当这一政策发生逆转，即美国决定对蒋介石与台湾表示支持时，却造成了极其严重的后果。可以说这是美国对亚洲巨大变化所做出的相对较小的政策调适，但是在毛泽东及其拥护者眼中绝非如此。他们认为，这是一次公然的挑衅行为，阻碍了他们统一国家的进程。在美国切断一切有可能与他们交流的渠道时，实际上也是挡住了他们将革命进行到底的进程。当时，双方在这一点上都没有太大的回旋余地。在华盛顿，杜鲁门政府只是凭着自己的本能做出反应。美国官员以为，这只是对地缘政治的微调。然而在中国大陆的胜利者眼中，华盛顿的所作所为却使解放全中国这一梦想成了泡影。美国的这一举动立刻让自己成为了对方不共戴天的仇敌。

从蒋介石离开大陆的那一刻起,国民党"驻美大使馆"与"院外援华集团"所做的都是在阻止美国承认新中国。他们成功地让是否承认新中国变成美国国内一个持久的论题,即使在时隔二十余载之后,民主党仍对这一话题噤若寒蝉。尼克松总统曾是一名勇于批评民主党人对待共产主义过于软弱的年轻政治家,人们以为他不会受到共产党的红色诱惑。不过,1972年2月,他首次打破坚冰,出访中国。然而,除了尼克松以外,如果换作民主党人出访中国,那就会被指责为亲共。与此同时,美国人不得不去考虑这样一个奇怪的问题:究竟哪一个才是中国?是那个有着5亿、6亿,然后又迅速攀升到7亿人口的国家,还是那个远离大陆、只有800万人的小小岛屿?对于这个问题,美国人在很长一段时间里都没有做出正确的回答。

政策问题更是至关重要:难道台湾和蒋介石真的如此重要,继续支持他们会不会让美国与一个初具雏形的亚洲大国之间的关系变得更加岌岌可危?难道对于那个曾经一次又一次地失信于民、对美国在军事与政治经济上的建议置若罔闻却又把自己的先进武器装备拱手送给自己敌人的、业已垮台的领袖,美国真的欠他的人情?难道美国真的甘心冒险把一个实力正在上升、有可能成为自己潜在威胁、将来一定会变得强大的泱泱大国逼入自己仇敌的怀抱?难道美国有必要印证毛泽东的信仰,证明自己是一个觊觎中国的新帝国主义列强?难道美国真的打算按照毛泽东的某种说法变得狂妄自大,从而进一步巩固他对美国的敌视态度与敌对政策?这些都是当时亟待解决的问题,而每一个问题的答案几乎都是否定的。但是因为事涉国家安全,当时人们对于这些问题噤若寒蝉,而且较之于国内政治斗争,它们立刻就会显得无足轻重。因此,最终美国还是决定要继续支持那个业已衰败的国民党。

对于即将发生的冲突,没有人比麦尔比看得更为清楚。这个中国通亲眼目睹了国民党政府的垮台,因此对于许多事情他往往能够采取更加明智的举动。麦尔比是一个传奇式的人物。1945年,在哈里曼的力荐之下,他从美国驻苏联大使馆来到中国，然后又成为美国驻苏联大使，并且受命密切注意该国政府的一举一动。他很快成为美国使馆中重要的反蒋人物。他发现，共产党在中国受到拥戴并且取得成功与苏联并没有太大关系，而是因为他们积极响应了人民的呼声与国内潜藏着的民族主义情结，从而变得坚不可摧。因此，麦尔比毫不怀疑，尽管美国与毛泽东领导下的中国之间的关系一定会十分艰难，但美国在处理这一关系时应当十分慎重。1948年6月，也就是蒋介石政权垮台的前一年，就像是在预言即将发生的事情那样，他在日记中写道："美国竭尽全力也无力阻挡亚洲的潮流，但是如果能够集思广益，我们完全能够让这股潮流变得比现在更加友善。"[4]

在朝鲜战争爆发后，美国立即决定把第7舰队调往台湾海峡。然而美国人当时却没有意识到，自己做出了一个宿命的决定。毛泽东深知，他无法在海上和空中与美国军队抗衡，于是当他最终决定与美国一决雌雄时，他断然选择了朝鲜。中国规模庞大的陆军轻而易举就能到达朝鲜。虽然毛泽东的军队能够徒步穿越鸭绿江，但是美国军队却不能一下子就游过台湾海峡。如果美国胆敢在台湾海峡划定自己的界限，那么毛泽东在朝鲜划出自己的界限简直易如反掌。

第七章

跨过三八线,向北挺进

一

对美方而言，跨越三八线向北挺进，其实是他们唯一可以做出的决策。文职高官们原本以为，即使战局发展到这一步，他们也还是可以掌控事态，但到头来，他们却别无选择。在朝鲜对南方发起势如破竹的进攻时，无论是杜鲁门，还是艾奇逊和他在国务院的同事们根本就不会去想，如果战局扭转、朝鲜人被击溃，自己应该怎么做。实际上，在战争开始后的两个月里，内阁唯一想的就是怎样保住美国大兵的性命。那时，设想他们在通向北方的大门洞开时该做什么，肯定还是一件很奢侈的事情。但仁川登陆大捷之后，这突然间变成眼下最大的事情；夺取更大胜利这一念头不断敲击着他们的欲望之门。当更大的胜利似乎已经摆在面前时，即使是那些6月底在布莱尔大厦*里谨慎决策的官员也无法控制自己了。当朝鲜人民军一度要攻占整个朝鲜半岛时，高级文武官员和麦克阿瑟对战局的判断以及对华态度上的分歧几乎都被压了下去。现在这种对立开始浮出水面。因为是朝鲜人先跨过美国人所认为的边界并挑起这场战争，因为有那么多的美国人命丧朝鲜，因为战区总司令一直就梦想着反攻北方，所以说这是一个注定要做出的决定。美国在南方取得的胜利越辉煌，阻碍其进军北方也就越困难。

此时，任何想阻止挥师北上的人都会被冠以"绥靖者"的帽子。实际上，中国问题游说集团在参议院最具权威的发言人、来自加州的参议员比尔·诺兰德已使用这个词了。在冷战最初的几年时间里，整个世界似乎被断然划分为黑白分明、尖锐对峙的两大阵营。这种划分是为了凝聚国民意志，使他们意识到自己正在面对一个危险的新世界。此时，双方几年口水仗所累积的威力有助政府发布北进的训令，尽管这件事其实需要人们运用灰色思维的方式来对待。现在唯一能让美国人一泄心中愤怒的就是挥师北上，让美国大兵的脚踩到朝鲜的领土上。止步于眼前的局部胜利，再维

---

* 白宫维修期间杜鲁门总统在华盛顿的官邸。

持原有让人难以满意的现状显然远远不能满足人的胃口。部分动因来自军事形势。因此,他们没有理由止步于三八线,等待敌人重整旗鼓、大举反攻。最合乎军事逻辑,也是参联会抛在脑后的行动,就是稍微越过三八线,大量集结空军力量,寻找便于炮兵保护的合适地段,然后开挖战壕,不给对手任何攻击的机会,再伺机寻求停火。否则的话,那就意味着美国人要在一场有限战争中接受有限胜利,与永远无法为伍的敌人握手言和。实际上,坚持继续北上、彻底制服敌人的绝不只麦克阿瑟一个人。尽管其他高级指挥官经常难以和他进行合作,但在这个问题上大家能联合起来(其实,军人代代相传的一个观点就是:抓住任何能实现突破的机会)。

由决定北上而引起的争论根本就算不上争论,因为即将跨越三八线的这支军队实在是太强大了。与此同时,国务院里的诸多变化同样至关重要,尤其是凯南的影响力日渐式微——在决定是否跨越三八线时,他已经没什么发言权了。他一直认为,如果我们想统一朝鲜半岛,那来自苏联或中国的威胁就太大了;在此问题上深受凯南影响的保罗·尼采深表赞同。在凯南看来,继续北上就是把美国人带入灾难性的危机中,华盛顿根本就控制不了麦克阿瑟,可怕的事情即将来临。对他来说,这样的决策无异于梦魇。他认为,对这件不会改善美国地缘政治形势的无关紧要的小事,美军的手伸得太长,而且这么做的风险也大得惊人。事到如今,他只能作壁上观。

被迫坐在一边看热闹的不只凯南一人。在任国务卿伊始艾奇逊就一直努力使自己适应当时的政治局势,并对远东问题未雨绸缪。大多数"中国通"或中国事务负责人早已被清除出局——尽管艾奇逊本人对此一直不愿意承认。自负使他不愿让别人认为自己会因政治因素而在任何问题上妥协。而在北进问题上,他既要面对政治上的反对力量,又要煞有介事地告诉大家:中国共产党和苏联共产党是不一样的。这的确让艾奇逊精疲力竭。

艾奇逊清除掉的"中国通"马上被保守派所替代。于是,国务院中的政策团队,尤其是负责亚洲事务的官员就像走马灯一样换个不停。少言寡语的温和保守派官僚迪安·腊斯克成为政府中亚洲事务的头号人物。腊斯克与凯南恰恰相反:凯南对中国和苏联可以说是了如指掌,但对国内政治要务却几乎一无所知,而腊斯克精于国内政治,对远东则知之甚少(也不感兴趣)。艾奇逊在需要让步时马上就想到他。腊斯克曾主动要求从副国务卿降为负责远东事务的助理国务卿。当时,艾奇逊告诉他:"你之所以得到紫心勋章和国会荣誉勋章,就是因为这件事。"[1]

事实证明,腊斯克对待中国的态度绝对是最死板的。在后来的越战期间,他成为对待亚洲共产党国家众人皆知的强硬派人物。但即便是早在1950年夏季,他的强硬立场就已经开始在联邦政府中有所显现,这一立场使他不会遇到政治麻烦。他相信毛泽东的崛起是历史性的转折,"均势的变化正在有利于苏联,而不利于美国"。[2]与凯南不同的是,腊斯克把共产党阵营看作铁板一块。他是最早主张让杜勒斯进入国务院的高层人物之一,杜勒斯一进国务院,两个人便在保卫台湾问题上成为坚定的盟友。1950年5月18日,杜勒斯撰文指出,台湾是划定两大阵营前线的首选地点;十二天之后,腊斯克也提出同样的主张。他们都把这个孤岛描绘成最有吸引力的防御阵地,因为这里恰好处于美国海空力量的有效半径之内,而强大的苏联(和中国)陆军就只能望洋兴叹了。

杜勒斯再入国务院一事备受争议,足以说明杜鲁门和艾奇逊在面对越来越强大的共和党反对力量时被迫处于守势。作为共和党影子内阁的国务卿和杜威的首席外交政策顾问,杜勒斯在人们心中的印象始终与东部国际主义的政治势力联系在一起。1948年大选的失败让杜勒斯极度失望。后来,他谋得一个纽约州参议员的职位,并声称永不再参加大选。但之后杜勒斯又决定为保住参议员的位子而参选,不料在一次特别选举中输给受人欢迎的前州长赫伯特·雷曼;在全部近500万的有效选票中,他的票数还不到20万。尽管如此,不甘寂寞、一心梦想重回政坛的杜勒斯知道,一次失败不代表永远失败。于是,他开始向民主党人提议自己可以到国务院发挥作用。他告诉行政当局官员,自己可以帮他们压制参议员斯泰尔斯·布里吉斯和罗伯特·塔夫脱等共和党右翼分子的势力,但前提是"杜鲁门允许(他)对'共产党的威胁'制订明确的行动计划"。[3]并非每个国务院的人都希望看到杜勒斯——尽管他一向以仪表堂堂、正直无私而闻名。一向对杜勒斯不感兴趣的艾奇逊,直到最后才有限度地表示:这是个聪明的战术行动。

艾奇逊第一次向杜鲁门提及此事时,总统大发雷霆。实际上,早在1948年大选期间,杜勒斯曾对他的民主党政策大放厥词。但是在共和党国际主义派领袖阿瑟·范登堡的鼓动下,艾奇逊再次向杜鲁门提出此事,于是,杜勒斯最终奉命起草《对日和约》。当时,他的同事还有约翰·阿利森。阿利森年轻时在日本担任外交官,珍珠港事件之后曾被日本人短期囚禁,后来成为东北亚办公室主任——这是件很走运的事情,因为这意味着他不会陷入有关中国问题的政治交火当中。

杜勒斯在高层会议上的出现立即招来一片反对之声。在凯南看来,杜勒斯只能参加与《对日和约》有关的会议。凯南认为,他的出现甚至成为某些场合的主角反映出国内政策的变化——外交辩论开始向强硬派倾斜,也反映出右翼压力日益增大,而且这种压力进入会场之中。到了7月初,凯南开始意识到,形势已经摆脱现政府的掌控。7月10日,美国收到印度方面提出的和平方案,而中国也对这个方案感兴趣。该方案要求双方停止军事冲突,重回三八线,而中国加入联合国。虽然中国方面态度灵活,但苏联人无疑不太高兴。凯南觉得这个建议意义重大。他认为,中国进入联合国对美国国家安全的影响并不大,因为苏联已经是联合国成员并拥有否决权。但这个提议还有它的特殊作用,那就是让中国逐渐疏远苏联,起到分裂两个共产党大国的作用。他说,他的主张很快便在会议上遭到强烈反驳,尤其是杜勒斯的反对,因为他和其他反对者认为,这将会让发动战争者得到好处。杜勒斯说:"公众会觉得被欺骗了,只有付出没有收获。"在凯南看来,拒绝印度人停战建议的政治原因是显而易见的,他在7月17日的日记里写道:"我希望,历史有朝一日会证明,国民党政府的院外游说集团及其国会之友不负责任的做法和顽固的影响力将给我们的外交政策带来巨大危害。"[4]在回忆这段历史的自传中,阿利森矢口否认自己参与制定越过三八线的决策。不过,他这么说显然有点太谦虚了,因为他在那段重要时期显然是杜勒斯和腊斯克最积极的排头兵,写过很多包含极端强硬且相当煽情立场的文件,那两人随后再撰文表示支持。他们的备忘录直指国务院政策规划司

第七章 跨过三八线，向北挺进

的鸽派观点，并大加贬低，因为即使是在尼采的领导下，该司的多数高级官员都对苏联和中国的意图感到忧心忡忡。早在7月1日从东京回到美国时，阿利森就在一封信中告诉腊斯克，美军不仅应该越过三八线，"最终还要继续打到满洲和西伯利亚边境"，然后，在联合国监督下在全朝鲜半岛举行大选。当然，这样做的首要前提是不被赶出去而是去征服整个半岛。7月13日，阿利森又给腊斯克写了一份非常煽情的备忘录，事因一名美国军官不经意间告诉记者，美军将最终止步于三八线。阿利森勃然大怒："如果我是韩国士兵，听到美军发言人这么说，我肯定会扔下武器，回农村去种地。"一天之后，在给尼采的信件中，杜勒斯的言辞更为强烈："三八线不应被认为，也不能成为政治分界线。"他指出，尊重这种分界线只会"给侵略者提供避难所，让军事摩擦永久化，怂恿敌人发动新的战争"。杜勒斯在信中写道，抛弃这条线才"有利于该地区实现永久的和平与安全"。

腊斯克是个重要角色，因为他既是参与者，又是检验者，还是民主党政府在这个层次亚洲问题上的第一强硬派，更是影响国务院、进而左右艾奇逊认识这个问题的重要人物。老派"中国通"们或许更担心把中国拉进战争，但随着他们的退出，艾奇逊对于继续北进几乎毫无顾忌了。后来，当中国军队在朝鲜最北方对美军发起进攻时，腊斯克告诉他的高级同僚，中国人的进攻"不应使我们良心有愧。因为这是中国人蓄谋已久的事，不是我们的行动造成的"。著名历史学家罗斯玛丽·福特认为，"这只不过是自欺欺人的说法，无非是为了安慰一下绝望中的行政当局"。[5]

现在回头再看，所有这一切似乎都是有组织的，越来越多像腊斯克这样的鹰派人物跃跃欲试，希望能主导政策规划司的运作。凯南及其政策规划司的拥趸一致认为，继续北进是一个悲剧性的失误。他认为，从纯理性的角度说，在朝鲜打仗绝对是个错误，是不合逻辑的，因为有种种后勤上的困难。但出于外界压力，包括为了稳定日本局势，我们这么做了。所以说，这是一个不可避免的错误。用他的话来说，联合国军越是北上，潜伏在那里的敌人——中国和苏联——带来的威胁就越大，而且"军事上的不合理性也越大"，[6] 朝鲜半岛呈蘑菇状，美军的后勤补给会变得困难，而对方集结兵力的能力很强。跨过"蘑菇的颈部"前进的想法让他无比震惊,但游戏却没有按他的意图发展下去。在7月15日致腊斯克的一份备忘录中,阿利森以"极端煽情"的语调驳斥了赫伯特·菲斯的观点。作为凯南在政策规划司的坚定盟友,菲斯曾指出,一旦美军越过三八线,苏联或中国将极有可能加入战团。但阿利森在这篇备忘录中写道,"三八线不过是一条任意划定的界线而已,只是由于苏联人的毫不妥协,这条线才得以保留,而美国要下定决心,决不能允许侵略者不受惩罚。勇敢无畏的美国领导人的举动将有益于世界其他地区的紧张局势。世界其他地方的侵略者和隐藏在朝鲜的敌人一样,如果只让他们承担有限的风险,也就是把他们赶回到发动侵略时的原点,那绝不会彻底摧毁他们的侵略野心"。这篇备忘录措辞尖锐、掷地有声。一周之后,凯南的另一个盟友乔治·巴特勒撰写政策研究咨文,再度指出苏联或中国参战的危险;巴特勒认为,共产党国家绝不会容忍自己的国境线上存在一个亲西方的傀儡政权。这又促使阿利森在7月24日向尼采提交了一份措辞更激烈、更好战的备忘录。首先,阿利森认为,美军止步三八线将是巨大的耻辱,如果接受以战前状态作为战后分界线,美国在韩国人民中的高大形象将会一扫而光。如果走到这一步,"韩国人将对美国勇敢、明智和富有正义的传统失去信心。对此,我个人绝不会责怪他们"。

之后的情况更糟糕。阿利森居然使用了"二战"以来最激烈、最具爆发力的话语,也是"二战"以来始终盘旋在国家安全讨论之上的关键核武器。为打击政策规划司的凯南派,他甚至毫不留情地说:"(巴特勒的)文章认为我们可以通过'绥靖政策'争取更多的时间——这也是这篇文章的建议。这个胆小怕事、半推半就的政策,无非是不想把苏联拉入战局。但我们应该认识到,从现在起,我们做什么都极可能与苏共、中共发生冲突。但是,如果我们跟侵略者妥协,推卸惩罚侵略者的责任,不让他们付出任何代价,我看不出这有什么好处。违背人类正义原则的人一定要为他们的恶行付出代价,玩火者必自焚。"这绝对是强硬派的主张。

阿利森似乎根本就不在乎引发一场更大的战争。"没错,这可能意味着一场世界大战。应该告诉美国人民,告诉他们为什么会这样,这对他们到底意味着什么。既然一切正义和道德都站在我们一边,还有什么值得犹豫的呢?"[7]鲜肉就摆在面前。阿利森的观点与官僚机构内的动向不谋而合——他们开始迎合右派的反对声音。这表明,随着国内政治局势的变化,行政当局中的一些反对派也开始加入主战阵营。国务卿想让这场游戏走向何方似乎越来越明朗,而政策规划司里的反对派开始服软。就在阿利森写下激情备忘录的几天之后,政策规划司提出一个稍显温和的方案,首次提出要在朝鲜半岛建立统一而独立的国家。大家终于走到一起了。

不过,最高决策者之间的意见交换并没有停止,战局的恶化让他们不得不考虑这个问题。实际上,就在朝鲜出兵后不久,艾奇逊好像含糊其词地提到,美国希望将南方的边界恢复到以前的位置。但到7月,他的态度出现180度大转弯,"我们的军队不应该止步于那条由国土测量员划定的边界上。"[8]整个6月和7月,每个人似乎都已达成一致:不再公开谈论这个问题。无论是杜鲁门或是艾奇逊,只要问起美军到达三八线时将会发生什么,他们都避而不谈。但更趋向于民众呼声又不需要承担直接责任的国会却愈加强硬起来,几位议员大谈绥靖政策,对政府大加嘲讽,有些人甚至认为,政府已经做出不越过三八线的决策。就在仁川登陆不到一周的时候,来自宾夕法尼亚州的众议员休·斯科特说:"在拉起'红色'绥靖悲剧的下一段演出的大幕之前,国务院那些胸前戴着雅尔塔十字架的'希斯式*'的漏网之鱼正在等着国会议员们闭嘴回家。"[9] 比尔·诺兰德也承认,止步三八线显然是一种绥靖的表现。

看来,包括美国公众在内的每个人都希望获得一场更大、更全面的胜利。10月中旬举行的一次盖洛普民意测验表明,64%的美国人希望越过三八线追击朝鲜军队。后来的越战表明,此类调查没有任何理性依据,毫无意义:只要事不关己,人们就会毫无顾忌地拥护更激进的政策。但是,这64%的人是否想和中国决一雌雄,完全就是另外一个问题了。假如艾奇逊试图阻止北进,哪怕只是想放慢北上的脚步,也会让他在政府高层中遭受围攻,因为

---

* 阿尔杰·希斯是前国务院官员,1950年1月因被控向苏联出卖情报而被判五年徒刑。

此事已落入军方的掌控之中。让政客们打官司去吧,军人只管战场上的事!

实际上,在麦克阿瑟的军队遭遇中国或苏联部队之前,参联会一直倾向于"继续追击,至少再追击一段距离"。在越过三八线时,战地高层指挥官们也体验到一种难以抑制的冲动,至少在开始时是这样:既然已经取得初步胜利,那就应该继续前进,至少在形势变化或是遇到另一个更强大的敌人之前,还应该乘胜追击。对他们来说,这一时段非常美妙,因为在经历最初的羞辱之后,他们终于反败为胜。而且这不仅仅是一般意义上的胜利,而是一种救赎,是一场痛快淋漓的复仇。让政客们打官司去吧,军人只管战场上的事!军人要做的就是不断前进。后来,奥马尔·布莱德雷在重新审视巴特勒这篇关于警惕中国或苏联进行军事干预的政策备忘录时说:"三十年后重读这篇文章时才发现,它有精准的眼光。"但布莱德雷也指出,最让他的文职同僚不能接受的是,"艾奇逊和他的首席远东问题顾问腊斯克以及阿利森在越过三八线这个问题上始终坚持强硬的立场"。[10]

但在当时,这却是另外一回事。胜利就在眼前——让军队停下进攻脚步,向一直尚未出现在战场上的敌人敬礼,显然不合乎情理。军中的某些高层甚至认为,可以在打到中国边境线时再考虑这个问题。但对总统而言,要做出这种政治决策却异乎寻常地艰难。他知道,中国已陈兵中朝边境,而且朝鲜人也没有被彻底击败,他们只是在战场上逃跑而已。政府在追击问题上的犹豫不决已被指责为在亚洲问题上过于软弱,很有可能带来诸多负面政治反响。新的战争呼声不是要求给蒋介石松绑,而是更尖锐、更一致地要求给麦克阿瑟松绑。

当时距离中期选举只有一个月的时间。二十五年之后,时任财政部长的约翰·斯奈德致信副国务卿詹姆斯·韦伯(国务院影响力巨大的二号人物)说:"我记得,杜鲁门总统在决定继续北上、越过三八线的时候,他几乎别无选择。在某种程度上,这个决定只不过是对已执行行动的追认。"[11]事实上,华盛顿给麦克阿瑟的命令非常含糊:越过三八线,但要避免采取任何可能导致美国及其盟军与苏联或中国发生大规模战争的行动;一旦遭遇苏联或中国军队,必须立即脱离接触;在接近中国边境线时,只能动用韩国

第七章　跨过三八线，向北挺进

军队。他自己的军队不得进入与中国或苏联接壤的任何省份。当然，这只是一纸空文。曾参与起草这项政策的前国务院政策规划司的高层人物之一查尔斯·伯顿·马歇尔后来说："我非常清楚，我们只是在用漂亮的措辞自欺欺人。"[12]

多年之后，艾奇逊也在回忆录中指出，如果知道麦克阿瑟在越过三八线时想的是什么，大家肯定会更谨慎。这一说法可是毫无诚意。用艾奇逊的话来说，大家都知道麦克阿瑟一向喜欢独断专行，这种含糊其词的命令更是让他如鱼得水。他们也强烈地感觉到，麦克阿瑟的野心远比他们大得多。但诸多事件的影响，这位将军在仁川登陆成功后地位的高涨，再加上对手实力的与日俱增以及政治环境的变化，让他们的头脑不再清醒。麦克阿瑟不仅是军中反对派的领袖，也是公认的政治反对派领袖。尽管大家不愿意承认，但行政当局对麦克阿瑟的畏惧始终是朝鲜战争的最大秘密；他们害怕麦克阿瑟打败仗，但更怕他打胜仗。9月27日，他们最终做出继续前进、越过三八线的正式决定时，艾奇逊的年轻助手卢修斯·巴特尔把文件从五角大楼拿来给艾奇逊签署。

血气方刚的巴特尔指出，这样的命令对麦克阿瑟来说实在是太模糊了。巴特尔后来提到，艾奇逊简直就是暴跳如雷，他从未见过艾奇逊发这么大的脾气。

"巴特尔，看在上帝的份上，你到底多大了？"

巴特尔回答说32岁。

"那你就敢和整个参联席会对着干？"艾奇逊随后签署了这道命令。[13]

巴特尔认为，国务卿屈服于外界压力可是罕见的事。多年之后，埃夫里尔·哈里曼说："那时只有超人才敢说个'不'字。从心理上说，停止前进、彻底战斗是不可能的。"[14] 像一些高级文职官员一样，哈里曼知道仁川登陆对麦克阿瑟而言是双重胜利，既打败了朝鲜人，也打败了他在华盛顿的敌人。"现在的麦克阿瑟已经不可阻挡"，在仁川登陆之后，艾奇逊对哈里曼说。[15] 当时还很年轻的《时代》周刊战地记者弗兰克·吉布尼说，"仁川是迄今以来我们取得的代价最高昂的胜利，因为它促使我们把麦克阿瑟奉若神明，尔后等来的却是彻头彻尾的溃败"。[16]艾奇逊后来干脆把麦克阿瑟称为"仁川的巫师"。

那时似乎没有任何东西能挡住麦克阿瑟的脚步。那么，当他们重新夺回汉城，甚至在街上还有战斗时会发生什么呢？当麦克阿瑟最终把这个首都的控制权交还给李承晚时，后者说："我们赞美你，我们热爱你，你是我们这个民族的拯救者。"[17]他是胜利者，也是预言家。此时，麦克阿瑟的心中有一个更伟大的目标：建立一个非共产党领导的统一朝鲜——这是他的终极目标。他认为自己的军队没有受到挑战和威胁，他确信整个半岛尽在自己的掌握之中。

鹰派专栏作家约瑟夫·阿尔索普在仁川登陆后来到他身边，并感到麦克阿瑟有几分飘飘然；他对任何有关中国可能参战的建议均嗤之以鼻。麦克阿瑟对他说："阿尔索普，实际上如果你还准备待在这儿的话，我觉得你是在浪费自己的宝贵时间。"[18]正如李奇微后来写道："现在，完胜似乎就在眼前，那仿佛就是象征着他辉煌无比的戎马生涯的金苹果。为了赢得这份荣誉，麦克阿瑟绝不会有丝毫的懈怠，更不允许被任何人说服或是拖延。相反，他将义无反顾地向北挺进，去追击早已消逝得无影无踪的敌人。为了加快前进的脚步，他几乎每周都在修改作战计划，而对黑暗中隐约显露的灾难信号置若罔闻。"[19]

李奇微说，如果仁川登陆之后，麦克阿瑟提议派一个营越过三八线去试试水就好了。"应该有人来试一试。"[20]

不是每个人都像麦克阿瑟这么想。随着麦克阿瑟不断下达进攻命令、加快前进速度，再加上北上途中第一次出现中国军队即将大规模参战的信号，以及美军随后遭遇中国士兵，华盛顿的文职官员们首先感到坐立不安，而后军中也开始有一种不祥的预感。华盛顿的人也担心以麦克阿瑟目前的身体和心理状态能否胜任如此大规模的作战指挥任务。越来越多的消息告诉华盛顿，麦克阿瑟指挥大军的精力已不如从前，因为他从不在前线待很长时间，而这对于一个严谨的指挥官来说是最基本的要求。五角大楼的一些军官还从前线同行嘴里听说，麦克阿瑟离朝鲜太远。他们更担心麦克阿瑟的思维能力，因为战场传来的信息确实让他们感到不安：麦克阿瑟的指挥经常前后不一，元山的两栖登陆行动更是混乱不堪。

他也许会在某几天精神焕发，但在其他时间却面露疲态、心不在焉。这些记者说，他的部下不得不经常给他提神，以便让他显得精神一点。尽管从现场发回的大多数照片上看，麦克阿瑟还显得精力旺盛，但总会有几张泄露出这个不可否认的现实：他已经无力控制局势，因此总是表现出信心不足的样子。英国记者雷金纳德·汤普森至今还记得麦克阿瑟出席收复汉城庆典仪式的情形。按国际惯例，他需要脱帽致敬，而当时看上去"摘下帽子的麦克阿瑟出奇地慈祥和衰老，甚至有点可怜"。[21] 麦克阿瑟的自传作家克雷顿·詹姆斯也有同感，"假如让拿破仑审视一下麦克阿瑟在朝鲜战争之前的军旅生涯，他肯定会得出这样的结论：他通过了一个司令官最关键的考试，他有运气"。

仁川登陆之后，他的运气终于消失了。

二

这是一个发出信号也没人接收的时刻。有关中国军队即将参战的警告之所以没有引起注意,部分原因是那些认识到中国表态真正含义的人已经被排挤走了,他们对决策已不再有影响力;另一部分的原因则是,在这个极端关键的时刻,中国没有找到合适的信使。代表中国向西方国家传递信息的是时任印度驻华大使潘尼迦。潘尼迦是一位经验丰富、知识渊博的外交家,但他不喜欢华盛顿惯用的外交手段。杜鲁门政府认为潘尼迦是一个无法让人接受的极左人士,因此,他所传递的信息、自然也只能反映他的政治偏见,而不是现实(至少华盛顿更愿意把他的观点看作是有偏见的)。潘尼迦是个严肃的作家,写过几本书,其中包括《亚洲与西方的统治》,连英国著名历史学家利德尔·哈特也对这本书大加赞赏。但在外交界潘尼迦是个初出茅庐的新人,因为他所代表的国家毕竟只是一个刚刚摆脱殖民统治、获得独立的新型亚洲国家。他认为西方世界的发展方式不同于印度这些发展中国家的观点——恰恰反映了他的政治"偏见"。但是印度和中国不同,是一个非白人统治的民主国家,对西方世界在后殖民时代采取的任何侵扰都极为敏感。潘尼迦对欧洲国家的冷战外交毫不关注,相反,他只关心自己看来是更伟大的斗争:殖民者与殖民地以及第一世界和第三世界之间的斗争。对最传统的西方外交家来说,冷战是那个时代超越一切的历史事件,而非白人社会推翻殖民主义只是主旋律中的插曲而已;另一方面,对于潘尼迦这样的人来说,殖民主义的结束才是最伟大的历史时刻,冷战则是无足轻重的陪衬。潘尼迦认为,毛泽东在中国大陆的胜利,就是全球反殖民斗争的一部分——这与华盛顿的看法截然不同。

潘尼迦于1948年4月抵达中国。在这段时间里,他目睹毛泽东统一中国的最后几个月,也为国民党的极端腐败所震惊。他写道,由于无法控制的通货膨胀,即便是买一点点东西,也得带着满满一大箱钞票。[1] 他对蒋介石有一份夹杂着伤感的同情。在他眼里,蒋介石是一个拥有中世纪思维

第七章 跨过三八线，向北挺进

的智者，用他的话说，蒋介石是个"晚生一个世纪的伟人"。他不喜欢蒋夫人宋美龄，认为她"自命不凡……经常矫揉造作地效仿女王的言谈举止"。[2]尽管蒋介石统治下的中国完全依赖于美国援助，但政府高官还对美国人摆出一副"要人领情的恩赐态度"，这让他感到很好笑。对于国民党政府的领导人，"美国只是能给中国带来急需的美元和武器的强大夷狄，他们的文化没有任何值得敬仰之处"。[3]

潘尼迦是那个时代印度知识分子的典型代表。在印度和牛津大学接受教育，他最初做的是记者，后来成为严肃的历史学家。他是印度第一任总理尼赫鲁的亲密战友，两人在独立斗争期间结下亲密的友谊。

1950年7月底，在与潘尼迦就朝鲜问题进行的第一次谈话中，中国总理周恩来向他保证，中国没有入朝作战的想法。但是到了8月底，也就是在仁川登陆之后，北京的口气开始变化，很多高层领导人向潘尼迦发出越来越清晰的警告。在他们眼中，仁川登陆之后，来自美国的潜在威胁发生变化，因此，他们不干预朝鲜局势的立场也在转变。或许潘尼迦本来就不是华盛顿选择的信使，因为整个世界都在变化，而随着形势的变化，华盛顿的信使也要换人。

华盛顿不信任潘尼迦，认为他是一个左翼人士。早在9月23日，也就是仁川登陆的一周之后，中国人民解放军代总参谋长聂荣臻告诉潘尼迦，中国不会对朝鲜局势袖手旁观，不能让美国人轻松打到中国的边境线。聂荣臻的这些话到底是什么意思呢？潘尼迦也提出这个问题。聂荣臻的回答很清楚："尽管我们都知道这样做会发生什么，但不管付出什么代价，我们都必须阻止美国人的侵略。美国人可以轰炸我们，可以摧毁我们的工厂，但绝不可能在陆地上打败我们。"

潘尼迦暗示，凭美国的军事能力，他们可以把中国打回半个世纪之前。聂荣臻回答说："我们已经预计到了，美国人可能会动用原子弹，那又怎么样呢？他们可能会杀死几百万人。但如果没有牺牲，就不可能保卫一个国家的独立。"聂荣臻又说，美国人遇到的最大问题是，绝大多数中国人生活在农村，因此"原子弹又能发挥多大的威力呢？"[4]聂荣臻就此已经非常清晰地向潘尼迦表达了毛泽东的观点。

与此同时，在和其他西方国家驻华武官的交谈中，潘尼迦还听到有关中国正在用火车向东北运兵的消息。尽管西方国家将信将疑，但事实证明，潘尼迦的消息绝对准确。

但真正的警告是在10月2日深夜传来的。那天潘尼迦刚睡了一个半小时就被叫醒，说是中国外交部亚洲司负责人在楼下等他。下楼之后，对方告知他，周恩来马上要与他面谈。他猜想自己可能会被逮捕并驱逐出境，于是提出给自己十分钟的准备时间。

会晤在凌晨0点20分举行，一小时后潘尼迦动身参加这次重大会晤。会见非常正式，中方的信息简单直接。在见到周恩来的时候，他发现对方脸色阴郁。周恩来告诉潘尼迦，如果美国越过三八线，中国将被迫采取干预措施。潘尼迦问他是否已经获得美军越线进攻的消息，周总理说是的，但尚不确定事情到底发生在哪里。周恩来说："如果越线的是韩国军队，那无关紧要；如果是美军，那就另当别论了。"会谈结束，潘尼迦于中午12点30分抵达住所，马上起草一份报告，将中国政府的态度汇报给新德里的上司。随后，新德里向国际外交界做出通报。10月8日，潘尼迦通过收音机得知，联合国已授权麦克阿瑟北进。当夜，潘尼迦在日记中写道："显然，美国故意投票支持发动进攻，英国是支持者。这对美国人来说绝对是一个悲剧性的决定。英国人其实也知道，以武力解决朝鲜问题肯定会遭到中国的干预，目前集结在鸭绿江边的中国军队肯定将参战。不过，或许这也是美国人、至少是某些美国人希望看到的结果。他们可能会想，这也许是和中国摊牌的一个机会。不管怎么说，麦克阿瑟的梦想已经实现。我只是希望，这不要变成一场噩梦。"[5]

柯乐博是典型的老派"中国通"，是个极端保守的人，时任国务院中国事务办公室主任。他从英国方面得知周恩来对潘尼迦发表的声明，并认为美国政府应严肃对待这一声明，绝不该把它当成耳旁风。但上司认为他一贯喜欢大惊小怪，因此没必要听他的。其实，美国政府也尝试与中国进行对话，并试图安排美国驻印度大使洛伊·亨德森悄悄会晤中国驻印度大使，

第七章 跨过三八线，向北挺进

但中方认为不妥，并拒绝了美方的动议。

再来说潘尼迦。虽然英国最终认真考虑了他的警告，但总体上西方外交官还是对他半信半疑。美国驻荷兰大使通过电报，把荷兰（另一个主要的前殖民国家，但现在也只能不情愿地撤出原来的殖民地印度尼西亚）政府对潘尼迦恶评反馈给华盛顿。荷兰人指出，潘尼迦强烈建议印度总理尼赫鲁反对联合国把朝鲜称为侵略者的宣言。中央情报局认为，潘尼迦是无辜的，是一个被中国利用的工具，但中国其实对自己发出的威胁并不当真。艾奇逊也不以为意，他认为潘尼迦不过是中国的传声筒而已，并不是一个真正意义上的外交官；这一警告只是"惶恐不安的潘尼迦说的大话而已"。[6]在艾奇逊看来，中国是绝对不可能想和美国及联合国在战场上交手的。中国眼下最重要的问题就是和苏联的漫长边境线，并迫切地希望能在联合国安理会谋得一席之地。在这种情况下，参战"纯属发疯"。[7]

那时没什么人的思维能力比艾奇逊更强大、更具逻辑，他的思维技巧可与伟大的律师相媲美。他相信自己知道中国最需要的是什么，中国怎样做对自己有利。他坚信，在这样的历史时刻，与美国这样的敌人作战毫无意义。尽管艾奇逊能力非凡，但还是缺乏正确认识中国革命的能力。

9月末，在朝鲜军队惊慌北撤之后，中国人实施军事干预的脚步也加快了。他们的下一步行动就是参战——不管付出多大代价，也要阻止美军和联合国军的前进步伐。中国认为，朝鲜人的独立太轻松了，而中国则不一样，数十年与在数量上与技术上都比自己强大得多的敌人战斗，并最终获胜。

当中国警告美军有可能在仁川登陆时，金日成毫无反应，这一点让中国领导者感到愤怒和震惊。在中国，任何一个对如此有力、几乎是板上钉钉的情报视而不见的指挥官，肯定会被撤职。8月初，当中国军队开始在鸭绿江北边集结时，中国派出高级将领邓华约见他的朝鲜同行。邓华过江来到边境的安东县，发现这是他能走到最远的地点，因为朝鲜方面不想让他接近战区。

中国人之所以出兵朝鲜，是因为毛泽东认为这有利于刚刚成立的新中国，也是为国内斗争和国际革命形势所迫。但毛泽东也知道兵败朝鲜意味着什么——刚刚成立的新中国和解放前的旧中国,并无什么实质上的区别;当面对西方敌人的军队,新中国依旧是一个虚弱无力的巨人。因此,几乎从金日成的进攻行将失败的那一刻起,毛泽东就开始盘算着如何准备入朝参战。7月初,当金日成的军队还能在战场赢得辉煌胜利之时,毛泽东就下令组建东北边防军,驻扎在中朝边界线,其中包括第四野战军所属的至少三个军,这也是当时中国的精锐部队。东北边防军的规模最终达36个师,约为70万人,后来又部署了七个炮兵师和部分防空部队。

毛泽东意识到,中国军队入朝作战已经不可避免,他必须对参战可能付出的代价做出最现实的评估。8月31日,在周恩来主持的军事会议上,与会高级将领不仅提出各自的作战需求,也对与美作战第一年的可能伤亡情况进行预测。会议认为,第一年可能会有6万人阵亡和14万人受伤。[8]

在仁川登陆后的几周,中方的主要决策基本上出自毛泽东。他是那种笃信革命的典型人物。从手无寸铁开始走上革命道路,到历经长期内战之后终于取得胜利,尽管充满血腥和艰难,但他的大多数判断还是正确的。毛泽东相信,他比任何人都更了解中国的普通民众——农民。他坚信中国拥有再度成为世界大国的权利,而力量的源泉就是他领导的革命。革命之所以能取得胜利,就是因为它唤醒了中国农民的反抗意识,并把阶级压迫和政治启蒙转化为强大的军事力量。正因为有信仰,他的军队才能比装备精良的国民党军队更强大。作为新中国最主要的建筑师,他现在想的就是保持这场革命不变色。这种信仰在某一历史时段,以及当它成为某些历史人物心中的主要信念时,它就具有强大的力量。

毛泽东非常了解自己需要了解的事情,比如他非常了解中国农民和他们的疾苦,更深知旧社会的残酷。要真正理解毛泽东在这个关键时刻的选择,就不能再把他仅仅看成是革命的设计师,而且是革命成果的保卫者。他相信,他的敌人——实际上有很多,既有国内的,也有国外的——注定要不惜一切代价破坏他的革命成果。因此,他只能在敌人动手之前先发制人。

9月7日,也就是仁川登陆的一周之前,中国外交部召回中国驻朝鲜大

第七章 跨过三八线，向北挺进

使馆的政治参赞柴成文。周恩来问他，中国是否应该出兵朝鲜，一旦出兵的话，将会遇到何种困难？柴成文回答，最大的问题就是后勤补给。首先，要把物资从全国各地运到鸭绿江的基地，然后再从这里运到战场。在离开北京时，柴成文认为，中国领导层已经做出参战决定。柴成文猜对了，但决策者不是中国的领导层，而是毛泽东。在整个9月，中国只有两项重要任务：一是向东北集结部队，二是让领导层中的其他人接受毛泽东的观点。即便有反对的声音，也主要来自军队，但军队通常服从于党的政治需要。大多数中外人士都认为，如果中国出兵朝鲜，林彪元帅将担任总司令。实际上，在朝鲜战争的绝大部分时间里，由于中共方面一直严格保密，而联合国军的情报来源又极为有限，因此美国高层一直以为对方的司令员是林彪。

让部下暴露在美军的炮火之下，这种想法让林彪很难接受。有一次，他问柴成文，朝鲜是否具有与敌人进行长期游击战的能力和意愿。这个问题表明，他对中美正面对抗犹豫不决。其他一些将领也同样表示怀疑，政治局内也有人私下这么认为。假如他当时知道中方得不到苏联承诺的空中掩护的话，他会多么激烈地反对。对此我们只能凭空猜想。在7月初到9月底的这三个月里，毛泽东和其他领导人反复和林彪谈话，希望由他指挥作战；但每次提到这个话题时，林彪都说自己身体状况欠佳*。在很多人看来，这表明林彪对这次军事干预行动持保留态度，不愿意参与。

9月初，毛泽东在一次党的重要会议上发表讲话，表明他出兵朝鲜的决心。他认为，美国人是纸老虎，远没有想象中的那么强大；美国发动的是不义的侵略战争，这会严重影响美军的士气和战场表现。他指出，美国在政治和经济上都处于困境当中，且自绝于其他国家，经常遭到世界舆论的批评。是的，美国能生产大量钢铁和武器，但这远远不够。美国的运输补给线延伸太长（从柏林到朝鲜），也就是说，美国的地缘政治范围跨越两个大洋。毛泽东对美国的看法在很大程度上源于他的政治见解。他认为，美国的小伙子们在朝鲜战争初期的战绩这么糟糕，并不是因为这个核超级大

---

* 关于此问题有多种说法。

国的常规武器失了准头,而是因为这些工人阶级子弟不愿为他们不信任的资本主义目标而战,故心有杂念、动机不纯,没有中国士兵那么坚定不移的决心和勇气。毛泽东指出,美国军队在朝鲜战争初期的作战能力,远不及"二战"时期的日本和德国。他说,他不怕美国的原子弹。如果美国敢用的话,"我就扔手榴弹"。[9]

做出出兵朝鲜的决定,对毛泽东来说绝非易事。在这段时间里,他经常彻夜难眠——一个人坐到天亮,一根接一根地抽烟,眼睛盯着朝鲜和中国的地图,似乎等待着某个终极真理浮出地图。但是,这一重大的决定是很清楚的:中国别无选择,必须参战。台湾是他最大的心病。对毛泽东和其他中国领导人来说,台湾就是中国不可分割的领土。现在,麦克阿瑟却把台湾说成是美国永不沉没的航空母舰,让她成为美国事实上的领土。因此,对毛泽东来说,这意味着作为中国合法领土一部分的台湾变成死敌们对付中国的致命武器,而拿下台湾应当是中国内战的最后一战——这是美国当政者所不理解的。

凭借一支装备极端原始的军队,对由强大的美国第七舰队防卫的这个岛屿实施两栖登陆,几乎是不可想象的。由于缺少海空作战能力,中共对金门的两栖进攻失败。这次战斗发生在内战即将结束之时,也是共产党在内战中最惨重的失败之一。毛泽东一直在催促苏联尽快提供飞机,催促苏联顾问帮助组建空军。

中国在后勤补给上占有优势,这就让朝鲜战场显得更有吸引力。尽管美国军队在日本设有补给基地,但由于北进后战线拉得太长,再加上地形和气候的不利原因,供给变得困难甚至脆弱。中国军队在人数上占有绝对优势——毛泽东可以随时调遣四倍于美军的兵力;他对解放军的勇敢精神和严明纪律更是信心百倍。在毛泽东的眼里,韩国军队不堪一击。如果美军主动挑战,他希望能尽量避免正面作战,等敌军暴露和脆弱时实施打击。他认为,与美国人发生正面冲突实际上不可避免。一旦冲突发生,他希望能选择最适合自己的地点。此外,毛泽东对政治形势的判断也在决策过程中发挥着关键作用。他相信,如果能在朝鲜打败美国人,那么,经过长期艰苦内战建立起来的新中国，在政治上将更加稳固和强大。但中共中央政治局的很多成员都认为，现在参战再糟糕不过了，因为国家疲惫不堪、尚未统一、财政匮乏、经济崩溃，和美国这样一个经济富庶、实力强大的国家对峙，只会给国内的敌人以可乘之机。因此，像这样艰巨的远征绝对应当尽可能地推延。当然，西方情报人员甚至包括中央情报局的高层官员认为中国人应当这么想，如果他们是中共领导人，他们也会这么想。

但毛泽东在中央政治局内的绝对权威至关重要。尽管各个委员在表面上是平等的同志，但毛泽东的地位是至高无上的。他就是新中国领导集体的化身——每个人都很清楚这一点，并服从于他。他们认为，毛泽东是在战争和政治方面具有极高悟性的领袖，具有超越常人的先见之明。正如弗吉尼亚大学年轻的天才历史学家陈兼所说，他就像一个伟大的棋手，总能比对手提前考虑未来的一两步。在做出这个决策之后，毛泽东彰显了伟大领袖的风采。在其他政治局委员的眼中，毛泽东是一个远见卓识、值得信赖的人，因为他更了解人民群众的心声。[10] 在思考如何应对朝鲜局势时，毛泽东逐渐意识到，这场战争是一个难得的机遇——它将向人民证明中国是世界政治舞台上新的革命力量，同时这也是党巩固政权的一个途径；他将通过这场战争来证明自己的正确性。出兵朝鲜尽管要付出高昂的代价，在财力和人力方面遭受巨大损失，但这个出乎西方分析家意料的决定，将证明毛泽东作为一个领袖超出常人的远见卓识。他要向中国人民证明，美国一直是他们的敌人，中国与美国势不两立。亲美和亲西方的中国人是这个国家最富有的人，因而也是他的政敌；他相信，与美国的对抗将有助于孤立这部分人。还有一点，这场战争将让中国人更紧密地团结在他的周围。他后来开玩笑地说，在中国，只有一个半人支持出兵朝鲜，这一个人就是他自己，那半个人是周恩来。[11]

入朝参战也有其他原因。参战可以证明，新中国已经不再是外国列强侮辱和剥削的对象。毛泽东认为，把这种思想宣传给大多数中国人并不困难——中国人民痛恨中国过去所遭受的外国剥削，对于这一点毛泽东感同身受。实际上，他的反帝宣传攻势早已开始。1949年8月，美国国务院曾发表过一份《美中关系白皮书》。这份白皮书旨在缓解国内压力，表明美国政府已经为拯救这个自我摧残的国民党政府倾尽全力；国民党政府的垮台，完全是蒋介石自己的问题。白皮书太长、太复杂，普通美国人根本就看不懂，但引起了批评家们的愤怒。他们认为，美国政府是在蒋介石危难之时搞落井下石。白皮书一经发表，斯泰尔斯·布里奇斯、比尔·诺兰德、帕特·麦克凯兰和肯尼斯·威利便发表一份共同声明，称这份白皮书是"长达1054页的粉饰无所作为政策之物"。[12] 在中国，毛泽东马上意识到白皮书独一无二的宣传价值。对他来说，艾奇逊和白皮书作者要说明的，也就是美国在内战时期对蒋介石的巨大支持，恰好也是他想告诉中国人民的。这绝对是铁打的证据、天赐的良机，它告诉全世界，美国人多么阴险地为了本国利益而去操纵和敲诈蒋介石的国民政府。美国人从来就不是你的朋友——为此，他发动了一场声势浩大的反美宣传运动。这让华盛顿感到万分震惊，也预示这样一个事实：中国的新领导人并不急于和西方大国做朋友。毛泽东连续发表五篇文章驳斥白皮书，亲自领导全国反美运动，这也让毛泽东成为全中国的风云人物。

毛泽东坚信——后来显得太过于相信，他的军队能胜过装备先进的美军。他对此毫不掩饰，一点儿都不愤世嫉俗；他不是说说而已，而是坚信如此。尽管在10月中旬时，中央政治局曾就是否与美军对抗发生过激烈的争论，但毛泽东不改初衷，而当时斯大林正准备违背向中国军队提供空中掩护的承诺。9月，中苏之间就苏方应提供多少援助展开意义重大的谈判。斯大林担心苏联会因此陷入与美国的大规模对抗。美国对朝鲜进攻的反应如此之快，让斯大林惊讶不已，也让他比以往都更加谨小慎微。与中国人一样，苏联也对美军可能在仁川登陆向金日成提出过警告。在中国东北边境线上建立一个由美国扶植的军事基地，对斯大林来说无异于噩梦，而这种情况似乎越来越可能成为战争的结局。

现在，当朝鲜人民军溃败时，金日成开始向斯大林施加压力，请求苏联拯救他的军队和国家。虽然苏联人一开始就告诉过金日成，他们不会派遣作战部队，但斯大林或许曾告诉过金日成，中国可能会出兵。9月21日，

第七章　跨过三八线，向北挺进

也就是在仁川登陆一周后，斯大林在朝鲜的私人代表马特维耶·扎哈罗夫将军督促金日成向中国求援。[13]虽然朝鲜领导人担心这会形成对中国的依赖，但随着战场上的坏消息一个个地传来，金日成开始清楚地意识到，他别无选择。一周之后，朝鲜劳动党政治局召开紧急会议。会议一致认为，如果汉城失陷，敌军越过三八线，那就急需外援。之后，金日成请苏联驻朝鲜大使特伦蒂·什特科夫转告斯大林，朝鲜请求苏联出兵。什特科夫拒绝了这个要求，于是，"惊慌失措、绝望无助"（什特科夫的原话）的金日成及其外相朴宪永亲自向斯大林发出求助信。10月1日，斯大林复信指出，眼下唯一的希望就是说服中国参战。当夜，金日成就找到中国大使，请求中国出兵援助。他还询问，一旦出现最坏的情况，中国政府能否允许他在中国东北建立一个流亡政府。

一场微妙的游戏在三个共产党国家之间进行着。一向慢待中国的朝鲜现在绝望地求助于中国。毛泽东的政治信仰促使中国决定出兵参战，但中国不想立即摊牌，他们希望能在和苏联的博弈中获得更大的收益，尤其是在空中掩护问题上。9月下旬，苏联表示同意向中国军队提供空中掩护。[14]于是，一股最终促成中国与美国正面碰撞的力量开始涌动。9月30日，即仁川登陆的两周之后，韩军第2师率先越过三八线。一周之后，即10月7日，美军骑1师紧随其后跨越三八线，直逼平壤。11月初，美军在云山与中国军队交战，损失惨重。

图 11　联合国军突破三八线进入朝鲜

三

在蒋介石即将垮台前夕，发生了颇具讽刺意味的事情，那就是美国国务院的"中国通"们在一份报告（该报告让"援华集团"恼羞成怒）中不仅认定蒋介石即将倒台，而且质疑毛泽东对苏联的长期忠诚——而相信这一点的人正是斯大林。作为从蒋介石垮台到朝鲜战争爆发之间共产党阵营中最重要的人物，斯大林一直巧妙地操纵着两个共产主义盟友的需求和顾虑。他更喜欢一个统一的朝鲜、一个对他感激万分、完全依赖于他的朝鲜，而不是分裂的朝鲜。他也希望利用这个更强大的朝鲜，去抗衡一个在历史上一直让苏联人心存畏惧、而现在要接受美国人武装的敌人——日本。

1949 年，斯大林成为整个共产主义阵营的领袖。他对苏联的掌控时间已经超过二十五年。在苏联革命的几位建筑师中，他坚持到了最后。有些人可能比他更聪明、更有领导魅力、更善于演说、更有战略天赋，但斯大林是这些人中最伟大的。他更善于抓住这场革命的最长久、最根本的精髓：维护权力并保证敌人永远不能在被你打垮之后还有一线机会发动反击。只这么想并无意义，但把这种想法转化为国家意志，那就不一样了。在斯大林的世界里，你要么做猎人，要么就变成猎物。

在这场猎人与猎物的对抗中，斯大林之所以能生存下来并成为胜利者，是因为他从不幻想，也因为他最清楚革命的第一阶段何时结束、第二阶段（也就是权力巩固阶段）何时开始。他对这个体系看得一清二楚，并深知它的本质：敌人无处不在，你要在它们张嘴咬你之前消灭之，最好在它们还没有意识到自己是敌人之前。这是斯大林的最过人之处，他总能比其他人更早地理解这一点，并能更冷血地贯彻执行，毫不手软。

"二战"之后，两个超级大国之间不可避免地会出现裂痕，两个原本孤立的大国不自觉地被推到强国地位，它们有着完全不同的政治和经济制度、不同的历史妄想，而现在又同处于核时代的世界之中。

斯大林和毛泽东的关系可以追溯到中国内战初期。毛泽东在 20 世纪 20

年代成为一个弱小政党的领袖——这个政党几乎注定要被更强大的敌人消灭,而他却让这个党变成执政党。这是20世纪最辉煌的政治成就。毛泽东说:"革命不是请客吃饭。"[1]他的所作所为证明了这一点。

他们两人都认为自己是共产主义者,但同时又是民族主义者。他们或许偶尔会大谈特谈共产主义的兄弟情,如何团结两个大国、团结世界大众,但从毛泽东的角度看,苏联始终是一个超然物外的保守力量,这个庞然大物只关心对自己有利的东西,而对帮助尚未夺取政权的潜在友邦少有兴趣。20世纪20年代时,毛泽东在和蒋介石军队的对抗中处于下风,那时他认为,苏联人更喜欢蒋介石。他经常提到,在内战期间,中国共产党曾多次向苏联请求军事援助,但是苏联并没有给予多大支持。在毛泽东看来,苏联人或许可以称作共产主义者,但他们首先还是苏联人。毛泽东认为,斯大林以前喜欢蒋介石,那是因为后者软弱无力,因而肯定能主宰一个软弱无力的中国。而在斯大林的眼中,毛泽东或许可以算作共产主义者,但更有可能还算不上,因为他缺乏与无产阶级的联系,而中国本身也缺少工人阶级,他太像一个农民了。斯大林在"二战"期间曾说,他们很像萝卜:红皮白心。

苏联在"二战"期间没有为中国提供过什么有价值的支援,美国人知道这一点。当时到访延安的西方人、外交官、新闻记者、迪克西使团成员、协助中共的战略情报局军情人员,都听过中共官员公开抱怨苏联不提供援助,他们希望苏联人能为中国的抗日战争多做点实事(中共军队的作战能力给迪克西使团的成员留下深刻印象,他们私下里非常蔑视国民党军队)。冷战结束以来,很多机密文件被公开了(在中苏关系恶化时期担任苏共中央第一书记的勃列日涅夫亲自下令开展许多研究,成果就在这些文件当中)。这些文件表明,毛泽东和斯大林之间的早期裂痕远比人们想象的大。至少从表面上看,这对美国外交政策来说是一个千载难逢的机会——如果美国不是把全部赌注都押到蒋介石身上的话。

那么是否可以说,在那个特定的历史时刻,美中双方失去了一次营造和平的机会呢?如果两国政府再多一点点智慧,在地缘政治方面再多一点点运气,它们或许就能碰巧达成一项不稳妥的协定,至少可以争取一些时间,

第七章 跨过三八线,向北挺进

直到形势有所缓和。或许最具讽刺意义的是,美国外交界当时居然惊人一致地得出这样的结论:共产党阵营是铁板一块。更重要的是,双方对局势的误判让共产党阵营更加像"铁板一块"。

随着毛泽东越来越接近于执掌中国的大权,斯大林与毛泽东个人以及两国关系开始紧张。斯大林绝不会拿苏联的资源、苏联的国家利益或是苏联人的鲜血,去追求所谓共产主义大家庭的伟大事业;他只相信用军队征服的东西,一旦被武力征服,他就用秘密警察去控制它。身边这个幅员辽阔的社会主义国家,曾经有着辉煌而迥异的历史,执政者在没有他帮助的情况下上台,因而对他毫无感恩戴德之心,一想到这个,他就提不起精神。

斯大林一直与毛泽东保持一定距离。斯大林第一次邀请毛泽东访苏是在1947年7月。这绝非巧合。当时蒋介石的军队仍在全面进攻,而毛泽东的运气似乎处在最低谷,至少外人是这么看的。于是毛泽东立即予以拒绝,他相信,斯大林无非是想让他做出让步。

到了1947年底,随着国内形势逐渐开始有利于中共,斯大林的态度也出现了180度大转弯,开始公开支持毛泽东,但是在援助方面依旧是一毛不拔。到1948年1月的时候,斯大林对前南斯拉夫共产党副主席米洛万·吉拉斯表示,他以前试图撮合毛泽东和蒋介石讲和的做法是错误的。斯大林认为,美国人只关心欧洲大陆,因此永远也不希望希腊共产党在即将到来的内战中获胜,而亚洲的地位是次要的。他说,美国人不可能把自己的军事力量投入亚洲大陆。[2] 1948年5月,在确信胜局已定时,毛泽东捎信给斯大林,说自己希望到莫斯科与斯大林会面;他的想法就是在蒋介石即将垮台之时,能得到苏东集团的承认。但斯大林的答复是:"中国的革命战争正处于最关键的时刻,毛主席作为军事领导最好不要离开战斗岗位。"他还满怀希望地补充道:"毛主席肯定会重新考虑自己的想法。"[3] 谢尔盖·冈察洛夫、约翰·刘易斯、薛理泰在《不确定的伙伴:斯大林、毛泽东与朝鲜战争》一书中写道:"对毛泽东来说,斯大林这封彬彬有礼的回信是一种回绝。作为中国共产党的军事总指挥,他肯定比斯大林更清楚,现在去莫斯科是不是合适。在这个问题上,他不需要别人告诉他怎么做。"[4]

1948年底,毛泽东又多次提出访苏事宜,但每次都被斯大林以各种各样的理由回绝;但是到了1949年1月,斯大林却派自己的心腹之一米高扬秘密访华。斯大林仍担心美国人会在最后时刻横插一腿。当斯大林提醒毛泽东在跨过长江后务必放缓脚步时,毛泽东感觉到了斯大林的胆怯。

毛泽东那时非常清楚,斯大林根本就不信任他。他在私下里曾开玩笑(如果这是句玩笑话的话)地说,他不在乎斯大林是不是信任自己——他还被认为是一个右倾机会主义分子。但是,毛泽东依然需要斯大林的认可,依然希望能在莫斯科获得某种形式的尊重。1949年4月,他向斯大林驻北京的私人代表伊万·科瓦廖夫中将表达了有意访苏的想法。这一次,尽管斯大林再次拒绝了毛泽东的请求,但莫斯科的反应似乎温和得多——公开称赞毛泽东是伟大的中国革命领导人。科瓦廖夫后来写道,苏联人的热情回复让毛泽东感到非常惬意。据科瓦廖夫称,毛泽东举手高呼:"斯大林同志万岁!斯大林同志万岁!斯大林同志万岁!"[5] 1949年12月,毛泽东终于得到让他期盼已久的访问邀请。但这次邀请并不是为了庆祝他在中国的胜利(虽然本应如此),而是以庆祝斯大林70岁生日为名巩固斯大林对苏联乃至共产主义阵营的长期领导。他只是受邀的共产主义国家的领导人之一。

部分问题在于,毛泽东根本就不是苏联领导人想要的那种人。他对自己的成就太骄傲,太以自己身为一个中国人为荣,思维太独立。通过领导这场革命,他认为自己已经变成一个重要的历史人物,而不是一个乞求者。和苏联一样,毛泽东的胜利也是为了寻求独立,但同样的胜利却让莫斯科感到如坐针毡般不安。随着毛泽东最后胜利的日益逼近,两个国家领导层之间的矛盾日渐升级。苏联人最想知道毛泽东如何看待南斯拉夫领导人铁托这个有可能因其不同政见和独立性而被驱逐出共产主义大家庭的人;苏联人担心毛泽东与已和莫斯科决裂的铁托是一类人物。实际上,莫斯科一直怀疑毛泽东是秘密的铁托分子,只要时机成熟,他就会变成最大的铁托分子。不管毛泽东在心里如何看待斯大林,有一点毋庸置疑,那就是中国迫切需要某种"国际承认",需要有人承认他们的国际地位,而苏联就是它唯一的选择。1949年10月2日,即中华人民共和国成立的第二天,苏联成

第七章　跨过三八线，向北挺进

为第一个正式承认中国合法地位的国家，但斯大林私下里仍然不想给中国人任何其他形式的友谊。

诸多历史力量阻碍着国与国之间的真正联合，而斯大林的自大以及这两个人在各自国家的无上地位，又让他们之间的联合变得难上加难。到1949年，斯大林已经成为"伟大的斯大林"，成为持续的全民个人崇拜的真正受益者。苏联的个人崇拜文化毕竟已经有二十年了。历史学家沃尔特·拉克尔指出，苏联的个人崇拜始于1929年12月斯大林的50岁寿辰。[6] 俄罗斯著名作家列昂尼德·列昂诺夫对伟人的定义是："终究有一天，全人类都将对他顶礼膜拜，历史将把他而不是基督耶稣视为时代的起点。"[7]

尽管毛泽东最初可能还对个人崇拜持怀疑态度，但他很快就认识到个人至上的真谛。像很多其他领导者一样，他也发现，有利于领导者的东西，往往也有利于革命。而且，随着他日益显著地成为中国的唯一领导人，他开始有唯我独尊之感。

事实证明，毛泽东在某些方面又非常像斯大林。于是，他开始不断清除周围的潜在"敌人"。随着个人崇拜的膨胀，随着贫苦农民对他的崇敬与日俱增，他在生活方式上开始发生变化。正如拉克尔所说的，毛泽东游长江这么一件再普通不过的事情，也被宣传成历史的转折点。拉克尔写道："他不仅是一切时代最伟大的马克思主义者，也是有史以来最伟大的革命天才。他从来不犯错误，说的所有话都是真理，而且一句话顶别人一万句。"中国有一首歌谣是这样唱的："爹亲娘亲没有毛主席亲。"[8]

1949年12月，毛泽东终于踏上他的第一次莫斯科之行。《纽约时报》记者哈里森·索尔兹伯里（后因他从莫斯科发回的报道而获得普利策奖）还记得，在此前几个月里，斯大林对毛泽东即将全面胜利一事保持缄默，苏联的报刊也几乎只字不提此事。"《真理报》在最后一版登过零星消息，《消息报》上有过几小段报道。除此之外，很难看到'中国'一词。"即使是在毛泽东已经踏上奔赴莫斯科的路程时，人们看到的依旧是苏联最高领导人的冷漠。斯大林的70岁大寿注定要成为社会主义阵营的一次盛大聚会，不容其他人或其他事件冲淡其重要性。12月6日,毛泽东登上前往莫斯科的专列。当时,内战刚刚结束,他担心遭到国内反动派的袭击。他乘坐装甲列车,沿线每100米便设一个哨兵。

在12月16日到达莫斯科时,他并没有被当作一个把世界最大的国家带上共产主义道路的领袖,而是像历史学家亚当·乌拉姆*所说的,"他似乎和保加利亚领导人没什么区别"。[9] 只有两名苏共中央政治局委员莫洛托夫和布尔加宁来到车站迎接毛泽东,毛泽东自备一桌丰盛的午餐,邀请这两人与他共饮,他们以与外交惯例不符为名婉言谢绝;之后,毛泽东又请他们陪同前往原定下榻的酒店,但再次遭到拒绝。[10] 当然,更没有什么大型欢迎仪式或是庆祝典礼之类的事情。似乎毛泽东此行的目的就是来学习如何在斯大林的世界,或者说共产主义宇宙中寻找自己的位置。

如果他是斯大林的共产主义兄弟,那就应该知道,在这个宇宙里,只有一位共产主义大哥,而且这个大哥的地位至高无上。赫鲁晓夫的一个助手告诉上司:莫斯科来了一个叫"毛泽东"的人。

"谁?"疑惑不解的赫鲁晓夫问。

"你知道的,就是那个中国人。"[11] 助手回答。这就是莫斯科对毛泽东的说法:那个中国人。他们也是这样对待这个中国人的。中国代表团的主要欢迎仪式并不是在克里姆林宫举行的,而是被安排到老市政厅。用乌尔姆的话说,"这里通常是招待那些无足轻重的资本主义国家达官贵人的地方"。

欢迎仪式之后,事情并没有好转。毛泽东接连数日都在等待斯大林安排和他见面。任何人都不可能在斯大林见他之前会见他,而似乎斯大林也在等待时机。在刚刚抵达莫斯科的时候,毛泽东曾宣布,中国期待着与苏联的合作,但同时强调,他希望能得到公平待遇。他厌烦俄罗斯的食物。有一次,他的联络人科瓦廖夫来探望他,毛泽东指着窗外的莫斯科连声说:"太差了,太差了!"这句话到底什么意思?毛泽东说,他对克里姆林宫很生气。

---

* 哈佛大学教授,美国的苏联问题权威。

第七章 跨过三八线，向北挺进

当斯大林和毛泽东终于会面时，他们之间自然表现得互不理解。[12]"你为什么没有迅速占领上海？"斯大林问，因为解放军进入上海似乎有点不紧不慢。"我们为什么要那样做呢？"毛泽东回答，"一旦占领这座城市，我们就要为600万居民的生计着想。"听后，本来就担心毛泽东关心农民胜过工人的斯大林大为震惊。

无论从哪个角度看，他的首次出访几乎没有换来任何军事和经济援助——苏联答应五年内提供3亿美元的武器装备，每年只有6000万美元。

1950年9月30日，正在为南方战局焦虑不安的金日成，参加了在中国驻朝鲜大使馆举办的庆祝中华人民共和国成立一周年的招待会。之前，他刚刚因为要求苏联出兵援助一事遭到苏联人的警告。会上，他向中方代表提出派13兵团入朝作战的请求。第二天，金日成和朴宪永（南方的共产党领导人）联名向毛泽东写了一封求援信；为显示事态的紧张，朴宪永亲自携带此信飞到北京*。这封信特别指出，要是没有联合国军的干预，朝鲜肯定会赢得这场战争，而现在他们的形势"极为严重"。信中写道，"我们依靠自身的力量很难对付这场危机"，信末尾提出要中国出兵援助的紧急请求。[13]

10月2日，毛泽东主持召开中央政治局常委会。他认为现在拖延一天都可能影响整个局势的发展；当前的问题并不是出不出兵，而是什么时候出兵、由谁来领兵。四野的林彪显然是最合适的总司令人选，他最熟悉这里的地形。但是，林彪当时正在苏联接受治疗，他的确有病需要治疗，但这也是他拒绝率军出征的借口。于是，毛泽东决定由彭德怀挂帅。和林彪一样，彭德怀也是军中资历最老、最值得信任的元帅之一，他从1928年起就和毛泽东并肩战斗。毛泽东认为，彭德怀是最合适的人选，因为他与自己政见一致。尽管彭德怀私下里可能心有疑虑，尽管前面有巨大的危险，但他立刻接受了此职。[14]

毛泽东身边的一些人认为，他对这场战争可能造成的人员伤亡并不在

---

* 实际上是由内务相朴一禹来京面交毛泽东。

意,因为这是必须付出的代价。中国有数亿人口,而且正在走向伟大,可以比其他国家牺牲更多的人。即使美国人动用原子弹,毛泽东也不为所动。有一次,他把原子弹比作"纸老虎",这让尼赫鲁大惊失色。如果说毛泽东此时已决心出兵朝鲜的话,那么下一个大问题就是:中国何时参战呢?应在何时完成部队在东北边境的集结呢?10月2日的中央政治局常委会把这个日期定在10月15日,也就是在两周之后。巧的是,杜鲁门和麦克阿瑟也选择这一天在威克岛进行两人之间的第一次会面。

10月2日的会议之后,毛泽东马上给斯大林发出了一封长电,告诉苏联领导人中国即将出兵的决定。他在电报中称,中国军队将采用"志愿军"的称呼,这是为了避免与美国发生全面战争。他告诉斯大林,中国将首先派遣十二个师,在战场上与敌人形成4比1的人数优势,以抵消美军在火力上的优势。除此之外,由于中国军队没有重型火炮,因此他还希望苏联能提供迫击炮,使中方占据1.5比1甚至是2比1的数量优势。战争开始后,中国军队将采取以防守为主的作战策略,以便了解和掌握与新的敌人作战的方法。毛泽东在电报中告诉斯大林,他认为这场战争不会持续太久,而且美国人不会侵略中国大陆。毛泽东还正式要求苏联提供之前承诺的空中掩护。

与此同时,毛泽东一直也在做中央政治局其他成员的工作,倾听他们的不同意见,逐步统一同事们的思想。10月4日,毛泽东主持召开中央政治局全体会议,要求与会者讨论出兵干预的主要弊端。很多成员对此持保留意见。他们认为,目前国力很弱,无力再打一场大战,而且美国的武器优势很难对付。毛泽东听完与会者的各种意见,没有直接反驳他们。他最后总结说:"你们说的都有道理,但是别人处于国家危急时刻,我们站在旁边看,不论怎么说,心里也难过。"[15]他们决定次日再议。

为了开好第二阶段会议,毛泽东从西安召回彭德怀。10月5日早晨,毛泽东会见了彭德怀以及他的另一位老同志邓小平。邓小平也是毛泽东最值得信赖的老战友、长征时的老战士,曾指挥解放战争的最后一场战役(1949年12月1日率兵解放重庆)。在这次会面中,毛泽东提到朝鲜战局的危局。

他说,现在时间是最重要的,美军正在一路快速挺进,几乎没有遇到任何抵抗,因此在美军到达鸭绿江之前采取行动至关重要。他说,他自己也清楚这个决定的危险性。实际上,他这番话完全是说给彭德怀的。作为一位久经沙场的老帅,彭德怀一直备受众人敬仰。他是一个天生的战士。毛泽东把他从西安召回,并安排在北京最好的饭店,但是彭德怀却很不习惯饭店里的软床,干脆就躺在地板上睡觉。他已经习惯这样的生活——这也是在长期艰苦的战争环境中养成的习惯。他的同僚经常开玩笑地说,他只同革命结婚。

彭德怀是毛泽东的亲密战友,出身农民。他总是在政治问题上服从于毛泽东,"首先是兄长,然后是老师,最后是领导"。[16] 毛泽东称他"老彭",彭德怀喜欢称毛泽东为"老毛",在领导集体中只有他这么叫。有时候,如果毛泽东在军事问题上的想法过于理论,彭德怀私下里可能会把他称为"教员"。不过,彭德怀并不是对毛泽东百依百顺,他最终也为自己的主见付出沉重代价:就在朝鲜战争结束几年之后,彭德怀就与毛泽东出现分歧,并在几个政治问题上向毛泽东提出批评意见。

彭德怀是农民出身,童年时期吃的苦比毛泽东多。他在战术上既精明又实用,知道人民解放军作为一支新生的军事力量,如果按老办法打仗的话,在武器上和人数上都会占下风。早在1934年的时候,莫斯科就曾派遣李德到中国指挥作战,李德的失败战略导致中国红军遭受巨大损失,彭德怀当仁不让地提出异议。他认为,李德的传统打法毫无胜利的希望,根本就不适合中国共产党面临的军事形势。可以说,是长征把毛泽东和彭德怀紧紧地团结到一起的。这是一次极端艰难的考验,在几乎毫无计划的情况下,红军一边撤退,一边还要与中央军和地方军作战、镇压土豪劣绅、冲破重重天险、克服极端恶劣的地形和气候条件、跋山涉水、忍饥挨饿,行程超过六千英里。长征从中国东南地区开始时,一开始红军大约有8万人,但是最终到达地瘠民贫的西北地区时,仅剩下4000人左右。在长征即将到终点时,红军在吴起镇遭到国民党军五个骑兵团近5000人的进攻。毛泽东命令彭德怀击退追兵、保住根据地。在彭德怀率领红军打退敌人骑兵的追击后，毛主席为他写了一首诗："山高路远坑深，大军纵横驰奔。谁敢横刀立马？唯我彭大将军！"[17]（彭德怀说他后来把最后一句改成"唯我英勇红军"，又还给了毛泽东。）

要理解彭德怀以及他何以如此英勇善战，那就要理解普通中国士兵，理解驱使他们战斗的人生苦难，进而理解共产党军队的胜利。彭德怀的信仰源于最艰难的生活，因而也很简单：他相信为富不仁的道理，穷人不仅要忍受贫穷的痛苦，而且还要受富人的剥削和压榨。中国百姓的生活中只有凄惨，因此，为了这场改变人们生活的斗争，即使是牺牲生命也在所不惜。1898年，彭德怀出生于一个赤贫的农民家庭。当他还是儿童时，母亲就离开了人世，重病在身的父亲也无力养活全家。全家八口人全靠几亩山地勉强维持生活。由于需要贴补家用，彭德怀很小就辍学了。他对社会的不平等、生活的残酷和艰难深有体会——四个兄弟中最小的一个在六个月时便活活饿死。他小时候和奶奶一起出外讨饭，因为不愿意当叫花子，他去了一次就再不愿意去了。他宁愿上山砍柴，然后把卖柴的钱贴补家用。多年以后彭德怀满怀辛酸地讲起，70岁的奶奶准备在一个寒冬腊月的下雪天再去讨饭；她拄着一根木棍，带着两个弟弟，其中一个还不到4岁。彭德怀后来回忆说，他宁肯饿着肚子也不吃奶奶讨来的残羹剩饭。

他还是孩子时就为了一点微薄收入而受尽凌辱、吃尽苦头：他砍过柴、打过鱼、背过煤。在十一二岁时，他自己都不知道那时到底多大，他还给一家富农放过牛。他回忆说，他在13岁时就到煤矿当童工，用辘轳把井里的水抽上来；他还背过煤，每天只能拿到几毛钱，这对一个孩子来说可是累断腰的活儿。但煤矿破产了，他一年的工钱也泡了汤。彭德怀后来说，童年时背煤的经历让他有点驼背。当他光着脚（因为他买不起草鞋），拿着一半的工钱回到家时，父亲对他说："你现在又脏又瘦，简直不成人形了！白替这些狗东西干了两年。"说罢，父亲哭了。

十几岁时他的生活更艰难。他回忆说，有一年，当地大旱，地主和商人囤积粮食，好等涨价后高价卖出。彭德怀由于参加饥民闹粜，被官府通缉，他被迫逃离村庄。最终在1916年3月，也就是临近18岁生日时，彭德怀加入湘军。作为一个列兵，他每月挣 6 块大洋，3 块要寄回家里，恰好够家人勉强维持生活。正是这次参军改变了他的一生（这也成为他的终生事业），一开始是在蒋介石手下的正规军，并参加了军阀混战。与此同时，他的政治思想日渐成熟，尤其当看到国民党军中的官兵经常拿不到军饷时。最初，他一直认为，只有蒋介石才是真正的革命者，他的理想就是建立更公平的新中国。但是，这个想法慢慢消退，他逐渐成为一名共产主义者。他后来写道，在那段时间，他和很多像他一样的人那样，一心向往革命：推翻地主阶级，清除腐败官僚，打倒土豪劣绅，实现减租减息。但是现在，既没有革命，也没有军饷，更没有人再提减租减息；我们的任务就是"镇压共产党、摧毁农会。谁让我们做的呢？蒋介石！一个士兵每月只能拿到六个半大洋的军饷，支付三块三的杂费之后，就只剩下三块二，而且就这么一点还要被克扣。我们的命也太苦了！我们甚至连草鞋都穿不上，抽不上土烟，更别说养活父母、老婆和孩子了"。[18] 在升职之后，他曾经带领手下士兵反抗地主剥削，因此遭到逮捕，但后来在一些士兵的帮助下逃跑了。

他的一生充满了激进的经历。1928 年 2 月中旬，他经人介绍加入中国共产党。尽管没有接受过任何教育，但他还是很快理解了红军的战斗方法。到 1934 年，他的军事思想已与毛泽东极其相近。因此，他和毛泽东共同制定了红军的军事战略：以游击战为主，不与国民党军队正面对抗，采取"敌进我退、敌驻我扰、敌疲我打、敌退我追"的作战方针。

当毛泽东询问彭德怀是否愿意到朝鲜指挥作战时，这实际上是一个正式要求。之后，毛泽东又要求彭德怀在下午的中央政治局会议上赞成出兵，彭德怀这么做了。实际上，彭德怀一直在关注朝鲜战场的局势，也一直在考虑中国军队该用何种战略与装备先进的美军对抗。他对政治局委员们说，如果美军打到鸭绿江，就有可能过江入侵中国，这对整个中国都非常危险。因此，中方出兵阻击美军是完全必要的，也是中国义不容辞的责任。他的一席话让会议气氛开始转向支持出兵。彭德怀在关键时刻给毛泽东带来他最需要的东西，即挂帅出征者的支持。

现在，毛泽东的想法似乎已经成为在场每个人的想法：朝鲜问题并不是一个孤立的问题，而是共产主义世界和资本主义世界紧张对立的交汇点。中国出兵朝鲜并不只是为了解救朝鲜兄弟，而是为了促成世界革命，尤其是亚洲的革命。中国绝不容许美国人在自己的边境线上有一大块军事集结地。尽管美军拥有先进的武器装备，但凭借人数上的巨大优势以及高昂的士气，中国一定会取得最终胜利。尽管没有明确提及，但这次会议没有忽略台湾问题。实际上，由于美国已公开表示支持台湾，因此在中国领导人的心里，中国已经和美国开战了。如果中国尚无力跨海进攻台湾的话，那么，打击进入中国军队攻击范围之内的在朝美军，显然是中国的另一种选择。

10月8日，毛泽东通知金日成，中国将出兵支援朝鲜。当天，毛泽东以中国人民革命军事委员会主席的名义签署组建中国人民志愿军的命令。命令指出："为了援助朝鲜人民解放战争，反对美帝国主义及其走狗们的进攻，借以保卫朝鲜人民、中国人民及东方各国人民的利益，特将东北边防军改为中国人民志愿军，迅即向朝鲜境内出动，协同朝鲜同志向侵略者作战并争取光荣的胜利。"出兵日期仍是原定的10月15日。

得到命令的彭德怀立即奔赴位于东北边境线的前线指挥部，视察战前准备情况。根据情报，他认为，目前驻扎在朝鲜半岛的联合国军约40万人，其中包括正在前线作战的十个师，约13万人。[19]因此，彭德怀认为，既然人数是制胜的关键，那么想要在人数上取得压倒性优势，就必须增加兵力。于是，他放弃以两个集团军和两个炮兵师先行过江的想法，而是准备以四个集团军和三个炮兵师渡江，这就意味着，他至少还需要700辆卡车和600名驾驶员。

苏联的空中掩护是志愿军作战计划的中心环节，尽管出兵之日已近在眼前，但苏联人的援助计划仍然没有具体落实。10月9日，彭德怀召开入朝部队军以上干部会议，与会者对苏联援助这个问题都非常关心，都询问彭德怀他们何时能得到明确答复。他们的问题非常尖锐，也非常具体，但无论是彭德怀，还是和他一起工作的高岗，都不能回答这些问题。由于问题过于尖锐，他们在会议中途就电询毛泽东："我军出国作战时，他们能派

第七章　跨过三八线，向北挺进

出多少架轰炸机？空军何时能出动并由何人负责指挥？"[20]不仅是师长和团长在想这些问题，几乎每个连长甚至排长都在关心这些问题。实际上，中国领导人自己也正在寻找问题的答案。

中国军队已经准备就绪，随时等待过江，但苏联人仍然没有给出肯定的答复。之后，苏联人居然食言了。几乎就在彭德怀的下属向他寻求答案的同时，他的外交官同志们也在催促苏联人回答这个问题。周恩来与师哲飞赴莫斯科，与苏联人商讨军事援助事宜。他们于10月10日抵达莫斯科，代表团成员还包括正在苏联养病的林彪。一到苏联，他们就赶往斯大林的家乡，斯大林此时正在黑海之滨休假。周恩来马上约见了斯大林、马林科夫、贝利亚、卡冈诺维奇、布尔加宁、米高扬和莫洛托夫等苏联高层领导人。

于是，这场至关重要、已经持续几周之久的游戏再度升级。随即，中苏之间展开一场异常复杂的暗战，双方都不相信对方说的是真话。比如，中方告诉斯大林，他们并不是真想出兵朝鲜，因为中国的内战刚刚结束、百废待兴。而斯大林认为这番话得反过来说才是，也就是中方已经向金日成承诺出兵。斯大林的开场白是朝鲜的形势极端危险。他问周恩来，中国同志是怎样看的（最清楚毛泽东承诺的可信度的人莫过于周恩来）？他回答说，如果中国能不管，那当然最好不管。内战已经让中国付出沉重的代价，中国尚在恢复之中。

斯大林马上回应，如果朝鲜人不能马上得到援助，他们很可能挺不过一周。中国应该想想，一旦美国人控制朝鲜，那将给中国的国家安全带来多大的威胁（他似乎是说，中国人在这几个月里从未想过这个问题）。之后，他告诉客人，苏联不会出兵，也不可能出兵，最主要的原因就是他们不想和美国发生正面冲突。然后，斯大林又指出，中方可以出兵，而且也应该出兵。苏联可以把"二战"期间剩下的大部分物资送给中国，并为中国的东北地区、沿海地区和驻扎在鸭绿江北岸的中国军队提供空中掩护。不过，这根本不是中国人希望听到的答复，因为战争已经在鸭绿江南岸打响。在谈到向鸭绿江以南地区派出空军时，斯大林说，苏联需要更多的准备时间。这场马拉松式的会议从晚上7点一直持续到次日凌晨5点，不过，这不是一次成功的会议。中国人永远不会忘记,苏联人在关键时刻背叛了自己的诺言。因此,从游戏一开始,同志间的友谊就是有限的。

双方的立场都摆明了,但斯大林占了上风。他早知道中国准备出兵,这并非出于对朝鲜人民的热爱,而是为了中国的利益。他知道中国攻打台湾时还要依赖苏联的海、空军技术。毛泽东对苏联人的出尔反尔非常愤怒。10月12日,也就是距离中国军队渡江之日还有三天之时,毛泽东电告彭德怀,暂不执行作战命令,各部队原地待命。他和其他领导人需要重新考虑。毛泽东感到,在失去原定空中掩护的情况下,做出入朝参战的决定太难了。尽管他相信部队能够渡过这一关,但肯定会遭受更大的伤亡。

彭德怀也对苏联的决定感到怒不可遏,因为这将使他的部队暴露在危险之中。据说,他曾威胁不再担任志愿军司令员的职务。但所有这一切都不能影响毛泽东的想法。其实,他很可能早就怀疑苏联是否会兑现承诺。当然,他之所以对出兵的决定坚定不移,也有他自己的理由,不是为了苏联或是朝鲜,而是为了中国的利益。归根到底,他会派兵参战,因为不这样做的话,就意味着新中国软弱无能,无力保卫自己的国界线,因此,无论有没有苏联的援助,他都要出兵。他再次在同志们面前说要出兵。毕竟他们可以得到苏联的武器装备,而且苏联至少还答应保护中国的领土主权。毛泽东请彭德怀不要辞职,他相信,即便没有苏联的空中掩护,他们依然能打败美国人,他们高昂的士气将成为战争胜负的决定性因素。

在会议行将结束之时,中国领导人再度做出相同的决定:出兵朝鲜。毛泽东电告周恩来,他们将首先攻击李承晚的军队。"总之,我们认为应当参战,必须参战。参战利益极大,不参战损害极大。"[21] 同时,毛泽东要求周恩来继续留在苏联进行谈判,尽量争取更多的援助。中国军队首先将在朝鲜最北部的山区构建防御工事。志愿军跨过鸭绿江的日期最终定在10月19日。

10月16日,彭德怀召集志愿军师以上干部商议作战计划,给他们打气。他是这样说的:如果你们不到朝鲜去和美国人战斗,那以后就得在中国的领土上和他们战斗。但是在提到没有苏联的空中掩护时,他看到这些指挥员的脸上闪现出焦虑不安的神情。一些高级干部曾给他发过电报,表示反对在没有空中掩护情况下与美军作战。电报是这样说的:"敌人肯定会集中大批飞机、大炮和坦克,毫不犹豫地对我军发起大规模进攻。"地形也不利于构筑有效的防御工事,因为"当地的气候非常寒冷,到处都是冻土。一旦敌人展开全面进攻,我们根本无法守住阵地"。他们想至少等到春天之后再出兵。这些指挥员还在电报中指出,他们的意见也是绝大多数指挥员的心声。

由于存在诸多分歧,彭德怀于10月18日飞赴北京。听了彭德怀的汇报后,毛泽东意识到高级将领中存在很大的不安和顾虑。[22] 但是,他认为任何事情都不能改变这个决定,也不能改变原定计划。也就是说,这个决定就是最终的决定:部队将于19日晚开始渡江。部队每天在黄昏之后渡江,次日拂晓之前停止前进。为了积累经验,先派两三个师在第一天晚上率先过江。彭德怀马上飞回安东,转告毛泽东的指示。任何人对这一决定提出异议,即可视为不服从命令。至此,美中两国的碰撞已经不可避免。10月19日夜,志愿军开始渡江。尽管并非所有人都斗志昂扬,但整个过程还是相当顺利。有些曾在国民党军队服役的志愿军战士,把鸭绿江上的大桥称为"鬼门关"。

此时还有一个问题尚待解决:由谁来指挥作战。毛泽东已经决定由彭德怀挂帅,但金日成认为,应该让他来指挥中国人民志愿军。他显然还需要重新认识现实:朝鲜领导人怎么可能去指挥中国军队。彭德怀也看不上朝鲜人民军的战术。他曾在一份报告中写道:"谁都能看得出来,这是冒险主义!他们的军事指挥太小儿科了!19日,金日成曾下令誓死保卫平壤。结果是3万名朝鲜人民军战士没有逃脱(联合国军的追击)。"中方曾一度不让金日成知道,他不能再指挥作战了,现在指挥作战的是彭德怀。

四

10月15日，在上任五年半之后，杜鲁门终于见到麦克阿瑟。此时，麦克阿瑟的军队正在向鸭绿江挺进，而中国军队则在四天之后要跨过鸭绿江。自担任美国总统以来，杜鲁门就一直想见见麦克阿瑟，但高傲的麦克阿瑟将军却两次拒绝了总统的邀请（实际上是命令他返回华盛顿）。现在，白宫认为，仁川登陆之后也许是两个人见面的最佳时机，因为这次会面有足够的政治动机：国会中期选举即将于11月初开始。仁川一役取得大胜，在经过战争初期饱受指责之后，杜鲁门和他身边的人都认为，有必要分享一点围绕在麦克阿瑟周围的光环和荣耀。

杜鲁门是一个懂得人情世故的人，他一直以为，只要坐下来谈一谈，他就能和人打得火热。杜鲁门坚信，只要面对面接触，他就能凭借自己的技巧读懂别人的一举一动，他们就会发现自己是一个坦率直白的人，一个不喜欢浪费别人时间的人，更是一个开诚布公的人。他已经和艾森豪威尔及布莱德雷成了好朋友，但唯独麦克阿瑟不行。他对这位将军最多的印象，恐怕就是他的堂堂风度。在这次会面的两天前，在去威克岛的路上，他在写给表兄尼利·诺兰德的便笺中说："我明天就要与上帝的得力助手交谈了。"[1]

最终，他们的谈话还是没有离开政治这个话题。杜鲁门最信赖的私人助理兼演讲撰稿人乔治·埃尔西一直极力促成这次会面。早在9月底，即美军收复汉城之后，他在和杜鲁门一起畅游波托马克河时就提出这个建议。这并不是没有先例。在"二战"即将结束时，罗斯福就曾亲赴火奴鲁鲁，调解尼米兹和麦克阿瑟之间的矛盾。最开始，杜鲁门也不确定自己是否应当去，但最终还是去了。用他的特别顾问查尔斯·墨菲的话来说，杜鲁门是在手下人的压力下这样做的。[2] 当然，两个人都没有公开提到政治问题，但话里话外都没有离开这个话题。有些白宫人士，尤其是负责安排总统日程的秘书马特·康奈利认为此行是个错误，并直言劝告总统。当杜鲁门问

第七章　跨过三八线，向北挺进

及理由时，康奈利答道："国王什么时候会去看望王子呢？"[3]一直把麦克阿瑟当作敌对力量的艾奇逊也认为，此行把政治和战略混在一起，绝对是一个糟糕的决定。他后来称"整个想法都是一场巨大的灾难"，他自己一点也不想参与。当杜鲁门请他同行的时候，他的回答很干脆："虽然麦克阿瑟将军身上有许多外国君主的特征……但我要说，尽管说出来很困难，真把他当君主一样来看待似乎不太明智。"[4]在各军种参谋长中，只有布莱德雷一同前往。甚至国防部长马歇尔将军也拒绝前往，部分原因是他与麦克阿瑟的个人关系很紧张，但更重要的原因在于，他一直反对把政治和国家安全混为一谈。

最初，火奴鲁鲁似乎是最合理的会面地点，但麦克阿瑟坚持认为，离开司令部太远对他来说是危险的。于是，威克岛就成为最终的选择。威克岛距离华盛顿4700英里，到东京1900英里（麦克阿瑟不想到很远的地方的另一个理由是，他不喜欢在夜里坐飞机）。不过，即便是离他这么近的威克岛，麦克阿瑟似乎也懒得去。在离开东京前往威克岛的路上，将军的情绪不太高；他一直向同行的美国驻韩国大使穆西奥抱怨，他完全是迫不得已才去的。他说，为了政治原因而跑这么远的路，这完全是在浪费时间，他们难道不知道"他还在带兵打仗吗"？[5]像麦克阿瑟这样的主角，当然不想见另一个华盛顿的主角，尤其又是一个来自其他党派的人，来分享自己的荣誉和掌声。坐飞机跑到这里来见总统，显然不符合他对宪政等级制的个人理解：人们应该来主动拜访他才对。

但这次会面还是在1950年10月15日如期实现，而麦克阿瑟公开表现得愤愤不平。关于这次会面还有很多传闻，有一种不实的说法是，麦克阿瑟故意让自己的飞机晚点，这样，杜鲁门的飞机就先着陆，等待将军的到来。将军对总统的有意失礼令许多人大吃一惊，其中就包括青年军官、天才的翻译弗农·沃尔特斯（他后来与包括尼克松在内的很多共和党人成为密友）。沃尔特斯认为，另一类失礼行为是，麦克阿瑟不相信任何职位在自己之上的政府官员，比如，他对陆军部长弗兰克·佩斯不屑一顾。沃尔特斯后来写道："我们的教科书说，陆军部长是所有军人（无论其军衔如何）的顶头上司。"[6] 但是对沃尔特斯来说,麦克阿瑟的最慢待之举就是不向总统敬礼,这违背了最基本的惯例。沃尔特斯注意到,杜鲁门对此并没有在意。总统这样做是明智的:如果你老想着什么事情,那它一定会发生,如果你不去想,那它就不会发生。

毫无疑问,会谈是在互不信任的气氛中展开的。但会谈至少在表面上进行还顺利,不过也就是就表面而言,因为这毕竟是迄今为止整个战事最大快人心的时刻。他们的会谈日程上还有一个非常严肃的问题,这个问题尤其让来自华盛顿的官员不安,那就是中国的意图。北京发出的即将参战的声音——现在已经不是让潘尼迦传口信了——让华盛顿非常担心。这些声音到底有多大的可信度呢?杜鲁门总统和他周围的人都在揣测。沃尔特斯后来回忆说,杜鲁门的第一句话就是:"根据我们的情报显示,中国可能要出兵。"[7]

白宫在控制媒体对会议的报道方面有一手。杜鲁门随团携带白宫的新闻团队,他们知道该报道什么,不该报道什么。但白宫不允许麦克阿瑟带上他最喜欢的驻日记者,尤其是美联社、合众社和国际新闻通讯社的记者。其他驻东京的记者戏称他们为"宫廷卫士",即他们的报道很可能出自麦克阿瑟的手下,甚至是将军本人之手。[8] 把这些"宫廷卫士"留在日本,只会让麦克阿瑟更愤怒,因为这样一来,他就无法控制会议报道了。这显然不能振奋他的精神。

会议地点是个再荒凉不过的小岛。但两个人似乎很谈得来,更准确地说,两个人都在努力保持自己的绅士形象。在第一次会谈中,麦克阿瑟问总统是否介意他抽烟,杜鲁门说可以,又补充说:"我是这个世界上被烟雾喷得最多的人。"[9] 他们在威克岛实际上进行两次谈话:一次是杜鲁门和麦克阿瑟之间的私人谈话,话题主要是中国的反应;另一次由所有随行人员都参与的会议,持续时间较长,主要的话题依旧是中国,以及这场战争还会持续多久。

当时留下完整的会议纪要表明,他们的会谈主要是围绕中国展开。在第二次会议时,国务院高级官员菲利普·杰塞普*的资深秘书弗尼斯·安德

---

* 曾是《美中关系白皮书》的总编。

第七章 跨过三八线，向北挺进

森当时就坐在会议室外面。由于会议室的门是敞开的，所以她能进行记录。结果，她凭借出色的速记能力，完整记录了当时会议的谈话内容。几个月之后，随着战事变得异常艰苦，而麦克阿瑟又拒绝对错判中国出兵一事承担责任时，这些记录就成了非常重要的证据。

会上，麦克阿瑟向杜鲁门保证："我们将在朝鲜大获全胜。"在简单讨论一番战后统一的朝鲜未来之后，杜鲁门向麦克阿瑟提出此行最关键的问题：中国和苏联出兵干预的可能性有多大？麦克阿瑟不假思考地回答："可能性非常小。如果他们在头一两个月进行干涉的话，那将是决定性的，可惜他们错过了这一时机。现在用不着再担心他们参战，我们也不必再对他们毕恭毕敬了。中国人在东北有 30 万军队。"他接着说，在这些部队中，其中很可能有不超过 10 万 — 12.5 万人部署在鸭绿江边，只有五六万人可以渡江作战。"他们没有空军。现在我们的空军在朝鲜已经有了基地，如果中国人试图推进到平壤，他们一定会遭到人类历史上最惨重的伤亡。"

腊斯克记得，在提到来自北京的威胁时，麦克阿瑟极为轻蔑。他说，他"一点不明白，他们（中国）为什么要管这件破事，他们现在肯定会感到后悔"。接着，麦克阿瑟谈到第 10 军即将在元山登陆，将在一周内拿下平壤，朝鲜人将在感恩节之前彻底放弃抵抗等。他希望能在圣诞节之前撤回第 8 集团军。布莱德雷说，是否能从正在韩国作战的部队中抽出一个师派到欧洲。将军回答，这没问题，并建议选择第 2 步兵师，因为他们英勇善战，曾在釜山保卫战中重创敌军。于是，很快就有人起草了一份让第 2 师撤出朝鲜的文件。

无论是杜鲁门还是他的随行人员，都没要求麦克阿瑟做更详细的说明，特别是在最敏感的问题上，也就是督促麦克阿瑟关注边界地区形势以及万一遭遇中国人或是苏联人时应作何反应等问题，同样令人遗憾地一带而过。一切都似乎欢欣鼓舞，因此也就没什么好多问的了，就好像没有提出的问题和不知道的事情都不会伤害到他们一样。万一中国人真的参战并躲过麦克阿瑟的空中侦察，形势会怎么发展？这个问题两人从未探讨过。会谈的每项宗旨，无论是在礼节还是政治上，都是避免提出尖锐的问题。麦克阿瑟也一直让自己显得风度翩翩，尽管在东京到威克岛的途中，他一直在抱怨华盛顿为了政治原因而利用他,但是在和总统的会晤中,他却表现出了自己最好的一面,举止优雅,言谈得体。他对杜鲁门说,自己是历史上从总统那里得到最多支持的指挥官。[10]

杜鲁门本人对当前最尖锐、最危险的一些问题,尤其是中国可能参战而带来的危险,也是闪烁其词。没有人提醒麦克阿瑟,不要把联合国军派驻到与中国接壤的省份。所有这一切都是精心安排的。有一段时间,会议进行得似乎过于迅速。腊斯克试图放慢节奏,他担心疑神疑鬼的记者团会抓住这一点,把会议说成是搞公关。他给杜鲁门递了一个纸条,提醒总统放慢会议速度。杜鲁门回答说:"不,我希望在我们陷入麻烦之前,尽快离开这里。"[11] 最后,在杜鲁门和麦克阿瑟即将分手时,总统向将军颁发了一枚"杰出服役勋章"(这是麦克阿瑟得到的第五枚同样的勋章了),以表彰他的"英勇无畏、恪尽职守以及杰出的外交才能"。在前往机场的路上,麦克阿瑟问杜鲁门是否会再次竞选总统,总统则反问麦克阿瑟在政治上有什么打算。麦克阿瑟回答:"没有。如果说有哪位将军反对您的话,那他肯定是艾森豪威尔,绝不会是麦克阿瑟。"杜鲁门说,艾森豪威尔对政治一窍不通:"如果他当总统的话,那格兰特的政府就算得上是楷模了。"

无论从哪个角度看,这次会面都是失败的。他们把联合国军可能受到的威胁最小化,至于如何应对这些威胁,则只字未提。对于这次会面的认识,麦克阿瑟比任何人都更清楚:这是为了在中期选举之前分享仁川登陆的荣誉。当两队人马即将分道扬镳离开威克岛时,人们听到的是乐观积极的总结。杜鲁门当天晚些时候对记者说:"自上任以来,我还从未开过如此令人满意的会议。"双方起草并发布了联合公报,一位现场记者就此写道:"他们就像是两国政府的首脑一样。"[12] 约翰·甘瑟写道,将军有点不耐烦了,急匆匆地准备离开。他掏出怀表看了一下,细心地擦拭了一下表面,然后又放回口袋。他拒绝了记者的提问。麦克阿瑟对他们说:"所有评论将由总统的公共事务官员通报各位。"甘瑟认为,这句话似乎有点讽刺的味道,因为大家都知道,总统只有新闻秘书,没有负责公共事务的官员。艾奇逊后来写道:"每个人都以为对问题已经达成一致,但每个人又都有自己的想法。"[13]

其中的一个问题就是，对中国出兵参战到底是好事还是坏事，各方有着不同的观点。几周之后，当让他们心痛不已的事实摆在面前时，李奇微正在华盛顿忧郁地关注着事态的发展。此时，他不禁想起1950年8月初和哈里曼拜访麦克阿瑟时的情形。在提到台湾这个话题时，麦克阿瑟语气激昂起来。

他说，如果中国人胆敢进攻台湾的话，他会马上赶到台湾，亲自指挥作战。"彻底打垮他们，让这一战成为震惊世界的决定性战役，一场震动亚洲的灾难，而且或许能挡回共产主义。"然后，他停顿了一下，接着说，他怀疑中国人是不是会那么愚蠢，"我每个夜晚都祈祷中国会这样做——我常常是跪下来祈祷"。李奇微认为，少有美国士兵想和一个拥有6亿人口的亚洲大陆国家开战。最初，李奇微还以为麦克阿瑟的想法只是出于他的好大喜功，只是一个老人想在历史上写下更辉煌的一页。后来，在试图挖掘麦克阿瑟北上的动机时，李奇微写道："他把自己想象成一个铲除共产主义巨龙的剑客，这一幻想是不是促使他最终做出挺进朝中边境线这个鲁莽的决定，我们到现在也不得而知。但是我猜这个想法至少会让他的胜利梦想更具诱惑力。"[14]

在即将于战场上兵戎相见的两支军队中，只有中国人知道将会发生什么，而美国人，无论是军人还是政客们，还在满心欢喜，对即将到来的血战几乎一无所知。战况的发展别提多顺利了。很快，杜鲁门就发现，麦克阿瑟还是像以前那样，对自己充满敌意和猜疑，而麦克阿瑟后来也写道，威克岛会议让他确信，华盛顿的态度已经出现了"古怪而危险"的变化，行政当局越来越不想与共产主义作斗争。至于杜鲁门，1954年在接受《斯克里普斯—霍华德报》记者吉姆·卢卡斯采访时，麦克阿瑟说："这个小杂种（杜鲁门）肯定觉得自己是个爱国者。"[15]

美国对这场战争缺乏明确的目标，从一开始华盛顿和东京（麦克阿瑟）对战争的态度就迥然不同。早在7月13日乔·科林斯和范登堡到东京拜访麦克阿瑟时，他就公开声称，他的第一目标是彻底摧毁朝鲜军队，然后"妥当安排并统一朝鲜"。"也许有必要占领朝鲜半岛全境，"他接着说，"尽管现在看来这有点不切实际。"现在这就是他的目标了，连华盛顿的人都要老远地跑来和他分享荣耀，这让麦克阿瑟确信，他比以往任何时候都更加强大，反过来，这又让他更加难以自抑。

美国在20世纪有过很多军事误判，但麦克阿瑟决定一路打到鸭绿江边这一错误绝对无人能及（越南战争属于政治失误，因为决策者是文官）。那里已经插满中国军队的红旗，只不过是他对这些红旗视而不见。当他的军队一路北上时，各部队各自为政，通联不佳，天气状况也越来越差。与此同时，中国军队则躲在山岗上耐心地等待他们，随时准备切断他们撤退（或者说逃命）的羊肠小道。正是这位因朝鲜人的补给线过于脆弱而决定在仁川登陆的将军，让本部队的补给线在他无法控制的地域内拉得越来越长、越来越不堪一击。正是这位为了迅速结束战争、避免让自己的部队在朝鲜的寒冬里作战而选择仁川登陆的将军，在中国东北的严冬即将到来时，决定把自己的部队派往北方。李奇微在四十年后发出这样的感慨："作为一个战地指挥官，我最难理解的事情之一就是，东京司令部怎么能这么健忘，把我们的部队送到如此恶劣的条件下去作战。"[16]

那时麦克阿瑟有许多罪过，包括狂妄自大，爱慕虚荣，但最大的罪过莫过于他彻底低估了对手。尽管他一直待在亚洲，但从来没有去过中国；他满以为中国还是19世纪的中国。朝鲜战争史学家布鲁斯·卡明斯指出，麦克阿瑟对亚洲人的印象就是"百依百顺，俯首帖耳，天真烂漫，绝对服从"。[17] 20世纪40年代末的日本人就是这样，因为输掉了"二战"，日本人正急于从胜利者身上汲取经验教训。但其他大多数地区则是刚刚体验到新兴革命的胜利，而中国内战所发生的一切，恰恰是这种变化最有代表性的体现。但麦克阿瑟从不去理解这种变化。部分原因在于他刚愎自用的性格，也正是这种性格造就了他的神话。他从来不向人求问，好像他无所不知；他是神的使者，别人只能听他的。在中国军队入朝时，戴夫·巴尔少将是驻韩美军的一名师长。尽管他比其他任何美国军官都清楚为什么共产党能在中国取得胜利，因为他是最后一位美国驻华军事顾问团团长，曾

第七章 跨过三八线，向北挺进

亲眼目睹毛泽东的崛起，对共产党军队的战术也了如指掌，但是，麦克阿瑟从来没想过让他给其他团长和师长传授一下经验。

麦克阿瑟头脑中的中国，还是那个大革命之前的中国。对于毛泽东如何统一中国和为什么能成为这个国家的领袖，麦克阿瑟似乎一点也不关心；对革命造就出来的解放军，他更是一点不感兴趣。他对敌人到底是谁，对这个敌人过去何以能取得胜利一点好奇心都没有，这真令人不可思议。尽管在中国军队发起进攻前已经掌握了大量情报，尽管已经从战俘的口中挖出这些消息，但情报部长威洛比却对敌人在12月底的作战动向几乎一无所知。尽管此时已是中国军队发动进攻一个月之后，但麦克阿瑟仍然以为，中国人民志愿军的司令员是林彪，而不是彭德怀。[18]麦克阿瑟似乎更愿意相信，中国共产党在内战中的胜利没什么大的意义。1949年9月，也就是在毛泽东宣布建国前的一个月，他曾对国会议员说，中国共产党的军队被"大大地高估了"。他那时还说，打败他们的方法，就是"打击他们最薄弱的地方，也就是说，在空中和海上"。他补充道，只需要"出动500架战斗机，再派出像陈纳德这样的老将出马指挥就足够了"。[19]他曾在太平洋上巧妙利用空中优势击败日本人，还以为同样的方法也适用于对付中国。事实将证明，对美国空军力量的过分依赖和渲染，将成为重大军事失误。这一失误很快将萦绕在麦克阿瑟部下的头上。他似乎以为中国人会在白天以传统作战队形走到美军阵前，等着美国飞机消灭他们。乔·科林斯后来曾写道，"二战"空战的胜利蒙蔽了麦克阿瑟的眼睛，那些适用于对付机械化程度较高但机动能力较差的日本人的作战方式，并不适用于对付出现在这场战争中的中国人。[20]科林斯认为，甚至是麦克阿瑟的司令部也对战场形势缺乏第一手的感性认识，这一点的确令人遗憾。

麦克阿瑟对作战双方的判断有自己的理论。他一向以了解东方哲学（也就是他不止一次说过的"东方人的思维"）而自傲。每次提到这个问题，他都会说，亚洲人尊敬坚定不移的强人。麦克·林奇在沃克去世之后担任李奇微的飞行员，曾经近距离接触很多关键人物。林奇认为，朝鲜战争中最大的谜团之一就是"麦克阿瑟所说的东方人的思维。我们也许已经了解马尼拉的富商，蒋介石军中那些胆小如鼠的腐败军官，东京街头卑躬屈膝的日本人，但我们对饱经战争洗礼的朝鲜人和刚刚打败蒋介石的乐于献身的中国人，却一无所知。这违背了一个军事指挥家所应遵守的最基本准则——了解你的敌人"。[21]

实际上，麦克阿瑟对亚洲的了解很有限。自1905年以来，他就从未踏上过亚洲大陆，他对自己不喜欢的事情更是漠不关心。[22]在某种程度上可以说，他只了解菲律宾这一个亚洲国家，但菲律宾和大多数亚洲国家之间的区别，就如同纽约和达拉斯一样，相去甚远。在菲律宾，他被视为国家英雄，和这个国家的上层人士结下非同寻常的关系，得到了非同寻常的回报。实际上，从1942年初开始，他和手下的几名主要军官就一直从菲律宾总统奎松那里拿着天价俸禄，以保证他们在未来继续成为菲律宾人最有影响力的朋友。甚至就在他们即将起身离开菲律宾前往澳大利亚时，奎松还利用一项令人迷惑的战时财政安排，向麦克阿瑟及其几名手下支付了64万美元。谈到这笔交易，卡罗尔·莫里斯·佩特洛讪讪地写道："还没有哪个美国军官享受过如此崇高的尊重和如此高贵的待遇。"在这笔钱中，麦克阿瑟独享50万美元（按现在的购买力计算，可能相当于1000万美元，而且免税）；他最看不起的参谋长理查德·萨瑟兰拿到7.5万美元，萨瑟兰的副手理查德·马歇尔拿到4.5万美元；麦克阿瑟的助手西德·哈弗得到2万美元。美国国防部知道这件事，也就是说，马歇尔和罗斯福肯定知道这笔交易，但没人试图出面阻止。不久之后，奎松也给艾森豪威尔提供了一笔金额不相上下的资助。此时艾森豪威尔是华盛顿的高级军官，至于这笔资助的理由，可能是表彰他在1935至1939年间在菲律宾的工作吧。不过艾森豪威尔明智地婉言谢绝了奎松的厚礼，并以备忘录形式在官方文件中对此事进行说明。[23]

和此前的很多将军一样，麦克阿瑟也相信，即便面对完全不同的敌人，每一场战争都和下一场战争没什么区别。因此，他自然无法区分这两个出现在不同战争中的完全不同的亚洲敌人。在"二战"中，日本派出的是传统的正规军，打的也是传统的正规战，他们的失败不是因为个别战士的能力有限，而是因为这个国家的工业基础薄弱。从军事角度说，他们惧怕硬碰硬的传统军事力量,尤其是空中打击力量。相比之下,中国不是一个工业化的大国,中国人非常清楚自己的薄弱环节,并据此调整了自己的战术。因此,他们的作战方法基本反映了该国的原始工业经济现状。而他们能在敌人的眼皮底下神不知鬼不觉地大规模转移兵力——夜里行军15英里,不准任何人吸烟,白天蜷伏在手工挖掘的洞穴里,这种能力让麦克阿瑟和他手下的指挥官大惊失色。

于是,当麦克阿瑟的部队大踏步地向鸭绿江边挺进时,中国人已经精心准备好一场当代战争史上最大规模的伏击战。现在,中国人需要的就是让麦克阿瑟向北深入,让他的补给线拉得越来越长,直至变得不堪一击为止。8月底,当雷英夫向毛泽东报告麦克阿瑟可能进攻仁川的时候,这位中国领袖就向他提出一大堆问题,既有麦克阿瑟将军以往的战术风格,也有他的性格等。雷英夫告诉毛泽东,他"以高傲狂妄和刚愎自用而著称"。毛泽东顿时来了兴趣,连声说:"好,好。越狂妄越好,越固执越好。"他又接着说,"一个自高自大的敌人是最容易被打败的。"[24]

现在,麦克阿瑟的部下发扬光大了他的自负性格,让他以为他想看到的事情就一定会发生,而他怀疑的东西就会被最大限度地缩小。某通讯社记者克拉克·李以及曾在"二战"期间一直随同麦克阿瑟的战地摄影师理查德·亨谢尔曾写道,他的手下反映了他身上最糟糕的东西,因为他们毫无偏差地放大了他最恶劣的本性,却又不能有任何弥补。他们写道:"有些人对麦克阿瑟奉若神明,他们的行动就像是把被马歇尔、金和霍普金斯(这三位都是当时华盛顿有影响力的人物)阴谋钉在十字架上的麦克阿瑟小心翼翼地抬下来,生怕他再受一点伤害。"[25]事情一直就是这样。几年之前,有一次,麦克阿瑟向马歇尔将军谈论一个观点。他刚一开口说"我的手下……"马歇尔便打断他:"将军,你没有手下。你有一个宫廷。"[26]一向以善解人意著称的专栏作家约瑟夫·艾尔索普认为,在东京的那些年里,麦克阿瑟的下属们就像是路易十四宫廷里的大臣。位于日本第一生命保险公司大楼里的麦克阿瑟司令部"验证了战时军队的基本法则:离前线越远,你遇到的畏缩不前者、马屁精和傻子就越多"。但麦克阿瑟身边的马屁精和献媚者比任何人都多，他们在和麦克阿瑟说话时，语调"几乎只有颤抖和敬畏，我一直以为，这些献媚行为终将把他绊倒"。[27]

到1950年秋季，他们的圈子越来越小，越来越反复无常。如果麦克阿瑟笑，他们就跟着笑，如果麦克阿瑟皱眉，他们也跟着皱眉。如果事情顺利，那是因为他们的上司是个伟人；如果不顺利，那是因为华盛顿那帮不共戴天的死敌。历史学家威廉·斯塔埃克一针见血地评价说，那时在麦克阿瑟身边的都是些"不敢打扰他自己编织的自我欣赏之梦"的人。[28]但是在朝鲜，下属的这些毛病却从来没有让麦克阿瑟烦心过，而麦克阿瑟也很少把失败的责任归咎于他的情报部长威洛比。在麦克阿瑟的司令部里，职位要求的必备才干与任职者现有的能力及其获得的评价之间反差最大的，莫过于威洛比。马尼拉的巴丹俱乐部之外的一些军官有时叫他查尔斯爵士、威洛比勋爵、冯·威洛比男爵或是漂亮的查尔斯亲王。迪克西使团团长巴莱特认为他是最能颠倒是非的人。他私下里把威洛比称作"皮尔森王子"。前战略情报局情报官卡莱顿·韦斯特说，威洛比这个名字的第一个字母"W"应该改成"V"，这样，发音就更像是德语了，因为他的专权和傲慢更像普鲁士人。[29]有一次，威洛比问高级参谋罗杰·埃格博格博士："罗杰，你觉得我有普鲁士人的血统吗？"埃格博格回答说，你可以这么说。威洛比对此感到非常骄傲。麦克阿瑟甚至有一次叫他"我亲爱的法西斯分子"。[30]

威洛比不仅仅是麦克阿瑟主要的情报官，在朝鲜战争期间，他更是唯一能影响麦克阿瑟的情报官。大多数指挥官都希望能有尽可能多的情报来源，但麦克阿瑟只关心自己能控制的有限情报；他不希望自己身边出现不同甚至是反面的声音。对他来说，最重要的就是军情报告首先必须要和他想做的事情实现无缝对接；这就意味着，威洛比献给麦克阿瑟的情报都是他有意预制好的。而显示中国人已经出现的那些高度专业化的情报评估，可能妨碍麦克阿瑟做他最想做的事情：继续北上，直抵鸭绿江。直到威洛比犯下未能侦察出中国军队的位置和意图的灾难性大错时，中央情报局终于被允许进入这一地区。

威洛比是生于普鲁士的极右翼分子，用中央情报局计划部主任弗兰克·维斯纳尔的话说,他"满脑子意识形态,不注重任何事实"。[31] 威洛比似乎一直未能融入美国文化,他曾对"二战"期间为《时代》周刊工作的罗伯特·谢罗德说,美国应该去和一个不同的敌人战斗。他说:"华盛顿的政策不靠谱,我们应当把英国交给德国人,我们的战争应该在这里(亚洲)结束。"[32] 他心目中最大的英雄并不是麦克阿瑟,而是西班牙独裁者弗朗西斯科·佛朗哥,一个纯粹的法西斯主义者,曾在20世纪30年代在纳粹支持下抢班夺权,并在"二战"期间倒向德国。即便是在给麦克阿瑟当情报部长时,他还在忙于给佛朗哥写传记。在"二战"期间的一次晚宴上,威洛比对美国的军政领导横加指责,甚至突然举起酒杯高呼:"向世界第二伟大的军事指挥家、尚不是我们的盟友或者说美国的好朋友的弗朗西斯科·佛朗哥致敬!"[33] 这话让当时在场的约翰·冈瑟非常震惊。曾采访过威洛比的《时代》周刊的年轻记者弗兰克·吉布尼提到,他"经常谈论两个伟大的将军,不管何时,你的第一项工作就是猜他说的到底是麦克阿瑟还是佛朗哥。他总喜欢说自己刚从将军那里拿到一批上好的红酒,你能猜得出他说的很可能是佛朗哥,因为西班牙人比东京司令部的人更会做红酒买卖"。[34]

在其他任何一个美军的司令部里,威洛比都不可能占据如此重要的位置。他的职位升得越高,他身上的普鲁士人味道就越浓。有的时候,他甚至戴一副单片眼镜,正像他的一位同事所说的那样,他更像电影导演埃里希·冯·斯特劳海姆,而不像"二战"时期的德国总参谋长卡尔·冯·龙德施泰特。吉布尼认为,威洛比的言谈举止多少有点让人觉得可悲。他总想让自己显得更有贵族风范。"他经常离开司令部,带着给自己捧场的上校们去东京的俱乐部打网球。在一个大热天打网球时,他会留心观察,看着你说:'吉布尼,打得好,今天能在球场上看到你真是高兴啊。嗨,吉布尼,他们说只有疯狗和英国人才会在中午的大太阳底下出来,但现在我也一样。'然后,最无聊的就是那群上校,他们会假惺惺地开怀大笑,好像威洛比的话很幽默似的。此时,你会突然为东京司令部能收到多少情报并传给华盛顿感到担心。"[35]

威洛比的出身一直备受争议。他声称父亲是德国贵族,母亲是美国人,但大多数人认为他是在撒谎，他的贵族身份完全是他杜撰出来的。当然，他自己也并未澄清出身的谜团。在《美国名人录》以及他提交给军方的自传中，威洛比说自己于1892年3月8日出生在德国的海德堡，是弗里歇·冯·特谢普—威登巴赫男爵之子，母亲的闺名叫艾玛·威洛比，来自巴尔的摩。但海德堡人口登记部门该日记录的出生者只有阿道夫·奥古斯特·威登巴赫，其父的名字是奥古斯特·威登巴赫，职业为制绳工人，其母为艾玛·朗格豪瑟，也是德国人。《记者》杂志的弗兰克·克拉克豪恩指出，德国方面的文件表明，没有主事者在威洛比的名字前加上"冯"这个贵族称号。威洛比早年的一位朋友证实，他的父母都是德国人，威洛比这个名字实际上就是威登巴赫的英语音译，在德语中的意思是"柳树溪"。克拉克豪恩曾就这个问题询问过威洛比，后者说，自己是个孤儿，不知道父亲是谁，这和《美国名人录》的说法一致。唯一没有疑问的是，他在1910年来到美国，时年18岁，参军时的名字是阿道夫·查尔斯·威登巴赫。他用了三年的时间熬到中士，退伍后进入葛底斯堡学院学习，并在堪萨斯大学做了一段时间研究生，之后在中西部的几所女子中学任教。1916年，他再次参军，在美墨边境服役，最终虽然来到法国，但未真正上过战场。"一战"后，他在委内瑞拉、哥伦比亚和厄瓜多尔担任美国大使馆的武官。据比尔·麦卡弗雷回忆，内德·阿尔蒙德从第一眼见到威洛比起就开始讨厌他。此后，他自封为军事史学家，后来又成为情报军官。20世纪30年代中期，他在堪萨斯州的利文沃斯堡（该地培训美国最有希望的中级军官）任教时，不知道怎么和麦克阿瑟搞上了关系。1940年，他来到菲律宾，很快成为麦克阿瑟的头号情报专家。从那时起，他的主要工作之一，就是放大麦克阿瑟的神话。在"二战"期间以及在东京和朝鲜的那些年里，他一直孜孜不倦地创作一部有关将军的军旅生涯的专著，据说这纪念碑式的作品原有三千多页，但出版时只和一般书籍的长度差不多。

虽说麦克阿瑟的手下通常会联合起来抵制外界的挑战，但他们内部也分为许多派系，并为博取麦克阿瑟的欢心而争斗。威洛比和麦克阿瑟的另一个心腹科特尼·惠特尼一直在争做麦克阿瑟的乖宝贝。律师出身的惠特尼通常帮麦克阿瑟做些法律工作。由于和菲律宾高层人士交往甚深，惠特

第七章　跨过三八线，向北挺进

尼在马尼拉的那几年里给麦克阿瑟帮了大忙。威洛比的优势则是深谙麦克阿瑟的喜好，不仅了解将军最想听什么，更是把他捧为历史大人物。1947年，他是这样描绘麦克阿瑟的：："在这个时代，您无人能及……一提到伟大的领导人，我是指伟大的人而不是伟大的思想，人们总会想到马尔伯罗公爵，想到拿破仑，想到罗伯特·李将军。不管怎么说，这古老的王朝联盟……一个绅士可以效力于大公。我的事业也可能终于此……环顾当今世界，大公们正在离开世界舞台，同时还激烈抵抗着野蛮人，就是那些被俄国人的鞭子驱使的不知名的暴民。"[36]

对华盛顿的很多高官来说，威洛比的存在恰好证明麦克阿瑟的军队就是他自己的军队，根本不受参谋长联席会议的指挥。在他们看来，威洛比就是"一战"中的敌人留下的东西。用麦克阿瑟的传记作家克雷顿·詹姆斯的话说，"他太像普鲁士人了，就差一个德式尖顶盔了"。威洛比的意识形态偏见之深甚至令麦克阿瑟的其他下属很不舒服。在构建日本民主未来的过程中，威洛比表现出异乎寻常的热情，甚至大力宣扬清除"新政"自由派人士的大本营，在他的眼里，这些人要么是共产党的同情者，要么就是共产党人。他还自封为新闻检察官，随时竖起耳朵，寻找任何违背麦克阿瑟意愿的声音。《美国新闻与世界报道》的约瑟夫·弗罗姆认为："当时，我们很多人报道了政府机构的这些内部斗争，这些严肃而又饶有趣味的报道内容是关于决定日本未来走向的斗争，也反映了麦克阿瑟司令部里的两股基本势力，即改革派和传统派。""我对这种势力的划分进行过深入的客观研究，更重要的是，这些报告既不是他喜欢的，也不是麦克阿瑟喜欢的，因此，威洛比确信我是共产主义者。我还记得，有一天，他打电话给我，要和我进行一次面对面的谈话。那次会面简直可以用疯狂来形容，他只想谈列宁和马克思，就好像我们两个人都知道这场游戏到底是要干什么。他想表达的意思就是，他是彻底的反共产主义者，是法律的化身，而在他的心目中，我是共产党人，因而是违法者。而且他表明我和他在这场对抗中是平等的，他没有以势压人，最后他是用自己对共产主义的观点战胜了我的观点。"[37]多年之后，弗罗姆依据《信息自由法案》找到了自己的安全档案。

令他大吃一惊的是，档案充斥着毫无意义的垃圾材料，这些材料都是威洛比及其手下一手捏造的，很多内容极端卑劣，毫无根据。"如果把这些东西当真的话，那足以毁掉一个人的职业生涯。但这也让我们看到一个负责为国家收集情报的人，到底是一个怎样的人，他无非是在浪费时间。而那个司令部对事实视而不见，更是让人不可理喻。"[38]

威洛比是个阴谋论者。在他看来，中国大陆所发生的一切，绝对不是什么长期受压迫者以当代政治手段去寻求解放和表达自己意愿的历史性事件，而是阴谋家的诡计。在朝鲜战争开战前的1950年5月，威洛比在写给众议院非美活动调查委员会*的信中声称："是美国共产党人预谋了中国的共产化。"他信中写道，这些人是地地道道的亲共者，他们"对异己的事业，对以征服西方世界为目标的泛斯拉夫主义式的共产主义圣战，有着不可名状的狂热"。[39] 他还与国内的反政府极端人士关系密切。早在1947年，他就开始对驻日美军部队展开调查，正如布鲁斯·卡明斯所说，这些调查和麦卡锡在三年后进行的调查没什么不同。威洛比一直与众议院非美活动调查委员会和阿尔弗莱德·科尔伯格（科尔伯格通常被认为是"院外援华集团"的关键人士和联邦调查局的核心成员）来往密切，向他们提供在他看来是危险的左翼分子的情报，其中就包括国务院中那些认为蒋介石胜算极低的人。麦卡锡在调查"二战"时的"中国通"时，就采用了他收集的一部分情报。[40] 在麦克阿瑟被解职后，威洛比与美国极右翼势力过从甚密，并撰写了一些恶毒攻击他人的文章，文中充满种族主义和反犹太主义色彩。1952年，在艾森豪威尔即将获得共和党的总统候选人提名时，威洛比告诉麦克阿瑟，这证明共和党人是"狡猾的阴谋分子，准备让罗斯福和杜鲁门的吸血鬼式统治永久化"。

由此可见，所有传到东京司令部的重要情报，都要通过威洛比的眼睛

---

* HUAC，美国国会众议院于1938年设立的临时性调查机构，以反共著称的得克萨斯州参议员M. 戴斯担任主席，故又称戴斯委员会，参加调查的委员绝大多数都是右翼反共分子。该委员会名义上是调查法西斯主义、共产主义及其他组织"违反美国利益"的"非美国"活动，实际上是反共、反民主，迫害共产党、进步工会和团体及其他进步人士的工具，现为众议院国内安全委员会。

进行一番过滤。威洛比的重要性不在于他有显而易见的能力缺陷，而在于他反映出了麦克阿瑟的心理弱点。麦克阿瑟虽然才华横溢，但有性格缺陷，他无时无刻不需要有人去服从、去奉承。绝大多数军官对威洛比鄙夷不屑。比尔·麦卡弗雷曾说过："我一直担心有一天他会被谋杀，万一他被谋杀，我相信他们肯定会来逮捕我，因为我恨死他了，还讲过很多关于他的真话。"[41] 第10军的作战处长约翰·柴尔斯中校（军长阿尔蒙德最信赖的副手之一）说："麦克阿瑟并不希望中国人朝参战。只要是麦克阿瑟想看到的，威洛比就能找到让将军对自己的判断信心百倍的情报……他真应该进监狱。"[42]

威洛比的作用在10月末达到顶峰。当时，越来越多的情报显示，中国军队已经进入朝鲜与中国接壤的北部地区。也正是在这个时候，威洛比开始着手证明，他们根本就没有出现在那里，即使有，也只是少数志愿者。尽管在10月底和11月初，韩军和美军骑8团在云山遭遇中国军队的伏击，但威洛比极力弱化这些铁证。当时很多参战人员后来认为，虽然首批中国战俘供出许多情报，但威洛比拒绝就此采取迅速行动。他没有在情报简报中加入明确的警告，所以应当对骑8团在云山全军覆没、日后第8集团军遭到重创、大批官兵阵亡和被俘负主要责任。对这些人来说，威洛比无异于恶魔：他一方面对共产主义和中国疯狂叫嚣，但另一方面，又把联合国军引入中国人的包围圈，轻易断送了他们的努力。一位聪明的青年作战参谋比尔·特雷恩认为，威洛比"想让人们觉得他了解自己正在做的事情——但最终他拿出来的东西毫无价值，什么用都没有。他所做的一切都是错的！没有一点正确的东西！在那段时间，他唯一做的事就是和真理与事实作对，竭尽全力地阻止事实从下级传到上级，阻止上级据此采取相应的行动"。[43]

在战争时期，情报员要保持正直、客观的重要性，无论怎样强调都不为过。一个杰出的情报员会研究那些隐藏在黑暗中的线索，想方设法勾勒出未来事态的轮廓。他们要在成见或文化偏见与事实混杂之处发现敏感的东西，借助微不足道的一线光影，寻求事实的真相。他必须和事实站在一起，即便站在大多数人的对立面也在所不惜。对一个真正杰出的情报员来说，他的职业或许充满压抑和误解，因为他必须把上司不愿意听到的东西直言不讳地传达给上司。一个杰出的情报员应该竭尽所能，尽量从未知的状况发现可知的线索。他必须努力让自己像敌人那样去思考，必须认真倾听反对者的声音。他必须知道，只有敢于挑战自己的价值体系，才能真正理解敌人的本性和动机。

不管从哪个角度看，威洛比不仅不能发挥这样的作用，而且起了反作用。一位退休的老上校对其他老头不无悔恨地抱怨说，他害了我们。他后来不像年轻时那么好，不像刚参军时那么勇敢了。当了三十一年情报员的卡莱顿·斯威夫特认为，如果威洛比的行为不是那么要命的话，你肯定会觉得，他就是一个小丑。[44] 斯威夫特出身战略情报局，后进入中央情报局工作，以美国驻汉城总领事一职为掩护身份，因此不受威洛比管辖。"威洛比表现出的那种刚愎自用，让你无论如何也无法将其和一个合格的情报人员联系到一起。在他的身上，你看不到情报人员所应有的丝毫怀疑精神和谨慎。似乎他总是正确的，从来就不会犯错误。他左一个确信无疑，右一个确信无疑，每句话结尾处好像都有一个感叹号；他说哪件事情不会发生时，那件事就不会发生，而且根本就不可能发生；他经常会这样说：'我们知道，对方会这么做，我们也知道，他们不会那样做。'更糟糕的是，你不能去挑战威洛比。因为他经常清楚地向你表示，他的话代表麦克阿瑟，你挑战他就是挑战麦克阿瑟，这显然是不允许的。因此，战地情报人员很难让自己的情报原封不动地传递给上级司令部。"[45] 斯威夫特年轻时曾任职于战略情报局，"二战"期间曾在越南和胡志明打过交道，美国那时还与胡志明保持着良好的关系。中国内战期间，他在昆明工作，离开时则对中共的军事能力赞赏有加。斯威夫特在中国一直有可靠的情报来源，因此对中国军队在东北的大规模调动了如指掌。他认为，那时对待情报来源要完全依赖于直觉和信赖。他知道，中国军队正在沿鸭绿江边境线大量集结，中国领导人也一再公开表示要入朝作战。谍报员传来的所有信息都表明，中国人正按计划走向战争，在这种情况下，最好还是认真对待中国人的承诺。

到了10月中下旬，斯威夫特又陆续接到谍报员的报告，称中国军队正在进入朝鲜。这些谍报员都是中国人,用当时充满种族主义气息的行话来说,他们做"斜眼儿"。尽管这些情报的质量好坏不一,但其内容足以引起任何一个情报人员的重视。斯威夫特还从军情界的很多朋友那里听说类似的消息,因而后来他认为,这表明他们知道,在元山地区被俘并接受白善烨将军和美军司令部审讯的是中国军人。但斯威夫特还知道另一些事,"所有这一切都影响不了威洛比。中国人不会来。他知道这个,他从来不会错"!

实际上,威洛比不仅阻止战地情报部门向朝鲜战场上的高级指挥官传送最宝贵、最重要的信息,他还切断其他情报来源,眼睛紧盯着中央情报局驻东京办事处那少得可怜的几个人。根据与美国海军的事先安排,中央情报局在第七舰队内设立工作组,其基地位于日本的横须贺,由威廉·达根负责。威廉·达根是美国战略情报局的老牌特工,以前在欧洲工作。从9月底到10月,达根从台湾同事那里获得很多有关中国军队动向的特别情报。加入中国人民解放军的部分国民党人依旧保有无线电。他们有时会想办法在夜间溜出来向台湾发送情报,报告自己的位置及所在部队的下一步动向。这些信息只有一个主题:大队人马已经集结在东北边境线,而且前线指挥人员已经认定,上级已经决定渡过鸭绿江。

到10月底,所有无线电台突然之间都变得悄然无声,也许是因为他们已经进入朝鲜,必须要实施无线电管制,但这也从另一方面验证了此前警报的真实性。当时,在台湾有一个名叫鲍勃·梅尔斯的CIA年轻特工从国民党同行手中得到这些报告,并立即转送给上级。他知道这些情报已经转送到日本的达根手中,但他当时不知道,威洛比知道此事后就威胁说,除非达根停止将此类情况向上级汇报,否则就把达根的工作组赶出日本。[46]

与此同时,在第8集团军内部,人们也在情报问题上发生了激烈争论。最倒霉的就是第8集团军情报处长克林特·塔肯顿,他夹在疑心渐生的朝鲜战地情报员和威洛比之间左右为难。"他是威洛比的人,不是沃克的人,这层关系很重要。你得记住威洛比在整个指挥体系中权力很大。"[47] 年轻的特雷恩时任骑1师的作战参谋,他认为,中国军队已经进入朝鲜,悲剧即将上演。"这是麦克阿瑟的司令部,不是美国陆军的司令部。如果你要绕过威洛比,得到的惩罚可不只是被调离现职,很可能是没了军中的前程。"因此,塔肯顿接受了东京的命令,就像威洛比在10月28日(也就是在元山地区俘获三名中国士兵的三天之后)的一份情报评估报告中说的那样,"实施此类军事干预的最佳时机早已过去;考虑到朝鲜残部已基本丧失战斗力,很难想象中国会采取军事干预行动,即便他们曾有过此类计划"。[48]

但特雷恩对云山地区发生的事情非常警觉。由于情报处缺少人手,他被拉入该处工作。随着对事态的日益关注,他掌握的情报可以无可置疑地说明,中国军队已经大规模参战,不可能像威洛比的情报机构那样对这些情报嗤之以鼻。这些情报让你不寒而栗,迫使你去掌握更多的情况。尽管从技术层面上讲,收集情报不是特雷恩的本职工作,但如果你不知道敌人是谁和在哪的话,那你怎么制订作战计划呢?就在中国军队对云山发起进攻之前,他觉得自己还在拼七巧板。他发现,每一个新情报都让即将发生的战事更清晰地显现在面前。北进的美军士兵正在走进一个轮廓越来越清晰的伏击圈。上级情报机关系统地缩小这些情报的意义,甚至是公开诋毁这些情报的行为,让特雷恩感到极度震惊。在如此危急的时刻,他们至少应该要求情报人员收集更多信息。但事实正好相反,他们在悍然低估敌军的规模,并清楚地表示,他们不想得到更准确的情报。只要特雷恩和师作战科长约翰·达布尼注意到有中国人出现的迹象时,威洛比的手下就会不遗余力地缩小其意义。[49]

让这场斗争变得更不公平的是,塔肯顿不是自己的盟友。他倒也算不上自己的对手,他被夹在固执己见、专横独断的上司和令人不安、无法接受的现实之间而动弹不得。特雷恩在多年之后认为:"塔肯顿处在一个无所作为的境地。威洛比是他的顶头上司,还喜欢仗势欺人,他知道自己的权力有多大,也喜欢弄权。他控制着东京的情报机构,而塔肯顿又是他的人,所以他又控制了第8集团军的情报处。于是,他可以作出任何他想要的情报评估报告。至于塔肯顿,无论他的真实想法是什么,都只能处在威洛比的阴影之下。"[50] 达布尼后来也说,塔肯顿受到威洛比的影响太大。[51] 他们一提出看到中国军队的说法,威洛比就能找到否认的理由。如果韩军报告在一场战斗中打死36名中国士兵,而且尸体还留在战场上,威洛比马上会解释说,这是东方人讲面子的一贯做法。因为韩国人的作战能力太差了,所以能打死几个中国士兵,在他们看来是一种极大的骄傲。如果证据显示有五六个中国师出现在某一地区,威洛比肯定会解释说,他们不是来自你说的那些中国部队,而是另一小股编入朝鲜人民军的中国军人。

军中有些人正在玩火,他们稳坐东京司令部,而付出代价的则是那些必须在极端恶劣条件下与最危险的敌人交战的前线官兵。比如说,10月30日在云山受到第一次攻击之后,美国驻韩国大使馆的埃弗里特·德伦姆莱特认为情报部门的观点非常正确,于是就电告国务院,两个团约3000人的中国军队已进入朝鲜。他如实回答了上级提出的十万火急的问题。但是在第二天的电报里,他就把这个数字减少到2000人。到11月1日,战俘审讯的结果已经表明,这些战俘来自不同的军,这说明入朝作战的中国军队不止两个团。但塔肯顿依旧根据威洛比的逻辑说,尽管这些小部队来自不同军,但完整的军团尚未出现。[52]

11月3日,随着云山的情况日趋明朗,威洛比也只是略微地调高了一点敌人的兵力:中国军队已经进入朝鲜,最少1.65万人,最多不超过3.4万人。11月6日,塔肯顿又把与第8集团军和第10军作战的中国军队总人数估计为2.7万人,而实际上的这个数字已经接近25万人,而且还在增加。11月17日,麦克阿瑟告诉美国驻韩国大使穆西奥,在朝的中国军队不超过3万人,而第二天,塔肯顿就把这个数字增加到4.8万人。11月24日,也就是联合国军挺进鸭绿江、发起总攻的那一天,他们感觉中国军队仍不强大,且没有坚固的防御阵地。威洛比估计中国兵力最少4万人,最多7.1万人,实际上当时有30万中国大军正在耐心等待联合国军一步步走进他们的陷阱。

情报部门内部也存在着巨大分歧。不仅许多战地情报官现在开始坚信,威洛比的错误不可原谅,连名义上级别高于塔肯顿、原本应执掌军情报处的鲍勃·弗格森中校也对威洛比表示怀疑。弗格森是在塔肯顿上任之后来到朝鲜的,他试图改变塔肯顿的想法,但最终还是以失败而告终。不幸的是,他的对手不是某个人，而是一个体系，而弗格森又恰恰是这个体系的局外人。正如特雷恩所言："这也许是我遇到的最糟糕的事情，因为你几乎是眼睁睁地看着它来到面前，并知道已经发生的还将继续发生，无奈地看着这些无辜的年轻人一步步走进可怕的陷阱。"[53]

对第8集团军司令沃克来说，尽管他明知感觉不对，但又不得不服从上级命令。最初，他一直阻止战争记者报道中国军队是否进入朝鲜的消息。在韩军第一次捕获几个战俘时，美联社的汤姆·兰伯特和《时代》周刊的休·墨菲特听说这些战俘至少有一个是中国人。于是，他们马上驱车20英里赶到韩军的一个团部，一名会说英语和汉语的韩国军官正在审问战俘。这名战俘身穿棉夹克，军服完全不同于他们此前看到的敌人。这个战俘确实是中国人，他自己也毫不隐瞒：他说，外界都以为他们是志愿军，但实际上不是。第二天，兰伯特和墨菲特乘吉普车赶到沃克的司令部，但让他们感到意外的是，第8集团军司令仍然不承认这一点。沃克说："当然，他们可能是中国人，但不要忘了，洛杉矶也有很多墨西哥人，不能因此就认为洛杉矶是墨西哥的城市。"[54]实际上，从第一次俘获中国军人那一刻起，沃克就进入极端紧张的状态。11月6日，也就是在骑8团遭重创后，威洛比曾飞到平壤参加一次会议，沃克找到他说："查尔斯，我们都知道，这里已经有中国人了。你总得告诉我，他们来这儿干什么。"据沃克的传记作家威尔逊·希弗纳说，威洛比的回答根本就算不上回答。

当时，沃克感到自己是个局外人。在庆祝收复汉城时，他就告诉助手乔·泰纳和飞行员麦克·林奇，这是个伟大的日子，因为他终于要知道未来的计划是什么了。当天晚些时候，他一脸迷茫地回来。没人去问沃克下一步的计划是什么。在跨越三八线后，他打算沿着朝鲜半岛的狭长颈部，也就是从平壤到元山修筑一百多英里长的野战工事，不去深入占朝鲜国土面积大约三分之二的荒无人烟之地。只占据这一地区就易于巩固、保卫和供给，并让意欲来袭的中国人或是朝鲜人暴露在联合国军的空中打击之下。深入三百英里直到鸭绿江就大错特错了。但上级并没有去想这些。实际上，沃克不再是第8集团军的司令了，只算半个司令，因为所有的重大决策都

第七章 跨过三八线,向北挺进

绕过他。他清楚地意识到,自己正在参加一场比赛,终点线是鸭绿江,他必须赶在阿尔蒙德和他的第10军之前撞线。

李奇微认为,这一切绝非偶然。华盛顿可能处于守势,但麦克阿瑟也知道,来自东京司令部的三个词就能让他们警醒,也就是"Massive Chinese Intervention"。一旦出现有新敌人参战的证据,无论是军方(包括马歇尔将军和各军种参谋长),还是华盛顿的政治人物,都会立即由被动转为主动,都会给麦克阿瑟施加严格的限制,而不会像现在这样放手不管。因此,在云山之战以后,北上征程的第二场战事是一场关于中国军队有多少人的政治斗争。

五

在后方还有一股力量正在运作，这就是美国的国内政治。杜鲁门通过威克岛之行分享仁川登陆之荣耀的企图失败了。11月7日，也就是在中国军队攻克云山的三天之后，当在骑1兵师的高级军官还在反省这场战斗对自己的摧毁性打击时，美国的中期选举开始了。这场不受民众支持的战争一直让民主党人饱受争议，他们在这次选举中的结果自然很差，总共丢掉了5个参议院席位和28个众议院席位。

开战之后的第一次选举使来自威斯康星州的参议员麦卡锡异军突起。在1950年2月的第一次竞选演说中，麦卡锡就声称共产党要颠覆美国。很多美国人认为，目前的战局似乎可以印证他对现政府的指责，而对其他人来说，演说验证了他们对民主党的厌倦。这一切最直接的受益者是麦卡锡。在选前三年里，麦卡锡几乎就上演了一场耸人听闻的政治狂奔。当他的攻击在民众中掀起一波又一波的涟漪时，他则慢悠悠地享受这股波浪带来的快感。整个国家都在拥护他，媒体对他的各种指控同样随声附和，认为无须验证。"麦卡锡声称共产党人主宰国务院，参议员认为政府袒护红色势力"，这类报道随处可见，只要是他说的，那就是新闻。他对证据根本就不感兴趣，因此也没有对共产主义分子在美国的所作所为进行过认真研究。但这绝非好事，因为从长期来看，他的做法导致人们对战后苏联在美国国内的影响缺乏严肃认真的研究。苏联人在美国的成功到底是来自在大萧条期间因对民主制度丧失信心而联合起来的那部分人，抑或是来自成为苏联间谍的一小撮男男女女。认真研究共产主义或是间谍活动不是麦卡锡的专长。曾经采访过麦卡锡的乔治·里迪有一次说："即使到了莫斯科红场，麦卡锡也看不出谁是共产党员，他根本就分不清卡尔·马克思和电影演员格罗克·马克思到底是不是一个人。"[1]

他就是那个时代的政治流氓，一个喜欢搬弄核时代的恐慌而哗众取宠的民粹主义者。他一直把自己看成美国精神的化身，并以此为荣；他在一

第七章 跨过三八线，向北挺进

次紧急新闻发布会上对两名记者说："小伙子，如果你反对麦卡锡，那你不是赤色分子就是混球。"[2]麦卡锡已经成为右翼势力的最佳打手，对沉稳的共和党人价值非凡。用作家莫雷·坎普顿的话说："他就是共和党放在雷区里的一头猪。"[3]麦卡锡曾说："只有通过'扒粪'，我们才能胜利，只有扒粪者才知道怎么扒粪。"[4]老牌参议员罗伯特·塔夫特告诉他，不要因为某些指控无效就感到气馁，他需要"不停地说，如果一件事不成，就去干下一件事"。[5]

在1950年的选举中，麦卡锡取得了两场重大胜利。他的主要对手是参议员米兰德·泰丁斯，一个老派的、有贵族风度的马里兰州民主党人，罗斯福以前就因为他过于保守而多次想清除他。泰丁斯对麦卡锡鲁莽而偏狭的指控感到震惊，1950年夏天，他曾组织一个调查委员会，对麦卡锡的这些指责进行调查研究，用当时的话说，就是对调查者进行调查。最终，该委员会对麦卡锡的行径提出批评，认为遭他指控者大多无罪。委员会的调查结果认为，麦卡锡的指控"要么半真半假，要么纯属谎言，恐怕是我国历史上最恶毒的政治攻击"。[6]

1950年泰丁斯决定再次竞选参议员，而麦卡锡对其穷追猛打。麦卡锡多次离开华盛顿造访邻近的马里兰州，甚至使用一张泰丁斯与美国共产党领袖白劳德一起共事的假照片。泰丁斯最终在选举中惨败，得票居然比对手少了四万张，真正的胜利者并不是他竞选中的对手约翰·马歇尔·巴特勒，而是麦卡锡。麦卡锡的另一个主要对手是伊利诺伊州的斯科特·卢卡斯，时任国会民主党多数派领袖。麦卡锡的时机好得不能再好了。民主党的芝加哥竞选总部因各种原因而声名不佳，卢卡斯比他想象的要不堪一击。在竞选期间，麦卡锡八次造访伊利诺伊州，对卢卡斯大肆攻击，如攻击卢卡斯和艾奇逊的关系，而艾奇逊恰恰又是中西部各州最不受欢迎的人。伊利诺伊州和威斯康星州的农村地区对赤色势力也很担心，所以麦卡锡在这里每到一处，必能吸引大批热情洋溢的支持者。麦卡锡告诉这些民众，卢卡斯的竞选对手埃弗里特·麦金利·德克森是"美国的祈福人"。卢卡斯也败倒在麦卡锡的脚下。于是，麦卡锡便成了全美家喻户晓的知名人物。由于这些事情影响重大，因此，本次竞选给杜鲁门政府以及支持杜鲁门的国会议会以沉重打击。麦卡锡一夜之间就成为这个国家最大的恐吓者。阿肯色州参议员威廉·富布赖特说："你根本就想象不到，回到华盛顿后，他（麦卡锡）的地位一下子就发生翻天覆地的变化，共和党人把他奉为救世主，民主党人则吓得要死。他还是那个老麦卡锡，还像以前一样面目可憎。天哪，这世界怎么变得这么快啊！"[7]

美国国内发生的这一系列重大政治事件，给朝鲜和日本带来深远影响。它意味着，就在朝鲜战争决策的最关键时刻，国内政治气候的巨变削弱了总统的权力，而坐在东京第一生命保险大厦里的麦克阿瑟也敏锐地嗅到了这些变化。这场战争的政治已经够难的，现在就更难了。

11月8日，也就是在中期选举的第二天，由于对中国参战的担忧愈加强烈（以及对威洛比的报告完全不信任），参联会致电麦克阿瑟，再次建议他最好根据云山发生的事情，重新考虑作战目标。但是次日，麦克阿瑟断然拒绝了华盛顿的要求。他不愿意像参联会希望的那样，在这个半岛的狭长颈部画一条分界线。他知道，英国人（和法国人）希望出现这样的局面，美军的前线高级指挥官也希望这样，其中就包括沃克。他说那是绥靖，"慕尼黑就是历史先例"。他坚信自己的空中力量完全能阻止中国向战场运兵（但他没有想到的是，敌人的主力部队已经进入朝鲜，等他的空军阻断敌人的来路时，早就为时已晚）。然后，他还做了一番补充："放弃朝鲜的任何一部分领土，把它拱手交给中国共产党的侵略军，都是自由世界在当代的最大失败。实际上，屈服于如此邪恶的念头，不仅会摧毁我们在亚洲的领导地位和影响力，也会严重削弱我们的政治和军事地位。那样做，我们就是在紧随英国人脚步，他们搞绥靖政策，承认红色中国，结果不但没有保住在中国的利益，也失去了其他亚洲国家的尊重。"[8]

这是一个生死攸关的时刻。云山伏击以及骑8团遭受重创原本应该是一个转折点，让所有人重新审视自己的计划，尤其是东京的司令部，他们应该比华盛顿更紧张，因为前线官兵正处在水深火热之中。这是美国人在中国军队发起全面进攻之前最后一次重新审视这场战争的机会。就军事角度

第七章　跨过三八线，向北挺进

而言，麦克阿瑟的部队正在走出安全区。云山战斗以及骑8团的惨败，不仅是整个战争的一个重要时刻，而且也是华盛顿与麦克阿瑟将军之战中的一次大败。艾奇逊和参联会主席布莱德雷将军都认为，总统顾问们当时奉职无状；他们被前线的将军所胁迫，无法左右自己的情绪。实际上，他们是在默许美军继续北上，只要麦克阿瑟还能取胜就行，而且不要与中国人发生战争。麦克阿瑟的最后一次大规模攻势将如期举行。

在东京第一生命保险大厦的最高几层里弥漫着一派欢欣鼓舞的气氛。在云山战斗开始以前，司令部的人正在着手准备10月末的最后冲刺。敌人已经逃离战场。10月23日，《时代》周刊以内德·阿尔蒙德作为封面人物，封面的标题是《抓住他们，内德》，意思是朝鲜人正在溃败逃窜，联合国军正在乘胜追击。不仅内德成为国人心目中出类拔萃的战斗英雄，而且每个战士的背后看来都有一段神奇的经历（你叫什么名字？你是哪的人？你当兵多长时间了？）。更重要的是，这个封面报道也给阿尔蒙德创造了一个大肆追捧麦克阿瑟的机会。他最信赖的副手麦卡弗雷还记得，以前，阿尔蒙德最敬重的两个军事家是马歇尔将军和罗伯特·李将军，而在遇到麦克阿瑟之后，能进入他心中那个"名人堂"的就只有麦克阿瑟；除麦克阿瑟外，其他人都有重大瑕疵。现在，他称颂麦克阿瑟是20世纪最伟大的军事天才。他对《时代》周刊的记者说，遗憾的是，他还不能称麦克阿瑟是历史上最伟大的军事家，"因为我们很难拿现在去和拿破仑、恺撒或是汉尼拔的时代比较"。他在提到拿破仑这个名字的时候没有任何嘲讽意味，但似乎被他不幸言中了：因为他们即将在最恶劣的天气下去迎战世界上人口最多的国家。

麦卡弗雷认为，那和阿尔蒙德打交道，简直就像是和一个坠入情网的人打交道。麦卡弗雷也许比任何人都更接近阿尔蒙德，在整个"二战"期间，他一直是阿尔蒙德的头号副手，在麦卡弗雷的记忆中，除阿尔蒙德自己之外，阿尔蒙德不允许任何下级军官和他争论，仿佛麦卡弗雷就是自己的爱子。即便如此，继续北上还是让麦卡弗雷感到极度悲观。但此时的阿尔蒙德根本就听不进任何逆耳忠言。前路的危险已经清晰可见。在高级司令部的各个巨幅地图上，到处都标着小红旗，每一面红旗都代表着一个师的中国军队，似乎有几十万中国士兵已经集结在鸭绿江边。就在仁川登陆一周之前，麦卡弗雷抵达东京，成为阿尔蒙德的副手。他每次抬头看到司令部的巨幅地图时，都会看到弯弯曲曲的鸭绿江，以及沿江标着的小红旗，它们代表着不计其数的中国军队，也许有三十个师，或许更多。当麦卡弗雷第一次看到这样的地图时，就马上意识到其中的危险：这些中国军队埋伏在高山上，而联合国军的补给线正在变得越来越脆弱。"如果中国军队来了怎么办？"他问军情报处鲍勃·格拉斯。"内德·阿尔蒙德告诉我们不必担心，"格拉斯回答说，"麦克阿瑟已经全面地做过分析，他们来了没好处，所以肯定不会来。"

但麦卡弗雷认为，危险就在眼前，而且极为严重。越过三八线之后，朝鲜半岛的地形呈蘑菇状展开，宽度明显增大，到山区时宽度就更大，而且山区没有几条像样的公路。有些山脉的海拔高达七八千英尺。后来晋升为中将的麦卡弗雷说："每向北走一英里，似乎都会觉得前方宽了一英里；每向北走一英里，天气就更加寒冷；每向北走一英里，道路就更糟糕；每向北走一英里，我们这支靠装备取胜的军队的基本力量都会被削弱。危险在一天天地加剧。"不祥之兆在一天天地显现，而东京司令部的军官们也越来越焦虑——当然麦克阿瑟的亲信除外——但他们无法说服固执的阿尔蒙德。当麦卡弗雷想提出自己的想法时，马上就被冠以缺乏信心的罪名。阿尔蒙德肯定会说："你是在诋毁仁川登陆。"然后，还不忘记加上一句："比尔，你总是低估麦克阿瑟将军。"

12月初，也就是在中国军队开始进攻之后，麦卡弗雷撞见了乔·科林斯的副官及挚友斯韦德·拉尔森。"我的老天爷，斯韦德，你们这些华盛顿的人都在干什么呢？难道就没人注意到，我军在朝鲜分得太开吗？难道真的没人注意吗？"拉尔森回答："比尔，你就没想想，如果你对麦克阿瑟说，他的战略思想在仁川登陆之后就变得古怪异常，会是什么情况呢？哪有人敢说这样的话？"

显然，麦克阿瑟很少这么沉浸其中。第1军参谋约翰·奥斯丁中校对麦克阿瑟访问他所在的司令部时的情形记忆犹新，"器宇轩昂，充满自信，绝

第七章　跨过三八线，向北挺进

对是他的最佳状态"。奥斯丁后来说，当时的场面宛若在观看"一个历史见证人"。很少有指挥官像他这么自信。他对排列整齐的军官们说："先生们，战争已经结束，中国人不会来打仗了。用不了两周的时间，第 8 集团军就会占领鸭绿江全线，第 3 师可以回到本宁堡过圣诞节，吃圣诞晚餐了。"此时此刻，没有人会质疑他，奥斯丁对作家罗伯特·史密斯说："怀疑他就是在怀疑上帝的旨意。"

总攻日期最初定在 11 月 15 日，但沃克认为自己的部队推进得太远，便借口补给不足而设法拖延。第 1 军军长米尔本也指出，自己的部队只有一天的弹药，一天半的汽油和三到四天的口粮。此时沃克确信，在自己的战区内，至少有三个师的中国部队。从到达平壤那天起，每北上一英里，他的恐惧和焦虑都在无数倍地增加。沃克后来向一个记者承认，他一直在故意尽力放慢前进速度。在渡过清川江时，由于行军速度太慢，他曾受到上司的严厉批评。他还试图建立防御阵地，以便在遭到中国军队突然袭击时部队可以在撤退时用作掩护。后来，他认为自己的这一措施的确挽救了很多美军官兵的性命。他还告诉一个要好的记者朋友，他认为自己会因行军缓慢和违抗军令而被解职。[9]

总攻日期第一次被推迟到 11 月 20 日，之后又改为 11 月 24 日。那天早上，沃克陪同麦克阿瑟参观了第 8 集团军的各级司令部。麦克阿瑟站在一大群随军记者面前，发表那个"圣诞节回家"演说，但沃克没有丝毫乐观之情。最令人难以忘怀的是在第 9 军司令部，当时军长约翰·库尔特向将军报告，他在进军途中几乎没遇到任何抵抗。麦克阿瑟回答："你可以告诉他们，赶到鸭绿江，就全都可以回家了。我保证说话算数，他们能同家人共进圣诞晚餐。"[10] 飞机起飞之后，麦克阿瑟让飞行员飞到朝中边境，他要看一下这里的地形。

将军离开之后，沃克一个人留在飞机跑道上。对这位第 8 集团军司令来说，此时此刻并不好受。他的部队还要继续前进，他一点也高兴不起来——他们和东线的第 10 军分割开来，兵力配置过于分散，而且越往北走，战线就摊得越薄。只有韩国的一个军在保护他们的右翼。在此情况下，沃克不可能不紧张。他目送麦克阿瑟的飞机离去,然后走到泰纳和林奇面前,只是说了一句:"放屁!"[11]两人吓了一跳,首先是因为沃克从来没有质疑过麦克阿瑟,其次是因为沃克从来不说脏话。就在他们两人准备飞回平壤时,沃克突然决定拜访临近的第24师师部。在那里,他找到师长约翰·丘吉尔少将,把他拉到一边,说有消息带给第21团(该团是全师的先头部队)团长迪克·斯蒂芬斯上校:"马上告诉迪克,一旦发现中国军队,立即撤退。"[12]

东京的欢乐气氛越来越浓。11月21日,当第7师第17团到达鸭绿江边时,东京司令部已经开始庆祝了——简直是出奇的天真。包括阿尔蒙德和第7师师长、当年的驻华顾问戴夫·巴尔在内的所有高级军官都开始畅想未来了。眼看胜利已尽在掌控,麦克阿瑟给阿尔蒙德发出一封热情洋溢的电报:"内德,我在此向你致以最诚挚的祝贺,请转告戴夫·巴尔,第7师务必夺得头彩。"[13]然而,对于正在鸭绿江边,在零下30℃的气温里度过第一夜的第17团官兵来说,这简直是一场噩梦。对于部队匆匆赶往鸭绿江,陆军参谋长科林斯后来写道:"麦克阿瑟就像一个悲壮的古希腊英雄,走向冷酷无情的命运陷阱。"而李奇微的评价则是所有美军军官用过的最具悲剧色彩的语言:"就像小比格霍恩战役中的卡斯特*一样,(麦克阿瑟的)目标就是彻底摧毁朝鲜人民军,解放这个半岛,对任何可能阻止这个目标的消息,他都不闻不问。"[14]对麦克阿瑟的传记作者杰弗里·佩雷特来说,仁川登陆不过是这位将军天才的灵光一现,而其他都是纯粹的悲剧。"麦克阿瑟的一生,最恰当不过的结论就是,仁川登陆是他职业生涯的巅峰。他本应在仁川的刺骨冷水中像一个真正的斗士一样死去,只有这样,他的传奇经历才完美无瑕,他的伟大形象才能永留人间,而巅峰之上就只有下坡路可走了。"[15]

因此,东京指挥部的人马开始着手裁剪情报,以便让麦克阿瑟的军队可以直抵目的地——鸭绿江畔。而在此过程中,他们也为后人做出了最危险的先例。起初,是军人在玩情报游戏,确切地说,是一群军中流氓刻意

---

* 1876年6月25日,美国政府为争夺黑山金矿,与北美势力最庞大的苏族印第安人开战,卡斯特中校因固执己见,致使第七骑兵团在小比格霍恩河一带全军覆没。

第七章 跨过三八线，向北挺进

操纵呈送给高级军官和政府官员的情报。这样的事情在后来至少又重演了两次，而这两次都是文职人员操纵军事情报，导致高级军官未能进行有效防御，使部队在战斗中陷入无法接受的窘境。（才华横溢的青年军官 H.R. 麦克马斯特在名为《玩忽职守》的书中研究了美军高级军官如何在越战中受到政府高级文职官员的欺骗。）就像凯南警告的那样，所有这一切都表明，国内政治是国家安全考虑的一部分。它表明，为了实现国内政治目标，美国政府会凭借极端有限的事实和彻底错误的情报去制定重大决策，而根本不去考虑是否可行。1965 年，林登·约翰逊政府再次歪曲事实，操纵美国出兵越南的合理性，夸大越南对美国的威胁，对出兵后果（以及越南人会如何迅速而有效地采取应对措施）的情报警告采取有意淡化措施，从而让美国人陷入一场毫无希望、不可能打赢的后殖民战争。到了 2003 年，小布什又错误地理解了苏联解体对中东的影响，彻底误判了当地人的可能反应，忽略了老布什政府国家安全班子中最有才干的布伦特·斯考克罗夫特的警告。然后，他又因一己之由而推翻了萨达姆政府，并不惜操纵国会、媒体和公众。最可怕的是，他用严重有误并经裁剪的情报，把美军送到伊拉克城市的中心地带，并造成了灾难性的后果。

第八章

志愿军猛击

一

吉姆·辛顿上尉是第 2 师第 38 坦克连的连长,该连拥有 22 辆坦克。从一开始,他就对战况感到非常担心。随着第 2 师继续北上,东京总部的想象与他的所见所闻之间的巨大反差让他感到震惊。在远东司令部官员们的眼中,朝鲜是一个遥远的国家,那里秩序井然,基本还算是一个容易驯服的地方。从挂在墙壁上的地图上看,朝鲜到日本的距离也不过半英寸或是一英寸。但对于踏上这片土地的第 2 师来说,他们越逼近清川江,呈现在眼前的景象就越像是战争的地狱。这里层峦叠嶂,狂风怒吼,温度一直在下降,唯一可以预见的是,明天会比今天更冷,这不禁会让你怀念昨天。在如此恶劣的天气里,即便是保证坦克正常行驶也变成了一项异常艰难的工作。辛顿非常担心寒冷的天气会"冻死"自己的坦克,担心在最需要它们的时候,发动机突然拒绝工作。辛顿这个连有一台被大家称为"小乔尔"的东西,实际上就是一台能给坦克充电的小型发电机。这台机器的工作噪音非常大,而且从不停止,因此只要有别的办法,辛顿就绝不使用它。最终,他还是决定让手下每隔一小时启动一次发动机,以保证坦克随时处于电能充足的状态。有时,即使发动机已经点火,但坦克依旧不能开动,因为履带会直接冻结在地面上。然后,你只能用后面的坦克轻轻地推一下前面的坦克。[1] 他思绪万千,那些把这些小伙子送到朝鲜而自己却端坐在东京的军官是不是还在想:那里冬暖夏凉,气候宜人,孩子们应该过得轻松愉快吧?毫无疑问,他们的总司令根本就不了解这些大兵过的是什么日子,他们的环境有多么艰苦,心情是多么沮丧。麦克阿瑟没在朝鲜待过一个晚上。辛顿认为,东京司令部的那些人看到的只有地图,而战士们则是在另一个完全不同的地方,打着一场与司令部那些人所想象的完全不同的战争。地图似乎也学会卖乖,随时乔装打扮自己,总是对看着自己的那些人含情脉脉,温情有加,让主人的决策总是显得那么可圈可点,而且看上去总会比真实情况漂亮得多、合理得多。身处前线的人会说,任何军队的行军速度都赶不上铅笔在东京司令部的朝鲜地图上比画的速度。东京司令部到师部的通讯联络似乎畅通无阻，它让这支世界上技术最先进的军队显得更加干练有序，但实际情况远没有这么好，基层部队的通讯器材依旧是最原始的，性能极不可靠，经常让战场上的各部队之间通讯不畅。

前进过程的顺利和平静让辛顿感到一种莫名的恐惧。偶然出现几次小规模的交火，但随之而来的便是死一般的宁静，那种宁静让人毛骨悚然——那几乎是一种完全不属于这个世界的宁静。作为一名经验丰富的坦克兵，辛顿连续几天出动一架小型L-19侦察机，寻找敌人的迹象，但一无所获。这种不同寻常的宁静逐渐让他开始无法忍受，就像骑8团在云山遭遇袭击之前，这种恐惧也曾让很多比他更有经验的人无法入睡。他至今还记得，就在中国军队发起总攻的前一天夜里，最重要的问题就是睡觉时到底是穿靴子还是不穿靴子，最后，他决定穿着靴子睡觉。"我们每一天都在和其他部队离得越来越远，"辛顿回忆当时的情形说，"因此，我们也变得越来越脆弱，越来越容易受到攻击。随着部队向北不断深入，各部队之间的距离也越拉越大。更糟糕的是，我们不仅仅是和原来指望能为我们提供侧翼掩护的其他师距离越来越远，就连我们自己师的其他部队，每个团之间，每个营之间，甚至是每个排之间都被分割开来，每个人似乎都在孤军奋战。我们知道，自己已经被别人控制了，我们现在唯一的希望就是中国人不要来。那是一种阴森恐怖的感觉，周围的群山像狮子的血盆大口，想一口吞掉我们。我们整个师似乎将要消失在这茫茫无际的山野中。"[2] 实际上，辛顿和其他很多人都已经意识到，一旦敌人发起进攻，各部队之间根本无法集合并形成严密的防御线。他后来说，实际上，这正是中国人设计好的包围圈，中国人正在导演一场预料之中的进攻。

保罗·奥多德中尉是第15野战炮兵团的前沿观察员，但是他在大多数时间里只是在各部队之间跑来跑去。奥多德最初在第2步兵师第9团。他是了解云山战役情况的少数几个军官之一，在那场战役中中国军队几乎全歼美军最精锐的一个团。现在，随着美国人离平壤越来越远，奥多德只能经常乘坐一架小型侦察机去寻找中国人的下落，因为他要告诉大家，这些

第八章　志愿军猛击

中国人在云山战役后躲到哪里去了。他们往往在给美军一次迎头痛击之后，便消失得无影无踪。奥多德的眼力是出名的，他也一直为此而自豪。对于一名炮兵观察员，出色的眼力是必备的条件。但他的同伴、驾驶侦察机的瓦尔德斯少校在这方面更出色，他有着鹰一般的眼力。瓦尔德斯的天赋确实与众不同：如果在侦察途中遭遇地面火力，回到基地后，他首先要在飞机身上寻找弹孔，发现一个，他就会在旁边画一个紫色的心。瓦尔德斯能在奥多德还什么都看不到的很远距离，就能识别出地面上的中国军队。云山战役之后，尽管他们每天都在山间丛林来回进行侦察，却寻觅不到丝毫踪迹。他们要看得更清楚，就得经常打开舱门，但小飞机里没有取暖设施，因此，他们经常被冻得浑身发抖，四肢僵硬，但依然无功而返。奥多德对此迷惑不解：那么多的人突然人间蒸发？有一次，瓦尔德斯注意到雪地里似乎有脚印，于是他们超低空飞行，发现那确实是脚印，脚印好像一直延伸到一间小茅屋；他们向茅屋开火，可里面没有任何反应。后来，他们从情报人员那里得知，中国军人身穿白色风衣，在雪地里，你根本就注意不到他们的存在。其实，他们偶尔也会从中国人的头顶飞过，此时，他们马上全部趴在地上，一动不动，以至于飞机里的侦察员无法注意到他们，这和眼力好坏无关。当时，第9团团长查尔斯·斯隆上校一直非常关注空中侦察，他深知眼前的处境非常危险。每次侦察机在完成三四小时的侦察任务返航之后，斯隆都会给他们准备好热咖啡，焦急地等待着有关中国人的消息。奥多德坚信，中国军队就在附近，躲在某个地方。这让斯隆这样的前线指挥官异常紧张：他们把美国最精锐的部队打得七零八落，然后又突然从地面上消失得无影无踪。[3]

第2师师部同样也胆战心惊。师作战处的年轻上尉约翰·卡雷从西点军校毕业五年了，不巧的是毕业时间太迟，没能赶上"二战"。现在，他终于有机会参加这场表面上似乎比不上"二战"惨烈但不比任何一场战争轻松的战争。虽然第2师一直没有遭遇中国军队，但越来越多的消息传到师情报处：其他部队已和中国军队发生遭遇战。此时，他和很多情报员都在猜测：他们到底躲在哪儿呢？既然他们以前突然大批地出现过，那么，他们以后是否还会再次出现呢？有消息说，他们正在开进当地一个被称作"老虎村"的地方，或许是因为这里曾出现过老虎吧。整个村庄被群山环抱。11月底，严寒冻裂了小侦察机的挡风玻璃；更糟糕的是，11月20日左右，一场蓝色的大雾让地面变得一片模糊，而且几天不散。尽管不是气象专家，但卡雷小时曾在密西西比州的里奇顿见过一次这样的雾霾天气。当时是一个寒冷的清晨，他和朋友们到户外打猎，于是，他们点了一堆篝火用来取暖，正是篝火发出的浓烟让雾气变成蓝色。他后来认为，那肯定是中国人在整个地区故意点起的大火，以降低美国空中侦察机的能见度。他和情报处以及作战处的其他年轻军官都痛苦地知道，他们的补给线已经脆弱不堪。整个师就在一条狭窄的小路上前进，路面崎岖不平，蜿蜒曲折，到处是急转弯。这样的路面绝对是设伏的极佳位置。"你根本就想象不到我们当时的处境有多危险，根本就不堪一击，"他在多年之后说，"我们仿佛就骑在一只小羊羔身上走路，每前进一天，这只小羊羔都变得愈加疲惫，无力支撑我们的重负。"[4]

和他一样焦虑不安的还有一位高级军官，第2师情报处处长拉尔夫·福斯特中校。福斯特是一个非常谨慎的人，从不屈服于上司的压力。和卡雷一样，福斯特的焦虑也在与日俱增。他的担心始于11月初，到中旬时，他似乎已经是第2师最能自寻烦恼的人，因为在他的地图上，鸭绿江北岸已经插满代表中国军队的小红旗；之后不久，中国人便攻克了云山。但师长凯斯准将却不像他那样担心害怕。福斯特手下的一名年轻军官马尔科姆·麦克唐纳少尉发现，由于无法找到有效的情报说服凯斯，福斯特变得越来越失望，情绪越来越压抑。情报处的人明显能感到，上级司令部一直在不断督促福斯特继续前进。但福斯特总感觉身边好像有个人在紧紧地盯着自己，等待适当的时机给他们重重一击。"你能感觉到司令部的紧张情绪，"他说，"我们总感觉要发生什么可怕的事情，但没有任何人采取过任何措施。"[5]

萨姆·梅斯少尉是第2师第38坦克连第4排的排长，也是吉姆·辛顿的部下。11月初，梅斯少尉带领手下弟兄，外加几辆坦克和额外给他配备

第八章 志愿军猛击

的一些步兵,外出进行长距离巡逻。此时,他们已经远离平壤,深入朝鲜的北部山区。梅斯喜欢把这一天看作一场旋律跌宕起伏的音乐盛典。他们像往常一样出发,途中只是和小股朝鲜部队短暂交火,坦克的强大火力轻而易举地就能压制住敌人。他们俘获八名朝鲜人,本方只有一人受伤。在给伤员包扎之后,梅斯留下几个人在一间茅屋里照顾伤员,其余人按原定计划,继续北进。到此为止,一切都和平时一样平安无事。但随后的两件事几乎让梅斯惊慌失措,也让所有人都更小心谨慎。梅斯一直认为,谨慎是让他活到现在的一个重要原因。在他的连长辛顿心中,梅斯是一个优秀的战士,甚至是他见到过的最优秀的战士。他几乎无所不能,能搞定任何事情,能应对各种情况;他体力过人、精力充沛,从不知疲倦,这一点很重要,因为在战斗中,你不可能因为体力不支而去休息;最关键的是,他不仅体力过人,而且头脑灵活,反应敏捷。梅斯是一个天生的职业军人,多年以来,辛顿一直想提拔他当军官,但每次都被梅斯拒绝。辛顿相信,梅斯肯定是担心和周围这些大学生一比高低,他毕竟只上了四年学。梅斯曾在洛东江战役中身负重伤,被送到医院后,医生从他身上取出38块弹片。弹片太多了,以至于护士们居然聚到一起打赌:最终的数字到底会是多少。当梅斯还在住院的时候,辛顿就已经为他写好晋职报告。梅斯回到部队时,发现自己成了少尉。他接受了,因为他早已厌烦和那些对军事狗屁不懂、但总拿职位压人的军官打交道——很自然,当军官总是有一些好处的,而做大兵就只能在梦里享受这些好处。11月25日,当梅斯的部队遭到中国军队袭击时,他当军官的时间只有36个小时。

梅斯认为自己习惯于过苦日子了。他出生于西弗吉尼亚州,降生时又恰逢大萧条时期。毫无疑问,那个时期是美国人最艰难的时期,而那个地方又是美国最贫穷、最艰苦的地方。他的父亲没上过学,似乎生下来就身背魔咒,不曾走运,更糟糕的是,因患有幽闭恐惧症,他连矿工都做不成,而这也是贫穷的西弗吉尼亚人唯一能找到的工作。他的一生几乎就是在找工作中度过的,于是,他只能带着全家,不停地从一个小镇流浪到另一个小镇,干收入最低的工作。实际上,他根本就没有选择,只要有份工作,他就会毫不犹豫地接受。这也是梅斯只读过四年书的原因——他们曾在很多小镇居住过,不过,这些地方太小了,以至于根本就没有学校可读。因此,梅斯在1939年(当时他年仅15岁)有机会入伍参军时欣喜若狂。他说,那会儿部队在征兵时来者不拒。

入伍后,梅斯恰好赶上组建坦克连的时机,于是他就成了一名坦克兵。从一开始,他就显示出做士兵的天赋,这显然也是他最擅长的职业。但是在刚参军时,梅斯还是有点放荡不羁,自由散漫。于是,由于他在执勤时间以外的表现差强人意,这就让他的军衔始终在下士和中士之间晃来晃去。梅斯总喜欢说自己是最了解伏击战术的美国人之一,因为他曾亲身经历过三次惊心动魄的伏击战:军隅里可能是其中最老式的伏击战,但"二战"期间的"突出部战役"(Battle of the Bulge,又称"阿登战役"),则是伏击战的终极之作,他亲身参加了那场战役。然而,1951年2月中旬,在一个被美国人称为"杀戮谷"的地方,将发生一场更恐怖的伏击战。"突出部战役"至今让他记忆犹新:1944年12月,他是美国一支装甲部队的一名士兵。此前,这支部队一直所向披靡,在到达距比利时小镇巴斯托涅西北约20英里的地方时,梅斯周围的人几乎都认为战斗已经结束。就在此时,德国人突然发起进攻。他记得,那天的雾非常浓。当时,他因行为不检刚被降职为下士;他们迎头撞上了德国人的坦克。

他的部队在第一天只配备了十七辆坦克,当天战斗结束时,就只剩下了两辆。梅斯在自己乘坐的坦克被击中后,设法脱身,变成一名步兵,又继续战斗了几天。当时的场面就如同人间地狱:双方炮火异常猛烈,持续不断,每一颗威力无穷的炮弹似乎都想夺走几条生命。当时的严寒也令人无法忍受,即使是到了朝鲜,他还经常会想到当时的情形,因为他一直以为,德国的冬天是最寒冷的冬天。但事实证明,朝鲜的冬天更可怕,持续时间更长,对人的折磨也绝非阿登所能比拟。在阿登,你经常会觉得,只要挺过这一天,寒冷就会过去;但是在朝鲜,寒冷似乎永远不会离去,你能感到的只有绝望。1950年11月初,梅斯带领部下走在第2师的最前面,依旧保持他在阿登战役中学会的谨慎;他从不相信任何没有亲眼验证过的东西,还要随时提醒那些漫不经心的军官。他周围的每个人都可能会觉得，这不过是一件易如反掌的事情，但是在梅斯看来，他们依旧身处险境，战争中从来就没有易如反掌的事情。

在给抓获的朝鲜战俘做了简单包扎之后，梅斯的部队继续翻过几座山，最后，他们来到一座架在干涸河床上的桥梁；按照原计划，他们需要在这里沿原路返回。他命令手下的士兵成分散队形，但是，梅斯依旧很紧张，因为他们现在无疑是敌人最好的伏击目标。他不知道将要发生什么，一种不祥的预感始终挥之不去；他们每前进一步，似乎都是在向未知的深渊走进一步。走上桥后，梅斯发现，他们正处于一个开阔的深谷，峡谷中密密麻麻地生长着一种当地的松树，而地面植被的高度，似乎就是为隐藏敌人的伏击手而生长的，不高不矮，既能轻松备战，又不会暴露自己，一个绝佳的伏击战场。就在这时，山间响起一种奇特的音乐。梅斯回忆说："这是我听过的最奇怪的音乐。"他命令所有坦克驾驶员关闭发动机，这样可以更清晰地聆听这种萦绕于整个山谷的异样声音。"太奇怪了，它似乎就是唱给我和我的士兵听的。好像敌人一直在盯着我们，为我们哼唱着一首悲惋凄凉的小夜曲，嘲笑愚弄着我们。仿佛整个山谷都在应声合着这首悲凉的小夜曲，"梅斯说，"这首音乐似乎来自天外，或许是这些松树发出的，让我毛骨悚然。"后来，当中国军队在前方狭长道路两侧的阵地上对第8集团军发起进攻时，他们恍然大悟，才知道中国人是用音乐来发布命令的。梅斯终于意识到，中国军队的指挥官当时就在山顶，尽管梅斯的坦克和部队已经进入他们的包围圈，但指挥官告诉他的部队，进攻时间尚未到。[6]

当梅斯带领部下回到关押俘虏的茅屋时，一名没有受伤的战俘脱身逃走，他们当即开枪击毙了这个人。他们对这个俘虏试图逃走的想法大为困惑——他们一直优待朝鲜战俘，并尽可能为他们提供必要的紧急治疗。他们来到尸体旁边进行搜查，看他身上是否携带书面文件，结果一无所获。这事也很少见，因为大多数朝鲜士兵喜欢随身携带大量书信，而且在关键时刻经常会紧抓不放。但他们发现，此人的朝鲜军服下面，竟然还有一套中国军服，而且从上衣看是一名军官的制服。在对其他朝鲜俘虏进行搜查和审问时,他们异口同声地说,那个被打死的是中国人。首先是莫名其妙的音乐,然后是这个极有可能是中国军官的俘虏,梅斯认为所有这一切都令人不安。当天晚些时候,梅斯告诉情报人员,他认为那个被击毙的是中国军人。但是,似乎没人对他的情报感兴趣。[7]

此后,随着部队继续北进,梅斯也开始变得愈加小心。当时,第 2 师已经和第 8 集团军完全分开,双方相距甚远。他们的东面是太白山脉,太白山的东边才是第 10 军。尽管从理论上讲,还存在遭遇危险时向第 10 军求援的可能性,但实际上,一旦受到攻击,根本就不可能指望第 10 军赶来救援。(太白山另一侧的第 10 军境况和他们完全一样,陆战第 1 师的史密斯少将同样心如火燎,因为他的左翼洞开。)

11 月末,第 38 团第 3 营在梅斯和他的五辆坦克掩护下,行进在第 2 师的右翼。他们来到一个只有 15 间茅草屋的小村子,梅斯把坦克布置在最有利的位置,可以随时为第 3 营的三个连提供掩护。但是让他困惑不解的是,营部竟然设在紧靠步兵连的位置。双方的距离太近,近到你可以把石头扔到营部。但是,那时没人想到会有麻烦。

实际上,中国人一直在耐心地等待他们进入包围圈。他们对联合国军的一举一动都了如指掌,哪支部队布置在什么位置,以及承担侧翼掩护任务的是哪支韩国部队。他们在不到一个月的时间里,就神不知鬼不觉地把 30 万大军开进朝鲜,而在前面沿西线展开迎接美军(沃克的第 1 军和第 9 军)的就多达 18 万人。另外 12 万人埋伏在太白山以东,列好阵势,静等阿尔蒙德北上的第 10 军步入包围圈。大批重武器让联合国军的前进步履维艰,毫无疑问,他们已经变成再明显不过的活靶子。中国 30 个师组成的伏击大军埋伏得天衣无缝,敌人根本就不知道他们的存在。军事史学家斯拉姆·马歇尔对此形容得再恰当不过:"犹如没有身影的幽灵。"[8]

那些不由麦克阿瑟指挥的人已经预感大祸临头,而其他还在快马加鞭地赶路。感恩节那天,艾尔·格仑瑟将军来到哥伦比亚大学,拜访自己在欧洲战场的老上司艾森豪威尔。格仑瑟的长子迪克是西点军校 1946 届学员,时任入朝美军第 7 师的一名连长。当时,第 7 师一部已经深入朝鲜北部,正

第八章　志愿军猛击

在逼近鸭绿江。11月17日，也就是他的上司赶到鸭绿江边撒尿的四天之前，迪克·格仑瑟在中国主力部队发起总攻前的一次小规模遭遇战中身负重伤。作为艾森豪威尔在欧洲战场时的参谋长，格仑瑟刚率领一支由100人组成的参联会代表团巡视归来，也就是说，他非常清楚每一个麦克阿瑟视而不见的警报。

最初，艾森豪威尔的儿子约翰对格仑瑟在感恩节来访感到有点意外，因为按理来说，他应该和家人一起过节的。后来艾森豪威尔才明白，格仑瑟节日来访是因为自己在他心目中的地位如旧，依然是格仑瑟最值得信赖的上司，因此在军方高层出现如此严重的错误时，他自然会想到自己。约翰·艾森豪威尔记得，感恩节的晚餐似乎笼罩着一层阴云，他自己不清楚为什么。迪克·格仑瑟告诉他父亲：美军完全暴露在敌人的枪口下，随时可能会遭到攻击。格仑瑟离开之后，艾森豪威尔对儿子说："我一生对战争从未像今天这么悲观。"约翰当时正在西点军校任教，在离开父亲的住宅驱车回校时，他打开收音机，听到麦克阿瑟慷慨激昂地承诺：战争将在圣诞节结束。第二天，中国人便发起了潮水般的攻势。[9]

11月25日深夜，中国军队的总攻正式打响。在历史上，很少有哪一支军队能在动用如此规模兵力的情况下，向对手发起出其不意的攻击。中国人已经掌握了美军动向的精确情报。在精明的史密斯将军带领下，东线一路故意拖延的海军陆战队似乎还算处变不惊，而西线美军已经浑然不觉地踏进敌人挖好的陷阱。当中国军队发起进攻时，大家才恍然大悟，让麦克阿瑟的军队遭受如此重创的，仅仅是因为他一厢情愿地认为中国人不会来。但赌局已经开始，现在，其他人必须要为他那不可一世的狂妄自大和不可救药的浮躁付出代价。但更糟糕的是，虚荣又和不自量力的吹嘘混到一起，而且是绝大多数高级军官都不相信的谎言：韩国军队具有值得信赖的战斗力，足以单独应对中国人。实际上，只要看到中国人，韩军就会心惊肉跳，惊慌失措。第一轮攻击刚一开始，韩军就被击溃，逃得无影无踪。斯拉姆·马歇尔提到，韩军一个团里约500人携带全部武器逃跑，有些军官居然还想办法回到汉城，把一只装满鸭绿江水的瓶子送给李承晚。美军前线指挥官很清楚，一旦中国参战，根本就不能指望韩国军队，他们就没想到要和中国人交手。但是对东京司令部的那些大老爷来说，由于自己的军队已经形成高度分散的队形，因此，插进几支韩国部队凑凑数，会让他们的作战地图漂亮一点。作为美军和其他联合国军侧翼的主要兵力，他们的撤退意味着，中国人可以不费吹灰之力地直捣联合国军阵地的心脏。这些地图无疑是在自欺欺人。

在东京司令部的人从未想到中国人会以这样的方式发起进攻——不以正面进攻为主，而是夜间步行绕到敌人的侧翼，寻找最薄弱的环节实施打击，并在敌人后方构筑阵地，切断敌人退路。没有一个人研究过，中国人的行军到底有多出色，多迅速，即便是在夜间，在没有道路的情况下，他们一样做得完美无缺。他们没有重武器，弹药和食品的配给也少于美国人，轻便、快速是他们的最大优势（但最终也成为他们的最大劣势）。东京司令部的人始终有一个错误的认识：中国军队只能成为美军轰炸机的活靶子。他们就没有考虑到，中国人能让自己在白天消失在朝鲜的崇山峻岭之中。事实证明，中国人非常清楚自己的弱点，他们不会做很多事，但一旦去做，就一定要做好。就在美国人还没有想出如何应对他们之前，中国人就已经把美国的最大优势——因依赖重武器而需要良好的路况——转化为弱势。但是，任何一个关注"二战"后中国的人绝不会对他们的战术感到惊讶。

二

第23团团长弗里曼上校确信，他的部队一过顺天就遇见了中国军队。到中国人发起总攻时，他就完全肯定，自己在敌人包围圈至少待了两周。中国人紧紧地盯着他们，但没有采取行动；他的侦察巡逻队也多次报告与中国人的不寻常遭遇——他们总是时隐时现，来无影去无踪。大约十天前，一名非常有战斗经验的连长谢尔曼·普拉特上尉带领一连士兵前往北部的江界进行侦察。在向西北方面走了五英里左右时，他们发现远方的地平线处有人影晃动，但距离非常远。从他们的军服判断，普拉特和部分士兵肯定，那一定是中国人。于是，他下令停止侦察，不得开枪，并掉转车头立即返回，而没有继续北进。回到营部后，他马上向营长布莱尔·哈钦以及弗里曼汇报发现的情况。第二天，弗里曼又派出另一支巡逻队，这一次美国士兵似乎越过被中国人视为分界线的位置，于是中国人开火了；几名士兵受伤，其他人被迫撤退。第三天，弗里曼派出第三支巡逻队，但这一次的目的是找回上次受伤的士兵；他们发现伤兵躺在路边，全部被捆在毯子里。[1]

随着感恩节的来临，中国人出现的迹象越来越多。弗里曼相信，这里到处都有中国人在紧盯着自己，他的情报人员也对此深信不疑。但是，就像他后来说的那样："远东司令部里的人显然不相信这些。"弗里曼在"二战"期间曾在中国工作多年，深知毛泽东的战略，并始终认为中国参战对美国的威胁巨大。此时，情绪极度低落的他认为，越过三八线绝对是一个灾难性的错误，美国领导层正在把整个第8集团军扔到水深火热的危险之中，美国领导人已经把主动权拱手让给苏联。当美国人在亚洲打着一场不可能打赢的战争时，苏联人则在一边坐山观虎斗。具有讽刺意义的是，从这个意义说，他的预感居然与乔治·凯南不谋而合。随着第38团及其所在的第2师继续北进，弗里曼的情绪也日渐压抑，这种情绪反映在他写给妻子的信中，以及他对下属各营长的提醒：每天夜里都要做好战斗准备，随时迎接最恶劣的情况。

弗里曼的家信不仅记录了一个战地指挥官在当时极度危险下的所见所感，也再一次向人们证实他的上司当时正在犯下一个历史性的大错，而他却对此无能为力。9月25日，就在每个人都在为顺利突破洛东江防线而欢欣鼓舞时，弗里曼依旧心事重重。"我还是有点担心中国人会越过边境，南下作战。"他在当天的信中写道。越过三八线之后，面对这个被他视为可怕的错误战略，弗里曼更加谨慎，因为北上成功与否并不取决于美国人的优势——这种优势的局限性是显而易见的，而是取决于中国人的意图。中国已经表示，他们不会坐视不管，正在准备参战。

在他看来，以前所有的疑问和顾虑，都在云山找到了答案。他的书信明显反映出他极度压抑的、对未来越来越悲观的情绪。他在11月7日写给妻子的信中说，他的身体状况还不错，只是朝鲜的冬天寒冷严酷，不过这还可以挺得住，但他的精力几乎已经消耗殆尽。"我们的军队正处在恶魔一般的困境之中，我根本就看不到任何出路。当然，肯定会有人找到办法，我希望发生奇迹，把我们从这个噩梦中拯救出来。我们的领导怎么能在毫无计划的情况下，就踏进这个无法自拔的泥潭，他们居然肯定中国人不会干预，这太让人难以置信了。在这里，我觉得毫无希望可言。"

第23团本应在11月11日赶到会师地点，然后再从那里出发，直扑鸭绿江。弗里曼相信，他们的做法已经远离理性，缺乏明确取向："对于美国来说，这绝对是我所能想象到的离地狱最接近的地方。我们似乎正在落进苏联人的手心，一步步地走进亚洲泥潭。我一点也不喜欢这种感觉。"他在信中写道。最悲观的一封信写于11月13日，也就是美国人发动冬季攻势的七天前，中国人发动总攻的十二天之前。他认为，在兵力有限、危险重重的情况下，最大的失算就是越过三八线，而不是在三八线附近试图解决问题。"即便是在洛东江那段为生存而战的最黑暗日子里，我也一直能看到一线希望，一个出路。当我们跨越三八线的时候，那种感觉很奇妙，我们居然为了无名的原因去承受如此之大的风险。现在，我们的处境就好像是第二次十字军东征、拿破仑讨伐莫斯科与巴丹战役的混合。我们看不到任何希望，唯一的前途就是第三次世界大战。为了这个无名的缘故而大动兵戈，绝对

第八章　志愿军猛击

是不可饶恕的错误。即使付出沉重代价打到鸭绿江，就像当年打通中缅公路那样掌握补给线，我们依旧没有超脱的机会。总之，一切都乱糟糟，我看不到任何希望。"[2]

在联合国军发起总攻的前夜，弗里曼和第1营营长克莱尔·哈钦与师长凯泽在师部共进晚餐。凯泽是弗里曼的老朋友。哈钦和弗里曼都认为，他们无法判断目前的战局。所有情报都表明，中国人就在附近，而且随时可能要发动进攻；而更糟糕的是，联合国军所能做的事情就是继续进攻。弗里曼认为，在如此巨大的威胁面前，实施进攻的唯一理由就是像麦克阿瑟将军所说的那样，他掌握了"非常非常绝密的消息，这些中国人根本就不打算抵抗，而是打算让我们把他们打回鸭绿江的对岸"。麦克阿瑟可能还进一步指出，这些所谓的绝密情报认为，中国人虽然来到这里，但并不想待在这里，他们希望美国人能把他们赶回江对面。弗里曼在多年之后不无伤感地叹息，事实证明，这些说法"根本就不是那么回事"。

出于谨慎，弗里曼一直让本团士兵尽可能地保持集中，并告诉所有营级干部睡觉时不要脱衣。在中国人发起进攻的第一个晚上，第23团一直坚守阵地，并重创中国军队，俘获约100人；他记得这是他们抓获俘虏最多的一仗。会说中国话的弗里曼直接审讯这些战俘，并发现大多数人操北方口音。在当天剩下的时间里，他一直在集中本团兵力。当晚，中国军队再次发起进攻，并抢走一批军械；第二天，该团又夺回了这些装备。最让弗里曼震惊的是，接受审讯的很多人非常惧怕美国的武器装备。弗里曼认为，这样的恐惧马上就消失了，因为在这最开始的几天，美国士兵还不太会操作这些武器。实际上，如果真能在中国军队发动进攻时准备好这些东西，它们的威力不容忽视。

三

阿兰·琼斯上尉是第9团的情报科长,在中国人发动攻势时,第9团正在第2师的东侧。11月25日之前的几天,尽管该团只遇到零星的小规模阻击,但越来越多的小规模交战让人怀疑附近有中国军队。琼斯说:"我的作战地图上已经布满了红色标记。"他认为,情报部门的担忧已经变成现实,他怀疑整个第8集团军都已经处在敌人的攻击范围之内。

作为1943届的西点军校毕业生,琼斯不是第一次在严寒中遭遇敌人的袭击了。和梅斯一样,他也参加了突出部战役,那时他还是第106师的一名年轻军官。他父亲就是第106师的师长老阿兰·琼斯少将。老阿兰一直对与儿子在同一支部队感到不自在,而小阿兰不想留在非战斗部队,于是就选择到前线作战,这也让他受益匪浅。在战役前夕,老阿兰就对分散的部队感到忧心忡忡。他猜对了,德国的装甲车直插第106师两肋。实际上,上级指挥部已经发报指示老阿兰撤退,却因要发的电报过多而被耽搁。年轻的阿兰·琼斯所在的第423团遭受沉重打击,他们奋起反击,终因弹尽而被俘。小阿兰被德国人囚禁了四个半月,他发誓永远不再做战俘。当他一踏上朝鲜土地,听到朝鲜人对美国人和韩国人的种种暴行时,他又义愤填膺地重申了誓言。

琼斯认为,第9团团长斯隆上校已经对有限的兵力进行了合理部署。全团三个营均占据高地,而且还不算分散,一旦出现紧急情况,各部队之间可以相互掩护。但当夜发生的事情非常诡异,东翼的韩军瞬息之间便溃不成军。之后,中国军队开始对美国人发起一轮又一轮的猛攻。琼斯后来说,突然之间,他们便置身于一种新型的战争,而这场战争的序幕,就是对第1营的进攻。午夜时分,战斗高潮终于到来。中国人发起攻击时,琼斯正在团部。当时,三个营相继传来遭到攻击的无线电报告,一个接一个,让他有点应接不暇。尽管还没有彻底惊慌失措,但报告间的每个词语无不透露着刺骨的寒气和恐惧:"他们正在攻击我们……""噢,我的天哪,到处都是中国

第八章　志愿军猛击

人……""我们还在坚守阵地,但中国人无处不在……""每次打退一轮攻击,都会招来更多的敌人,对方的兵力太多了……""我们已经有点守不住了,敌人太多了……""这也许是我对您发出的最后报告……"话筒里传来的不是一个人的声音,而是几个人的声音,而且声音一直在变化——当一个通信兵被子弹击中时,马上会有另一个士兵接过话筒。但所有这些声音最终都在说明同一件事情：在中国军队的强大攻势下,美国的一个团已经被打得四分五裂、七零八落。团部根本就没有办法确定战事到底如何——他们唯一能确定的就是,战局已经无法控制。[1]琼斯认为,斯隆上校在最初几个小时还表现得非常出色：他一直保持冷静,丝毫没有惊慌,竭尽全力指挥剩余部队向在军隅里的师部靠拢。他们以为那儿才是更安全的地方。

这是一场极其可怕的战争灾难,但好在转瞬即逝。美军以前也曾因位置不佳或领导失误而遭到过重创,个别部队因此伤亡惨重,可美国陆军在转移兵力及防御方面的能力,总能让他们逢凶化吉。但这次是另一种灾难。每个小时形势都在恶化,让美国人陷得越来越深,似乎无人能挡。实际上,仅在最初的几个小时里,第38团和第9团的几个营就已经被彻底摧毁；此时,相邻部队也在承受着无法承受的巨大压力,整个第2师已经溃不成军。尽管这并不是在玩多米诺骨牌,但用它来形容当时的情形是再恰当不过了。

在第2师最前方开路的是第9团,第9团的先头部队则是第2营下属的L连,而走在L连最前面的就是第2排,排长是来自俄亥俄州克利夫兰的基恩·高桥中尉。高桥是一个日裔美国人,曾在加州的临时收容所度过一段少年时光。"二战"期间,全部由第二代日裔美国人组合的第442团扬名欧洲战场,也给高桥留下了深刻印象。像其他日裔美国人一样,他也希望能为国效劳,1945年,17岁的高桥自愿加入陆军。在征询父亲意见时,父亲的唯一要求就是不要做任何有损高桥家族名声的事情。[2]他是一个不同寻常的指挥官,指挥着一支同样不同寻常的部队——由一个日裔美国人指挥一支全部由黑人组成的队伍。尽管陆军在名义上早已经废除了种族隔离政策,但是在朝鲜战争最初的几个月里,还存在着一些全部由黑人组成的部

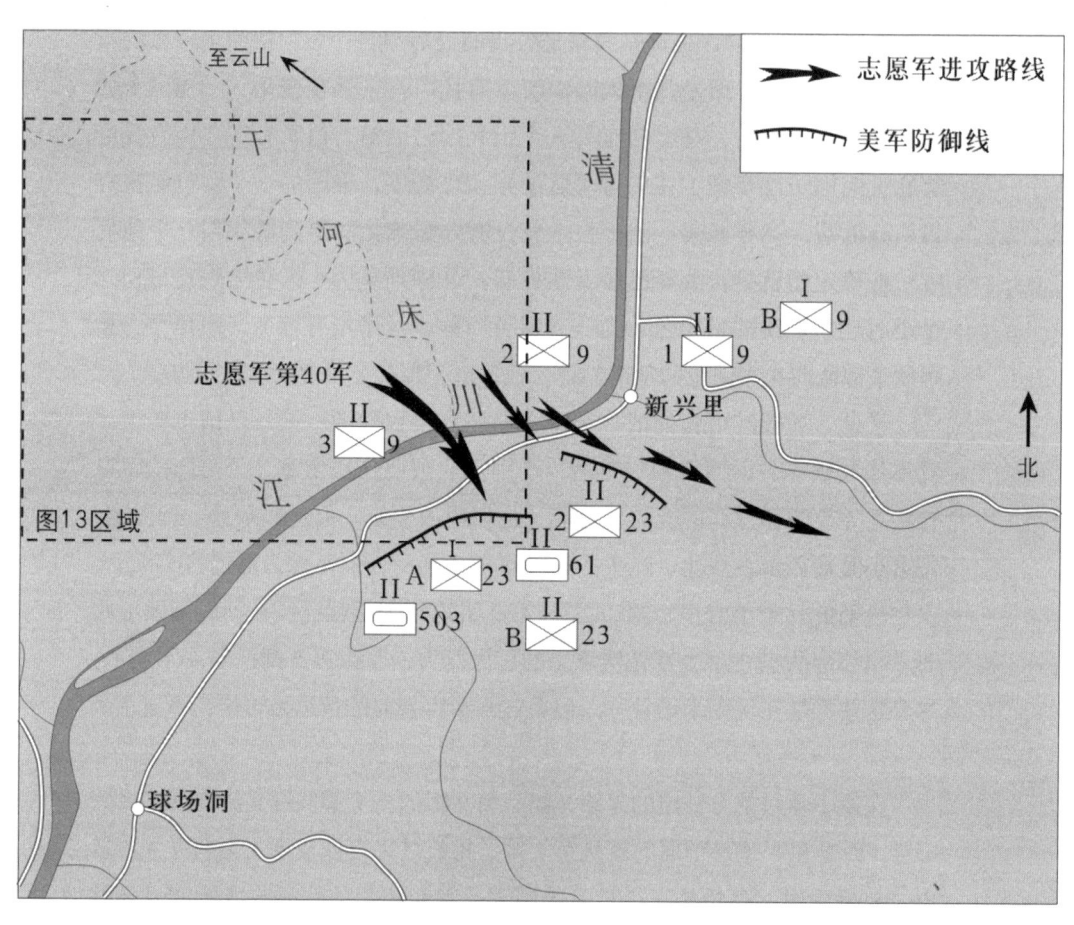

图 12 志愿军在清川江对第 2 师的攻击，1950 年 11 月 25—26 日

第八章　志愿军猛击

队。这些黑人部队在作战中的表现也高低有别，这取决于它们的指挥官是谁，是不是白人，以及是否愿意严格要求士兵等因素。高桥认为自己的士兵都是好人，都是优秀的战士。确实有些战士对他的命令不以为然，但下命令时的语调很重要，指挥这些人还是让他感到与众不同；有些命令确实需要解释，不过，他相信这会让他成为一名更出色的指挥官。

谈到当时的政治偏见问题，高桥早就有所体会，这种体验不仅仅来自他在临时收容所的经历，更多的还是来自他初到朝鲜那段时间的体会。1947年，高桥还是第6师的一名年轻军官，那时体验到的种族偏见让他终生难忘。他的上司是一个西点军校的毕业生，被派到朝鲜让这名上尉非常不满。他痛恨朝鲜和朝鲜人，实际上，他不喜欢任何亚洲人，甚至是长得像亚裔人的人。为了发泄愤懑和偏见，这名上尉给高桥分配了一份最无聊、最没有意义的工作；假如连里有一份吃力不讨好的工作，那肯定属于高桥。对这个上尉来说，第二代日裔美国人依旧是日本人。

但奇怪的是，高桥后来认为，正是这段经历把他锻炼成了一名更出色的军官。他必须巧妙规划自己的时间。他工作得越努力，表现得越出色，他的上司就越生气，于是，就会给他分配更多、更繁重的工作。结果，高桥发现自己是不可战胜的。他越来越自信，也让他感到，在陆军中，没有一项任务是他不能完成的，不管这项任务有多艰难、多令人无法忍让，他都能做到得心应手。高桥认为，压力和打击的激励作用是不可低估的。

高桥认为，经过洛东江战役，L连已经成为一支训练有素、经过战争洗礼的坚强队伍。在正常情况下，他们完全能做得很出色，但前提是战士们已做好战斗准备，了解即将发生的战斗，而不是在毫无准备的情况下匆忙应战。高桥认为，和一般的白人士兵相比，这些有色人种的士兵更有可能出现相互猜疑以及对未知事件的顾虑。他相信，在某种程度上，这也是那个时代的一个缩影，当时的美国陆军还存在相当严重的种族歧视现象；很多有色人种参军是为了向这个国家证明点什么，而且又能逃避国内更令人窒息的种族歧视。在高桥看来，为了证明这些歧视的不公平性而参军，但在入伍之后又发现，偏见在陆军的指挥体系中同样根深蒂固，这肯定会让某些人难以理解，无法接受。

在一定程度上，一个连队就是连长的性格写照。马克斯威尔·韦尔斯上尉绝对是一个非常正直的军官，他身材魁梧、相貌朴实，对手下士兵的情绪很有研究，士兵也喜欢和尊重他，这在军队里可不是常见的事。但是，至于他是不是真正喜欢打仗，尤其是在自己挨打的时候（在这场战争中，倒霉挨打一直是家常便饭），那就完全是另外一回事了，而这恰恰也是让一个优秀军官区别于普通军官乃至好军官的最重要一点。很多人心里都会想，只要是脏活累活，比如说去侦察朝鲜人是不是在某个山头挖了地道，或是用棍子去捅马蜂窝之类的事情，上级多半会选择L连，高桥自己也是这样想的。

在11月中旬之前，L连的大部分士兵都感觉，战争似乎已经在他们面前消失了。甚至在中国人发起总攻那一天，他们还都优哉游哉，无忧无虑。由于行军速度较快，在渡过清川江的第一天，他们来到一个名叫古姜洞的小镇。那天，他们并没有携带行军床、备用弹药以及手榴弹等大部分补给；崎岖不平的地形使卡车和吉普车很难及时跟进。高桥到后来还因为没有让士兵多带一些手榴弹而埋怨自己，如果让每个人都带上手榴弹，当中国人发起进攻时，他们肯定不会像那样一味地被动挨打了。他们甚至连外套都没有穿，全都扔到了一个指挥所。他们原本并没有想走这么远。冬季的清川江并不深，水只有齐腰深，可是冰凉刺骨。渡江对他们来说并不难，但他们犯了一个严重的错误：都穿着短裤过江，而中国人却比他们精明、专业得多——他们在长征中学到很多宝贵的东西：渡江时脱掉内裤，上岸之后再穿上，这样，冰冷的江水就不会浸湿内衣，然后让体温去慢慢烘干湿冷的衣服了。于是，在渡过1.5英里的清川江之后，L连的士兵只好把自己包在湿漉漉的衣服里，在寒风刺骨的山上继续跋涉了几个小时。一路上，引起高桥警觉的是很多非常规则的散兵坑，每个坑的深度都在3英尺左右，排列整齐有序，几乎是一模一样的正方形，就像是专业景观设计师留下的作品。这些作品的主人肯定是善于把小事做精做细的人。美国士兵在挖散兵坑时非常随意，信手拈来，因为他们对自己的超级火力非常自信，朝鲜人民军也不会做得这么漂亮。这些散兵坑清晰地表明，新的对手已经加入

第八章 志愿军猛击

了这场游戏。24日下午，L连在清川江以东构筑防御阵地。

他们当时的位置是在古姜洞以北约3英里的一个高地上，这个地方也许只能在地图上找到，这个小镇子真的很难被发现。直到后来，他们还一直在想，中国人到底从哪儿冒出来的，那么多的战友到底是死在什么地方了，至少应该在地图上找到那个鬼地方。高桥一直对目前的兵力部署有意见，并和韦尔斯上尉简单地讨论过这个问题；他认为防线过于接近直线，面对敌人进攻时无法形成集中火力。年轻的迪克·雷伯德中尉是第37野战炮兵团的前沿侦察员，该团的任务就是支援L连。他赞同高桥的说法，认为韦尔斯的排兵布阵有点过于随意。对该连情况还不太熟悉的雷伯德也感到很意外，韦尔斯居然把连部设在小山的背面，这里几乎没有任何能用作掩护的天然屏障。雷伯德认为，最糟糕的是，韦尔斯还把三个排部署在不同的防区里，而且防线与山势几乎格格不入。因此，雷伯德认为，由于彼此之间不能形成交叉火力，他们很可能会遭到来自侧翼的攻击；高桥也同意这样的看法：他希望防线更紧凑一点，这样就可以形成与周围山势相吻合的半圆形，但他们没能改变韦尔斯的想法。

士兵们点起的篝火也让雷伯德感到不安，这无疑是给敌人点亮一盏照明灯，让他们精确锁定你的位置。雷伯德在临近傍晚时注意到这些篝火，于是他马上找到连部反映意见，但一走进指挥部才发现，原来最大的一堆篝火恰恰是在连部，是用来给连长取暖的。一个刚上任的中尉自然没有权力去抱怨上尉，但是他后来坚信，这些取暖用的篝火绝对帮了中国人大忙。至于点火取暖是不是合适，高桥则既不反对，也不赞成。随着夜幕降临，他的士兵还穿着湿冷的衣服，于是他让士兵轮番分批从阵地返回点着小火堆的地方去烤火，这样可以让他们的衣服稍微干一点。[3]

他们几乎是整个第8集团军最东侧的部队了，除了K连以外。K连在他们以东1.5英里处。在遭到袭击时，L连约有170人，其中的45人隶属高桥所在的排。K连的人数也在170人左右。再往东有一支韩国军队负责为第8集团军提供掩护。在出发前的最后一次准备会上，高桥和其他下级军官被告知韩国军队将担当右翼策应，很多人听到这个时抬起头看着天花板，似乎是在向上帝诉苦。这些已经登陆朝鲜半岛三个月的美国人对韩军的第一印象就是：遇敌即溃，实际上是直接跑回本部，几乎从不反抗。这也是东京司令部那些制订作战计划的人和前线作战人员之间分歧最大的问题之一。

那天夜里，很多事情让高桥忐忑不安。首先，他们与K连失去了联络。他们应该就在不远的位置，驻扎在空旷、荒凉、漆黑中的某个地方，但用无线电却联系不到他们，派出去的巡逻队也杳无音信。这就足以让人心惊胆战了；这意味着一个强大而恐怖的敌人随时将把他们一分为二——当然，出现这种情况的前提是K连还存在于这个世界上。后来，雷伯德听说，中国人就是从K连的一个岗哨上冲下来的。当时，那个岗哨只有三名美国士兵。他从别人那里听说，几个哨兵看到不计其数的中国人向自己冲过来，吓得魂不附体，由于担心自己会被马上打死，因而没有开枪。这也是最初没有人听到鸣枪警报的原因所在。

晚上8点左右，两个亚洲人高举双手，匆匆忙忙地跑进高桥的营地。惊慌失措的他们蹦出几个生硬的英语单词，大概意思是说，大批敌人正向这个方向杀来，而且还有一些骑兵。斯拉姆·马歇尔后来写道，这两个人是韩国人，但高桥不这么认为。这两个人穿的棉制服是他以前从没见过的，他们的语言也有问题：由于殖民的缘故，大多数韩国人都能讲一口流利的日语，这也让高桥和韩国人很容易交流，但这几个人没有说日语，他们似乎是在用一种国际化的方式和他们交流。他们劝告高桥的士兵赶快离开，否则都会丢了性命，这让人极其不安。高桥后来觉得，他们肯定是中国士兵，目的就是想扰乱他的军心。

此时，高桥已经确认，他们将会遭到袭击，而且敌人最有可能从左侧发动进攻。于是，他命令士兵架好机关枪。进攻在晚上11点左右终于到来了。在经过第一轮猛烈的火力之后，高桥听到有人在向他们喊话，问他们是不是K连。高桥从对方说的英语确信对方是中国人；很明显，他们是把这两个连弄混了。之后，大规模的进攻开始了。他从一开始就意识到，一旦交火，自己的部队将寡不敌众。他后来觉得，袭击自己的中国军队至少是一个营，甚至很有可能是一个团。进攻的位置恰好就是第2排把守的阵地，

第八章　志愿军猛击

中国军队很快就占领了他们的阵地。让他们恐惧的不仅仅是迎面扑来的中国军队，而且身后也传来很多人的喊杀声，高桥知道自己的后路被切断了。当高桥左边的机枪手布莱向他大喊"我顶不住了，敌人太多了"时，高桥明白，他们没有希望了。

从战斗打响那一刻起，高桥就没有和 L 连的其他军官说过一句话。高桥知道，现在他只能靠自己了。他认为，即使他们能赶过来，也只能合并到一起作战。就在一天之前，高桥还和雷伯德在这里见过一次，今天，他们则是在这里并肩作战。迪克给高桥留下了深刻印象：一个坚强、勇敢的指挥官，临危不乱，在近乎绝望的条件下，依旧指挥若定。高桥的镇定同样也让雷伯德深为震撼。实际上，他们两个人都不知道韦尔斯上尉是否已经遭到袭击，或者说，是否还活着。雷伯德所能看到的，就是这个瘦小的亚裔指挥官，还在拼命召集已经被敌人打得支离破碎的队伍。"撤到我这里！向我靠拢！"他一直在声嘶力竭地喊着，"集合到一起！向我这里靠拢！"雷伯德认为，这绝对是一个天才指挥官在危急时刻的真正表现。高桥的排实际上已经被打垮了，但令人不可思议的是，几乎没几个人离开队伍，反倒是有一部分其他排的士兵加入其中。他们撤到山上更高的一个位置上。[4]高桥很清楚，每分钟都有他的弟兄在丧命，但至少他们还守住了。他们在阵地上坚守了仅一个小时，之后就不得不撤到一个更高的位置。他们将和第 1 排的士兵在这里为最后一线希望而战斗。

他们似乎不是被派到这里打仗的，而是来接受命运的考验。要抵挡中国人的进攻，他们就要有更多的手榴弹、信号弹和弹药。第 2 排的阿瑟·李上士一直是高桥手下最得力的军士，当时他就是高桥左边的机枪手。如果高桥能死在一支完整的中国军队面前，他甘愿与之共同牺牲。他们相互点了一下头，这个动作蕴涵着深刻的含义：他们准备战死沙场，至少是像一个战士一样死去。他们一直在大声喊叫，相互提醒中国人的精确位置。突然之间，李不说话了，从他身上传出的唯一声音是汩汩的血流声。子弹击中了李的咽喉，他已经完全浸在自己的鲜血中。其他人还在战斗，中国人的进攻一轮接着一轮，不给他们任何喘息的机会，越来越逼近他们防守的

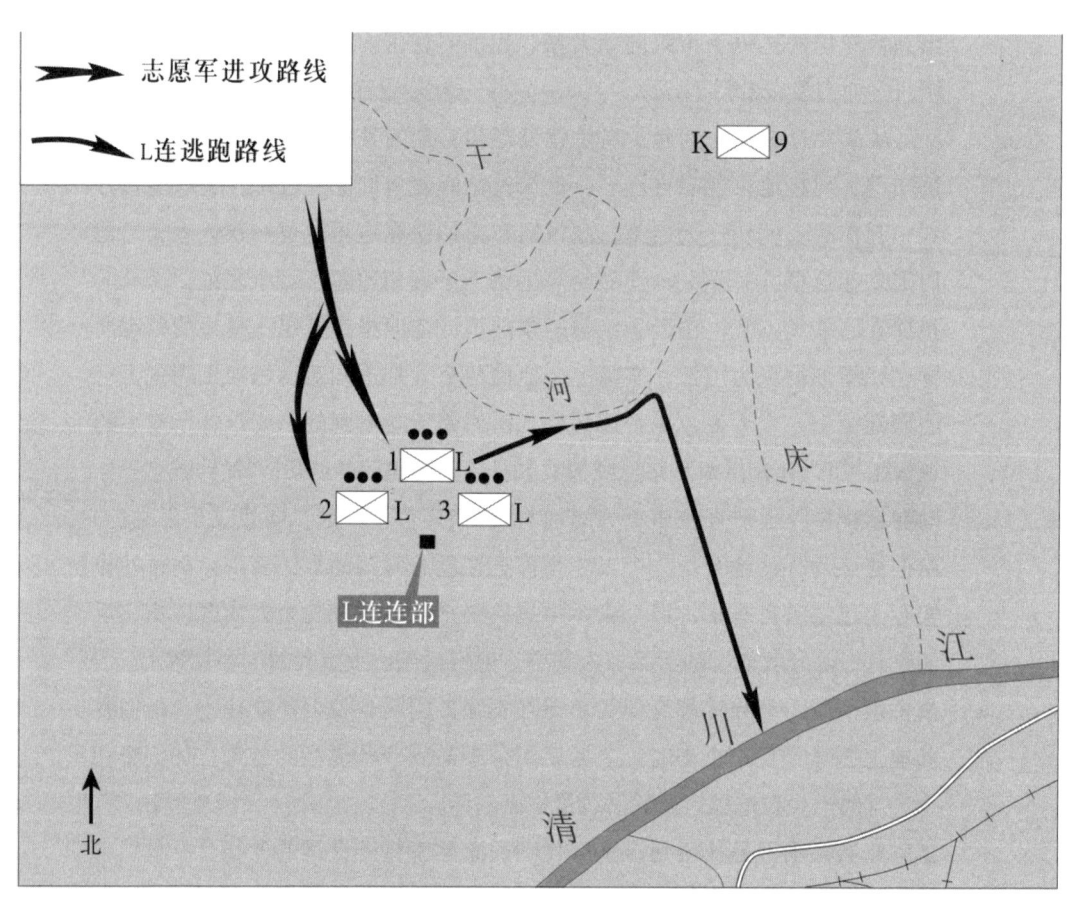

图 13 志愿军对 L 连的攻击，1950 年 11 月 25—26 日

小山头，并最终把他们赶下了山。此时，几乎所有人都阵亡了。在如此恶劣的条件下，他们已经抵抗了几个小时。前一天还表现出众、牢不可摧的L连不存在了，于是，高桥告诉剩下的几个人，只要有可能，一定要想方设法突围。他试图背起李，但李已经死了。后来，高桥和雷伯德才知道，L连和K连正处于全师或全军甚至是全集团军的关键点上，几乎承受了中国此次总攻的最强大攻势。实际上，在当时的条件下，他们能坚守几个小时已经是奇迹了，至于说能活下来，那远不是奇迹两个字可以概括的了。但这样的认识来得太晚了，留下来的只有伤感。

雷伯德最后向山上瞥了一眼，看到的是中国士兵抓住了剩下的几名美军士兵。雷伯德试图让几个士兵和他一起走，但他们多数人想沿着好一点的路下山。雷伯德坚信，中国人肯定已经等在那里了，于是他找了个坡度较陡的地方向下滑。他一直在提醒自己，要活下去，就一定要保持冷静，千万不能慌张，慢慢地向下滑，绝对不能让敌人看到自己的一点点身影。最后，他遇到K连的几个逃兵，设法逃回了清川江。

高桥原想设法跑下山，但最后还是被四五名中国士兵包围并俘虏。他们先拿走了高桥的手表和香烟。他想要回自己的手表，因为这毕竟是大学毕业时，母亲送给自己的礼物，但一名中国士兵把枪顶在他的头上，他只好放弃了。他们示意高桥，让他命令其他人缴械投降。高桥确实喊话了，他用日语告诉其他人不要靠近。之后，几个中国士兵把高桥押回他们的营部，那里的每个人都对这样一个穿着美军军服的亚洲人感到吃惊。高桥似乎让他们感到紧张：是不是日本也参战了？之前，他们已经俘获了克莱米·西姆斯，一名非常强壮、非常职业的军士长。高桥记得，西姆斯还有三个月就可以退役了。

后来，连高桥自己都觉得不可思议，居然能在战争中先后被两个世界上最大的国家所关押，尽管被中国人囚禁的时间很短暂。他们押着西姆斯，准备把他送到北部。被俘者担心中国人会在山脚枪毙自己，于是，他们开始相互传递逃跑信号；西姆斯开始唱新兵入伍歌，不过歌词换成了逃脱看守的方法和时间。当约定的时刻到来时，西姆斯看准机会，迅速解决看守，大家趁机而逃。逃跑途中,高桥听到一声枪响,那正是西姆斯刚才的位置。高桥再也没有见过西姆斯。直到朝鲜战争结束多年之后,西姆斯的名字才再次出现——那是中国方面公布的死于1951年3月的战俘名单。

高桥心有余悸,他们当时实际上已在中国军队的后方,但他仍然自责不已,因为他把很多兄弟丢在那里,让他们成为战俘。他一路上小心翼翼,日藏夜行,两天之后,他终于在军隅里遇到美军,并找到了部队里所剩无几的人员。

在那几天里,布卢斯·里特唯一记得的就是中国军队带给他们的极度惊恐,以及人在遭遇意外时的内心世界。它就像窥探另一个人的灵魂:所有的浮华虚荣和矫揉造作荡然无存,大多数人喜欢隐藏在内心深处的本性也暴露无遗。在那种极端危急的时刻,有些人展现出无法想象的勇敢和尊严,比如有人冒着生命危险,抢救素不相识的伤员;也有一些人展现出让人鄙弃的懦弱和虚伪,一个平日里耀武扬威的排长,竟然在开战时吓得瘫作一团。[5]

里特是第2师第3团第1营A连的通信员,他的工作艰难而危险。朝鲜的狙击手最喜欢猎杀美军的通信兵,他所在的部队短短几天就有三名通信员被狙击手射杀。里特认为,无线电设备长长的天线就是敌人寻找他们的灯塔,是敌人集中火力攻击的焦点。里特一直认为,自己并不适合天天背着一台无线电台。他的身高只有5英尺10英寸,体重只有120磅,而无线电台对他来说似乎太重了。大家经常说,每天开始前进时,无线电台的重量是38磅,到了后来就好像变成了60磅。那时里特23岁,几周之前,他在洛东江刚过完自己的生日,现在还是一个动作不太麻利的士兵;他总觉得自己的晋升速度太慢与他长得太瘦有关,因为他看上去就不像一个战士。他以前曾来过朝鲜,会说一点朝鲜语,本可勉强做个翻译。但是,每当某个连长发现他的这个特长时,不是阵亡就是升官了,而他也只能继续当自己的通信兵。

在中国人发动袭击的第一天,大多数部队还留在军隅里。他所在的A

第八章　志愿军猛击

连（加强连，230 人）大约是在大部队以北 25 英里的位置，敌人在一个名叫云峰洞的小村子对他们发起了攻击！他们本应在两天内前进 6 英里，到达 1229 号高地，但在第一天就遭到袭击，结果延缓了前进的进度。部队严重缺乏步枪手，于是里特也拿起了步枪，这让他的生存机会成指数倍地增加了。在离目的地还有 2/3 的路程时，由于敌人火力太猛，他们只好停止前进，在 300 号高地位置构筑防御阵地。由于冻土异常坚硬，他们的散兵坑挖得不深，形状也不规整。最初，他们采用轮班制，作战一小时，休息一小时；如果幸运的话，你执勤的那一个小时或许可以只放哨，不放枪。他们当时的位置处于整个师的最北端，身后约 3 英里有一个营。

中国人在午夜发起攻击，冲杀之声震耳欲聋，无数敌人瞬间出现。他们在坚持 25 分钟左右之后只得撤退。撤退过程异常艰难，那也是战争中最糟糕的情况——半夜时分，伸手不见五指，还要带着大量伤员。里特还记得，他们设法跑到另一个山上，想在那里构筑防御阵地，但中国人太多了，他们只能继续撤退。里特认为，又过了 45 分钟之后，整个部队已经伤亡惨重，所剩无几。

他们开始四散奔逃，向想象中的营部方向撤退。当时，里特混进了一个临时拼凑的小部队，大概有 20 或 25 人，都来自不同的连队，里特一个也不认识。实际上，在那天夜里，整个第 8 集团军几乎都是这种混乱不堪的情况。他们在黑暗当中慌忙回撤，而中国人追杀的声音似乎越来越近。里特发现，自己身边的战友正在越来越少，只有四个美国兵和两个韩国兵，还有一个用毯子包着的伤员，在如此严寒的天气中，根本无法抬好担架，伤员因此也时不时地被摔到地上。

里特对那天夜里的恐怖经历记忆犹新，但最让他刻骨铭心的是亲眼目睹了战友的胆怯和自私。里特至今还记得那个伤员的名字——维拉德·史密斯，来自田纳西州的安德森。史密斯伤势严重但还活着，里特认为只要能把他带出来，他就肯定能活下去。撤退的速度因史密斯而大大放慢，但是带上受伤战友也是一个军人在那时应该做的事情。当时，他们中间只有一个年轻的中尉军官，但他并不是这些人的真正长官，实际上大家是群龙无首了。

他们早已筋疲力尽,毕竟只能睡一个小时,也没有吃过任何东西。这个时候,他们已经无暇顾及体面和尊严了。他们能清晰地听见远处中国人的喊杀声,枪声离自己越来越近。

最后,在拂晓时分,他们逃到一条河边。那个中尉终于发话了:"我们只能把他留在这里了,明天可以派一架直升机来找他。"一个名义上的领导者,毫不掩饰地说出了自己的想法。这对他自己也是一个极其痛苦的抉择。其他四个抬伤员的士兵面面相觑地看着中尉,他们知道这个中尉是在说谎,因为根本就没有直升机,更不用说到一个没人知道的地方去寻找一具被冻僵的尸体了。他的真实意思无非是尽快撤退,把史密斯留在那里等死。没有人愿意那么做。他们自己早已经精疲力竭、近乎崩溃,但每个人也都知道,他的提议是可耻的,为了保住自己的性命,而置另一个生命于不顾,这对军人来说是不可饶恕的。里特说:"你的意思是说,把他留在这里等死吗?"中尉没有回答,他也没有必要回答。实际上,他是给其他人提供了一个保住生命的机会。

在里特的记忆中,那真是一种地狱般的经历。每个人都想去做正确的事,即使已经毫无希望,即使你要牺牲自己的生命,你也会在所不惜。此时此刻,他的头脑中没有什么比这更清晰的:仿佛你是在向这个世界声明,你是个怎样的人。于是,四个人最终一致同意继续带着史密斯,而这根本就不是什么命令。两个韩国人也跟随他们保护伤员。多年之后,在回忆起当年的情况时,里特依旧感到不可思议:他们居然那么容易就接受自己的建议。里特经常会思考这个问题。其实,每个人都知道,自己可能会因此而丧命,因此,这个决定似乎带有一点判决的味道,也许是人生的最终判决,用你对世界的回应去定义自己的人生。于是,中尉留下里特和其他三名士兵保护史密斯,在严寒中跋涉。

里特开始逐渐体会到,战争的奇妙之处就是它能让人回归本性,把最真实的一面暴露在阳光之下。有些人平时看似强势而坚定,语言中更是让你对他们敬畏有加,但是当身处战火之中时,一切都变了,有些人根本就不像他们平日里表现的那么坚强。相比之下,有些孱弱而温和的人,则转眼之间成为真正的勇士，他们的坚定和勇敢存于内心，而不是外表；在地狱门外，没人知道谁是真正的勇士。这个问题一直让里特困惑不解，因为答案总是不一样的。

因为史密斯，他们的撤退非常缓慢。每个人都疲惫不堪、饥饿难耐。路上，里特悄悄潜入一个小村庄，希望能找到一点吃的，恰好碰到一个年轻的朝鲜女孩走出茅屋。他向女孩要一点米饭，女孩却给他不少热乎乎的玉米，还有一些其他吃的东西。他认为，这顿饭或许救了他们。在撤退途中，他们不断受到小股中国巡逻队的袭击，也有可能是他们的先头部队。在一个山脚下，一支中国的小部队首先向他们开火。担架手乔治·怀特脚部中弹。怀特的受伤让他们的撤退速度更慢。于是，韩国士兵帮着抬担架，里特拿着唯一的一挺伯朗宁轻机枪断后，这种武器的火力很猛，也很实用。他觉得当时的情况太糟糕了，因为他要拿着从来没有用过的武器去抵挡中国的大部队。

他不知道，是不是还有哪支部队的行军速度像他们这么慢。最后，他们穿过一条山谷，发现了一名美国医护兵，这才算最终把史密斯和怀特解救出来。[6]此后，里特和怀特一直保持书信来往，怀特每次都在信的最后写上"感谢你一路上的照顾"；他也试图联系过史密斯，给他写过两封信，但始终没有收到回信。那个抛下他们不管的中尉也没有得到好下场；两天之后，他被中国人俘获，后来死在战俘营。

和里特一起的士兵都来自其他被打散的部队，他们边撤退边战斗，坚持了两天多，最终才与同样被打散的营部幸存人员会合。身边的人没有一个是他认识的。他还记得，在一个正在被中国迫击炮轰炸的小村庄里，停着几辆坦克。全部人员准备撤离村庄，指挥官命令步兵爬到坦克上。里特爬上其中的一辆，这个坦克似乎还算凑合，因为发动机还没有熄火，坦克表面还算有点温度。此时，敌人的迫击炮弹离他们越来越近，里特觉得躲在坦克上很安全，迫击炮似乎对自己没什么威胁。就在他探出头向远处张望时，一颗炮弹落在身边，一块弹片击中他的前额，他血流满面，挡住了视线，什么都看不到。他后来才感觉到，他被这颗炮弹打成了脑震荡。由于视线被挡，他开始有点慌张，觉得自己肯定没命了。就在这时，他的一个朋友赛尔顿·莫纳汉出现了。赛尔顿对他说："天哪，我看你是还没学会藏好自己的脑袋，是不是？"在这个时刻，这样的话比什么都强，因为这让他恢复了冷静。然后，莫纳汉给他做了简单包扎，这至少能让里特看到一点东西，重新跑到坦克上并回到营地。他原以为会被送到平壤治疗，但飞机没有在那里着陆，而是把他们送到日本的一家医院，因而他没有经历军隅里那场惊心动魄、令人窒息的大撤退。后来他认为，在那段短暂却生死攸关的时间里，幸运一直伴随着自己。后来，里特因抢救怀特而被授予银星勋章。

在中国人发起总攻那天晚上，经验丰富的老坦克手梅斯却脱下了战靴。在那时，在那种的情形下，即使是穿靴子和脱靴子这么简单的事情，往往也会决定生死。他脱下夹克，然后把手枪包在里面，想清除一下枪里的湿气；然后钻进军用毛毯裹成的自制睡袋——没有棉花，更不要提羽毛，因此既谈不上舒服，更谈不上温暖。（后来，有人写美国士兵死在睡袋里时，梅斯对此耿耿于怀——"我们那时根本就没有什么睡袋"）就在此时，中国军队的第一轮轰炸开始了。落在他们身边的是一种白磷弹。梅斯看了一下手表：当时是11月26日凌晨0:10。他的第一个想法是，为什么美国军队还用4.2cm的迫击炮呢，而且还这么不小心，居然打到自己的阵地上；但他突然意识到，这是敌人的炮弹。他一手抓过靴子，穿着袜子跳进自己的坦克车。即便是在黑暗中，他依然能看到村子里四处奔跑的人；然后，他听到村子另一端的两辆坦克和营部的其他车辆纷纷启动，向南行驶。

轰炸持续了一个小时左右。他躲在坦克车的炮塔里，用望远镜瞄准器扫视着前面的山峦，尤其是附近的一座小山，因为约翰·巴贝中尉的L连1排就驻扎在那座山上。这时，炮手拍了一下他的膝盖。他向远处望去，看到约五十人正沿山脊的一条小路下行，山路极其狭窄，宛如一条羊肠小道，非常陡峭，因此，这些人只能排成一列，有时甚至要相互搀扶才能保持平衡。当这些人走过三分之二的路程时，梅斯大声喊话："是美国兵吗？如果是，就喊话！"对方没有应答。于是，他告诉炮手，等他们接近山脚时，用76

第八章　志愿军猛击

毫米口径加农炮向他们射击。在炮手向对方开炮时，梅斯同时用 .50 口径机关枪向他们扫射。战斗结束时，他们发现山脚下躺着大量的敌人尸体。[7]

梅斯让炮手用加农炮封锁那条小路。大约半个小时之后，炮手踢了一下他的腿，小声说："看，敌人又上来了。"于是，他们等着对方靠近，一直到看清对方是中国人，且再次接近山脚时，他们开始射击，再次打退了敌人的进攻；之后，他们第三次打退了敌人。在这个过程中，梅斯突然注意到，好像有一个士兵夹着炸药包向坦克车爬过来，梅斯对准这个中国人开火。直到第二天他还在琢磨，为什么没听到巴贝的阵地上传来任何枪声呢？这至少会警告自己，中国人已经到来。后来，梅斯才知道，中国人悄悄进入他们在山上的阵地，用刺刀捅死了还在熟睡中的美国士兵。

拂晓到来时，梅斯检查了一下尸体。这些人和朝鲜人不一样，身材略魁梧，皮肤较黑，大多在 6 英尺左右。有人告诉他，这是中国东北人。他们手里一律是美式武器，行军包整洁一致，用稻草编成的绳子捆在身上。他还记得这些人下山时的情形，给人的感觉是纪律严明，步伐统一，好像已经演练了很多次。他很清楚，美国人正在和一支非常出色、非常职业的军队作战。他的三辆坦克中有一辆已被摧毁，于是，梅斯把手下召集到一起，其中的大部分人均已负伤。他把这些伤员放到一辆吉普车上，剩下的人继续向西撤退。在随后的两天里，他一直在和中国军队交火。

到第二天结束的时候，梅斯已经准备把其余的两辆坦克向古姜洞村转移。有人告诉他，第 38 团一部已经到达那里。途中，他又捡到两辆被遗弃的坦克，就在接近村庄的时候，他遇到 65 名神色失常的步兵，这些人大多来自第 38 团，但可能属于不同的连，甚至是不同的营。在突然失去统一指挥和最起码的生命保障时，似乎只有坦克车才是安全的；其中的一位军官也是坦克手，他请求梅斯让他躲到坦克里面，梅斯最终同意了，尽管里面多一个人让他感到很难受。

他们的转移速度极其缓慢，平均时速只有 2 英里，因此，他们用了很长时间才到达古姜洞。平均每辆坦克上坐着 15 个人。他们原以为这个村子是由美国人控制的，但事实并非如此。通常情况下，梅斯不喜欢步兵坐在坦克上，尤其是在夜里，因为这会限制他的视野以及炮塔的转动，如果转动炮塔和机枪，坐在上面的人就会掉下去。但通常做法在眼下要有所变通。当梅斯的坦克车开进村庄时，村子里一片寂静，鸦雀无声，这本身就是一个可怕的警报。突然之间，枪声四起，他们钻进了敌人精心设计的陷阱。每个房子里似乎都有一两个中国士兵用自动武器向他们开火。那是一个噩梦般的时刻，也是一个生死抉择的时刻。对一个战斗中的坦克手来说，最重要的法则就是保住自己的坦克。梅斯命令坦克驾驶员全速前进，拼命冲过去，然后，他不得不转动炮塔，尽管他知道上面还有人。在这个时候，他别无选择，任何命令都无济于事了，因为他知道上面的大多数人都不可能保住性命。坦克车达到每小时12英里的速度，几乎是飞过村庄，周围到处是死伤的美军士兵。通过炮塔的瞭望孔，梅斯能听到步兵被子弹击中或是跌落下去的惨叫声，有些人没有被打死，但却被后面跟上的坦克碾死。第二天清晨，在检查坦克时，梅斯发现，好像有人用血色涂刷了坦克一样，坦克上面满是鲜红的泡状物，还夹杂着碎肉和脑浆，在严寒中牢牢地冻结在一起。尽管伏击只持续了两三分钟，却让梅斯永生难忘。五十年之后，那段场面还深深地印刻在梅斯的脑海里，那种撕心裂肺的惨叫还萦绕在他的耳边，被鲜血染红的坦克似乎还停在他的眼前。

在随后的两个晚上，梅斯一直在和中国的几支部队轮番交火；直到29日，他才接到命令撤到军隅里，与师部会合。他终于解脱了，他觉得自己是带着手下回到了人间天堂，因为在这里，大部队能给他们提供一切保护。但军隅里显然不是天堂，那里依旧一片狼藉，所有指挥官好像突然之间人间蒸发。梅斯根本就没有时间休息，他需要给自己的坦克加满油并清理枪炮，为即将到来的恶战做好准备，准备撤离军隅里。他感觉自己有几周没合眼了。梅斯在师部见到第38团团长乔治·派普洛上校悠闲地躺在一张舒适的小行军床上。一个团长睡在师部里；没有什么比这更能说明，美国军队有多么脆弱和腐败。和其他所有人一样，梅斯也在挨饿受冻。当时的气温大约在零下20℃左右，但根本就没人去预报气温和风力这样的基本作战环境。此前的五天简直就像是在地狱里，梅斯觉得，很多和他一样的士兵，远比他们的长官对战局更清楚。对于这些从战场上侥幸逃出的士兵来说,在中国人发起进攻时,师部的反应简直慢得无法忍受。

在一些遭到沉重打击的小部队里,大家都认为,只要能多坚持一会儿,就能为所在营和团争取更多的机会,最关键的是为师部着想。但师级和军级指挥官们是否能意识到这些呢?第38团直属连的连长查理·希斯中尉至今还记得,就在中国人发动进攻的两天之后,派普洛上校还在怒不可遏地和上司争吵:"对,该死的,他们已经被中国人伏击了。对,他肯定能分清中国人和朝鲜人,他亲自审讯了战俘,还带了一个翻译回到自己的司令部,因为他手里也有几个战俘。他已经验证了这些情报的准确性,还跑到那里转了一圈,就是为了证明他们是中国人。即使没有翻译,那些中国士兵尸体的事情,也能证明他是对的。"希斯还从未见过哪个军官发这么大的火。放下电话时,派普洛说:"老天哪,师部那些浑蛋居然因为我们认出中国人,就表扬了我。"[8]

很快,梅斯就打消了把师部当作庇护所的念头。师部里已经被恐惧所笼罩。梅斯认为,恐惧是战场上最可怕的东西,不仅能让胆小鬼心惊肉跳,也能让勇士为之动摇。[9]更糟糕的是,恐惧有传染性,能让一支部队在开战之前军心涣散,彻底丧失战斗力。因此,要成为一名合格的军人,首先必须学会抑制自己的恐惧。而杰出的指挥官则深谙恐惧的意义:战场上的恐惧无处不在,无时不在,因此,只能把恐惧当作一种财富。拙劣的指挥官则对恐惧恨之入骨。同一个人,在不同军官指挥下的表现会截然不同:在指挥若定的指挥官面前,他会成为勇敢的斗士,在充斥惊恐慌张的指挥官面前,他会变成一个胆小如鼠的逃兵。优秀的指挥官不仅擅长运筹帷幄,还要表现出不可摧毁的自信,这一点不仅是可以做到的,也是一个指挥官的职责。同样,勇敢和力量也是可以传递的,但只能是自上而下地传递,指挥官能把自己的信心和力量传递给直接下属,然后,再通过命令逐级下达,从而让整个部队士气高昂。

在军隅里,似乎根本就没有人在指挥,那些本应指挥作战的人早已逃得无影无踪。梅斯的直接上司辛顿还记得,师长凯泽早已被中国人的进攻吓得不知所措。在此之前，凯泽还像个幽灵一般，只闻其声，不见其人；他一直让副师长斯莱登·布莱德雷准将出面，大家还以为布莱德雷才是真正的师长。有些军官认为，凯泽把责任都交给布莱德雷是因为他觉得自己已经落伍，且年纪太大，因此在如此严寒刺骨的天气里，根本无力迎战强敌。当整个师被中国人击得七零八落的时候，他根本就不知道该怎么把士兵重新组织起来。

对于一支大部队来说，这实在是一场彻头彻尾的噩梦：中国人正在步步紧逼，随时可能消灭整个师。外界对第2师的总体看法是：面对中国人的猛攻，凯泽和其他高级将领们毕竟抵挡了三天，延缓了中国人的推进速度。但他和他的上司们很久之后才反应过来，正是利用这段时间，20个师的中国大军可能正在西线集结，而这也是整个战事最重要的。到11月29日，军隅里的每个人都知道，越来越近的中国人正在把一根结结实实的绳子越来越紧地绕在他们的脖子上，让他们难以呼吸。时间同样有利于中国人，因为他们在人数上明显占优，而且完全切断了美国人的退路。

之后，凯泽做出了也许是他一生中最重要的决策。毕竟已经和中国人战斗了四天（或许是五天），他们的思维已经混乱，智慧已经耗尽。他们不知道中国军队是从哪儿冒出来的，也不知道他们到底有多少人；更糟糕的是，没人知道该走哪条路。

辛顿很赞同梅斯的说法——师部的混乱就像细菌一样，具有传染作用。师部有几架轻型侦察机，但是按辛顿的说法，它们就没发挥任何作用。让梅斯感到惊恐的是，整个师现在岌岌可危，他们只能依靠自己。他相信，指望援救的机会已经微乎其微。原来说有一支英国的救援部队正在路上，但他已经不抱希望。他还清楚地记得，在"二战"期间的突出部战役最激烈的时候——他们在巴斯托涅的寒冬中瑟瑟发抖，而德军的重炮对他们连番轰炸，他仍坚信肯定有人正在赶来营救自己。但是现在与那时感觉完全不同，那时的后勤补给非常充分，防守火力也非常有效，因此即便是出现错误，他们也能马上纠正。尽管凯泽的指挥确实糟糕透顶，但梅斯相信真正的问题在更高层，麻痹大意的思想是自上而下传染的。从那时开始，梅斯再也不想提到麦克阿瑟这个名字；无论是在给老兵社团的信或文章中，还是在日常谈话中，梅斯一直把他称作"大吹牛家"。[10]

在那生死攸关的几小时里，如果说有什么刻骨铭心的东西，那只有两件事：一件是美国军人在战场上遭受重创，另一件便是东京的大员们拒不承认是他们把这些美国士兵引向灾难。在战场上，罪魁祸首就是师里的高级军官，他们没有向下属提示即将来临的威胁，而只是一味迎合东京要员们的妄想和虚荣。不管凯泽有多大的错——他是个彻底无能的领导——可军部犯的错更大。

四

11月29日下午4：30，夜幕降临时，凯泽通过无线电告诉第9军军部，该师已经危在旦夕。中国军队现在的进攻更加猛烈，甚至在白天也会发起进攻，但他的上司，也就是第9军司令部的长官们，甚至还不如他镇定。这帮人应该为这最关键的两天里发生的事承担主要责任，因为他们原本还有机会让第2师免受如此惨重的伤亡。军长库尔特吓得呆若木鸡，不知怎么面对这场大灾难，很久之后才决定让军部向南撤至平壤。此时，第9军面临着损失整个第2师的危险，而软弱无能的库尔特，早已慌作一团，不知所措。他的情报来源一直很有限，他对战场发生的事情几乎一无所知，他只对东京司令部发来的过时命令唯唯诺诺，言听计从。他一直对东京的大员们毕恭毕敬，把他们的命令奉为圣旨。第9军本应为上司提供更多的见解，为下级提供更多的指导和支援；但是在最生死攸关的那几个小时里，他们的指导几乎完全是错误的——不仅不是支援，还起了反作用。

很多下属把库尔特少将戏称为"胆小鬼约翰"，因为他也许是三个军长中最胆小的一个。他根本不胜任这个职位，这早就不是什么秘密了。一个月之后，当李奇微接管第8集团军司令时，库尔特成为第一个被解职的军长，尽管解职的名义说法是晋升。他得到了自己的第三枚"杰出服务奖章"，因为军长毕竟是高级指挥官，总要顾及面子。随后，他得到了一份参谋的工作，负责李奇微与韩国方面及李承晚之间的协调工作。

实际上，库尔特一直是麦克阿瑟的心腹。1911年，他毕业于安东尼奥的西得克萨斯军事学院，也就是麦克阿瑟进入西点军校之前就读的学校。在"一战"之前，他成为杰克·潘兴将军驻墨西哥部队的一员。在"一战"期间，他进入麦克阿瑟的第42师，即"彩虹"师，在圣米耶勒担任营长。"二战"期间，他是第85师师长，与阿尔蒙德的第92师在意大利并肩作战。1948年，麦克阿瑟带着库尔特来到远东，任命他为第7师师长。接着，他又成为驻韩美军副司令及驻日美军第1军军长。他曾短暂回国任职，朝鲜战争一爆发，

第八章　志愿军猛击

麦克阿瑟又让他回来担任第1军军长，名义上归沃克指挥，实际上却是麦克阿瑟和阿尔蒙德的心腹。

在洛东江战役中，尽管沃克对库尔特的第1军毫无印象，但要应对这样一个自己不喜欢、却是上司眼中红人的下属，还是要费一番苦心。沃克的处理方法就是在仁川登陆时，把第1军交给米尔本指挥。这就意味着，库尔特将被留作北上时使用——实际上，在9月16日之前，他接手的第9军基本上就没参战，而在此之后，他的任务是清扫战场。

指挥员的职责就是随时提醒有危险的下属部队。[1] 截至11月30日，在第8集团军所有参加过西线战斗的部队中，只有第2师陷入了极度危险之中。库尔特有全力援救之责，也有向上级禀报实情之权。比如说，只要他认为有必要，可以随时向沃克求援。

在中国军队的总攻开始时，军部的态度一直很顽固：尽管形势很严峻，但还不至于到致命的地步。他们认为，部队遭遇困境的唯一原因就是韩军临阵脱逃，于是一部分美国部队就暂时遇到了危险。库尔特说这只是"一个局部性问题"。到11月27日，也就是中国军队进攻两天后，军部下达的"局部撤退"命令让第2师的人有点摸不着头脑。该命令实际上是不允许以整团或整营撤退、重组，并在更有利的地形上集结；他们当时只能从一个易受攻击的地方跑到另一个更易受攻击的地方。30日凌晨，凯泽已经和军部争执了至少三天时间。他觉得库尔特的命令是不合适的，最好后撤四五英里；他想让这个师进一步后撤，然后再重新集结。比如说，他一直在和库尔特讨论此前发布的一道命令：要求部队撤退到军隅里以北1.5英里的院里（Won-ni）。凯泽认为，如果不给他的师增加掩护，要执行这样的任务是非常危险的，否则即使到了院里，第2师也一样岌岌可危。

这个命令同样暴露出战场的残酷现实与东京大员们的幻想有多么风马牛不相及。最初的几天，麦克阿瑟的命令依旧是尽量大事化小，淡化战事的影响，因为全面撤退将彻底击碎他梦想中的最后一道彩虹。多年以后，雷伯德在谈到整个第2师的混乱局面时说："我们的失败是因为我们已经准备好了失败。"[2] 但是，如果有什么需要特别指出的，那就是美国人是在咎由自取。其实，那时的局势已经非常清楚了，朝鲜战场上的大多数高级军官早已意识到这场巨大的灾难，新闻记者也深有体会。此后不久，《纽约先驱论坛报》的霍莫尔·比加特就因报告朝鲜战争而获得普利策奖。关于11月28日发生的事情，他写道："现在，联合国军正在为他们跨过朝鲜半岛狭窄颈部的这一冲动而付出代价。这一举动是极其不合理的，因为执行这一命令的军队过于弱小，面对朝鲜和中国以及苏联漫长的边界线，他们无法确保自身安全。即使没有红色中国的干预，孱弱的联合国军也不可能沿着鸭绿江构筑起一道坚固的防线。"比加特还进一步指出，他们本应守住半岛狭窄颈部的那条线，因此，只要第2师能迅速南撤，他们就不会被打得这么惨，"但整个场面极端残酷"。

后来，凯泽因第2师在11月30日的拙劣表现而受到批评，但更大的罪魁祸首应该是他的上司。不过，凯泽毕竟是当时的指挥官，既然是指挥官，就必须为他们的部队着想；但他对显而易见的危险置之不理，带着部队盲目北进。从一开始，他就低估了所面临的危险，对那些不断向他提出警告的人嗤之以鼻。刚到云山之时，凯泽对记者说，中国方面始终没有把最好、最忠诚的部队派到朝鲜，那些出现在朝鲜的士兵，实际上"都是不愿意打仗、但被逼无奈的志愿者"，他们"并不比朝鲜军队凶悍多少"。谈到他自己的部队，凯泽说，他们已经"把刺刀擦得锃亮"，跃跃欲试，随时可以进入战斗状态。不过，他很快就会为这些话而感到羞愧难当。

要了解凯泽的疏漏在何处，以及一个优秀师长应该做到的事情，只要看一下史密斯少将的做法就一目了然了。作为凯泽的同行，他是阿尔蒙德第10军旗下陆战第1师的师长。按作战部署，该师将在前线东段作战，按计划应前进到长津湖附近的中朝边界，然后继续西行，与第8集团军的其余部队会合。史密斯得到命令（命令来自一心只要前进以及毫无顾忌的阿尔蒙德），加快速度，全速向长津湖和鸭绿江前进。阿普尔曼在记述海军陆战队从长津湖突围时写道："作为朝鲜战场的高级指挥官，阿尔蒙德的最大缺陷在于，他坚信麦克阿瑟永远不会做错事。"[3] 从来没人怪罪过阿尔蒙德缺乏进取心。"该咄咄逼人的时候，内德肯定会咄咄逼人，"第2师作战处长毛里·霍尔登说，"该谨小慎微的时候，内德还是咄咄逼人。"[4] 没有任何东西能阻挡他的前进步伐。

于是，不可调和的冲突就此爆发：在战场东侧，代表东京旨意的是阿尔蒙德，而史密斯代表的是战场上的残酷现实。即使两人在长津湖 — 鸭绿江地域如何使用海军陆战队这一问题发生分歧之前，史密斯就已经对阿尔蒙德心存敌意，而且根本就不信任阿尔蒙德。当然，两个人的恩怨是有一段历史的，早在仁川登陆之前，阿尔蒙德就在史密斯面前耀武扬威，俨然一副两栖作战专家的架势。实际上，他从来就没有参加过登陆作战。登陆那天，阿尔蒙德一直站在麦克阿瑟的"麦金莱山"号旗舰甲板上，与陆战队高级军官维克托·克鲁拉克一起看着体形巨大的履带式两栖登陆车驶出母舰。就在克鲁拉克向阿尔蒙德介绍这种装备的巨大威力时，阿尔蒙德突然插了一句："这家伙能浮在水上吗？" "我马上出去把这句话告诉了十个人，"克鲁莱克说，"因为我可不想忘记这么令人汗颜的事，一个在仁川指挥登陆部队的人居然问我，'这家伙能浮在水上吗？'"[5]

参加过朝鲜战争并就此写过两本好书的马丁·拉斯提到，在北上之前，阿尔蒙德就成了"（海军陆战队）黑名单上的头号人物"。[6] 在海军陆战队中，官兵同甘共苦是一种骄傲，干部没有特殊待遇，不会比战士穿得更暖、吃得更好。但阿尔蒙德代表一种完全不同、完全不合时宜的军旅文化。他自己的宿营车里应有尽有，尽显安逸舒适的本色；最重要的是，其他人在严寒中瑟瑟发抖时，他的营房里还热气扑面。物质享受对他来说非常重要。在战场上，他的生活算是极度奢侈了，宿营车里竟然还有浴池，而且热水几乎不断。（实际上，上级也曾为史密斯提供过这种装备生活设施的宿营车，但被史密斯拒绝了。）除此之外，阿尔蒙德还有一个单独的帐篷，里面有洗漱间和空间加热器。他的伙食通常也非常考究——东京方面会定期给他送来优质牛排，还有新鲜蔬菜和上等红酒；他手下当然也知道这些，因此对他的做法怨声载道。对一群在地狱般环境中跋涉的步兵来说，传得最快的消息莫过于上司奢侈浮华的生活方式，这堪比"一战"时将军的待遇。

10月9日，阿尔蒙德的晚餐令人难忘。当时，他邀请了史密斯及其手下的三个团长。丰盛的宴会让四个海军陆战队军官目瞪口呆：每个人都有身穿白色制服的列兵服侍，桌子上铺着亚麻桌布，摆着瓷器和银质餐具。第10军的传奇人物之一切斯蒂·普勒尔团长认为："这在前线绝对是毫无人性的浪费。"普勒尔说，海军陆战队军官首先应该带头吃冰冷的配餐，留下卡车去运输更宝贵的弹药。普勒尔估计，在第10军司令部里服务上层的军人有3000人，足以编成一个团了；海军陆战队的军官绝不应该做这样的事，否则，就不可能得到士兵的尊重和爱戴。[7]

用"疯狂"这个词来形容麦克阿瑟的大总攻似乎再恰当不过了，而这种疯狂在东线比西线表现得更淋漓尽致。西线的将军们或许没史密斯那么优秀，但沃克心里很明白，他一直不愿意让自己的部队全速前进；尽管沃克也对手下的将军下达了前进命令，但同时也一直在提醒他们警惕危险。但阿尔蒙德是麦克阿瑟的好孩子，是其最忠实的拥护者，刚愎自用、自高自大，所有这一切，让他决心用朝鲜战场的现实，去兑现东京司令部里麦克阿瑟的梦想。由此可见，阿尔蒙德与史密斯在以后的对立实际上就是麦克阿瑟与史密斯的对峙。阿尔蒙德是一个自以为是、毫无耐心的中间人，他的唯一想法就是不折不扣地去执行这些近乎于疯狂的命令，而史密斯则是在承担下级军官的脏活累活，要随时掌握战场的局势，并想方设法保护下属的生命。史密斯接到的命令是以最快速度赶到鸭绿江（有人说，最初的命令是"飞速前进"），但他有意放缓了行军速度。他的陆战第1师即将占领的地区大约有1000平方英里，这里山峦起伏，严寒难耐。他相信，这里绝对埋伏有大批的中国军队。他不想按阿尔蒙德告诉他的那样，把部队分散开来；中国人肯定会袭击他们，史密斯不希望自己的队伍因为过于分散而无法相互照顾。他一直设法说服阿尔蒙德，陆战第1师的强大就在于它的整体作战能力，但他也知道，不管阿尔蒙德在其他方面的能力怎样，但听取下级意见肯定不是他的优点。因此，史密斯只能尽力去执行他的命令：一直前进，但只要有可能，就放慢前进的速度；他的底线就是绝不让暴躁的上司给自己加一个彻底不服从命令的罪名。假如他以前是陆军军官而不是陆战队军官,阿尔蒙德肯定早就撤他的职了。归根到底,史密斯的谨慎和执着,不仅让陆战第1师摆脱全军覆没的命运,也拯救了阿尔蒙德的官位。

可以说,史密斯少将是朝鲜战争中一个伟大的无名英雄,其他海军陆战队军官都认为,史密斯理应得到"国会荣誉勋章"。[8] 但是和普勒不同的是,史密斯的英雄事迹不那么耀眼夺目,在海军陆战队,没几个人知道他的名字。史密斯是一个非常职业的军人,一向谨言慎行,从不自以为是,甚至刻意低调行事。最重要的是,他善于尊重敌人。就像拉斯所写的那样,他就像在"业余演出中扮演药剂师的小人物,如果能再增加一点体重,老女人们也许会说他是个美男子"。[9] 他的职业生涯不同寻常,晋升速度慢得出奇——他做了十七年的上尉。在1944年9月太平洋战争中的贝里琉岛一战中,史密斯担任陆战第1师的副师长。贝里琉岛是帕劳群岛的一个小岛,本身并没有什么战略价值,但这场战役的代价却极为惨重。贝里琉岛南北长4英里左右,东西宽约2英里,岛上几乎为珊瑚礁所覆盖,因此,要挖出一个像样的散兵坑几乎是不可能的。但这里却发生了太平洋战争中最惨烈的悲剧之一,甚至在很多海军陆战队员的眼里,它就是太平洋战争中最悲壮的战斗。"它是战争史上最黑暗的战斗,远比硫磺岛战役或其他什么战役更惊心动魄。"哈罗德·迪金上校是这样评论贝里琉岛战役的。他当时隶属陆战第1师,师长是威廉·鲁普特斯少将。守卫在岛上的日本人挺住了美国轰炸机和战列舰长达十几天的狂轰滥炸。在美军登陆后,他们爬出地下掩体,以超人的勇猛和凶残,和美国人展开了一场肉搏战。

鲁普特斯和阿尔蒙德在性格上有很多相似之处:目中无人,鲁莽冲动,从不把对手看在眼里。他在战斗之前曾说,攻克贝里琉岛可能会出现一些人员伤亡,但"这样的情况不会持续很长,这将是一场快刀斩乱麻的战斗。我们将在三天之内解决贝里琉岛的敌人,也许是两天"。[10] 实际上,这场惨绝人寰的战役持续了整整一个月,双方寸土必争,在每一米土地、每一个洞穴里进行肉搏战。据海军陆战队后来估计,守卫贝里琉岛的日军人数约为一万人,每打死一名日军,美军平均需要耗费1600发炮弹或子弹。[11] 因此,史密斯在和阿尔蒙德打交道时,就好像他又回到了贝里琉岛。

如果盲目服从这些在他看来与战事毫无关联的命令，很可能会让陆战第1师在这个寒气袭人的荒山野岭上败给中国人，史密斯可不想这样做。在海军陆战队的历史上，陆战第1师在长津湖的成功突围是一个奇迹，而这个成功的很大一部分归功于史密斯没有做什么，而不是他做了什么。在最终下令北进时，史密斯还命令部队沿路留下一定数量的补给。该师的作战参谋阿尔法·鲍泽认为，这些补给"最终拯救了几千名战士的性命，甚至可以说，挽救了整个海军陆战队第1师"。[12]

11月27日，该师终于北上。此时，为了阻挠这个他彻底反对的作战计划，史密斯已经和上司斗争了近三个星期。他认为东京司令部的人就是一群笨蛋——他们先把第10军和第8集团军分开，现在他们又想把自己的每一个团都相互分割开来，让各部队之间无法相互掩护，也就是让每支部队都变得更加脆弱，更容易遭到攻击，变成中国人嘴边的一块肉。陆战队的人一直认为，阿尔蒙德特别喜欢把大部队切割成小股部队去分头作战。鲍泽说，不管人数多少，他还是喜欢集中兵力，实施大规模作战，这也是"二战"时期盟军在欧洲战场上的主要战略。[13]东京司令部向史密斯做过保证，中国军队不可能绕过他西侧那些几乎是无法穿越的崇山峻岭，但他的第一感觉是自己的部队不能这么作战。"长津湖周边地区不适合作战，"史密斯在战斗结束后说，"即使是成吉思汗在这里也没办法。"[14]不管怎么说，史密斯还是要下达前进命令。他让下级指挥官随时知晓可能出现的危险。实际上，他们已经不需要别的警告了，处处都存在着危险。此外，他还要求各部队在夜间休息时要保持有利的防护阵形，他把每个夜晚都看成是中国人即将发起进攻的时机。史密斯不仅对自己正在做的事情表示怀疑，对麦克阿瑟的神话同样感到不安。当将军做出一往无前、直奔鸭绿江的决定时，史密斯就对一个同僚说："哦，天哪，他在仁川侥幸大赚了一笔，就以为在这里还能再侥幸一次。"史密斯后来说，这一次他显然没那么幸运。[15]

没人能来帮他一把。到11月初，他越来越清晰地感觉到，中国人很可能正在为美军挖一个巨大的陷阱。10月29日，也就是美军到达云山的时候，史密斯师中的一支韩国部队曾俘获了16名中国士兵；这些人来自一个运送弹药的排,身材高于一般的中国人,皮肤略黑,身穿棉军服。这些士兵没有隐瞒所在部队情况,他们声称他们属于第9兵团第42军第124师第370团,于10月16日进入朝鲜,该地区至少有第42军的三个师:第124、第125和第126师。阿尔蒙德马上跑来亲自审问这些战俘,并让他们演练了一些队形密集训练,以验证他们是否属于正规军,结果表现很一般;这些士兵衣衫褴褛,个个筋疲力尽,很久没吃没喝了。陆战队史学家约翰·霍夫曼说,阿尔蒙德用"中国洗衣工"这个词来形容他们,这不是他第一次、也不是最后一次使用这个词。[16]他对周围的人说,这些人不够精明。但陆战队的人,就像霍夫曼写的那样,并没有因此而"喜形于色"。威洛比从东京赶来亲自审讯这些俘虏,后来自以为是地断定,他们属于一支小规模的中国志愿军,有一万人左右,只是象征性的部队,不属于任何一支大规模的中国部队。[17]

陆战第1师第7团团长霍默尔·利兹伯格上校是史密斯手下的三名团长之一,他接手了俘获中国人的那支韩国部队的防区,并且几乎立即在水洞遇到至少一个整师(或者更多)的中国主力部队,这也是海军陆战队和中国人在东线的第一场激战。这场战斗于11月2日打响,4日结束。"当时的情况真是太艰难了,我们一度以为我们会像小比格霍恩战役中的卡斯特上校一样全军覆没,毫无生还的机会。"詹姆斯·劳伦斯少校说。他当时是一名代理营长,后来因此战而获得"海军十字"勋章。[18]战斗极其艰苦,该师虽然最后打退了中国军队的进攻,但也付出了惨重的代价——44人战死,162人受伤,1人失踪。

虽然战争的惨烈并不能阻止东京司令部和阿尔蒙德的疯狂,却让史密斯更加谨慎小心。他觉得自己的部队正在走进一个巨大的陷阱,因此他唯一的工作就是尽可能地放慢脚步,就像他说的那样,"千万不能走得太远,以至于让自己进退两难"。但这也让史密斯与阿尔蒙德的关系愈加紧张。"我们海军陆战队第1师是第10军的先头部队",史密斯的参谋鲍泽上校提到,"但阿尔蒙德将军已经注意到这个先锋没有在动。我们实际上是故意磨蹭不前。可以说,我们为了减缓前进速度用尽了书上看到的所有伎俩,希望能在敌人伸手掐住我们之前,尽可能不让军队过于分散。与此同时,我们还在沿途选择合适地点设置补给点。"[19]

11月5日,海军陆战队在一个茅屋里抓到一名正在睡觉的中国士兵。这个士兵属于第126师,他知道的消息似乎也非常全面。中国军队的最大不同之处就是,为体现平等主义,普通士兵可以通过政委的讲话了解大量的作战命令。这个战俘说,他们已经有24个师跨过了鸭绿江。11月7日,阿尔蒙德从史密斯那里得知了这个消息,云山的新情况和这个情报让阿尔蒙德发热的头脑终于冷静了一点,他第一次对史密斯要求集中该师兵力的提议表示认同;但当东京随后传来要求加快前进的命令时,阿尔蒙德再一次要求史密斯加速前进。

另一方面,在中国人民志愿军的司令部,彭德怀在西线部署了25万人去伏击沃克的13万人,双方的兵力比为1.9∶1;东线以15万人进攻联合国军的10万人,双方兵力为1.5∶1。[20]此时,他们已经来到鸭绿江南岸,非常隐蔽地躲在丛林洞穴之中。他们以前与美军和联合国军的遭遇战,打了就跑,毫不恋战,简直是在戏弄对手。志愿军负责东线作战的第9兵团司令员宋时轮对参谋说:"钓鱼的时候,你得先让鱼咬饵。"用一位志愿军高级军官的话来说,在11月中旬,联合国军"离预设战场还远着呢"。[21]

11月15日,阿尔蒙德再次敦促史密斯加速前进。实际上,海军陆战队当时已经到达长津湖南端的下碣隅里,但阿尔蒙德希望他们能继续开进到14英里以外的柳潭里,另一个陆战团继续东行,第三个团则在50英里以南。至此,整个第1师已被分隔开来。"我们必须沿着那条路快速前进。"阿尔蒙德说,而史密斯立刻反驳:"不行!"据陆战队准将艾德·克雷格回忆,阿尔蒙德假装没听见,然后头也不回地走了。阿尔蒙德离开之后,史密斯说:"在整个师集中到一起并建立机场之前,我们哪也不去。"他想在从海岸线到长津湖之间的半路上修建一个机场,以在遭到中国袭击之后方便空运伤员。[22]阿尔蒙德对他坚信即将到来的危险视而不见,并坚持要把第1师拆开,这让史密斯心烦意乱。这天,他做出了一个不同寻常的决定,给海军陆战队司令克利夫顿·凯茨写了一封信,对阿尔蒙德的命令提出异议,并用事实指出其中隐含的危险:如果这样做,很可能会毁掉整个陆战第1师。

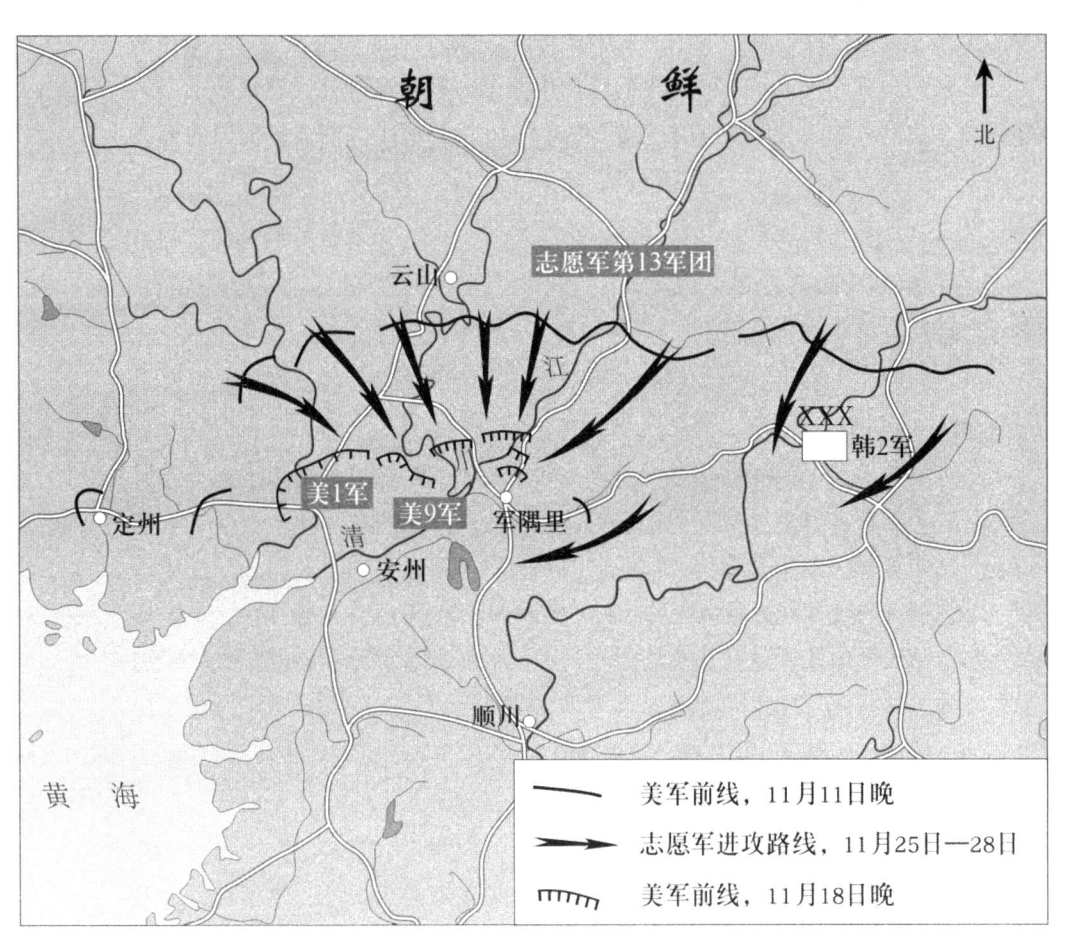

图 14 志愿军西线作战要图，11 月 25—28 日

史密斯在信中写道,袭击他们的中国军队已经北撤,但他并没有下令追击,因为自己的左翼已经"洞开",第8集团军离他最近的部队也在8英里以外。他指挥的各个部队无法相互支援,"整个陆战第1师完全分散在从咸兴到中朝边境之间120英里的崎岖山路上,我对这种情况感到很无奈。"而上边的命令又让他更加焦虑。"我对第10军的战术判断或是他们的部署毫无信心。虽然以前一直很侥幸,但整个部队正在不断分散,原定作战目标也变得越来越模糊。我一次又一次地想告诉军长,陆战队集中在一起会很强大,可是一分散就会丧失原有的战斗力。"最后,他提到了严寒和山地,对这样的自然条件感到担心:"在朝鲜的山地发动冬季攻势,对美国士兵或是陆战队来说过于残酷。我对后勤部队在冬季提供补给及救护伤员的能力表示怀疑。"[23] 11月中旬,他终于争取到在下碣隅里修建一条小型临时飞机跑道。这绝不是一件轻松的事情,陆战队空中行动部的菲尔德·哈里斯少将帮助他完成了这项工作。有一天,阿尔蒙德问哈里斯最需要什么,哈里斯回答是一个小型机场,这样他们就可以利用空军把更多的补给直接送到战场,同时带走更多伤病员。阿尔蒙德问哈里斯:"什么伤亡?"不久之后,哈里斯的儿子就在长津湖附近失踪。他后来告诉海军陆战队史学家比米斯·弗兰克:"我们在那场战斗中伤亡了4500人。那种事是我们谁也无法回避的,但他连战斗伤亡都不愿意承认。"[24]

史密斯坚信,中国人正拿着诱饵等着他们跳进大陷阱,有一个现成的证据证实了这一点:中国人没有来得及炸掉黄草岭山口的一座桥梁。从海军陆战队最初登陆的兴南港到柳潭里的公路全长78英里。从兴南往北的最初一段相对比较平坦。从水洞(11月2日,中国人首先在这里发起第一次进攻)到兴南,全长约37英里,但是从水洞以北到古土里以南这段路变得越来越艰险,海拔直线上升,仅仅在8英里的区间内便上升了250英尺。最恐怖的一段路程位于黄草岭山口,李奇微描述说:"这是一条极其狭窄、令人胆战心惊的羊肠小道,一侧是无法攀爬的悬崖峭壁,另一侧是万丈深渊。"[25] 在山口最险要的地方,唯一向北的道路就是一座小水泥桥,

第八章 志愿军猛击　　445

桥下面是四根巨大的管子，用来把水从长津湖输送到水电站。由于山势极其陡峭，道路极其狭窄，因此一旦炸毁位于黄草岭山口的这座桥，险恶的地形和极为有限的补给能力将会让依赖机械化装备的美军举步维艰，但中国人却没有炸毁这座桥。对史密斯来说，这就像一只不叫的狗。如此可怕而精明的敌人居然不炸这座桥，这只能证明一件事：中国人希望美国人跨过这座桥。这实际上和邀请没什么区别，但阿尔蒙德对此毫无警惕，因为他对敌人不屑一顾。在中国开始发起进攻时，劳伦斯少校（后升为少将）是驻扎水洞部队的参谋，他说："史密斯认为中国人希望他们过桥，然后在我们过桥之后，他们再炸掉这座桥，彻底断了我们的后路。史密斯很敏锐地认识到这一点，可阿尔蒙德对中国人的作战能力毫无敬意，所以他毫不在意。"[26]

11月26日，史密斯已经赢得了对他来说最重要的胜利。陆战第1师的集中程度令他基本满意。阿尔蒙德以前敦促他把兵力部署到长津湖正西面的柳潭里，他按照命令在整个柳潭里区部署了两个团，尽管彼此间的距离远低于阿尔蒙德的要求，可还是被长津湖一分为二。虽然史密斯对整个部署不太满意，但这还是比此前改善很多了。当克雷格向史密斯指出仍然存在兵力分散的问题时，史密斯只是淡淡地说："陆军想要这么做。"

在陆战第7团驻扎的柳潭里以东的长津湖，就像一把锐利的尖刀从南面直插下碣隅里。柳潭里位于下碣隅里以西约14英里处，陆战第5团位于这把尖刀的另一侧。在下碣隅里，史密斯部署的是普勒尔的陆战第1团的一个营；普勒尔的另一个营驻扎在位于下碣隅里以南约11英里的古土里，

古土里的位置正处在美军的主要补给线上，普勒尔的第三个营则位于真兴里以南约10英里。普勒尔的部队负责整个补给线的畅通。考虑到现有情报显示该地区至少有六个师的中国兵力，因此这样的部署远非理想，但只要有一点喘息之机，全师还能进行有效的防卫。就像鲍泽说的那样，"即便如此，我们现在还是处于一个白雪覆盖的漫长战线的最末端。这条战线长达65至75英里，具体就要看你怎么衡量了"。[27]和凯泽以及其他陆军将领不一样，史密斯认为一旦中国人出现在面前，形势将不容乐观。

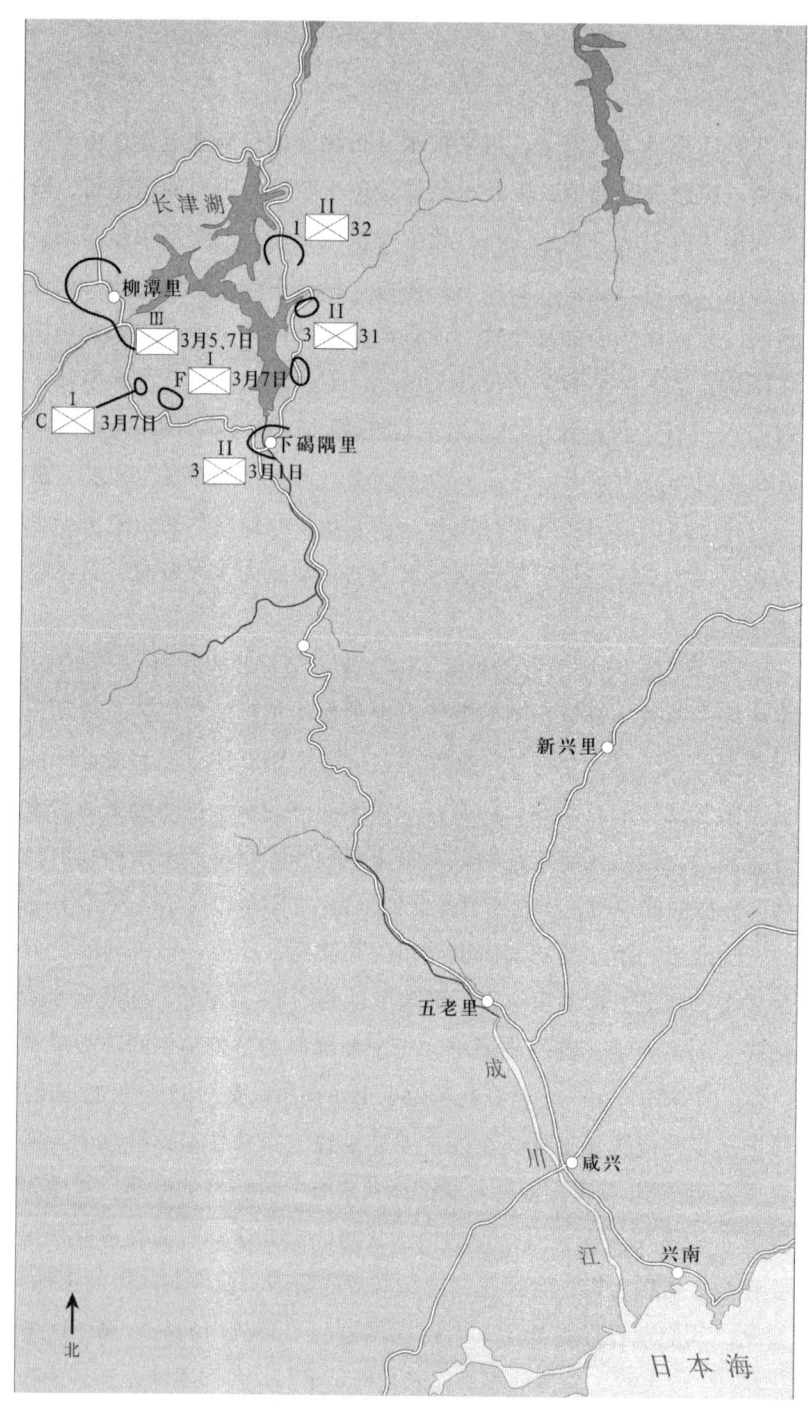

图 15　陆战队作战地域，10月—11月27日

第八章 志愿军猛击

第 10 军在东线进攻的时间选择非常重要：进攻于 11 月 27 日开始，就在中国军队对第 8 集团军发起大规模攻势的两天之后。陆战队听到了一些关于中国人进攻情况的初期战报，但不知道这场灾难的可怕程度。东线的进攻计划完全不可理喻——用比尔·麦卡弗雷的话说，这是疯子的做法。按计划，第 10 军所属的陆战第 1 师应东进至四五十英里之外的武坪里，但是这段路基本无法行走，甚至可以说就无路可走。武坪里是清川江上游的一个小村子，因而属于第 8 集团军的作战区域，如果能到达这里的话，他们与沃克的部队就算连接到一起了。从理论上说，这将对该地区的中国军队形成一个包围圈，切断他们的退路，而在东京司令部的眼里，这也将彻底掐断中国人的补给线。但是考虑到美军各部队的分散程度和复杂多变的地形（某些山峰海拔高达 7000 英尺），以及严酷的气候（气温通常低于零下 20℃），这样的想法无异于白日做梦。东京司令部的官员们根本就不明白，真正被切断退路的其实是美军自己，他们已被抛弃到这个国家最偏僻、最无法接近的地方。事实上，在这种崎岖险峻的羊肠小道上，携带大量辎重的陆战队员根本就不可能到达武坪里，而在这些冰雪覆盖的险峰之上，他们显然变成了中国人发动袭击的最佳目标。但是对麦克阿瑟来说，把第 10 军和第 8 集团军连到一起是一种胜利的象征，也是他军旅生涯最辉煌的时刻，这将成为他最终征服这个国家和这些敌人的铁证。即使海军陆战队克服千难万苦到达武坪里，对他来说也没什么意义，这根本就没有任何军事意义，因为他们无法控制自己脚下的这片土地。但没有人能说服他。"这些计划不符合这个国家的实情。这样的命令在那时绝对是彻头彻尾的疯狂，"比尔·麦卡弗雷在多年之后说，"从向鸭绿江开进那一天起，我们就已经被关在疯人院里，指挥我们这些疯子的还是疯子。当中国人全面开进那个地区的时候，我们还在义无反顾地北进。而在大批中国军队一轮又一轮的重击之下，你只能把这理解成毫无理性的疯狂。东京给我们的命令是不理智的，绝对是不可饶恕的疯狂。唯一真正值得思考的问题，是能否把我们的人带离这里，但上司的命令依旧是继续前进。"他甚至还直言不讳地指出，麦克阿瑟在仁川登陆之后"变得越来越执拗、疯狂，俨如一个举止怪诞的疯子"。

原定的先头部队是史雷·默里的陆战第5团,实际上他们太孤立了。提到计划中的西线进攻,默里后来说:"那绝对难以置信。你越是细想,就越觉得这是不现实的。但不管怎么说,这是命令,这就是我们应该做的事情。"[28]就像阿尔蒙德的参谋长尼克·拉夫纳尔所说的那样,这是"一个疯狂的计划"。[29]科雷·布莱尔写道,这绝对是"朝鲜战争中最没脑筋、最不幸的作战部署"。[30]

由于东京司令部始终不愿放弃他们的悲剧性错判,也就导致他们一直在自欺欺人地假设,中国在朝鲜半岛两侧海岸线发动进攻的规模和范围都将是有限的。由于互相冲突的力量和情感的作用,沃克没能对形势作出及时反应,而当他意识到形势不妙时,却已无计可施了。在最初的几天里,沃克还天真地以为自己还有时间回撤,在平壤附近构筑防线。相比之下,他在东海岸的同行阿尔蒙德依旧对即将进行的冬季攻势热情不减。

在敌人的强大攻势下,阿尔蒙德的指挥生涯行将终结,他最后的命令当然是他最不想下的命令。他终于慢慢地意识到,眼下的形势无法挽回。他告诉上司:失败已成定局。实际上,直到中国人发起大规模进攻三天半之后的11月28日,他还拒不承认眼前的灾难,依旧拼命地催促第10军继续前进;当天中午,他乘坐直升机径直来到史密斯设在下碣隅里的师部,以他一贯的激情给史密斯做了一番战前鼓动。可史密斯对他的话毫无兴趣,他正忙于把走到陷阱边缘的部队重新集结到一起,现在最希望能够集中兵力突围南下。对陆战队而言,当时的阿尔蒙德身上总有说不出的狂热和不安,似乎他还在指挥一支正在创造伟大胜利的陆军,而实际上这支军队正面临被全歼的危险。他们认为,这种结局的部分原因就是自傲与存在于他潜意识中的种族歧视,让他对敌人的能力视而不见。"他们根本就不把中国人当成战士。他以为敌人一直在逃窜,因为他们除了逃窜别无选择——尽管我们正在和他们作战,而且是从11月初开始就没有停止过。用'洗衣工'来形容中国士兵也是阿尔蒙德那时杜撰出来的。在第10军中,似乎唯一不知道中国士兵有多出色以及我们形势有多危险的人,就是第10军的军长。"

第八章　志愿军猛击

副营长吉姆·劳伦斯说。[31]

之后，阿尔蒙德又直接飞到第 7 师第 38 团艾伦·麦克莱恩上校的团部，该团也是第 10 军中和中国军队交战的另一支主力部队。阿尔蒙德此前的命令已经把第 7 师拆得七零八落，与此同时，他还在第 7 师和陆战第 1 师之间造成了一个巨大的空隙；就像布莱尔说的那样，这些命令必将带来悲剧性的结局。[32] 在阿尔蒙德到访之前，麦克莱恩上校的第 38 团已经在长津湖东侧遭到大批中国军队的沉重打击。如果有机会的话，他们本应撤退并与南面的陆战队会合，这才是最合理的战术；可阿尔蒙德还是不依不饶，要求他们正面迎击。麦克莱恩当时并不在团部，而是与处境最危险的"麦克莱恩特遣队"在一起；他在第二天率领第 38 团突围时战死。当时负责接待阿尔蒙德的是丹·卡洛斯·费斯中校，第 38 团的一名营长。阿尔蒙德似乎对麾下的一支部队即将被全歼的命运并不在意。三天之后，费斯中校也在率领已被重创的"费斯特遣队"撤离时阵亡，并因此而被追授一枚"国会勋章"。当时，费斯一直向阿尔蒙德解释，他们的阵地已毫无希望：两个师的中国人正在向他们发起猛攻。"这不可能，"阿尔蒙德说，"他们在朝鲜也没有两个师的兵力！"他说，正在进攻他们的部队，最多也只不过是逃到朝鲜北方的一些中国残兵集结而成的。"我们还在进攻，我们准备一直打到鸭绿江。不要让一群洗衣工似的乌合之众挡住你的前进脚步！"随后，他命令费斯夺回前天夜里丢掉的高地。

之后，阿尔蒙德拿出自己屡试不爽的招数——现场授勋，准备在这里发出三枚"银星勋章"，一枚颁发给费斯中校，另外两枚的得主由费斯确定。费斯中校十分震惊，立刻推荐另一名受伤的中尉，让他来到连指挥部，立正敬礼，接受奖章。就在此时，团部直属连的炊事班长乔治·斯坦利恰好经过，于是，费斯命令斯坦利进来。就在少得可怜的几个连队士兵面前，阿尔蒙德导演了一场小小的授勋仪式。之后，阿尔蒙德乘直升机离开阵地。过了一会儿，费斯的作战参谋韦斯利·科尔迪斯少校走过来。他问费斯："将军说什么了？"[33]"你听到了，是逃到北方的散兵，"费斯一边扯下勋章扔到雪地里一边愤怒地说，"真他妈的胡搞。"[34]

当天晚些时候，阿尔蒙德回到自己的司令部时，看到一份命令他赶回东京的电报。沃克也接到了同样的电报。在东京，他们马上和麦克阿瑟进行了一次令人忧郁的谈话，麦克阿瑟显然已经认识到眼前的现实，用布莱尔的话说，"庆祝成功的葡萄酒已经变成了酸楚的醋"。麦克阿瑟"在没有掩护、没有坦克而且几乎没有任何火炮、现代化通讯器材和补给设施的'一大群中国洗衣工'面前，一直觉得自己智慧超群，游刃有余"。布莱尔认为，麦克阿瑟在仁川登陆之后的指挥就是在"自高自大、盲目乐观地走向灾难"。[35] 在 28 日下午，他在给参联会发出的一份电报中说，我们目前面对的是"一场全新的战争"。他写道，"该命令已考虑到正常情况下可以预料的全部因素，但目前所面临的情况已超越其控制范围和能力范围"。这些话所要表达的意思很清楚，也是华盛顿日后处置麦克阿瑟最有力的证据。在这封电报中，麦克阿瑟回避了一个司令对战场事态应该承担的全部责任，而把责任全部归咎于运气不佳和华盛顿的文职官员。

即使是在形势已基本明朗之时，阿尔蒙德依旧希望史密斯继续开进武坪里。麦卡弗雷认为，此时的阿尔蒙德已经变成了一个囚徒和奴隶，不仅对东京司令部的命令言听计从，更是将麦克阿瑟奉若神明。麦卡弗雷差点就因为这些愚蠢和疯狂而丧命。就在中国人发起进攻之前，阿尔蒙德还命令他带上几个人建立一个所谓的"流动指挥部"，也就是在距离长津湖陆战第 1 师的师部 200 码左右，设立一个小型临时指挥部。阿尔蒙德一直要求麦卡弗雷把自己的指挥部与海军陆战队的分开，这样他就可以通过这个临时指挥部把军部的命令直接传达给陆战第 1 师各部队，以督促其西进，因为师长史密斯坚决抵制他的命令，他认为这个命令无异于自杀。现在，麦卡弗雷变成了军部的代言人，给海军陆战队呐喊助威。麦卡弗雷一直认为，他的工作就是传达这些疯狂的命令，而接受命令的人也知道它们的疯狂性；如果尊重这些命令，他们很可能就会丢掉性命。

刚刚建完指挥部，麦卡弗雷就接到回兴南的命令。当他的吉普车离开驻地时，最后一个岗哨的陆战队士兵向他招手示意，大声高喊："先生，路

第八章 志愿军猛击

上看好自己的屁股,这些山里到处都是中国人。"他回到兴南,简单地吃了点东西,筋疲力尽地匆匆躺下休息了。半夜时分,他被电话叫醒。电话的另一头是他留下来负责临时指挥部的中校,当时他的声音已近绝望:中国人正在向他们发起猛攻,临时指挥部马上就要被攻克了……他们该怎么做?麦卡弗雷要求他们立即向陆战第1师的师部靠拢,可话音未落,电话就断了;从此之后,人们再没有听到过驻扎在这个临时岗哨的士兵的消息。麦卡弗雷后来想,他也许是最后一个走出那个营地的人。

11月28日,在中国人发起进攻的三天后,东京司令部召开了一次高层会议。会议在晚上10点开始,持续了将近四个小时,麦克阿瑟始终是会议的主角。布莱尔说,即便到了这个时候,麦克阿瑟依旧把中国军队的数量低估为只有6万人左右,他一直觉得只有六个师约6万人参与了对第10军的战斗,实际上真实的数字是十二个师约12万人,外加十八至二十个师约20万人在西线作战。沃克远比麦克阿瑟或是阿尔蒙德现实得多。沃克认为,我们必须撤退,如果运气好的话,可以在朝鲜半岛最狭窄处的平壤构筑一条防线。早已被错误判断所蒙蔽的阿尔蒙德还在想着继续进攻,但现在为时已晚,现在唯一能做的就是救出幸存者。终于,东京司令部在29日命令撤退。但是太晚了,因为过去的每天和每个小时都在越来越有利于中国人,而不利于美军,特别是第2师。

最体现东京司令部无视战场现实的莫过于麦克阿瑟的作战部长怀特在会上的一席话;怀特提议,新到朝鲜的、一直被阿尔蒙德用作预备队的第3师应与沃克所部会合。这是一个令人震惊的建议——毕业于美国普通大学预备役军官训练团的人都能提出比这更好的建议。连阿尔蒙德都认为这行不通,因为没有西进的道路,任何一支想穿越这些小路的美国部队都将成为中国人唾手可得的猎物。[36]

五

在朝鲜半岛西侧，联合国军的撤退命令终于让第 2 师缓了一口气。凯泽的部队还在最前面坚持，这实际上是为其他部队的撤退提供掩护，而他们自己却处在极端危险之中。如果说 11 月 30 日是凯泽的悲剧上演之日，那么 11 月 29 日就是他在亲手编写这部悲剧的脚本——他的部队被彻底摧毁，因为他白白地浪费了一天时间，尽管属下纷纷要求撤离，可他没能让上司库尔特认识到自己已身陷绝境，应立即突围。29 日凌晨，第 9 军军部终于下达命令，允许凯泽向位于军隅里以南约 10 英里的顺天撤退。此外，库尔特还向凯泽保证这条路畅通无阻。他们说，担任救援纵队的土耳其旅正在沿该路向北接应他们。

尽管对土耳其人的作战能力一无所知，但库尔特还是对其赞赏有加。土耳其人外形硬朗，尤其是他们的大胡子，在他眼里就是活脱脱的勇猛武士，于是，他毫不犹豫地把土耳其旅作为预备队编入第 9 军。现在他决定在战争最关键的时刻派出这支奇兵。但事实证明，这是一支毫无战斗经验、不堪一击的部队，他们的指挥官没有受过任何正规训练，与美国人和韩国人之间又存在严重的语言障碍。刚与中国军队交手，他们便宣布活捉了 200 名中国人，在当时那种令人极度沮丧的条件下，这无疑是一个振奋人心的消息，但这 200 名战俘实际上只是韩国逃兵。这一切更让联合国军倍感羞辱，因为这些韩国士兵抛弃了自己的战友，然后又在"勇猛"的土耳其人手下变成了俘虏。现在，需要他们做的就是向北移动，在第 2 师阵地的西南侧守住回撤道路。但他们显然不是凯泽需要的部队。早在那里等候的中国军队立刻对土耳其旅发动进攻，结果他们一击即散。据第 23 团的保罗·弗里曼报告说"土耳其人确实来了，但他们只是来看一眼战况，根本就无心恋战，然后便四窜而逃。"[1]

所有这一切都让凯泽感到极端无助。29 日一整天，他只做了一件事：分析眼前一大堆相互矛盾的信息，研究撤退的道路是否真的畅通无阻。29

第八章　志愿军猛击

日下午4点半,随着夜幕降临,他电告军部,他在军隅里的部队已经危在旦夕。凯泽告诉上司,原计划帮助他防守右翼的土耳其旅被彻底击溃,目前在东侧作战的是他手下的第38团,而该团亦伤亡惨重,不可能继续坚守阵地。更糟糕的是,他担心自己的部队无法沿主要公路实施突围,南下撤回顺天;土耳其人的大败足以显示,中国人已经集结在那里了。[2] 凯泽请求放弃主路而改走其他道路。但他等不来答复,他的参谋人员只好劝他执行先前的命令。

直到30日凌晨,库尔特苦思冥想了整整四天,对第2师到底将面对何种命运还心存一丝侥幸。实际上越来越多的中国部队正在他们的南侧集结,退路已被彻底切断,而他毫无办法。他唯一能做的就是在29日忙着把自己的部队转移到更安全的地方,而这种地方对凯泽来说更是遥不可及。此时,早已无计可施的参谋不得不应付凯泽:他一直在绝望地请求上司,而且越来越绝望。保罗·弗里曼后来回忆说,库尔特干脆"逃离了战场"。他的助手们还在煞有介事地安慰他,英国的米德尔塞克斯营正在向北赶来支援。而就在被美国人称作"山口"以南的位置,英国人止步不前,这里恰恰是整个路段的瓶颈位置,位于军隅里以南5.5英里左右。最重要的是,在如此令人沮丧的形势下,有限援军的力量显然是微不足道的,况且为时已晚。中国军队的六个师正在步步逼近,逐渐缩小包围圈,而库尔特能派来的援兵就只有毫无战斗经验的土耳其人和一个英国营。

到29日晚,凯泽已经清楚地意识到整个前线正在崩溃,敌人正向自己逼近。在他手下的三个团中,第9团和第38团已无力应战。此时凯泽有三种选择:第一,他首先需要准确预见一旦中国人率先发难,他们应该如何应对。此时,他需要集中全师的兵力,实际上就是把所有各式车辆集中起来,以优势火力抵挡中国人的进攻,再利用空军的帮助提供补给,直到把敌人拖垮为止。这就意味着他要把第2师立即转变为空降师,虽然陷入敌人的包围圈而被暂时切断补给,但依旧可利用空中通道提供后勤保障。师炮兵主任约翰·海克特在几个月之后对他的下属拉尔夫·霍克雷说,如果这样做的话,他们完全可以成功突围。这次战役给美军上了一堂生动的教学课,而由此汲取的教训也成为未来美军战略中的一个重要部分，两个半月之后，李奇微和弗里曼正是使用这种战术在武坪里取得大胜。但是当此次中国人发动进攻时，没有人想到这一点。到 11 月 29 日，事态的发展已让他无法做出这种选择。

于是留给凯泽的选择只剩下两个：按军部命令继续南撤到顺天，或是沿唯一向西的道路撤到安州，但没人知道这条路是否畅通。颇具讽刺意义的是，通往安州的路实际上是美国人自己修筑的，骑 1 师的霍巴特·盖伊中校带领手下刚刚把一条山间小径拓宽成公路。当该师北上经过云山时，盖伊越来越担心遭到中国人的伏击，于是在 11 月初，当该师驻扎在军隅里时，他派出工兵修筑通往安州的道路，以便在遭遇不测时让自己多一条退路。他对杰克·墨菲中尉说："多一条道路，就多一条生路，你不知道哪条路能帮上你。一旦中国人发起进攻，一切都很难说。"可第 2 师传来的情报令人窒息。29 日清晨，凯泽乘坐吉普车造访向西几英里外的军部，并因路上拥挤不堪而改乘一架轻型侦察机回来。这次拜访并没有给他带来什么帮助，库尔特恰好不在司令部。他在飞机上俯视下面，看到路上挤满了南行的人，最初他以为那是难民，如果真是这样的话，他的部队就有突围的希望；后来他才意识到，那很有可能是中国的大部队。[3] 回到军隅里，他更加焦急，因为中国军队离他越来越近，而侦察兵的报告更是让人冒火，没人知道哪条路更安全，也没人知道上司会让他走哪条路。到了 30 日，军部依旧不允许凯泽向西撤退。另一方面，凯泽得到的消息依旧含混不清，既不知道正在南下的中国军队到底有多少人，也不知道正在竭力北上接应的代号"诺丁汉"的英国援兵在哪里。没有一个人告诉凯泽，南下通道上到处散落着土耳其旅扔下的废弃车辆，使得原本就不宽敞的道路变成一条狭窄蹩脚的小径。而军部估计的中国人的位置在其实际位置以南 6 英里，也就是说，中国人和他们的距离要比想象的近了 6 英里。他们以为英国援军正在快马加鞭地赶路，而实际上他们完全停了下来；第 2 师也是如此。更糟糕的是，整个师都以为中国军队在 30 日凌晨的阻击会相对较弱，这样他们就能以强力先遣队实施突击。对于当时的策略，第 9 团的情报军官阿兰·琼斯上尉说：

第八章　志愿军猛击

"我们希望中国人在那时的位置离道路稍远，这样我们赶到那里时，就能马上以密集火力压制敌人，打退他们，或是打出一个豁口冲过去。"[4] 但无论是第 9 军还是第 2 师，都不知道通往安州的路是否通畅。师宪兵队队长亨利·贝克尔错误地报告这条路已经阻塞，但即使这条路可行，凯泽也不能肯定上司是否允许他这么走。

29 日夜里，中国人对第 2 师的师部发动第一轮进攻。第 2 师的脆弱和不堪一击尽显无遗，留给他们的时间也所剩无几。当晚早些时候，该师的指挥官们视察了在师部（设在当地的一所学校）周围扎堆的几支部队。指挥官们告诫他们，中国人可能会在夜里发动进攻。年轻的师助理情报处长马尔科姆·麦克唐纳上尉把电话和其他设备从学校搬到附近一座建筑地基上。果然，在晚上 8 点左右，敌人的迫击炮和机关枪开火了，麦克唐纳浑浑噩噩地看着这突如其来的战斗，甚至能清晰地看到 300 码以外武器开火时发出的火光。在第一轮攻击中，一颗迫击炮弹落在附近一个帐篷上，瞬间点燃了这个帐篷，这让中国人可以更清楚地看到周围的防御工事。对方可能只有一个连的兵力——显然，这只是试探性的进攻，美国人用一个小时左右的时间便打退了敌人；但这足以说明，第 2 师的形势已经岌岌可危，他们和敌人短兵相接，而且敌人的攻势每个小时都会加强。一想到这些，麦克唐纳就不寒而栗。你完全可以设想，敌人会乘人不备钻进某个团部。要是钻进师部会怎么样呢？他还从来没有听说过这样的事。[5]

29 日下午，第 1 军军长米尔本少将给凯泽打来电话（他是凯泽最好的朋友之一），问他需要什么帮助。米尔本的阵地就在凯泽的西面，他听说通往顺天的路被切断了，就问凯泽情况如何？

"非常糟糕，"凯泽回答，"我的师部遭到袭击。"

"天哪，先往这里撤吧。"米尔本说，他的意思是向安州方向撤退。[6]

这的确是一个诱人的邀请，可惜还要经过第 9 军的确认。29 日下午早些时候，经军部同意，第 2 师把部分重型武器运往安州，以便与正在向南撤退的第 1 军建立联络。但是，这和把整个第 2 师送上这条路是两回事。与此同时，有关哪条路畅通以及哪条路已被封锁的消息四处传来——第 2 师的指挥官们完全懵了。29日深夜，在中国军队猛烈炮击之后，凯泽再次给军部打电话，请求向西撤到安州，但再次遭到拒绝。因此，在11月30日凌晨1点，他召集全师高级军官，告诉他们，库尔特命令他在拂晓时分向顺天方向突围。前一天下午，库尔特乘机视察了这条路，觉得中国人的封锁并不严密。他还补充说，他非常有信心，第2师应该有能力实现突围。有关到底向何方撤退的争论也到此结束。南下的道路很窄，而且两侧为高地，绝对是最适合伏击的地形；此外，这条路已经被美军车辆塞得水泄不通，这就大大降低了行军速度，所有这一切，都变成了走向地狱的前奏——但他们别无选择，只能服从命令。

30日清晨，第2工兵营整装待发，他们需要为全师先行开道。行军速度慢得令人窒息，没有一个高级军官对南下的决定感到高兴。作为军人，他们都知道走上这条路就是一种危险，而且越往前走，危险也就越大。前方反馈回来的信息也让他们有一种愈加强烈的不祥预感，工兵很清楚他们的超大设备会成为敌人攻击的主要目标。由于上司不信任原来的作战参谋，拉里·法纳姆上尉不得不兼任工兵营的情报参谋和作战参谋。由于工兵需要携带笨重的大型设备，因此他一直在积极侦察地形，希望能找到一条最好的退路。他认为通往安州的路依旧畅通，但南下的退路已被敌人彻底封锁，因此把这样一支行动缓慢的部队带到这样的路上，必将会遭遇灾难性后果。他知道，前面几次打退中国军队封锁的努力均以失败告终，他认为形势已经完全失控。

30日下午早些时候，法纳姆跑到师部请求向西突围，至少应该把重武器送到西面。但师作战处长霍尔顿少校坚称，他已经接到命令，不得更改。法纳姆还是不肯放弃，极力说服霍尔顿，但是被公认为该师最有能力的霍尔顿不为所动，始终重复着一句话："这是命令，命令就是命令，不得违抗。"

霍尔顿对法纳姆说，问题在于东京。他说，告诉军部和告诉东京没什么区别，因为他们都被吓坏了。法纳姆回忆说："但是我那时还是一个很自信的年轻上尉，而且很多理由促使我这么做。"所以，他还是要求霍尔顿

第八章 志愿军猛击

再试一下。于是,霍尔顿无奈地耸了一下肩,抓起电话。在接通电话之前,霍尔顿还补充了一句:"你我都很清楚答案是什么。"他简短地向军部做了汇报,然后无奈地摇了一下头,接着对法纳姆说要出发了,师部马上就将撤退。他的吉普车已经准备就绪,他和其他师级高级军官将在高射炮和坦克的簇拥下,向南开进。随着师部的撤退,各部队之间原本就很糟糕的通讯情况更加雪上加霜。[7]

于是,第2师开始全部撤离军隅里。在起身之前,他们就身心疲惫,实际上很多部队都溃不成军。三个团中唯一在前五天里尚未垮掉的就是第23团。因此,他们奉命防御军隅里北面集结的大批中国军队。

就在凯泽派出疲惫不堪的第9团工兵营清理向南走的道路时,中国人前进到离他的师部不到半英里的地方,并在六七英里的范围里,构筑起一张密不透风的火力网;他们占据高地并挖好了战壕,即使是再猛烈的炮火,也很难把他们赶走。中国人可能没有重型武器而只有迫击炮和机关枪,但是他们能把迫击炮的作用发挥到极致,而且他们的轻机枪在近距离作战中火力也很猛。很多美国军官证明,这种机枪是朝鲜战争中最实用、最基本的步兵武器。尽管它没有M-1步枪或是卡宾枪那么准,但能在短时间内形成猛烈的火力,的确是一种恐怖的武器。哈尔·摩尔上尉(后来晋升为中将)认为,它的声音就像是"摇动装着石子的铁罐。在全自动状态下,它能发射出大量子弹。在朝鲜造成伤亡最大的就是近距离作战,时间非常短,而伤亡极其惨重,生死全看谁反应更快。在此情况下,敌人的战斗力和武器都让我们自叹弗如。通常巡逻遭遇战很快就会结束,而我们往往是失败者"。[8]

30日一早,凯泽的第一项任务就是扫清道路两侧的山脊。他命令第9团的两个营执行这项任务,每个营负责一侧。但是,他还是高估了伤痕累累的第9团。阿兰·琼斯还记得,这两个营都损失过半,每个营最多只有300人,而正常情况下每营不少于800—850人。尽管没人确信他们到底有多少人,但有一点是可以肯定的,那天刚刚开始,就有一个中国师埋伏在路边等着他们,而且随着时间的推移,对方的人数还在源源不断地增加。

第9团第2营由塞西迪奥·布彻·巴伯里斯指挥。该营自25日起多次遭到重创,损失也许是第2师各个营中最惨重的。在中国人第一天进攻临近结束时,正常情况下人数在200人左右的第2营G连便伤亡了73人,而E连更是只剩下了几个人。巴伯里斯手下的每一个人都精疲力竭。在战斗的前三天里,该营四次跨过清川江。在中国人发动进攻之前,上级配发给该营大批威士忌。每次成功过江之后,他就要求部下换掉短袜,然后奖励士兵一大杯威士忌。在率部到达军隅里时,有伤在身的巴伯里斯还在指挥战斗。第一次渡江时,该营有970人,而此时有战斗力的只剩下150人。现在这支伤亡惨重的小部队,要把人数众多且虎视眈眈的中国军队挡在山脊的一侧。

这根本就不现实。在距离目的地很远的地方,他看到远处高地上有人影移动。他拿起电话,询问山脊上是什么人,得到的回答是韩国部队。巴伯里斯通过望远镜发现两挺机关枪正"俯视着自己的喉咙"。派巴伯里斯清理山脊的是团长斯隆上校,他在当天早些时候被告知,有两个连的中国人在那里活动。可情报官麦克唐纳认为,这些中国部队的兵力至少是两个团,人数约为6000人。于是,他给斯隆打了一个电话:"我距离待命地点还有4000码左右,我已经看到敌人的阵地,我觉得我们被人耍了。"之后,中国人的机枪开火了。巴伯里斯说:"一切都乱了。"他马上给斯隆打电话,斯隆指示他撤回之后再作商量。就在这时,中国人开始用迫击炮轰炸,巴伯里斯再次受伤。南撤尚未开始,道路上便已横七竖八地散落着尸体和被打烂的车辆。[9]

于是,凯泽师长亲自命令辛顿带领第38坦克连向南突围。辛顿把全部坦克集中到整个队伍的最前面,凯泽这时走过来对他说:"在前方200—400码的路上,有一些我们自己丢下的路障,你觉得能开过去吗?"辛顿回答:"没问题,将军,我已经在路障上面开了五天了,所以我觉得今天还能再来一次。"[10]就在这句话脱口而出的一瞬间,这个35岁的老兵感到一种无以名状的刺痛,当然也有自信。辛顿私下里非常怀疑南撤的决定。他曾沿通向安州的道路向西侦察过两三英里的路段,认为这条路很畅通,很多军官其实也想试试西行。在朝鲜,这样的路况绝对不差,甚至比大多数所谓的公路还宽一点。在诸多不确定之中,有一点是他可以肯定的:下达这些命令的人根本就不知道他们在干什么。凯泽向他提到的200—400码长的路障，实际上有几英里长。

辛顿决定让梅斯开道。做出这个选择并不难，因为梅斯是最佳人选。于是，他命令梅斯率领五辆坦克打开通往顺天的道路。梅斯的坦克走在最前面，辛顿乘坐的吉普车跟在两三辆坦克之后，然后是更多的坦克，装载步兵的大卡车跟在最后。他们刚刚沿公路行驶了几百码，中国人便在两侧同时开火，辛顿的手腕立马中弹。他的副官跑过来说，他们已经成了活靶子。辛顿回答说，对一个已经变成活靶子的人，你没必要告诉他是活靶子。然后，他把指挥权交给梅斯。实际上，辛顿心里在骂："浑蛋，你不是说路障最多只有400码吗？"但这条比登天还难的路似乎永无尽头。他们碰到的是美国军事史上最大的一场伏击战。

梅斯想的也一样。他得到的命令是向南进发，杀出一条路，然后和一支正在北上接应的英国装甲部队会合。没问题，如果真是一点点路障，他完全可以应付，可这条路太窄了。他很快就发现，哪怕是一辆被打瘫的坦克或是倾覆的重型卡车，都足以堵塞整条公路，而道路东侧那条又高又长的路堤，似乎就是为了伏击而精心设计的。梅斯率领五辆坦克开道，中间夹着几辆卡车，一些步兵站在坦克的炮塔上协助控制路面情况，压制高处的敌人火力。从一开始，梅斯的坦克就承受着来自山顶的猛烈火力。他的坦克只能在停停走走之间缓慢挪动，经常要让步兵跳下坦克车，压制中国人的火力。梅斯一直就有一种预感，他和自己的手下浑浑噩噩地在敌人编写的剧本中扮演着悲情角色。

在这些步兵中有第38团的查理·希斯中尉。刚走了四分之一英里左右，梅斯就遇到一辆被遗弃的M-39装甲车拦腰堵在路中间。路上还横七竖八地躺满了其他车辆，梅斯用坦克车把它们推到一边，可M-39装甲车太重，而且履带又被卡死了。梅斯恰好是那种无所不能的人，他高声叫喊，让人去打开履带。就在这时，查理应声而上，此时的他立刻成为所有中国士兵的目标。查理大声告诉士兵如何搬动控制杆和松开履带，梅斯因此非常欣赏他。恐怖的窄路两侧中国人的猛烈火力，再加上身边尸横遍野，反而让两人结下了终生友谊。查理就像吸引中国人炮火的诱饵,最终成功地搬动控制杆,松开履带。梅斯马上开动坦克,把这辆M-39装甲车挤到路边。在跑回坦克的时候,美国轰炸机扔下的火箭弹落在附近爆炸,查理被震出了脑震荡,导致眼部受伤流血,几乎什么都看不见,但他还是活着回来了。至少在那个时刻,他会对自己说,你真是幸运的查理啊。[11]

很快,梅斯驾驶的坦克拐过一个急转弯,眼前的地形让他惊呆了。在前方大约3英里的地方,他可以看到被美国人称为"山口"的那段路。这段大约500码的路段横穿一座巨大的山体,道路两侧是陡峭的山崖,山势险峻,道路极其狭窄。越是接近山口,他越有一种压抑感,似乎埋伏在两侧山上的每个人伸手就能触摸到他的坦克。梅斯认为只要中国人击毁一两辆车,就能让原本已经步履艰难的美国人插翅难飞。当驾驶坦克驶入山口时,梅斯还在想这会不会成为自己一生中做的最后一件事呢?可让他奇怪的是,他没有听到枪炮声。

山口里堆满了土耳其人扔在这里的废弃车辆。一天之前,土耳其人在这里被打得落花流水,废弃的吉普车、武器运送车和两吨半重的卡车,几乎堵塞了本就不宽敞的公路。现在这些毫无用处的废铁将成为中国人对付他们的帮手。那一刻,梅斯的心情无比复杂,不知道到底是恐惧还是愤怒,因为这些残骸显然扔在这里已经很长时间了,却没有一个人提到这些。梅斯迷惑不解,他们到底有没有进行空中侦察呢?军里有很多侦察机,师部为什么不自己侦察一下呢?现在,他能做的就是尽可能地把这些废物推到公路一边。这是一项极其危险、极其艰苦的工作,可梅斯后来觉得自己还算幸运。即使这个世界上真有这种叫作"运气"的东西,他自从踏上朝鲜这片土地之后也从没遇到过。中国人此时还没有进入道路两侧阵地,所以此时的火力远比当日晚些时候弱得多。梅斯带着另一辆坦克顺利地清除了约有三四十辆军车的路障。如果没有他们的努力,那天的伤亡人数或许无法想象。在清理完道路之后,梅斯又想起一件让他捉摸不透的事,凯泽为什么不派侦察兵和他一起出发,利用自己的坦克先行探路呢?至少也应该派一架侦察机了解一下路况。最终通过山口时,梅斯和他的手下或许是第

第八章 志愿军猛击

2师中唯一意识到南下之路到底有多么凶险的人——大批中国军队已经集结在那里,他猜至少有40挺机枪和不计其数的迫击炮对准公路。他还知道,英国人帮不上什么忙了,但他无法把消息传回凯泽的师部,因为坦克里的无线电无法联系上凯泽。显然,所有这一切都为一场凄惨的悲剧拉开了序幕。

刚行驶到山口以南,梅斯就发现了美国人和英国人的驻地。有些美国人觉得英国军队没有尽力去打通道路,而英国人则认为美国人对他们的期望值太高。一个美国上校跑过来让他驾驶坦克返回去,但梅斯拒绝了,因为道路很狭窄,没有足够的空间。他做了自己能做的事情:清除路障,打通道路。后来,他注意到穿过山口的队伍越来越缓慢,越来越稀疏,随着越来越多的中国军队进入山口上方的阵地,火力也越来越猛烈,战场上传来的声音也越来越大。有些从山口方向活着冲出来的美国士兵,似乎彻底崩溃,与其说他们是活人,还不如说是活死人。他觉得,这里正在上演一场深重的灾难。

第9团情报科长琼斯上尉亲眼目睹了当天的战况,随着每一分钟的流逝,美国人都在滑向更深的地狱。情报已经毫无意义。各部队、各指挥官之间的通讯整天处于瘫痪状态,尤其是在高级指挥官离开军营向南进发时,彼此之间完全失去联络。美国人通常把路况非常差的山间公路称为"山口",至于从军隅里到顺天这段六英里凶险异常的路段,他们送给它一个特殊的名字:"长手套",因为美军不得不从中穿过。在穿过"长手套"过程中,琼斯印象最深的就是军队指挥体系和等级制度的彻底崩溃。等级结构在陆军里代表着一切,但是在这一天,等级结构的思想早被抛到九霄云外了。一旦抛弃,便无法追回,于是很多部队开始四散奔逃,溃不成军,随着事态的恶化,"命令"这个词失去了它的意义。

此情此景就是一个整师在他面前瞬间解体,那一刻是他永远也无法忘怀的。一辆车被击中之后,马上会挡住其他车辆的路线,有些勇敢的士兵试图去移走这辆车,但中国人的火力顷刻之间便会落在他的身上。尸体横卧在道路中央——很明显,有些人还没有死去,但道路太窄了,后面跟上来的车辆别无选择,只能从他们身上碾过去。有些驾驶员可能会犹豫一

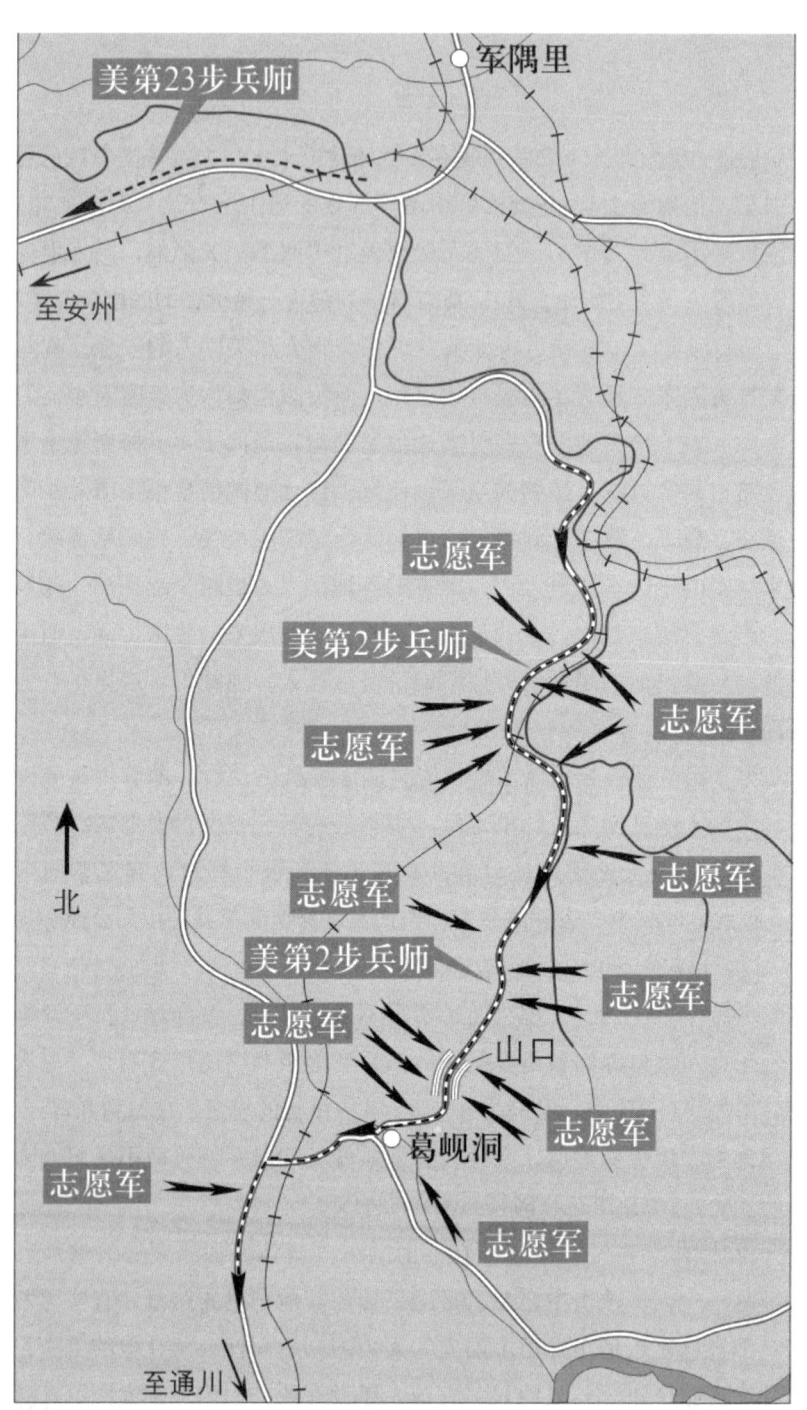

图 16 "长手套"之战，1950 年 11 月 30 日

第八章　志愿军猛击

下，但只要停下来，他马上就会成为下一个被敌人火力掩埋的目标，这又会进一步减缓整个队伍的行进速度。在这种时刻，人的意识已经彻底麻木了。有的时候，琼斯会看到一堆人堆在路的一侧，他很难判断哪个已经死亡，哪个只是受伤，哪个只是暂时的麻痹——虽然肢体还能活动，但意识已经彻底崩溃。

琼斯记得，他们是在下午2点左右（尽管具体时间很难估计）走上这条路的。他的任务很简单。斯隆上校告诉他，穿过这条路到达顺天，然后在那里为本团建立一个集结点。琼斯乘坐的吉普车最早中弹，他也不幸负伤。他让驾驶员设法钻进另一辆汽车，自己返回原来的汽车；可汽车发动机被打坏，无法重新工作。于是他用力把这辆吉普车推到路旁，和士兵一起步行前进。这样他就可以沿途把被打散的士兵组成一个临时小分队。偶尔，他们也会发疯似的对山上进行还击。在一片混乱之中，他的临时小分队队员在不断变化，不断地被打散，又不断地添加新成员。这些筋疲力尽的士兵无论在体力还是意志上都几近耗竭，再加上没有带头人，摆在他们面前的形势毫无希望可言：虽然还有几个人尚能还击，但随着指挥体系的涣散，他们的战斗精神也随之而去。

此时，他能想到的只有一件事：要么继续前进，走出山口，再坚持战斗一天，要么就被打死在这条路上。[12] 他不想成为俘虏。在步行前进了4英里左右，他猛一抬头，突然看到一名手持机枪的中国士兵，黑洞洞的枪口正对着他。直盯盯地面对一个想杀死自己的人，那种感觉既陌生，又奇怪。毫无疑问，那是一个中国人，他手里拿的是一挺美制.30口径机枪。他距离琼斯约100码，就在对面的山腰。就在他跳进路边壕沟的一刹那，他似乎看到了枪口喷出的火光，而且脚部中弹。如果在平时，这或许不算是重伤。他用力拿出止血带，试图自己对伤口进行紧急处理。他的意识正在变得模糊。

琼斯现在只有一只脚可以移动，他认为自己必死无疑。就在此时，一辆吉普车向他驶来，上面坐着的是鲁西安·特拉斯科特三世上尉、约翰·卡雷上尉和另一名军官。他们发现了正在路边处理伤口的琼斯。卡雷还记得，当时的琼斯面色青紫。他们停下车，特拉斯科特把琼斯背上吉普车，第三名军官给他的脚部进行了包扎。不管怎样，他们还是设法到达了顺天，而琼斯对后来的事情已经没有任何记忆了，他一直不知道为他包扎的那名军官叫什么名字。之后，他马上被飞机送到日本的医院接受治疗。五十多年后，琼斯住在弗吉尼亚州贝尔沃堡附近的一所陆军退休疗养院里。有一天，他注意到一个新入院的人似曾相识，就邀请对方共进晚餐。结果发现，他们都是朝鲜战争的老兵，而且都在第2师。实际上，他们都经历过"长手套"伏击。谈话之间，琼斯盯着比尔·伍德说："嘿，你不会是那个在去顺天路上我给包扎脚的人吧，是你吗？"[13]

六

29日晚,麦克唐纳目睹了中国军队袭击第2师师部时的猛烈火力。次日凌晨,他对师部附近进行了检查。他发现一具尸体,正是和他一样年轻的威廉·菲茨帕特里克中尉,也是他最好的朋友,他在前一天晚上中弹身亡。在那些日子里,麦克唐纳目睹了太多的死亡,人早就麻木了。但是,看到自己认识和喜欢的人死去,他还是一整天都处于悲伤之中。到了早上,麦克唐纳正和一名年轻的下士约翰·麦克基奇站在师部外面,就在这时,中国的狙击手向他们开火了。麦克基奇上臂中弹。麦克唐纳心想,如果风再小一点,也许这颗子弹就会射中他的头部,如果风再大点,也许会击中他的胸口。不管怎样,狙击手能准确射中他们,就足以表明是时候离开这里了。就在这时,上面命令马上撤退,每个人只允许带上自己的枪、弹药、一个急救包和一壶水。至于大衣和防寒睡袋——实际上也只有极少数人才有,必须留下。麦克唐纳坐上师情报处长拉尔夫·福斯特中校的吉普车,在持续不断的枪林弹雨中,走走停停,艰难前进。

多年之后,麦克唐纳回想起当时的情形依旧痛苦:那绝对是令人心碎、充满鲜血和眼泪的一天。有些人掉下了眼泪,其他人或许也应该流泪。刚进入山口路段时,部队突然停了下来,麦克唐纳走到纵队的前头,查看停滞的原因。半路上,他看到第9团第2营营长巴伯里斯正在路边。子弹在四周飞溅,而巴伯里斯似乎已将生死置之度外,一点也不害怕,甚至一动不动。他和麦克唐纳很早就是朋友了。战前,他们在刘易斯堡就是年纪相仿的青年军官。麦克唐纳一直认为巴伯里斯是自己见过的最勇敢的军官。当时,他以为巴伯里斯是在冒着敌人的炮火指挥部队。但是,他突然注意到巴伯里斯的眼睛里噙着泪水,巴伯里斯告诉他:"麦克,我的营全完了。"[1]

在那次撤退中,每当想到自己度过了最痛苦的一段岁月时,你就会发现前面还有更大的痛苦等着你;这种痛苦让你刻骨铭心,永生难忘。在接近山口时,整个纵队开始加速前进,麦克唐纳带领一支小部队也在全速行进。

此时，只有尽早离开才是最安全的，而每一次停顿都有可能丢掉性命。在绕过一个急转弯时，麦克唐纳遇到了让他终生难忘的一个场面：一辆2.5吨重的卡车横卧路边，车旁边躺着一群美国大兵，向他乘坐的汽车招手，祈求他或是纵队中的某个人能停下来帮他们一把；整个场面就像慢动作一样无比清晰、无比沉重。即使听不清，但麦克唐纳也知道他们在说什么。显然，如果不帮他们，他们必死无疑。

麦克唐纳一直觉得，那是他一生中最痛苦的时刻。他担心，一旦停车，中国人就会摧毁他的车队，再次阻断道路。他毕竟有自己的任务——把坐满吉普车的伤员带出去，给其他车辆让路。于是，他强忍悲痛，迫使自己继续开车。多年之后，他还记得："我一直在为沿途这些可怜的人默默祈祷，也祈求他们的宽恕。"在到达山口末端的一个小山丘时，麦克唐纳突然发现，中国人占领了这座小山丘，一挺机关枪已经对准了他们。他觉得自己不可能穿过山口了。就在此时，一架B-26轰炸机赶来，扔下一串燃烧弹，也卷走了那挺机枪。最终，麦克唐纳冲过了山口，即便是在这个时候，他还在问自己：我是不是还活着呢？但有一件事是可以肯定的——每个从这里逃出来的人，都会有同样的感觉。

中午过后，凯泽离开师部。他清楚地意识到，第2师完全陷入了地狱之中。他和其他高级军官不得不把车辆让给伤员。凯泽自己的情况也很糟糕；他感冒多日，只能用一件皮大衣裹住自己。这段旅程不仅对士兵来说异常艰苦，对将军们也同样如此。路上，师作战处长霍尔顿有一次甚至跪在一辆吉普车后，向离助理情报处长哈林顿少校最近的中国阵地开火。突然，哈林顿扑倒在他面前，子弹正中心脏。

尽管对方的火力一直没有削弱，但凯泽还是带着部下巧妙地接近山口。就在这时，部队停下了。于是，凯泽和其他人跳出吉普车，呈现在他们面前的，也是很多人看到的情形：美国士兵在身体和精神上的双重崩溃。此时，凯泽才第一次意识到，自己的部队彻底溃散了，士兵彻底丧失了战斗力——所有这一切，都是悲剧的基本要素。让他感到无比震惊的是，已经没有几个士兵还能还击。他走进这群士兵，大声高喊：“谁是指挥官？……你们还能不能干点事情？”[2] 最终，凯泽决定亲自到山口去侦察，他径直走向山口，在路上甚至还跨过了一具尸体。由于体力不支，他实际上是拖着脚在走路，以至于不小心踩到了"尸体"上。突然，"尸体"说话了："你他妈的浑蛋！"凯泽大吃一惊，并表达了一丝歉意："很抱歉，我的朋友。"然后接着向前走。这就是那天的主旋律——死亡萦绕在他的身边。[3] 他知道，军部到底能给他多少帮助已经没有意义，这不仅是第2师的毁灭，也是他自己的毁灭。他的贴身护卫杰克·索普下士为了保护他已经献出了生命。那天下午，在吉普车上使用机枪的索普中弹身亡。最初，他们把索普的尸体放在吉普车的后面，但后来由于沿路看到的伤员太多，他们只好把索普的尸体放在路边，给还没有死的人腾出一点地方。扔下为保护自己而牺牲的战友尸体，这是一件何等艰难的事情啊！

在高桥成功穿过"长手套"时，自己所在连、营和团的状况让他无法相信自己的眼睛。尽管他知道情况很糟糕，可绝没想到会如此糟糕。L连只剩下十几个人，他记得自己是唯一剩下的指挥员，其他人不是被打死，就是受重伤或是在战斗中失踪。几天之后，当L连在汉城附近再次集结时，原来的170个人中只剩下10个人。高桥所在营的全部600人中，只有125 — 150人成功突围。在中国人发动袭击时还是第2师主力部队的L连和K连，就此被取消番号；第2营也名存实亡，整个第9团减员超过一半。

就在第2师的其他部队在通往顺天的路上遭到围攻时，弗里曼正在想方设法保住自己的第23团。在中国人发动进攻之前的几天里，他一直心烦意乱。他清晰地感觉到危险即将来临，可上司对他的意见置之不理。他告诉伦敦《每日电讯》的记者莱金纳德·汤普森，尽管中国军队的武器很落后，但作战能力极其出色，"在这个鬼地方，即使没有飞机和大炮，他们也能让我们显得像傻子一样"。[4] 30日清晨，面对从北面直扑过来的中国主力部队，他的第23团成为挡在第2师前面的最后一道屏障。他的任务就是尽可能地坚守军隅里防卫圈，然后尾随第9团和第38团南下，向顺天方向突围。但弗里曼或许已经感到，南下之路毫无希望。

弗里曼花了很多时间和自己的炮兵指挥官保罗·奥多德（第15野战炮兵营的前沿侦察员）在一起。弗里曼经常过来查看情况，看大伙儿听到什么没有。随着战局的发展，他这样做是有道理的：即使是其他通讯方式已不复存在时，炮兵依然有最好的通讯。炮兵必须有不一般的通讯能力，否则他们就有可能把炮弹扔到自己的阵地上。因此，他们有自己的侦察机。他们从战场上得到的报告也需要具备足够的准确度，至少在通讯范围上会非常准确。他们一开始就知道，向南突围的道路意味着死亡。对弗里曼非常了解的奥多德马上就察觉到对方的意图，判断出弗里曼是个绝顶聪明的人。在其他师，指挥官通常把炮兵编成一队，让他们听令而不是听取他们的意见。根据得到的情报，弗里曼当天很早就决定向西突围到安州，这也是米尔本向凯泽推荐的路线。

30日中午时分，弗里曼的阵地近乎绝望，他知道留给自己的时间所剩无几。实际上，他已经能看到大批中国军队正在渡过清川江。他马上向师部报告自己的处境越来越危险。很快，弗里曼失去了与师部的联络。现在，他只能通过第9团团长斯隆吉普车上的无线电与师部联系，由斯隆把自己的情况转达给凯泽，但即便是这个最后的联系方式也马上中断了。在下午稍早时候，弗里曼还在争取得到向西突围的命令。最后，他还是联系上了师参谋长格里·埃普利上校，埃普利告诉他，决不能改变上司的命令。之后，通讯情况变得更加糟糕。

下午早些时候，弗里曼再次找到斯隆，让他转告师部，希望能让副师长布莱德雷给自己打一个电话——他迫切要求改变原来的命令。两点半左右，布莱德雷终于回话，弗里曼说明了自己准备向西突围的理由。他需要立即做出决定，他的部队必须在天黑之前撤退：该团的炮火只能暂时压制住中国军队；一旦到了夜里，敌人就可以任意移动，那对弗里曼的第23团来说就是末日来临。他希望能在天黑前两小时向安州撤离。下午4点左右，一直没能联系到凯泽的布莱德雷再次回话，同意弗里曼采取最有利于保护

第八章　志愿军猛击

本部队的策略。之后，弗里曼征求仍然留在军隅里的各部队指挥官是否愿意和他一起出发，有些人同意一同撤离，还有一些人不同意。

夜幕徐徐降临，每个人都意识到，整个局势明显不利于自己。此时，奥多德正和收拾大炮的炮兵在一起，为最后的行动做准备。大家都知道，向南的路也许是一条不归路，因为他们的两架侦察机刚刚巡视过这条道路，得到的情况是人员损失和道路损坏情况非常严重。对于奥多德来说，这听起来就像是一场大屠杀，但在那时，他只有一项任务：带着他们的重武器突围。第15野战炮兵营的约翰·凯斯中校通知奥多德准备装炮射击——他当时正在做这件事。他知道他们要把最后一批炮弹打出去。就在此时，一名前沿观察员帕特里克·麦克米伦出现他面前，大声尖叫："快开炮！他妈的，中国人来了！快开炮！到处都是中国人！开炮！"奥多德还没见过麦克米伦像现在这样失控。一开始，他觉得麦克米伦也许是喝醉了，因为那天其他部队的很多人一直在喝酒。"快开炮！中国人越来越多！"[5]

"我们已经接到关闭炮位的命令，准备撤退。"奥多德告诉他，他的意思很清楚，他们已经收起火炮，准备离开这里。但是，奥多德逐渐得到越来越多的信息：中国人正在步步逼近，白天就会对他们展开攻势。对方的兵力明显在几千人左右。此时，弗里曼上校走过来，问他发生了什么。奥多德讲了麦克米伦的发现。弗里曼立即命令"把所有火炮恢复到战斗状态"。

正像麦克米伦说的那样，距离大概5000米开外，黑压压的中国人正在向他们的方向包围上来。弗里曼告诉部下，他们现在的任务就是延缓中国人的进攻，即使他们不能撤走，不能突围，也在所不惜。据弗里曼后来回忆，全团士兵立刻卸下所有火炮或弹药，一字排开。这里也许是他们的最后一战，很可能会因此而丧生。炮兵们从卡车上卸下全部18门105毫米口径榴弹炮，对准同一个方向，这也是留在军隅里的最后一批重武器。奥多德曾参加过两场战争，经历过残酷的洛东江战役，可他从未见过像今天这样的场面。部队里的每一个人，无论是厨师，还是文书，都忙着从卡车上卸下炮弹，然后再把炮弹搬到炮位上。在20分钟的时间里，或许更长一点时间，他们几乎打尽了一切能打出去的东西。他们的弹药很充足，因为其他两个炮兵部队在撤退前把全部弹药留给了他们；由于发射速度太快导致炮管过热，炮管外壁的漆皮开始脱落，让这些大家伙看上去很笨重。奥多德认为，这些火炮的后坐力系统几乎损坏，可他们没有时间担心这个了。此时，他唯一担心的就是炮膛过热。

炮声震耳欲聋，18门榴弹炮一直没停过。在这段不长的时间里，他们到底发射了多少枚炮弹呢？3000枚，4000枚，还是5000枚？谁知道？就在这时，炮声戛然而止，他们终于打尽了最后一颗炮弹。在震耳欲聋的噪音之后，突兀而至的宁静让人感到窒息。之后，他们炸毁了所有大炮，防止中国人利用这些重武器。实际上，他们彻底挡住了中国人的进攻。弗里曼认为，最重要的是，如此猛烈的炮火之后一般被认为会是步兵进攻。因此，中国人便全部躲进战壕。弗里曼的最后一道命令是："立刻离开这里，不要停！"通往安州的道路畅通无阻，第23团在整个途中几乎没有遇到任何阻击。

第八章　志愿军猛击

七

　　如果说第2师是第8集团军南撤断后的尾巴，那么该师第2工兵营就是这个尾巴的最末端，是最后撤离阵地的部队。基诺·皮亚扎隶属第2工兵营D连，在洛东江战役最激烈的阶段表现神勇。他一直认为11月30日是他一生中最艰难的一天，生平第一次觉得自己失去了生的希望。在他看来，很多比他职位高的军官都在各自保命。在第2工兵营，有些军官开始集体撤离，可年轻的约翰·萨利文少尉给皮亚扎留下了非常不错的印象。萨利文原想留下来，因为他觉得这是一名军官应该做的事情，但是他已经得到撤离的命令。萨利文向皮亚扎道别时极度不舍；在皮亚扎看来，那些所谓奉命带领第2工兵营与南撤大部队会合的军官，都是十足的胆小鬼，根本就没有考虑自己的士兵。"在那个时刻，人们撕掉了一切假面具，但那也是你最需要这些军官们挺身而出的时刻，可他们却想把所有军官和士兵拆开，单独把他们自己弄出去——撤离这样的事都成了军官的特权，变成让他们优先享受安全感的俱乐部。"皮亚扎说。[1]

　　在转移过程中，工兵可不是轻装上阵，而是需要携带大量辎重，有些步兵指挥官却经常忘记这一点。早在中国军队发动进攻的一个多星期前，营长艾拉里奇·扎切勒上校就一直催促师里尽早决定如何处理他们的重型建筑设备、推土机和装载架桥设备的重型卡车，这些大家伙也是工兵最重要的武器。每一次军事转移过程中，扎切勒上校都要提醒他们，这些设备会让他们成为移动最缓慢的部队，也是最容易受到攻击的部队。因此，扎切勒希望能在中国军队发起进攻前四五天，允许他们提前运走这些重型设备。而且他们完全可以肯定：再往北就不需要修筑任何东西了。在鸭绿江沿岸修建临时机场完全是没有必要的。皮亚扎每一次向扎切勒问起是否已经决定如何处理重型设备时，扎切勒只是摇摇头——皮亚扎很清楚他的意思，扎切勒是在告诉自己，他认为上级不知道自己在干什么。于是，他们只能硬着头皮挺到现在。[2]

在大撤退的前夜，扎切勒找到第2师参谋长埃普利上校，了解事情的进展情况。埃普利邀请他和师部其他人员一同出发，埃普利的好意让扎切勒感到异常震惊。他拒绝了埃普利上校的邀请，决定和自己的弟兄们一起离开；他认为只有这样才是正确的做法。他对第2工兵营所受的严重损失感到非常震惊，至少他的一些部下能体会到他的感受。在中国军队的前72个小时攻势中，该营的全部900人减员到只有200人。扎切勒经常直接指挥下级，他最自豪的一件事是能说出全营每个人的姓名。在大多数情况下，这会极大提升部下的士气；但是现在，他对手下的感情却让他更加左右为难。[3]

所以，工兵营出发得很晚，还要带上全部重型设备，等待出发的顺序。在这支原本就已步履沉重的撤退大军中，他们的位置接近于最末端。各连按顺序列队撤离，D连率先出发，随后依次为营部直属连、A连、B连和C连。下午逐渐过去，夜幕开始降临，绝望和无助的情绪愈加强烈。前方传回的消息让正在等待出发的队伍惶惶不安：消息说，护送部队刚走了一两英里便遭到伏击，被打得四分五裂。皮亚扎的感觉是，他们正在耐心地排队，等待走向炼狱。当时，皮亚扎坐在最前面的吉普车里。他们得到的命令是在下午4点左右上路，但整个队伍的移动速度越来越慢，出发的时间也一再推迟。很快，黄昏到来，天色渐暗。第503野战炮兵营带着重炮从他们面前经过，工兵营紧跟其后。就在此时，一支炮兵部队的五辆两吨半的卡车拦腰横在路中央。如果是在平时，皮亚扎肯定会咬牙切齿，但这时他心里很坦然；他想，我们就需要这些大家伙，让它们挡在前面吃枪子，那可是求之不得的事情。

过了一会儿，皮亚扎乘坐吉普车带领工兵营出发了。每个人都吓得要死。上路30分钟左右，炮兵就遇到了袭击。公路两边的山上枪声大作，用皮亚扎的话，就是前面的运炮卡车突然之间乱作一团。似乎中国人早在那里等候这些移动极其缓慢的运炮车多时了，接着就是用迫击炮对它们实施精确打击。

对方的火力极其凶猛，让美国人根本无力还击——毫无疑问，炮兵被赶

第八章　志愿军猛击

进了所有陷阱中最深的一个,卡车一辆接一辆地被炸毁。五辆车被彻底炸开,还有五辆正在燃烧。皮亚扎在多年之后还清楚地记得当时的情形:所有人也像卡车一样被炸得粉身碎骨,刚才还是和他一样的活人,转瞬之间便消失得无影无踪。如果现在静静回忆那最惨烈的一幕时,也许这是唯一的印象,生龙活虎的人突然之间就离你而去,不见踪影。他常常想,在现实生活中,如果你从这样的回忆中醒来,肯定会觉得这是一场噩梦,但这不是噩梦,你永远也无法忘记那一刻。你既不能往前走,也不能后退;就在你的面前,几名刚才还轻松地诅咒加塞者的战友,瞬间便离开了人间。

皮亚扎感觉整个队伍彻底停下来了。之后,他陆续接到一连串命令:"离开车辆,集中到路边去!马上离开车辆,到路边集中!"甚至没人知道这些命令是从哪传来的,更不知道是谁发出的命令。于是,第2工兵营的士兵纷纷跳出卡车,连滚带爬地向右侧山上奔跑。皮亚扎还想炸毁他们的车辆,因为通讯设备还留在车上;他担心中国人会找到这些电台,但马上被告知,空军明天将会赶来替他们炸毁这些东西。自到朝鲜以来,他第一次体会到真正的绝望;皮亚扎隐隐地感觉到,让他在洛东江战役中坚持下来的那种求生欲望正在一点点地消逝。他从来就不真的信教,可是现在他开始默默地祈祷。他的愿望很简单、很具体:他祝福所有祈祷者获得超脱,让他们的灵魂在天堂得到净化。这份祝愿还要追溯到他在布鲁克林的童年,这也是母亲在不顺利时的唯一愿望。她的解释也很简单:只要你活得有意义,你的灵魂就将进入天堂。但如果你活得不够完美——皮亚扎认为自己就是这样——缺点和罪过多得不计其数,那么你就要为别人祈祷,祈祷他们的灵魂进入天堂,你为别人的祈福越多,他们受到的苦难就越少。于是,无论你的灵魂走到哪里,苦难也都会减轻。

奇怪的是,皮亚扎的祈祷似乎灵验了,或者说在那个时刻对他来说见效了。祈祷最起码让他恢复了冷静。他知道,在这样的混乱之中,没有人能救自己,只有自己才能救自己。他想,即使中国人想要他的命,首先也要冲上山。那座小山上已经聚集了很多人,皮亚扎感觉有几百人,甚至是上千人,可没有一个带头的,所以,他应该带起这个头。他马上把大家组织到一起,拼凑成一支临时部队,继续向山顶攀登;路上,越来越多的人加入到他们中间,他的队伍也越来越庞大。这时,中国士兵发现了他们,开始用机枪向他们扫射。有几个人转头向下跑,几个一直在协助皮亚扎的军士拦住他们,因为一旦回到公路上,他们马上会变成活靶子,但为时已晚。当中国人开枪时,几个人已经冲了出去。皮亚扎一直在想,不知道他们能否逢凶化吉,保住性命。

对于他的部队大部分被中国人俘获的那一天,扎切勒记得最清楚的就是他们糟糕透顶的通讯联络。似乎没有人能联系到别人。这并非无线电联络员的错——他们一直在冒着生命危险守着自己的电台,而是因为他们的设备太差,组织更差。扎切勒的后面只有第23团。但是,各部队之间经常无法相互联络。在战俘营关押了两年半之后,扎切勒回到美国。后来,他遇到了弗里曼。弗里曼向他保证,当时曾多次试图联系他,告诉他原计划已经取消,他将率第23团向西撤离,工兵营本应跟他们一起走。那是很尴尬的时刻,因为弗里曼的部队毫发无损,而扎切勒的部下不是被打死就是被俘虏。"该死的,确实这样,我们也很想和你们一起走。"扎切勒向弗里曼保证,绝不会因此而记恨弗里曼。[4] 扎切勒相信,那天所发生的事情不过是战争中的偶然所致。其实,当工兵营还在整装待发时,扎切勒就预感到一切都要结束了。可以肯定的是道路不畅,更不适合重型机械。就在一切即将终结时,扎切勒还在命令部下炸毁部分重型设备、卡车和推土机。于是,他们开始用燃烧弹烧毁车辆的传动装置。之后,在下午很晚的时候,中国军队逼上来,他们又烧掉了军旗。他和其他军官都不想被中国人活捉,成为敌人炫耀的工具。当时,这些军旗全部放在一个木箱里,扎切勒命令在箱子上洒上汽油,然后一把火把这些军旗付之一炬。现在是他们徒步突围的时候了。工兵比其他部队要更脆弱一些,因为他们首先是工程师,然后才是士兵,虽然可以作为士兵作战,但他们没有自动武器和迫击炮,一旦与中国军队对垒,他们的火力将明显处于劣势。

第2工兵营副营长鲍勃·内林也意识到一切都将结束。那天,他们被编为师的阻击部队,尼尔林觉得这项任务就是牺牲自己,保卫师部;这肯

第八章　志愿军猛击

定是上级决定的，可没人知道到底是谁的决定。内林和营里的 35 名参谋组成一个行动队，扎切勒要求他们一定要想办法冲出去。但内林认为，他们不可能有任何机会。他们刚离开出发点，还没有走上公路，就突然感到四处被中国人团团包围起来，连中国人都感到奇怪，还以为他们是来投降的。俘获他们的中国部队正在向南行进，于是他们只能跟着这些中国人一起南行。一路上，越来越多的美国士兵加入这支战俘队伍，他们都是第 9 团和第 38 团的落伍兵。很快，内林的身边便多了二十几名步兵军官和工兵军官。[5]

　　皮亚扎非常相信自己的本能，因为他已经没有什么可以相信了。此时，天色已晚，又没有人携带指南针，皮亚扎只有一个念头：向南前进。他对这里地形的了解要胜过大多数人，因为他此前执行探雷任务时曾侦察过这里。他盯住天上的两颗星星，这样就可以保证在总体方向上不会出现偏差。很快，他看到一条南北向的铁路，于是他们沿着这条铁路前进。他的队伍在人数最多时可能有 500 人左右，最少时可能只有 200 人。一路上他们不断遭到阻击。皮亚扎随身带着一支卡宾枪和几百发子弹，到达目的地时，他发现自己只剩下几颗子弹了。此时皮亚扎才意识到，他几乎整夜都在射击。

　　在他的队伍中，有几名军官一直想往右拐——似乎有一种潮汐似的力量在拉着他们——实际上，这个方向将会把他们带回出发地。但是一种冥冥之中的神奇力量让皮亚扎带着这支满身污泥的部队突出重围。皮亚扎是他们中间唯一有这种自信的人。后来，在一片空旷地，皮亚扎偶遇另一支部队，他们的指挥官准备在这里挖散兵坑就地宿营过夜。皮亚扎和他发生了争吵。皮亚扎坚决反对他们就地挖坑过夜，因为他们没有能用来抵挡中国人的武器，况且敌人就在身边的山上。最终，他们还是听从皮亚扎的意见继续前进。有一次，他们在一个高地向下俯视，看到铁轨下面有一个隧道。有些人想下山躲进隧道，他们觉得隧道是最佳的藏身之地。皮亚扎警告他们不要去，但还是有一些人不顾他的反对钻进了隧道。皮亚扎相信，中国人肯定会马上发现他们，因为看似安全的地方往往并不安全，而貌似恶劣而且不安全的地方，往往更安全。不管怎么说，总能在某个地方找到安全的港湾，但肯定不是在朝鲜。

最后，他们终于看到军隅里到顺天的主要公路。有些人想立刻下山，因为那里更易于行走。皮亚扎明白，美国军队对这条公路非常熟悉，他们对熟悉的东西自然会感到惬意。但是，他不仅要抑制自己的冲动，还要遏制其他人的冲动。有些人还是无视他的警告，擅自脱离队伍径直走向公路；中国人的火力立刻就像暴风骤雨一样落在他们的身上。皮亚扎一边前进，一边整顿这支队伍。他和其他几名军士进行了分工，这样即使他中弹，也会有人接过指挥权。他的队伍中有一名军官是第82防空炮兵连的威尔伯·韦伯斯特中尉，不过他现在手里拿的是步兵武器。皮亚扎建议由韦伯斯特担任指挥官，但韦伯斯特说："不，皮亚扎军士，你指挥得非常出色。"于是，他们沿着高地小心翼翼地前进，即使看到轻松顺畅的道路，也不为所动。他们最终成功突围，大约有300人跟随皮亚扎走出了这条死亡之路。皮亚扎认为，成功的秘诀就是他的祈祷，让别人超脱，就是让自己超脱。

第2师所部遭受打击最沉重的莫过于第2工兵营。大撤退结束之后，该营在汉城附近再次集结，但已今非昔比，以前站满一个排或一个班的地方，现在只有一个人。已经成为这支脱险部队真正领导者的皮亚扎还记得，最初北上时，他们是一个约有900人的营，现在只剩下266人；就在一天的时间里，可能就有五六百人从此不见影踪。皮亚扎认为，失踪人数的具体数字无法考证，因为有一些人被扔到了后方，他们并没有被中国人打死。但那绝对是恐怖惨烈的一天，皮亚扎后来回忆说，第2工兵营承受了巨大的痛苦，他们为别人的愚蠢和武断付出了惨重的代价。

那天下午晚些时候，弗里曼指挥全团将士向安州方向转移。突围之后，有些人暗地批评弗里曼，因为他选择了不同的道路，因此没有为前面的部队提供掩护。但是大多数知道那天发生了什么事情的人都认为他做得对——不管降临撤退大军中其他部队的命运有多么恐怖，但弗里曼的第23团毫发无损。如果做出和别人一样的选择,他肯定会接受同样的命运,因为中国人并不是从后方尾击,而是埋伏在撤退路线的两边。大多数观察家认为,弗里曼的选择是正确的,他在应对战局变化方面表现出极其出色的应变能力,从而避免了其他部队的厄运。

当第23团向西离开军隅里时,夜幕已经降临。他们不知道中国人会在什么时候对他们发动攻击,切断通往安州之路。一旦发生这样的事情,由于敌众我寡,他们将被压缩在这条大路上动弹不得。很幸运的是,安州公路上的一座重要桥梁还掌握在美国人手中。来自第1军第5团级战斗队的一个连受命掩护全军撤退,连长是年轻的汉克·埃莫森上尉。在后来的越南战争中,他因作战勇猛而名声大振,人们送他一个绰号——"枪战高手"。

当时的情况非常危急,大批中国军队正在向南开进,埃莫森的任务就是守住这座桥,并争取坚持到傍晚。他只有一个连的兵力,而中国有几个师正在向他逼近。严寒也是残忍的敌人,让他们心惊肉跳。(半个多世纪之后,他对当时零下23℃的气温依然记忆犹新。)在等待过程中,埃莫森开始思考一个让他终身都在思考的问题:如果一个连觉得上司为了全师的安危而放弃他们之时,那会是怎样一种情况呢?他们是不是已经成为一场圣战的不幸祭品呢?随着黑夜的到来,严寒愈加令人无法忍受。埃莫森紧张起来。就在他正在考虑是否该撤退的时候,一架小型美国侦察机在附近被击落,这表明中国人已经近在咫尺。[6]

就在埃莫森带领手下去营救被击落的飞行员时,他恰好抬头瞭望前方,突然发现一支美军车队正浩浩荡荡从东边向他守护的大桥驶来。上司从未告诉他将会有美国军队从这个方向开来,无论是根据他掌握的情况,还是无线电联系的结果,至少第1军无人知道这支部队从何而来。这好像是一支走失方向的大型巡逻队,尽管每个人都筋疲力尽、满身污泥,却斗志昂扬、意志坚定。有些人还在坚持步行,其他人钻进了卡车或是爬上坦克,有时候甚至是一个人坐在另一个人的身上,这个纵队长得一眼看不到尽头。有人告诉埃莫森,他们来自第23团。

至于那天,埃莫森记得最清楚的不是接到的电话——上司命令他把所有卡车交给第23团,这就意味着他自己的人只能坐在坦克车上撤退,而在最后一辆车里的是第23团团长,这是一辆架着机枪的吉普车。埃莫森马上明白了其中的含义:团长亲自断后,一旦遭遇中国人的袭击,他就是最容易遭到攻击的目标。埃莫森认为,让自己最后走出地狱的指挥官,绝对是一个出色的指挥官,这也是一个指挥官应该做的。这位指挥官的名字是保罗·弗里曼,他跳下吉普车和埃莫森简单地说了几句话,给埃莫森留下了深刻的印象:镇定自若、指挥有方、极富领导力。带领自己的部队突破中国三四个师的围追堵截,看似是他每天都在做的事情。

"孩子,守护这座桥的是哪支部队?"弗里曼问他。埃莫森想,他不知道我们是谁,就和我们不知道他是谁一样。"先生,我们是第5团级战斗队A连。""太好了,愿上帝保佑第5团级战斗队A连。感谢你们,你们做了一件伟大的事情。"之后,弗里曼的吉普车继续前进。过了一会儿,A连也撤离了这座桥。最后一支在朝鲜半岛西部被中国人折磨得要死的部队,现在终于无忧无虑地踏上南下之路,离开险境。他们很幸运——如果说在朝鲜战争中还有这个词的话,当太阳再次升起时,他们还可以继续作战。

这是美国军事史上最糟糕、最悲观的一天,更是第2步兵师历史上最黑暗的一个星期,伤亡之惨重让人揪心。在11月的最后几天里,第9团损失约1 474人(包括非战斗减员,基本都是冻伤),第38团伤亡545人,第2工兵营战斗减员561人。一个步兵团的通常人数为3800人,但是在重新集结时,第9团仅剩1400人左右,第38团只有1700人,第23团只有2200人。查理·希斯中尉几乎从来都不敢去想,自己居然能活着走出来。由于他是和第一批坦克走在一起的,因此也是第一批到达目的地的。在顺天,他又见到很多和他一样幸运的战友。在这场大撤退中,没有最悲惨的故事,只有更悲惨的故事。他听说,那天,当出现在"长手套"两侧的中国人越来越多时,他的很多朋友均不幸遇难。但有一幕也许是他永生难忘的:他的团长乔治·派普洛上校站在路边哭泣。在部下的眼里,他一直是个自高自大的人,让人无法接近;而此时的派普洛似乎变了一个人,似乎他受到极大的委屈,伤及深处,那是一种看不见的伤痛。他站在那里哭泣,泪如雨下。

这时，他手下的一个营长吉姆·斯科尔顿中校走过来抱住他，努力地安慰他。这更多的是一种情感上的抚慰，因为身体上的痛苦不足以让他流泪，可派普洛还是忍不住自己的泪水。斯科尔顿做出了最温情的举动，他摘下头盔挡在派普洛的脸上，这样就没人能看到他在哭泣。派普洛活了下来，可他的很多部下阵亡了，所以他虽生犹死。[7]

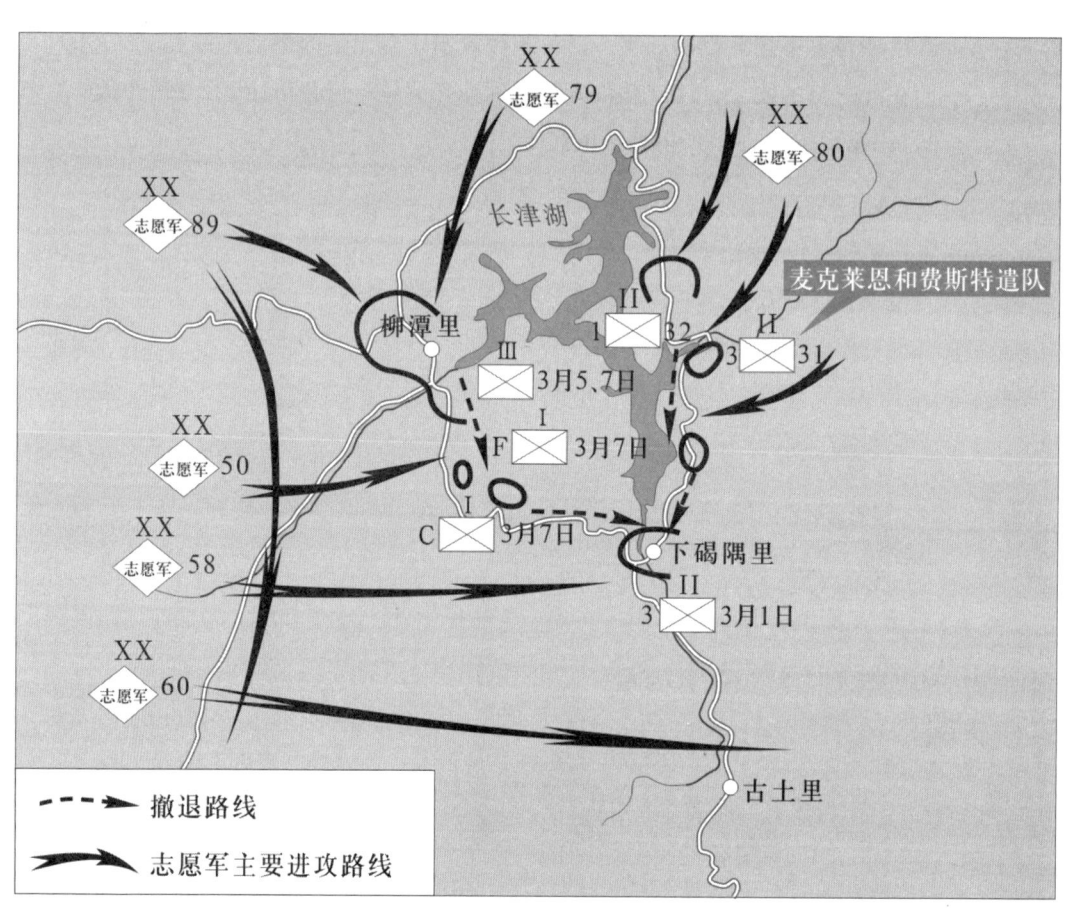

图 17 长津湖突围，11月27日—12月9日

第八章　志愿军猛击

八

　　第2师的指挥一直很糟糕。相比之下，史密斯早就预料到中国人打算干什么，陆战第1师的战斗力稍好一些，但各团之间的联络远非畅通无阻，他们随时会失去联系，距离兴南港基地的距离也比史密斯预计的要远。柳潭里的先头部队依旧暴露在敌人的火力网之下，他们也许远比史密斯想象的虚弱，好在由于直接对阿尔蒙德负责，因此他们的通讯联络还不算太差。他们的软肋让人心急如焚，但至少不用像原计划那样快马加鞭地向西赶路，急着去和第8集团军会师。随后的兴南之行成为一次壮烈的征程，运气几乎和他们毫无关系——更多的是依赖于个人的超凡勇气和这支小部队与众不同的指挥——但是有两次，确实还要感谢运气的眷顾。第一份运气是受益于中国人的进攻时间选择。如果再推迟一两天，那时雷·默里的陆战第5团可能已经西去很远，这样他们与里兹伯格的第7团及第2师其他部队之间的联系就有可能被彻底切断；第二份运气是中国人的通讯联络太差，因而很难及时应对战局的变化。就像鲍泽后来说的那样，如果他们的通讯设备再先进一点，陆战第1师也许就走不出长津湖了。[1]

　　长津湖突围是他们非凡历史中最辉煌的一个篇章。一方面，它是指挥得当、运筹帷幄的战争杰作；另一方面，它源于普通士兵无畏的勇气和坚忍的毅力，在最恶劣的山地环境中，在零下40摄氏度极度严寒的气候中，和一支兵力占压倒性优势的军队对垒。在朝鲜战争的所有战役中，它是最值得尊敬、被后人提及最多的一场战斗。消息传到华盛顿，举国上下都在为陆战第1师的命运担忧。在已经被中国主力部队团团包围的情况下，人们普遍认为该师也许会就此消失；参联会主席布莱德雷本人几乎已经肯定，该师将彻底覆灭。在陆战第1师开始突围时，和他们对垒的是六个师的中国军队，人数在6万人左右。在经过两个星期的鏖战之后，该师终于成功地撤回兴南。史密斯相信，他们的对手是有七个整师，外加其他三个师的部分兵力。在这场战役中，中国方面估计阵亡4万人，受伤约2万人。从

11月27日到12月11日，在与中国部队进行的正面作战中，该师阵亡561人，失踪182人，受伤2894人，非战斗减员3600人，主要为冻伤。[2]

该师失踪人数少于伤亡人数说明该师纪律严明。早在朝鲜战争之前，陆战第1师就曾在太平洋战争中的很多岛屿争夺战中以勇猛善战而声名鹊起。在洛东江战役中，陆战第1师再次证明了自己，他们数次挡住了朝鲜人对联合国军防线的突破；而在仁川登陆之后，他们在汉城同样展示了自己的威猛。这一次却是前所未有的挑战。如果换成其他美国师，能否跳出这个几乎无法摆脱的陷阱，绝对值得怀疑。"这是世界上最强大的师，"该师的公共信息官迈克尔·凯普拉罗上尉说，"我觉得他们就是杜宾犬*，即使是在被拴住的时候也极其危险。它只想把自己的利齿插入主人的敌人的肉体之中。"[3]

在北进过程中，有些陆军师的指挥官一直担心遭到中国军队的伏击，但大多数人和凯泽一样只是担心而没有采取措施；史密斯则及时应对、顺势调整。最关键的是，他让师里的每个指挥官都知道怎样应对中国人的突袭：他们要占领高地进行还击，必要时也会沿路突围，但绝不会像中国人希望的那样选择主要公路；他们以大炮作为主要武器，以弥补本方人数上的不足；他们基本在白天行军，夜间则保持严密的防守状态。所有这一切都意味着，他们在心理上和战术上做好了迎接未来战斗的准备，而大多数其他部队却没有这样做。更重要的是，严寒也许是比中国人还致命的敌人。刺骨的寒流似乎永远也不会停下来，尽管气温似乎还不算太低，但是由于他们大多数时间都要待在所谓的风口位置，因此寒风吹在身上就像一根根钢针扎进皮肤。他们就像是驾船驶进北极圈的古代水手，每个人都是挂满冰花的大胡子。寒流让所有人都想退缩放弃，让每个人都不想打仗，唯一希望的就是挺过今天。但是，他们每天还不得不打仗。多年之后，一位当时的高级军士来到华盛顿郊区拜访普勒尔。普勒尔迎接他的第一句话就是："嘿，军士，还没解冻吗？"

他们不想把这次转移看作是撤退，而是因为遭遇北面来敌而回到南方。有一次，一个记者向史密斯问及海军陆战队撤离长津湖的情况，史密斯勃

---

* 一种德国种的短毛猎犬。

第八章　志愿军猛击　　483

然大怒："狗屁撤退！我们是在向另一个方向进攻。"[4]当然，在海军陆战队北进跨过黄草岭山口的桥梁后，中国人随即炸毁了这座桥。其实史密斯早已预料到这点，当时这就是一张伤亡布告。他们落进了陷阱，但空军发挥了关键作用，空中运输在如此艰难的条件下居然成功了；工兵利用他们空投的大量部件修复了桥梁，使得海军陆战队顺利通过黄草岭撤回南方。工兵所展现出的创造性以及他们的功绩丝毫不逊色于战斗者的勇敢。陆战第1师始终处于完全被包围的状态，而此次成功脱险不仅极富戏剧性，更展现了他们强大的作战能力。

在朝鲜战争中有过很多阴森暗淡的时刻，但这次不是。2002年，在朝鲜战争结束五十年之后，老兵艾德·西蒙斯写了一本关于长津湖突围的回忆录。他提到在海军陆战队一百四十年的历史中总共获得了294枚"国会荣誉勋章"，其中有42枚来自朝鲜战争，而在这42枚中，又有14枚是为了嘉奖长津湖突围的立功人员，其中七人是在阵亡后追授的。不过，史密斯的指挥能力以及他对战局的预见力却始终没得到他所拯救的这个军的军长的赏识。阿尔蒙德没有送给他只言片语的表扬，这很好理解——承认史密斯采取的战术正确，就相当于承认自己对战局误判。阿尔蒙德在多年之后说："我对史密斯将军的总体评价是，从仁川登陆和北进筹备阶段开始，他就一直在缩手缩脚，消极执行上级布置的任务。"[5]

阿尔蒙德不顾一切的北进命令貌似勇猛无敌，结果却换来一场不折不扣的大撤退——由于北进太远而遭受敌方大部队的沉重打击被迫向后方转移。史密斯和他的海军陆战队很清楚这一点，尽管是撤退，但他们有理由为此感到骄傲。唯一不承认这是一个灾难性失误的人便是麦克阿瑟。陆战第1师后来起草了一份作战报告提交给麦克阿瑟，这位高傲的将军拒绝在报告中使用"撤退"这个词。史密斯记得麦克阿瑟当时是这么说的："在我的戎马生涯中，没有哪一场战斗让我这么满意。"史密斯将军补了一句："你对那种人还能怎么样呢？"[6]

相比之下，西线第2师在攻击面前的惨烈可谓空前绝后，极度的混乱和无能指挥让勇敢无畏变得毫无意义。总之,当中国人对西线美国陆军,特别是第 10 军一部发动进攻的那几天里,美国付出了惨重代价。用艾奇逊(他并不完全是毫无关系的旁观者,因为他当时对麦克阿瑟恨之入骨)的话说,这也是自"比尔鲁恩战役"*以来美国军事史上最惨烈的失败。

参加过朝鲜战争的大多数老兵认为,经历过那天突围行动的第 2 师的军人确实不同于其他的大多数老兵,就像参加过朝鲜战争的官兵回到美国后,会明显区别于其他老兵。同样,在遭到中国人袭击并穿越"长手套"的那一周里,每个活着回来的老兵,注定不同于其他参加过朝鲜战争的老兵;他们很少抱怨,很少暴跳如雷,很少提及自己的经历,甚至是面对同在朝鲜服役的其他人,他们也喜欢沉默不语。他们似乎在刻意回避那些会称赞自己或是把他们称作英雄的人。他们只把自己当作幸存者,因为他们的部队已经被摧毁了,自己和很多战友也遭受了不同形式的伤害,他们失去了很多东西。此前他们是勇敢的战士,有很多亲密的战友,是一支常胜部队的一分子,之后亲历了一场让他们大多数人都憎恨的战争,相信人生最艰难的一段路马上就将过去,并给这段路加上一个胜利的注脚。就在那一周里他们眼看着很多战友因不可描述的命运而离去。他们中的很多人不仅要承受幸存者的负担,还要不安地想为什么他们活下来了,而很多更优秀、更出色的战士却失去了生命。这是一种他们永远也不可能向别人倾诉的情感——在那六七天的时间里,很多人战死沙场或是被俘也许就是因为一念之差,哪怕他们稍微再勇敢一点点,就不会遭受如此命运。成功突围给他们带来一种既现实又具体的解脱,那就是能多活一天。而当他们反思当时的情形,反思自己当时的所见所为时,就会产生无尽的自我怀疑。

那一天过去之后,凯泽意识到肯定要有一只替罪羊,显然他是最合适的人选。实际上,四天之后凯泽便被解职。东京方面发布的解职令指出,

---

* Bull Run,比尔鲁恩是一条位于弗吉尼亚东北部的小溪,靠近马纳萨斯,是南北战争期间马纳萨斯战役中第一场战役的发生地点。

第八章　志愿军猛击

凯泽的身体状况极差。几天之后，凯泽拨通了陆军史学家斯拉姆·马歇尔的电话，后者正在朝鲜进行采访，为后来出版的《清川江与长手套》一书收集素材。凯泽将内幕和盘托出。他已接到第 8 集团军的通知，上面写道："他正患有肺炎，必须马上到东京的医院报到。"凯泽马上就明白他们准备把战败的罪名加到他身上。他对马歇尔说，他非常不情愿"为麦克阿瑟的鲁莽做替罪羊"。于是他驱车前往汉城，求见第 8 集团军参谋长莱夫—艾伦。

凯泽向马歇尔介绍了谈话过程。

艾伦问："你到这里来到底想干什么？你现在患肺炎了。"

"你们都知道，我根本就没有肺炎，所以你们就不要再骗人了。"

"但你总得服从命令啊？"

"是的，因为这是命令，但我不想让你们骗我。"

之后，凯泽准备离开，而艾伦则唐突地补充了一句："顺便告诉你一声，沃克将军说准备在他的司令部帮你找个职位。""你告诉沃克将军，把他的鬼职位扔到一边吧。"凯泽说。[7]但这只是开始，凯泽是最不缺少理由的目标。在战场上，整个指挥体系彻底崩溃。沃克当初或许不赞成北上，但这样的惨败只能说明一个战地指挥官在应对上级的时候是软弱无力的；他觉得自己很可能会被解职而成为那只替罪羊。东京有人保护阿尔蒙德，但沃克没有这样的保护伞，尽管他的部队没有全军覆没，但这只是因为史密斯没有服从命令的结果。在普勒尔带着他的第 38 团回到兴南后，《时代》周刊的一名记者问他，这场战斗给他最大的教训是什么。普勒尔不假思索地回答："不要在第 10 军服役。"[8]几周之后，来到朝鲜担任第 8 集团军司令的李奇微遇到史密斯，史密斯请求他不要把海军陆战队交给阿尔蒙德指挥，李奇微很爽快地答应了史密斯的请求。

从军隅里突围到达安州几周后，弗里曼偶遇《芝加哥日报》记者吉斯·比奇。弗里曼的职业履历引起了比奇的兴趣：他年轻时曾在中国担任武官，并和中国军队并肩作战。现在，他的对手变成了中国人，比奇想知道弗里曼是怎么想的。弗里曼的回答很简单："他们不再是同一批中国人了。"

九

在撤离军隅里之后的几天里,最大的问题并不是现在的情况有多糟糕,而是以后是否会更糟糕。他们还要向南撤多远?11月28日,沃克连夜和麦克阿瑟召开了一次紧急会议,沃克信誓旦旦地认为,如果他们能撤回到平壤,就可以沿平壤 — 阳德 — 元山一线在朝鲜半岛最狭窄的部位建立一条弧形防线。他自认为有能力守住这条防线。后来在提到这个防线的时候,杜鲁门也认为从一开始就应该在这里画出一条线。由于朝鲜半岛由南向北呈逐渐扩大的蘑菇形,因此与北方的宽度相比,这条弧线要狭窄得多。但即使是在腰部,宽度也有125英里,如果在这条防线上部署七个师,这就意味着每个师需要防御的宽度仍然有20英里左右。这里距离南方还是太远,道路条件非常恶劣,因此给各部队提供补给极其艰难;中国人可以悄悄绕到他们身后直接切断后路,这恰恰是过去六个星期以来他们最应关注却没太留意的问题。[1]但是,当中国人在第一轮进攻大获全胜之后,每个参战者都意识到战争的天平正在向敌方倾斜:对方兵力明显占优,而且信仰极其坚定,面对敌人无所畏惧;他们在夜间作战勇猛灵活,敢于溜进联合国军阵地,冲进营房进行肉搏战。开战前一度压在中国人心上的恐惧——对美国先进武器的畏惧,现在转移给了第8集团军。对敌人的畏惧,这种战争中最危险的病毒开始侵袭第8集团军的每一个人。就在不久之前,他们还对中国的作战能力不以为然,现在他们又开始走向另一个极端——肆意夸大敌人的厉害。他们曾经像骑士一样向北进军,现在则需要面对毫无准备的撤退。在西线,高层的疏忽把撤退变成了溃败,把阵地变成了屠宰场。

现在,似乎没有一个人愿意对此负责。在东京,当完胜的美梦彻底粉碎时,那些大员们目瞪口呆、心灰意冷。在某种程度上,还有一种危机好像只存在于麦克阿瑟的心里:他一直想让周围的人把自己看成一个无所不能的人,现在他在战场上输给了一支农民将军领导的亚洲军队,因此对他失去信心的不光有自己的军队,还有他本人。在中国人朝参战之前,麦克

第八章　志愿军猛击

阿瑟一直信誓旦旦地说他将取得历史上最伟大的一场胜利,如果中国人胆敢参战,他必将让他们血染汉江。现在他的话似乎有点预示灾难的口吻:无非是战争正在扩大,可能需要动用原子弹或是放弃朝鲜半岛之类的论调。他最不情愿做的一件事就是承认自己的错误,而后再想办法把七零八落的部队重新组织起来。以前,他喜欢谈论亚洲人的面子问题,认为白人绝不应该在这些黄皮肤人的面前丢掉了这个面子。现在,尽管他本人就是白人的代表,却不仅在全世界面前丢掉了面子,而且在自己的部队面前颜面扫地,不过最重要的是无法面对自己曾经许下的诺言。后来,布莱德雷和李奇微都认为,麦克阿瑟的情绪在那段时期里明显出现了波动,而其他指挥官和高级文职官员历来认为他的情绪波动是个大问题。

让人费解的是,麦克阿瑟并没有承担失败的责任,每每谈到这个问题,他都会把自己说成是华盛顿政策的最大受害者。更糟糕的是,作为一名前线最高指挥官,他从来没有到战场上视察一下自己的官兵,甚至没有去过战败之地,踏上那片土地似乎就意味着他不得不面对那些了解这场惨败的人。他一直待在东京的豪华办公室里,没有风吹雨淋,更没有枪林弹雨,实际上直到中国人发动进攻两周后的12月11日,他才第一次亲临战场。在那段时间里,他发给华盛顿的很多电报中依旧带有一丝白日梦的味道:他声称当中国人发动进攻时,正在东海岸承受灭顶之灾的第10军并没有像华盛顿说的那样正在为了保命而战斗,而是牵制了6—8个师的中国部队,否则这些敌人将对第8集团军发动猛攻。李奇微后来说:"我们看到这样的消息时,都觉得那简直就是凭空臆造出来的痴人疯语。"[2]

麦克阿瑟的传记作家威廉·曼彻斯特写道,就在中国人进攻开始前的一段时间里,麦克阿瑟"始终就像一个凌驾于朝鲜之上的巨人,最终被自负彻底击垮"。在最坏的事情发生之后,"他根本无法接受以完败而结束职业生涯的现实"。[3] 在外人看来,他突然就变成了一个沉默寡言、对一切都失去希望的老人。当时到东京拜访麦克阿瑟的英国将军莱斯利·曼瑟夫说:"他看上去要远比70岁的年纪老得多,焦虑与紧张就写在他的脸上。"在曼瑟夫看来,麦克阿瑟已经和战场完全脱钩:"他强调所有前线部队需要并肩作战，为了战胜共产主义，即使牺牲也在所不惜。那时我觉得他也许根本不了解整个战局。我真不敢相信他还会说出这样的话——如果他完全掌握我后来听到的事实的话。这个事实就是一些美国人已经不像以前那样坚定执着了。后来我意识到，这场在东京策划的朝鲜战争忽略了某些最基本的事实。"[4]

对这位将军颇具同情心的传记作家克雷顿·詹姆斯写道，他"变得压抑和暴躁，夜里经常被失眠困扰，在大使馆的走廊来回踱步。他的情绪走向了另一个极端——在1950年之前对赢得战争充满自信与乐观，现在则整日杞人忧天，担心如果不继续增兵，他的部队可能不得不撤回日本"。詹姆斯提到，在那段时期，他的周围没有一个人质疑他那些可能的决定，比如说让阿尔蒙德担任军长或是让整个部队分开北进。媒体开始取笑他，说他把原来的"圣诞节攻势"变成"武力侦察"，进而招致中国的干预；他对此勃然大怒。[5]

情绪波动成了一个大问题，华盛顿方面和他打过交道的每个人都能清晰地感觉到这一变化。他原指望华盛顿方面允许他与中国进行全面决战，借助这场更大规模的战争重新夺回只属于自己的胜利，进而证明自己，救赎自己，重拾自己的声望。[6]布莱德雷发现，当他的请求遭到拒绝时，他那"才气夺人却脆弱不堪"的思想，突然被现实彻底击碎。李奇微在向一名记者提到麦克阿瑟时也认为，他是一个才华横溢却反复无常的人，经常会陷入那个只有他自己才理解的自我世界，刚才可能还保持冷静和理性，转过头来就会自相矛盾。同样的话题，他会做出完全相反的结论，于是失败也不再是失败，敌人的胜利也不再是真正的胜利。[7]在中国人朝参战几周后，艾奇逊在形容麦克阿瑟的行为时曾引用古希腊诗人欧里庇得斯的话："上帝欲让其死亡，必先让其疯狂。"[8]

在中国人发动进攻并且美军的失败日渐明显的日子里，记者们看到的多是一些离奇古怪的场景，反映出东京的认识和朝鲜的现实之间的巨大差距。有一件事情让《美国新闻》记者乔·弗洛姆（此人长期挂名在威洛比的黑名单上）久不能忘。在兵败军隅里之后，威洛比在东京主持了一场新

第八章 志愿军猛击 489

闻吹风会。威洛比站在演讲台后,依然信心百倍,似乎没有受到失败的影响。威洛比想证明的无非是他和他的情报人员一直没有错判中国的意图和行动,从中国军队离开南方时的动向一直在自己的掌控之中,他们的每一个计划都摆在自己的面前。实际上,就在麦克阿瑟保证大家"圣诞节前回家过年"时,他就知道大批中国军队已经跨过了鸭绿江,集结在鸭绿江两岸的兵力至少有 30 个师,而且与美军的距离可以让他们随时发动攻势。一个记者当场发问,如果真是这样的话,既然已经知道敌我兵力之比达到三比一,为什么还要跑那么远去发动总攻呢?"我们总不能坐以待毙吧,"威洛比回答,"我们必须主动出击,打击敌人的薄弱环节。"这就是说,北上的命令并非意外之举。几年之后,弗洛姆还记得,"我回到自己的办公室还一直在想,他们说知道这些,因为他们永远不会出错;他们又说自己一直没感到意外,因为他们永远也不会感到意外;如果问问那些在朝鲜吃尽了苦头的小伙子们,他们肯定会说麦克阿瑟和威洛比知道的这些东西,他们根本就不知道。这简直就是疯狂,纯粹的疯狂。某些人肯定是疯了。"[9]

逐渐,东京发出新的信号。所有的错误,就是因为华盛顿对麦克阿瑟的束缚和控制,阻止他当初对中国设在鸭绿江对岸的军事基地发动攻击。不久,麦克阿瑟便开始通过与其关系不错的刊物和编辑为自己的失败进行辩护。12 月 1 日,也就是他亲赴前线视察的十天之前,《美国新闻》发表了一篇采访麦克阿瑟的长篇文章。麦克阿瑟在文中恣意攻击华盛顿当局,认为是他们阻止了自己"乘胜追击"中国军队,轰炸他们的东北军事基地。他声称,这让他"在军事上处于极为不利的境地,没有取得以往的胜利"。在华盛顿,这篇文章被看成麦克阿瑟的又一次"马后炮",杜鲁门的愤怒可想而知。12 月 6 日,他发布了禁止各党派擅自评论朝鲜问题的规定,有关朝鲜问题的任何政策性声明均须事先通过国务院的审查。在此期间颁布的各项规定中,这一条也许是麦克阿瑟最不关心的。

后来,布莱德雷认为这又是一个关键时刻,因为参联会没有对总统承担起应有的责任。华盛顿一直软弱无力,即使是在听到坏消息时也只好默默忍耐,而不采取任何措施去及时扭转战局。对布莱德雷来说,"麦克阿瑟正在准备甩手不管,丝毫没有重整旗鼓的迹象"。华盛顿的每个人都知道,在沃克南撤至平壤后,中国人马上又玩起了失踪战术,没有乘胜追击的意思。让布莱德雷疑惑不解的是,"既然如此,第8集团军为什么还要跑得那么快、那么玩命呢?麦克阿瑟为什么不安抚一下沃克,并用他一贯的花言巧语去鼓舞士气呢?这简直就是耻辱"。[10] 这是一支被打败的军队。沃克或许当时就应该被解职,他的位子一直就不稳固。此时前线需要一个新的指挥官,也许是李奇微,也许是刚在镇压希腊共产党势力中表现优异的军界新秀吉姆·范佛里特。除此之外,麦克阿瑟还应该下令将第8集团军和第10军合并。布莱德雷还提到,那时,高层人士中只有腊斯克还在努力主张采取有效措施破除弥漫在全军中的悲观情绪。(腊斯克曾经指出,我们为什么就不能重整旗鼓,拿出最好的军力和士气去摆脱困境呢?他说,英国人在"二战"中能做到,我们为什么就不能做到呢?)[11]

这肯定是杜鲁门执政时期最灰暗、最消沉的时刻。这场总统原以为已经结束的战争,现在不仅被进一步地扩大,更糟糕的是指挥这场战争的将军也成为政府的最大敌人——不但是政敌,而且还是军事上的对手。他明目张胆地怪罪政府没有提供应有的支持,甚至毫不掩饰地将失败的全部责任推卸给政府。11月30日,也就是中国人总攻开始的那一天,原本能全面掌控新闻发布会的总统突然变得语无伦次。当时在被问及美国将如何应对朝鲜战争局势的时候,杜鲁门居然回答,我们将采取一切必要的措施应对挑战。另一名记者问道:"这是否包括使用原子弹呢?"杜鲁门原本可以巧妙地回避这个问题,但他却回答"包括我们拥有的各种武器"。于是,一名记者继续提问:"这是否意味着我们正在积极考虑使用原子弹呢?"杜鲁门的回答是"我们一直在积极考虑使用原子弹的问题"。之后,他说这本应是军界人士需要决定的事情,然后又说前线指挥官将"负责所有武器的使用",这个不合时宜的回答令局面更加糟糕。

这让很多人极度震惊,不仅是美国民众,还有美国的盟友。他们感到不可思议,因为杜鲁门的话意味着战区司令官麦克阿瑟将最终决定是否使用原子弹。于是,政府不得不尴尬地收回杜鲁门的说法。在那几个月里,

第八章 志愿军猛击

参联会名存实亡,不管从前多么勇敢和公正的成员都变得越来越官僚化。这也是军界文化中一个心照不宣的秘密:以前在战场上不管多么勇猛无畏,一旦感觉自己走上了事业巅峰时,就会变得谨小慎微、超然淡漠——在朝鲜是这样,在越南更是这样。大多数人的心中有两种截然不同的勇敢:战场上的勇敢和官场上的勇敢(或者说独立),二者永远不可能并肩共处。

参联会希望麦克阿瑟能重整军队,把第10军并入第8集团军以便统一指挥,这样就可以由美国军队自己来保护主力部队的侧翼。他相信,中国人的补给能力极为有限,而美军拥有超乎寻常的机动能力,这就可以让联合国军先回撤40—50英里,然后重新集结、整编。如果中国军队继续前进,他们可以用飞机和大炮组织起一个威力无比的防线。他们认为除了从清川江附近地区解救海军陆战队存在困难外,这个计划是可行的,因为在发起第一轮进攻之后,中国军队在大多数地方实际上已与后方失去联系。但麦克阿瑟拒绝考虑这个方案。早在11月9日,参联会就把这个计划电告麦克阿瑟,但关键在于这只是一个建议而不是命令,而麦克阿瑟马上回绝了这个建议,并在12月3日回电称:"现在还没有必要合并第8集团军和第10军,以后也没有这个必要。"[12] 他的态度让参联会瞠目结舌。他们不理解这封电报在军事上有什么依据,唯有一点是清楚的:他们的建议或许可以成为日后控告麦克阿瑟分兵作战策略的依据。电报又一次提醒人们:即使是将军犯错误的时候,那也不可能是他的错。

现在,麦克阿瑟的电报里充斥着悲观情绪,除非有大批援助部队,否则他的军队马上就要撤回滩头阵地的碉堡里。随后的电报里出现了越来越多的悲观论调,实际上就是恐慌和绝望,这让参联会愈加失望和无助。后来,布莱德雷阅读了其中的一部分电报,愤怒地在页脚加注批语。他当时无限痛苦地指出,麦克阿瑟"简直就是把我们当小孩"。

但是,中国人的参战和联合国军在北方的惨败并没有唤醒整个国家应有的谨慎,相反,它进一步加剧了现有的政治分歧:一方面,国内的反华势力更加激进;另一方面,人们对麦克阿瑟的决定仍鲜有怀疑,这无疑会给政府带来更大的压力,也让杜鲁门的民意印象分大打折扣。对于"亲华"派来说,这是美国的亚洲政策彻底失败的绝佳证据;对于卢斯而言,既然艾奇逊错了,那就说明他一直是正确的。现在,卢斯也许希望政府在亚洲问题上更坚决一点。据卢斯的传记作者罗伯特·赫斯坦的记载,卢斯曾多次亲临朝鲜,当然"不是监督或视察,而是走到解放中国的战争最前线"。[13]现在,媒体出版界也比以往任何时候都更加肆无忌惮。约翰·肖·比林斯是卢斯的高级编辑,对卢斯的思想和感受进行了大量的详细记录,他提到:尽管军隅里的大撤退还在进行当中,但卢斯在12月5日的日记中,还是"希望出现一次'大战',可能不一定是现在,而是某个时候"。[14] 卢斯比以往更坚信,他所设想的亚洲大战是准确的,只要政府不挡道,就可能推翻共产主义。与此同时,随着他们对共产主义与西方国家之间必将发生对峙的信念日趋深化,卢斯和他身边的很多高层人士甚至开始担心办公室的位置,万一共产主义国家扔下一颗原子弹怎么办?距离曼哈顿联合广场大约两英里的《时代》周刊和《生活》两家杂志的办公室一直被认为是原子弹袭击纽约的落地点。因此,他们一直认真讨论把办公室搬到几英里之外的曼哈顿中央公园,有些人甚至建议直接搬迁到芝加哥。[15] 麦克阿瑟在参议院联合委员会上的软弱表现最终也没能影响到卢斯,他依旧希望麦克阿瑟能成为《时代》周刊1951年的"年度人物",但最终在编辑们的劝说下放弃了。

在华盛顿的很多决策人眼中,中国人朝参战后的几周是他们执政生涯中最黑暗的时期,一个让人不知所措的时期。因为日益增加的政治压力而放弃更好的政策,这肯定不是艾奇逊愿意承认的事,他更喜欢让别人认为自己从不屈服于压力。但在那时,就在中国参战之后,他开始相信英国首相艾德礼的话:任何人的能力都是有限的。他说,他一直"比任何人都热心"于把苏联和中国看成是两个相互区分的利益体,但是现在以两个共产主义大国在未来出现分裂这样的前提推行政策,显然是不现实的。

但最令他们难过的事实是:现在在朝鲜作战的这支军队,已经不再是战争开始时美国送到朝鲜战场上的那支漏洞百出的军队了,他们是美国最

第八章 志愿军猛击

好的军人,可还是遭到了重创。现在,美国正在和世界上人口最多的国家打仗,他们原本装备不精的军队突然变得不可抵挡。这是一个令人恐怖的等式:战争越打越大,敌人越来越强,而国内的政治支持却江河日下,指挥官也开始对政府横加指责。毫无疑问,这些为政府工作的人应该是这个时代最有能力的人。当时有一本名为《最有智慧的人》的畅销书,这个书名就是为他们量身定做的。尽管早在10月和11月时,他们就意识到可能发生的悲剧(而且已经掌握了强有力的证据),而现在每个人都在保持沉默,而让目中无人的麦克阿瑟毫无顾忌地发号施令。他们和那些一同前往威克岛的文职官员没有向麦克阿瑟提过任何关键性问题,唯一的原因就是担心政治气候对自己不利。他们从来就没有信任麦克阿瑟,却把他当成预言家,不光有权对自己麾下发号施令,还有权对中国的指挥官发号施令。现在,当麦克阿瑟在东京辩解时,他们再次对他和远东司令部无计可施。

在那个关键时刻,不仅参联会以及像艾奇逊这样的高层政治人士未能有效制约麦克阿瑟,即使是那个时代最受人尊重的政治人物马歇尔也没能做到。在结束了令人羡慕的国务卿生涯之后,他在国防部长这个职位上仅做短暂停留便告老还乡。在高层人士中,他的知识最渊博,经验最丰富,是偶像中的超级偶像。对于辅佐杜鲁门的大多数人来说,他更像一个父亲。他是那个时代最从容镇定、最心如止水、最谦逊平和的人:从不大声说话,从不以势压人,也从不威胁恐吓别人;他的力量来自他对目标的追求和他的责任感;他从不推卸责任,他对自我的控制达到了无与伦比的境界;他总能去伪存真,区分轻重缓急。正是这种令人敬仰的自律精神和高度自制的个人品性,人们很容易低估马歇尔的真正价值。他经常被人们看成优秀的企业管理者,却很少因为他的睿智和能量而得到认可,这也是最令他满意的掩藏。凯南也许是政坛中天才智者的典型代表,而机智敏锐和强大的表达能力则让艾奇逊成为公共辩论中的强者,但马歇尔的安静中却酝酿着不同寻常的智慧,他对未来的预见力令人惊叹。在某种程度上可以说,在长期而艰难的政治生涯中,他是一个无师自通的人。无论他的地位多么低微,多么令人失望,他总能利用一切可以利用的条件去结识周围的每一股势力。

他总能展现出与众不同的东西，也是这个世界最迫切需要的东西——那就是智慧。他拥有最行之有效的思想，从不哗众取宠，他始终坚持铭记在心的责任感要比昙花一现的小聪明更重要。绝大多数人更喜欢谈论麦克阿瑟的才智，却极少有人想到马歇尔，但平心而论，马歇尔在那段历史中所创造的政治财富远非麦克阿瑟所能媲美，因此他在这个时间选择退休，绝对是杜鲁门政府的一大损失。

在这种关键性时刻，比如云山战役后的那几天，马歇尔一直保持着令人费解的低调。在他漫长而高贵的政治生涯中，这也是他最孱弱的时刻，而他的不作为也让其他人迷惑不解。他的很多崇拜者认为，这或许是因为他与麦克阿瑟之间长期的不愉快，他们之间的隔阂甚至可以追溯到"一战"；他们觉得，马歇尔不喜欢像麦克阿瑟那样痴迷于给别人建章立制，他担心自己也会像麦克阿瑟那样变成自我嘲弄的人。但原因肯定不止于此。难道是因为这项工作的固有本性吗？马歇尔一直认为，国防部长的工作就是支持各军种参谋长，而不是把自己的意愿强加给军人。这是否意味着，他当国务卿时比当国防部长时更有可能随心所欲地对抗麦克阿瑟呢？或是他对篡夺参联会的权力而感到不安呢？他的最大优点——谦逊以及他对等级尊卑的认同，是否成为他的弱点了呢？当然，这肯定是其中的一部分原因，但归根到底，我们不可忽视的事实是：1950年的马歇尔已不再是"二战"中的马歇尔了。两次世界大战以及战后的政治斗争让他身心疲惫，让他的健康每况愈下，他的身体和思维都不再像顶峰时期那么好了。更糟糕的是，他们在刻意地回避马歇尔，对他有所保留，而现在这种保留几乎变成了对他守口如瓶。

华盛顿方面有人认为，麦克阿瑟的情绪波动的最明显表现莫过于他对中国入朝兵力所作的估计。一夜之间，他对敌人的态度就从大胆的低估变成了漫无边际的高估。在中国军队发起进攻之前，他和威洛比在估计中国兵力时最喜欢用的词就是"微不足道，6万人左右"。现在，麦克阿瑟却对赶来拜访他的陆军参谋长柯林斯说，他正面对着敌人的50万大军，但华盛顿不允许他把战火烧到东北，这让他的空军对东北的军事基地束手无策。

图 18 中国军队的大举进攻，1951 年 1 月

对华盛顿的无能最愤怒的高级将领莫过于李奇微中将了。他从一开始就对麦克阿瑟的北上决定感到不安，这个决定的危险太大了，几乎是不计后果，置普通士兵的生死于不顾。现在，前线部队全盘崩溃，仍处在危险之中，却没有明确的战术，而麦克阿瑟拒绝承担责任的做法更是让李奇微怒不可遏。同样让李奇微感到愤怒的还有华盛顿的软弱，他们既没有目标，也没有指挥，以至于让麦克阿瑟一手遮天，形成不可思议的权力真空。

在华盛顿的所有高级军官中，李奇微对麦克阿瑟的批评无疑最直接。当越来越多的坏消息传到华盛顿时，参联会还在继续以商量的口吻向麦克阿瑟提建议，而麦克阿瑟对他们的建议却不屑一顾，只是一味地要求增兵。他想让华盛顿再增派四个师，但华盛顿恐怕找不到这四个师了。就在几个星期之前，仁川登陆的大胜还给他们带来了让人兴奋的消息，因为那时的麦克阿瑟颇为大方地答应华盛顿可以把一个师的兵力撤到欧洲。随着美国军事力量在其他地区的日渐稀少，向朝鲜战场增兵显然是他们最不愿意听到的声音。于是，麦克阿瑟搬出了最致命的武器——"但我们怎么能体面地离开这里呢？"

李奇微认为，这段时间会议不少，但总是议而不决。李奇微写道，其他将军还在"无限迷信着这个言过其实、自以为是的军事领袖。他总喜欢认为只有自己才是对的，别人都是错的"。[16] 12月3日，华盛顿再次召集了一个冗长乏味的会议，与会人员包括参联会、艾奇逊和马歇尔在内的国防部及军界的所有高层官员。在李奇微的记忆中，他们依旧没能发布任何一项命令，用他的话说，也没能扭转"从糟糕到灾难"的局势。在会议的最后，李奇微请求发言，他后来也觉得这样做有点唐突。李奇微说，我们已经把太多的时间浪费在讨论和争执上，现在是必须采取行动的时候了。我们要为那些在战场上战斗的士兵负责，"看在上帝的份上，我们必须对这些人的生命负责，我们必须闭上嘴，去做点事情了"。在李奇微结束发言之后，会场一片寂静，没有一个人说话，接替艾尔·格伦瑟尔担任参联会主席助理的阿瑟·戴维斯海军上将递给他一张纸条，上面写着"我为你骄傲"。之后，会议暂时中断，他和空军参谋长范登堡交谈；他在西点军校任教时就认识

第八章　志愿军猛击

范登堡，那时范登堡还只是西点军校的学员。

"参联会为什么不向麦克阿瑟发布命令，直接告诉他怎么做呢？"李奇微问他的老朋友。范登堡摇了摇头，"那么做有什么用呢？他根本就不听指挥，我们能做什么呢？"

此时的李奇微几乎愤怒到了极点。"任何一个不服从命令的指挥官，你们都可以撤他的职，难道不是这样吗？"范登堡当时的表情也许是李奇微终生难忘的："他的嘴唇动了一下，用疑惑和不解的表情看着我，然后转身离开，此后我们再也没有机会交流。"[17]

与此同时，麦克阿瑟的大部队还在全面撤退，那个被美国人称为"长手套"的地方正沐浴在鲜血之中；整个撤退持续了十天，撤退大军绵延120英里。实际上中国人的进攻并没有那么强大，至少在当时还没有达到令人生畏的地步。如此匆忙的南撤，无疑是整个战斗部队的大溃逃，正像马克斯·黑斯廷斯所说的那样，"与1940年的法国大撤退和1942年的英军新加坡大逃亡毫无区别"。[18] 一些英国军官后来写道，他们就是在逃亡，"根本还没来得及看看中国士兵的威胁到底有多大；后来才发现，他们武器简陋，行军全靠徒步和骑马"。[19] 第2师的幸存士兵在撤退过程中路经一个巨大的火堆，熊熊大火在几英里之外都能看到。这里是美军的一个军需库，火堆中是圣诞节攻势开始后运到朝鲜的军用设备和军需品，焚烧这些东西就是为了防止它们落到中国人手里。当时，有些美国士兵还穿着夏装，听说里面有刚运到朝鲜的冬装，他们试图靠近仓库拿点用得上的东西，但是被宪兵用枪顶着胸口赶走了。

12月初，第2师残部在平壤集结。看到他们的样子，自平壤向东修筑弧形防线的念头顿时消失。平壤火车站乱作一团。混乱、绝望的美军官兵焦急地坐在车厢里，希望尽快离开这个鬼地方，却因找不到火车头而在车里等了近两天。与此同时，几千名惊恐万分的难民也涌入这座城市，希望跟随军队逃往南方。不久，愤怒的难民便开始哄抢一切看得见的东西。寻找火车头的工作还是没有结果。最初，师部的部分人员还试图保护文件，但他们很快发现，如果有机会能离开，唯一需要带上的就是他们自己，于是开始焚烧文件、档案和军票。对于这些等候火车的人来说，那是一种无法忍受的煎熬。12月4日下午，他们终于找到一辆机车，火车在四个小时之后终于出发了。

12月7日，他们终于在靠近汉城的永登浦找到一个宿营地。每个人都身心俱疲。"那种经历真是极端恐怖，遭到袭击时的恐惧、穿过山口时的惊慌难以名状，但正是因为失去联络、向南撤退时的混乱，使得所有部队乱作一团、无法重新集结，才真正让我对我们的陆军感到耻辱，不是对我的手下，不是对我这个师的人，不是对经历过这一切的人，而是对负责指挥的人感到耻辱。"梅斯说，"我知道，我们还要战斗，我知道，只要有好的指挥官，我们还能打好仗，但至少那是一个令人颜面扫地的耻辱时刻。"[20]

十

沃克一直在不顾一切地驱车赶路。在朝鲜的狭窄、冰滑和破烂的公路上，他和驾驶员实际上是在推着车挪动。但是，和一个承担着与自身能力不相匹配的超重责任的人相比，这一点困难不足为道。他们的逃亡之路一直延续到1950年12月23日。当时，沃克和他的驾驶员、助手以及贴身警卫挤在一辆吉普车里，沿着公路边的狭长通道向南行驶，道路挤满了南下的车辆。突然，一辆运载武器的韩国军车闪进他的车道，事故就此发生。吉普车被撞翻，连车带人一起滚下路边的沟渠；其他三个人活了下来，沃克当场身亡。事故发生前，沃克的体力耗尽、情绪低落，确信自己马上就会被解职，以这样的方式结束军旅生涯显然不够光彩，他的沮丧达到了极点。他指挥军队坚守"釜山防卫圈"而立下的战功也许将被人们淡忘，而鸭绿江边的灾难将成为他的墓志铭。

那个准备接替他职位的人要比艾森豪威尔、布莱德雷和巴顿那一代人稍微年轻点。李奇微是"二战"后期冉冉升起的军界新星——在"二战"即将结束时，他指挥一支空降部队对日作战，这绝对是一个美差事。他已经成为《时代》周刊的封面人物，在那个时代相当于名人堂的地位。李奇微是少有的能同时得到华盛顿和东京认可的人物，两边都认为李奇微是接替沃克的合适人选，实际上也是唯一的人选；在得知沃克去世的消息后，麦克阿瑟就要求李奇微到任。李奇微在华盛顿的地位更高，如果杜鲁门和参联会能在开战初期选择他们自己的人，那么李奇微无疑就是那个获得远东司令部指挥权的不二人选。他是美国陆军最优秀的将领，甚至在接管第8集团军指挥权之前，他就成为衡量其他军官的标准：你是否和李奇微一样优秀？但他还是那个年轻的李奇微吗？他精力充沛、不屈不挠，而且从不容忍错误，因此，对于这场发生在错误时间和错误地点而且又突然从错误沦为不可救药的战争，他无疑是最佳的指挥官人选，他有能力去指挥这场战争，重整这支溃败的军队。他不会为了上司的面子去掩饰和浮夸，也不会浪费时间去拉拢盟友。无论是对于上司、同行还是下属，他的一举一动都只能说明他们正在从事一项严肃、危险的工作，因此没有时间可以浪费。

杰克·墨菲是一名年轻的西点军校毕业生，在洛东江战役最初几天就因表现英勇而获得"优异服务十字勋章"，后来成为一名专门研究朝鲜战争的业余历史学家。他认为："如果李奇微从一开始就到朝鲜担任第8集团军司令，那么该军就不会完全盲从东京司令部的指挥，就不会有军隅里的失败，也不会在受到中国袭击时惊慌失措，更不会对敌人的兵力一无所知；你就会拥有一个了解朝鲜地形并很清楚这些地形可能带来的困难的指挥官；你就不必去听从来自另一个国家的遥远命令，而这些命令的发布者却根本不知道战场正在发生什么。他们幻想那是一场完全不同的、异常舒服的战争；你就不会去玩那场关于中国兵力的情报游戏；你就能得到最准确的情报，更出色的军级、师级和团级指挥官，因而在这场游戏中先人一步。"[1] 美国陆军即使不会爱戴他，但至少会敬仰他。士兵们知道，他不是在玩游戏，他对士兵和士兵的疾苦有一种真切的感受，如果他们有合理的诉求，他会坚定不移地和他们站在一起。如果他从一开始就是他们的指挥官，他们就不会穿着夏装跑到寒冷的北方，当然他们也未必会鲁莽地跑到北方。

现在，他准备接手第8集团军了。李奇微是在12月22日得到这个消息的，第二天他才告诉妻子佩尼这件事，然后简单地打理了一下行囊便前往东京了。在美国军事史上，如果说有哪个美国军官和某一特殊时刻完美匹配，那就是临危受命、即将接任第8集团军这个烂摊子的马修·班克尔·李奇微。李奇微是最强硬的人，毫无幽默感，极端进取、从不退缩，既严于律人也严于律己。他是一个天生的战士，除了"斗士"之外，你找不到更适合他的称号——但绝不是和平时期的战士。他没有麦克阿瑟那么夸张和浮华，但绝不缺少魅力。他知道即将在历史中写下的这一页不仅关系他个人在历史上的地位，更事关一个国家的地位，这让他感到肩负重任。李奇微相信，

第八章 志愿军猛击

他和他即将指挥的部队,就是那些曾在福吉谷*英勇战斗的勇士们的后人,这些曾和他们一样身穿军服的军人就是他们的榜样,他们不能让这套军服在自己的身上褪色。似乎乔治·华盛顿和那些曾在福吉谷战斗的斗士一直在看着他们,期待新的胜利。李奇微经常以近乎神秘的方式去谈论独立战争或是南北战争时期的英雄们,告诉部下要对得起前人曾经遭受的苦难。

尽管李奇微是个激进的反共产主义者,但他不像麦克阿瑟那样把自己标榜成意识形态的讨伐者;敌人就是敌人,必须根据他们的优势和劣势进行客观分析。如果意识形态是中国人或朝鲜人的优势,让他们成为更勇敢的战士,那就应该关注他们的意识形态。在第一次听到朝鲜军队越过三八线的时候,李奇微立刻想到,这是否意味着"第三次世界大战的开始……东西方之间的最后大决战"。[2] 他马上告诉助手,密切关注苏联在世界各地驻军的非正常移动。与此同时,李奇微还提醒他的上司布莱德雷和柯林斯做必要准备,至少应该调遣一部分兵力。"如果我们采用这样的措施,战争也许不会发生,我们会赔掉一点钱。但是我们不做准备,战争肯定会发生,我们的损失会更大。"[3]

李奇微虽然很强硬,但和麦克阿瑟不同的是他有自己的一套方法。他承认朝鲜战争是一场有限战争,文职官员给前线指挥官带来的压力还不足以主宰这场战争。东西方决战的主战场应该是在朝鲜几千英里以外的地方,最有可能是在中欧某个地方,因为苏联最精锐的装甲师都集中在那里。

1950年8月,随着解除沃克职务的呼声越来越高,柯林斯曾问过李奇微,他更喜欢在什么样的地方打仗。李奇微毫不犹豫地回答,如果朝鲜战争导致第三次世界大战,那么他更愿意到欧洲去打。但是在8月的时候,形势已经越来越明朗,朝鲜战争只是一场局部有限战争,因此李奇微的态度也发生了转变。但是,解除沃克的职务有可能会给美军带来更大的信心危机,

---

* Valley Forge,位于费城西北部的斯凯奇尔河附近。1777年12月到1778年6月,华盛顿带领军队在这里驻扎了半年,与包围并占领了费城的英军对峙。当时正值隆冬时节,在各方面都明显不如英军的情形下,美国士兵们打赢了这场战役,为最终取得胜利打下了坚实的基础。

考虑到这一事实，李奇微没有提前接过指挥权。

李奇微体形健美、外表强悍、衣着整洁，是个极富魅力的人。尽管他身高只有5英尺10英寸，但个性的力量使李奇微比实际身材显得伟岸得多。他还是个斯巴达主义者，一直担心美国会因过分强调物质享受而堕落。他警告说，美国正在成为一个人们走路越来越少、男人越来越柔弱的国家。具有讽刺意味的是，他的观点居然和成功袭击美军的中国指挥官不谋而合。他认为，缺少肌肉是美国小伙子们在朝鲜战争初期表现令人失望的一个重要原因，他们过分依赖于自己的武器和技术。因此，上任之后，他想做的第一件事就是把他们从吉普车和卡车的暖气里拉出来，像他们的先辈那样在寒冷中长途行军、跋山涉水；即使他们不能和敌人分享别的东西，可至少应该和敌人分享这份严寒。

李奇微的内心永远不缺少想法。他是一个有主见、有目标、有思想的人，似乎生来就知道如何领导军队，哪些东西能激励士兵勇往直前，哪些东西会让他们止步不前。在李奇微的军旅生涯中，至少三次他在国家最需要的时候挺身而出，以非凡的智慧和性格让同行刮目相看。第一次是在1944年6月的诺曼底登陆，他率领一支空降部队进攻法国。第三次是1954年，一支法国部队被越共包围在奠边府，美国被迫出兵营救。当时，作为陆军参谋长的李奇微曾写过一篇极具说服力的备忘录，阐述了美国如果军事干预法国在印度支那的战争，必将付出极高的代价（而且这场战争不受越南人民的欢迎）。艾森豪威尔在看到这篇备忘录之后，马上就放弃了军事干预的想法。而第二次惊人之举就是在1950年12月底接管凌乱不堪的第8集团军。在短短两个月里，他就让这支疲惫之军恢复了旺盛的斗志，重新找回了原来的尊严，击退了中国军队试图把联合国军赶下大海或是迫使美国动用原子弹的一次大规模进攻。

军事史学家肯·汉堡认为，最能说明他个性的也许是发生在更早时候的一件事。1944年6月，他已是闻名遐迩的"李奇微大将"，人们对他俯首听命，但是在之前的1943年9月，他曾试图说服上司不要想当然地以空降兵进攻罗马，那肯定会是一场噩梦般的悲剧。那时的李奇微还是军事等级体系上

第八章　志愿军猛击　　503

层中的一个无名之辈。当时美军和意大利人鏖战正酣,尽管意大利政府在名义上还是"轴心国"的一员,但他们已经打算与盟国单独媾和。意大利军队总司令佩特洛·巴格杜里奥将军向美军提出建议,由一个美国空降师以空降形式进入罗马,然后与意大利军队联合反攻德国法西斯军队。原定由李奇微的空降师执行此次任务,但李奇微认为这个计划中的每一个细节都是错误的。首先,他无法验证巴格杜里奥的话;其次,就算巴格杜里奥没有撒谎,但德国在罗马的驻军拥有强大的实力,因此一支空降师的到来意义不大。李奇微还认为,他的部队所面临的危险将是无法估量的。于是,他开始想方设法地通过各种正常和非正常渠道,说服上司不要单凭巴格杜里奥的一面之词,就让自己的部队去冒这么大的风险。

诺曼底登陆的日期临近,所有上司对空降进入罗马的设想达成一致,但是对于"巴格杜里奥是否会突然变卦"这样关键的问题,却没有一个人想过。当李奇微第一次向上司提出这个问题时,他们最初对李奇微的担忧不以为意。在最后一刻,李奇微派副手马克斯威尔·泰勒亲自执行一项极其危险的任务,深入德军防线后方与意大利方面进行会晤,并借机侦察当地的情况。李奇微认为,泰勒的眼睛和耳朵肯定比巴格杜里奥的诺言更可信。泰勒回来的报告恰恰印证了李奇微的怀疑,意大利人根本没有像他们承诺的那样已经做好战斗准备,一旦成行,他的空降师必将遭到毁灭性打击。就在他的部队已经钻进机舱、飞机的发动机已经轰轰响起的最后时刻,盟军决定取消此次行动。那天晚上,李奇微和自己最亲密的朋友喝了一瓶威士忌;当时,一想到与灾难擦肩而过,他哭了。汉堡认为,在那时做出这样的事情,无异于把自己的职业前途放在刀刃上,这绝对是一个非凡斗士的标志,这足以表明:李奇微无论身处战场,还是离开战场,都是不折不扣的勇士。[4]

他一向淡漠荣誉。李奇微曾被任命为第18空降军军长,指挥对日最后一战,但战争很快就结束了。麦克阿瑟邀请他参加在"密苏里"号上进行的受降仪式,这无疑是一份巨大的荣耀,而李奇微拒绝了这一邀请,他认为,只有亲身参加太平洋战争的军人才有资格见证这样的时刻。李奇微谦逊却不虚伪,他知道自己很棒,而这绝非凭运气。1951年,美国驻日大使比尔·西博尔德为李奇微访问东京写过一篇演讲稿。当时,李奇微接替麦克阿瑟担任美国远东司令部总司令,并成为事实上的日本总督。在这篇演讲稿中,西博尔德用了"我以谦逊的态度"这样一个短语,李奇微马上删掉了这个短语,"比尔,我只在上帝面前谦逊,绝不在日本人或是其他什么人面前装孙子"。[5] 他的部下很难达到他的期望。他相信最简单、最基本的东西:步兵就应该走到营房外去巡逻;他们必须了解战场上的敌我实力,必须随机应变,敢于勇往直前。他绝不是那种动辄就拿撤职来威胁部下的人。撤职对他来说很简单,只需要一句话,不需要什么警告。

战场从来就不是他满足虚荣心的地方,他从不掩盖战争的残酷。当李奇微把自己来朝鲜后的第一个重要进攻作战计划叫作"杀手计划"时,柯林斯立即提醒他,这样的名称只会让陆军公共关系部的人来找麻烦。但公共关系部的很多否定意见并没有改变李奇微的决定。李奇微在后来写道:"战争的实质就是打死人。我不明白他们为什么要拒绝承认这样一个事实呢?从内心里说,我反对任何'兜售'战争的做法,违心地美化战争,把战争说成是一种付出一点鲜血、带来一点不悦的游戏。"[6]

他深刻地意识到自己负责的是这个国家最高贵的资源——年轻的生命,父母的挚爱。"在战场上,所有生命都是平等的,"他曾说,"一个士兵的死和一个将军的死,在上帝的眼里都是一样的,都是一条伟大生命的结束。个人尊严也正是西方文明的基础,每个指挥官都必须牢记这个事实。"这并不意味着,他不会在战场上以最血腥的手段对付敌人,但他不会从躺满尸体的战场上找到一丝乐趣,因为他知道事情总有另一面,战场上也会躺满美国士兵的尸体。砥平里战役之后,中国军队最终也遭到沉重打击,美国人的飞机、大炮导致中国军队伤亡惨重,几千人在战斗中丧生。一个连长形容当时的惨状说,战场上覆盖着"中国人的肉酱"。李奇微喜欢这个词,偶尔还向其他指挥官提及这个词。

在对"指挥"这个概念的理解上,李奇微和麦克阿瑟之间有巨大的区别,这不仅源于他们截然不同的性格,还归结于不同时代对领导权的不同认识。麦克阿瑟花费很多精力要把总司令这个头衔塑造成伟人——似乎让每个为

第八章　志愿军猛击

他而战的人都会因为受命于他而感到荣耀，在伟人的旗下而战会让他们也变成伟人；而李奇微对领导权的理解则更适合于平等主义时代。他从不想把自己的意愿强加给别人，因为他认为让手下人自己去发现可以使他们更自信，成为更有责任心和意志力的战士。只有相信自己（而不是他李奇微），才能让自己更勇敢地战斗，他的工作就是教导他们挖掘这种潜质。但是和麦克阿瑟一样，李奇微也知道神话的力量，也擅长创造关于自己的神话。他的外号是"老铁蛋"，因为人们都说他胸前一直挂着两颗手雷（实际情况是，一个是手雷，另一个是急救包）。这个信息很清楚：我李奇微随时准备战斗。

战争伊始，李奇微就密切关注朝鲜局势。实际上，他就是参联会负责这场战争的人。战争初期，美军使用的火箭筒无法打穿苏制 T-34 坦克，于是他干脆就亲自监督新型 3.5 英寸口径火箭筒的生产和运送，这样他就可以通过手下及时发现和纠正任何偏差，按期将武器交付前线部队使用。尽管当时还没有联邦快递，但李奇微创造的超级配送系统很快便抵消了朝鲜在武器运送方面的优势，阻击了他们对釜山的进攻。李奇微从不参与军队内部的任何派系，可他绝对是马歇尔的人——李奇微在回忆朝鲜战争的书中把马歇尔奉为自华盛顿以来最伟大的美国军人。[7]

1950 年 12 月 26 日，李奇微到达朝鲜。他记得朝鲜给他的第一个深刻印象就是刺骨的寒冷——他感觉"寒风刺骨"。[8] 此前，他先飞到东京与麦克阿瑟会面。麦克阿瑟告诉他："你认为怎么好就怎么干吧，马修。第 8 集团军是你的。"[9] 这句话本身就意味着朝鲜战争第一阶段已经结束，以前所有命令都来自东京，现在所有命令都将来自李奇微。此时，最重要的问题是：他能否让自己的军队不被赶出这个半岛？战争过于残酷，而美国人的结局又差强人意，因此一个军人很难在那样的战争中成为英雄——以僵局结束的严酷战争也许可以创造战士心目中的英雄，但绝不会创造出公众心目中的英雄。

在乔治·艾伦（被认为是中央情报局最能干的人）看来，李奇微绝对是"战后同时代人中最被低估的高级军官，他在大多数方面都要比马克·克拉克、乔·柯林斯、奥马尔·布莱德雷、马克斯维尔·泰勒、阿瑟·雷德福以及阿利·伯克等很多人高出一头"。[10] 因此，在朝鲜战争之后的很长时间里，李奇微不仅在反对这场战争的美国民众心目中成为了英雄,而且赢得了那些参加过这场战争的军人以及了解他在这场战争中所作所为的人的尊敬。在朝鲜,李奇微是战士中的战士,即使是一向直言不讳的布莱德雷将军在称赞李奇微时也从不吝惜自己的语言;谈到李奇微在朝鲜的表现,他后来写道:"在战争时期,很少有几个前线指挥官能决定性地改变战局,但是李奇微在朝鲜就证明了自己是个例外。他的睿智、勇敢和不屈不挠的领导风范,让这场战争成为美国军事史上独一无二的战争,一场只属于李奇微一个人的战争。"[11]

到达朝鲜之后,李奇微马上就开始视察前线阵地。呈现在眼前的现实让他感到震惊:失败的阴云笼罩全军,指挥官个个悲观丧气,士气极度低落。他找不到任何有价值的军事情报。他在视察中碰到一名军长,居然连附近一条河流的名称都不知道。对如此不负责任的做法,他只说了一句话:"我的天哪!"当所有美国人都不知道敌人身在何处,只是一门心思南逃时,怎么还能找到有价值的情报呢?李奇微后来在书中写道:"我对前线指挥官说得很简单,如果我们美国步兵的老祖宗看到第8集团军被道路缠住脚,经常忘记占据路边制高点,既不能和前线阵地保持联络,也不了解地形,更谈不上利用地形,他们准会气得在坟墓里面打滚儿。"[12]但最令他心痛的还是部队士气低落,毫无斗志。当时在云山的哈罗德·约翰尼·约翰逊说,那根本就"不是撤退,而是奔逃"。[13]李奇微认为,军级指挥官差得令人无法忍受,师级和团级指挥官的年纪偏大,对战争毫无准备,对前线的情况一无所知。他在上任之前对陆军参谋长柯林斯说,必须对前线的高级指挥官严格要求,"你必须对手下的将军们铁面无情,对他们铁面无情是因为一切事情都依靠他们指挥的好坏"。[14]

最让他愤慨的莫过于很多司令部里的地图。似乎每支美国部队都湮没在无数的小红旗里,而每一面小红旗都代表着中国的一个师。很多部队居然不知道自己的周围有多少中国人,因为他们根本就没有派出过任何侦察队。在李奇微看来,不知道敌人的位置和实力无疑是指挥官天大的罪恶,他马上就改变了这种状况。在那段时间里,他几乎无处不在,乘坐林奇驾驶的小飞机走访了每个司令部,不只是师部或团部,甚至亲临营部和连部;

有些和他毫不相关的地方甚至没有跑道，但只要他觉得有必要，就绝不错过。他要求每支前线部队都要出去巡逻，寻找敌人。他们的任务就是巡逻、巡逻，还是巡逻，他经常重复这句话："只有贪图安逸才会堵住你们前进的道路。一定要寻找敌人，锁定目标。找到他们！咬住他们！打击他们！消灭他们！"[15]

很快，他就推出一个李奇微式的沙盘地图。他首先观察只有一两面红旗的局部地图，询问该部队最后一次接触中国军队的时间。最初，他们的回答一般是四五天，原因很简单，因为大多数美军部队实际上距离中国人都非常远。于是，李奇微会以极端轻蔑的姿态从沙盘地图上拨去这些红旗。按照新的规定，只有在48个小时之内遇到的中国军队，才能在对应位置插上一面红旗。这个规定背后的话外音很简单：如果这个苛刻暴躁的第8集团军司令下次回来的时候，发现他们没有执行这个规定，那么消失的也许就不仅仅是一面小红旗了，很可能还有这个部队的指挥官。

其中的道理也很简单，因为他是李奇微，因为他有资格和东京讲条件，而这对于沃克来说只有做梦才能想到。如果李奇微需要一个身在华盛顿甚至是东京的指挥官，那么这个少校或者中校甚至准将第二天就得上路。与华盛顿的其他人不同，只要有必要，他绝不在乎或是惧怕与麦克阿瑟摊牌。以前，华盛顿的将军们见了麦克阿瑟就发抖，但是现在李奇微是朝鲜战场的主角，身在东京的麦克阿瑟已经变成了旁观者。把麦克阿瑟放在嘴边也许只是李奇微的礼貌之举而已，至于谁是朝鲜战场的总指挥不言自明。对于那些还待在华盛顿的文官武将们来说，这样的变化绝对是巨大的解脱。尽管李奇微也可能会提出要求，比如说补充大量的炮兵部队，但他对华盛顿面对的问题一清二楚：他所指挥的战争只是一个更大的地缘政治斗争中的一部分。从战争开始以来，华盛顿与朝鲜战场上的指挥官第一次取得共识：这将是一场有限的新型战争，并因此而形成共同的语言。

十一

随着李奇微的到来,在鸭绿江和清川江被打得落花流水的麦克阿瑟不仅输掉了这场豪赌,也输掉了自己的总司令宝座。他或许可以把责任归咎于政府对他的限制,或许也可以把这称为一场胜利,因为这只是一支规模庞大的侦察部队,但是那些了解11月末到底发生过什么事情的中高层指挥官,都很清楚这场灾难的制造者到底是谁。现在,他开始把自己的需要说得更凄切,更漫无边际:他需要再增兵四个师,对中国本土发动一场全面的空中打击,彻底摧毁中国的工业基础。他所需要的每一样东西,所想象的每一件事情,都预示着一场更大规模的战争。相比之下,他的国家及欧洲盟友都不希望战争扩大。华盛顿希望形成某种均势:装备先进的美国对抗人口庞大的中国。因此,让华盛顿感到迫在眉睫的问题是:联合国军能否顶得住,朝鲜是否会变成另一个敦刻尔克?

从一开始,将军与总统之间的冲突就在酝酿之中,现在这场冲突即将爆发,而且是在最危急的时刻全面爆发。将军想扩大战争,而总统一直担心这可能会引发其他地区的军事冲突,希望把这场战争限制在局部地区并尽早结束。麦克阿瑟的行为已经远远脱离一个军人的基本要求,至少在表面上他应该执行总统和上级的命令,但麦克阿瑟却把自己变成了一个持不同政见者。挂满勋章的军服,独一无二的权力,还有国会和媒体中强大的政治同盟,都让他目中无人。其实,所有这一切都是不可避免的,而后果同样可想而知,中国军队入朝才几个星期,就让美国人遭受巨大伤亡。随着李奇微的到来,麦克阿瑟实际上已经被剥夺了总司令的职权,于是他拿出一副"将在外君命有所不受"的架势,公开不遵守文官制定的政策,同时又推出一系列被华盛顿、伦敦和其他盟国高级官员认为是灾难的方案。

李奇微抵达东京后就清楚地认识到,麦克阿瑟主张的是一套完全不同的议程。1950年12月26日,两个人一起谈了两个半小时,不过几乎是麦克阿瑟一个人在独白。李奇微很快就清楚了远东总司令的愿望,他后来说:"毫

第八章 志愿军猛击

无疑问,麦克阿瑟希望与红色中国进行一场全面的战争。他不可能接受相反的观点……执行别人制定的政策,那是他最不情愿做的事,实际上他从来就没有接受过别人的政策。他只想和中国开战。"[1] 在随后几周里,麦克阿瑟的意图更加明显。开始,他设想利用蒋介石的军队突袭中国大陆。他告诉李奇微这个办法是可行的,因为毛泽东的大部分部队都派到了朝鲜。"中国南方目前很空虚。"他对李奇微说。当然,李奇微是个有主见的人,嘴上表示同意麦克阿瑟的提议,可心里深知从中国南方乘虚而入的想法还不成熟。新中国的实力早已今非昔比,毛泽东可以轻而易举地把50万人派到朝鲜,国内的兵力储备肯定更庞大,蒋介石何尝不想"反攻大陆"呢?但是,不管那里的路有多宽敞,蒋介石那支败军之师敢不敢走这条路还是一个疑问。以前,麦克阿瑟虽然觉得美国政府对蒋介石缺乏足够的个人尊重,但他对国民党军队始终也是嗤之以鼻。

即使李奇微在某些方面比政府中的其他人更强硬一些,即使他对赤色分子的看法比身边很多反共人士更邪恶一点、更阴险一点,他也会明白自己不能放开手大干。华盛顿希望不在朝鲜投入太大资源的情况下把中国人拉到谈判桌前,艾奇逊曾对布莱德雷说过,"我们正在同错误的对手交战,我们打的是第二梯队,而真正的敌人是苏联"。[2] 李奇微知道那是他的工作,而且将是一项充满血腥的任务——在华盛顿和中国觉得胜利已经属于中国的时候,让中国人付出惨重的代价,让胜利远离他们。他相信自己定能不辱使命。他坚信,只要有正确的指挥,美军完全能洗刷军隅里遭受的耻辱,还自己一个应有的名声。他绝不相信,中国人会像东京或是华盛顿很多人担心的那样把他们赶出朝鲜半岛、赶下大海。谈到李奇微在随后几周取得的成功,科雷·布莱尔认为:"颇具讽刺意义的是,他居然明显贬低麦克阿瑟的主张以及他一贯深信不疑的反共策略,很明显,他正在变成很多人所说的'绥靖政策'的工具。"[3]

如果不能在兵力方面满足他的要求,他马上就会转而要求以更强大的火力作为补偿,尤其是增加大炮的数量——正是出于这个原因,李奇微才马上要求增加炮兵部队。他一直不解的是,尽管美国的大炮威力无比,而且中国和朝鲜在武器装备上存在明显劣势,但美国人却没有发挥出这些武器的威力,甚至很少强调对大炮的使用。现在,他要求上级派出十个国民警卫队和预备役炮兵营。按照他设想的绞肉机战术,以大炮作为主要武器显然是再合适不过的手段了。毕竟,美国不缺武器弹药,只是想减少人员伤亡,而中国人的重武器携带能力是极其有限的,因此无论是什么情况,他们在美国的空中火力下只能被动挨打。李奇微主张以原始、最残忍的方式抵消中国人的人数优势,简而言之,就是利用飞机和大炮。按照他的命令,新的炮兵部队很快开赴朝鲜战场。和先期来到朝鲜的其他人一样,很多人还以为是到日本进行军事演习,但是当他们感受到战争的气息时,双脚已经踏上了朝鲜的土地。

李奇微从一开始就认为战争很可能会发展到采取他所说的"绞肉机"战术。1月11日,他写信给陆军副参谋长哈姆·海斯利普说:"我们的优势就在这里。我们不缺少实力和手段,前提是苏联不进行军事干预。我面临的超越一切的主导性问题,就是要唤醒这个司令部的精神潜力。如果上帝允许我这么做,我就应该做得更好,而不仅仅是我们现在所想象的那样。也许将给中国人带来一场永远难忘的充满血腥的失败,大量消耗他们的兵力。"

1月中旬,柯林斯来日本会晤麦克阿瑟和李奇微时告诉阿尔蒙德,他即将晋升为三星将军,这是对麦克阿瑟最后的致敬。和柯林斯同行的还有一位参联会成员,空军参谋长范登堡。1月15日,他们在第一站东京会晤麦克阿瑟。就在几周之前,麦克阿瑟的黑色电报还让他们胆战心惊,现在他只是一个接受他们调查的老人,他们不再惧怕他,也不必再相信他的估计和预测。

当柯林斯和范登堡在汉城见到李奇微时,他们发现李奇微的情绪远比他们想象的要乐观。的确是这样,就像他在写给海斯利普的信中所说,这项工作是可行的,他能做好。他的信心富有感染力,那些缺乏这种信心的人甚至会觉得自己是在开小差。他正在改造第8集团军,让它成为一支具有强大战斗力的部队。他理解很多人此时的想法。尽管第2师、第25师和第7师遭受重创,但第8集团军的人员伤亡情况远不如人们想象的那么严重,真正的破坏在于精神和心理。这些师损失了大量的武器装备,但这些东西

第八章 志愿军猛击

是可以弥补的。在如此险恶的地形下陷入中国人的包围圈,而且又是面对一个全新的敌人,这些意料之外的情况片面夸大了损失的程度,那只是感觉而已。最严重的打击莫过于对士气的打击,因此,当前的首要任务就是重拾士气,也就是部队的精神面貌和心理状态。

柯林斯当晚给布莱德雷发了一封电报,称此次视察的印象是积极的。亲身参加朝鲜战争、后来成为朝鲜战争史学家的 J. D. 科尔曼指出,这是五角大楼在近两个月时间里收到的第一个好消息。后来,布莱德雷把这一时刻称为转折点:"我们第一次感觉到,尽管我们给自己施加了很大的压力,但中国人不会把我们赶出朝鲜半岛了。"[4] 回到华盛顿之后,柯林斯向杜鲁门做了简要汇报。他认为李奇微做得非常出色,部队的士气正在恢复。他和范登堡都认为麦克阿瑟已经变成一个爱发牢骚的老人,还在梦想着一场谁也不愿意打的战争。相比之下,李奇微并没有被中国人最初的胜利和他们的人数优势所吓倒,他似乎已经找到每支部队的优点和劣势,对部队的作战能力充满信心。这也是他在"二战"中的指挥风格,让先头部队打头阵,这样他就能尽早掌握战局动向以及哪些军队可能需要支援,毕竟不能永远停留在空降师的回忆上。才华横溢的吉姆·加尔文是李奇微在"二战"时期的副手,可以说是仅次于李奇微的著名空降部队指挥官。加尔文说,李奇微总是站在战争的最前线。"他每一分钟都不离开战场。他意志坚强,精力充沛,总是咬紧钢齿。他太勇猛了,换了别人早就心脏病发作了。似乎这变成了他个人的仇恨:李奇微天生就和德国鬼子不共戴天。他曾经站到道路中间小便,我叫他,'马修,你不要命了?!赶快离开那儿,你会被子弹击中的。'没有用,他就是看不起德国鬼子,连撒尿的家伙都看不起德国鬼子。"[5]

当李奇微开始调整指挥结构,撤除了部分师级和军级指挥官时,很多高级军官最关心的是他将如何处理阿尔蒙德。第 8 集团军(当然也包括海军陆战队)的很多高级将领认为,阿尔蒙德是骗他们不断北上并陷入灾难的同谋,因而都希望尽快将他撤职。但阿尔蒙德并没有被解职,不管怎么说,他毕竟是个有进取心的人,李奇微迫切需要那种真正具有进取心、敢于进攻的指挥官,但是从现在开始,他必须直截了当,不能再像以前那样耍心眼、玩手段或是绕过李奇微的指挥。于是,他暂时还担任军长——因为其他军级指挥官的软弱让李奇微感到震惊——但必须放下参谋长的职务。李奇微和柯林斯都不想对高级指挥官进行大清洗(他们的目的可能有所不同),也不想得罪麦克阿瑟,阿尔蒙德毕竟还是麦克阿瑟最喜欢的亲信,如果有必要和麦克阿瑟对峙的话,那也应该是在更重要的事情上。因此,阿尔蒙德依旧保持原职,再次成为所有指挥官的焦点。他即将获得自己的第三颗星,麦克阿瑟已经为此游说了很久,但他的羽翼肯定将受到一点损失。[6] 第一次见李奇微的时候,麦卡弗雷一直陪着阿尔蒙德。那次会面的时间很长,但显然不是一次愉快的会晤。阿尔蒙德和李奇微一起走进司令部,把麦卡弗雷留在外面。通过阿尔蒙德事后的情绪表现,麦卡弗雷明显感受到他触动很大,很受震撼。麦卡弗雷的第一印象是阿尔蒙德的情绪极其低落,尽管还是一名军长,但仅此而已。此时的阿尔蒙德被新上司狠狠地训了一顿:绝对不允许再瞒着第8集团军司令擅自行事了。[7]

当然,转变战斗力首先要从第9军的库尔特少将的身上开始,他在清川江沿线的战役中表现极差。库尔特肯定就要晋升为中将并被派往东京担任参谋工作,但是陆军有一条不成文的规定,一旦高级将领在战斗中失败,就必须付出更大的努力去保住他的名声,尽量洗刷耻辱以表明陆军没有犯错。李奇微没有立即解除他的老朋友、第1军司令米尔本的职务,但很多人都认为,米尔本至少应该为云山之战的大败承担部分责任。于是,李奇微干脆把自己的司令部搬到米尔本的司令部,以督促他重振军心、勇敢作战。

李奇微在朝鲜战场成为最亮丽的一道风景线。指挥官们称他为"来吃晚饭的家伙"和"值得尊敬的司令官"。和从未在朝鲜过夜和只在理论上研究这场战争的麦克阿瑟相比,李奇微始终没有离开过朝鲜。他需要让战场上的每个人都知道,他正在和自己的部队同甘苦共患难。他想让前线的指挥官知道,谁也不能欺骗他。他的存在让每个人都无时无刻不在接受检验。第1军参谋长说:"哦,天哪!我们每天早晨的作战会议,他都要参加……他每天都和部队待在一起,因此我在他晚上回来的时候就得向他汇报——

第八章 志愿军猛击

什么事情都不放过,哪怕是微不足道的小事,比如说我们这里的排水情况。"米尔本尽管还暂时在任,但已经沦为李奇微的传话筒了。

有一次,李奇微参加军作战处长约翰·杰特尔的早间简报会。杰特尔还没说完,李奇微就表现得非常不快。杰特尔罗列了一大串撤退计划,李奇微问他进攻计划是什么,杰特尔回答,暂时还没有进攻计划。后面的结果不用猜也能知道,杰特尔马上被解职了,这件事马上传遍整个第8集团军。[8]尽管因为这一点事情而解除杰特尔的职务可能有点不公平,但是在那个时候、那个地点,没什么是公平的。很快,陆续又有三个师长被打发回家。他们也许会因为以前的功劳而得到赞扬,获得勋章,或是找到其他什么美差,但有一条是雷打不动的:在第8集团军,永远不能再有"撤退"这个词。不管情愿与否,李奇微对他们的要求只有一个,那就是前进。因此,有些心存不满的人送给他一个绰号:"总走错路的李奇微"。

他们还需要做的另外一件事就是了解敌人,以种族歧视的态度对亚洲对手嗤之以鼻的时代一去不复返了。李奇微对情报的重视远胜过其他高级指挥官。美国陆军一直对情报工作采取听之任之的随意态度,执行情报任务的人多喜欢敷衍了事,也很少有被提拔的机会,更不要说走上指挥官的位置。很多情况下,即使陆军情报机构的普通人员做得非常出色,他们的上司也得不到同僚的尊重。原因很简单,这是美国陆军的传统,他们拥有强大的战斗力和战斗装备,一旦进入战场,情报就变成次要的事情了;在他们看来,任何敌人都会屈服于他们的强大火力。

李奇微对情报工作情有独钟的原因是多方面的。部分原因在于他自己就拥有极高的情报收集和分析能力,可以说,他在这方面比绝大多数指挥官都高出一筹。还有一个原因就是他固有的谨慎个性,他一直认为情报工作做得越好,就越有可能保住性命。他在情报工作上的经验很大一部分来自空降作战。空降在敌人后方是一种极其危险的事情,因为你的火力肯定是有限的,而且极可能寡不敌众,因而更容易遭到敌人的攻击。当然,他在联合巴格多里奥将军这件事上的谨慎,充分反映出一个空降师指挥官的基本原则:只有自己的情报才是最好的情报。1954年,法国在印度支那的战争达到最高潮。年轻的乔治·艾伦当时还是中央情报局驻越南的情报官，在连续几周的时间里，他每天都要向李奇微做敌情简报。后来艾伦说，他从未和如此敏锐、如此斤斤计较的人打过交道，即便是艾森豪威尔在欧洲战场上的硬汉沃尔特·比德尔·史密斯将军（后担任中央情报局局长）也比不上他。[9]

艾伦认为，精益求精的态度使李奇微的大局观非常好。李奇微在后来的报告中对美国军事干预印度支那的前景进行了分析。他认为美国一旦参战将要派出50万 — 100万人和40个工兵营，还需要大量征兵。他的报告帮助美国避免了一场战争。

一位情报界人士说，如果威洛比给李奇微做情报参谋的话，最多只能干一个小时。由于麦克阿瑟和威洛比对朝鲜战争的情报采取了限制和封锁的做法，于是李奇微再次找来中央情报局。因此，从第8集团军司令部到最前线的作战部队开始学会重视和尊重敌人。中国人的战场表现极富特点，他们同样是非常优秀、非常坚强的战士，他们有些部队确实明显要好于其他部队，有些师级指挥官确实好于其他指挥官，但最重要的是，他们到底是哪支部队，到底是哪些指挥官。李奇微现在想做的就是研究他们。没有什么比东方人的思维更诡异多变，因此，必须回答很多关键性的问题：他们在一个晚上能走多远？一旦战斗打响，他们执行命令的弹性有多大？他们在每一次战斗中携带的弹药和粮食有多少？或者说，他们能在一场战斗中坚持多长时间？对于让人们百思不得其解的共产党，李奇微现在需要把理论上的讨论与战场上的现实区分开来。

另一方面，李奇微希望能占有更多的战场主动权，而不是像以前那样完全听从中国这个对手的摆布。曾有一段时间，李奇微每天早晨都钻进一架由林奇驾驶的小型飞机，尽可能地低空飞行，寻找敌人的踪迹。如果有大批中国军队向他的部队靠近，必定会留下蛛丝马迹，但他几乎没有发现任何这样的迹象。但是，没有发现踪迹并不代表可以不关注、不尊重对手。在云山战役后的11月，他们得到了教训，因此这更应该引起他们的注意，也许敌人的移动方式更隐蔽。李奇微慢慢地勾勒出中国人的样子和他们的作战方式，当然还有他随后采取的作战方略。中国军队是非常优秀的，这

第八章　志愿军猛击

一点毋庸置疑，但他们毕竟不是超人，毕竟只是来自一个资源有限、极端贫困的国家的普通人。他们的军事装备极端落后，在物资补给和通讯联络方面也极为薄弱。他们发起进攻时吹响的军号和长笛，在夜间确实让人胆战心惊，但事实上缺陷也很明显：他们不可能仅凭这些乐器对战场上的突然变化做出及时反应。即使已经冲进对方阵地，他们也没有能力立即摧毁美国人的防御体系；这是一个非常致命的缺陷，因为这意味着他们自己反而可能会遭到重大伤亡。此外，他们的每一场战斗都面临着物资补给问题，因为他们能携带的弹药和干粮非常有限；而美国陆军的重新补给能力是中国人无法想象的，因而在任何一场战斗中，美国人都能坚持更长的时间。

在前几个星期，李奇微的一个重要任务就是收集有关中国军队武器装备的情报。到1月中旬的时候，他觉得已经掌握了足够多的情报。他认为，战争不应再以夺取领土为最终目标，重点应放在选择对自己最有利的地形采取拉锯战，以消耗敌人的有生力量为主，最大限度地制造人员伤亡。因此，最关键的作战词汇就是"杀戮"。李奇微现在的想法是，始终与中国军队保持接触，持续交战，并在每一场战斗中给中国军队造成人员伤亡，总有一天，即便是像中国这样的人口大国，也会因精锐部队大量损失而无力支撑。他希望尽早实施这一策略，以便让敌人知道，按自己挑选的战场去赢得胜利不再像以前那么容易了，出其不意进行偷袭也不再现实了。如果这场战争是一场绞肉机大战，那么最重要的问题就是：谁的绞肉机更强大，更有效？

李奇微想到的第一个问题就是，如果中国人发起进攻，撤退将是灾难性的选择。他们进攻战略的关键之一就是击其一点制造混乱，然后借助敌人后面的有利地形构筑阵地，在敌人撤退过程中趁乱打击。所有军队在撤退过程中都是最脆弱的，由于武器装备较为笨重，道路又很狭窄，再加上与韩国军队混在一起，使得美国军队也难成例外。李奇微认为，中国人在军隅里采取的战术和他们在内战期间对付国民党的战术如出一辙，可始终没有人对此给予足够的重视。尽管中国士兵英勇善战，在兵力上占有明显优势，但在军隅里对美军的打击远非是灾难性的。尽管美军远在朝鲜的北方，防御能力很脆弱，但如果能在夜间保持紧密阵形，各部队之间能形成交叉火力，并有侧翼掩护（而不是指望韩国军队给他们提供掩护），那么那场战役的结果可能会完全不一样。即便是在军隅里，美军的补给也没断，后来反倒是中国人挺不住了。长期的空降训练与作战经验，对李奇微现在的战术起到了至关重要的作用，也是这种战术的关键所在。他的想法是首先建立一个强大的堡垒，并以猛烈的火力维持各个部队之间的一体性，然后让敌人首先发起进攻。他认为，在战争初期，米凯利斯的第 27 "猎狼犬"团比其他团表现更出色，关键就在这里。米凯利斯同样出自空降兵，只要部队是完整的，他根本就不在乎是不是被切断退路；他知道，空军肯定能给他提供补给。

现在，李奇微准备让第 8 集团军再次北上。和其他方面相比，重振士气是最重要的原因。1 月中旬，李奇微开始行动了。他首先派米凯利斯进军水原，李奇微把这次进攻行动命名为"猎狼犬"行动。早在来朝鲜之前，米凯利斯就认识李奇微了，只不过不熟悉。但李奇微那咄咄逼人的目光还是让他心生畏意，他后来这样形容李奇微的眼神可以反复穿透你的身体，直抵你的五脏六腑。刚到朝鲜几天，李奇微就叫来了米凯利斯。

他问："米凯利斯，你知道坦克干什么用的吗？"

"用来杀人的，长官。"

李奇微说："那么，就带着你的坦克去水原吧。"

"是，长官，"米凯利斯回答，"开坦克去那儿很容易，把坦克开回来可就不容易了，因为中国人经常会切断退路。"

"谁说回来的事情了？"李奇微回答，"如果你能在那儿待上 24 个小时，我就会派一个师赶到那里。"此时，米凯利斯觉得这将是一个全新战争阶段的开始，也将是战争的转折点。[10] 一支完全不同的美国军队和联合国军来到朝鲜，这全因一个人的到来而改变，而中国军队的领导尚未意识到这一点。

第九章

学会与志愿军打仗：
双联隧道、原州和砥平里激战

一

中国人即将面对一个非常不同的美国指挥体系和一支非常不同的美国军队。1951年2月中旬,双方在双联隧道、原州和砥平里展开了三场极其惨烈的激战。但是,就在两支军队即将开战的时刻,中国领导层却发生了极大分歧。实际上,早在1950年9月和10月,就在毛泽东考虑是否实施军事干预时,中国的军方与政治领导人就出现过明显的意见分歧。林彪坚决反对出兵朝鲜,他担心中国无法抗衡强大的美国军事力量;他认为,美国一个师的火力就相当于中国的十个甚至二十个师。林彪和其他军方人士还提出另外一点:中国的工业基础还极其薄弱,因此,两个国家在维持现代战争的能力上存在极大差距,即便是武器的供给和更换,对中国来说都是一个巨大的挑战。[1]

林彪后来以身体抱恙为由拒绝指挥志愿军,这确实反映了很多中国军方人士的极度不安,而政治领导人拥有至高无上的权力。当然,他们都是政治家,军人也知道这一点。他们的基本原则很简单:政治挂帅,军事服从于政治。这也是他们在长期的艰苦内战中能最终取得胜利的根本所在。武器供给对他们来说从来就不是问题——他们总有办法从蒋介石军队的手里搞到武器。

在那场战争中,他们始终坚定不移地以政治为出发点,但不能不指出的是,那是在中国的土地上。他们在那里很容易就能得到广大农民的掩护和支持,正是长期受压迫、没有起码的人格尊严和基本的经济权利的农民,让他们在蒋介石面前拥有了无坚不摧的力量。但这种力量能否在国外的土地上继续发挥作用,恐怕还是一个很大的问题,尽管两个国家有很多共同之处:社会结构以生活在最底层的农民为主,而且朝鲜又是中国的共产主义朋友。

毛泽东一向认为,政治有特殊的规律。他们在这一点上比任何人理解得都更深刻,更清楚。同样,彭德怀这样的军事家不仅了解政治,同时也意识到战争有其特殊的内在规律。尽管政治规律和战争规律在中国的内战期间完整地合二为一，但是到了朝鲜，它们将会一分为二，因为大多数朝鲜人认为中国人民志愿军只不过是一支外国军队而已。

在清川江战役之后，毛泽东变得更加自信，而彭德怀将军则清醒地认识到，他们的胜利在很大程度上是因为美国人走入了自己挖下的陷阱。在中国军队继续南下时，他开始变得顾虑重重，因为他毕竟没有空中掩护，而且从一开始，后勤补给的困难就摆在眼前。但毛泽东认为，当资本主义的爪牙凶狠地伸向一场不必要的战争时，他们的表现完全在他的意料之中。在志愿军向南进军过程中，毛泽东多次要求彭德怀采取更积极的进攻策略，但每次听到这些，彭德怀都会无可奈何地摇摇头。[2]彭德怀的观点一直较为保守，他认为很多迹象表明，中国军队将在以后的战斗中遇到更大的困难。仅仅是这支大部队的吃饭问题就够让人头疼了：在12月的大部分时间里，他们基本上就是靠美国人剩下的食物充饥。他感觉到，现在部队实际上已经处于半饥饿状态，如果继续南下，口粮和军火的补给将更加困难。

在清川江战役中，他面对的是一群毫无准备的美国部队；在对所有美国部队成功地实现分割的情况下，他们发现还是很难将敌人全部歼灭。美国的空中垄断显然发挥了巨大作用。美军高射炮部队中流传着一个小笑话：只要有战斗机或轰炸机从头顶飞过，他们就把这些飞机称为B-2。但当时美国并没有向朝鲜派出B-2轰炸机，因此，有些没见过B-2的士兵就会问："这就是B-2吗？"回答很简单："你管它是不是，只要不是敌人的就行。"[3]对于中国人来说，美军的空中火力具有压倒性的优势。美国的空中优势和地面部队的高机动性，让他们随时能对被包围的部队实施援助，这一点是中国人无法想象的，更是从来没有见过的。

即便是在军隅里地区，虽然美国人对中国军队的进攻毫无准备，而且美军指挥官的无能表现极端令人失望，但逃出包围圈的美军部队还是大大超乎中国人的预料。然后，在进入中国人所说的第四次战役或是战争的"第四阶段"后，中国军队的劣势尽显无遗。这也导致高级指挥官和政治决策者之间的紧张关系趋于公开化。第一次战役是从1950年10月24日至11月5日，主要以打击率先北上的韩国军队为主，而后在云山大败骑8团。第二

第九章　学会与志愿军打仗：双联隧道、原州和砥平里激战　　521

次战役即11月底到12月初的清川江战役，还有在长津湖伏击陆战第1师。第三次战役则是在毛泽东和彭德怀发生激烈争执之后进行的。彭德怀希望能暂缓进攻，认为政治因素已经导致自己的军队过于疲惫。这次战役的主要任务就是全力追赶南撤的美军。在这次战役中，双方发生多次激战，汉城在六个月的时间里三次易手。这次战役结束之后，中国军队发现，自己已经深入南方地区，一直打到了三七线。原定于1月开始的第四次战役，将是一场更大规模的战役。按照毛泽东的设想，中国军队将继续向前推进100英里左右，然后为进攻釜山做准备。

　　但是，由于美军一直是在沿着狭长半岛撤退，这就让中国军队开始面对越来越多的棘手问题，这些问题也曾让他们的敌人倍感头疼。最致命的问题莫过于不断拉长的补给线。在这个只有最原始的公路和铁路的国家里，输送物资绝非易事，由于没有空军和海军，这个问题更棘手了。美国人在向南撤退时，始终以卡车和火车为交通工具，而且又不用担心空袭，如果有必要的话，他们可以通过空军或海军输送急需的弹药和食品。反之，相比于规模庞大的部队数量，志愿军拥有的机动车辆实在是太少了，而且就是这些有限的车辆，也很容易成为美国飞机的轰炸目标。

　　现在，是毛泽东让自己的军队深入战场、远离大本营的时候了。他也许会像麦克阿瑟那样，不是从实际出发，而是从想象出发来看待战局。实际上，在朝鲜北方取得的胜利蒙蔽了毛泽东的判断力，但他的战区指挥官们已经意识到，这样的胜利也许很难重复了。正如历史学家余斌指出的那样，现在的毛泽东"深受初期胜利的鼓舞，开始追逐更大的目标，但这个目标显然超出了部队的实际能力"。这就把应对现实的沉重任务全部压在了彭德怀的肩上。

　　在某种程度上可以说，彭德怀和李奇微一样，都是几近完美的军事家，他们的战争动力以及他们认识战场形势和指挥军队的方式，都相当接近。可以设想一下，如果变换一下他们的身份，让彭德怀成为联合国军的司令和中国版的李奇微。和李奇微一样，彭德怀也是战士中的勇士，深受官兵

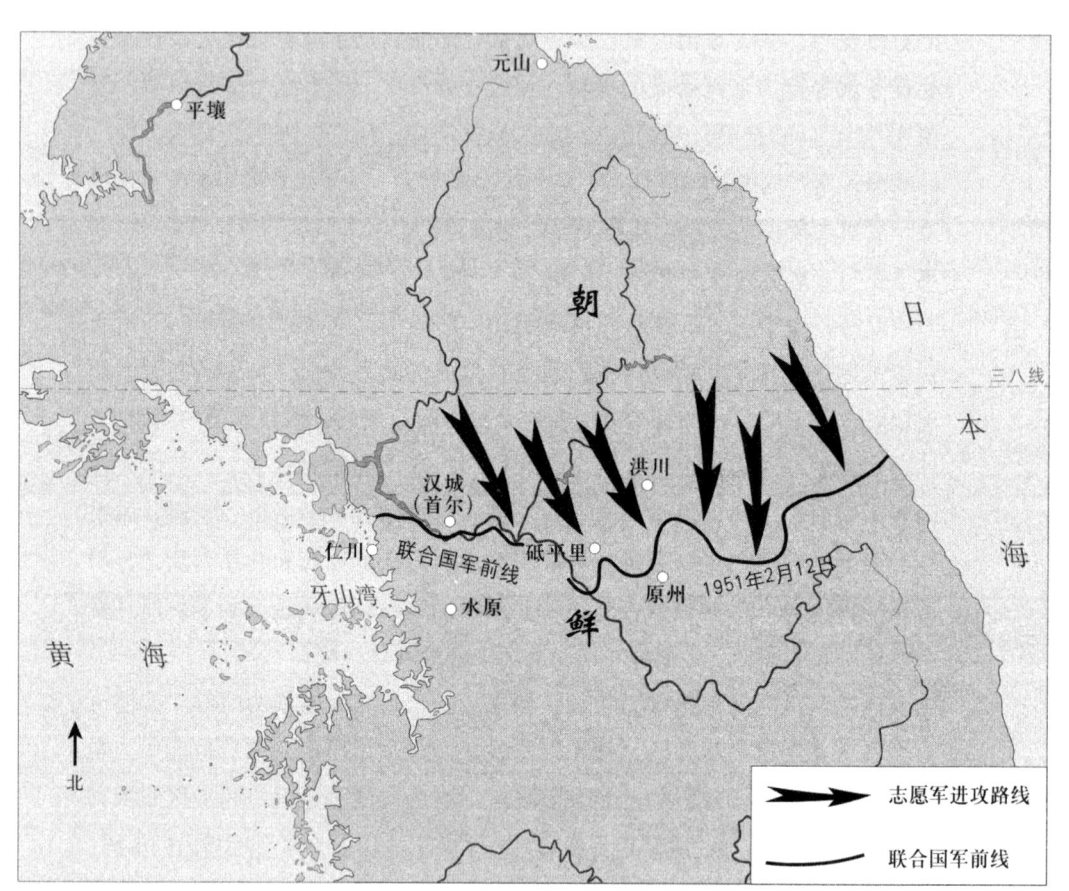

图 19　中央走廊之战

第九章　学会与志愿军打仗：双联隧道、原州和砥平里激战

的爱戴，因为他对士兵的疾苦深有体会。

他越是成功，就越会返璞归真。有时候，在徒步行军的途中，有农民或是西方人所说的"苦力"替他们当脚夫运送物品，大多是用扁担挑着重物行走；他会主动从这些脚夫手里抢过扁担，让他们休息一下。这给整个部队留下深刻印象，也提醒每个人，包括他自己和他的士兵，自己从哪里来——他们都是农民出身，更重要的是，他们为什么要打仗。他是一个刚正不阿、直言不讳、从不掩饰自己的人，这让他赢得了所有官兵的爱戴。在长征过程中，彭德怀曾两次因发高烧而无法行走，于是，部下用一个破草席抬着他长途跋涉。有一次在四川，他病情严重，但部下始终拒绝把他一个人扔下。他们一路抬着彭德怀，悉心照料，这也是他们回报彭德怀的方式，因为这位将军就是这样对待他们的。[4]

彭德怀坦率耿直，和李奇微一样口无遮拦。打败国民党后，有些和他一起参加过起义的同事开始摆架子，这让他感到很可笑。尽管现在早已不再缺少热水，可彭德怀还是喜欢洗凉水澡，这是一直以来的习惯，也是农民的习惯。他喜欢简朴的生活，简朴到有点像出家的和尚，而奢侈的享受反倒会让他感到不自在。生病时，他喜欢用中草药，很少去找医生开西药。他吃饭的时候讲究细嚼慢咽，他说是有意这样做的，因为他经常会想起自己刚参加革命的时候，经常处于危险之中，经常要忍饥挨饿，现在不缺吃喝了，所以他要慢慢品味食物的美味。[5]

彭德怀比中共中央政治局一些人想象得更精明。清川江战役的胜利并没有蒙蔽他的判断力。早在战争开始之前，他就认为，考虑到朝鲜半岛的特殊地形，任何一方要从半岛一侧向另一侧输送给养，都不是一件容易的事。他在开战前就对自己的参谋说："朝鲜战争将是一场后勤战。"[6] 他正是用这个理由成功地说服毛泽东，务必要等到美国人尽可能地远离南方，再对其发动第一次全面进攻。

他也知道，11月和12月的朝鲜气候非常恶劣，因此他必须选择对自己最有利的天气。11月底，在第二次战役取得成功后，他正确地估计了美军在清川江附近的残余兵力，以及中方为这场胜利所付出的代价；美国海军陆

战队的猛烈反击让中国人对资本主义军队的战斗力有了新认识。在对高级军官讲话时,彭德怀时不时会略带嘲讽地说到"某些自封为深谙战争艺术的专家""某些军事专家"以及"某些以教条主义思想看待战争的人"等。[7]当苏联和朝鲜在12月强烈要求他的军队加快追击步伐时,彭德怀勃然大怒:苏联人压根儿就没派一个人到朝鲜;至于朝鲜,是中国把他们从致命的失误和拙劣的军事指挥中挽救出来。最让他不能接受的是,苏联并不是把压力直接加到他的肩膀上,而是推给了毛泽东,这背后的意思无非是说,他们还算不上优秀的共产党员,如果换成苏联人的话,肯定会比中国人勇敢得多。

彭德怀对参谋人员抱怨最多的就是后勤。在战争开始时,彭德怀的总兵力约为30万人。随着战争进行,部队规模越来越大,他毕竟需要为未来的战斗进行储备。正像他预料的那样,物资补给真的变成了梦魇。12月,志愿军用于运输的卡车最多只有300辆,而这些卡车必须在夜间不开灯情况下行驶。因此,每天的行程只有二三十英里。弹药和食物的供给已经成为整个部队最大的瓶颈。因此,中国军队的很多补给并不是以卡车完成的,而是靠人力,他们往往要步行非常远的距离,把粮食和弹药补给运到南方的前线部队,回去的时候,经常还要背上伤员,把他们带回后方。他的部队就生存在这样的条件下。在接近三八线时,他们实际上只能勉强保证不挨饿。在当地征收粮食也不现实,双方的拉锯战彻底破坏了半岛的农田和庄稼,而这对中国人的影响比对美国人更大,因为美军的口粮不依赖于当地的粮食。严寒使得中国军队不可能在当地找到足够的食物来源。毛泽东有一句著名的语录:"军民鱼水情,军队就是游在农民海洋的鱼儿。"但是现在,志愿军却变成了游在刺骨冰水中的鱼。看到中国军队的时候,朝鲜农民依旧惊恐万分,他们以为,中国人和美国人、韩国人都是一样的。自开战以来,他们就没过一天好日子,很快,营养不良就变成志愿军的一个严重问题。彭德怀的部队是忍饥挨饿地继续战斗,用他们当时的话说,"嚼一口炒面,吃一口雪";活着的人往往会取走牺牲者剩下的子弹和干粮。[8]

当志愿军在1951年新年发动第三次战役时,来自中国大陆的食物仅能满足四分之一官兵的最低生存需求。[9]由于美国的空中轰炸极为频繁,卡

第九章　学会与志愿军打仗：双联隧道、原州和砥平里激战

车司机已经成为中国军队中最危险的兵种，他们的死亡率要远高于作战部队。因此，整个部队始终处于极度的饥饿和疲劳之中。到了2月，他们已经远离家乡、在朝鲜马不停蹄地战斗了两个多月。在此期间，他们始终处于战斗状态，联合国军的轰炸根本就不给他们任何喘息之机。即使是在远离前线的安全地带，美国的炸弹也时常伴随着他们。寒冷让美国士兵和他们的脚倍感痛苦，因此，美军指挥官一再发布命令，提醒士兵注意保护自己的长袜和脚。寒冷当然也不会对中国士兵开恩，他们的情况更糟；他们脚上穿的就是帆布鞋，冻伤成为他们挥之不去的敌人。有时候，很多中国士兵由于冻伤而无法穿鞋，于是他们干脆就用破布包住脚，继续战斗。

第三次战役之前，彭德怀的主力部队位于汉城以北。毛泽东强烈要求他尽快夺回这个南方的首都，因为这一胜利的宣传价值不可估量。彭德怀则极力劝说毛泽东减缓进攻速度，让他的部队休整一下。1950年12月8日，彭德怀致电毛泽东，要求停战休整到明年春季；此外，他还希望能把战线稳定在汉城以北。他认为，美军和联合国军在北方遭受的损失并没有人们想象的那么严重，而且现在正在修筑工事，恢复元气。此时去攻击他们，去撞击他们在汉城布下的火力网，很可能要付出惨重的代价。对于彭德怀来说，为解放汉城这点区区的政治胜利而去冒那么大的风险，在军事上没有任何意义，而毛泽东的想法截然相反。当然，苏联人和金日成就更不赞成彭德怀的观点了。如果说毛泽东最初决定出兵参战是为了让世界其他国家，尤其是长期被苏联为首的共产主义阵营注意到，这已经不再是原来的那个中国，而是一个全新的中国，那么，他现在追求的远远不止于此。

因此，战争初期出人意料的大胜正在慢慢转化为彭德怀的压力。迄今为止，中国军队的表现异常出色，超乎人们的预想，但苏联人还在不依不饶地通过驻朝大使敦促彭德怀继续前进。一想到苏联在开战前违背提供空中掩护的承诺，彭德怀就感到不舒服，这自然让他对苏联人的训诫鄙夷不屑。他觉得，苏联人的建议只能说明，他们是在用中国人的生命去证明自己所谓的勇敢战斗精神。

但此时的毛泽东认为，夺取汉城的政治象征意义是不可想象的，那将

会让全世界注意到中国的存在。除此之外,他似乎有点轻视美军的实力了。美军在战争初期的溃败让毛泽东认为,他们甚至还不如自己以前的手下败将国民党。[10] 当时,美国的部分盟友和杜鲁门政府内的很多高级官员都在谈论在三八线与中国停战的问题。毛泽东对此很警觉。敌人主动提出妥协,这对毛泽东来说是一个信号:他们知道自己即将失败,正在想如何避免彻底的失败。因此,这突如其来的求和显然是他们的伎俩。12月13日,毛泽东在发给彭德怀的电报中指出了放弃追击敌人的政治危险。他警告自己的总司令,如果现在就松懈下来,全世界都会怀疑中国的力量。

12月19日,彭德怀在回电中指出,千万"不要不客观地奢望迅速取胜"。这主要是说给苏联人和朝鲜人听的,当然也有可能含蓄地提醒毛泽东。彭德怀提议在发起下次战役之前休整一段时间。毛泽东希望能在1月初开始下一轮进攻,这比彭德怀的计划提前约一个半月。虽然进行了部分调整,满足彭德怀的要求,但还是像林彪提到的一样,最终的折中措施基本上还是反映了毛泽东的想法。因此,用他的话说,"毛泽东制定的政治目标超越了中国人民志愿军的能力"。[11]

只要是毛泽东想得到的,他就能得到。1951年新年前夕,彭德怀对联合国军发动第三次进攻,逼近三八线。不过,美国这次的撤退非常谨慎,伤亡也因此非常有限。进攻开始时,李奇微抵达朝鲜只有几天。他在回忆朝鲜战争这段历史时写道:"那是一段令人沮丧的记忆。韩国士兵像潮水一样乘着卡车向南逃窜,在撤退过程中毫无组织性和纪律性,没有武器,更没有领导。有些人是步行,有些人则乘坐征集的车辆,五花八门,哪里像是一支部队。他们只有一个目标:尽可能跑到远离中国人的地方。他们扔掉步枪和手枪,抛下了火炮、迫击炮、机关枪等所有武器。"[12] 如果说还有值得他庆幸的地方,那就是这次撤退和军隅里大撤退有所不同,美国人损失的武器装备非常少。

这里有一个重要的问题:他们能否在汉城以北守住防线?李奇微本人认为,敌人对美国工兵修建的汉江大桥构成的威胁不容忽视。一旦敌人毁掉这座大桥,一些部队就会孤零零地被扔在北方。李奇微不敢冒这个风险,

第九章　学会与志愿军打仗：双联隧道、原州和砥平里激战　　527

因此他必须做出一个艰难的选择。而对于当时的李奇微来说，这个选择尤其艰难，尽管他一直想展开反攻，但在那个时候，最重要的就是让自己的部队恢复士气。因此，他只能放弃汉城继续南撤。1月3日，他让美国驻韩大使穆西奥通知李承晚总统，立即带领全体政府成员离开汉城再次南撤，他将在当日中午封闭汉江大桥，届时只对军队开放，其他人一律不得过桥。1月4日，汉城再次燃起熊熊大火，汉江大桥被炸毁。

现在，第三次战役似乎让中国人再次尝到胜利的味道，但这也给彭德怀取得下一次胜利带来了巨大的压力，而且这让北京的领导层意识到他的谨小慎微毫无道理。苏联认为中国人胆小怕事的看法激怒了毛泽东。尽管这两个国家在随后十年里的力量对比发生了明显变化：一方面，苏联新领导人赫鲁晓夫开展了一场声势浩大的反斯大林运动，而中国人则自称是纯粹的共产主义者，但中国那时还是共产主义大家庭中的小字辈，苏联人依旧可以对中国指手画脚。因此，苏联人可以随心所欲地刺激毛泽东。苏联驻华大使拼命地催促毛泽东继续追赶敌人；金日成更是如此，他在自己的司令部约见彭德怀，要求彭更加大胆地追击美国人。

彭德怀隐忍不发。他说，美国人并没有被真正打败。他们也许是在引诱自己继续南下，等待时机，再发动一次两栖反攻（这样的教训不应这么早就被扔到脑后）。但重新夺回汉城的政治宣传作用毕竟太诱人，中国国内也在期待收复汉城这样一个盛大节日。1月末，毛泽东将发动下一次战役的指示电告彭德怀，希望他争取通过此战消灭两三万人。毛泽东似乎没有听进去彭德怀在几周之前说过的话。

二

到 2 月初，中美两军一直在这个被称为"朝鲜半岛中央走廊"的地方进行着一场你来我往的拉锯战。这样的对峙正是李奇微最想看到的，却让彭德怀越发不安。尽管两支军队必然要交手，但彭德怀更喜欢把中央走廊的山区作为主战场，一旦中国取胜，联合国军就没办法阻止他们。他希望自己的部队依旧在夜间步行，让美国人坐在温暖的汽车里，再次陷入山脚下的峡谷之中，这样就可以把控制原州 — 砥平里一线作为主要目标，对敌人发动第四次进攻。

尽管李奇微的情报工作有所改善，但相比于他面对的危险，信息还是过于零散。他感觉到，中国人即将对他们发起进攻，地点很可能在中央走廊的边缘地区，但他还不能确定具体的位置，以及这场战役的规模会有多大，他还需要更多、更准确的情报。实际上，他需要知道的还不止于此。李奇微让第 2 师转隶于第 10 军，受阿尔蒙德指挥。这样，第 2 师就取代了原来的陆战第 1 师，因为陆战第 1 师明确向李奇微表态，不想再接受阿尔蒙德的指挥。他正在筹划由第 10 军向西发动一场大规模攻势，并由第 2 师承担右翼掩护的任务，这就让弗里曼的第 23 团成为最右侧的部队，一旦战斗开始，他们将发挥关键性的作用。

到达朝鲜之后，李奇微做的第一件事就是重新整编第 2 师。凯泽已经被沃克解职，并由鲍勃·麦克卢尔少将接任。阿尔蒙德非常瞧不起麦克卢尔，毕竟他担任师长才 37 天。

在他短暂的任职期间，麦克卢尔坚持要求第 2 师全体官兵留胡须。当时在第 2 师担任作战参谋的约翰·卡雷上尉还记得："他曾见过一些土耳其战士，觉得胡须让他们显得更强壮、更像勇士，因此美国士兵也应该蓄须。于是我们不得不开始留胡子，其实大多数人都不喜欢这样。"[1] 与此相反，阿尔蒙德是喜欢整洁利索的人，喜欢让自己的军服和下巴干干净净，因此胡须和麦克卢尔都是他最讨厌的东西。

第九章 学会与志愿军打仗：双联隧道、原州和砥平里激战

从12月中旬开始，驻扎在永登浦的第2师一直在缓慢地整体撤退。与此同时，新兵和更好的武器源源不断地运来。12月11日，法国外籍军团的一个营编入第23团。这些新兵大多来自法属殖民地国家。他们在战斗中马上显示出巨大威力。此外，游骑兵1连也加入进来，而实力大损的第38团得到一个荷兰营。12月15日，也就是兵败军隅里的两周之后，第2师便恢复了战斗力。12月底，第2师在洪川—原州地区作战时，该师高级情报人员获悉，原州将是中国军队的下一个主攻目标。

中央走廊地带一直是双方争夺的焦点，而原州位于这一地带的最南端，和洪川、砥平里构成了一个三角形区域。原州的地理位置最重要，因为它既是铁路的终点，又是公路的中央。当时曾在砥平里作战的安希尔·沃克尔认为，如果中国军队控制了这个三角地带，他们就可以在这里建立一个稳固的基地，然后从这里出发进攻100英里以南的大邱，而在此前的洛东江战役中，美军与朝鲜人在大邱展开过激烈的争夺战。他说，大邱的位置就像是一把插进釜山的利刃。

实际上，这正是彭德怀的想法。12月27日，他召开战前最后一次参谋会议。彭德怀在会上一直给大家打气——有些人认为现在最好做适当休整，因而对立即进攻的做法略感不满。彭德怀说，这次进攻会让"帝国主义像绵羊一样逃跑，我们的目标不是汉城，而是釜山。不是占领釜山，而是要赶走他们"！他的副手韩先楚说，大家听了彭德怀的话，气氛就活跃起来了。然后，彭德怀走到地图前说："这是原州，我们决定攻打原州。如果攻克原州，我们就可以一路打到大邱。"说这番话的时候，他显得比自己心里想的更自信更勇敢。[2]

1月中旬，李奇微的司令部不断接到报告，敌人正在大规模开进该地区。当时，该地区的大部分作战任务均由阿尔蒙德的第10军承担。起初，阿尔蒙德不像李奇微那样对情报工作有那么高的热情，还以为来的是朝鲜人，但这些情报指向的却是兵力占优的中国人。他们和以往一样，选择在远离公路的地方夜间行军，因此在这段时间里，美军很少遇到中国人，这也让他们无法准确估计这支部队的总兵力到底有多少。

1月25日，在朝鲜待了一个月的李奇微终于发动了上任以来的第一次大规模攻势，代号"霹雳行动"。第1军和第9军的人马肩并肩地缓慢推进，以防中国人再次打穿插。李奇微既不希望在各部队之间留出空隙，也不愿意把重要任务交给韩国军队。霹雳行动的目标很有限，他要求美军向北推进20英里左右，到达汉江北岸，在推进时必须保持谨慎和稳固。他认为只有在更多部队到位时才能达到进攻的目的。这一次，他觉得该地区中国军队的兵力不可小视，他不想大胆冒进以至让自己变成猎物。

按照计划，阿尔蒙德将率领第10军一部在2月5日展开"围捕"行动。李奇微一直担心中国军队出现在中央走廊地区，因为这里位于"霹雳行动"主战场的东侧，他很清楚，该地区的美军兵力不占优。他不想让原州和砥平里落到中国人的手里，于是，他派第23团在1月28日向砥平里地区发起试探性进攻。他们的第一个目标是"双联隧道"（从汉城到原州的铁路在这里穿过山体，形成往返两条火车隧道，故得名）。

1月即将过去，两场大战的舞台已经搭建完毕。第一场战斗的主角是人数处于明显劣势的第23团，他们在砥平里被中国军队围攻；第二场战斗就发生在几英里之外的原州，参战部队包括第2师的第38团和第9团，另外还有第187团级战斗队，对手是中国的四个师。两场战斗都异常激烈，直到最后一刻双方还难分高低；尤其是原州之战，第38团最初在这里遭到重击，以至于这个地方被美国人称为"杀戮谷"。这两场战斗有联系，但又相对独立。砥平里一战给美军指挥官的震动最大，很快就成为他们的教学课，让他们体会到，应该怎样面对这个可怕的新敌人。另一方面，尽管原州战役以美方的胜利而告终，但也反映出一个不可忽视的现实：有些高级指挥官和阿尔蒙德一样仍然严重低估了敌人的能力。

1月初，李奇微把第23团部署到原州设防，这是弗里曼上校和他的第23团第一次在阿尔蒙德手下作战。他们之间的关系显然不够愉快。1月9日，弗里曼第一次见到阿尔蒙德，此前弗里曼的部队已经和敌人在原州附近进行了一场小规模战斗。当时，大批敌人正在砥平里正南方的一个制高点构筑工事。第2师派出两个营参战，其中一个来自第38团，由吉姆·斯凯尔

第九章　学会与志愿军打仗：双联隧道、原州和砥平里激战　　531

顿指挥。该营的阵地位于通往这座山脚下的一条主要公路左侧。这是阿尔蒙德和弗里曼平生第一次谋面。战斗进行得不太顺利，美军的兵力处于劣势，不足以完成任务。阿尔蒙德这个人不同于大多数同级指挥官，他只喜欢自己的人，他在筛选自己人的时候，考核标准非常严格，入选人员不仅要十分聪明而且需要绝对忠诚。如果不是他的人，不管多么优秀，肯定得不到他的一句好话。弗里曼显然不是阿尔蒙德的人。军长在第一次见面时就不喜欢自己，这让弗里曼感到很意外。但是弗里曼很快就明白了，尽管麦克卢尔还是名义上的师长，但这个被当作师长用的军长阿尔蒙德才是第2师的真正主宰者。为了准确了解战况，弗里曼开始向前推进，在路上遇到了阿尔蒙德、麦克卢尔、拉夫那（第10军作战处长，很快接替麦克卢尔任第2师师长）以及自己的年轻助手艾尔·黑格（后来成为白宫的重要一员）。他们正站在一座山上向下俯瞰斯凯尔顿的战场。阿尔蒙德马上问弗里曼："谁是这里的指挥官？"

"斯凯尔顿上校。"弗里曼回答。阿尔蒙德又问："他现在在哪？"弗里曼告诉他："在前面的山上。"

"你不是这里的指挥官吗？"阿尔蒙德的话咄咄逼人。弗里曼回答说不是，他在指挥稍后方的另一支部队。"那你跑到这里干什么？"阿尔蒙德问弗里曼。"我想看看能不能帮忙。"弗里曼回答。"原来如此，为什么不派更多的部队到原州作战呢？"阿尔蒙德问。弗里曼回答，上级命令他们只能派出两个营。他明白，这会把所有责任都推到麦克卢尔的身上。就在这时，敌人的一颗迫击炮弹落在他们身边，也打断了他们的争执，大家都趴在地上。[3] 弗里曼也许应该感谢这颗炮弹。

最终，阿尔蒙德决定带着自己的人马离开阵地。在下山的路上，他们遇到了弗里曼手下的一名士兵。弗里曼还记得，阿尔蒙德和这个士兵谈了一会儿，故作关心地问问天气如何。"天气太冷了，我宿营车里的水在早晨都结冰了。"阿尔蒙德说。弗里曼认为，也许他想缓和一下气氛，但是这样的幽默在那个时刻却显得很拙劣。士兵脱口而出："你他妈的太幸福了，居然还有宿营车和浴盆。"[4] 下山的路结了冰，很不好走。阿尔蒙德不小心摔了一跤，屁股重重地坐在地上，弗里曼伸手拉他。"如果需要你帮忙的话，我会叫你的。"阿尔蒙德冷嘲热讽地说。弗里曼心想，这真是不错的初次见面。

山脚下的路更糟糕。一个士兵正在笨手笨脚地砍木头。阿尔蒙德忍不住告诉他，那样砍是不正确的，一不小心会砍掉自己的脚。"我真希望能砍掉自己的脚，那样他们就可以让我离开这个鬼地方了。"士兵回答。弗里曼说当时还有很多细节，但都不记得了。还有一个士兵躲在树后面的散兵坑里，阿尔蒙德命令他出来，然后自己跳进去，端起步枪感受了一番之后，觉得这个散兵坑不利于向敌人开火，确实如此，因为他根本就不知道怎样开火。为此，阿尔蒙德还对弗里曼提出了严厉批评。从这以后，弗里曼在阿尔蒙德的司令部里留下的印象就是一个胆小鬼，一个永远不会带领部队冲锋的家伙。弗里曼看来是一个要被解职的军官，只要阿尔蒙德考虑这件事的话。

第23团的官兵对他的印象则截然不同。但这没有意义，从那时起，弗里曼就成为军部的眼中钉肉中刺。另一方面，弗里曼和阿尔蒙德手下的很多军官都发现这位军长总是对自己的战术信心百倍，觉得自己以前无论是做连长、营长或者团长，都要比自己的手下优秀得多。弗里曼对阿尔蒙德的看法与海军陆战队的史密斯不谋而合。和弗里曼以前接触过的其他高级军官不同，阿尔蒙德是一个非常差劲的倾听者，似乎觉得执行任何一项任务的方式都是唯一的：拼命向前冲，越快越好，而不管实际情况怎样，结果如何。所有这一切将把弗里曼推到只能向前冲的位置，因为他所在的位置恰好就是中国人准备进攻的目标。李奇微想和中国人打一场大战，而弗里曼则为他找到了对手，尽管这不是他自己愿意做的：2月中旬，两支大部队最终激情碰撞。

第九章 学会与志愿军打仗：双联隧道、原州和砥平里激战

三

从某种意义上说，砥平里发生了两场战斗。第一场战斗发生在双联隧道。双方都是大规模作战，但中国的兵力明显压倒联合国军。然后，原州之战又引发了更激烈的砥平里战斗。所有这些战斗的焦点都是围绕争夺横穿中央走廊、通往南部的运输大动脉。砥平里位于原州西北约15英里、汉城以东约50英里、三八线以南约40英里的地方。军事史学家汉堡曾对两场战役有过详细介绍，按照他的说法，双联隧道"在砥平里西南方向三英里左右"。他说，铁路在那里"突然从南转向东，然后进入隧道，在横穿山体后重新拐向西南。隧道所在山体由两条南北走向的山脊构成，比谷底高出100米左右。两条山脊相互扣合形成一个马蹄形，缺口处是唯一一条通向砥平里的公路。这条离开山谷的公路横穿两条隧道之间的铁路"。汉堡提到，谷底南北长1000米左右，东西宽500米左右，山谷被几座约500米的高山环抱其中。[1]

美军的进攻将从砥平里开始，并把这里作为核心，以此控制通往交通枢纽原州的道路。美国人和彭德怀一样，也相信围绕中央走廊必将发生一场恶战。1月底，李奇微的西线军队展开第一轮大规模攻势，第2师奉命在东侧提供掩护，进入砥平里地区以确定志愿军第42军的方位。李奇微的情报人员认为，他们肯定就隐蔽在中央走廊的某个位置，至今仍未暴露。在战争的第一个年头，两支军队在行军转移方面的差距显而易见：在夜间战斗中，即使面对九个师的中国军队，美国人也不知道对方藏身何处。相比之下，要把美军的一个师隐蔽在朝鲜大地上，就像把一只大河马藏到宠物店里面一样困难。

整个双联隧道战斗分为三个阶段：侦察以及随后的两次战斗，每一次战斗都极其惨烈。1月26日，第8集团军发动的"霹雳行动"是李奇微的一个大手笔，他希望借此一战重新夺回朝鲜战场的主动权。第二天，一支由莫里斯·芬德森中尉指挥的侦察队对双联隧道地区进行了侦察。芬德森是在军隅里一战之后来到第23团的，他一直因为没有参加这场战斗而感到

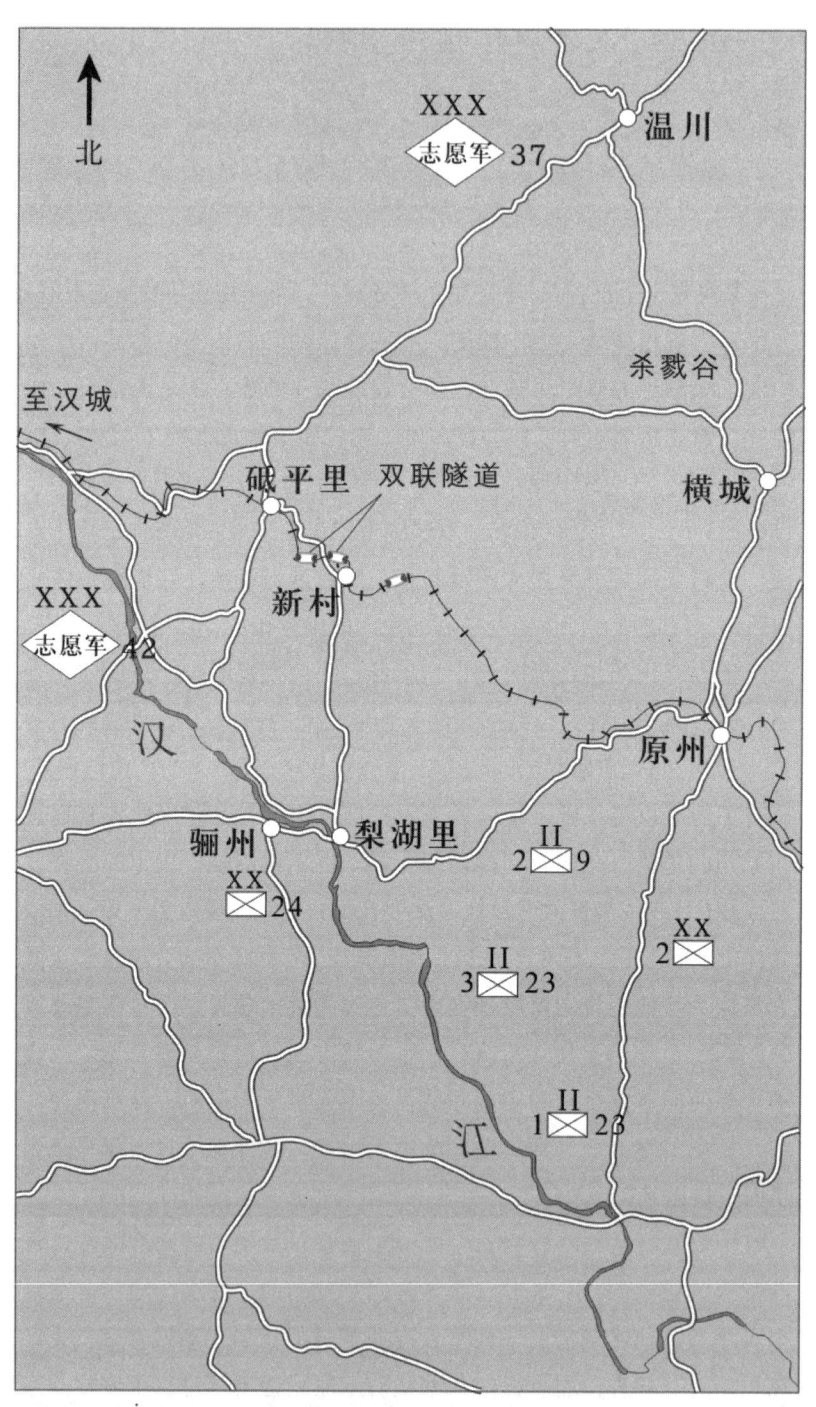

图 20 双联隧道—砥平里—原州地域，1951 年 1—2 月

第九章　学会与志愿军打仗：双联隧道、原州和砥平里激战

遗憾。他被分配到谢尔曼·普莱特的B连，任务是带领第1排对东侧铁路线附近的地区进行侦察，按照上司的说法，那里叫"双联隧道"；一直不断有零散情报称，在该地区发现了一些中国部队。他的任务就是亲自到那里去核实——上司告诉他，仅此而已，别的什么也不用做。

这项任务有点荒诞不经。因为他们的出发地就在敌人控制区域的纵深位置，那里已经是北方了，因此，他担心随时有可能被伏击。芬德森在17岁高中毕业的时候参加了"二战"，当时是隶属于第70师的坦克兵，始终跟随巴顿将军在法国驰骋。在平原上驰骋的那种力量感可比现在的巡逻强多了。他现在的任务就是远离其他美国部队，独自体会战场的孤独。如果遭遇不测，没人会来救你，你只能自己想办法。他带领着自己的侦察兵，一路上小心翼翼，最终到达了距离双联隧道一英里左右的指定地点。他们在这里果然发现了中国士兵，随后双方短暂交火；之后，芬德森接到命令，立即返回基地。回到营地之后，芬德森庆幸自己活着完成了任务。[2]

第二天，按照阿尔蒙德的指示，弗里曼派出一支更大的部队再次前往该地区进行侦察。这支特遣队的任务只是对该地区进行侦察，并尽可能不与敌人的大部队交火。执行这次任务的侦察队由两个连的一部分兵力组成，分别是来自第23团的C连（詹姆斯·米切尔中尉指挥），以及来自友邻第24师第21团的一个连（连长是哈罗德·穆勒中尉）。C连的一半人是新兵，对该连在前几个月里遭受的重创几乎一无所知，很多人刚走出新兵训练营便作为替换人员被派往前线，还很少有人接受过步行作战训练。按计划，两支部队将在梨湖里会合，然后从那里出发，前往15英里以外的双联隧道。

这是一支规模很小的混合部队——只有四名军官和五十六名士兵，但重装上阵：八支勃朗宁自动步枪，两挺重机枪，四挺轻机枪，一支火箭发射筒，一门60毫米口径的迫击炮，57毫米和75毫米口径无后坐力炮各一门；一旦进入作战状态，有近一半人使用重武器，另一半人协助前者。他们还有一辆3.75吨重的卡车和九辆吉普车。他们的头上还有一架负责联络的小型侦察机，如果地面部队没有及时发现已经现身的中国军队，这架飞机就会向他们飞来发出警报。飞机与基地的通讯联络明显好于地面部队，但与

地面部队的联络却很差。营作战参谋梅尔·斯泰上尉也是这支部队中的一员,按照命令,他在侦察队离开梨湖里之后就可以返回营部,但他还是决定留下来,跟随侦察队一直到双联隧道。在他乘坐的吉普车里,有唯一一部能和侦察机联络的无线电。由于天冷路滑、雾气浓重,整个部队的行进速度非常缓慢。这也让侦察机在早晨的作用非常有限。[3]

中午时分,他们到达"双联隧道"。米切尔先行到达通往隧道的山谷最南端,然后等待穆勒会合。到此为止,似乎一切都还顺利。米切尔的吉普车在最前面,始终与部队保持50码的距离,运载重型武器的卡车远远地跟在后面,这样一旦前面的吉普车遭到袭击,后面携带重武器的部队可以快速插上支援。肯·汉堡写道,墨菲定理在这时起作用了:只要有可能出错的事情,就一定会出错。他们停留的位置就在向北通往隧道的主道上,但旁边还有一条向东通往附近新村的小路。由于侦察队的大部队尚未到达,因此斯泰上尉自告奋勇,决定亲自进入新村一探虚实,以保证大部队到达之后无须停留即可继续前进。他驾车走了一半距离,然后把吉普车停到路边,步行进村。当然,他随身还携带着唯一能与侦察机进行联络的无线电。他的吉普车很快就遭到袭击,车被炸毁,司机被打死,斯泰失踪。

现在,地面部队与空中耳目之间的唯一有效联络方式没有了。侦察机里坐的是副营长米拉德·恩金少校,他看到大批敌军正从453号高地的斜坡上向美军靠拢,于是马上呼叫米切尔中尉,通知他们尽快离开山谷,但是他无法联系上米切尔。他很快就意识到没有必要再发出警告,因为进攻实际上开始了。恩金少校唯一能做的就是立即通过无线电通知第23团:侦察队有可能全军覆没。然后,立刻返航加油。

实际上,侦察队一踏进空旷的山谷就掉进了中国人精心设计的陷阱,大批中国军队虎视眈眈地等着他们陷得更深。中国人发起进攻时,二等兵理查德·福克勒尔和侦察队中的其他士兵被敌人的火力压住。他后来回忆说,就在他们准备吃午饭的时候,第一颗迫击炮弹落在附近;几乎就在同时,枪炮声四起,各种武器随即向他们开火。指挥官命令驾驶员立即掉转车头。但道路狭窄,连吉普车都很难驾驶,更不用说卡车了。刚掉转方向,最前

第九章 学会与志愿军打仗：双联隧道、原州和砥平里激战

面的吉普车就中弹了。福克勒尔还记得，惊慌失措的驾驶员把车停在了路中央，整个队伍的前进因而受阻。这时，敌人的一挺机枪向他们猛烈扫射，而这辆吉普车是它的主要目标。随后大家听到一种奇怪的声音，这样的声音那时恐怕是你能想象到的最可怕的声音，福克勒尔认为，那肯定是防冻剂从散热器里喷出来的声音。就在中国人开火时，米切尔和穆勒之间还出现了短暂的激烈争执。穆勒认为，避免全军覆没的唯一机会就是冲上前面的高地（正东面的一座山），然后在那里构筑阵地，但米切尔仍想沿公路撤回。后来，穆勒对米切尔大声吼道："我们必须爬到前面的山顶，中国人正在从另一侧逼近。这是我们唯一的机会了！"[4] 中国人也意识到这一点，于是双方都拼命地向那座山冲去，夺取制高点。但是，抢夺这座山的关键在于时间，那么美国人必须扔下大部分重武器以便轻装步行。最终，他们只带了一支火箭发射筒、一挺轻机枪和几支勃朗宁自动步枪。

那天恰好是一个年轻人拉伦·威尔逊的 21 岁生日，他是第 23 团第 3 营直属连的驾驶员，被借调到 C 连。上司向他保证，巡逻是最轻松的任务，因为前一天进行了一次侦察，而且只遇到极少数的敌人。但威尔逊还是有点紧张：尽管有让人安心的保证，可执行军事任务总免不了危险和不确定因素，而且在执行这次任务的人中没一个是他认识的人。和他乘坐一辆车的四个战友均来自第 24 师，随车携带一挺轻机枪。他感觉非常孤单。其他来自第 23 团的吉普车驾驶员也都是陌生人，这更增加了他的孤独感。每个人都希望认识身边一起战斗的人，因为在战争中，人们不仅是在为自己而战，也是在为别人而战。他认为，这绝不是捉迷藏的游戏，不知道自己将要去哪儿，也不知道在哪儿会被中国人彻底包围，或者等你知道时已经晚了。他注意到一件事，来自第 24 师的士兵都穿着刚送到朝鲜战场的（可以两面穿的）新大衣，这让他多少有点嫉妒。这种军大衣保暖好，更重要的是，白色外套在冰雪漫天的朝鲜是最好的伪装。

1948 年，威尔逊在盐湖城高中毕业后马上加入陆军。"二战"期间，威尔逊还是个孩子。当时美军曾在盐湖城的主要街道上进行过一次阅兵，他当然不会错过这样大开眼界的机会。长长的队列，步伐整齐地走进附近的

一个美军基地，让他羡慕不已。在读高中时，他就参加了后备军官训练团，相信军人肯定将会成为自己的职业。他在第23团服役已一年有余。1950年7月初，在离开美国本土前往朝鲜的前一天恰好是他结婚一周年纪念日。因此，上司允许他和妻子在附近一家酒店度过最后一夜。这让他的上司很恼火，这位未婚的上司认为，在没有得到陆军正式批准的情况下，有责任感的士兵不会在战前和妻子在一起。在前往双联隧道的路上，他还在美滋滋地想着当父亲的感觉——就在三个星期之前，他有了自己的第一个女儿苏珊。现实让他无暇多想，毕竟离家很远了，但随后发生的事情立刻让他感到活着有多美好。[5]

威尔逊参加过洛东江战役，并且在军隅里成功脱险。他非常信任弗里曼上校，对自己的上司、直属连连长约翰·梅茨更是佩服得五体投地，认为他是自己见过的最沉着冷静的人。在军隅里的最后几个小时里，美军已经乱作一团。就在他拆卸厨灶的时候，中国军队正在步步逼近，紧张的情绪让所有人窒息。这时，梅茨上尉出现了。威尔逊给梅茨拿了一点吃的和一杯咖啡，给自己也煮了一杯咖啡，和梅茨坐在一起。突然，中国人开火了，紧挨在他身边的厨灶烟囱立刻出现了两个窟窿。威尔逊马上趴倒在地，咖啡溅了一身；而梅茨一动未动，只说了一句话："嗨，不就是两个洞吗，不用担心。"最终，他们还是成功地沿公路向西撤到安州。他们乘坐的吉普车在半路上失灵，于是他们把车拴到坦克上。尽管看着不够气派，但毕竟还是脱险了。

在进入山谷之前，从梨湖里到"双联隧道"的整个行程一直平安无事。之后，威尔逊便听到令人憎恶的军号声。多年之后，他依然清晰记得那天发生的事情：很多人认为，在听到军号声之前，他们并没有看到中国军队的身影。突然之间，他们就陷入一片混乱。那种感觉很奇怪，好像敌人来自另外一个战场，他们能看见你，而你却看不到他们——那无疑是最糟糕的时刻。一个军官大吼着催他们把吉普车挪到路边，以便让他们赶紧离开这个鬼地方。他马上意识到，中国军队就在他们进入山谷的那个地方设下了阻击网。那个军官突然间又大声喊叫，让军队立即向山顶撤，似乎刚才

第九章　学会与志愿军打仗：双联隧道、原州和砥平里激战

的命令才下达一半便立即改变。之后，威尔逊听到穆勒也在大声传达同样的命令。此时，所有指挥官都清楚地认识到，他们的兵力明显处于劣势。他们马上就会发现双方的兵力差距到底有多大。

他们从北坡向山上撤退，这里的雪更厚，地面更滑，而中国人是从南坡向上爬。潘罗德让威尔逊带上两箱弹药，威尔逊当时感觉每只胳膊额外增加了 20 磅的负荷；他异常焦虑，觉得这次是躲不过去了。潘罗德在关键时刻表现异常出色，证明他的确是一个优秀的指挥官。每当有人想放弃的时候（尽管这很可能意味着被中国人活捉，更有可能是死亡），他就会赶着他们向山上爬。威尔逊注意到，山脚下拥着七八个人，后来才知道都是福克勒尔的部下，而且都是第一次执行巡逻任务的新兵。潘罗德向他们大声喊道："快走，浑蛋！快走！"但他们一动不动，这让威尔逊感到意外，他的本能一直在告诉自己：人多的地方才安全。

对于那些困在山脚的人来说，那是一个噩梦：第一次品尝战争味道的九个新兵（当然也包括福克勒尔）发现自己脱离了大部队，茫然不知去向。他们不了解战争，也不了解自己所在的部队，又与集体脱离，更没有指挥官告诉他们该怎么做，除了恐慌还是恐慌。慌乱之中，他们奔向附近的几间茅草屋，似乎那里能给他们带来一点安全和庇护。后来，据称有一些士兵过度惊慌，拒绝执行上山的命令。福克勒尔肯定会说，这绝对是恶意诽谤。他们并没有拒绝执行命令，他们只是没有听到命令。福克勒尔说："事实是我们勇敢地还击了。"有些人还在混战中丧生。他不知道命令该是什么样的，因为他们还不熟悉战争。尽管他们的名字都印在团部的花名册上，甚至可能一个挨着一个，但彼此不认识。其中有一个来自北卡罗来纳州的小伙子，刚刚结婚，福克勒尔对他的印象只有一个：他说自己还没付清结婚戒指的钱。他还记得来自马萨诸塞州的艾伦·安德森，在战斗打响时，安德森在慌乱之中扔掉了武器，结果在回头捡地上的枪时中弹身亡。福克勒尔还记得理查德·诺曼，因为那天恰好是他的 17 岁生日。他被一颗手榴弹击中，他的来自芝加哥的朋友理德·斯卡泰尼为他包扎了伤口，但他们都在那天牺牲了。曾经和福克勒尔待在一个战壕里的罗伯特·沃尔什来自纽约，他在

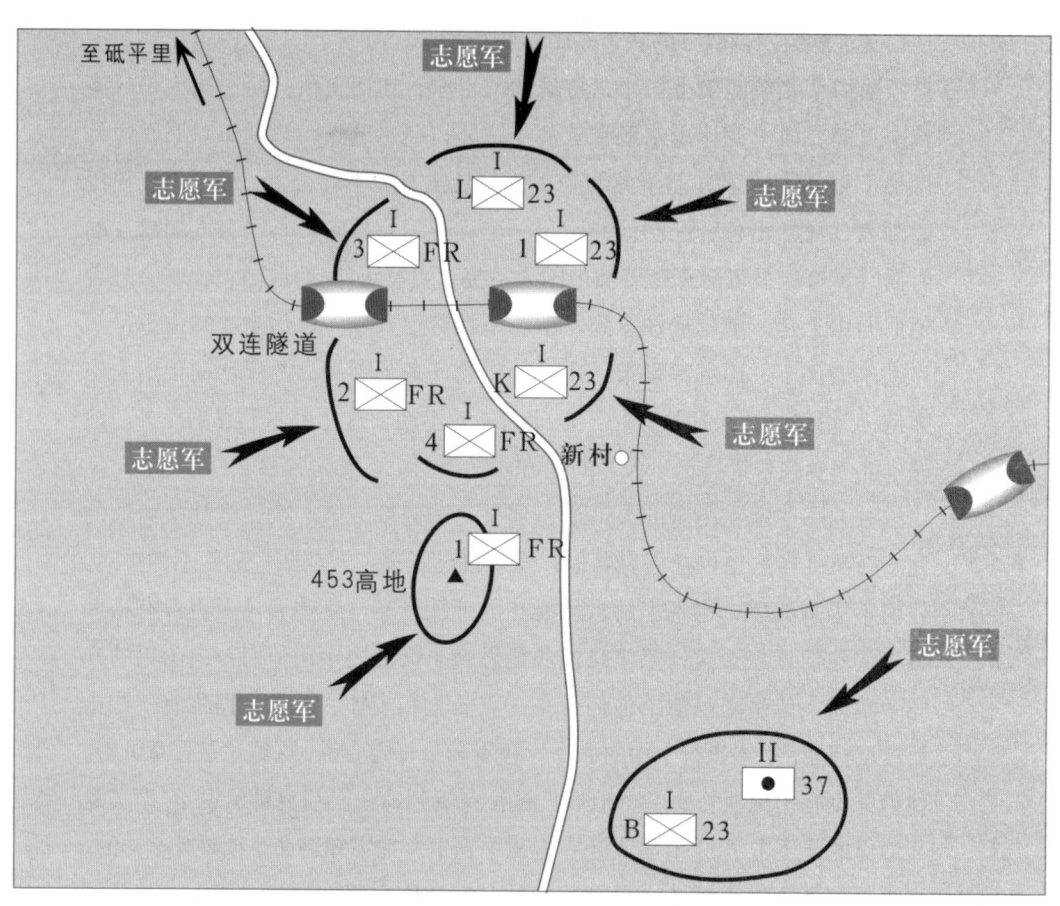

图 21 双联隧道之战，1951 年 1 月 31 日—2 月 1 日

第九章　学会与志愿军打仗：双联隧道、原州和砥平里激战

那天的战斗中也牺牲了。机枪手托马斯·米勒一直在勇敢地还击，而且发誓一定要打死十五个敌人。半个多世纪之后，福克勒尔依旧无法忘记那悲惨一幕，他会像唱颂歌那样念叨着他一生中最黑暗的一天，这七个人"都死在1月29日，都死在1月29日……都死在1月29日……"除了福克勒尔之外，只有米勒的机枪手搭档贾勒莫·安塔兰侥幸逃生，因为他是关岛人，长得很像亚洲人，中国士兵把他误认为是自己人，于是他趁机溜走了。

最后，福克勒尔终于知道了大部队去向，于是他和自己最要好的朋友克莱门特·佩特拉塞维奇打算横穿那个小村庄，跑回到山上。福克勒尔的右腿被子弹击中，几分钟之后，两人被俘。"我一直觉得，我们可能被一个团的中国人包围了，但很有可能只是一个小队。"福克勒尔说。他努力撑起身子，站起来投降，佩特拉塞维奇也跟着他举起双手。他对福克勒尔说："我在等着看你怎么办。"由于伤势严重，福克勒尔无法自己走路，于是佩特拉塞维奇就成了他的拐杖。他们走进村子，看到一队中国士兵。福克勒尔说："嘿，佩特，看看，这里到处都是担架。"

"但不是给你准备的，福克勒尔，别想了，不是给你用的。"佩特拉塞维奇回答。这也是老朋友和他说的最后一句话，进村之后，他们就被分开了，两人从此再也没有见过面。他可以肯定，佩特拉塞维奇被送进了战俘营。战后，当军方公布遣返人员名单时，福克勒尔一直在寻找佩特拉塞维奇的名字，但第2师的官方记录显示，没有人再看到过佩特拉塞维奇。

现在，已经成为战俘的福克勒尔躺在地上，中国士兵从他身边走过时，还看看是不是有手表，却没人动他的钱包。福克勒尔想，手表对他们的价值更大，而钱包则毫无价值。然后，他看着这些中国士兵开始毁坏美国人丢弃的车辆。他们掀掉茅草屋房顶的干草，撒在吉普车和卡车上面，然后撒上汽油，一把火烧掉。之后，他们径直离去，没人对福克勒尔感兴趣。他爬进茅草屋，钻进一个草甸子下面，等着被敌人打死或是被战友救起。

第二天，他爬回了似乎有几英里远的那条公路。五十二年之后，他作为游客再次回到韩国，实际丈量了一下当时的距离，才惊奇地发现居然只有1.5英里。就在他爬到原以为会得到帮助的位置时，一架美国飞机俯冲下

来向他扫射,他滚进路边的沟里,在那里静静地等着,后来一名乘坐吉普车经过此处的美军上尉发现了他。[6]

在脱离队伍的士兵被打得七零八落时,特遣队的其他士兵则冒着敌人的机关枪火力爬上了山顶,中国士兵就在相邻的山上构筑阵地,向他们猛烈开火。刚爬了一会儿,威尔逊便感到精疲力竭,不得不经常停下来喘口气,但敌人的火力也越来越猛。在爬到距离山顶还有三分之一的位置时,他停下来,觉得一步也不能动了。这时,又是潘罗德跑回来,鼓励他一定要爬上去,必须撤到高地。不知道从哪里涌出一分力气,威尔逊坚持了下去;他知道一旦让思想服从于身体,那肯定会丢掉性命。在爬到一处临时防御阵地时,他已经力气全无。尽管寒风刺骨,但他的衣服已经被汗水浸透。他觉得有一件事是可以肯定的:就算中国人没逮住他,严寒也会要了他的命。即使爬到山顶,也有可能会被冻死。但他还是活了下来,恐惧心理的极端刺激最终帮助他克服了身体的极限。令人欣慰的是,他一直没有扔下弹药,尽管在爬山过程中,他曾数次想过扔掉这些东西。后来,他很庆幸自己没有那样做,因为就在那天夜里,他们很快就打光了所有子弹;如果没有他的这两箱子弹,或许他们真的会全军覆没。

最后大约有40人成功爬到山顶,随身携带的武器只剩下一挺轻机枪、八支勃朗宁自动步枪和一门火箭筒。勃朗宁自动步枪始终是步兵最亲密的伙伴。参加过朝鲜战争的人都对它称赞有加,因为它既可以单发,也可以连发。每支枪需要两个人共同操作,一个人负责射击,另一个人负责上弹,一个弹夹装20发子弹。威尔逊负责上弹,与他搭档负责射击的战友来自另一支部队,他后来忘记了这位战友的名字(应为下士威廉·斯特拉顿,威尔逊给斯特拉顿做上弹手)。[7] 多年之后,威尔逊还在为此事后悔,因为在那么长的时间里,两个人的生命是如此紧密地连接在一起。他们共同战斗,紧紧地贴在一起,怎么就没有交换一下姓名呢?威尔逊是否提到那天是他的生日呢?因为那很可能是他的最后一个生日。威尔逊只记得这个机枪手是个该死的家伙,除此之外,就是那件让自己垂涎欲滴的白色军大衣,这说明他来自第21团。中国人的进攻一浪高过一浪,在冲击美国人的防线时,可以看到中国士兵的头在面前上下起伏，时隐时现。勃朗宁枪手坐在地上耐心等待，然后看准机会抬头射击。他们总共有8个弹夹、160颗子弹，也许是他们一生中的最后160发子弹了。枪手没有浪费一颗子弹。威尔逊想，或许是老天爷一直在保佑他吧。

中国人的火力异常猛烈。后来，一颗子弹击中枪手的右手，打断了他的几根手指，但这并没有让他停下来。威尔逊帮他包扎好伤口，他又拿起枪继续开火。在如此充满血腥和充斥绝望的战斗中，这个家伙还在用战士们常用的讽刺语言在吹牛：这个伤口价值百万，他的战争结束了，他会收集其他人的名字和电话号码，等回到美国，他就可以给他们深爱着的人打电话，尤其是他们的女朋友。后来，中国人的火力愈加猛烈，他不时地照顾其他人，包括有些受伤的人。他告诉大家，他们一定会胜利，一定要有信心，决不能在精神上垮下来。

任何事情都不能阻止斯特拉顿。受伤的右手让他无法继续射击，于是他就用左手射击。当很多中国士兵冲过来时，他站起来打光了枪里的最后几发子弹，这时他第二次中弹，不过是在胸部；另一名战士匍匐着爬过去，把他拖回战壕中央。此时，又有一颗手榴弹落在他的双腿中间，他痛苦得惨叫了一声。

米切尔中尉说："求求你，别喊！"

枪手大叫："我的腿被炸掉了。"

"我知道,可喊也没用！"米切尔回答。不一会儿,斯特拉顿第四次中弹，这一次没有给他再留下任何生存的机会。[8]

那天夜里，这个小小防御阵地里的几乎每个人都负伤了。潘罗德和穆勒一直在告诫手下，受伤了也不能大叫，更不能呻吟，因为这会向敌人暴露他们的位置，给敌人鼓劲。黄昏时分，他们终于得到了有力支援，一架侦察机先锁定中国军队的几个阵地，随之而来的美军战机用火箭炮、汽油弹和机枪对目标进行狂轰滥炸。之后，又有一架小型飞机向他们的阵地投下一些弹药和急救药品。大多数空投物品偏出他们的防御阵地，但还是有一箱弹药顺利地落到阵地里。飞行员一次次地在上空飞过，试图把弹药尽可能地扔到他们面前。飞机飞得很低，很低，以至于地上的人都能看到飞行员的脸。威尔逊觉得他应该进入万神殿，因为他为了一群素不相识者的生命，凭借着非凡的勇气和高度的荣誉感，一次又一次地把自己的生命置之度外。

最后，飞行员再次超低空飞行，扔下一条黄色的条幅，上面写着："友军正从南面赶来，马上到达。"[9]但是，"马上"又是多长呢？如果那是一个很漫长的"马上"，他们也许永远等不到那一刻了。他们知道，一旦黑夜降临，中国人将会再次发起进攻，而且按照以往的经验，夜间攻击的间隔更短，火力更猛。正如他们预测的那样，中国人在那天夜里再次发起猛攻，到处都是机枪、手榴弹和冲锋枪的射击声。最后，米切尔带领手下撤离小山丘的制高点。他们的弹药所剩无几，他不想浪费一发子弹，只有在看到中国人的头时，他们才会开枪射击。

让我们回到第23团团部。弗里曼一得到侦察队遭到中国主力袭击的消息，就立即命令发动空中打击。一名侦察机飞行员告诉弗里曼，这支小侦察队遇到的敌人至少有两个营，甚至可能是一个团。如此说来，敌人的兵力极可能是2000或3000人对60人。弗里曼命令第2营营长吉姆·爱德华兹中校向双联隧道方向靠拢，使他的阵地比其他人又向前推进了约10英里，然后在那里组织支援部队。爱德华兹把这个任务交给营里最优秀的年轻军官F连连长斯坦利·蒂勒尔。他们用了两个小时的时间组织人员和必要的装备，尤其是重武器——一门81毫米口径迫击炮和几挺重机枪。爱德华兹指示蒂勒尔全力冲破敌人的防御，但一定要见机行事，争取在夜间完成救援任务，同时务必确保本方部队首先建立稳固的防御阵地。如果有必要，他可以在夜里保持防守阵形，然后在凌晨发起进攻。于是，蒂勒尔带领167名官兵出发了。

蒂勒尔的进攻几乎完美无瑕——借用弗里曼的话来说就是"朝鲜战场上最精彩的小部队作战行动"。[10]这支救援部队在下午5点半左右到达指定地点。一到目的地，中国人就用两挺机枪从山谷对面的453号高地向他们开火。蒂勒尔的驾驶员把车开进路边的一个深沟，对蒂勒尔大喊："上尉，我

第九章 学会与志愿军打仗：双联隧道、原州和砥平里激战

们最好先待在沟里面，否则中国人的枪会打中你。""这些该死的中国佬。"蒂勒尔回答。

蒂勒尔认为，现在最重要的就是占领山谷的制高点453号高地，否则他的部队将被彻底压制在谷底。他派出两个排从两翼夹攻453号高地，然后由第三个排用迫击炮和重机枪正面进攻。这样可以在发起侧翼进攻之前，先消灭敌人的一部分有生力量。如此猛烈而致命的火力对这支小部队来说绝对不可思议，对中国人来说也绝对难以招架，他们最后放弃了高地。在朝鲜战争中，中国人在许多时候会战至最后一人，但那天在453号高地上没有。

晚上10点半，从两翼进攻的救援部队在453号高地会合。蒂勒尔立即在山顶构筑起一个稳固的防御圈，这样在解救附近山上的幸存者时就可以在这里提供有效的火力掩护。最初，蒂勒尔想在453号高地坚守到第二天凌晨，尔后在早晨发起进攻，但是一名医务兵在夜里偷偷穿过敌人的火力封锁，来到蒂勒尔的阵地。他说，被困士兵已经处于绝望状态，弹药打光了，3/4的人阵亡或受重伤，于是蒂勒尔决定当夜发起进攻。

当天下午晚些时候，守卫在山顶圆形土丘上的士兵便注意到远处扬起的灰尘，觉得那很可能是救援部队的吉普车和卡车。威尔逊还是怀疑他们能不能坚持到那个时候。中国人近在眼前，最近的时候离他们只有30或40英尺，而且对方的人数明显占优；在如此猛烈的进攻下，这几个人守住阵地的可能性微乎其微。越来越多的人丧失战斗能力，不断有人牺牲。有些受伤的人陆续死去，有些原来能征善战的现在因伤而无力还击。活着的人忙着从死者身上取下子弹。那时，威尔逊感觉自己的生日就是一场彻头彻尾的灾难。本已成年的他可以周游各地，享受生活，难道自己的人生就这样走到终点了吗？最让威尔逊难过的就是他也许永远也看不到自己的女儿了。

有一次，中国人已经冲到山顶，威尔逊拔掉最后一颗手雷的保险销。就在这时，中国人突然停止进攻。那时的弹药太宝贵了，于是他趴下来，用手攥着手雷，没有扔出去。后来，他觉得自己可能在战壕里不知不觉地昏睡过去了。那一夜的情形让他永生不忘：当蒂勒尔带着救援人马站到他面

前时，他仿佛身处梦境，既是明明白白的现实，但又迷迷糊糊，似梦似真。他一直认为，有一部分中国人进入过他们的阵地，甚至还有人向他的肋骨上使劲踢了一脚。他记得，中国人占领了山顶。潘罗德中尉告诉手下装死，中国人没逗留多久便离开了。随后几天，他确实感到身体一侧疼痛难忍，好像的确被人踢了一脚，但他还是不敢肯定，他的记忆到底有多少是真的。

威尔逊还记得重武器震耳欲聋的轰响声，那是蒂勒尔正在率部向山顶冲锋。随后是一片宁静，这死一般的寂静让他担心：救援部队是不是又被敌人消灭了。之后，在晚上11点左右，他听到了说英语的声音。尽管看不见人，但听得很清晰，他们在大声喊叫：停火，他们是美国步兵。山顶圆土丘上有人在大喊："谁在'玫瑰碗'决赛里赢了？"但他们是在朝鲜，谁他妈的知道参加"玫瑰碗"决赛的是哪两支球队？更不用说谁赢了！

蒂勒尔花了将近四个小时，终于把所有人都弄下了山，既有活人和伤员，也有死人。威尔逊还攥着那颗没爆炸的手雷，路上脚下一滑，手雷掉在了地上，他马上拾起手雷扔了出去，好在没人受伤。在最初执行侦察任务的60个人当中，13人死亡，5人失踪（可以认定为死亡），30人受伤，很多人伤势严重。只有12个幸运的人没有受伤，其中就包括威尔逊，他终于幸运地活过了自己的21岁生日。从那时起，只要是坐在吉普车里行军，威尔逊就一定要坚持至少有一个人携带勃朗宁自动步枪。为了表达对救援队的救命之恩的感激之情，幸存者后来向他们赠送了一面锦旗，上书"只要有危险，就找蒂勒尔"。

四

第二天，阿尔蒙德命令第 23 团立刻回到该区域。他希望在这里立即对中国军队展开攻势，彻底消灭和生擒活捉中国人。那时，阿尔蒙德在团部并不受欢迎。他不是师长，却经常以师长自居，就好像师长拉夫纳不存在一样。第 2 师许多高级军官对他的看法现在跟陆战第 1 师一样。原州一战中曾在阿尔蒙德麾下某部作战的 J. D. 科尔曼（后来写了一本出色描述这次战斗的书）写道："阿尔蒙德的风格就是'以势压人，乱管闲事，经常干预别人的正常指挥。他的自我意识空前高涨，无论是在军官还是在士兵面前，他都会不遗余力地显示自己的权威'。"[1] "双联隧道"战斗开始前，前军作战处长拉夫纳被任命为第 2 师师长，乔治·斯图尔特担任副师长。这一任命非同寻常，因为拉夫纳不是阿尔蒙德的亲信，而他的上司也不信任他。[2]

对中国人的轻视导致了长津湖战役的惨败。可这次惨败并未让阿尔蒙德停止疯狂，相反，他对敌人更加蔑视。李奇微的很多崇拜者也许可以理解他为何没有解除阿尔蒙德的职务，但在这段时间里，他们逐渐意识到让阿尔蒙德继续担任军长绝对是他最大的败笔。正如汉堡说的那样，第 2 师的人一点也不欢迎阿尔蒙德，因为他"以苛刻暴躁而闻名，他的杀手锏就是威胁恫吓自己的下属"。[3]

在阿尔蒙德下令重返"双联隧道"之后，第 23 团马上在距离该地区约 6 英里的地方集结。弗里曼认为此举实属冲动，但又无可奈何。在西海岸，李奇微正率领大部队以非常紧凑的队形挥师北上。他不想让任何一支部队暴露，因而特别注意各部队的侧翼。弗里曼觉得，阿尔蒙德的做法与李奇微背道而驰。他的团离联合国军主力部队太远，而且不在第 2 师炮火支援范围之内，即便可以进行空中支援，也将受制于天气。大多数时候，谦虚谨慎是战场上的最大美德，但绝不是第 10 军的美德——相反，他们鲁莽至极。正如弗里曼所说，阿尔蒙德的鲁莽正中中国人下怀。而最糟糕的是，他将弗里曼的部队推入险境之中。

弗里曼感觉，这就好像有人告诉他们要冲入山谷。相反，他开始认为，对付中国人最好是先侦察到他们，同时确保自己始终处在本方炮火的覆盖半径之内。然后，只要有可能的话，一定要让敌人向你靠拢，而不是主动进攻敌人。智勇双全的李奇微也设计出一套类似的战术，后来法国人称之为"诱敌摧毁"。

弗里曼对上级让该团返回"双联隧道"很不高兴，更让他气愤的是，第23团离开了第2师大炮的射程。担心自己要被解职的副师长斯图尔特准将当时恰好在第23团，他还记得满腹牢骚的弗里曼说："他们是在谋杀第23团。"[4] 他告诉弗里曼他别无选择——命令就是命令。挥之不去的不祥之感最终使斯图尔特决定跟随第23团一同前往"双联隧道"。他认为阿尔蒙德过于鲁莽，经常不加思考便发号施令，而弗里曼尽管能力超群，但当自己的部队遭遇危险时，就总是和上司剑拔弩张，从不让步。

于是，弗里曼派出两个营：新编入的法国营和他的第3营，参加"双联隧道"一战的第二阶段战斗。此外，他还为这两个主战营配备了一个团部直属连、一个团属迫击炮连、一个坦克连和一个医疗卫生连，第37野战炮兵营和一支高炮部队也加入其中。高射炮是对付朝鲜人和中国人的最凶狠的步兵武器。弗里曼把炮兵营部署在"双联隧道"以南3英里处，同时把大部分车辆也停在这里。然后，他让驾驶员变成步兵，为重武器再创造一个保护圈。这样，每个人都不会被浪费，他不打算留下一些步兵看守大炮。

弗里曼知道，开进山谷之前的当务之急就是占领并控制453号高地，以便俯瞰整个山谷地区。453号高地正好无人控制。由于山坡被冰雪覆盖，而他们又要携带大量武器弹药，因此整个部队沿山坡上行的速度很慢。弗里曼后来写道，战争初期，大家对爬山多有抱怨，之后却非常少见。现在，他们明白，越难走的路越安全，而那些待在公路上的人虽然轻松自在，却容易遭到伏击，因而最容易丧命。他们还意识到，宁可少吃一点口粮，也要多带一点弹药；就算冻土硬如岩石，也要把散兵坑挖得深一点。如果说这种想法在正常情况下是有道理的，那么，当他们已经远离友军20英里，而且他们的战友前一天还在这里遭到伏击的情况下，这种做法就更重要了。

第九章　学会与志愿军打仗：双联隧道、原州和砥平里激战

那时，他手下的官兵都非常清楚，敌人可能已经为那些喜欢守着公路的美国笨蛋们挖好了陷阱。人们还未注意到，第2师和第23团正在转变成一支训练有素、经验丰富的部队，他们将是朝鲜战争中美军的典型代表。军隅里的失败掩盖了这个转变过程。比如说，第2师刚来朝鲜时，士兵们满脸疲态、体力不支，而经过洛东江战役反复上山下山的磨炼之后，这种情况大为改观。目前，大多数人的体力状况有了明显改善。随着战况越来越激烈，他们的动作也越来越迅猛，越来越像"突出部战役或是硫磺岛战役的那些勇士"。

这是战斗创造的奇迹，它把青涩、胆怯的新兵磨炼成坚强、勇猛、渴望战斗（却仍心存畏惧）的老兵。当然也有人没能实现这样的自我救赎，但那只是极少数；他们依然毫无经验，自己痛苦，而且是战友的累赘。这也许是他们的天性，天生就没有战斗的天赋，要将他们变成真正的战士纯属做梦。也许是不愿意摆脱尘世间的喧嚣，他们把生活的期待带上了残酷的战场。然而，不管是不是希望如此，绝大多数人都在努力地改造自己，去争取实现由老百姓到战士的蜕变，否则他们在告老还乡时会遗憾终生，因为这毕竟曾是他们生活的一部分，不管他们喜欢与否。战争已经成为他们的世界——一个和以往生活完全不同的单调、狭窄、残酷的世界。最重要的是，这是一个没有选择的世界。没人真正了解这个奇妙的世界，这或许是这个世界最神秘、最原始的本能：它能把普通的、爱好和平的、遵纪守法的平民百姓，变成能征善战的猛士。没有人真正了解其中一个更神秘的情节：这个转化过程到底需要多长时间。曾几何时，他们是一支缺乏素养的部队，对训练一点儿也不"感冒"。在基础训练中，尽管机枪子弹在他们头上嗖嗖飞过，但他们知道这些子弹永远都不会打到自己身上。有一天，他们突然发现自己站在洛东江这样的战场上，气氛令人毛骨悚然，任何错误对自己和朋友都可能是致命的。于是，他们逐渐变成坚强和有经验的战士，也深知生存的基本要素。猛然间，他们学会了以百分之百的本能去面对一切。就在砥平里战斗前，一名被分配到第23团的新兵本·贾德问一位老兵："您怎样识别朝鲜士兵或中国士兵呢？他们长得什么样子？"老兵回答说："见到的时候，你就知道了。"于是，贾德才明白，这就是老家伙的智慧。[5]

老牌记者哈罗德·马丁在《星期六晚邮报》发表的一篇文章中谈到过这支部队。几个月之前，他们还稚嫩青涩，而在"双联隧道"及随后的砥平里战斗中，他们表现神勇，能征善战。他在文中写道："他们的智慧来自战斗，每一场战斗的幸存者把经验和感受传授给他人。也许书本里轻描淡写，好像易如反掌，但只有把枪口对准敌人，你才能真正领会其中的真谛：不要把自己的头露出地平线；进攻时采取疏开队形，而不要畏畏缩缩聚成一堆；防守时深挖战壕；像对待你的爱人一样对待你的通讯设备；让袜子保持干燥，让武器保持清洁；敌人没走进你的射程时不要开火。"[6]

弗里曼也有过这样的经历。最初，他一直被内心的怀疑态度和悲观情绪所纠缠。其实，很多见过他的军官也有这种疑问：他到底是一个只说不做的家伙，或者说，一个只会躲在司令部里说大话的空谈者，还是一个真正的指挥官？他到底是策划者还是战斗者？现在，这些问题已经得到回答了。他指挥部队在洛东江战役中大显身手，夺走了朝鲜人最想得到的东西——通往釜山的交通枢纽。然后，他又带领部队突破军隅里，没让第23团被打散。实际上，他是在违抗愚蠢的命令，让他们躲过"长手套"的生死劫。他做出了任何指挥官都难以做出的抉择，因此赢得了他们的信任和尊敬。最初，人们对他的指挥能力一无所知，现在他们为自己的成就而自豪，而这份自豪当然也属于弗里曼。这种信任的部分原因在于，他不仅重视推进自己的事业，还始终把下属的安危当作自己的职责。如果指挥官把自己的事业凌驾于战士的生死之上，那么战士们就会敬而远之：那些野心家经常会发出一种特殊的气味，即使是最年轻稚嫩的列兵也能嗅到。

因此，在进入"双联隧道"时，他们一直保持着战士应有的谨慎。毕竟，他们已经深入敌人的防线。在未来几天里，第23团只能依靠自己，因此他们的谨慎是有道理的；他们完全暴露在敌人面前，远离自己的大本营，不能指望友军提供任何支援。1月31日下午，阿尔蒙德亲自视察司令部，弗里曼一直未与中国人交火让他很恼火。更让他气愤的是，弗里曼的部队居然还没开进山谷，踏上杀往砥平里的路。所有这一切都让阿尔蒙德越来越相信，弗里曼是个胆小怕事的指挥官。而包括斯图尔特将军在内的其他

第九章　学会与志愿军打仗：双联隧道、原州和砥平里激战

人却不这么认为，他们已经很熟悉中国人，也深知其在白天隐蔽自己的高超能力，即便是几个师就藏在你头顶的山上，你也看不到一个战士的踪迹。因此，谨慎肯定好过冒进，白天行军，晚上驻扎在453号高地肯定强于快马加鞭地直奔砥平里，结果只能在夜间到达并来不及占领制高点。"双联隧道"是一个很难防守的地方，最关键的是，这里的两个制高点相互隔开，无法提供有效掩护，因此，如果进攻方人数占优的话（这也是中国军队的一贯做法），就很容易把两个制高点分割开来。

斯图尔特赞成弗里曼的做法。他认为，弗里曼在战术上的谨慎是有道理的。但是，斯图尔特本人没有指挥权，他来这个师是因为麦克卢尔被解职，因此他和一个不称职的前师长划为同类。此外，他也清楚，以阿尔蒙德唯我独尊的性格，在师里只要不是阿尔蒙德的亲信，都必将受到严厉控制。他更清楚多一事不如少一事的必要性，因为自己毕竟在阿尔蒙德的地盘上，不管出了什么问题，他都有可能成为替罪羊，然后收拾东西走人。实际上，即使不出任何问题，他也有可能被赶走。

但是现在，他却鼓起勇气告诉阿尔蒙德，在这样的形势下，弗里曼的谨慎是正确的。前一天遭遇的敌人兵力表明，附近很可能隐蔽着规模更大的部队，因此他们必须谨慎行事。此外，由于天色已晚，他们决定继续留在453号高地，夜间占据高地是绝对必要的。但阿尔蒙德还是不依不饶地催他们赶路，命令斯图尔特立即向砥平里发起总攻，似乎要在离开之前做点什么，比如说，让这次行动永远留下自己的名字。这显然不是斯图尔特愿意接受的命令，但他别无选择，服从命令不仅是保护自己，也是保护弗里曼。斯图尔特后来提到，虽然这是一个荒诞至极的命令，但他还是带着一辆坦克，急急忙忙地赶往砥平里。一路上，他没有与敌人交火。由于担心有人从附近村庄的茅屋和校舍里向他们开枪，他的坦克就朝天上发射了几发炮弹，然后径直返回弗里曼的团部。[7]

此时的弗里曼对阿尔蒙德勃然大怒，对斯图尔特也很生气。斯图尔特的这几枪无疑是在给中国人发出信号：他们又进入了"双联隧道"区域，而且正在前往砥平里的路上。换句话说，他认为斯图尔特给中国人发出了

一个"你们来抓我"的信号弹。其实，斯图尔特心里也是这么想的：砥平里的这次开火不仅无助于，反而很可能削弱了他们的安全。和弗里曼一样，斯图尔特后来也在想：如果他没有去砥平里，没有在那里胡乱地向天上放枪，随后的"双联隧道"战役是不是会有另一种结果？[8] 连长普莱特还记得，弗里曼那天下午在和营长爱德华兹中校谈话时火冒三丈："我不在意军长亲自到这里视察，他告诉我应该做什么也没有错，但他总应该通过师长向我下达命令吧。我不能接受的是，他居然直接告诉我该怎样去做。最关键的是，我认为按他的方法执行命令是危险的。"参加过"二战"的普莱特还从未见过哪个高级军官像弗里曼这样对上司如此愤懑痛恨。弗里曼的愤怒显然还不止这些："如果阿尔蒙德想当一个团长，那就干脆把他降职为团长，给他一个鸟团长做做，不如就把他派到这里来算了。"说完，余怒未消的弗里曼坐上吉普车扬长而去。[9]

弗里曼还是立刻占领了制高点，并命令手下在高地建立起稳固的防御阵地。事实证明，弗里曼是非常幸运的，因为随后不久，他手下这个兵力明显不足的半个团外加少许预备队，便遭到中国军队近一个师兵力的袭击。汉堡认为："如果仅以两个营的兵力在隧道区域对抗那样的袭击，第23团能不能挺过那一夜就很难说了。"[10]"双联隧道"战役第一阶段或许只能算作一场小规模战斗，毕竟蒂勒尔还成功地营救出一部分幸存者。第二阶段绝对是一场大战，一方是中等规模兵力的联合国军，另一方则是不仅兵力占优而且绝不退却的中国军队。

第23团的这两个营装备精良，80%具有较强的战斗力。也就是说，弗里曼可以有1500人投入战斗。而中国人则在8000到1万人左右。法国营虽然刚到朝鲜，可都是作战经验丰富的老兵，基本来自法国外籍军团；几乎所有人都有战斗经历，很多人在印度支那服役。他们的营长拉尔夫·蒙克莱尔将军是朝鲜战争中最具魅力、最具传奇色彩的指挥官之一。蒙克莱尔是他的绰号，他的真名叫马格林-维涅里。他的父亲是一个匈牙利贵族，母亲是法国人。蒙克莱尔加入法国外籍军团时只有16岁（他是谎报年龄入伍的）。在进入号称"法国西点"的圣西尔军校时，他是中士军衔，1914年毕业时恰好赶上"一战"。他在战斗中表现优异,之后,他又参加了"二战"。在德国占领法国之后,他逃到英国,后在北非战场率领一支外籍装甲部队作战。在蒙克莱尔的军旅生涯中,他至少三次负伤,走路时一瘸一拐,不过凭借手里的拐杖,走起路来丝毫不比正常人慢。

到 1950 年时,蒙克莱尔已经晋升为中将。当时,法国决定派遣一个营以联合国军的名义入朝作战,他便主动请缨。为了不破坏军中的职务关系,蒙克莱尔自愿降职为中校。但法国军方认为蒙克莱尔年纪太大,不适合到朝鲜带兵打仗,而蒙克莱尔却认为,对于这样一场他视为自己事业的战争,他的年纪一点也不大,最终,他还是说服了上司。蒙克莱尔的指挥极富激情和创造力,他认为,法国人在印度支那打了五年,最后却以失败而告终。现在,他再次得到与共产主义对垒的机会,尽管是在遥远寒冷的朝鲜,但也算是运气。美国军队当然愿意和法国人并肩作战,因为这样他们就不必再担心侧翼遭到袭击。如果说有什么问题的话,那就是法国人太过浪漫和随意,喜欢用刺刀杀死敌人,还以此为荣。

幸运的是,联合国军还有足够的时间调整迫击炮。他们需要把所有通向高地的道路均置于迫击炮的射程之内。部分对此感到不快的法国军官担心,爬到山上构筑阵地会让他们的体力消耗殆尽。当时天气非常冷。弗里曼和蒙克莱尔相处一直不错,但还是出了点小插曲。为了取暖,法国营在阵地上升起了火堆。弗里曼看到后勃然大怒,立即打电话给蒙克莱尔,让他们赶快把火堆熄灭。蒙克莱尔回答:"好的,我们明早就把火堆熄灭。"弗里曼坚持说:"现在就告诉他们!"

"可是,亲爱的上校,那只是一些小火堆呀。"蒙克莱尔反驳道。"我不管大火小火,通通给我撤了!他妈的!现在就撤!你们已经把我们的位置告诉了这方圆百里之内的每个共军了!"弗里曼更加愤怒。

蒙克莱尔沉默了一阵,然后说:"啊,我的上校,毫无疑问,你是对的。不过,如果他们知道我们的位置就来进攻的话,我们就可以歼灭他们了。"弗里曼没有回答。过了一会儿,法国人熄灭了火堆。[11]

那天夜里,茫茫荒野中只有零零散散的几个小火堆,很可能是中国的侦察兵。凌晨4点半左右，突然号声四起，中国人的进攻开始了。起初，一切因素好像都不利于联合国军。在最初的几个小时里，中国军队充分利用浓雾逼近联合国军阵地，等到联合国军发现时，他们已近在咫尺。大雾散去，而天空依旧阴云密布，根本无法实施空中支援。一听到中国人发起进攻的声音，弗里曼便愤怒地转向斯图尔特："我告诉过你，肯定会出现这种事情的。"然后，他又补了一句："你现在让我该怎么做？"的确，他们没有多少选择了，这是一个多少需要一点运气的时刻。斯图尔特回答："那就让我们全力杀敌吧。"[12]

美国人的确对中国人选择凌晨这么晚的时间才发起进攻有点不解。他们浪费了夜里的几个小时，而且进攻一直持续到下午，直到美国人与其脱离接触为止。后来总结这场战斗时弗里曼认为，中国人没想到有这么多美军会突然出现在这个区域，而且又马上切断了通往砥平里的道路。很多迹象表明，中国军队没做好进攻准备。大批美军进入该地区使他们在最后一刻决定发起进攻，这是他们这么晚才开始进攻的原因之一。另一个原因在于，中国人缺少重武器的弹药。

战斗异常惨烈,这恐怕也是第23团遇到的最大考验。在整个战斗过程中，弗里曼一直担心敌人会把自己与第2师分隔开来。每过半小时，师长拉夫纳就会打来一个电话，询问实际情况是否真像他得到的情报那样。斯图尔特认为，这些电话明显是对他和弗里曼缺乏尊重，也说明他们没想过主动出手相助。有一次，当拉夫纳再次流露出怀疑的语调时，斯图尔特干脆就告诉这位上司，他的一个无线电话务员刚被打死，自己正站在他的血泊中。然后，他把电话话筒从自己待的茅屋的窗户伸到外面，让拉夫纳听到外面的枪炮声。于是，拉夫纳终于表态了，援军马上上路。斯图尔特回答，他希望如此。这样的交谈让他很郁闷，他基本处于被审问的地位。在一场鏖战正酣的战斗中，对方想知道的居然就是他到底有没有说真话。

中国人一次又一次地几乎就要占领法国和美国部队的阵地。于是，弗里曼只好不断地调动部队。实际上，他没有预备队了。无论是文书、驾驶员、厨师还是机修师，都被派上了战场。弗里曼突然开始担心，万一弹药

第九章 学会与志愿军打仗：双联隧道、原州和砥平里激战

打光了怎么办？自从原州战役以来，第23团就没有得到补给。他和蒙克莱尔一直保持着联系。下午2点，中国人马上就要占领法国营的主力阵地了。守卫这个阵地的法国连连长莫里斯·巴塞洛梅少校通过无线电报告，他已无力坚守阵地，上司马上回复：带上全部剩余士兵立即撤退。蒙克莱尔和弗里曼商量后决定，以全部火力协助被困法国部队突围，其中包括两辆坦克、全部迫击炮和一门双管40毫米口径高射炮。正常情况下，高射炮是用来防空的，但现在也要用来打人，用弗里曼的话说："这是能清洗山脊的最有效武器。"与此同时，法国营营长指示他的第3连务必坚守阵地。不管面对多少中国人，只要有一个人活着就不能放弃阵地。之后，他开始筹划一场几乎绝望的反击。在大约十分钟的时间里，美国人的所有武器都在向山脊高地开火，之后，巴塞洛梅带领士兵端着刺刀向中国阵地冲锋。他们的强攻让中国人有点吃惊，开始后退。此时，斯图尔特在自己的阵地里看到这一切，不禁自言自语地说："太厉害了。"站在斯图尔特身边的蒙克莱尔也深有感触，美国的将军太酷了，居然还在一言不发地抽烟斗。斯图尔特后来说道："他根本就不知道，那一天我有三次把整个烟斗头塞进了嘴里。"[13]

然而，事实证明，上述努力只是暂缓了中国人的攻势。当时天已大亮，却依旧云雾缭绕。中国人损失惨重，却不想放弃。中午时分，他们再次发起猛攻，把位于隧道东侧最后一个制高点的法国营第2连赶出了阵地。伤亡惨重的联合国军体力耗尽、弹药所剩无几，在人数众多的中国人面前显得势单力薄。这是那天最糟糕的时刻，奋勇作战，但失败几成定局。站在斯图尔特身边的空军联络官问他情况会怎么样。斯图尔特回答，再过二十分钟，我们就会全军覆没。斯图尔特反问他：空军能不能来支援？联络官回答，有几架飞机就在头顶正上方，可无法冲破厚重的云团。说罢，两人抬头望去，发现头顶的乌云拨开一个缺口，露出一线蓝天。斯图尔特问，他们能不能利用这点缝隙呢？空军联络官马上联系飞行员："我们就在乌云散开处的正下方，我们需要支援！"

很快，飞机便从狭小的云缝中冲出来。这些深陷绝境的美国人觉得，那真是一个奇迹。弗里曼后来写道："那就像一场好莱坞式的战斗。"[14] 四

架"海盗"式飞机透过云端一字排开。1943年2月,这种飞机第一次用于瓜达尔卡纳尔岛战役。它可以携带六挺.50口径机枪、八枚火箭弹和多枚500磅重的炸弹。这种飞机能在较长时间内对目标实施空中打击,因此最适合于目前这种战斗条件。"海盗"式飞机在空中盘旋几圈之后,才辨别出法国连和中国阵地的区别,然后它们开始俯冲攻击。弗里曼后来写道:"多么漂亮的空中支援啊!"飞机冲下来,先投下500磅的集束炸弹,正落在执行最后一次总攻的中国军队中间。随后,又投下被美国大兵称为"大脑袋"的火箭弹,最后用机枪进行扫射。四架飞机一次次地飞回来,斯图尔特一直在数着,总共是24次攻击。中国人在猛烈的空中打击下开始撤退,进攻被彻底击溃,战斗就此结束。弗里曼所部有225人伤亡或失踪,他们在阵地附近找到了1300具中国士兵的尸体。据估计,在此次战斗中,中国军队的总伤亡人数约为3600人。根据这次战斗的唯一战俘交代,对手是志愿军第125师,由此可以推算,本次战斗的伤亡人数约为该师的一半兵力(这场战斗太激烈了,以至于抓不到战俘。他本人也身负重伤)。第125师隶属于第42军,李奇微在过去的几个星期里一直在寻找第42军的下落。现在,弗里曼与他们不期而遇。

在下午稍晚的时候,空军为地面部队投下弹药和其他补给。不久,作为援军的第23团第1营快马加鞭地赶到了。那天夜里,弗里曼和蒙克莱尔依然胆战心惊,担心中国人再次袭击。虽然中国人没有出现,但第23团也没闲着,而是花了整整一天加固阵地。第二天,也就是2月3日,他们接到了新的任务——向四英里之外的砥平里前进,占领这个地理位置极其重要的村庄。

第九章 学会与志愿军打仗：双联隧道、原州和砥平里激战

五

从踏上朝鲜的那天起，砥平里似乎注定要成为李奇微想看到的战斗。它是整个战争中最关键的一场战斗，因为正是在这里，美军才真正学会怎样与中国人作战。多年之后，史密斯的战术被写进利文沃兹堡美国陆军指挥与参谋学院的教材，成为以少胜多的典型案例。和朝鲜战争的很多战斗一样，尽管"双联隧道"之战也是一个转折点，但对于没有参与过这场战斗、没有研究过这段历史的军界和学术界人士来说，这段历史相当陌生，但正是在这些荒远偏僻的小村庄中，中国人不可战胜的神话被终结了。砥平里之战结束后，无论是指挥官还是士兵，都对战术有了一种新的感悟：只要能占据有利地形，再加上正确的火力和正确的指挥，战斗的压力就会转嫁给缺乏重武器的中国军队。中国人在战斗结束时也意识到了这一点。

砥平里战斗是朝鲜战场最典型、最具象征意义的一场战斗。砥平里是一个典型的朝鲜村庄——有一座小磨粉厂、一座学校和一座寺庙，村里的主要道路旁是一条小溪。总之，按照西方人的标准，这是个小得不能再小的地方。第 23 团占领高地时，磨粉厂已经被拆掉，学校和寺庙也已经遭到破坏，大多数村民早已不知去向。因此，它是当时最典型的朝鲜村落。交战双方的部队来来去去，每次进入砥平里都使这个村庄的生存条件更恶劣一点、留在村里的人更少一些。但对交战双方而言，它的战略重要性不可估量，因为它是一个交通枢纽——该国铁路干线由东向西、公路干线从南向北横穿而过。除此之外，这个国家几乎就没有其他路可走了。

让弗里曼和他的部下感到意外的是，他们在进入砥平里时居然没有遇到任何抵抗。不知为何，在这里集结了大批兵马的中国人竟然让美国人不费吹灰之力占领了砥平里。尽管弗里曼以有限兵力创造有效防御的战术足以成为教科书中的经典案例，可他没有被胜利冲昏头脑。从进入砥平里那一刻起，他就没有松懈过。从地形上看，砥平里是个盆地，四周是连绵的高地。因此，他对普莱特说，本想派人占领围绕整个村庄的高地，因为那

里的地势明显高于他们的驻扎点，但是他手下可以调动的兵力非常有限，那样做必然导致兵力过于分散，阵形过于单薄。于是，他做了一个让很多步兵战术专家大跌眼镜的决定。

事实证明，这是一个精妙绝伦的决定。对一个步兵指挥官，尤其是一个因敌众我寡而不得不采取守势的指挥官而言，最根本的原则就是占据制高点。表面上看，在某一地区，地势较高的山体或山脉更利于建立易守难攻的防守堡垒。但是，要在12英里长的山脊上构筑一个半径约为4英里的完整防卫圈至少需要一个师的兵力，而这显然不是一个团所能实现的。对于这么大的防卫圈，中国军队很容易在关键点实施突破，然后反其道而行之，把这条防线变成他们的阵地。[1]

因此，弗里曼明智地选择了另一种办法，就是让有限的兵力集中到地势较低，但距离更近的山丘上。这样，美军就形成了横长2英里、纵深1英里的长方形防御阵地。在这个矩形阵地的每一条边上，美军均占据较高地势，以保证对任何方向的进攻都能形成有效压制。在某种程度上可以说，他解决了一个很多美国军官自兵败清川江以来一直在思考的问题：面对中国人的袭击，应该建立什么样的防御阵地。同样重要的还有弗里曼没有做的事情：他既没有妨碍以重武器火力进行相互支援，也没有给预备队快速救援受困阵地设置障碍。

此外，他希望能充分抓住中国人的弱点。缺少重武器的中国人肯定会占领稍远一点的高地，但美国人可以充分发挥远程炮火的优势对这些阵地实施打击。中国人的主要火力来自机枪，但距离这么远时，机枪就没有用了。他必须考虑到中国人还有迫击炮，而且使用起来得心应手。不过，只要天公作美，美国的空中火力或许可以消灭一部分迫击炮。弗里曼的另一个决定性优势就是时间。弗里曼或许是这场战争中第一个有充足时间去思考该怎么应战的美国指挥官，这简直就是一种奢侈。他的部队是在2月3日到达砥平里的，而中国人直到2月13日傍晚才开始向他们发动进攻。也就是说，他有十天的宝贵时间用来构筑阵地。第23团的每个人都意识到，他们迟早会成为敌人的攻击目标，他们的生死也许就在于散兵坑挖得够不够深，

第九章　学会与志愿军打仗：双联隧道、原州和砥平里激战

够不够好（不过，美国陆军史学家罗伊·艾普曼在1951年8月来这里实地考察时惊奇地发现，这些散兵坑并不是很深）。此外，他们还精确丈量了迫击炮和火炮的射程，确保对所有可能进入射程之内的道路实施封锁；最大限度地设置铁丝网，把所有的地雷都派上用场；清理出一个小型飞机跑道，以便飞机在必要之时带来补给，带走伤员。

弗里曼平生第一次觉得自己的弹药实在是太多了。但是，他很快就发现自己想错了。侦察机每天在他们的头上飞过，寻找可能在周围山峦中活动的中国军队；弗里曼每天都派出巡逻队，寻找中国人的足迹和动向。时间一天天地过去，中国人的总攻日期日渐逼近，只有一个问题让他们忐忑不安：在另一个地理上虽然与其分隔但与他们的命运休戚相关的战场上，从原州出发向北进攻的韩国军队被中国人打得溃不成军，和他们一起作战的美国与荷兰军队也面临被攻破阵地、全军覆没的危险。这支联合国军于2月5日从原州出发，到2月14日，战事进行得很不顺利。包括斯图尔特在内的第2师很多高级军官都认为，阿尔蒙德让韩国部队当先锋是一个欠考虑甚至是荒谬的做法。驻扎在原州地区的志愿军四个师对这支几乎毫无准备的韩国部队发起进攻，很快便摧毁了他们的阵地，这一点也不让人感到意外。可问题是这让美国与荷兰部队门户大开，中国人借助这个缺口可以直捣黄龙，危及整个原州地区，并让砥平里的美军倍感压力。因此，在砥平里之战开始之前，防御方就危险重重。相比之下，原州战斗更需要空中支援，而这就减少了砥平里可以获得的空中火力。另一方面，人们开始担心，如果不能迅速扭转原州战局，中国人就可以腾出更多兵力——甚至是整整四个师，转战砥平里。

到2月10日，弗里曼派出的巡逻队可以肯定，砥平里一带到处都是中国军队，他的地盘每小时都在缩小。今天的弗里曼被视为朝鲜战场最杰出的三四位指挥官中的一员，而他的名气基本来自砥平里之战。不过，这样的称号似乎略有嘲讽之意，因为就在这次战斗开始前的几天，大批集结在防御圈周围的中国军队还让弗里曼感到畏惧，让他不可思议地迅速后退。直到2月12日，他清晰地感觉到，自己的部队已经被优势敌军所包围。这

本就很糟糕了，可更糟糕的是，第23团有两个营的兵力被隔在原州以北，而且第10军的其他部队很可能无法守住原州城。当时，有两支增援部队已经上路，其中之一的英国旅在途中遭到阻击，损失惨重，无力冲破阻截。对弗里曼来说，他的部队态势孤立，就像一只出头鸟，几乎所有进入朝鲜的中国军队都在虎视眈眈地盯着他。

弗里曼请求撤退，而李奇微希望他能坚守阵地。随着中国人的总攻时间日益逼近，第23团的所有高级军官都意识到，他们需要更强有力的理由才能说服上级。该地区的其他联合国军部队正在撤离，唯有第23团还在坚守。根据该团作战参谋的记录，他们在2月12日得到的命令就是留下防守："苏格兰人命令我们继续坚守"（"苏格兰人"是李奇微的代号）。[2]同一天，第23团的作战参谋约翰·杜梅茵少校告诉普莱特上尉，弗里曼想撤退，可他怀疑他们现在还能不能撤，因为中国人正在缩小包围圈："即使我们想撤也不可能撤了。舒梅克（指第23团的情报参谋哈罗德·舒梅克少校，最终死于砥平里战斗）得到的最新情报是，向南的公路是我们的唯一退路，而这条路已经布满了中国军队，我们根本不可能过去。即使上级允许撤退，我们也要再经历一场'长手套'式的突围。所以说，我觉得我们还是应该留下来，干脆打一仗算了。"[3]实际上，这否决了任何讨论。围攻之势已经形成，空投补给已经开始。这些还守在砥平里的美军都清楚地意识到，自己的命运只有自己才能决定，现在他们只能靠自己了。

弗里曼和拉夫纳还在侥幸期待上司能改变想法，甚至连阿尔蒙德也同意了他的请求，毕竟他麾下的其他部队还在越来越深的陷阱中挣扎。2月13日中午时分，阿尔蒙德亲自乘飞机赶到前线与弗里曼会面。他感觉到原州周边的战局正在日益恶化，这就把砥平里的美军部队置于更大的危险之中。阿尔蒙德注意到弗里曼的焦虑。弗里曼认为，从目前形势来看，整个第23团很有可能被敌人全歼，因此他请求在14日撤到15英里以南的骊州。他知道中国人有可能切断了通往骊州的道路，但自己的阵地非常脆弱。他的撤退请求已得到师长拉夫纳的允许，现在，阿尔蒙德似乎也同意了他的请求。

第九章 学会与志愿军打仗：双联隧道、原州和砥平里激战

即将撤退的消息马上就传遍了第23团的每个角落。事实上，高炮连连长早就认为，他们马上就将撤退，但又觉得需要携带的弹药太多，于是，他请求向远处的山上发射一部分炮弹。副团长弗兰克·梅萨尔告诉他，还要再等一天才能做出最终决定。等阿尔蒙德回到军部时，弗里曼改变了主意——他觉得一天也不能多等了，想在13日便开始撤退。就在和阿尔蒙德的会晤之后，弗里曼就马上向师部发电："阿尔蒙德一个半小时之前在此，并就我团何时撤往骊州征求我的意见。我说明天早上。但我建议将撤退时间尽可能提前至今天傍晚……速将此请求转交军部，并尽快告知结果。"[4] 现在，最终的决定只掌握在一个人的手里，就是那个很早就想打这一仗的那个人。李奇微对来自砥平里的撤退请求无动于衷。他向弗里曼承诺，只要能守住砥平里，他肯定会想办法派出援军突入重围解救第23团。他说，如果真有必要的话，他可以派出整个第8集团军给第23团当援兵。

作为一名老资格的空降兵，李奇微相信，只要构筑好防御工事，保持足够的火力，那么通过空军为弗里曼的部队补充弹药和提供其他补给绝对不成问题。这也是他期待已久的战斗，他希望把这次战斗作为制定未来战术的基石。也许这不会很完美，因为任何战斗都不可能完美无瑕。按照李奇微的设想，就是要用美国的强大火力去对抗中国的人数优势，并以此来检验未来的战术。

13日下午晚些时候，普莱特找到弗里曼，他感到眼前的弗里曼极度悲观。弗里曼对普莱特说，他们可能已经被四个师的中国军队完全包围。他告诉普莱特："如果他们（中国军队）想得到这里，就得来这里和我们一决胜负。我认为我们准备好了——只要守住现在的阵地，我们一样能打好这一仗。"[5] 13日傍晚将至，弗里曼召集所有指挥官开会说，尽管很多人还在讨论撤退的问题，但撤退的事不会发生了。"我们要守在这里，战斗到底。"他要求所有指挥官最后检查一下每个散兵坑和每一门大炮的射程调整情况。他告诉大家，攻击可能会在晚上开始。

他把第1营部署在西北角，由第3营守住东北角和东侧，法国营守住

西侧，第 2 营负责南侧。此时，弗里曼可指挥的总兵力为 5400 人，相当于一个加强团或一个团级战斗队。情报显示，中国军队的总兵力有五个师，三四万人。砥平里不仅是一场战斗，更是一场包围战，为弗里曼的部队提供弹药和食品补给的唯一方式就是以降落伞进行空投。

六

当砥平里的守军还在深挖战壕的时候,原州之战达到白热化的程度。代号为"围猎行动"的原州作战计划是纯粹的"阿尔蒙德"式战役,同时也是一个令人好奇的战术实践。阿尔蒙德的进攻是李奇微设计的"霹雳行动"的右翼进攻部分。阿尔蒙德的战场是典型的山地,几乎就是为中国人的战术量身定做的,但他明显不如李奇微谨慎。他再次忽略了高级情报人员的警告:中方的主力部队已经进入该地区,并将在此展开一场大战。很多人认为,清川江惨败(阿尔蒙德应对此负主要责任)并没有造就一个更稳重、更明智的新阿尔蒙德。现在,也就是那场惨败的十个星期之后,他再次得到与中国人对决的机会,但他还是一样的鲁莽好斗、一样地对情报置若罔闻、一样地把麾下派到可以被敌人轻易分隔并消灭的战场、一样地蔑视敌人的职业水准和诡异战术。对此,历史学家科雷·布莱尔认为,所有这些加在一起,"总会让人们不由自主地想到阿尔蒙德,想到他在朝鲜的每一次战斗"。[1] 曾经成功从军隅里逃脱、后在战斗中身受重伤的辛顿将其称之为"阿尔蒙德式的恶作剧"。辛顿一直记得第38团团长罗伯特·考福林的愤懑。考福林告诉辛顿,阿尔蒙德实际上接管了该团的指挥权,并把整个第38团分拆成小股部队,让每个营单独作战、相互隔离。实际上,这削弱了每个营的战斗力。和阿尔蒙德分散兵力的做法形成鲜明对比的是,西线部队以密集队形整体北上,各部队相互配合。一旦中国人发起进攻,阿尔蒙德就很难防御到位。正如考福林所说的那样,阿尔蒙德的所作所为,和他们从与中国人第一轮交手中得到的教训恰好背道而驰。

最让那些钦佩美国军力的人惊叹的是,一个民主国家居然造就出如此强大的军事力量。而阿尔蒙德带给人们的却是截然相反的印象,即便是在他离开战场的半个多世纪之后,他的角色依旧令人不可思议。阿尔蒙德是一个老学究,一个不值得信赖的老学究。在真正的民主制度下,评判军人的主要依据是他在战场上的表现以及必要的情况下是否甘愿牺牲。阿尔蒙德却拒绝遵守这一功过原则，固执地抓住自己的偏见不放。归根到底，阿尔蒙德坚持的原则还是他早期所笃信的种族主义。1971年，也就是越南战争的第六个年头，早已退休的他还是不可救药地坚信：一体化作战会削弱部队的战斗力。

阿尔蒙德的种族歧视一直是他最致命的问题。虽然其他的陆军高级将领也有种族偏见，但他的种族意识之深、种族情绪之强甚至影响到身边的年轻军官，更不用说那些深受其害的黑人军官和士兵了。他一直认为黑人低人一等，即便黑人官兵是作为真正的美国公民。阿尔蒙德认为他们就算是军人，充其量只能是军人中的奴隶，即所谓的"炮灰部队"。杜鲁门和李奇微一直在努力废除军队中的种族歧视政策，而阿尔蒙德却以自己的方式去恢复种族隔离政策，竭尽所能去创造一支单独的黑人部队。[2]

1951年1月中旬，在原州附近发生的一场战斗中，一位名叫福斯特·沃克尔的黑人上尉率部端着刺刀、拿着手榴弹，冲进朝鲜人的坚固战壕。一天后他的营长——声名显赫的巴伯里斯中校（一个令部下信服的人）将此事汇报给李奇微。对此印象深刻的李奇微立刻下令向沃克尔颁发一枚银星勋章，阿尔蒙德却将信将疑，最终没有颁发这枚勋章，还撤销了沃克尔的连长职务。[3] 后来，阿尔蒙德在"二战"时的爱将比尔·麦卡弗雷虽因与其关系密切而最终在朝鲜当上了团长，但他的种族融合做法还是让阿尔蒙德怒气冲天。

麦卡弗雷把三名黑人士兵分配到三个班里。阿尔蒙德说："你不能这样做。"

"不过，我确实是这么做的。"麦卡弗雷回答。

"像你这样的人应该知道怎么做。"阿尔蒙德不依不饶——他说的是以前在第92师时的情况。

"不过，将军，这种做法很有效。"麦卡弗雷仍然坚持己见。

阿尔蒙德听后摇摇头，仿佛他的一个家庭成员背叛了他似的。[4]

阿尔蒙德的偏见令人厌恶。这种偏见让他手下的黑人士兵倍感折磨。很多在他手下作战或是研究他的人都认为，阿尔蒙德的种族观念绝不止于

第九章　学会与志愿军打仗：双联隧道、原州和砥平里激战

此，就像科尔曼指出的一样，阿尔蒙德对中国人也有偏见。在长津湖战斗中，阿尔蒙德不顾一切地催促军队贸然前进，原因之一就是他从未把中国人当作真正的对手。他坚信，只要美国人出现在战场上，敌人就会落荒而逃，因为对手是低级人种。"洗衣工"这个说法很有代表性，这反映出阿尔蒙德并不把中国人当作真正的敌人看待。在他眼里，他们和那些在美国本土为白人洗衣服的亚洲人毫无区别。

曾在阿尔蒙德麾下空降第187团任职的科尔曼认为他"对中国军队的作战方式毫无兴趣，未能从以前的失败中汲取教训"，这些都是阿尔蒙德"不成熟的种族主义"的表现。在北方战场遭受重创之后，阿尔蒙德竟然几个星期都没有召集高级指挥官开一次会，讨论一下前期作战的得失。几年之后，科尔曼说："朝鲜战争结束之后，我们对中国人的战术进行了大量研究。但当初我们很少这样做，在最初几周作战后，根本就没有人想到要尽快总结一下前期战斗的经验和教训、敌方战术、各方优势和劣势等重要问题。实际上，有很多需要我们去学习和总结的，但我们没有这样做。似乎就没有研究的必要——因为对手不值得研究，这让我们在洪川、横城和原州的战斗（均属于原州战役）中付出了惨重代价。我一直认为主要原因在于意识，美国人根深蒂固的种族主义意识。我认为，阿尔蒙德没有及时从先前的失败中吸取教训，他的种族偏见严重影响了他的正常判断。"

科尔曼认为，阿尔蒙德唯一想做的，就是再和中国人打一仗，而且这一次一定要更凶狠，一定要取胜，"他在战场上做出的每个决策，都浸染着他的种族意识"。[5]

单纯从技术层面来看，阿尔蒙德在原州战役前发动的"围捕行动"毫无缺陷，完全可以作为美国陆军指挥与参谋学院的教学案例，甚至可以说，这个计划非常出色。这是大规模的协同作战，需要各个部队之间相互协调和支援。如果拿到陆军指挥与参谋学院的课上，在一个假想的国家（最好是地形更平坦一些、天气更暖和一些的地区），与假想的敌人（引诱敌人沿主要道路前进，在空中极易识别，从而使之变成空中打击的目标）进行一场假想战，其结果很可能是令人震撼的。美军各部分别如利箭一般直插中

国人的核心阵地,并形成多个包围圈,最后对位于原州以北24英里的洪川形成严密的双重包围。这次进攻成功的条件在于:首先,各参战部队之间要相互配合;其次,中国人愿意给美国人一个随心所欲的机会。否则如果四五个师的兵力一窝蜂地拥进来,那么利箭就会偏离目标。

对任何真正了解朝鲜战争实际情况的人来说,阿尔蒙德的计划漏洞百出。这是一片空间宽广、危险重重的地区,数量有限的联合国军难以对整个地区实施有效控制。这里天气变幻无常,每天均会出现厚厚的云层,因此美国人很难发挥他们的空中优势。最后,美国人过分依赖韩国军队的职业精神和战斗能力。阿尔蒙德在这次战斗中的做法让其他指挥官感到莫名其妙:他把一些美国部队交给韩国人指挥。这就意味着,一旦出现问题(很有可能出现),美国人将无法对自己的部队实施完全控制。阿尔蒙德做了很多匪夷所思的事情,尤以此事最让人费解。斯图尔特认为,其他指挥官对此的想法是,一直比其他人更瞧不起韩国人的阿尔蒙德想借此为他们树立信心。阿尔蒙德想告诉大家,他对韩国人远比别人想象的要有信心,因此,韩国人将会更好地回报自己。但是,韩国人根本就不喜欢这个计划,他们觉得阿尔蒙德永远是个种族主义者。韩国最杰出的指挥官白善烨将军后来在回忆录中提到,阿尔蒙德只不过想拿韩国人当炮灰,消耗中国人开始进攻时的猛烈炮火罢了。[6]

以韩军第5师和第8师为先锋,外加美军第2师第38团和第9团以及第187团级空降兵战斗队的"围捕行动"由此展开。中方也大兵压境,仅在原州以北的中央走廊地区就集结了四个师,兵力在10万至14万之间,而且更多的部队可以随时赶到。

最初,一切形势似乎都非常有利于联合国军。不过,这在很大程度上是由于中国人主动给了他们机会——在对手看来,联合国军在第一阶段推进得越顺利,那么他们开始攻击时,这些部队之间被隔离的程度也就越大。因此,中国和朝鲜军队只是撤退,让美国和韩国军队深入到他们不熟悉的地段。

正如科尔曼指出的那样,"如果彭德怀将军亲自到第10军的前线指挥部画出美、韩军的行动图的话,大家一定会发现我们的行动于中国人再有利不过了"。[7] 他指出，到 2 月 10 日，联合国军和韩军"就像一只毫无防御能力的大气球，飘飘摇摇地被风吹进敌人设下的天罗地网"。2 月 11 日晚 10 点，三个师的中国军队突然对韩军第 8 师发动进攻，该师几乎是一哄而散，7500 名官兵很快就被打垮，最后只有 3000 人回到营地。

中国人的进攻对李奇微的司令部来说并非完全出乎意料。越来越多的情报显示，原州地区集结了大批中国军队，因此他们早就警觉不安起来。实际上，第 8 集团军情报部的情报非常精确。情报部副部长罗伯特·弗格森中校早在去年 11 月就越来越真切地感到，中国人对第 8 集团军的威胁远比他的上司所想象的要大。事实证明，这种感觉非常准确。李奇微对中国人进攻日期的判断只差了四天，他非常认真地对待弗格森中校提供的情报：在战斗发起的前一夜，他的脚已经踩在了刹车上，命令所有部队停止北进。不过，阿尔蒙德没有踩刹车，尽管他的情报处长詹姆斯·波尔克中校也向他提出了警告。波尔克后来说，他就该地区有大批中国军队一事郑重提醒过阿尔蒙德。这个情报是从一名重要战俘的口中获悉的，这名战俘以前是国民党军队的军医，对即将发起进攻的中国军队了如指掌。可阿尔蒙德不相信一个上尉军医能了解这么多情况。[8] 2 月 11 日，阿尔蒙德的司令部收到李奇微要求他们坚守阵地、停止前进的命令。但四小时后他们才向所属部队传达这个命令，此时中国军队已经发动进攻两个小时了。

整个战斗就是一场灾难，完全是 11 月底军隅里战斗的翻版。由于韩国军队顷刻溃散，第 10 军其他部队的退路被突然切断，其中尤以第 38 团第 1 营和第 3 营情况最为危急。阿尔蒙德的诡异指挥让人摸不着头脑，而下级军官又因为惧怕他而不敢擅自下令，这无疑使形势更加恶化。第 15 野战炮兵营营长约翰·基斯中校的预定任务是掩护韩国部队，可他发现自己已经被前后夹击。2 月 12 日凌晨 1 点半左右，他拨通了师部的电话，得知形势对自己极为不利，于是请求师炮兵主任洛亚尔·海恩斯准将允许自己的部队撤退。一向胆小怕事的海恩斯一如既往没有给他任何回复，一定要请示拉夫纳或是军部之后才能决定。一个半小时后，他得了阿尔蒙德的批准，不过为时已晚，中国军队彻底切断了基斯的退路，全营营人员、重炮和大型卡车全部陷入敌人的包围圈中,而他要掩护的韩国部队逃得无影无踪(正常情况下,韩军步兵反而应该为炮兵提供掩护)。基斯唯一的出路就是一条狭窄的山路,但这条路已被中国军队控制。不久,他们与同样遭受重击、没有退路的第38团第1营会合。布莱尔还记得,当时他们试图打通这条山路,但中国军队"在这里复制了一个'长手套',几乎和第38团在军隅里穿过的那个死亡走廊如出一辙"。最后,在向南撤往横城的路上,该营损失了五门榴弹炮,其中包括一门105毫米口径榴弹炮和四门155毫米口径榴弹炮。[9]

2月12日拂晓前,伤痕累累的第1营和基斯的炮兵营才与横城以北的第38团第3营会合。即便在这里,中国军队的进攻依然猛烈,美军的防御圈只好慢慢收缩,可是中国人再次切断了他们南面的退路。第10军军部的每个人都知道,李奇微有一个永远不得破坏的死命令——不得把重武器留给中国人。一旦中国军队消灭基斯和他的部队、缴获他们的重武器,第10军面临的处境将更加难以预料。于是,他们命令基斯带领人马继续南撤,争取找到合适的地点,构筑稳固的防御工事。因此,炮兵营和第1营余部继续向南转移。刚走了半英里左右,他们就再次遭到中国军队的猛烈攻击,结果整个部队被钉在路上,整整四个小时动弹不得。最后,军部命令第3营离开自己的防御阵地,与这两支部队会合,共同突破中国军队的阻击;与此同时,第10军还命令空降第187团派出一支装甲步兵救援队去解救被困部队。尽管救援队在途中遭到袭击,但最终还是成功地打通道路,与被围部队会合。此时,天色已晚,中国军队依然控制着道路。由空降187团领导的这支联合部队仍然有望再次向南突围。就在这时,车队中的一辆105毫米口径榴弹炮拖车突然翻车,拦腰躺在路中间,堵住了后面车辆的去路。这无疑使本已异常艰难的突围更加艰难。

正如军隅里战斗一样,中国人从一开始就相信,只要能打瘫大型车辆,他们就能控制美军的撤退道路。于是,他们集中火力,向重型车辆的驾驶室射击。由于火力极其猛烈、集中,美军很难清除路障。因此,他们不得不把大多数重武器扔在路上,包括十四门105毫米口径榴弹炮和五门155毫米口径榴弹炮,外加120辆卡车,其中很多严重受损。不管怎么看,这都是

第九章　学会与志愿军打仗：双联隧道、原州和砥平里激战

一场地地道道的灾难。基斯中校出现在失踪人员名单的首位，后来很可能死于战俘营。幸运的是，在横城坚守阵地的荷兰营最终挺了过来，与炮兵营一起撤退的各部队先撤到横城，随后再转移到原州，最终成功脱险。美军在这次伏击战中损失惨重：与荷兰营一起战斗的两个营的伤亡人数超过两千人，韩军伤亡人数约为一万人。李奇微听到这个消息勃然大怒，立刻来到第10军军部，把阿尔蒙德痛斥一顿。杰克·切尔斯中校说，这是他听到过的最严厉的痛批。李奇微虽然对整个损失情况还不了解，但知道损失了多少重武器。李奇微在书中写道，让这些重武器落到敌人手里是他最大的过失。切尔斯还记得，李奇微说得最多的就是阿尔蒙德对重武器的盲目使用，他对阿尔蒙德下了最后通牒："以后不得再发生类似事件！"但不知出于何种原因，或许是不想让麦克阿瑟难堪，或是其他军级指挥官一样平庸无能，李奇微仍然没有撤销阿尔蒙德的职务。

　　损失了整整一个营的兵力，本来就让美军觉得很残酷了，但一个月之后，一些美军陆战队官兵在另一次进攻中经过这个山谷时发现，战场上到处是美国士兵尸体，大多是在向原州方向突围时被打死的第38团士兵。救援部队匆匆赶来，又找出了250多名美国士兵的尸体和大量荷兰士兵的尸体，其中包括他们的营长马里努斯·德奥登中校。他们大多数人身中数弹——这表明，他们是一直战斗到死。根据战后对伤亡人数的精确统计，在三天的战斗中，第38团共有468人阵亡，其中255人在战斗中阵亡，213人在被俘后死亡。战斗的当天晚上，基斯的第15野战炮兵营有83人阵亡，另外128人死于战俘营。陆战队把这里称为"杀戮谷"。一名陆战队员在这里留下了一条标语，也许最能反映他们的心声，也是这场战争的代名词："杀戮谷/哈里·杜鲁门的政治大舞台/一路走好，杜鲁门。"[10]

　　中国军队尚未取得中央走廊地带的胜利。在美军发动进攻的三天里，中国军队正向目标之一原州进发，他们的另一个目标是占领砥平里。由于他们即将占领原州，因此砥平里也岌岌可危。到此时为止，美国人在原州的所有决策都是错误的，而中国人似乎还在延续清川江的胜利之路。当时，由于原州和砥平里都处于危险之中，美军被迫对战术进行了重大调整，而

正是这次调整使美军转败为胜。

2月14日清晨，在横贯原州西北部山区的蟾江上空，飞过一架小型炮兵侦察机。机上的观察员之一、第15野战炮兵营的李·哈泰尔中尉随意看了窗外一眼，发现蟾江沿岸居然有一条不同寻常的浓密树林线。他起初以为，这不过是一片比其他树林稠密得多的树林而已。但是，他最终还是决定再次察看。这次他注意到，这条树林线居然在移动。他马上明白，这原来不是树林线，而是伪装巧妙的中国军队。有利的战局再加上巧妙的伪装，让他们平添了一分自信，以至于在白天就进行大规模调动。这是前所未有的事，因为按照以往的惯例，当遇到敌人的侦察机时，他们会立即停止行军。现在，眼看胜利在即，而时间又相当紧迫，他们就没有认真考虑，竟然忽视了敌方的侦察机。哈泰尔和目瞪口呆的飞行员粗略估算了一下，地面的中国部队应该有两个师，约1.4万人。显然，他们正在向原州最后一役进发。观察员立即向炮兵指挥官报告了此事，并建议立即实施炮火打击。这场即将发生的战斗被美国人称为"原州炮击"。

一轮白色的照明弹飞上天空，揭开了"原州炮击"的序幕。美军的炮弹像雨点一样飞向中国军队。他们准备了足够的火力130门重炮，包括30门130毫米口径榴弹炮、100门155毫米口径榴弹炮。尽管斯图尔特不是炮兵指挥官，却知道充分利用这个痛快淋漓的间歇时间。如果说这个军里还有哪个高级指挥官有资格指挥原州、横城或者洪川这样的大战的话，那么这个人应该是斯图尔特。在第2师中，斯图尔特被认为是最富于理性、最具职业精神、最善于思考的指挥官，更重要的是，他还是最有主见、最具独立思维的指挥官。

斯图尔特当上副师长纯属偶然。1923年毕业于西点军校后，他就觉得自己应该成为一名步兵指挥官，却一直没能如愿。"二战"开始时，他已经过了当初级军官的年龄，但又缺乏做高级军官的资历和经验。最终，他获得一个非常重要又无人想做的职务——盟军运输部队司令，先后负责北非、意大利、西南太平洋战场的军事运输工作；太平洋战争即将结束时，他又负责对日作战的运输工作。他每项工作都干得异常出色，成为两大战场不

第九章　学会与志愿军打仗：双联隧道、原州和砥平里激战　　571

可替代的人物。但这都不是他的职业理想。他太受欢迎，以至于当不上他想当的步兵指挥官。"二战"结束时，斯图尔特晋升为准将，随后被降职为上校，1947年1月，又再次被提升为准将。

汉堡认为，斯图尔特不仅是一位战士，还是一位军事史学家和军事学教授，"他是美国陆军特有的产物之一，不乏天赋、勇敢又善于思考。总之，他是一位与众不同的指挥官，但又缺乏成为一名将军所需要的冷酷无情。像李奇微这样的将军有时会不择手段，但知道在必要时应听从事业的召唤，不惜牺牲士兵的生命"。[11] 1950年，斯图尔特还在从事后勤工作，并负责仁川登陆的后勤任务。不过，他从来没有放弃做一名步兵指挥官的梦想。

12月初，当中国军队南下时，斯图尔特受命将其后勤司令部南撤至釜山，以防被中国人攻占。他一点儿也不想南迁，他的儿子小乔治·斯图尔特（1945年毕业于西点军校）当时是空降第187团的一名中尉，一想到自己将在避风天堂里的安乐椅上高枕无忧，而儿子却不得不在水深火热之中艰苦战斗时，老斯图尔特就异常愤怒。于是，他找到了第8集团军参谋长艾伦，主动请求调换岗位。艾伦还是要求他继续坚守岗位，回到釜山。就在离开艾伦办公室的路上，斯图尔特遇到了刚接手第2师指挥权的麦克卢尔。于是，他突发奇想，主动问麦克卢尔是否需要一名副师长。由于当时的副师长布莱德雷正在住院，斯图尔特便得到了这份差事，最初只是一个临时职务，但经过努力，斯图尔特最终还是成为了名正言顺的副师长。他的权力非常有限，与其说他是一个指挥官，不如说是一个顾问，甚至不能单独下达命令。他的一切命令均需得到拉夫纳的认可。这就意味着，有阿尔蒙德在，拉夫纳肯定希望斯图尔特早点走人。

当中国军队即将进攻原州时，军部才开始意识到对方的兵力规模，于是，阿尔蒙德以自己独立的方式让斯图尔特负责城区防御。2月13日下午，即哈泰尔发现中国军队两个师的第二天，阿尔蒙德命令斯图尔特前往原州负责防御。他给斯图尔特下达了一些非常具体的指示："阿尔蒙德将军指示，由你指挥原州附近的全部军队，不惜一切代价，防御和坚守主要交通枢纽。将军认为，中国人将首先进攻你的右翼，但具体命令由你根据具体情况下达。"[12]斯图尔特还记得，军作战参谋在传达了阿尔蒙德的命令之后，便立即离开了这个是非之地。

斯图尔特认为，阿尔蒙德的指示毫无意义。在研究了地形之后，他认为进攻将从左翼开始——他在这点上的判断是正确的。于是，他留下第38团最好的一个营作为预备队。尽管他是步兵指挥官，而不是炮兵指挥官，但他对如何利用炮火却了如指掌，这还要归功于他在20世纪30年代接受的跨兵种交叉培训。现在，他只有屈指可数的防御部队，而进攻方的兵力可能多达四个师。因此，他觉得，现在必须动用所有他能调动的大炮；与此同时，他并不指望师炮兵主任海恩斯，这一点是最明智的，他和其他很多人一样，认为海恩斯是一个糟糕透顶的指挥官。一到原州，虽然还没开战，斯图尔特就命令海恩斯带领手下测量距离、调整射程，以保证在下达开火命令时，所有炮火均能准确击中目标。他想根据预先设定的参数，让他的炮火同时对敌人的若干个关键部位实施精准打击。实际上，他的目的就是第一轮炮火就能达到足够的杀伤力，而不要在战斗过程中根据射程逐渐调整，因为时间宝贵，不容浪费。

因此，当哈泰尔发现中国人时，斯图尔特和所有的大炮就已准备就绪。好不容易逮到这个机会，如此庞大的中国军队，自己又有这么多火炮可以派上用场，斯图尔特自然不想错失良机，希望能充分发挥优势。那天，海恩斯几次想阻止斯图尔特，他都不为所动。此时，哈泰尔中尉还在中国军队的上方飞行，这就为地面炮兵准确调整射程提供了便利。之后，炮兵开始井然有序地将一批批炮弹倾泻到中国人的行军纵队中。但中国军队仍然继续前进，似乎没有什么能阻止他们的脚步，即使是如此无情的弹雨。此时，这种无畏精神反倒成了他们的弱点：一旦战斗打响，他们很难根据战局发展做出调整。于是，美国的大炮就这样不间断地轰击了三个多小时。中间，海恩斯曾要求斯图尔特停止射击，因为炮弹不多了。可斯图尔特知道，这绝对是不会再有的机会。于是，他再次拒绝了海恩斯的建议。他命令："继续开火，把所有炮弹都扔出去。"之后，他命令通讯员向东京司令部请求弹药补给。正如科尔曼指出的那样，美国的后勤优势对敌人来说简直不可思议，

第九章　学会与志愿军打仗：双联隧道、原州和砥平里激战

只需要几个小时，他们就可以把更多的弹药空投在原州的守军阵地，而中国人则需要几天甚至是更长的时间才能把弹药送到战场上。又过了一会儿，海恩斯通过电话请示斯图尔特，坚持降低开火频率，因为炮管已经过热。斯图尔特还是没有理睬他，他再次下令："继续开火，炮管融化再说。"[13]

这是整个战斗的转折点。据估计，此次炮击导致5000名中国士兵死亡，还有数千人受伤。随后双方又打了几场恶仗，不过原州毕竟是保住了。中国军队在中央走廊地区损失惨重，伤亡人数可能高达两万人。斯图尔特无疑是这场战斗的英雄，尽管他后来也提到过，阿尔蒙德一直很不欣赏他。

临近傍晚时分，炮击结束。空降第187团指挥官威廉·鲍文准将到达原州司令部，不容分说地命令斯图尔特立即赶往师部报到。（斯图尔特后来说："军部觉得我没有必要继续留在那里了。"）后来，阿尔蒙德向鲍文颁发了一枚银星勋章，却没给斯图尔特什么嘉奖。原因很简单，如果嘉奖斯图尔特，那么就等于承认自己的作战方略是错误的；更重要的是，这就意味着斯图尔特是个有价值的副师长，并因此要给予相应的职权。

尽管中国军队在原州受到重创，但砥平里仍然态势孤立。

七

来自北卡罗来纳州贝尔蒙特的麦吉中尉参加了第 23 步兵团第 2 营 G 连在"双联隧道"营救山脊上的法国营一战。这是他第一次体会战争的滋味。麦吉是 G 连 3 排排长。1941 年 12 月 8 日,17 岁的他申请加入海军陆战队,却因色盲没被录取。随后他参加了"二战",但结果令人大失所望。直到为解救法国人而带着手下爬上"双联隧道"的山脊时,他才真正感觉到战争的残酷,真正体会到战争会让人变得多么的凶残无情。G 连是战斗结束后才到达的,因此他正好目睹了恶战之后的惨状——那简直就是一场屠杀。顺着中国士兵的尸体看去,他可以想象到当时的战况有多么惨烈。战场上足足布满了几百具被冻僵的尸体,依然保持着最后一刻的姿势和表情。这里仿佛变成一个埋葬中国士兵的巨大露天墓地。他们在向山顶攀爬的路上看到的情况更令人毛骨悚然:法国士兵正带着阵亡战友下山。道路极其狭窄,实际上就是一条山间小径,每两个人用最原始的工具——绳子,系在一具尸体上,沿着山路向下拖。

最让麦吉感到震惊的,莫过于从幸存者一举一动中表现出的冷漠。他们对死亡失去了感觉,似乎生和死本来就毫无差别。他们聊着天,不时发出一阵阵的笑声,好像什么都没有发生过。就在一天之前,他们手里拖着的尸体正是与他们朝夕相处的挚友,如今,他们既不缅怀,也不悲伤。麦吉想,美国士兵和这些法国人又有什么区别呢?或者说,这是否就是生者幸存下来的自身奥秘和他们庆祝成为幸存者的仪式?或许只有经历过人间炼狱的幸存者才能领悟其中感受,因为如果想得太多,你就不可能保持正常。在疯狂的世界里,只有疯狂才是理性的。到了山顶,麦吉再次感到迷茫:法国人的阵地在哪里呢?他经常听到这样的传言:法国士兵习惯把散兵坑挖得比美国士兵深很多。但是,山顶到处是岩石和冰面,他们的散兵坑很不醒目,有的甚至只有几英尺。如果不注意的话,你很难想到这是保命用的散兵坑。地上到处是血,有些地方还有飞溅出的脑浆。麦吉平生第一次

第九章　学会与志愿军打仗：双联隧道、原州和砥平里激战　　575

反问自己为什么要当兵。

诚然，这一切都是他自己选择的。他自愿选择了朝鲜，最糟糕的是他是自愿选择来到前线的。因此，他违背了陆军的基本法则：永远不要做志愿者。实际上，他不仅是自愿选择，而且是刻意迫使上司带自己的排来这里的。他让上级把自己调离最适合的地方——佐治亚州的本宁堡陆军基地，训练其他要到朝鲜打仗的年轻人，然后把他们一路送到这里。在双联隧道的山脊上，他第一次亲眼目睹了尸横遍野的战场。十天之后，他又来到了砥平里，在防卫圈南侧的散兵坑里耐心等待，守卫整个第38团中防御最薄弱的地段。[1]

麦吉来自北卡罗来纳州农村，很早就希望有一天能为国作战。被海军陆战队拒绝后，他后来加入陆军，并去到英国，在那里耐心等待着渡过英吉利海峡，到欧洲大陆一显身手。不过，他最终没有参加诺曼底登陆，也就没有机会感受随后几周的战斗。他所在的第66师（也被称为"黑豹"师）是预备队，因此他非常妒忌那些有幸参战的幸运儿。在后来的突出部战役中，被编入第3集团军的第66师奉命增援巴斯托涅附近的被困部队，这让麦吉非常兴奋。在横渡英吉利海峡时，该师另一个团乘坐的一艘登陆艇被德国U型潜艇击沉，802名官兵全部阵亡。于是，麦吉所在的团及整个师全部撤回。最后，他们被派往另一个地方，法国南特的圣纳泽尔港，负责压制零星德国军队的反击。他们在那场战斗中更像是警察。战争结束时，麦吉还在怀疑自己是否是一个军人？他还太年轻，以至于根本没想到，对于那些想打仗的人来说前面肯定还有打不完的仗。

"二战"之后，麦吉回到北卡罗来纳州。此后的一年半中，他离开部队，和仅比自己大一点的哥哥汤姆在贝尔蒙特地区经营一家小杂货店和一个加油站。当时，一个陆军中士在那里招募新兵。一方面，麦吉兄弟俩很喜欢这支部队和这个职位，因而被编入应募士兵名单；另一方面，麦吉的杂货店和加油站生意清淡，越来越多的人离开农村，搬进城市和市郊，他的店面入不敷出。于是，这个中士就不失时机地拜访他们，向他们宣传和平时期当兵的好处——既不需要打仗，还有机会到世界各地看一看。最终，麦吉兄弟俩保罗和汤姆接受了，前提是他们可以选择服役地点、挑选部队并且还要在一起。中士告诉他们：这没问题。麦吉兄弟选择了远东，因为他们以前去过欧洲了，而且他们觉得亚洲更具有异域情调。他们的要求全都被满足了：两个人如愿以偿地来到驻日本的第7师第17团，保罗被分到A连，汤姆则进入B连。保罗·麦吉居然意外地发现自己很喜欢日本人：他们彬彬有礼，女人尤其善良和气。在欧洲打仗的时候，他从来就没有恨过德国人，但不知出于何种原因，他也不记得自己恨过日本人。

日本变成了一个负责任的好伙伴。唯一让麦吉感到不爽的是驻日美国陆军部队的基本素质。他记得一次训练课时天气很冷，还下着雨，训练内容是如何设置岗哨。恰逢沃克将军亲自视察训练情况，他当场表扬了麦吉，并告诉队列中其他士兵要学习这个不错的年轻战士是怎样做的，因为很快他们就将参战。之后，沃克将军问麦吉，想不想做军官。这个问题太有趣了，因为麦吉在陆军预备役部队中就是军官了，而在现役部队，他只是一个中士。

麦吉一直对成为正式军官持谨慎态度，因为绝大多数军官要么是西点军校毕业的，要么是大学毕业生。他几乎从未想过，一个勉强上过十年学的农村小伙儿有朝一日也能和他们一比高下。后来，沃克问麦吉是否对上候补军官学校感兴趣。这对麦吉来说是一个不错的建议，他便欣然同意。不过，他希望能和哥哥汤姆一起去，沃克也同意了。于是，麦吉兄弟一起填写了申请表。不过，他们后来发现，候补军官学校只招收中士以上的士兵，而哥哥汤姆只是个下士。于是，保罗·麦吉就一个人去候补军官学校了。

朝鲜战争爆发时，麦吉还在美国。他等不及完成学业了，11月底他自愿申请到朝鲜参战，但上级拒绝了他的请求，把他留在本宁堡。这时，哥哥汤姆所在的第7师正被围困在长津湖附近，这让他比以往任何时候都想去打仗。他相信，汤姆需要自己，尽管哥哥顺利撤离长津湖，成为幸运者之一。当时，陆军觉得朝鲜前线确实需要像保罗这样的人，他怎么说也是个军官，而不是毫无战斗经验的列兵。此外，前线急需排级指挥官，于是保罗被送到朝鲜，分配到第2师，之后他设法混进了第23团，因为该团与汤姆所在的第2师第17团靠得最近，而且同属第10军。1月，保罗被调入

第九章　学会与志愿军打仗：双联隧道、原州和砥平里激战

第 23 团第 2 营。该营官兵都非常欢迎他，把负责迫击炮和机关枪之类的重武器排交给他指挥，可保罗请求担任 G 连某步兵排排长。原因很简单，这个排的阵地最接近汤姆那个团。

保罗的举动令人不可思议，营部的人认为他是一个疯子。一个军官对他说："麦吉，难道你疯了吗？我们每天都会损失步兵连的排长。重武器排情况则大不一样。这是全营最好的差事，你的身边火力强大，而且经常是在距前线三四万英尺的后方。"麦吉回答说不行。他知道这些，但他想站到最前线，指挥那些真正想在自己手下打仗的人，他想和第 17 团待在一起。那天晚上，他给哥哥汤姆捎了口信，汤姆马上便乘坐吉普车跑来看他。"你疯了，怎么跑到这里来了？"汤姆问保罗。"我来这里，就是为了把你带出这个鬼地方。"保罗说。"兄弟，你肯定得后悔，这里每天都死人，你真应该待在家里啊。"[2] 汤姆劝解道。保罗·麦吉就这样成了 G 连 3 排排长，负责防御砥平里约 500 码长的一段阵地——大概五个足球场大小。

保罗在阵地等待着。他知道，中国人发起进攻的时间即将到来。在过去的几天里，他多次派出巡逻队。很明显，敌人的活动每天都在增加，而他们的巡逻范围日渐缩小。他还听到传言，任何部队不得撤离砥平里，这就表明，他们只能坚守阵地，战斗到底。他终于能够感受战争了。2 月 13 日，他得到通知，中国军队可能在当晚发动进攻。

G 连的阵地很不理想，比其他防御阵地突前很多，而且地势更低，正对 397 号高地。他们知道中国人就在这座山上。汉堡说，397 号高地实际上延伸出一个山脊。这个山脊就像一根手指，一直插到 G 连的阵地，把阵地和这座山连到一起。因此，这个山脊就变成了一条天然的通道，中国人可以直接从山顶冲进 G 连阵地。在等待开战的那段时间里，麦吉压根没想到过，战斗中最激烈的场面就出现在他镇守的地段。同样，他也没有想到，营长爱德华兹在战后的报告中居然把防御圈的这个部分称为"麦吉山"。

麦吉带领的第 3 排共有 46 人。他们看似精兵，可新来的麦吉还无从知道他们的底细。他检查过四个散兵坑，按照他的要求，必须超过 4 英尺深。他挖的散兵坑非常漂亮：4 英尺宽、6 英尺长、约 6 英尺深，而且还挖出一

个射击台，他可以蹲在里面，只要时机到来，他就可以站起来还击。唯一让他感到遗憾的是，整座山是一座秃山，找不到任何树木或是残枝败叶，因此无法为散兵坑设置伪装和遮挡。这样，进攻方可能会把手榴弹直接扔进散兵坑。更糟糕的是，尽管第23团防御圈的大部分区段均已设置铁丝网，但到G连阵地前就没有了。G连1排前面架起了双层围栏，但麦吉的阵地前没有。当时，无论是防空力量还是铁丝网，只要是能用得上的，全部优先补给原州守军。

麦吉虽说对缺少最关键的防御设施不高兴，但还是接受了现实。这是命令，战士的天职就是接受命令。如果要在完美世界里打一场完美的战斗，那就应该什么都不缺，不仅不缺少铁丝网，还要有足够的木料遮挡散兵坑、用不尽的地雷和好得不能再好的通讯状况。但是，这既不是理想的战场，也不是理想的战斗，而是地狱般的荒山野岭，是一场残酷艰难的战斗。实际上，大多数现实世界中的战争都是如此。

团里一些工兵来到阵地上，制作了两个定向地雷。每个地雷加入55加仑火药，再充入固体燃油。不过，要使这些自制地雷成为致命武器，还需要一个稳定可靠的引爆器。定向地雷是一种威力无穷的武器，但毕竟只是一次性武器，不可能取代可以一直竖在前面的铁丝网。后来，这两个定向地雷都没有爆炸，麦吉认为，可能是工兵没有处理好引爆器的原因。工兵还制作了一些地雷：用铁丝把几个手榴弹捆在一起，拔出它们的拉线，把点火器塞进一个罐头盒，然后从罐头盒里引出一根线到散兵坑里。只要散兵坑里的人拉动线，手榴弹就会爆炸。

不出意料，13日夜里，中国军队首先发起进攻。晚上10点，麦吉听到军号声响起。他们开始冲锋逼近！有人曾说，中国军队就像人浪一样，但这么说也许并不完全恰当，实际上最初只是很小的波浪，随后越来越大，一轮大过一轮；第一轮进攻可能只是一个班，然后是一个排，随后就变成一个连。很明显，为了找出每一个美军阵地，他们不惜任何代价，即便牺牲生命。麦吉认为，第一夜的情况很顺利。为了节省弹药，他一直命令手下不要听到声音就开火，必须真看到敌人后才能开枪。拂晓到来时，阵地

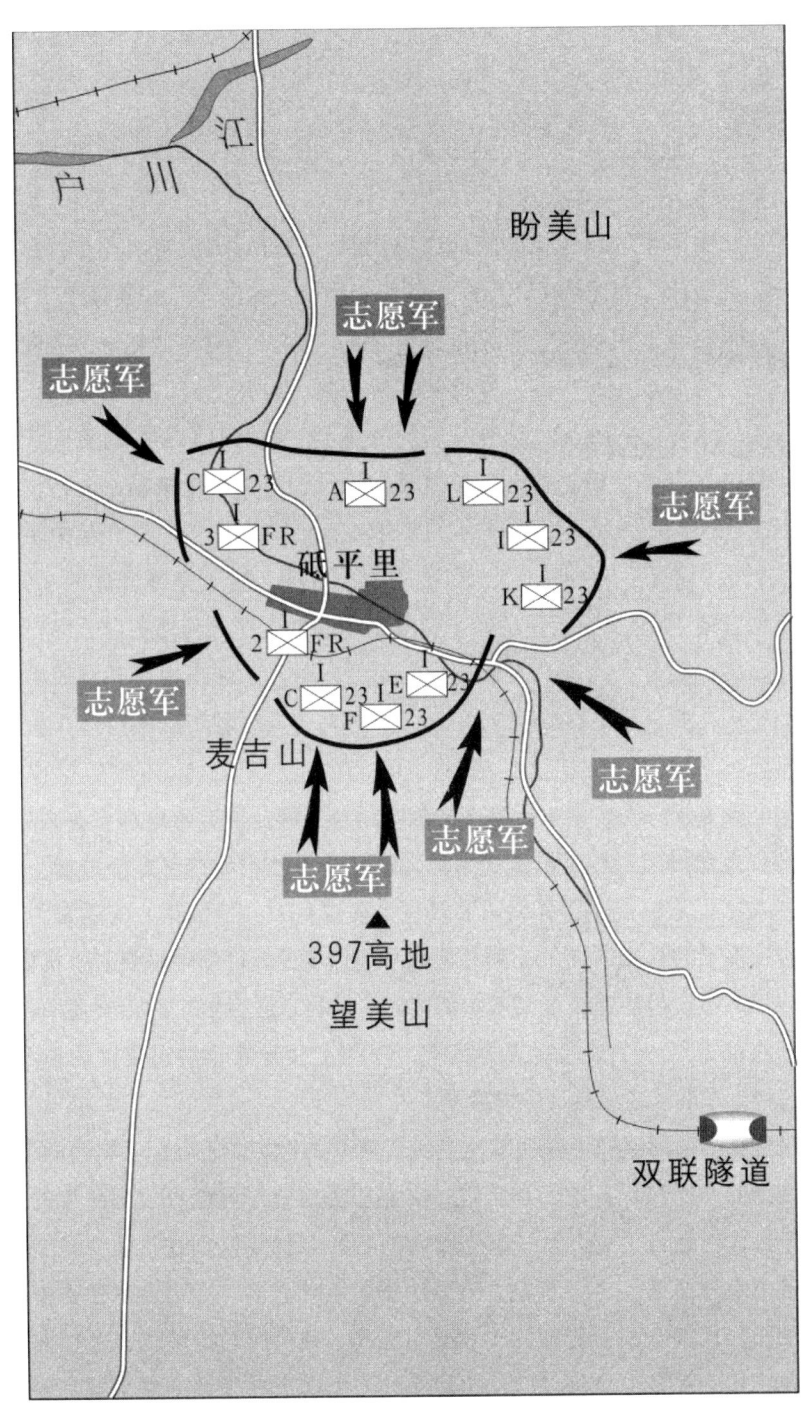

图 22　砥平里之战，1951 年 2 月 13—14 日

周围横七竖八地堆着中国士兵的尸体，可无人突破美军的阵地。麦吉没有损失一兵一将。

然而，中国军队就在他的阵地中央找到一个盲点，或者叫死点。那是一段干涸的河床，大约有4英尺深，就像一个巨大的沟渠，好像直接从397号高地延伸出来，而且恰好到达G连阵地的上方。它实际上是一个通向G连阵地的天然路线，给中国人直抵麦吉所在的小山脚下提供了绝好的火力掩护。中国人绝对找不到比这更有利的战场了，如果他们早知道有一天要在这里作战，也许会挖一条这样的沟渠。14日的黎明渐渐来临，麦吉注意到一些中国士兵正在靠近河床的入口。于是，他命令比尔·克卢茨中士往那里发射火箭弹。克卢茨的第一炮击中了一棵树。借着炮弹爆炸的火光，他们看到大约40个中国士兵从掩护树丛中站起来，穿过阵地正前方的一片平地往回跑。于是，美国人用机关枪向他们扫射，子弹击中了开阔地中的大多数中国士兵。现在他们可以肯定，中国人一直想利用这条河床作为进攻的掩护。

弗里曼上校认为，第一天晚上的战斗还算顺利。所有阵地都没有丢失，人员伤亡也少得出奇。弗里曼清楚地知道，如果他不能控制整个战局：那么中国人就将掌控，关键看他们愿意投入多少兵力。他最担心的还是弹药补给。进攻方的兵力太强大了，不管他手下有多少人，都难以与对手抗衡。空军一直试图多扔炸弹，可大多数都偏离了目标。联合国军的士气还不错，这在围攻战中是一个极端重要的因素。他的士兵好像非常渴望这场战斗，急于找到为军隅里之战复仇的机会。

弗里曼整晚都辗转于各个阵地之间督导下级。如果还有什么软肋的话，那就是南侧和西南侧阵地，在这里，G连和法国营很可能将成为敌人的主要攻击目标。他告诉第2营（G连所在的营）营长爱德华兹，他会马上派遣预备队前来增援。14日拂晓，一枚中国的120毫米口径迫击炮弹击中第23团团部，团情报科长舒梅克少校身负重伤，几小时之后死亡，包括弗里曼在内的几名军官也身负轻伤。一块小弹片划伤了弗里曼的左小腿，那时这根本算不上受伤。炮击发生时，弗里曼正躺在帆布床上，刚调换了一下

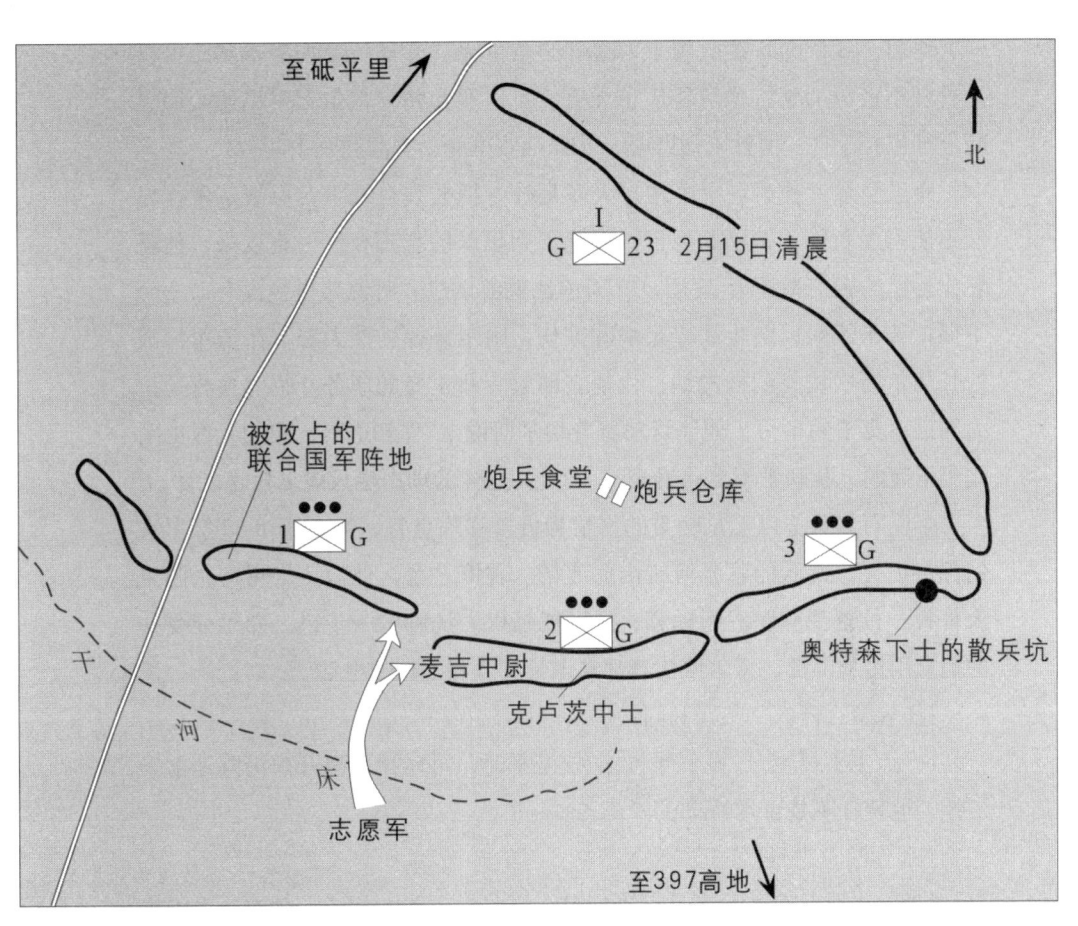

图23 麦吉山，1951年2月13—15日

头和脚的位置。后来，他和好朋友、副团长梅扎尔中校开玩笑说，如果他当时没有调换一下姿势的话，不知道会发生什么。

他们一致认为，在战场上，运气必不可少。弗里曼的伤势不重，可要是处理不及时的话，也可能后患无穷。军医罗伯特·霍尔上尉迅速给弗里曼进行包扎，打了两针阿司匹林，并告诉弗里曼，有问题马上叫他。

弗里曼继续视察前沿阵地，大多是挂着拐杖独自视察，但阿尔蒙德显然不能忍受负伤，并以此为借口解除了弗里曼的指挥权。一直以来，他就想让自己的亲信指挥第23团，几天前他就尝试过。听说弗里曼没有命令部下保持袜子干燥以防止战壕足病和冻伤，阿尔蒙德勃然大怒，派遣军作战处长切尔斯中校找到拉夫纳，让他立即解除弗里曼的职务。临阵换将是拉夫纳最不想干的事情，他惊讶地看着切尔斯说："你知道吗？我的无线电刚刚出了问题，我联系不上弗里曼。"不过，这样的理由也只能是权宜之计。

听说阿尔蒙德以无足轻重的伤情为借口临阵更将，第23团的高级军官们都很愤怒，部队的紧张情绪由此递增。震惊之余，他们认为用一个陌生人替换一位备受尊重的指挥官，很可能是权力洗牌的一步棋。弗里曼受伤的消息刚传到师部，霍尔便接到师参谋长艾普利上校的电话。

"伤势怎么样？"艾普利问。

"一点也不严重，"霍尔回答，"要是平时，可以让他离开前沿阵地前去治疗。但现在不是正常情况。"

"那你的意思是？"

"哦，这里很艰苦，而且正进行着一场非常艰苦的战斗，只有他才能把第23团团结到一起。我们已经被包围了，很快还将面临弹药短缺的问题。士兵们不相信空投弹药能解决问题，可他们绝对相信弗里曼，坚信他能带大家杀出去；第23团都相信这个，因为弗里曼曾经成功带领大家突围。我相信，如果没有弗里曼，第23团将不会是现在的这个第23团。让他离开前沿阵地不仅毫无必要，而且也是将士们不想看到的事情。"

霍尔马上意识到，自己说得太直白了。因为他感觉到，艾普利的声音有点发抖，非常激动、几乎是愤怒：一个外科医生居然敢教他如何处理军事问题。

"你竟敢教我战术问题！在这一点上，我们不需要你的意见，我只想问你有关医疗诊断的问题。我只想知道他的伤口到底有多深，这就是我要你回答的问题。"

可霍尔并不这样想，他觉得自己还应再放一炮。他毕竟不是小伙子了，无暇介入师里或军里的政治斗争。"二战"期间，他是一名战地医生，参加过突出部战役，后来退伍行医；朝鲜战争爆发时，他主动请缨重新入伍参战。第2师在军隅里遭到伏击后，他又自愿加入第2师，因为他有很多好友在那次战役中牺牲。他所做的一切，都是出自一种很原始的忠诚感。现在他认为，同样的忠诚让他理应直言不讳。再说，还有谁能比军医更了解一个部队的情感呢？因为，士兵往往只会向他诉说那些永远不能告诉其他军官的心里话。于是，他继续劝说艾普利，这个团比其他团更信任自己的团长——只有他的存在和领导，才能给他们带来力量和尊严。如果这时让他离开，肯定会挫伤全团的士气，这是极其危险的事情；艾普利气愤地挂断了电话。霍尔知道，他们肯定会想方设法撤掉弗里曼的职务。[3]

弗里曼得到消息后愤怒无比，这是他的战斗、他的团，他不想离开。军中有条不成文的规律：临阵换将最不可取。弗里曼打电话给师部说："既然我把他们带到这里，就要把他们带出去。"他试图说服拉夫纳收回成命，但是，在阿尔蒙德与弗里曼的斗争中，拉夫纳永远是软弱无力的。最后，弗里曼把问题推给了他比较信任的斯图尔特。他告诉斯图尔特，他不想放弃指挥权，或是被转移到后方，而且撤职对他来说是一个莫大的耻辱，无异于事业的终结。斯图尔特深知，弗里曼说得不无道理，因此他颇带同情地听着。最后，弗里曼意识到，自己别无选择。如果拒不执行命令，即使不会破坏他的职业生涯，也极有可能招致严重后果。在军队中，命令如山，不可抵抗。

第二天，当切尔斯乘飞机抵达砥平里时，弗里曼没有出现在小飞机场——他不想搭乘这架飞机离开前沿阵地。这架飞机本是用来运走伤员的，不是带走即将离职的团长的。飞机着陆时，中国人的迫击炮炮弹正好落在跑道上，因此飞机必须马上离开。此时，第23团有两个团长。多年之后，弗里曼说："我告诉切尔斯，在我离开之前，最好找个地方藏起来，不要影响我的指挥。"[4] 于是，胆小如鼠的切尔斯躲到阵地后方，让弗里曼在14日夜里和15日的大半个上午继续执行团长的指挥权。15日中午，切尔斯终于正式接手第23团。但是，他还是让相对而言更为了解下级的副团长梅扎尔继续扮演弗里曼的角色。

第九章　学会与志愿军打仗：双联隧道、原州和砥平里激战

八

李奇微曾向弗里曼承诺，如果中国人发动全面进攻，他就会派出援兵，他说到做到。他准备派英国旅和马塞尔·柯罗姆贝茨上校指挥的第 1 骑兵师第 5 团。但援兵永远不会马上到达。英国旅出发通往砥平里的道路还算可以，但在途中遭遇大批中国人的阻击，很快便被包围，守在阵地里止步不前，变成了另一支需要救援的被困部队。于是，临近的第 9 军军长布莱恩特·穆尔少将命令柯罗姆贝茨立即赶往砥平里。

部队的头衔往往被弄混：第 1 骑兵师不是骑马行军的骑兵师，而陆军中的飞行军，是正规的步兵师；隶属于第 1 骑兵师的第 5 团是一个装甲团，是第 9 军的预备队，一直驻扎在原州附近的一个基地。在第一次开往砥平里实施增援时，柯罗姆贝茨上校的部队有 23 辆坦克、3 个步兵营、2 个野战炮兵营和 1 个工兵连。这是一支不可小视的部队，而且柯罗姆贝茨还将拥有更强的火力。此外，一旦遇到紧急情况，还有空中力量掩护他。

柯罗姆贝茨最初是在 2 月 14 日早上听说这项任务的。当时，穆尔少将打电话告诉他，他可能要去增援弗里曼的部队。下午 4 点，穆尔再次来电告诉他，当夜他务必出发，紧急救援弗里曼的第 23 团；他对柯罗姆贝茨说："我知道你能行。"[1] 一个小时之后，第 1 骑兵师师长查尔斯·帕尔默少将来到柯罗姆贝茨的团部正式下达命令。

柯罗姆贝茨是一个备受争议的人。他衣着笔挺,喜欢系一条黄色围巾(似乎要到中西部和印第安人打仗一样)，头盔上画着一只特大号的雄鹰，还像李奇微一样在腰带上挂着一颗手雷。他随手携带一个蓝色骰子，和手下人说话时，他喜欢上下摇晃这个骰子，然后告诉他们，务必清楚何时运用自己的骰子，意思就是说：一个优秀的指挥官应该对战斗具有灵敏的第六感，应该知道在什么时候出击。可是他的一些部下却认为，他打仗时可不像说的那样有锐气。他一直搞自创的神秘主义，只不过这种神秘主义不是在战场上形成的。有些人认为，他太过于沽名钓誉，太想得到一颗星了（晋升

为准将），因此很少关心部下。布莱尔引用一个西点军校毕业生的话说："他很勇敢，但不专业。"

做完出发准备时已是14日很晚的时候了。天色已黑，显然不是行军的理想时间，因为中国人很可能已经在路边埋伏好了。第一天夜里，柯罗姆贝茨率部顺利抵达砥平里以南约10英里的原州。由于汉江大桥被炸毁，部队就地休息，工兵迅速在炸毁的大桥旁搭建了一条临时浮桥。工兵费了整个14日晚上才恢复汉江的通行，坦克通过曲水里（距离砥平里约5英里）附近一条小河上被炸坏的桥梁缓慢过江。15日凌晨，该团重新起程。弗里曼一直通过无线电关注着柯罗姆贝茨的行程。他清楚地意识到，任何救援部队都不可能在14日到达目的地。与此同时，从14日夜里到15日凌晨，砥平里最激烈的战斗还在进行。由于增援部队的推进速度远比预想的缓慢，于是弗里曼请求空中火力支援，结果却未能如愿，因为此时空军正忙于增援原州战场，无暇顾及砥平里。他们唯一等到的就是一架轻型侦察机（战士们把它称作"萤火虫"）在战场上空扔下了一颗照明弹。弗里曼后来回忆说，这颗照明弹让整个战场为之一亮，因为它把"黑夜变成了白昼"。他知道，在增援部队到达之前，他的部队恐怕还要再坚守一个晚上。

在有关朝鲜战争的记载中，很少有哪个事件像柯罗姆贝茨的砥平里救援行动这样引人争议。他的确是按时到达砥平里，并且是按李奇微的指示去做的，但是很多参战人员认为，他没必要那么不惜一切代价。他的鲁莽简直就是视士兵的生命如草芥，给部下带来了大量不必要的损失。他擅自扩大救援的范围，对部下缺乏最起码的关心和应有的尊重，这不仅激怒了很多幸存者，而且很多史学家在研究这段历史时都持极端批评的态度。他们认为，柯罗姆贝茨完全可以用更少的人员伤亡换取同样的结果。此外，他们对这位增援部队指挥官的个人英雄主义也提出了疑问。

这触及战争状态下一个有关指挥的严峻问题：在一场至关重要的战斗中，最基本的胜利能成为掩盖其他一切失误和纰漏的借口吗？只要成功，你就能逃避对其他问题需要承担的责任吗？

15日早晨，柯罗姆贝茨在曲水里遭到中国部队的猛烈阻击。他命令部

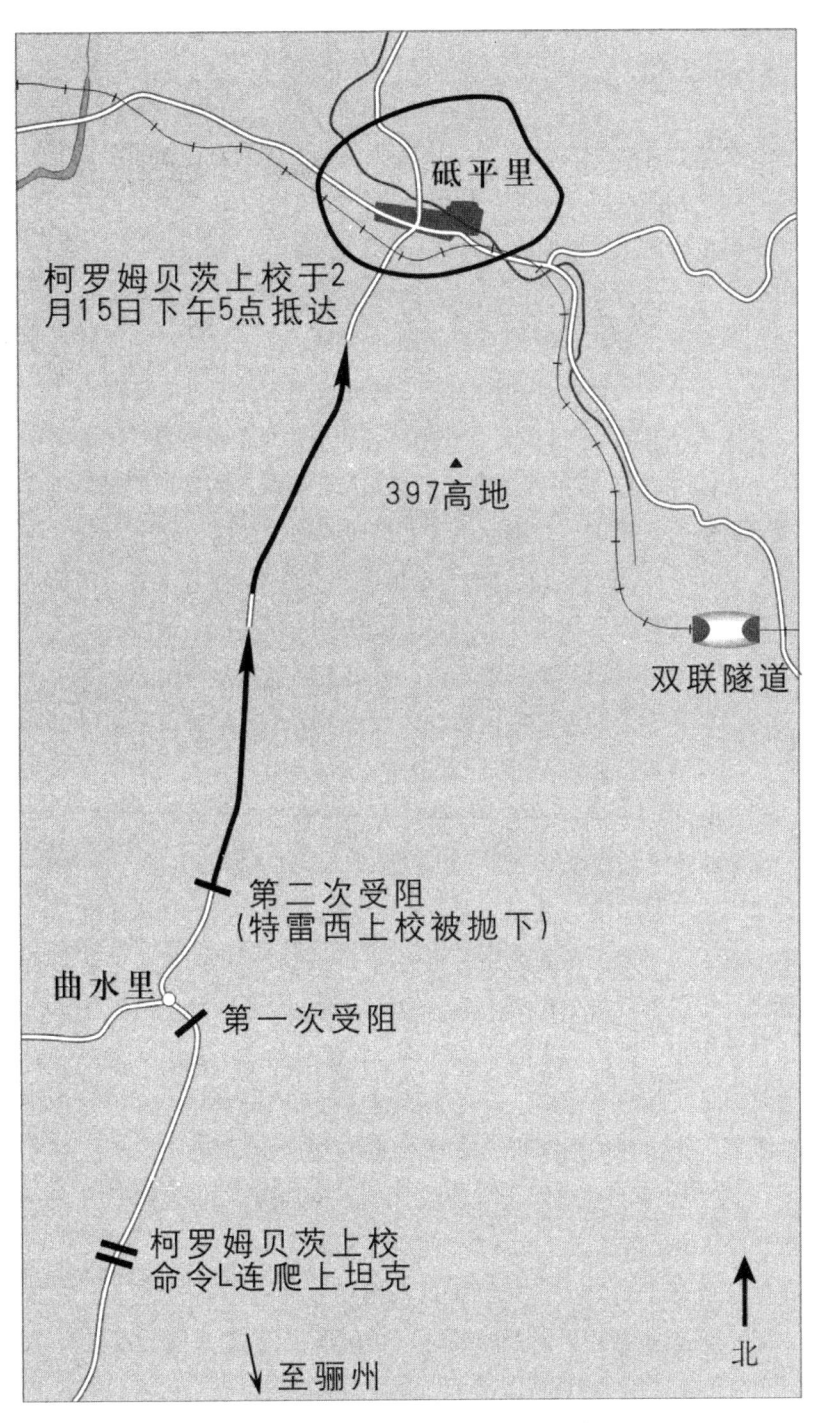

图24 柯罗姆贝茨特遣队，1951年2月14—15日

下在道路两侧行进,但部队的前进速度明显减慢。当时,他的坦克能否按时到达还无从知晓。中午时分,柯罗姆贝茨收到第23团发来的信息(当时已由切尔斯指挥):"尽快抵达,无论如何速到。"[2]

他的上司从一开始就反复强调此次增援的重要性。第9军军长穆尔将军亲自面授旨意,要求柯罗姆贝茨必须在傍晚之前到达砥平里;脾气暴躁的帕尔默将军和被困部队所在师的拉夫纳师长也对他千叮咛万嘱咐。这三个人几乎是在恳求他尽快出发、尽快到达。柯罗姆贝茨信誓旦旦地承诺:"我会尽力而为。"最后,帕尔默将军甚至乘坐直升机亲自约见柯罗姆贝茨,检查增援部队的行进情况,并询问他到底何时到达。那时,这个提醒实际上已经毫无意义了。柯罗姆贝茨向帕尔默保证"我们肯定会在天黑之前到达"。之后,帕尔默还请柯罗姆贝茨一起坐上直升机,检查这个地区的情况。他们在飞机上看到所有道路都畅通无阻,但山上到处都是中国人。坚守砥平里是李奇微的决定,因为这对他的整体战略至关重要。所以,柯罗姆贝茨压力极大,必须突破阻截尽快赶到砥平里。每个人都在承受着巨大的压力。

从战斗开始那一刻起,李奇微就认为,整个战争的趋势将依赖于这场战斗的结果:美军和联合国军越早显示出他们压制志愿军人数优势的能力,就会越早迎来其他战斗的胜利。现在最关键的并不是某个具体地区,而是全军的心态。如果弗里曼和现在的切尔斯能守住砥平里,那么这就将成为一个标志,可以告诉每个作战人员:这场战争的一个新阶段到来了,还能以此重拾军隅里一战中丧失的心理优势。在随后的几个月里,李奇微决心重新调整部署,改善作战条件——为官兵提供更可口的食品、更暖和的衣服、更好的武器、更出色的指挥官。同时,他决定进一步加大火炮和空中打击的力度,将中国士兵的生命陷于危难之中。但当前重要,也是最迫切的任务,就是转变部队的思维模式。

在前往砥平里的路上,柯罗姆贝茨给切尔斯打电话说,他无法带领全部人员、卡车和急救物资及时到达。切尔斯回答:"来吧,有没有车队都行。"[3] 于是,柯罗姆贝茨做出了一个惊人的决定、一个让他后来备受诟病的决定。他把前往砥平里的增援变成了一场装甲突袭。柯罗姆贝茨把非

第九章 学会与志愿军打仗：双联隧道、原州和砥平里激战

装甲部队剔除在外，把三个营缩编为一支规模更小的队伍：他只带了坦克和工兵，他需要这些工兵协助清除地雷（中国人埋设地雷的技术很高）。此外，他还要求一个连的步兵扔掉全部负重，站到坦克上，摆出一副置生死于不顾的决战姿态（让其他官兵乃至后来历史学家倍感困惑的正是这个让步兵站在坦克炮塔上的决定）。

他让L连登上坦克车，该连的连长是约翰·巴莱特上尉，总共160人。听到这个决定后，担任此次增援部队步兵营营长的埃德加·特雷西中校非常震惊，因为它违背了陆军作战的基本原则：如果中国人持续向车队开火，那么坦克炮塔上的步兵只有蹲坐下来才有可能避开对方的机枪和迫击炮射击。无论是特雷西还是巴莱特都反对这项命令，他们认为，如果那样做的话，伤亡将极其惨重。不但坐在坦克上的士兵极易被敌人击中，而且一旦坦克的上部炮台温度升高，很可能会点燃士兵的衣服。此外，炮塔旋转时也会把人撞下去。大多数人（当然是研究这段历史的史学家）认为，应该让坦克在前面开道，步兵和工兵坐在后面的车里。这样，他们或许可以加大油门，快速冲过封锁线。[4] 退一步讲，即使步兵下车，他们的指挥官还可以和坦克部队指挥官保持联系，坦克车在护送其他车辆冲出包围后，还可以回头掩护步兵。

柯罗姆贝茨和特雷西之间由来已久的矛盾让此次冲突异常尖锐，也导致随后发生的事情备受指责，甚至引发众怒。同样毕业于西点军校的柯罗姆贝茨和特雷西是截然相反的两类人，职业生涯更是相去甚远。柯罗姆贝茨出生于比利时，早年来到美国，1919年入伍，曾被派到西点军校学习，并于1925年毕业。他一直保留着非常浓重的外国口音，在同学眼里，他冷酷严厉，热衷于追求军衔。很多人私下里评价，年轻时的柯罗姆贝茨什么都没做，却什么都想得到。"二战"开始时，他从西点军校毕业已16个年头：做低级指挥官年纪太大，做高级指挥官又不够格。"二战"的大部分时间里，他一直在国内培训部队。战争结束时，他终于混到了上校军衔，但和大多数军人一样，战后又被降为中校。

"二战"结束后，柯罗姆贝茨终于如愿以偿地成为指挥官，分别指挥过

驻韩美军第7师的两个不同的团。他的部下认为，他是一个刁钻刻薄、凶悍严厉的人，喜欢吹毛求疵，一点点把柄都会被他变成天大的事。在朝鲜战争前，他的兴趣不在带兵打仗上面。比如说，他一直让部队驻扎在开城城外，因为城里有很多妓女。尽管军队有军队的纪律，但有些人总有办法逃过上司的眼睛，比如让妓女乔装成韩国士兵偷偷混进军营。有一次，柯罗姆贝茨来到一个连，在连部大发雷霆，因为在一些美国兵买春的那个小店里，各种待售糖果摆放得很不整齐。[5]

然而他从未放弃过对仕途的追求，1949年，他终于再度被晋升为上校。朝鲜战争开始时，柯罗姆贝茨指挥骑5团。他的位子并不稳固，因为李奇微一直想起用年轻人担任团长。作为年纪最大的团长，柯罗姆贝茨显然是被派往他处的首选对象，如果真是那样的话，他的将军梦就彻底破碎了。这种状况确实有点尴尬，对于一个始终野心勃勃的军官来说更难以接受。

特雷西的情况恰好与柯罗姆贝茨相反，年轻有为的他比柯罗姆贝茨晚毕业十年，却与柯罗姆贝茨职位相同。他是那种招人喜欢的年轻人，与军里的各级军官关系密切，在营里也非常受欢迎。至于他们两人之间的交恶，或许是因为这个年轻人凭借个人魅力和上司的赏识而平步青云，地位来得太轻松、太容易；也可能是像很多人传说的那样，特雷西所在的军衔评审委员会在"二战"结束时把柯罗姆贝茨的军衔降为中校，没有人知道确切的原因是什么。从洛东江战役开始，他们之间的紧张对立就尽人皆知了，当时，特雷西还是柯罗姆贝茨手下的一名营长。

在9月中旬战斗最艰难的时刻，他们之间的矛盾达到了水火不容的地步。那时，他们同在大邱，参加争夺174号高地的拉锯战，柯罗姆贝茨曾三次命令特雷西带人冲上山顶，但最后一次特雷西拒绝执行命令——他认为这样无异于自杀。朝鲜人已经在山顶修筑了坚固的工事，并且火力凶猛、连续两次打退他们的进攻，每次都给美军造成严重伤亡。所以，当柯罗姆贝茨命令特雷西率领I连攻打该高地时，特雷西拒绝了，"敌人知道我们要上去，他们已经做好了一切准备。I连是这个团最精锐的部队，甚至是整个第8集团军的主力部队，如果被敌人吃掉，那就等于把战斗力最强大的连队送到

第九章 学会与志愿军打仗:双联隧道、原州和砥平里激战

了地狱"。[6]

但柯罗姆贝茨坚持己见。于是,他们只好再一次向山顶发起进攻,最终以惨重的代价夺取该高地,可没过多久,便再次被凶猛的朝鲜人赶下山。因此,当柯罗姆贝茨又命令特雷西夺回174号高地时,换成了连长诺曼·艾伦上尉拒绝执行命令。他对特雷西说:"上校,我觉得我们根本就没有必要这么做,您更没有必要这么做。不过,您可以直接向团里报告,I连拒绝执行命令!"艾伦对当时的情形记忆犹新:特雷西疲惫不堪地转向他说:"你说得对,诺曼。我明白,我也拒绝执行了!"[7]

然后,艾伦问特雷西,前天他在174号高地上干什么——作为一名营长,他一直在亲自带兵冲锋,执行最危险的任务,这显然不是营长该做的事。特雷西告诉他,四天前他的营还有近900人,现在只剩下292人。他对艾伦说:"如果再命令我去攻打174号高地的话,我肯定会拒绝,我不想因为个人软弱而失去部队!"他果真拒绝了柯罗姆贝茨的下一道命令。艾伦后来听说,柯罗姆贝茨当着其他营长的面批评他是懦夫。但这显然不是特雷西关注的事情,他关注的是,如何在一场旷日持久的战争中,不让士兵在无谓的进攻中丧命。

那天夜里,有些军官注意到,特雷西睡觉前似乎一直在喃喃自语。最初,他们以为特雷西是在祈祷。一名军官问特雷西是不是祷告"圣母玛利亚",他回答说不是。他在念叨每个阵亡战友的名字,祈求上帝原谅自己,因为他要为他们的死亡负责。

现在,在通往砥平里的路上,特雷西再次发现自己深陷险境——恳求这个承受着巨大压力而且一直与他为敌的上司,不要让自己的部下站在坦克上当肉靶子。抗议对柯罗姆贝茨毫无作用,他只做出一点点的让步:如果中国人的火力太猛,他可以停下坦克,让步兵跳下坦克。然后,他会用坦克的强大火力压制敌人;在继续前进之前,他会发出信号,让这些步兵爬上坦克。

特雷西说,他一定要和自己的士兵待在一起,他不能让手下去做不愿意做的事情。柯罗姆贝茨拒绝了这个请求,命令特雷西指挥其余部队,在

他打通道路之后带领剩余人员赶往砥平里。于是,L连的160名战士爬上了坦克车。

连长巴莱特和坦克连连长约翰尼·希斯负责发信号。如果坦克准备继续前进,希斯就用无线电通知巴莱特,给步兵留出重新爬上坦克的时间。由于无线电信号很差,再加上坦克发出的巨大噪声和战斗中的枪炮声,因此这些步兵能不能及时爬上坦克根本就没有一点保证。特雷西预感灾难即将到来,他告诉巴莱特每班要留下一个人,这样在完成任务之后,还可以重建L连。毫无疑问,他们做了最坏的打算。此外,特雷西还要求每个人给家里写了一封遗书。

于是,增援纵队出发了,每辆坦克之间保持50码左右的间距,依次出发、成一线前进,比较新的"巴顿"坦克开道,较为陈旧、炮塔转动不灵的"谢尔曼"坦克断后。柯罗姆贝茨坐在第五辆坦克的里面,关上舱盖;工兵坐在前四辆坦克上,负责排雷;L连的步兵坐在其他坦克上。每辆坦克上坐十人,最后四辆坦克不坐人;巴莱特上尉坐在第六辆坦克上。经过争取,特雷西上校可以带上一辆2.5吨重的卡车跟在坦克纵队队尾,用来搭载伤员。就在车队准备出发的一刹那,特雷西跳上第六辆坦克,和巴莱特骑在炮塔上。

在中途,坦克车队第一次停下,全体步兵都跳下炮塔。战斗开始进行得还算顺利,双方的交火并不是很激烈。柯罗姆贝茨似乎为坦克车和步兵队对中国军队的压制洋洋得意,他在无线电里兴奋地说道:"我们要打死数以百计的敌人!"但是,战斗还没有结束,柯罗姆贝茨指挥的坦克就开始忘乎所以,打完几炮的坦克没有向步兵发出任何信号,便开始继续前进了。大约30名士兵,其中包括一些伤者,被抛在后面。

坦克启动了,差一点就被扔下的巴莱特上尉蹲在炮塔上,大声向其他人喊话:"待在路边,别动!我们会回来救你们!"这是特雷西最担心的事情,因为中国人的火力越来越猛。巴莱特后来告诉布莱尔,在他们重新爬上坦克进行指挥时,特雷西声称,战争结束之后他会向军事法庭起诉柯罗姆贝茨。[8]随后,局面变得越来越糟糕。军事史学家马丁·布鲁曼森提到,离开曲古里一英里左右,敌人的火力更加猛烈。中国人占据道路两侧的山脊,

第九章　学会与志愿军打仗：双联隧道、原州和砥平里激战

居高临下地向他们开火。有些步兵跳下坦克，跑到坦克两侧50码开外。但是坦克突然再次没有任何预兆地向前开去。这次被扔下的伤员包括特雷西上校和一个名叫卡罗尔·埃弗雷斯特的中士。特雷西伤势轻微，嘴角被划了一个口子；埃弗雷斯特的伤势很重，子弹打中了他的膝盖。特雷西给埃弗雷斯特进行了简单包扎，然后把自己的急救包送给他。埃弗雷斯特记得，特雷西当时更担心其他掉队的士兵而非自己的安危。[9] 很快，中国士兵赶上来了，俘获了他们七个人。

对于那些毫无掩护的步兵，这场规模不大的战斗还算不上灾难。但坦克每次停下来向敌人开炮后，都会扔下更多的步兵。正如汉堡指出的那样，在匆忙赶往砥平里的一路上，到底有多少步兵掉队一直是个未解之谜——至少有70人，也可能是100人。

当中国人刚俘获他们的时候，埃弗雷斯特因伤势严重而无法行走，于是，特雷西背着他走了几英里。很快，中国人觉得埃弗雷斯特明显延缓了他们的行军速度，于是干脆强令把他扔到路上。战斗结束后，埃弗雷斯特挣扎着一路连滚带爬地回到营地，特雷西被带回朝鲜的战俘营。尽管伤口没有夺去他的性命，但特雷西的健康状况还是迅速恶化。巴莱特一直在密切关注着自己的营长。

后来，他从1953年返回美国的几名战俘嘴里得知，特雷西在被俘三个月之后死于战俘营。这些战俘告诉他，他的健康状况不断恶化，可他还经常把少得可怜的食物分给其他人。"我曾经为他申请过'国会荣誉勋章'，"巴莱特告诉布莱尔，"但是被柯罗姆贝茨否决了。"柯罗姆贝茨还在特雷西的个人档案里塞进一个批注，说特雷西违抗上级命令——简直令人震惊，这是对一个死去的军官骇人听闻的攻击。

九

再来看看砥平里南侧的防御圈。对于麦吉带领的第1排来说,战斗的第二个晚上异常艰苦。中国人找到了一条伸向美军阵地的通道,尽管这不是高速公路。这块面积不大的地方被分成两块,双方各占一半,互有攻守。在第二天晚上的战斗中,麦吉希望有更多的兵力,但是每个人都已经派上了战场,没有多余之兵可用了。

中国军队更容易从G连的阵地接近美国人的防御圈,他们一步步地向前推进。第二天晚上,他们的人越来越多,进攻时间也提前到了黄昏。军号再次吹响,中国人又开始一轮令人胆寒的进攻。麦吉认为,这次大约一个团的兵力向他们这个小小的阵地冲过来,很快就占领了两个散兵坑。这两个散兵坑在麦吉的右侧,属于临近的第1排。这就意味着,他的部队马上就将遭到中国机枪手从第1排所在位置的射击,而且这股火力将正好从中切断他的阵地。他给连长托马斯·希斯打了一个电话询问情况,希斯连长随即打电话给第1排排长。这个排长向希斯保证,第1排仍在坚守阵地,没有丢失一个散兵坑。希斯和麦吉哪里知道,这个胆小如鼠的军士长把指挥所设在山后的一个小茅屋里,没敢出来看看前方的阵地。

麦吉无法相信上司说第1排仍在坚守阵地,右侧敌人的火力越来越猛,更增加了他的怀疑。他再次拨通希斯的电话,这一次他说得非常具体:"我们右侧的一挺机枪一直在向我们开火,机枪的位置就在第1排的阵地。我敢肯定,那绝对不是我们的。"希斯再次给第1排的排长打电话,回答依然一样。于是,希斯告诉麦吉:"麦吉,我们的人还在那里。"后来麦吉认为,假如排里的军士告诉你,侧翼己方的阵地正在向你开火,那就必须找个人亲自去核实,必须有人对此负责。如果右侧一旦被敌人撕开防线,那是极其危险的。由于他的部队的右翼完全暴露在敌人的火力之下,因此侧翼火力带来的损失甚至要多于来自正面火力造成的伤亡。他自己非常恼火,因为另一个排的指挥官玩忽职守而让自己的人遭受了大量不必要的损失。

第九章　学会与志愿军打仗：双联隧道、原州和砥平里激战

中国人意识到他们发现了美军防线的薄弱点，因而攻得更加猛烈。他们用的是最原始的炸药。麦吉认为，只要有机会和他们交手，即使你打死对方，但他们的勇敢依然值得你敬佩。一名中国战士手持木棍匍匐前进，木棍的前端绑着炸药包；第一个人被打倒之后，马上会有第二个人顶替上来，继续前进，直至冲到美军阵地散兵坑的上方，引爆炸药。对方人员损失极其惨重，麦吉和他的部下一直在开火，打死了一个又一个爆破兵，而且越来越谨慎，他们不能浪费一发子弹。让他们感到惊奇的是，前面的人一旦倒下，马上就会有另一个人顶上来。

麦吉手下的一个班长詹姆斯·莫吉特受伤了，是被中国人扔进散兵坑的一颗手榴弹炸伤的。莫吉特跳出散兵坑大喊："麦吉中尉，我中弹了，我中弹了！"他最后跳进了麦吉的散兵坑，麦吉想办法让他平静下来。莫吉特终于说："不过我的伤不严重。"之后，他准备回到自己的散兵坑。就在这时，麦吉注意到，十几名中国士兵已经爬到该排阵地前方约20码处。散兵坑里的一个士兵高声喊麦吉的名字，麦吉觉得那应该是莫吉特的部下。"那是谁？"麦吉问身边端着勃朗宁自动步枪的士兵。对方回答："一个中国兵。"麦吉拿出一颗手雷，顺着山坡扔下去。手雷滚向山脚下的那个中国士兵，将他炸伤。那个人想沿着山坡滚下去，麦吉拿过勃朗宁自动步枪把他打死。

然而，战斗的天平很快偏向中国人。麦吉的防线越来越脆弱，守住阵地的关键之一就是摆在中间位置的一挺机关枪，负责这挺机关枪的是尤金·奥特森上士及其部下。中国人要冲到他们的阵地前必须通过一座小山，而这座小山恰好处在这挺机枪的射程之内。奥特森的机枪发挥了巨大的压制作用，因此，中国人从一开始就盯上了他的机枪。夜里，中国人打死了第一名机枪手，奥特森自己端起了机关枪；只要奥特森的机枪还能开火，麦吉的阵地就有保障。中国人像潮水一样，一波又一波地向他的阵地冲锋。奥特森一点也没有惊慌失措，他知道自己成了敌人的目标；他一直在开火，每一次只打出几发子弹，每一次都会有中国人倒下。毫无疑问，他和麦吉一样相信自己肯定要死在此地。在如此恐怖、震撼的时刻，奥特森的镇定和勇敢让麦吉感到惊叹，他认为，那才是真正的勇敢，那种勇敢发自内心深处

某个神秘地方，很少人能拥有这样的勇气之源。

凌晨 2 点左右，中国人把手榴弹扔进了奥特森的散兵坑，突然间，机枪哑火了。麦吉大声问身边的克卢茨中士："机枪怎么了？"克卢茨回答，中国人攻占了奥特森的阵地。奥特森死了（战斗结束后，人们没有找到他的尸体。他最终被列为战斗失踪人员）。这时，麦吉的左翼门户大开，中国人正从这个方向朝他冲过来。麦吉命令班长雷蒙德·贝内特下士带领手下夺回奥特森的阵地，因为该班的损失不是特别严重。贝内特很快就中弹了，一颗手榴弹炸掉他的半只手，随后又有一颗子弹击中他肩部，最后一块弹片打中了他头部；不过，他的部下还在继续挖临时战壕，以堵住奥特森阵地失守形成的缺口。

现在，麦吉的整个阵地岌岌可危。这里的防线漏洞百出，而且防守的人数极少。很多士兵受伤，他打电话到连部请求派担架队来，但那儿没有担架队。麦吉的弹药也所剩无几。第二天清晨，他们逐渐意识到，弹药不够了，无法保持射击频率。中国人肯定还会实施下一轮进攻；那时，这就像一场永无止境的战争中的一场永远不会结束的战斗。战争无止境，可弹药有绝期。空军在想办法为他们提供补给，用降落伞扔下了一箱又一箱弹药。由于防御圈非常狭小，再加上不想把弹药箱扔到敌人的阵地上，空投数量开始不断缩减。由于寒冬的地面异常坚硬，而且到处是岩石，很多弹药箱在扔到坚硬的地面时都被摔得七零八散。弹壳变形会卡住弹仓，这就让麦吉的勃朗宁自动步枪经常卡壳；麦吉用随身带的一把折叠弹簧刀一次次地撬出被夹住的弹壳，可枪还是经常卡壳。最后，他愤怒地把弹簧刀甩了出去，再也没能找到。

麦吉的通信员一等兵克莱塔斯·因蒙一直守在麦吉旁边的散兵坑里。他拿出自己的水果刀递给麦吉，但水果刀对于弹仓来说太大了。麦吉只好不情愿地扔下了勃朗宁自动步枪，端起自己的卡宾枪。这种枪很少有人喜欢用，但在这样的战斗中，他觉得卡宾枪也不错。M-1 的射程很远，但现在几乎就是面对面的肉搏战，双方距离最近时只有二三十码。但是，卡宾枪也开始捉弄他，天气太冷让枪无法正常使用，枪膛内的润滑油已经凝固，枪栓经

第九章　学会与志愿军打仗：双联隧道、原州和砥平里激战　　597

常无法拉到位。就在手里的卡宾枪再一次卡住的时候，他看见一名中国士兵向自己冲过来，他用尽全身力气拉出枪栓，举枪射击，对方应声而倒。

　　现在，中国人占领了他右侧的阵地，第 1 排已经被消灭。早晨的时候，左翼第 2 排没有通知他就撤退了，这意味着麦吉的第 3 排现在完全暴露在敌人的火力之下。实际上，他们被彻底包围了。拂晓时分，麦吉突然有一种感觉，或许是一种直觉，只要自己的第 3 排还有人在，他们就能为整个第 23 团的生存留下一线希望，他们是整个团的救命法宝，坚守的时间越长，第 23 团幸存下来的希望就越大。一旦中国人突破他们的防线，占领整个阵地，就可以通过这里长驱直入，对防线中的其他薄弱环节发起攻击。这个想法（他的上司也对此表示同意）不仅依赖于他对火力密集程度的观察以及从其他阵地传来的零星消息，而且还有赖于他正确地感觉到 G 连是第 23 团防线上最薄弱的环节。每次他手里的武器不听使唤时，他就感觉到，这场战斗越来越不利于自己。一旦中国人攻克自己的阵地，他们就会像一把巨大的尖刀，直插第 23 团心脏地带。到凌晨 2 点时，他考虑还要几个小时才会天亮，而且知道他们守不了多少时间了。

　　像这样的战斗，即使是小部队参战，也不可能是静态的。后来在"麦吉山"上展开的战斗就是一个典型。美军丢失的每一个散兵坑，马上就变成中国人的散兵坑，就会有更多的中国士兵冲上山，这又会危及其他的散兵坑，这样美国人的防守变得越来越吃力，中国人的进攻则越来越轻松。麦吉的通信员因蒙认为，他从来没有像那天晚上那样，看到过这么多的中国士兵。黑夜里也看得非常清楚，因为双方的距离实在太近了。他感觉，那就像一支没有尽头的军队，从中国中部的某个地方出发，也许在几千英里之外，也许更远，一路延伸到朝鲜，延伸到他们面前的小河床，这就是这条线的另一个尽头。

　　那天夜晚之前，因蒙还一直以为他是美国陆军最幸运的士兵之一。因蒙是一个来自肯塔基州加莱特的农村小伙子。他参军的目的很直接，他的一个高中同学战死在朝鲜战场，不知道出于什么原因，因蒙觉得对这个同学有一种负疚感，于是他决定来朝鲜为自己的同学报仇。在诺克斯堡结束了基础训练之后，因蒙吃完感恩节大餐，便启程随部队开赴朝鲜。他们乘坐卡车一路北上，来到驻扎在清川江附近的第 23 团，他被分配到 G 连。这是一条他们在肯塔基从来没有听说过的河流。在北进的路上，一名中尉拦住他们的去路，说所有部队不能继续北进，因为第 23 团已经被切断退路，没人能到达那里。

信教的因蒙从不喝酒。他觉得是上帝救了他这一命，如果他再早到几天，在中国军队发起第一轮进攻的时候，他肯定就已经在那里了。他认为，这样的话，自己必死无疑。

他还确信上帝一直在庇护自己，因为他有幸加入了一个拥有像麦吉和克卢茨这样战友的连队。他们不仅深谙战术，还善于把这些传授给新人。能在半个世纪后还记得的事情应该是很神奇的事情，克卢茨在清川江战役前教他如何对付中国人的那一幕，因蒙的确记忆犹新。克卢茨告诉他，中国人是非常优秀的战士，谨慎细致，喜欢偷偷摸到距离你的散兵坑非常近的地方，然后趴在地上，一动不动听着你的 M-1 卡宾枪击发子弹时发出的声音。一梭子弹打完时，M-1 卡宾枪会发出一种特殊的声响，他们会在你更换弹夹的时候迅速向你冲过来。就是说，你必须以最快的速度换上新弹夹。麦吉也告诉因蒙，他把因蒙选作通信员就是因为相信因蒙不会被敌人打倒。有些人认为当通信员是一件非常危险的差事，因蒙却觉得这项任务非常不错，因为你不必背着无线电电台到处乱跑，让自己成为敌人的绝佳射击目标。

第二天夜里，他开始执勤，和三个战士待在靠近麦吉的散兵坑里。他还记得，一个是菲律宾人，一个是刚入伍的年轻人，甚至还不会用武器，第三个人没给他留下任何印象。这三个人都在夜里的战斗中身亡。因蒙不知道那个新兵的名字，只记得那套崭新的军服没有一点皱褶，没有一点污迹。第二天看到他的时候，那套衣服已经被鲜血浸透了。

那天晚上，因蒙一直拿着勃朗宁自动步枪。后来，他跑到麦吉的散兵坑里。夜里，可能是在 1 点左右，他的运气终于跑光了；因蒙突然听到"嗖"的一声，他被击中了。他抓住自己的脸，一个弹片击中了他的脸部，鲜血涌出。他完全失控了，表现得极不冷静，后来他还对这件事情表示惭愧。"我被打

第九章 学会与志愿军打仗：双联隧道、原州和砥平里激战

中了！我中弹了！麦吉，快把我送下山！快，把我送下去！"他惊声尖叫。

"因蒙，冷静，"麦吉说，"静下来，你能不大喊大叫吗？他们会听到的。马上趴下！我们帮你处理！"麦吉叫来旁边散兵坑里的克卢茨，让他马上找来卫生员。卫生员来到因蒙的散兵坑。弹片击中了因蒙的左眼，现在他只能用右眼看东西了。他们给因蒙简单地处理了一下伤口，因蒙的情绪逐渐稳定下来。麦吉问他："你还能用 M-1 射击吗？"因蒙说："不行。""能帮我给枪上子弹吗？"麦吉问。因蒙觉得自己还能做这件事。

于是，麦吉开火，因蒙给麦吉上子弹。过了一会儿，双方的火力都突然减弱了。麦吉问卫生员能不能把因蒙带出去，卫生员认为可以。于是，他半扶半拖地把因蒙带到山下的救护站。因蒙很不理解，他知道麦吉需要自己，至少他还能帮忙装子弹。在救护站，因蒙在上药后昏迷前的一刹那突然意识到，麦吉只是想一个人死在那里，他的最后一个决定是想保住因蒙的性命。[1]

麦吉派另外一名通信员约翰·马丁回去告诉希斯中尉，他们坚持不住了，而且什么都缺，尤其是人员和弹药。如有可能的话，再送几副担架过来。希斯马上命令手下的炮兵部队临时抽调几个人前去支援。阿瑟·罗赫诺夫斯基上尉立即组织了 15 个炮兵。马丁领着他们上山，刚到山顶，中国人的一枚迫击炮弹落在他们中间，一个士兵当场被炸死，还有一人受伤，剩下的人惊慌失措，以最快的速度跑下山。希斯连长在山下截住了这些惶恐不安的逃兵，带领他们再次冲向山顶；但当他们到达山脊时，中国人已经占领了阵地，他们再次四散而逃。希斯连长愤怒地对着他们大喊："妈的！滚回山上！既然在哪儿都得死，还不如死在山上！"马丁带了几个人，捡起一些弹药，回到山顶。

山上的麦吉知道，一切马上就要结束了，他肯定会死在这里。只有麦吉、克卢茨和附近的几名士兵还在坚持战斗。他开始意识到这就是宿命，但他不后悔；他是自愿来到朝鲜的，他渴望经历这场战斗，渴望参与这场战争。他得到了想得到的东西。如果说还有什么值得难过的，那就是他的父母，让他们接受这个现实并不容易。

当时，麦吉和克卢茨在同一个散兵坑里。麦吉拿着一支勃朗宁自动步枪，这是他从旁边的散兵坑里捡来的。克卢茨的机枪是从一个伤员手里接过来的。克卢茨是一个永远不知道退缩的人，即使打到最后一刻也不会放弃。麦吉对克卢茨大声喊道："克卢茨，我觉得我们肯定没命了。"

"好吧，那我们就多找几个垫背的。"克卢茨回答。于是，他们一起开火。

不一会儿，克卢茨的机枪便不响了，听声音像是卡壳。2月15日，大约凌晨3点，他们的子弹全部打光。麦吉、克卢茨和其他两名士兵设法逃出了阵地。麦吉全排46个人中只有4人活着回来，其他人全部阵亡、受伤或失踪。麦吉凭借英勇作战和出色指挥而被授予一枚"银星勋章"，克卢茨也获得了一枚"银星勋章"。

一大早，弗里曼就下达了临走前的最后一个命令，派出部分预备队，包括游骑兵连，去增援G连阵地。即使不能把中国人赶下山，也要消耗他们的战斗力。黎明到来时，中国人在美军阵地前偷袭的机会变小了。15日中午，斯图尔特和弗里曼团里的同僚告诉弗里曼，他得按阿尔蒙德的命令离开，否则事情会对他很不利。他们提醒弗里曼，到现在为止，他在前线的表现都是完美无瑕的，但有些事你只能接受，不管命令对错，遵守命令毕竟是军人的天职。弗里曼的同事们还告诉他，战斗基本结束，柯罗姆贝茨已经突破中国人的最后一道防线，天黑之前肯定会赶到砥平里。第2营营长爱德华兹中校告诉弗里曼，中国人被打退了，其实他的部队此时还在"麦吉山"附近鏖战。爱德华兹后来说，所有这些都是善意的谎言，否则弗里曼很可能会再次拒绝离开。这样的话，阿尔蒙德多半会把他送上军事法庭。听到这些，弗里曼才乘坐飞机飞往全州，到设在那里的陆军野战医院接受治疗。他在这里见到了李奇微，后者首先向他表示祝贺，赞扬他的勇敢表现，并授予他一枚"优异服务十字勋章"。和李奇微谈话后，弗里曼相信他可能会马上被送回国接受短暂的治疗和休养，然后再重返朝鲜战场。他毕竟在前线不间断地战斗了八个月，的确需要休息一下。现在弗里曼认为，他马上就会像自己的榜样米凯利斯一样成为一名将军。但是，弗里曼没有再回

第九章 学会与志愿军打仗：双联隧道、原州和砥平里激战   601

到朝鲜。让他非常气愤的是，他被安排了一份闲职，在美国各种公共场合向公众宣传朝鲜战争。他仪表堂堂，又颇具演讲口才。他没有回到朝鲜是不是因为阿尔蒙德，没人知道。弗里曼一直没有离开军队，后来晋升为四星上将。

中国人最终攻克了"麦吉山"，却为此付出了惨重代价。麦吉后来听说，战斗结束时，他们在自己的阵地前方发现了八百多具中国士兵的尸体。令人百思不得其解的是，就在天亮前的几个小时，中国人已经攻克了美军阵地，而且为此付出了相当数量的兵力，但他们却在最后时刻犹豫了，没能夺取最后的胜利。这一失败不是因为他们缺乏勇气，即使敌人能把战场变成杀人场，他们也一样无所畏惧，而是因为美国人不但能用无穷无尽的炮弹重击任何一个目标，而且现在又多了一种新式武器，中国人也很快就领教了它的威力。美国飞机把它从天上洒下来，对整个部队形成大面积杀伤，它叫凝固汽油弹。

中国军队到达制高点后没能充分利用这次突破。他们在山顶的作战勇敢顽强，几次打退美国人试图夺回高地的反扑。但那天早上，他们要是做好准备的话，就能迎来一场更大的胜利。他们可以把暴雨般的子弹倾泻到山下的美国人头顶。那本来是一个可以要美国人命的时刻，但他们只是待在"麦吉山"上。他们在那个地区有足够的兵力，本可以把东、西两侧的部队调过来，却没有这样做。这次突破来得有点太迟，而且没有做好全歼敌人的准备。这至少反映出，中国军队的通讯能力严重不足，也可能是他们缺乏想象力。

战事进行到这个阶段，中国人最大的弱点逐渐显现出来。美军通过审讯战俘发现，中国军队的指挥结构极为僵硬，命令自上而下传达，基本没有弹性，下级军官缺乏自主决策的空间。这样的结构可以造就出勇敢顽强、不屈不挠、高度负责的战士，可一旦情况发生变化，中下级指挥官无权擅自决策或是请示上级调整战术。原州之战就是一个典型案例，他们与美国陆军的决策方式形成鲜明对比；美军强调前线指挥官的主动性和积极性，根据形势变化及时调整的能力是他们的一大财富。

美国人还发现，这个勇猛的新对手身上还隐含着其他不可忽视的局限性。中国人可以高强度连续作战两天，甚至三天，但有限的弹药、食物、医药补给乃至体力，加上美国空军的强大火力，肯定会影响他们的作战能力，不仅让他们无法充分利用已有的优势，而且会增加失败或全盘崩溃的可能性。每一场战斗，只要打到第三天，他们就会耗尽一切，不管局面是否占优，他们都会就此撤退。砥平里和原州之战说明了一切，如果没有这些局限，这两场战斗的结局很可能会完全不一样。

李奇微不仅如意地打了砥平里一战，更重要的是，他从以前的战斗中了解到中国人的优势，从他们身上学到很多东西。现在，他第一次掌握了对方的弱点。

坦克纵队接近时的声音很大。增援部队还没有到达，被围困在砥平里的大多数人就已经听到了它们隆隆的咆哮声。中国人最后还在绝望地阻击坦克部队。在砥平里以南约 1 英里的地方，群山之间有一个缺口，这里的道路极为狭窄，两侧都是高地，是实施阻击的理想地点。缺口内的道路约 150 码长，中国人在道路上方 50 码的高地挖好战壕，准备用迫击炮和火箭筒袭击这支坦克纵队。开道的坦克首先被一枚火箭弹击中，第二辆和第三辆坦克也先后被击中，一枚火箭弹穿透了第四辆坦克的装甲，点燃了里面的弹药。包括希尔斯在内的几个人当场身亡。驾驶员被严重烧伤，但他凭着一股无畏的勇气再次发动坦克，硬是冲过了山口，为整个纵队的其他坦克闪开了道路。

下午 5 点左右，柯罗姆贝茨的坦克纵队赶到砥平里。一进入防御圈，三辆美国坦克便回头向后面的中国人开火。那一刻让人提心吊胆，增援方和被增援方的两支坦克部队紧张对峙。双方谁也不能肯定对方是谁，防御方最后意识到骑兵团终于赶来了，包围圈被打破了。几乎就在同时，空军开始向砥平里周围的山上投下凝固汽油弹。突然间，中国人放弃先前占领的阵地，四处奔逃。一时间，几千名中国士兵涌入开阔地带，形成一个自由射击区。美国人的大炮、坦克炮和汽油弹像暴雨一般倾泻在他们的头上。很快，整个砥平里地区再次恢复平静，枪炮声消失了。站在砥平里周围山上的美国人看到，这就像"踢了一脚蚁群"，数以千计的中国人从一个你以

第九章　学会与志愿军打仗：双联隧道、原州和砥平里激战

为此处根本不会有人的地方突然之间冒出来。直到那时，他们才恍然大悟，竟有这么多中国人在围困自己。

没有什么比柯罗姆贝茨和他的任务更能反映战争的复杂性和道德的模糊性了。一方面，那些被围困在砥平里的人精疲力竭，弹尽粮绝，担心自己能不能再挺一个晚上。柯罗姆贝茨的坦克绝不是什么救世主，他的骑兵团也不过像西部片里的游侠骑士，中看不中用；另一方面，对特雷西那个营的人来说，事情完全不是这样。巴莱特上尉怒气冲天，因为L连被打散，很多人不必要地命丧黄泉。

对于第23团的人来说，那时的巴莱特上尉不像是英雄或是救星，而是一个疯子，一个完全失控的指挥官，拿着手枪到处乱冲，怒斥柯罗姆贝茨让他连里的弟兄丧命。巴莱特一直在咆哮要杀了柯罗姆贝茨。他的愤怒表现使得要杀柯罗姆贝茨的想法显得那么真实，弄得第23团的卫生员只好给他打一针，让他镇静下来。[2] 一名法国士兵赛奇·贝里尔下士还记得，L连的士兵精疲力竭，他和这些人说话时，他们连回话的力气都没有。"他们的确是累坏了，如果有一点力气，他们肯定会杀了柯罗姆贝茨。"贝里尔说。很多像贝里尔这样经历了被围困的人都对救援队心存感激，但柯罗姆贝茨对步兵的态度确实让他们感到不可思议。这些步兵没有为胜利完成特殊任务而欢欣鼓舞，反而在内心深处还在为这次失败而悲哀。

战斗结束的第二天，随骑5团到达砥平里的埃德·亨德里克斯清扫战场，看到了惊心动魄的一幕：20—23辆载重2.5吨的大卡车排成一队，搬运阵亡美军士兵的尸体。搬运者不是像正常情况下那样整理尸体，细心摆放。尸体已经被冻僵，还保持着死前那一刻的姿势，四肢张开，有的甚至还保持着射击动作。因此，他们只能把这些尸体横七竖八地堆到车上，而且还要尽量节省空间，以便装载更多的尸体。亨德里克斯觉得，装尸体几乎和拼七巧板没什么区别，这是他有生以来经历过的最痛苦的时刻。[3]

当天早晨，柯罗姆贝茨问L连的战士，有没有人愿意搭载他的坦克回去，没有一个人答应。很多在突围时被柯罗姆贝茨扔在后面的L连战士，最后

都是步行返回的。整个 L 连损失惨重，13 人阵亡，19 人失踪而且很可能被俘，总计损失 32 人，还有五十多人受伤。在战后的报告中，柯罗姆贝茨写道，他的部队在整个行动中只有 10 人阵亡。他还在报告中提到，特雷西上校违抗命令，擅自加入纵队。就像汉堡所说的那样，这一说法令人震惊，好像是在申斥一个失踪而且很可能身亡的军官。后来，巴莱特上尉和艾伦等人联名要求向特雷西颁发"荣誉勋章"。他们的推荐书就没有离开过骑 5 团，柯罗姆贝茨收到联名请愿书时，愤怒地把报告扔到地上，用靴子在上面狠狠地碾了一脚。"荣誉勋章？不可能，狗屁也没有，如果他要是回来，我一定把他送上军事法庭。"[4] 他却马上为自己写了一封自荐信，建议陆军给自己颁发一枚"优异服务十字勋章"。这封自荐信辗转送到了第 8 集团军参谋长亨利·霍德斯的手里，他拒绝了柯罗姆贝茨的请求。霍德斯说："一个让步兵爬上坦克炮塔的浑蛋，根本就不配得到勋章。我知道那是什么感觉，因为我自己就是坦克兵出身。"不甘心的柯罗姆贝茨后来当面向李奇微提出这一请求。李奇微告诉霍德斯，可以给他颁发一枚"优异服务十字勋章"，尽管有点问题，但还是要给；毕竟，他答应过弗里曼，只要能率部坚守砥平里，牵制住强大的中国军队，如果有需要，他可以派出整个第 8 集团军去增援。柯罗姆贝茨确实完成了这项任务，他如愿得到了"优异服务十字勋章"，甚至还得到一颗将星，五年后以陆军准将的身份退役。在李奇微关于朝鲜战争的书里没有出现过这个人的名字，熟悉李奇微的人应该了解他对这件事的矛盾与厌恶之情。

十

诚然,尽管防守得不够完美,但这毕竟是一场重要的胜利,是一场在中国人而不是联合国军选择的战场上取得的胜利,李奇微也得到了他想得到的东西。占领地盘,守住阵地,在其他战斗中很重要,而在这里没什么意义。李奇微认为,现在给中国人带来无法承受的人员伤亡是美军夺取胜利的关键,这至少可以证明:中国人并非不可战胜。

始终与美国人正面交锋的彭德怀显然比毛泽东更谨慎小心,早在1月,他就对未来战事采取了较为客观的态度。砥平里和原州战斗带来的问题是,他的意见是否会被采纳。在砥平里战役之前的几个月里,他们两人就产生了分歧。弗吉尼亚大学的历史学家陈兼认为:"砥平里改变了一切。在此之前,中国人认为他们一直做得很好,战事非常顺利,以为他们知道如何与美国人交战:他们有自己的秘诀,相信自己一定能赢得这场战争,而且很快就能取得最终胜利。清川江的胜利给了他们信心,更给了他们鼓舞和动力。"[1] 砥平里和原州的失败对彭德怀来说是破坏性的。他动用志愿军的一线部队,也就是最精锐的部队,却伤亡惨重,被迫撤出战场。中国方面一直没有透露伤亡情况,按照美方的估计,仅砥平里一战,中国的阵亡人数就有可能多达5000人。对彭德怀来说,这是一个更危险的新对手,因为它拥有强大的空中力量。彭德怀一向不喜欢坐飞机,如果路途太长而不能走到目的地,他会选择火车。但这次他的确心急如焚,2月20日,彭德怀乘飞机回到北京。至于彭德怀此次是主动回京还是被召回京,历史学家们一直意见不一。更有可能是彭德怀主动提出来的,他必须当面向毛泽东汇报说,中国目前所面对的敌人已经不是原来那个敌人了。他在早晨到达毛泽东的卧室,喜欢晚睡的毛主席还在睡觉。

毛泽东的卫士试图阻止彭德怀:"您现在不能进去,主席还在睡觉。"

"别拦我!"彭德怀回答,"我的人正在战场上拼命。我可不能等着他睡醒。"[2]

彭德怀径直闯入，叫醒毛泽东并告诉他，志愿军正在进入一种全新的战争。他们不应该急于打到釜山，美国人不像他们想象的那样会全面撤到南方。现在，他们必须准备打一场持久战。此外，由于战争持续时间较长，需要采取轮换制，让作战部队保持足够的体力。当天早上，他们就部队轮换一事达成一致意见。但是，毛泽东的想法毕竟不同于彭德怀和其他前线指挥官。

砥平里和原州之战对联合国军来讲是一场重大胜利，也是整个战争的转折点。最让李奇微提气的是，选择战场的不是他，而是中国人，而且这两处战场与沿海地区相比，地形更有利于中国人。联合国军犯了一些错误，有些部队确实遭到严重损失，但李奇微从这些战斗中找到了规律，学会了如何与中国人作战，尤其是防御战。这两场战斗也给中国领导层对未来战局发展的判断敲响了警钟。李奇微的部队被中国人包围时，以前很可能意味着灾难，但现在他派出的增援部队可以及时赶到。李奇微相信，他的情报将会越来越准确，他的空中力量既能有效遏制中国军队的快速集结和进攻能力，也能提升其后勤保障能力。他在这一点上是正确的。他认为，中国人即将意识到他们也会像对手一样撞到一堵墙上，而认识到这一点只是个时间问题。

第十章

将军和总统

一

华盛顿终于可以松一口气了，因为他们不必再去想那些不能想象的事情，不用担心像麦克阿瑟的电报所描绘的那样，再度蒙受敦刻尔克大撤退那样的羞辱，被中国人赶出朝鲜半岛。但战局的好转也未能缓和东京与华盛顿之间的紧张关系。如果说有什么变化的话，那就是远东司令部对华盛顿越来越蛮横，越来越公开地批评杜鲁门的战争政策，越来越公开地贬低李奇微的功劳（不过，他们在为自己请功时则会大肆宣扬这场胜利）；最重要的是，麦克阿瑟的政治倾向也越来越明显，似乎他不仅是一个总统授权的战场指挥官，还是共和党国会党团领袖雇用的军事顾问。不久之前，他还以世界末日的观点与杜鲁门和参联会唱反调。按照他的说法，面对强大的中国军队，如果不继续向朝鲜增兵或动用原子弹，美国人将逐渐被赶出朝鲜半岛。但是现在，他的观点则发生了180度的大转弯；他彻底失望，失败是他唯一的念头。他对同情他的记者和右翼政治人士说，我们已经失去在朝鲜战场赢得胜利的愿望，要夺取真正的胜利，就得到中国大陆和共产党决一死战。

现在，中国人的第一次进攻和联合国军的溃败让他声望大跌。一方面，华盛顿的军界同行对他越来越不重视；另一方面，李奇微与中国军队形成对峙，在战场上平分秋色，而这一直被麦克阿瑟认为是不可实现的。因此，在这场与华盛顿的较量中，麦克阿瑟离胜利越来越远，因为他们之间更多的是政治较量，而不是军事较量。按照麦克阿瑟的设想，那将是一场规模更大的战争，甚至是一场全面战争，而对手则是中国，但华盛顿的文职官员（以及他们的军事顾问）却认为苏联才是他们的主要敌人。在抗日战争期间，中国人就显示出巨大的忍耐力，即便入侵者觉得自己能取得最终的胜利，但却最终会陷入无止境的战争梦魇。

应当指出，李奇微的胜利没有给民主党带来任何政治上的好处。内忧外困的政府不会因此而摆脱麻烦，一场不受欢迎的战争也不会因为胜利而受到欢迎。李奇微的"屠夫"战术预示着这场战争更加不受欢迎。现在看来，战争持续越久，他们需要付出的政治代价就越大。另一方面，共和党在国内大肆宣扬颠覆事件。在某些人看来，美国与中国在朝鲜进行的这场战争，恰好印证了这些问题。麦克阿瑟在与参联会和总统的关系上一直处于被动状态，尽管他深信国内还有自己的支持者，毕竟他还能代表他们的政治取向和地缘政治观点，但支持者的人数正在不断萎缩是不争的事实。这样的形势肯定会给他带来最坏的结果。麦克阿瑟会被华盛顿抛弃或绕过，因此他极欲奋起一战。

民主党在美国公众中声望的降低，很容易会让人们怀念起在杜鲁门前任的总统罗斯福，但不可否认的是，杜鲁门在执政期间面对了太多的抉择，经历过太多的艰难时刻，有太多的力量他不能左右。苏联拥有原子弹、蒋介石的垮台、轰动一时的希斯事件及朝鲜战争，都让杜鲁门政府陷入窘境。随着中国军队进入朝鲜，这场战争开始变得遥遥无期，看不到可以接受的解决方案。最让杜鲁门政府无法容忍的是，麦克阿瑟的错判让战局变得恶化，而他还对政府横加指责，拒不承担任何责任。

所有这一切都预示，总统和将军最终不可避免地发生冲突，因为总统已经无法约束将军了。1951年1月底，麦克阿瑟公开宣扬战争扩大化的观点。1月28日，麦克阿瑟飞抵水原，李奇微到机场迎接。麦克阿瑟走下飞机时，围在他们身边的记者无意中听到麦克阿瑟说："七个月前，我正是在这里开始圣战。我们现在的奋斗目标已经不仅是朝鲜了，而是一个自由的亚洲。"[1]英国记者马上记下了"圣战"和"自由亚洲"这两个词，并发表在伦敦报纸上。这让英国政府非常不安，他们准确地意识到，这位远东司令想打一场大仗，很有可能是一场针对中国的全面战争。

麦克阿瑟对当前战局的认识不同于大多数高级将领，与参联会更是针锋相对。除了他自己的命令之外，他对任何命令都不感兴趣；至于苏联人给欧洲带来的威胁，他更是视而不见。杜鲁门清楚地意识到，只要美国升级朝鲜战争，苏联极有可能采取相应的对策。柏林、越南、南斯拉夫，尤其是伊朗危机，都让杜鲁门感到担心。杜鲁门总统经常会说，哪怕微不足

第十章 将军和总统

道的一个事件，就有可能被苏联人当作军事干预的借口。[2] 至于轰炸中国的城市，杜鲁门及其支持者认为，麦克阿瑟忽略了轰炸可能造成的后果。最关键的是，轰炸不会结束战争。如果那样的话，一旦苏联人干预，他们只能以联合国的名义轰炸苏联的海参崴港口和西伯利亚地区的铁路线，因为苏联人都是通过铁路运送物资。[3] 但是，战争也会因此升级，轰炸这些城市很可能会让日本置于苏联人的报复性打击之下。

当柯林斯和参联会其他成员向麦克阿瑟提及这个问题时，麦克阿瑟全然不理。英国军事史学家黑斯廷斯认为："你永远不会知道，麦克阿瑟的自高自大在多大程度上影响了他对中国的态度，以致让他不可救药地渴望报复那些让他在朝鲜的希望和胜利化为泡影的人。不过，他也不会考虑让蒋介石的国民党重新成为中国的主宰，因为这超越了他的能力。"[4] 显然，黑斯廷斯还不能肯定到底是什么影响着麦克阿瑟在东京的最后一段时间的情绪，但是参联会主席布莱德雷应该知道原因所在。从一个将军评价另一个将军的角度来看，他后来所说的话绝对是鲜有的直白尖锐："我可以肯定，麦克阿瑟反应如此强烈，在一定程度上是因为他的威望受到挑战，他在军界的传奇色彩受到玷污。红色中国赤裸裸地愚弄了永不犯错的'军事天才'。此时，他肯定清楚地认识到，他在仁川登陆之后派出第8集团军去追赶朝鲜人，又把军队拆得七零八落，最后又把他们送到元山，所有这一切都是愚蠢至极的错误……此外，中国人用最简单的办法欺骗了他，让他对情报完全错判，这嘲讽了他不自量力的吹嘘：实施全面的空中打击，轰炸朝中交界处的鸭绿江大桥，把朝鲜西北部变成荒漠，接着我们将一往无前地来到鸭绿江边，然后在'圣诞节前回家'。因此，麦克阿瑟要想恢复自身的尊严以及他在军事上的威望，唯一可行的办法就是让那些曾经愚弄过他的中国将军们遭到无法挽回的失败。而要实现这个目标，他肯定会鼓动我们与红色中国，甚至是苏联，打一场全面的战争，不惜挑起第三次世界大战，也不惜动用原子弹。"[5]

如果有什么区别的话，麦克阿瑟刚刚还说兵力严重不足的那支军队，在李奇微的指挥下却在砥平里和其他地方节节胜利。李奇微的胜利就意味着麦克阿瑟的失败，因为这让他毫无理由再狂妄自大。同样让麦克阿瑟感到受伤的是，战场上的胜利以及直言不讳、不偏不倚的性格，正在让李奇微成为媒体眼中令人敬佩的明星级将军。成为众人关注的焦点一直是麦克阿瑟梦寐以求的，这种渴望之情在他的晚年尤为明显，而现在这些荣耀却降临在自己的下属身上，若是以前，他决不允许这样的事情发生。新闻记者喜欢李奇微，因为他具有很强的职业素养，诚实且只钟情于事业，像史迪威一样诚恳直率。他全身心地投入到自己的使命之中，从不在乎别人怎么看自己；他从不吝惜表扬自己的部下。坊间的传言让麦克阿瑟咬牙切齿，其中隐含的意思是：出色的李奇微正在取代糟糕的麦克阿瑟，顺应潮流的人正在取代被时代淘汰的人。

新的人际关系模式浮出水面：李奇微将策划一场大规模攻势。[6] 就在此时，麦克阿瑟突然从东京来到李奇微的司令部，举办了一场新闻发布会——他想借这个机会"窃取"李奇微日益夺目的荣光，最重要的是他想把这个完美计划的功劳据为己有。就在李奇微的"屠夫"计划即将付诸实施时，麦克阿瑟飞临水原，大言不惭地宣布他下令进攻开始。李奇微在后来的回忆录中愤怒地写道，麦克阿瑟和他身边的亲信根本就没有参与"屠夫"计划的制订。"他的虚荣让我无言以对，他让我心中认识的那个麦克阿瑟面目全非，让我彻底忘记了以前的那个麦克阿瑟。"[7] 站在李奇微面前的麦克阿瑟，是一个急于"让自己的公众形象熠熠生辉的将军"。

沃尔特·米里斯写道，唯一没有为战争形势的变化做好准备的就是麦克阿瑟，"麦克阿瑟想到了多种可能，唯独没有想到的就是胜利"。[8] 麦克阿瑟对杜鲁门政府的非难很快升级，无论是对新闻记者、政界要人还是给华盛顿的电报，他都喋喋不休地抱怨和刁难。早在9月初，杜鲁门便以政令的形式要求所有与朝鲜有关的评论必须在得到国务院认可之后方可公布，但麦克阿瑟显然在刻意违抗这个命令。他对政府无端抱怨：华盛顿在故意限制他的指挥权，而且是军事史上最严厉的限制；远东司令部缺乏完成任务所需要的部队；华盛顿正在为他的敌人提供避难所，却没有对美国的避难所——有大量重要工业基地和港口的东京和横须贺给予丝毫的关注。实际上，中国人无力打击这些重要目标。这样的优势是对方无法想象的，完

第十章 将军和总统

全可以抵得上一支强大的军队。但是，麦克阿瑟所有言论的实质无非是在政治上肆意非难美国政府，他把这些让自己尴尬的东西归结为政府缺乏夺取胜利的意志和愿望。在他看来，丧失了意志就意味着妥协。他字里行间的意思很简单：朝鲜战场上的停滞就代表着一种失败，只有与中国展开更大规模的战争，才能带来真正的胜利，美国从来就不放弃彻底的胜利。

国内的共和党人也一直指责政府过于妥协，以至于让美国丢失了中国。今天，我们终于有机会在朝鲜再战一场，而且我们又有最著名的将军，而且他一直指责政府太多妥协。现在，麦克阿瑟发出的新牢骚与他支持的政治对象（国内极右反共力量）不谋而合：他们很想赢中国，又不想在中国的土地上损失一个美国士兵。他们的观点赢得了广泛的支持，因为美国在朝鲜战争中进退两难。有些选民既愤怒又困惑，他们希望有变化，却不知道需要什么样的变化；不管怎样，他们希望付出最小的代价，在战场上减少人员伤亡。

麦克阿瑟在写给媒体和华盛顿密友们的信中认为，如果美国不能在亚洲打败共产主义，那么这场失败将会让他们在欧洲付出更惨重的代价：只有把亚洲从共产主义的控制中解救出来，才能让欧洲摆脱共产主义的威胁。麦克阿瑟急于完成第一个任务，而且他向这些密友保证，他们有现成的军队——蒋介石的军队已经做好"反攻大陆"的准备，只要华盛顿让他放手大干一场，他定能赢得酣畅淋漓的胜利，挫败中国，打击共产主义。但遗憾的是，这些豪言壮语显然自相矛盾，因为在苏联（以及共产主义）势力进入朝鲜时，麦克阿瑟发挥的影响力也最大。早在六年前，当他们对另一个不同敌人的战争即将结束时，那时的麦克阿瑟是指挥盟军进攻日本的总司令。当然，期待苏联早日加入太平洋战争并不是他一个人的愿望，大多数高级将领都对苏联人翘首以待。不过，了解"曼哈顿计划"的人不相信这有什么用，或是在军事上有什么意义。他想让苏联人参战纯粹是为了缓解盟军的压力，这对任何一个将军来说都是非常自然的。此时的麦克阿瑟已经不是"二战"时期那个需要苏联人帮忙的麦克阿瑟，而是坚决执行冷战政策的麦克阿瑟。

1945年后的几年里，冷战拉开序幕。麦克阿瑟一度暗示，他历来反对把苏联拉入战争。遗憾的是，当事人弗里曼比他更清楚。1944年底，弗里曼曾在菲律宾短暂指挥过一支部队，后来被调回华盛顿再次辅佐马歇尔。在离开菲律宾之前，麦克阿瑟突然召见了他。这次奇妙的会面持续近两个小时。弗里曼意识到，他将为麦克阿瑟充当信使，在华盛顿传达将军的意见。会面的第一个内容一如既往：麦克阿瑟喋喋不休地对政府大发牢骚。弗里曼耐心倾听，最终还是忍不住向这位威风凛凛的将军提出一点异议。弗里曼说，马歇尔将军一直在兵力和后勤等方面不遗余力地支持麦克阿瑟，在海军高级将领打算绕过菲律宾直取台湾时，马歇尔将军坚决站在麦克阿瑟一边，主张彻底解放菲律宾。虽然这并不是麦克阿瑟最想听到的，但弗里曼的毕恭毕敬还是让他心舒气爽。

谈话的第二部分就更加有趣。麦克阿瑟很清楚，进攻日本本土已经箭在弦上。作为公认的最高指挥官，他希望能在这个计划中渗入自己的想法："如果苏联不出兵攻打日本的关东军，我不会考虑进攻日本的任何岛屿。"[9] 弗里曼觉得不可思议，这样一个颇具政治影响力的将军居然公开宣称如果苏联不参战，他就不进攻日本；这对华盛顿来说无异于赤裸裸的要挟。谈话结束时，麦克阿瑟的助手邦尼·费勒斯马上把谈话要点打印成文，并交弗里曼过目，以便让他能把麦克阿瑟的意思准确传达给华府。

他的目的不言而喻。多数军界高层人士认为，按照他们在太平洋岛屿的对日作战经验，进攻日本本土必将是一场残酷的攻坚战，每一栋房子，每一个洞穴，每一条街道，都将发生惨烈的激战，双方都会有巨大的伤亡。早在1944年便与国内右翼势力结成连理的麦克阿瑟在此时要求苏联参战，显然意义非凡。但是，让这些观点变得更令人关注的是十二年之后的1956年，年迈的麦克阿瑟比以往任何时候都更受右翼势力宠爱，于是这些观点变得很尴尬。他那时毕竟对自己信心百倍，认为自己就是那个时代的代言人，因此在50年代初期的时候，他多次在采访中公开声称，如果他有权决定"二战"末期的重大决策，他肯定不会让苏联参战。

这就是那个五角大楼很多高层不得不面对的麦克阿瑟，这就是那个喜欢削足适履甚至不惜篡改历史以满足其个人欲望的麦克阿瑟。艾森豪威尔的共

第十章　将军和总统

和党政府决定对他进行反击。为此，弗里曼专门捎来华盛顿的朋友带给他的口信，警告麦克阿瑟注意言行，否则华盛顿有可能公布太平洋战争期间的原始资料，让他颜面全无。实际上，进攻日本本土时的麦克阿瑟与战后的麦克阿瑟判若两人，这种前后不一的表现反映出两个麦克阿瑟之间的内心斗争：一个是注重实效的军人，在困难面前想得到一切可以得到的支持；而另一个则是作为政治家的将军，让旧的事实适应新的形势，使自己永不犯错。但是到1951年初，倍感挫折的麦克阿瑟居然与总统摊牌。最初这是麦克阿瑟的独角戏：他一而再、再而三地挑战华盛顿，而后者一直拒绝回应。于是，他开始变本加厉，近乎挑衅。可以说，华盛顿的人十年来都是这么做的，在他们的头脑里，和麦克阿瑟打交道无异于与魔鬼谈判；他们对麦克阿瑟从来不抱幻想，而在最关键的时刻就更不指望他能表现出多少诚意了。不过，华盛顿总能发现自己需要的天才，尤其是在"二战"最激烈的那段岁月，而且他们找到的不光是天才，还有关于天才的神话。华盛顿的人因对抗的代价太大而推迟与麦克阿瑟发生对抗，对抗的代价反而有增无减，这是因为关于麦克阿瑟的神话越来越多，而这些神话正是美国政府无心插柳的结果。

在这十年的时间里，两位总统和他们的高级顾问一直忍受着麦克阿瑟的狂妄。为了成全这位将军对名声和荣誉的欲望，他们默默地咽下苦水。在"二战"后的几年里，华盛顿不像以前那样需要他的才华，但依然没有回应他的挑衅，华盛顿对这位老将军还是有所忌惮的——他毕竟不是普通人物。杜鲁门一直抱怨罗斯福把麦克阿瑟将军奉为战神，他私下里甚至说，真应该让日本人在巴丹活捉麦克阿瑟。然而他确实不敢直面老将军，这自然让麦克阿瑟目中无人。于是，华盛顿付出的代价不仅越来越大，而且随着老将军的政治力量愈加强大，整个形势开始对华盛顿更加不利。华盛顿现在忍无可忍，这场游戏到了摊牌之时。他们别无选择，只能付出必须付出的代价。这个自我神化的过程持续得太久了，而且主要是以政府的损失为代价。现在麦克阿瑟必须付出代价。

但是，李奇微的成功使麦克阿瑟拉拢部分参联会成员的希望破灭了。在参联会中，一向强硬的海军作战部长福里斯特·谢尔曼上将在美国人是否会被中国人赶出半岛这个问题上开始退缩,这就让麦克阿瑟不得不把矛头指向政府官员和总统本人,因为这些人违背了他的意愿,也偷走了他的最终胜利,用威廉·曼彻斯特的话说就是"阻挠了他的圣战"。

即便不能说麦克阿瑟是在逼总统撤他的职,至少也差不多如此。如果他不能在朝鲜得到自己想得到的东西,就会想方设法打倒所有的挡道者。具体地说,他现在就是在有意违抗杜鲁门在12月6日发布的命令。麦克阿瑟说,这个言论限制令简直就是笑话。他曾在一次午宴上对朋友说,他是"71岁的老人"了,因此不遵守这些废话一般的政令不会损失什么。[10] 如果他们想解除他的职务,就请便吧。布莱尔对这段战争的研究很可能是其他史学家无法比拟的。他指出,麦克阿瑟在公开场合抨击这个政令不下六次,有的轻描淡写,有的刁钻刻薄。他在书中写道:"对那些研究麦克阿瑟的人来说,他似乎多了一个新的习惯。麦克阿瑟现在喜欢飞到朝鲜,视察前线,然后发表一通不负责任的言论,痛骂一顿政府的战争政策。但是,华盛顿依旧保持沉默。这就等于说,官方对其不予追究,任其胡言乱语。"但是麦克阿瑟竟然说"理论上的战争僵局",这等于扇了杜鲁门一耳光。记者把这个词改成更形象的"为平局而死":也就是说,很多人正不得不准备为朝鲜战场上的僵局而丧命。

在中国军队可以被压制的情况下,华盛顿最不想看到的就是政府与战区司令之间再起"战事",但这场战事不可避免。比如说,麦克阿瑟于3月7日在朝鲜召开新闻发布会,就是要拧一下杜鲁门。他在发布会上说自己受到严重的,甚至是非正常的限制——没有配备足够的兵力以及其他种种限制。然后,就在华盛顿开始认真考虑把北京拉到谈判桌前的时候,麦克阿瑟则在嘲笑中国人的失败和他们的种种缺陷。实际上,他是在耻笑一个刚刚打败自己的敌人。这一切足以激怒总统,因为麦克阿瑟使美国与中国的和谈更加困难。

在军事上,麦克阿瑟开始越来越挑剔李奇微的战略,他甚至在公开场合以极端蔑视的口吻把李奇微的所有成功称作"手风琴式的战争",在进攻时,联合国军只前进二三十英里,一遇到中国人的进攻便立刻退回原地。

第十章　将军和总统

虽说在华盛顿没人认为这是理想的战争，但大家都认为是可以接受的，因为这让中国人付出的代价更大，美中双方的伤亡比是1比10或者1比15；如果仗不这么打，事情只会更糟。麦克阿瑟语带侮辱，李奇微听后极其愤怒：他与他的部队所看重的胜利，在上司眼里居然一无是处，这对他的部队，以及和他站在同一立场上的人都是一个沉重的打击。在麦克阿瑟的新闻发布会的五天之后，李奇微也召开了新闻发布会。他说，联合国军到达三八线是一次"巨大的胜利"。之后，他还补充说"我们不打算去征服中国，我们的目标是阻止共产主义。我们已经在战场上显示了强大的力量。如果人数明显占优的中国人没有把我们赶下大海，那就等于失败。如果中国没有把我们赶出朝鲜半岛，那就是他们的彻底失败。"多年之后，麦克阿瑟仍然没有忘记李奇微的一语之仇。尽管让李奇微接替沃克是麦克阿瑟自己的选择，但是在接受好友吉姆·卢卡斯（斯克里普斯 — 霍华德报业集团的王牌记者）采访时，麦克阿瑟称李奇微是自己手下"最差的指挥官"。

当然，好戏还在后头。合众社总经理休·贝利是新闻界最崇拜麦克阿瑟的人。他接到麦克阿瑟的一封信，信中提到华盛顿的想法就是守住三八线，而他认为完全可以趁势把中国人赶回鸭绿江。李奇微肯定不会认同这样的说法。这是麦克阿瑟第四次违反杜鲁门的言论限制令，但他并没有止步于此，随后两次与政府的对抗影响更大。3月20日，麦克阿瑟收到华盛顿发来的两封绝密电报，电报指出：目前是与中国展开实质性和谈的最佳时机。由于李奇微的胜利，联合国军在战场上已经取得主动，因此目前存在谈判的机会，并最终使双方稳定在三八线上，从而结束这场双方都不希望打的战争。当然，这只是美国单方面的意愿，毛泽东可能还没有准备坐下来谈判，但这至少是一个开端。

重要的是，华盛顿已经作好和谈准备。杜鲁门原想在短时间内发布一次重要讲话，提议双方走到谈判桌前，在战争开始的地方结束战争，但是对麦克阿瑟来说，停下来无疑意味着失败。在得知华盛顿准备和谈时，麦克阿瑟蓄意破坏华盛顿的和平努力。3月24日，麦克阿瑟再次亲临朝鲜，并发布了一篇恶毒贬低中国军事领导人的声明。

麦克阿瑟在声明中写道："比我们在战术上的成功更有意义的是，事实清楚地表明，我们的新敌人红色中国缺乏工业能力，无法提供进行现代战争所需的物资。中国缺乏生产基地，缺乏建立、维持以及能投入作战的原材料，哪怕是中等规模空军和海军的基本所需也没有。敌人也无法提供进行地面作战所必需的武器，如坦克、重炮以及其他精巧的新科技武器。"他认为中国缺乏掌握制海权和制空权的能力。这些制约因素再加上"薄弱的地面火力，由此造成的差距，纵使他们勇敢无畏或者不顾伤亡也无济于事"。[11]

这无疑是一个惊人的侮辱性声明，是对北京和华盛顿的直接攻击；这篇声明使和平之路就此中断，和谈的最佳时机亦因此错过。用布莱尔的话说，这是对杜鲁门的言论限制令的"极大蔑视和公然挑衅"。[12] 这篇声明于 3 月 23 日夜里 10 点传到华盛顿，当时艾奇逊、罗伯特·洛威特（国防部的二号人物）和腊斯克正在艾奇逊的办公室开会，他们看了麦克阿瑟的声明后均面色青紫。艾奇逊称这篇声明是"重大的蓄意破坏行动"。杜鲁门当时并没有立刻做出决定，但是作为与杜鲁门最合拍的顾问，艾奇逊后来写道，杜鲁门当时的心情就是"怀疑加上极力压抑的愤怒"。杜鲁门的女儿玛格丽特后来提到父亲当时的愤怒："他的声明让我们无法向中国人传递任何信息，他（麦克阿瑟）阻止了马上即将开始的停火和谈进程。我真想一脚把他踢进黄海。"[13]

麦克阿瑟的声明把总统与将军的对抗推上了一个新层次，也由此引出到底谁是总司令的问题。第二天，杜鲁门召开高层会议，暂时搁浅和谈建议。现在的问题不是要不要解除麦克阿瑟的职务，而是什么时候解除的问题。一向低调的洛威特主张立即执行，马歇尔担心整个国家的情绪和麦克阿瑟的巨大声望，罢免他可能会使国会更难批准军事拨款。艾奇逊同样担心由此可能带来的政治影响，还要考虑参联会的观点——他们是否会有不同意见？临时换将肯定是一个非常敏感的问题；只要有一个人反对他们的意见，就会巩固麦克阿瑟的地位，让他更加肆无忌惮。但是杜鲁门毫无疑问已经下定决心，他只是在等待最佳时机。

第十章 将军和总统

这个时机说到就到。差不多在杜鲁门有此想法的同时，麦克阿瑟接到共和党众议员乔·马丁的来信。作为蒋介石的积极支持者和"院外援华集团"的重要成员，马丁非常赞同麦克阿瑟的亚洲战略，尤其是支持蒋介石和中国大陆再打一仗，开辟亚洲第二战线。他在信中写道："你的崇拜者不计其数，你的指挥已经赢得无限的尊重。"他还希望麦克阿瑟做出私下的或公开的回复。对大多数军界人士来说，这是一个诡计多端的政客设下的陷阱，去诱捕一个无辜善良、不谙世故的将军；而对麦克阿瑟来说，这绝对是一个黄金时机。

麦克阿瑟在3月20日复信表示同意马丁的话。麦克阿瑟在信中说他"遇到了前所未有的阻力。你提到的使用蒋介石的部队一事既符合逻辑，又符合传统"。他后面的补充是大家最熟悉的麦式牢骚："我们在欧洲驻扎了太多的部队和外交官。如果我们在亚洲战场上败给共产主义，那么欧洲也不能幸存；如果我们取得胜利，那么欧洲就会继续得以享受自由和安全。正如你所说，我们必须取得胜利。除了胜利，别无选择。"

二

4月5日,马丁在众议院宣读了麦克阿瑟的回信,这正是麦克阿瑟所希望的。没有什么比这封信对一个四面楚歌的政府更具政治上的潜在危害性了(也让他的盟友更加意外和恐慌)。

在那段时间里,还有一件事强烈刺激了杜鲁门和他身边的人,这件没有公之于众的事使他们感觉麦克阿瑟是一个流氓将军。约瑟夫·戈登撰写的《朝鲜战争:未透露的内幕》是介绍这场战争最权威的资料。他在书中提到,作为超级秘密情报机构,国家安全局的工作就是负责监听其他国家的通讯,而这些国家一直以为自己的信息都是秘密传递的。国家安全局在东京附近的厚木空军基地设有情报站,主要工作是监听中国的讯息,但偶尔也监听友好国家。1950年晚冬,该情报站突然截获西班牙和葡萄牙驻东京大使馆发出的一系列电报。威洛比与这两个国家的统治者佛朗哥和萨拉查关系密切,这使麦克阿瑟和这两个国家大使馆的关系比与华盛顿的关系更密切。西班牙和葡萄牙的使馆人员在电报中向本国汇报称,麦克阿瑟向他们保证,他可能会把朝鲜战争变成一场与中国的大战。国务院政策规划司的保罗·尼采和副司长查尔斯·伯顿·马歇尔最终看到了这些信息,当然总统肯定也会得到这些情报。戈登指出,杜鲁门看到这些电报时大发雷霆,愤怒地拍着桌子说:"这简直就是叛国。"[1]

马丁公布麦克阿瑟回信后的第二天,杜鲁门在日记里写道:"麦克阿瑟通过众议院少数党领袖乔·马丁再次向我们抛出了一枚政治炸弹。不过,这是他的最后一根救命稻草了。他竟然接二连三地抗命不从。"然后,他又为自己的决定列举了麦克阿瑟以前的诸多行径。他在本篇日记的结尾处写道:"我已经决定,必须召回我们的远东大将军。"但是在和周围高层官员商量这个决定时,杜鲁门非常谨慎。他们都知道,这是一个双输的决定,恐怕没有人支持他们;在一场极端不受欢迎的战争进入僵持阶段时,解除一位名声显赫、备受敬仰的将军,肯定会让总统立即陷入民愤之中。毫无

第十章　将军和总统

疑问,在短期内,政治形势将会有利于麦克阿瑟。但历史总会给出公正的评价。杜鲁门坚信,也许在他离任之后,历史学家将给自己平反。杜鲁门是一个非常谨慎的人,因此肯定会意识到此举对政府可能造成的负面影响。也就是说,杜鲁门决心已定。他相信,麦克阿瑟的行为破坏了民主社会的核心原则,削弱了政府对军队的控制。他后来写道,麦克阿瑟对战争的看法再次印证了历史的教训,让人想起拿破仑在经历了自杀式的进攻俄国之后叹息说:"我无坚不摧,可一无所获。"[2]

所有这一切都让华盛顿的选择变得异常简单。杜鲁门发现,历史居然会有如此惊人的相似。也许麦克阿瑟自视为乔治·华盛顿和亚伯拉罕·林肯的传人,但是在杜鲁门的眼里,麦克阿瑟没那么讨人喜欢,他更像是乔治·麦克莱伦(美国南北战争初期的联邦军总司令,因过于谨慎而坐失战机被林肯总统撤职)。在杜鲁门看来,麦克莱伦不仅在战场上表现不佳,而且公然与林肯对立,甚至在事先安排好的会议上故意迟到。麦克莱伦曾公开把林肯称为"原始大猩猩"。[3]

麦克莱伦的自大远超他的天赋,他把自己看成是这个国家的救星,说如果"人们希望我去拯救这个国家,我会义不容辞,对一切拦路者都视而不见"。他经常大言不惭地说,他收到无数普通民众寄来的信,恳求他去竞选总统或者成为美国的独裁者。他特别喜欢"独裁者"这个词,有时还会若有其事地补上一句,他愿意为此牺牲一切。急于和林肯一争高下的麦克莱伦终于在1864年付诸行动,却以失败告终,只得到屈指可数的21张选举人票,而林肯得到212票。杜鲁门后来把麦克莱伦称为"伟大的自我主义者,美其名曰拿破仑,甚至会像拿破仑那样,把自己的照片贴在外衣上"。

在1950至1951年冬春之交,杜鲁门让36岁的白宫工作人员肯·赫克勒到国会图书馆收集资料,研究林肯与麦克莱伦的关系。他发现,麦克阿瑟与麦克莱伦惊人地相似,只不过麦克莱伦较麦克阿瑟更为谨慎。赫克勒认为,麦克莱伦"非常自负,不执行任何命令,于是,他开始涉足政治;他觉得自己的上司粗鲁、无知和笨拙;他无所顾忌地公开表达自己对解放奴隶的反对"。麦克莱伦在政治问题上喋喋不休——实际上没有人想听取他的政治意见——这一点不同于麦克阿瑟——这让他一直是林肯心里的烦人鬼。赫克勒在备忘录中详细记录了林肯与麦克莱伦之间的对话和通信。随着他们的矛盾升级到顶点,林肯终于忍无可忍。1862年11月,林肯解除了麦克莱伦的波多马克军团司令职务。正如众人所料,脱去戎装的麦克莱伦开始忙于1864年的大选,想在政治上打败林肯,却输得很惨。在把这篇报告交给总统的时候,赫克勒惊奇地发现杜鲁门对这段历史如数家珍,而且很满意他的研究成果。将近九十年之后,林肯成为美国历史上最伟大的总统,而麦克莱伦则成为毫无价值的军事家。杜鲁门意识到,这样的历史将在自己的手里得到复制,他不是第一个受到将军挑衅的总统,而且这个将军的刁钻和难缠已经达到无法容忍的地步。

然而,杜鲁门在这个问题上一如既往地保持谨慎。马丁在星期四那天公布了麦克阿瑟的回信。第二天,也就是4月6日星期五那天,杜鲁门把马歇尔、布莱德雷、艾奇逊和哈里曼召集到白宫讨论麦克阿瑟的问题。杜鲁门没有流露出自己决定解除将军职务的意图,而是首先询问与会者的意见。马歇尔依旧态度谨慎。艾奇逊认为应该解除麦克阿瑟的职务,但也提出警告:"如果您解除麦克阿瑟的职务,您的政府将面临一场恶战。"哈里曼指出,从1950年8月开始,杜鲁门就一直在和麦克阿瑟较劲。后来,杜鲁门请他们在当天晚些时候再继续讨论这个问题。杜鲁门让马歇尔检查麦克阿瑟与华盛顿的全部往来通信,看看是否确实存在不服从命令的情况。布莱德雷负责调查参联会的意见,这也是即将到来的政治斗争的关键。下午,马歇尔建议不要解除麦克阿瑟的职务,而是把他从东京召回来当面商讨;艾奇逊和哈里曼坚决反对——他们已经预料到一场政治斗争不可避免。由于柯林斯当时不在华盛顿,因此他们决定由布莱德雷与柯林斯商谈之后再做打算。星期六,他们再次开会,慢慢地确信解职不可避免。

会议结束时,马歇尔和布莱德雷回到马歇尔的办公室。两位将军都即将退休,马歇尔一直受到右翼力量的谩骂和诋毁,而布莱德雷由于从未涉足中国事务,因此在"二战"中树立的光辉形象还依旧如初。布莱德雷明白,如果解聘麦克阿瑟,自己的军旅生涯将受到政治斗争的玷污。除此之外,

第十章 将军和总统

两个人都担心解聘麦克阿瑟可能会使参联会政治化。他们曾试图写信奉劝麦克阿瑟收敛一下自己的言行,但这么做有点儿为时已晚。他们别无选择,毕竟是麦克阿瑟逼他们做出这个决定的。

布莱德雷在星期日那天召集参联会会议。直到此时,他们还在努力挽救局面,让这些高级将领决定另一位更杰出的高级将领的去留是一个艰难的选择。有些人提议让麦克阿瑟交出朝鲜战场的指挥权,只负责日本的防务,但他们都知道麦克阿瑟不会接受这样的方案。最终,全体与会者签字同意解除麦克阿瑟的职务。这是一次严肃、冷静的会议。解除麦克阿瑟的职务无异于撕碎你最喜欢的历史书。马歇尔向每个与会者征求意见,问他们是否同意应由杜鲁门解除麦克阿瑟的职务,所有人都没有异议。

4月9日星期一,艾奇逊、马歇尔、哈里曼和布莱德雷再次来到总统办公室。杜鲁门第一次表明自己的立场:麦克阿瑟必须离职。李奇微将接替麦克阿瑟的职务,在希腊内战中为自己赢得声望的范佛里特将担任第8集团军司令。杜鲁门告诉他们,他这么做不是因为政治,而是为了维护宪法的尊严。实际上,最清楚杜鲁门总统意思的人是他的演讲撰稿人,杜鲁门在宣布这个决定之前曾在他面前对麦克阿瑟大加指责。白宫高级官员查理·墨菲和哈里曼的亲信、参联会成员泰德·坦嫩瓦尔德还因这份解职声明的措辞争论不休,坦嫩瓦尔德认为,声明应该明确这个决定得到参联会和总统内阁成员的一致同意,尤其是马歇尔也同意此事,毕竟马歇尔在很多美国人心目中依然地位崇高。

在最后一次会议上,杜鲁门告诉他们,现在必须做出最终决定,要么改变现状,要么继续忍受。坦嫩瓦尔德再次提议,总统应在声明中指出是参联会和高级官员一致提议他做出这个决定的。杜鲁门立即拒绝了他的建议,或许现在是他展现总统权威的最佳时机,体现他的决断力和政治担当。杜鲁门对坦嫩瓦尔德说:"年轻人,今天晚上不说这个,以后有很多时间。身为美国总统,做出这个决定是我当仁不让的职责,我不想让任何人感觉我和很多人在共同决定此事。最后的决定细节将在48或72个小时内公布,但是今天晚上之前完全是我个人的决定。"[4]

于是，整个事情按总统的意志有序进行，而总统也着手准备向全国宣布这个决定。在最后时刻，哈里曼突然注意到，这份声明没有提到由李奇微接替麦克阿瑟，于是这份诞生于当代社会的重大文件不得不以手工方式填入这句话。（在接过麦克阿瑟的指挥棒之后，李奇微做的第一件事就是在麦克阿瑟的办公室里安装一部电话，这样他就可以随时与外界保持联系。）总统指出，这个决定源于政策制定者和执行者之间存在不可调和的矛盾。之后，他还补充说："麦克阿瑟将军是美国历史上最伟大的指挥官之一，这一点毋庸置疑。他的表现无与伦比。美国感谢他为这个国家做出的贡献。因此，我在此再次重复，我对这个决定感到遗憾。"杜鲁门告诉身边的人，是麦克阿瑟一手造成了目前的局面："我可以让你们看看，他的手段有多么卑劣，他一直在欺骗和玩弄我们。我觉得他是在逼我们解除他的职务。他是一个比麦克莱伦还阴险的骗子。"他进一步指出，每个人"似乎都认为我没有胆量这么做。我们要让他们知道我们完全有胆量这么做，而且马上就将宣布这个决定"。[5] 后来，杜鲁门还在私下以更激烈的言辞评论过麦克阿瑟："最大的问题是他想越俎代庖，他想做远东皇帝。他忘记了自己只是军队的一个将军，他必须要听从美国总统的指挥。"[6]

麦克阿瑟自己也意识到了可能将被解职。4月9日，麦克阿瑟会见阿尔蒙德时说："我可能再也见不到你了，所以我得向你告别了，内德。"迷惑不解的阿尔蒙德问麦克阿瑟到底何意。麦克阿瑟回答："我陷入了政治纠纷，很可能会被总统解职。"阿尔蒙德听后，直呼荒谬。[7]

尽管杜鲁门的话不温不火，但解职公告本身的措辞却很麻烦。按计划，应由陆军部长佩斯当面向麦克阿瑟宣读这份公告，但是在华盛顿，原本就对总统充满敌意的《芝加哥论坛报》提前得知这一消息，并计划在次日（4月11日）刊登这一爆炸性消息。白宫担心，一旦麦克阿瑟提前获知被免职的消息，可能会主动提出辞职，对华盛顿反戈一击，博取舆论同情，使政府处于不利境地。考虑到这些，白宫决定立即公布。于是，在华盛顿时间4月11日凌晨1点，记者们在白宫的新闻发布会上获悉此事。因此，麦克阿瑟在接到正式通知之前，就通过广播得知了这个消息。这让政府显得更加冷酷无情,而让麦克阿瑟更像个受害者。麦克阿瑟的助手们认为,尽管已被解职,可他表现得还是像以前那样伟大。麦克阿瑟没有约见记者,而是由他的高级助理考特尼·惠特尼准将代劳。惠特尼对记者说:"我刚从将军那里过来,他庄重地接受了总统的解职令。他非常镇定,表现出超凡的军人气度——这是他一生中最光辉的时刻。"[8]

三

对杜鲁门的抨击很快接踵而至。《时代》周刊（它的老板和麦克阿瑟一样，支持与中国打一场大战）写道："一个极不受欢迎的人解雇了一个极受欢迎的人，这绝对是闻所未闻。"该杂志还认为，麦克阿瑟是"伟人的化身，很多崇拜者和追随者需要像他这样的伟人来领导自己……而杜鲁门则是标准的职业小人"。[1] 一时间，美国舆论一片哗然。

作为蒋介石垮台以及中美关系恶化的最大受益者，尼克松主张立即恢复麦克阿瑟的职务。一度指责马歇尔叛国的印第安纳州议员威廉·詹纳大放厥词："我认为，当今美国已落入一个由苏联间谍控制的秘密团伙手中。我们的唯一选择就是弹劾杜鲁门总统。"于是，麦克阿瑟转眼之间变成了英雄和殉道者，而这恰恰是他最想得到的：代表文人政府控制军队、解雇将军的总统则成了一个恶棍。

在经历了漫长而充满荣耀的军旅生涯之后，麦克阿瑟的缺点终于毁了自己。麦克阿瑟最终变得太像自己的父亲了。黑斯廷斯评价说："他越来越脱离现实，越来越老态龙钟，越来越顽固蛮横，他还在以过时的观点看待自己，以为曾经的那个麦克阿瑟依旧可以在朝鲜大展雄风。"[2]

杜鲁门政府早就预料会有一场大风波，可没想到会如此激烈。群情汹涌，到处都是支持麦克阿瑟的声音。麦克阿瑟离开东京之时，25万名日本人挥舞着美日两国国旗夹道欢送，甚至很多人泪流满面。麦克阿瑟次日凌晨抵达夏威夷，等候的人群比东京更加壮观。旧金山的欢迎仪式更为疯狂，飞机同样是在午夜之后着陆，人山人海，群情鼎沸，保安人员根本无法挡住他们。麦克阿瑟最后来到纽约参加一场盛大游行，据说有700万人走上街头欢迎他的到来，相当于艾森豪威尔"二战"胜利归来时的两倍。社会舆论的反应越来越激化。罗夫里和施莱辛格后来在书中描述道："民众因总统解雇一名将军而宣泄对政府的极度不满，可能是这个国家有史以来最疯狂的一次。可以肯定，内战以后，绝无仅有。"[3]

第十章 将军和总统

毫无疑问，这场风波使整个国家陷入了一场严重的政治危机。后来成为约翰逊总统新闻助理的乔治·里迪当时是合众社的一名年轻记者，回忆当时的情形，他认为美国确实处于一触即发的极度危险之中。他说，看着麦克阿瑟在华盛顿宾夕法尼亚大街上凯旋般地游行，他似乎有一种感觉，只要将军振臂一呼"跟我走，把他们赶下台"，对他五体投地的游行人群就会跟着他去。[4]

这个消息引发的各方指责与战后民众对政府的不满情绪突然之间汇集一处，让全国处于即将爆炸的边缘。对抗和矛盾撕开了这个国家的每一处伤口，每一次碰撞溅起的火花都有可能成为大爆发的导火索。酒吧里的陌生人可以因此而大打出手，同乘公交车的老朋友可能会为此反目成仇。就在解职事件之后不久，艾奇逊在华盛顿搭乘出租车，司机问他："你不是艾奇逊吗？""是的，就是我，"国务卿回答，"你想让我下车吗？"[5]

当时几乎很少有人意识到，这在某种程度上是一场声势浩大的反战运动，不仅是反对朝鲜战争，而且是反对冷战。它是一种全民挫败感的反映，因为美国在遥远的地方陷入了一场不令人满意而且前景灰暗的冲突当中；胜利带来的收益太少，而美国又无法运用自己的绝对武器。这是一种不得不与敌共眠的挫败感，这个美国不需要的敌人是真实而又强大的，而且因为核武器的恐怖效应，美国无法获得彻底的胜利。它将不同的时代连接在一起。这既是对一位"二战"老英雄的最后一次喝彩，也是没能从美国超级大国地位中获益的民众发自内心的强烈抗议，爱恨交融，汇聚成一股强大的力量。

这是一场极具政治目的性的运动，远不是像普通民众说的仅仅是让麦克阿瑟解职那么简单，其实质是在挑战共和党右翼的地位。执政时期不走运的赫伯特·胡佛一直讨厌国家的政治走向，身上留下的政治伤疤还隐隐作痛。现在，他终于找到一个机会，为长期以来被打压的那派势力的东山再起摇旗呐喊。在与东京归来的麦克阿瑟会面之后，胡佛说"这位从东方归来的伟大将军是圣保罗的化身"。[6]

起初，麦克阿瑟一直占据主动。他完全控制着剧情的发展，而他嘴里的那些恶棍只能接受他所安排的角色。麦克阿瑟在国会两院联席会议上发表了激情四射的演说，演出由此推向高潮。在那里，他为自己找到了无数的理由，而且每个理由都难以抗拒。就像他写给很多崇拜者的信中所言，他在国会再次提到没有任何东西可以取代胜利。他声称，参联会在事件的整个过程中一直认同他的观点，而且大多数军界领袖也知道这点。那些对现实视而不见，不想在朝鲜动用全部美国军队的人罪在绥靖。他在讲话中多次提到"绥靖"这个词，毫无疑问，大家都知道他指的是谁。麦克阿瑟说："那些想和红色中国搞绥靖的人对历史教训视而不见，因为历史告诉我们，绥靖永远只能导致假和平，只会带来新的、更血腥的战争。那些认为我们缺乏足够力量去遏制欧洲和亚洲共产主义势力的人是错误的。"关于这种特殊观点，他发誓他"想不起还有比这更好的失败主义表达方式"。他曾要求政府增兵朝鲜，但华盛顿什么也不提供；他曾计划动用台湾的60万国民党军队，但华盛顿不允许他这么做。麦克阿瑟还若有其事地说："我的战士问我，为什么这样呢？为什么把战场上的军事优势拱手让给敌人？"就好像他曾经和散兵坑里的普通士兵进行过无数次实际上并不存在的交谈一样。那天，麦克阿瑟还没有说完，便被雷鸣般的掌声打断了，而明显已经处于守势的民主党人则悄然无声。

最后是他夸夸其谈的结束语，内容丰富而有震撼力，充满怀旧而又伤感，让人无法抗拒，对于渲染此时此景的情感，绝对是画龙点睛之笔："我五十二年的军旅生涯就要结束了。我在世纪之交参军，圆了我少年时代的梦想。自从我在西点军校的'大平原'操场上宣誓以来，世界几经沧桑巨变，梦想和希望也在那时随之消失。但是我仍旧记得当时军营中最流行的一首民谣，歌中非常自豪地唱道：'老兵永不死，只是渐消逝。'一个在上帝指引下力图尽职尽责的老兵，像那首民谣中的老兵一样，结束了自己的军人生涯，悄然逝去。再见！"这是这个最不谦逊的人说过的最谦逊的话，直到此时，他依旧不想悄然离去。整个美国社会对此反应强烈。密苏里州众议员杜威·肖特说："我们看到了有血有肉的上帝，我们听到了上帝

第十章　将军和总统

的声音。"杜鲁门的反应一如人们想象的那般不屑一顾："空洞无物，一堆废话。"[7]艾奇逊认为，尽早结束是对所有人的解脱。他说，这让他想起了一个故事，一个父亲带着女儿住在军营外面，父亲无时无刻不担心漂亮的女儿会失去贞操。后来有一天，女儿挺着大肚子见到父亲，父亲如释重负地说："谢天谢地，我终于不需要为你操心了。"[8]

对于很多美国人来说，这个国家的政策很少像现在这样难以捉摸，也没有哪个名声显赫的将军如此信心百倍地把政治说得这样小儿科：迅速解决一场战争，而无须付出太大的伤亡。所有这一切都为这个民主国家的伟大时刻搭起一个新舞台，尽管当时很多人并不这么认为。在他们看来，这个伟大时刻就是麦克阿瑟激情四射的演说，接下来的事情，也就是那些关键决策及其后果，就像人们在参议院听证会上对这些决策进行辩论时的那样，缺乏同样的魅力但更重要。一开始，这并不像是一场公平的对抗：一方高傲地享受着自己的激情，而另一方则迫不得已地为一场不受欢迎的战争提供不受欢迎（甚至根本没人愿意听）的理由——这是一场旨在将战争局部化的胜利，一场人类生存的胜利。

很多认真研究过这段历史的人都认为，参议院听证会上的一个重要变化就是，麦克阿瑟在华盛顿的第二次露面不像以前那样威风凛凛了。六个月前，当杜鲁门和麦克阿瑟在威克岛会面的时候，沃尼斯·安德森曾偶然通过门缝听到了他们的对话，并做了笔录（后来，愤怒的麦克阿瑟支持者认为，那不是偶然所为，而是杜鲁门事先设下的陷阱），麦克阿瑟那时信誓旦旦地断言中国人不会出兵朝鲜。她的记录不是什么秘密。杜鲁门的代表团回到华盛顿后，便在征得麦克阿瑟同意之后把安德森的笔录打印成文，分发给所有随行人员，其中也包括麦克阿瑟。1950年11月13日，就在中国军队完成云山和水洞伏击之后，准备实施大规模总攻之前，斯图尔特·阿尔索普还向《纽约先驱论坛报》提到过，麦克阿瑟保证中国人不会出兵参战。

这些事并没有搅起多大的波澜。就在中国大军进入朝鲜之后，一家保守的杂志还曾问过麦克阿瑟，他是否真的说过中国不会出兵朝鲜，麦克阿瑟断然否定——他坚持认为，这"毫无根据"。不过，一些媒体根据恼怒的政府透露的一些消息披露，麦克阿瑟确曾向这些国家保证过中国不会出兵。但在他被解职后，随着对杜鲁门的攻击越来越猛烈，白宫最终决定公布安德森的笔录稿。《纽约时报》驻白宫记者托尼·莱维罗对此事早有耳闻。当托尼和白宫高级助理乔治·艾尔西谈及威克岛会面时，后者立刻把他引荐给杜鲁门。在白宫的眼里，莱维罗是个直言不讳的友方人士。

艾尔西建议，既然外界对此事已有耳闻，不妨找个合适的人把这件事如实透露出去。总统告诉艾尔西："可以，你可以把这件事交给托尼做。"于是，莱维罗和《纽约时报》便拿到了抄本。4月21日，《纽约时报》刊登了这份笔录；第二年，莱维罗便获得了普利策奖。支持麦克阿瑟的人愤怒了，考特尼·惠特尼准将认为，这是一纸污蔑和诋毁。也许这不足以彻底击退对白宫的攻击，但现在任何一个了解政治常识的人都会想到，在即将举行的参议院听证会上，麦克阿瑟将军和他的谈话记录将会面对怎样的质疑。

终于，参议院听证会就是摊牌时刻。共和党右翼认为，胜利的天平正在向他们一方倾斜。共和党参议院党团领袖坚持认为，麦克阿瑟将一如既往保持他的魅力和强大，将以强有力的姿态回答所有问题（当然是共和党人的答案），将代表所有真正的美国人说话。麦克阿瑟曾在旧金山市政大厅对大约50万支持者说："不久之前，有人问我有没有兴趣参政。我的回答是'没有'。我对政治从来就不感兴趣，也不想竞选任何政治职位。我永远不希望把自己的名字和政治连在一起。我唯一的政治信念，也是你们每个人都知道的，就是'愿上帝保佑美国'。"正如约瑟夫·古登指出的那样，麦克阿瑟以其特有的矫揉造作，暗示他或许会参加政治竞选，以此作为自己的最后一击。[9]

考虑民众的情绪极有可能失控，因此没有民主党高层人士出面主持此次听证会，并阻挡如此强大的民意力量。于是，主持听证会的责任就落到佐治亚州民主党资深参议员理查德·拉塞尔身上。拉塞尔是参议院军事委员会成员，按照老派的话说，他是一个地道的保守派人士，在参议院中赢得的尊重无人能及；另外，由于在南方基本上是民主党一党独大，因此拉塞尔也不会受到政治的压力，这些条件让拉塞尔成为主持此次听证会的最佳人选。拉塞尔是参议院的杰出人物，在个性和意识形态方面更接近于共和

第十章 将军和总统

党保守派,而不是民主党自由派。他是个彻底的种族隔离主义者,这让他从未能在国家行政公职的竞选中获得胜利。正如罗伯特·卡罗在《参议院的主人》一书中所说,主持这样一个至关重要的听证会,很可能让他在一夜之间变成家喻户晓的人物,但是要真正拿起这个一锤定音的锤子,也许是一种喜忧参半的荣誉。[10] 尽管这不是拉塞尔希望扮演的角色,尽管这件事情非常棘手,但他认为自己应该承担起这个责任。麦克阿瑟的听证会将有参议院军事委员会和外交委员会成员联合参加。民主党从人数上讲应该占有优势,因为它毕竟在参议院是多数党,而且像马萨诸塞州的莱弗里特·索顿斯托尔和亨利·卡伯特·洛奇等部分共和党参议员又是东部的国际主义者,但当时的民意显然更有利于麦克阿瑟,所有参议员都能意识到这一点。

共和党希望把此次听证会打造成一个将军宣传自己的全国性舞台。麦克阿瑟在会上将成为一个犯过小错的伟大爱国者,一个被懦弱政客背叛和欺骗的军事家;在这里,在全国闪光灯的照耀下,麦克阿瑟将用他那洪亮而富有穿透力的声音,施展无所不知的才智,亲手消灭他的敌人,更重要的,是他们的敌人。他将撕开敌人的丑恶嘴脸,不光是杜鲁门、艾奇逊和马歇尔这几个人,还有他们这整整十年里的政策。共和党右翼最需要的是把这次听证会打造成1952年总统大选的序幕,但是,麦克阿瑟也有一个致命的软肋。民众热情欢迎他的归来并不代表支持他的政策,尤其扩大亚洲战争的观点更是美国人不愿意接受的。因此,欢迎他的归来和支持他的政策是两码事,尤其是这些政策目前正在受到越来越多的质疑和披露,而且结果为何也越来越清楚。

在一个激情胜过现实的时刻,你会怎么做呢?拉塞尔一直在思考这个问题,最终他决定放慢听证进程,把焦点放在实质性问题上,尽可能地限制情绪的影响。他认为,必须尽最大努力克服民众情绪对问题的判断,尽量缩小新闻媒体的猎奇心理。因此,对拉塞尔来说,最关键的问题是消除听证会的情绪化色彩。他认为,听证必须做到详尽完整,必须对每个细节深思熟虑,理性判断:听证会不允许现场直播,不允许记者进入听证会会场,也不得使用摄像机进行电视直播,最多只能通过媒体进行事后报道,尽管美国的电视观众正在与日俱增，每天有 2000 万到 3000 万人看电视。听证会将进行全程记录，会议记录在经过专人审核之后立即转交给在会议室外面等待的记者。由于听证会将讨论涉及美国国家安全的重大问题，因此拉塞尔并不急于让美国的敌人知道外交政策中的绝密内容，这就需要由来自国防部和国务院的审查人员立即对听证会会议纪要进行编辑。

共和党曾四次提议就是否休会进行投票，但拉塞尔次次险胜。因此，1951 年 5 月 3 日，听证会如期召开，麦克阿瑟褪去神奇外衣的旅程就此开始。这里毕竟不是远东司令部所在的"东京第一大厦"，麦克阿瑟不能主宰这里的政治气氛，更不能继续上演他那精心排练的独角戏，毫无挑战地尽情发挥。"第一大厦"不是民主的舞台，而是麦克阿瑟的帝国，但这里是检验民主的法庭。在参议院听证会期间，他多次使用"历史教导我们"或是"历史表明"这样的语句，似乎只有历史一种教训，而且他是历史的代言人。姑且不说他是不是伟大的国家英雄，麦克阿瑟生平第一次不得不向民主程序鞠躬致敬，接受像他一样强烈、自私自利的人的尖刻提问。

麦克阿瑟作为第一证人接受了三天的质询，表现得绝不像个名家大师，因为他必须面对一份远比他的想象要复杂很多的笔录。这些人认为他们可以挑战麦克阿瑟的思想和行为。他的回答也不是共和党人所需要的。他的事一天比一天站不住脚，他的形象一天不如一天伟岸；而他的敌人，或者说他以往拳头下的沙袋，比如艾奇逊和马歇尔，则越来越有深度，越来越有基础。

麦克阿瑟最大的问题就是经常不说真话。这个问题多年以来一直困扰着与他打交道的人。只有符合他的要求，有助他的事业的时候，他才会说真话；而在不利于他的时候，他就会胡说八道。因此，真理对一个认为自己永远正确的人来说是一种折磨。他和所有人一样都会犯错误，尽管他拥有无数令人敬佩的优点，而他的错误也许是致命的，因为他根本不愿意承认自己的错误。他的身边到处都是阿谀奉承之徒，不会有人挑战他，因此他的颠倒是非的观点最终会升华为真理，对他的观点的挑战马上就会被看成麦克阿瑟不共戴天之敌的歪曲之词。在国会面前讲述自己为什么被解职时，他厚颜无耻地在一

第十章 将军和总统

个关键点上撒谎：他一直声称参联会支持他的立场。也许他是一厢情愿地认为他们支持自己，因为从中国参战到李奇微来到朝鲜这个短暂的时间里，有些参联会成员确实在思考他的提议。但是在李奇微扭转战局时，麦克阿瑟再次失去了他们的支持。在内心深处一直得意地嘲笑和贬低他们的麦克阿瑟或许现在才真切地感受到，他们确实支持过自己。或许他认为，老规矩比真理更有力量，因此，一旦军界领导人与文人政客之间出现矛盾，军人会囿于某种制度上的忠诚而支持他，虽然他自己以前并不必然忠于这种制度，这些不如他伟大的人现在依然会忠诚于他。

他错了。他从来就没有尊重过参联会，对他们始终采取鄙夷和蔑视的态度。麦克阿瑟曾无数次地贬低他们，甚至认为参联会从未做出过正确的决定。他曾在私下里极度轻蔑地谈论参联会，还说陆军是世界上只知空谈的地方，而且那帮人也知道他麦克阿瑟私下里是怎么说的。他一次又一次地欺骗他们；让阿尔蒙德指挥第10军充分显示了麦克阿瑟对他们的蔑视。在这个时刻声称参联会支持自己是犯了一个政治性的大错。

但这个问题还不限于参联会。五角大楼也无人愿意提供帮助，尽管某些高层官员还记得麦克阿瑟年轻时的优秀。在接受拉塞尔委员会质询时，马歇尔意味深长地指出，质疑麦克阿瑟肯定是一件异常艰难的事情，因为他有辉煌的过去。但很多年轻军官对麦克阿瑟印象不深，他们只记得麦克阿瑟蔑视政府的命令，在中国参战时拒不承担责任，对文人政府进行系统性的挑衅。他们为此感到愤怒。那些把生命留在军隅里和长津湖的人或许都是他们的同龄人，或许恰恰就是他们的朋友，这样的痛苦绝不会因早期麦克阿瑟留给他们的那点美好回忆而有丝毫的淡化。他总是以为规则都是给别人用的，而不适用于他。很多年轻人并不喜欢他，有时甚至憎恨他。这些更了解那份笔录的五角大楼的年轻军官，正在愉快地引导着参议员及其助理们去发现麦克阿瑟事件中的假信号。

他的光辉一天天地暗淡下去。当来自康涅狄格州的民主党参议员布赖恩·麦克马洪向麦克阿瑟提出更大的指挥权问题——比如说如何应对苏联人时，麦克阿瑟开始向后退缩。这一次，他并没有像以往那样耀武扬威地进行一番演说,大谈特谈如何消灭亚洲共产主义力量来拯救欧洲(尽管毫不领情的欧洲国家根本就不赞成为了解救他们就必须和中国大打一场)。在问及苏联在欧洲的所作所为时,他只是回答,这不是他的职责,因为他只是战区司令。但这难道不是问题的症结所在吗?麦克马洪和其他人问。杜鲁门政府必须从全球责任的角度出发来考虑问题,必须考虑来自朝鲜以外的潜在挑战以及比中国更危险的对手。麦克马洪指出,麦克阿瑟很清楚地表明,如果政府听从他的观点,升级与中国的战争,苏联人也不会参战。参议员说,他肯定坚持这些观点。可如果他一旦错了,我们该怎么办呢?麦克马洪指出,麦克阿瑟不是一直坚信红色中国不会参战吗?他说得对吗?麦克阿瑟承认:"我只是怀疑(中国的参战)。"承认这一点自然会让麦克阿瑟的声望大打折扣,因为按照这样的逻辑,人们同样可以认为,他根本就不知道如果美国和中国发生更大规模的战争,苏联人是否会干预。

麦克马洪继续发问,将军认为美国及其盟友是否有能力抵抗苏联对西欧的进攻呢?麦克阿瑟回答说:"参议员,我已经多次请你不要把我牵涉到我辖区以外的地方。我的全球防御概念并不是我在这儿作证的主题;我现在也不想把自己伪装成这方面的专家。"这是一个转折点。麦克阿瑟很快发现自己处于守势,即使是在讨论把中国人赶出朝鲜这个份内问题时,他也处于守势。当林登·约翰逊继续就这一问题发问时,这位曾把李奇微的战略戏称为"手风琴战略"的将军已经不敢肯定,如果把中国人赶回鸭绿江以北,他们是否会重新打回来。或者说,他们是不是会在那里安心地休养一段时间,然后再展开一场规模更大、更危险甚至是无休止的拉锯战?麦克阿瑟的回答是,他认为中国人不会重新回到朝鲜。这显然是最不能令人满意的答案。在第三天作证结束时,虽然拉塞尔一直表现得异常优雅,几乎对麦克阿瑟表现出虔诚的景仰,但用古登的话来说,他"把自己说成是眼界狭隘、知识缺乏的指挥官。他再也不能显示他的世界级战略大师的风采了,再也不能说来自'东京第一大厦'的观点比外交家和其他军事家更出色了"。[11]

随后出席听证会作证的依次是马歇尔、参联会成员和艾奇逊。他们的证词无一不是对麦克阿瑟的致命打击。马歇尔的态度尤为强硬,他坚决反

第十章　将军和总统

对麦克阿瑟认为扩大与中国的战争不会导致苏联干预的观点。他认为，他们可以在很多地方对美国发起反击，是美国而不是他们，在后勤方面有许多薄弱之处。此外，麦克阿瑟的主张将割断美国与主要盟国之间的关系，从而拆散美国业已建立并成为国家安全基础的所有盟友。马歇尔强调，将军与总统之间的巨大分歧并不像很多人想象的那样是一场意识形态的对峙，相反，他们的矛盾比这要寻常得多，不过是承担有限责任的战区司令和承担更多责任的上司之间的隔阂。

马歇尔指出，这种分歧没有什么特别之处，每个战区司令都会这么想，都想得到更多的资源，而麦克阿瑟与众不同的是，他一直在公开表达自己的不满情绪以及对总统政策的反对。参联会成员一再表示，他们始终不支持麦克阿瑟的观点，并向与会人员声明，在总统与将军的冲突中，他们绝对不是麦克阿瑟的盟友。他们详细地阐述了这场战争的不成文规定——坚持有限战争，以日本作为美国在亚洲的避难所，并认为这个曾被美国右翼和麦克阿瑟批评的规定实际上有利于美国，而不利于中国。尽管日本极易受到攻击，但苏联并没有进攻日本。布莱德雷的发言把听证会推向了高潮，他说如果他们执行麦克阿瑟扩大战争的计划，那就会让美国"在错误的时间，错误的地点，同错误的敌人打一场错误的战争"。[12]

尽管共和党右翼强烈反对对听证会实行审查，但是他们现在开始为保留这个规定而感到庆幸，因为证词中被删掉的部分恰好包含了对他们最致命的打击——蒋介石的军队在这场战争中的价值。政府的批评主要集中在战争扩大化问题上，而非大量使用美国军队带来的危险。这就意味着，是否使用蒋介石军队至关重要。麦克阿瑟在听证会上声称，他们是"50万名一流的战士"。他们的能力"绝不亚于和我们交手的红色中国的军队"。并非每个人都同意这个说法，大多数曾在中国担任过军事顾问的美国人认为，如果他真有那么出色，也不可能前些年在大陆输得那么惨。事实证明，他对蒋介石军队的认知完全依赖于他在1950年8月那次对台湾的短暂访问；五角大楼的专业人士均不赞成他的判断。实际上，让这些军队到另一个地方去打仗无异于一场灾难。马歇尔指出，大概就在同一时期，五角大楼曾向台湾派出了一个37人的使团。他们发现,国民党军队的"训练条件和物资准备极其落后,不能指望他们能守住这个孤岛",更不用说"反攻大陆"了。因此,我们不仅需要阻止他们重新夺回大陆的妄想,还要保护这个岛屿不被别人占领。

至于说向国民党提供更多的装备问题,他们在内战期间丢失大批军械物资的记录令人震惊,并使参联会不愿意提供更多的军事援助。布莱德雷毫不留情地说,所谓的武器丢失实际上是国民党军队只要有机会就会向共军投降。此外,他还进一步补充道,只要有一支共产党军队登陆台湾,就足以攻占整个岛屿,因为会有大批国民党军队向他们缴械投降。柯林斯接着说:"最让我们怀疑的是,我们从这些中国人那里得到的帮助,到底能比韩国军队好到哪里,因为他们本来就是被共产党赶走的那帮人。"[13]这些针对国民党军队的证词反映了大多数军界人士的内心想法。当然,公开谈论一个盟友的军队显然是不适合的。但是,由于这部分内容在已被删节之列,因此蒋介石的军队依然是个秘密,一支50万人的超凡大军,一支可以让美国白用的军队,还是给人们留下了很多幻想和期待。

听证会对于让美国人认识当今世界的复杂性是一堂生动无比的课。很多人一直以为华盛顿没有应对共产主义的总体政策,今天他们开始意识到,遏制政策早已成型。但是,这堂痛苦的课显然不是共和党希望看到的,他们渴望更多的血腥味儿。在布莱德雷作证六天后,在参联会的其他成员还将陆续作证的情况下,艾奥瓦州共和党保守派参议员伯克·希肯卢珀向拉塞尔提议,听证会持续时间太长,其他三位参谋长无须继续作证。这是一个很明显的信号,共和党希望借此机会展现杜鲁门与军队领袖之间巨大反差的设想落空了,而希肯卢珀的提议也以14比11的投票结果遭到拒绝。于是,听证会继续进行,而麦克阿瑟在政坛上的伟大形象也随之一天天地畸变。

对于杜鲁门政府来说,麦克阿瑟听证会是一次巨大的胜利。尽管这算不上整个国家的核心政治事件,但毕竟在历史上写下了一页:一个长期的政治对手还是被部分清除掉了,虽然有点迟。蒋介石的失败、中国军队入朝参战以及解除麦克阿瑟的职务带来了政治损失,从长期来看,杜鲁门可

第十章　将军和总统

能是最终的赢家，但考虑到此事引起的民众不满情绪，眼下的杜鲁门还是失败者。他也许有宪法赋予的权利，历史学家有朝一日会给自己一个不错的评语，但共和党同样享有宪法赋予的权利，在政治公式中这一点更加重要。

即使某些政策经过验证并没有错，但政府最终还是因这些事情（尤其是中国参战）受到伤害。艾奇逊在五年后写给杜鲁门的信中写道，鸭绿江边的失败"破坏了杜鲁门行政当局"。[14] 听证会结束后，政府并没有很多值得庆祝的地方。破坏并不全部来自战争、蒋介石的失败和麦克阿瑟的抗命不从，但这些是每个人都能看得见的原因。现在是民主党离开的时候了。他们已经当政很久了，足足有二十年的时间；他们树敌太多；国家在这段时期不可避免地发生了变化，因为它现在的需要完全不同于艰难而痛苦的1932年。

第十一章

结局

一

即使是最精明的人常常也不知道,自己人生最辉煌的乐章已经结束,现在是离开这个舞台的时候了,那些只关注自我的人就更是这样了。麦克阿瑟就是一个典型例子。远东司令部的低级军官麦卡弗雷说:"如果他在仁川登陆成功的第二天退休,那么美国每个城市都会出现一所以他的名字命名的学校。但是,他留下的时间越长,说得越多,对自己的伤害也就越大。"[1] 归根到底,他没有抓住事情的政治含义,他从日本回国时享受的那种欢呼是为了什么(或者更重要的是,这种欢呼不是为了什么)。他一直以为这些掌声是献给自己的,却没有意识到他只是触发更大事件的导火索。即便到了这个时刻,他还在追逐着自己的梦想,在所有美国人面前发表演讲宣扬自己的梦想。人群越来越少,而他的声音也随之变得刺耳。很多曾经心潮澎湃的追随者悄然离开,去寻找新的崇拜偶像。右翼保守派的政治游戏从来不以他为中心,他真正的工作一直就是伤害他们的敌人,一旦情况有变,他们就弃他而去,他们的真正候选人是鲍勃·塔夫脱。五十年前,塔夫脱的父亲在菲律宾拿下了老麦克阿瑟,所以他是麦克阿瑟最尴尬的政治盟友。

情况直到1952年依然没有变化。这时,比麦克阿瑟更坚持孤立主义路线的塔夫脱已经成为共和党保守派的总统候选人。那年,麦克阿瑟作为塔夫脱的副总统竞选伙伴又一次出现在集会的演讲台上,而且发表了关键性讲话。不过,一年多前那个意气风发、魅力无穷的老兵不见了。此时他是一个平民,更确切地说,是一个政治家。他现在更有派性,更老态龙钟。他在代表另一个人说话,扮演着他一生中最迥异、最不舒服的角色。他明显对自己的每一句话都感到不自在,极不自信。因此,与会代表们很快就变得不耐烦,骚动不安,纷纷离开座位。此时,几百万美国民众坐在电视机前看着他让会场空空如也。麦克阿瑟知道,自己最后一次的努力失败了,第二天,他连电话都没有接。

如果说麦克阿瑟给他的人生最后一个篇章里嵌入了一个更大的嘲讽，那就是他的行为给自己的两个对手带来的影响。第一个是杜鲁门。如果说麦克阿瑟的傲慢让总统暂时受到了伤害，它也让杜鲁门因此赢得了一场更大的赌局，因为杜鲁门相信历史的轮回反复，事实证明，他是对的。尽管他在离任时的民意支持率降至最低点，但是他的声望在离职后一路飙升，被美国人认为是最值得尊重的总统之一，同时也是那个时代被严重低估的人物之一，这其中很大一部分源自他与麦克阿瑟对抗的勇气和策略。一直视杜鲁门为小人物的麦克阿瑟以一种奇异的方式，强化了杜鲁门的勇敢和正直的形象，让他显得更加高大伟岸。

杜鲁门认为，这次对抗痛苦却不艰难，因为它的核心是最基本的信仰：维护宪法的尊严以及文人政府对军队的控制。当过几任总统翻译的弗农·沃尔特斯亲历了威克岛会面时麦克阿瑟拒绝向总统敬礼的那一幕。几年后的一个独立日，他来到密苏里州拜访这位前总统，并向他请示能否提几个略有冒犯的问题。杜鲁门欣然应允，于是，沃尔特斯问起威克岛会面时的情况。他话还没说完，杜鲁门便打断他说："我没注意到麦克阿瑟没有向美国总统敬礼吗？你说对了，我当然注意到了。"沃尔特斯说，之后杜鲁门略有缓和地说："我心里很不舒服，因为我预见到，我们之间将会产生矛盾。我的预感是正确的。我解除了麦克阿瑟的职务，其实我早该这么做。不管对与错，他就是不明白美国是怎么运作的。"[2]

另一个意想不到的受益者是艾森豪威尔。如果说1952年人民呼唤一位将军出任总统的话，那也是艾森豪威尔而不是麦克阿瑟。艾森豪威尔取得的政治崛起更能说明，四十年来的政治与社会变化已经让麦克阿瑟彻底落伍了。与麦克阿瑟相比，艾森豪威尔更像是20世纪的人，而麦克阿瑟还停留在上一个世纪，他的言语还属于那个精神至上的时代。艾森豪威尔曾说，麦克阿瑟的文笔和言谈散发着"紫色的光辉"。[3] 艾森豪威尔是一个平等主义者，一个更出色的倾听者，一个更识时务的折中主义者。虽然同是将军，可艾森豪威尔不像麦克阿瑟那样张扬，从不在别人面前耀武扬威；他朴素无华，更像是穿着军服的平民。美国人认为，这个最谦逊的人就是那个能

第十一章 结局

带领他们步入昏暗而充满不确定因素的核武器时代的人，正是那个能引领他们夺取最终胜利的人。他富有思想，意志坚强，不过分强调军国主义，公正而又务实，是一个能对苏联软硬兼施的人。此外，艾森豪威尔本人也担心政府受到他眼中的孤立主义者的攻击；一旦塔夫脱执政，美国可能会放弃其国际责任。随着这种可能性的不断增加，艾森豪威尔颇为勉强地被提名为共和党总统候选人。

二

砥平里之战标志着一场新战争的开始，这场战争持续了两年多，双方都付出了惨重代价，却都没有取得压倒性的胜利。面对惨痛的现实，两支军队的指挥官早就失去幻想，但或许他们的顶头上司还有所指望。于是这场战争慢慢地变得血腥和残忍起来。当时，李奇微曾对一名陆战队军官说，你的任务就是"让红色中国的血流干"。它演变成一场残忍的、代价巨大的战争，一场少有突破的战争，一场所有战略都旨在对敌人实施最大程度的惩罚而基本上不改变战线的战争。最后，每一方都不能取得大胜，只有双方互不满意地妥协。

每一方都在想方设法消灭对方的有生力量，但双方似乎又都无力结束这场战争。1951年春，中国军队发动了一次大规模攻势，损失惨重却收效甚微。他们在前线投入了30万大军，发动了人类历史上最激烈的战斗之一，结果是人员大量伤亡，战果却微不足道。然而，它提醒了西方国家的指挥官们，中国军队有多么能征善战，有多少人能投入战斗，这彻底击碎了联合国军再次跨越三八线、直奔鸭绿江的幻想。但是，很多前线指挥官似乎还不愿意放弃这个美梦。第8集团军司令范佛里特一度对上级的限制感到不可理解，他一直以为，在击退中国军队1951年5月发动的攻势后，该轮到他们北上报复中国人了。但华盛顿一开始就看透了这一点，他们知道那样做的结果将非常可怕，因此，他们不想拿美国人或是其他人的性命再去冒险。

不过，没人知道应该怎样结束这场战争。战争已经陷入到不可忍受的拉锯战之中，谁也赢不了谁，它已经变成一场没有胜利者、只有死亡的游戏。双方都想脱身，但又都缺乏做到这一点的政治技巧；对两个潜在对手陷入这样一场痛苦无比的战争，斯大林肯定会很高兴，而且会想方设法减少让双方全身而退的机会。而美国和中国互不承认的政策也进一步削弱了双方退出这场战争的决心并减慢了退出速度，双方唯一认可对方的地方就是在战场上，在枪口下。这样，直到1951年7月，双方才开始在位于三八线以

第十一章 结局   645

南的朝鲜古都开城进行和谈，或者说，叫停火谈判，但谈判进程却如蜗牛一般缓慢。之后，谈判地点又转移到三八线附近的一个无人区——板门店。双方在意识形态上的敌意，彼此间的强烈不信任，再加上朝鲜和韩国都不愿意互相承认，导致零星战斗从未停止，谈判进展异常艰难和缓慢。其间，遣返战俘问题成为和谈的一个重要制约因素，这无疑使谈判进程更加艰难。

在朝鲜半岛实现和平之前，这场局部战争的僵持状态不可避免地会影响到美国国内的政治进程。战争的发动者民主党已无力解决这个问题，而共和党的总统，尤其是共和党中间派的总统，很可能会提出一个让民主党无法接受的解决方案。因此，1952年的政治斗争与通常的大选有所不同，最激烈的斗争并不是最后的选举，而是共和党芝加哥全国代表大会上党内温和派与保守派之争。愤怒是发自内心的，就好像是大家对外交政策以及右翼势力软弱无力的压抑已久的愤怒一下子浮出水面。每个人都认为，感谢战争给他们带来了一个二十年后再次赢得大选的最佳时机，甚至比1948年的机会还要好。右翼孤立主义分子认为，现在这个以前从未宣称自己是共和党党员的艾森豪威尔来到芝加哥篡夺他们的提名人资格。谁知道这个一直和罗斯福与杜鲁门称兄道弟的艾森豪威尔到底是不是共和党人呢？当艾森豪威尔的支持者说"我们喜欢艾克（艾森豪威尔的小名）"时，塔夫脱的追随者马上反唇相讥："艾克到底是什么东西？"此时，共和党全国代表大会和芝加哥街头的紧张情绪远非往常可比。著名影星约翰·韦恩是塔夫脱最忠实的代言人。此人在"二战"爆发时34岁，在年龄上完全可以参加"二战"，不过，他的演艺事业刚开始起飞，他最终还是决定在电影胶片上实现自己的战争生涯（相比之下，年长韦恩一岁的吉姆·斯图尔特却有骄人的战绩）。韦恩曾在很多战争片中大显身手，是一名名副其实的战争片明星。在一部影片中，韦恩扮演的一个角色跳出汽车，对一个手忙脚乱、操一口和艾森豪威尔相近口音的老中士大声喊道："你为什么一面红旗也没捡到？"[1]

塔夫脱本人也认为，他可以把朝鲜战争和麦克阿瑟被解职作为自己的主打牌。他在共和党全国代表大会召开前宣布，一旦竞选成功，他将任命麦克阿瑟担任"三军副司令",不知道这个头衔是什么意思。参议员埃弗里特·德克森既是塔夫脱的手下,也是共和党中西部地区的头目。德克森做好了一切准备,坚决和艾森豪威尔干到底。艾森豪威尔竞选班子的领袖是在大选中两次落败的杜威。有一次,德克森站在讲台上,居然直指台下他们最大的敌人、艾森豪威尔竞选班子的领导杜威毫不留情地说:"再好好检查一下你的心脏吧,我们以前跟着你,但你却把我们一次次地带上失败之路。"然后,德克森再次用手指着杜威继续说:"不要再把我们领上那条路了。"[2] 他的挑衅把整个大会推上了高潮。

但是对于期待大选获胜的普通代表而言,艾森豪威尔的承诺以及他巨大的魅力比塔夫脱的纯正意识形态更吸引人。无论是党内大会,还是最终的总统大选,艾森豪威尔都大获全胜。他甚至为自己的大选制定了一个化学反应式,被他的支持者命名为"K1C2",翻译成政治话语就是:朝鲜战争、腐败官员和政府里的共产党。他在大选期间说过一句足以确保他获胜的话:"我准备去朝鲜。"把这句话的政治含义翻译成公共话语就是"我将结束朝鲜战争"。艾森豪威尔大获全胜,得到660万张选票。他最终兑现了承诺,来到朝鲜,会晤了接替麦克阿瑟一职的马克·克拉克将军,还有接替沃克的范佛里特。这两个人对战争的态度都要比艾森豪威尔强硬得多,都对华盛顿的限制感到不满:为确保人员伤亡最小化,不允许实施大规模进攻。两人都有对中国进一步施压的种种计划。艾森豪威尔听都不听,他想赶紧脱身。

在美国逐步成为世界大国这个痛苦而不情愿的过程中,艾森豪威尔或许是最完美的中间派总统。他善于思考、细心谨慎、经验老到,是最不具侵略性的军人。他是国人期待的或者很可能是需要的总统,因为在那个敏感而危险的时代,美国需要这样一个善于克制自己和掌控他人的总统。他的国际主义意识无可指责,而且难能可贵。他领导过一支人类历史上最大规模的远征军。他的性格与麦克阿瑟截然不同,对部下慷慨大方,从不吝啬对他们的称赞,既精于约束自我的膨胀,也善于挡开他人自我主义的侵袭。他的当选遏制了麦卡锡主义的公开泛滥,并终结了麦卡锡本人的政治生命。麦卡锡始终不理解自己的活动范围和限制在哪里,他在攻击民主党总统时

第十一章 结局

有用，而在攻击共和党总统时就没用了。

麦卡锡不明白，艾森豪威尔上台后他的角色就变了，因此他还是继续像以前一样鲁莽草率，以至于到了1954年，共和党开始反对他，并最终公开谴责他。尽管麦卡锡在1954年受到公开谴责，但这并不意味着麦卡锡主义从此寿终正寝。政客最喜欢做的事情就是攻击政敌，并非因为政见的不同，而是对政党的忠诚，使得他们乐此不疲地去指责敌人对国家的不忠，对人民的背叛，教唆煽动共产分子。那些曾经让杜鲁门和艾奇逊焦头烂额的指责只是在背地里郁积而已。让刚加入这场游戏的艾森豪威尔感到意外的是，他很快发现在某些关键性问题上，他从国会民主党人那里得到的支持和同情，甚至要多于自己所属的共和党。担任总统几周之后，艾森豪威尔在日记中写道："共和党参议员们正在经历一个艰难的时期，他们的脑子里很难接受自己属于一个支持白宫而不是反对白宫的组织。"[3]

艾森豪威尔当选带来的变化之一就是为韩国的未来发展提供了便利。1953年3月，美国与中国恢复停战谈判。一直怂恿中国采取更强硬手段的斯大林在此时去世，这为双方最终寻找解决方案开启了一扇大门。双方现在可以比几个月前更自由地寻找结束战争的方式了。在美国，原本可以让杜鲁门游街示众的方案，艾森豪威尔现在却可以无所顾忌地和盘托出，尽管方案有点令人失望。在中国，毛泽东也不必担心斯大林再对自己指手画脚了。

第8集团军司令克拉克首先向中国发出了一封常规信件，提议双方首先交换伤病战俘，并立即得到中国方面的积极回应。1953年4月底，这个代号为"小交换行动"的交换战俘行动得以完成。现在，双方进一步和谈的大门彻底打开。但这里还存在一个非常棘手的问题。和金日成一样，在付出如此巨大的流血牺牲之后，李承晚对这个似乎没有定论的方案非常不满，他不甘心再次接受只有半壁江山的朝鲜。于是，他想尽一切办法破坏和谈。他在5月时宣布抵制任何和谈，绝不会作为和谈方出现，并扬言将单独作战；这个威胁明显是想让美国难堪，可结果肯定是竹篮打水一场空。他得到的回复是要求他签订美韩同盟条约。到6月中旬，随着双方和谈进程的加快，李承晚再次破坏和谈；他撤走战俘营的卫兵，让约 2.7 万名将被强制遣返的朝鲜战俘逃走，潜入韩国社会，从而激怒了平壤。即便如此，和谈的进程也未被阻止，毕竟两个大国都想脱身。

可怕的战争与和谈一起继续进行：战斗变得异常残忍，双方都是为了向对方表明，如果这算不上真正的胜利，那就永远停下不打好了。到1952年年中，战争已经变得越来越像最糟糕的第一次世界大战的堑壕战，战士们日夜生活在持续的弹幕射击当中，在错误的时间、错误的地点陷入杀戮和死亡。此时，双方都已构筑起坚不可摧的防御工事。不过，中国人一改战争头几个月一往无前、英勇冲锋的风格，在后两年转变成一支非常不同的军队，也非常擅长这种阵地战。考虑到美国在空中打击和地面炮火上的绝对性优势，中国军队逐步调整作战方式。他们挖掘地道，利用这种原始而有效的地下掩体进行作战（这种方法被后来的越南共产党所复制，而且运用得更加出色。正是借助于这种战术，他们首先在1954年的奠边府大败法国军队，而后又在越战中对付美国人）。这些地道从志愿军的阵地一直通到可以发起进攻的地点，甚至通到对方的前沿阵地。这样，联合国军的地面火力就无法伤及在地下活动的中国士兵，除非是可以掘地三尺的猛烈炮火。此外，中国军队还会把多数是在内战期间从国民党军队手里缴获的火炮隐藏起来，以至于美军的侦察飞机都很难发现它们的存在。火炮阵地设在山后，而且通常放置在手工开凿的山洞中。他们会定期从山洞里拉出一门炮，将20发左右的炮弹非常精准地发射到美军阵地，然后把炮马上拉回山洞。"等我们的炮兵确定他们的方位时，他们的大炮已经进入安全位置，炮兵也回到山洞里，躲在一边吃米饭去了。"当时任步兵连连长的哈尔·莫尔说。他们的防御阵地不同凡响，"非常坚固，很难用炮弹炸开，他们绝对是一流的职业挖掘大师，"莫尔说，"他们的战壕就挖在地道周围，他们沿着地道可以回到战壕后方12—14英里的地下室。因此，我们的大炮、炸弹和低空轰炸对他们几乎没什么影响，甚至可以说毫无影响。"[4]

战场上，中国军队纪律之严格和忍耐力之高让美国指挥官钦佩不已。由于战争本身不受欢迎，美国士兵的战斗积极性很低，因此，前线士兵一

第十一章 结局

直采用轮换制,而中国军队却很少轮换,同一支部队可以在前线坚持很长时间。让美军指挥官惊叹的还有,他们善于进行夜间转移,而且基本不露行踪。随着战争的继续,战斗开始在两个轨道上进行:一方面是缓慢、痛苦、艰难的板门店谈判,另一方面则是战斗本身,双方都为此投入了大量兵力,目的就是让对方知道,哪一方,不管是东方还是西方,都不想在战场上丢脸。

1953年春的猪排山*战斗最为典型。猪排山,亦称255号高地,几乎是战争最后阶段无目的战斗的象征。双方投入极大,却收效甚微。这是一场极其艰苦而血腥的战斗,持续了几个回合。美方最初参战的是一支驻扎在联合国军防线最外沿的步兵部队,双方战斗的焦点就是争夺联合国军外侧防线的几个据点。这些据点并无重要的战略意义,其重要性只是因为双方自认为它有价值,并都想占领它们,也就是说,因为有一方想占领它们,另一方就想攻下它们。准确地说,猪排山之战由一系列的战斗组成并持续了一年多,并于1953年7月演化成朝鲜战争最后阶段的几场战斗。板门店谈判者越接近于达成协议,猪排山的重要性就越大。于是,战斗就变得越血腥。1953年3月底,中国军队开始攻打猪排山,但被美军击退,不过他们占领了邻近一个位置更高的据点"老秃山"†,这就让猪排山完全暴露在中国军队的炮火下。第7师师长阿特·特鲁多少将想夺回老秃山,而新任第8集团军司令马克斯维尔·泰勒中将不准,他担心夺取老秃山还要付出更大的伤亡代价。泰勒已经得到华盛顿的命令,任何进攻不得动用两个营以上的兵力。这项命令足以表明,华盛顿此时想缩小而不是扩大战争了。

1953年4月中旬,就在双方为"小交换行动"和板门店谈判做准备的时候,中国军队再次进攻猪排山,约2300人对猪排山的小股守军发起进攻。随后,战斗演变成双方之间的一场猛烈炮击。曾记录过军隅里战斗的斯拉姆·马歇尔在记录这场战斗时写道,仅在炮击战的第一天里,第2师和第7师的九个炮兵营就向敌人发射了37 655颗炮弹,第二天又发射了77 349颗炮弹。

---

* 中国称石砚洞北山。

† 中国称上浦防东山。

他写道:"即使是'一战'时期最激烈的凡尔登战役,也没有哪一天发射过如此之多的炮弹。即使是'二战'中火力最猛烈的夸贾林礁战役,按每小时发射炮弹的数量、单位面积地面落下的炮弹数量以及炮弹总发射数量,都远不及猪排山战斗。光凭这一点,这场战斗就足以记入史册。这在炮兵战斗中绝对是一个史无前例的纪录。"[5]

美军最终还是守住了阵地。1953年7月,中国军队第三次进攻猪排山。战斗的前两天异常激烈,双方在山顶形成僵持。乔·克莱门斯中尉指挥的K连遭到沉重打击,135名守军只剩下了14人。[6]战斗从7月6日打到11日,总共持续了五天。双方坚持奋战,不分上下。到7月11日早晨,泰勒驱车赶到特鲁多的司令部,并对他说,猪排山不值得再投入更多的人,于是这场惨烈的战斗终于不了了之,剩余的美国部队趁中国人不注意的时候已经悄悄撤走。后来有人问英国师师长麦克·韦斯特少将,怎样才能把猪排山夺回来,他的回答很简单:"没必要,那不过是一个岗哨而已。"十六天之后,也就是7月27日,朝鲜战争正式停火了。

这场异常艰难、消耗极大、极度残酷的战争,终于以双方都极不情愿的结果草草收场。

三

或许所有战争都是某种错误判断的产物。在朝鲜战争中，各方在所有重大决策上都无一例外地做出了错误的判断。首先，美国把朝鲜半岛踢出自己的远东防卫圈，这自然会鼓励共产党势力对它采取行动。然后，苏联又为金日成出兵韩国开了绿灯，并确信美国不会干预。美国参战后，严重低估了朝鲜军队的作战能力，却明显高估了自己第一批入朝作战部队的实力。他们以为自己准备得非常充分，可以一举击败金日成。最后，美国人又贸然做出了越过三八线、继续北上的决定，却丝毫不在乎中国人的警告。

之后，麦克阿瑟又做出了这场战争中最大的一个误判，即命令联合国军一直打到鸭绿江边，因为他坚信中国人不会进入朝鲜，这就让他的军队处在极度危险之中。毛泽东以为，共产主义信仰和革命精神肯定会战胜美国的强大武器以及腐朽堕落的资本主义灵魂；在取得第一轮大胜后，毛泽东命令志愿军乘胜追击，一路南下，在这个过程中，他们损失惨重。在这段时间里唯一坐收渔利的似乎就是斯大林，他既担心铁托主义对毛泽东产生影响，又担心中国与美国成为盟友，因此当毛泽东决定和美国人战斗到底时，斯大林不会不高兴。不过，即便是斯大林，也屡次做出了错误的判断。最初，他以为美国不会参战，但美国还是出兵了。如果说他希望看到美中两国开战，而让苏联人坐山观虎斗，那么朝鲜战争对苏联的长期影响则是不可预知的。首先，中国肯定会对他在最初也是最关键几个月里的食言而怀恨在心，这种怨恨之情导致中苏关系在十年之后破裂。更重要的或许在于，中国入朝参战必将对美国如何看待其国家安全事务带来深远的影响。

朝鲜战争给美国人带来的影响在NSC68号文件（这是美国策动全球冷战、实施遏制战略的纲领性文件）中得到了充分体现。它大幅提高了五角大楼的影响力，并促使美国比以往任何时候都更加重视国家安全事务，进而强化了艾森豪威尔在两届任职期间始终关注的一个问题，也就是他在离职演说中提到的：必须警惕"军事—工业复合体"的出现。与此同时，朝鲜战争让美国人更理性地认识了共产主义阵营。多年以来，美国人一直认为共产主义阵营是一个坚如磐石的统一体，而事实证明这种认识是错误的。于是，像凯南那样强调民族主义和老派历史观点的人的政治影响力逐渐弱化。它将会毒害美国政治：美国将极其害怕某个国家落入共产主义阵营，这种恐惧是出于国内政治而不是地缘政治的考量。由此，美国的亚洲政策被严重扭曲，而这种扭曲又反映到美国如何对待一个当时尚未出现在国家安全雷达屏幕上的小国——越南。

当然，金日成的错误更是数不胜数，他不但没有想到美国会派兵保护韩国，还过高地估计了他的个人感召力及其革命历程的神秘力量。他一厢情愿地以为，一旦他的军队南下跨越三八线，20万韩国农民马上就会揭竿而起。他不但没有成功地统一朝鲜半岛，还诱使美国人提高了对韩国的军事防卫等级；他不但没有以武力夺回韩国，还刺激了韩国战后的经济增长，让它成为朝鲜难以企及的经济强国。朝鲜战争结束五十年后，美国军队依然驻守在韩国；韩国已经成为发展中国家的经济灯塔，20世纪80年代末时，它的经济比苏联更有活力。相比之下，北方社会依旧停滞不前，政治上不开放，经济上无发展。

除战争亲历者外，对许多美国人而言，朝鲜战争始终是历史中的一个黑洞。停火的第二年，它就变成了一场没人愿意再去回忆和了解的战争。而在中国，情况恰恰相反。对中国人而言，这是一次值得自豪的成功，也是这个国家在新的历史中写下的最灿烂的一个乐章。对他们来说，朝鲜战争代表的不仅是一场胜利，更重要的在于，它也是新中国的又一次解放，与长期受西方列强压迫的旧中国的彻底决裂。与刚诞生的新中国打成平手的，不只是这个世界上最强大的、刚刚征服日本和德国的美国，而是整个联合国的军队，按照中国人的意识形态，被他们打败的是所有帝国主义国家及其走狗。从这个层面上说，这个胜利的意义是无法估量的，而且在他们的心目中，朝鲜战争是完全依靠自身力量取得的胜利——虽然苏联人许诺过提供武器支援，但他们在最关键的时刻食言。因此，在中国人的心目中，

第十一章 结局

苏联人只会说大话，然后躲在一边看热闹。朝鲜人流于浮夸，过度相信自己的能力，在关键时刻溃不成军，是中国人拯救了他们。在中国人的眼中，无论是在朝鲜对这场战争的历史记录中，还是在讲述这场战争的博物馆里，普遍不愿称颂志愿军的丰功伟绩是一件可以理解和并不令人惊奇的事。朝鲜不喜欢被人拯救的感觉。如果说中国当时还缺少把美国人赶出台湾的武器，那么他们利用充裕的人力、他们的独创性和普通战士的勇敢，在朝鲜半岛与美国人平分秋色。战争结束之后，每个人都不得不另眼看待这个正在冉冉升起的东方大国。

在所有人都犹豫不决，担心这个刚刚夺取政权仍处于百废待兴的新中国可能会遭遇失败的时候，毛泽东义无反顾地决定出兵。毛泽东卓有远见地预料到，在朝鲜半岛为自己赢得一席之地将会使新中国在国际政治和国内政治方面有所收获。虽然这场战争确实比他们想象的更残忍，虽然美国人凭借其强大武器表现出超乎他们预料的战斗力，给志愿军造成了巨大的伤亡，但当周围的人还在犹豫徘徊之时，他却有坚定不移的信念。

可以说，朝鲜战争为亚洲地区随后的几次战争提供了一本教科书。它留给亚洲国家的经验就是：与西方国家作战成功的关键，就在于他们具有承担大量人员伤亡的能力，以人力优势抵消西方世界的技术优势。在朝鲜战争以及随之而来的越南战争期间，美军指挥官和理论家们一直在谈论亚洲人的生命比西方国家更便宜的问题，因此他们认为，自己的任务就是发挥强大的军事技术力量，让战场的天平向自己倾斜。这些亚洲的对手们则决心向他们证明，这种想法是不可行的。他们总会付出代价，而且地理位置的偏远和边缘将使美国人付出高昂的代价。

由于中国人把朝鲜战争看成是一次伟大的胜利，毛泽东亦进一步巩固了他在中国政坛上的领袖地位。他敏锐地意识到，与美国人打仗会给国内政治带来诸多好处，结果正像他所预料的那样，这场战争成为新旧两个中国的分水岭，它打击了那些与西方世界相互勾结、支持旧势力的中国人，把他们变成了全民公敌。在战争期间及随后的历次运动中，这股势力被彻底摧毁，他们不是被枪毙，就是被剥夺财产。战争开始之前，毛泽东就是伟大领袖，现在他的伟大在中央政治局成员的心目中再一次得到肯定和升华。战争之前，毛泽东是中央委员会的决定性人物；战争之后，他成为中国的新一代领导人，人民的领袖。

到1959年，"大跃进"带来的后果已经有所显露，中国发生了百年不遇的饥荒。但人们看到的农业产值却高得离谱，唯有谎言和虚假的统计数字，才能支持"大跃进"的成果，而无人敢于直面现实。

最后，时任国防部长的彭德怀道出了真言。当时，中苏关系日趋紧张，彭德怀认为中苏两国双边关系处理不当。这种想法本身就会给他带来麻烦。但他还未与毛泽东决裂。彭德怀为人直率，不善政治技巧，而长期革命战争养成的直言不讳的性格，更容易被戴上反对派的帽子。1959年，彭德怀回到湖南老家的农村，与当地农民进行交流。农民们没有向元帅隐瞒生活极度窘迫的现实。彭德怀发现，高层领导者想象的情况以及地方政府向中央汇报的情况并不是中国的实情，面子工程现象正在抬头，而广大人民群众正在为此承受着巨大压力。1959年夏天，也就是朝鲜战争结束六年后，彭德怀在庐山会议期间给毛泽东写了一封私人信件，指出了一些问题，并认为自己看到的是现实。他没意识到这样做会给自己带来什么后果。信中提及了他们以往的成功与胜利，还委婉地提出了一些警告。毛泽东立即让人将此信打印成文，并分发给所有与会人员。此信的性质由此面目全非。彭德怀曾试图要回这封信，最终没有拿到，尽管所有与会者在心里都认同他的观点，却没人敢公开支持他。正如史景迁所说，"当毛泽东把这封信的复印件分发给其他政治局委员时，没有一个人敢于站出来支持彭德怀。大多数人认为，元帅的分析是正确的，但在政治上是极端的"。史景迁还进一步指出："今天，历史学家认为，这段时期给中国共产党的核心领导层造成了极大的破坏，人们的士气和勇气遭到极大的损害。"史景迁提到，由于连年饥荒，在随后的七年，很多人死于饥饿。

为此，林彪站出来公开指责和攻击彭德怀。由此，彭德怀的人生走到了尽头：先是被撤销国防部长的职务，随后很快在家中被捕；在1966年开始的"文化大革命"中，彭德怀成为批判的首要目标，在群众集会上被批斗，

第十一章　结局

无数次遭到身体和语言上的摧残,在公开大会上惨遭侮辱,被强迫招认莫须有的罪名。长期的殴打和虐待,最终让他含冤而死。

在进入 21 世纪的时候,任何社会似乎都不像朝鲜与韩国的反差这么大。朝鲜也曾取得某种属于自己的成功,而且他们是最早的胜利者。因为从此之后,他们可以按照自己的意愿去治理国家。他们那时从苏联复制了高度集中的权力结构和严格控制的安全体系。在"二战"结束后的几年里,正当美国和韩国奋力挣扎,但只能展现出无能和低效而不是技巧和优势时,苏联对朝鲜的帮助却非同寻常地有效率。美国对他们在朝鲜的做法思之甚少,而美国在韩国扶植的政府却腐败透顶、无能至极。相比之下,朝鲜的发展显示出明确的目的性和强大的国家控制力。金日成在很多方面继承了苏联的领导体制和管理机制。也许有人嘲笑他,也许其他社会主义国家也在效仿苏联,但金日成显然更精于意识形态和思想领域的控制。

另一方面,他的思想也体现了朝鲜人的某种特定思维。连绵不断的炮火和长期的殖民统治,给朝鲜半岛留下很多特殊的印迹。摆脱压迫的朝鲜人迫切希望证明自己,而苏联体制的引入让朝鲜进入了另一条发展轨道,对朝鲜的政治、经济和社会产生了深刻影响。这种想证明自己的强烈愿望逐渐升华为国家的意识形态,也许这就是金日成真正的意识形态。灵活与机敏让金日成得以在共产主义阵营里游刃有余:在 20 世纪 50 年代末到 60 年代初,当中国与苏联剑拔弩张的时候,金日成依旧能在两个强国之间来往自如,既深得他们的喜欢,又能得到他们的援助。最重要的是,当中苏两国陷入争斗时,自然也就无暇顾及对他的限制,这让金日成可以独立追求自己的理想。

美国在"二战"及冷战期间取得了很多成功,其中以韩国的变化最为引人注目,最富戏剧性,他们的成功甚至远超"马歇尔计划"。相比之下,韩国过去既没有民主传统,也没有工业基础,更谈不上中产阶级的生活水平。朝鲜战争之后,人们看到的是一个在政治、经济等诸多方面呈现出全新面目的韩国。从历史上看,他们一直是邻国的殖民地。他们的天赋蛰伏已久。当然,也有很多外国人来到这里,其中大多数是传教士,他们深知

图 25　停战后的朝鲜半岛，1953 年 7 月 27 日

第十一章 结局

韩国人的潜在力量。韩国人渴望更美好的生活,不乏天赋,不缺少工作的激情,这一点与日本人很相似。儒家思想告诉他们必须尊师重道,他们珍惜眼下难得的机遇,需要最大限度发挥自己的才华,充分利用现有的资源。但这个半岛的历史以及地理位置,带给它更多的还是黑暗与压抑。"二战"结束之后,韩国曾经走过一段弯路,仓促赶来的美国人没有殖民统治的打算,因此对现代韩国历史几乎一无所知的美国人犯了很多错误,而且低估了韩国未来发展的种种可能性。他们对这个国家的了解不比他们的任何前人多,加上遥远的地理间隔,美国人想不到这个国家会有什么前途。他们很快发现了爱国主义者李承晚。按照李承晚对民主思想的理解,民主就是他和他的盟友能做自己想做的事情,而别人只可远观。

不管怎么说,美国人心甘情愿地把他们的孩子送到韩国土地上,因为他们有共同的反共情结。美国人到朝鲜不是来做征服者,也不是传统意义上的帝国主义者。随着冷战思维日趋淡化,韩国社会也一直在顺应建立民主制度的冲动,这种变化大多是由到美国学习并深受美式自由影响的韩国人带回来的,这些大多赴美学习工科的韩国人学到的既有工程技术知识也有民主思想。

正是美国在冷战期间的庇护,才让韩国走上了现代化之路。首先是军事现代化,然后是工业现代化,但唯独不涉及政治现代化。这并不是美国人最初设想的结果,但是,如果三十年后再去回顾那段时间,人们会惊奇地发现,韩国经历了一次不可思议的社会民主化进程。出人意料的是,这场政治变革完全是作为现代化进程的副产品而出现的。韩国所发生的故事,是激进与渐进相结合的奇妙混合体,一切都发生得非常迅猛;它发端于朝鲜战争期间的基本需求,即打造一支更优秀的韩国军队,而前提就是要有更出色、更职业的军官。很多现役军官都曾在朝鲜战争期间出于忠诚而坚守阵地,并有意惩治国家的严重腐败。1952年,一所新的军事学院在美国的压力下正式落成,这是一所高度模仿西点军校的军事院校,最初很多教员都是美国军官,教学课程也和西点军校一样,以工程技术为主。这个国家众多最有才华的年轻人被送到这里——它成为韩国人才的摇篮。在这里,有天赋的韩国年轻人得以接受他们最迫切需要的教育，证明他们的价值，并打破一些陈规陋习对他们的束缚。

毫无疑问，这是一个现代化社会的萌芽，或许是创造韩国新兴阶层的第一步：追求现代气息、富于理想、接受良好教育的青年人，将为他们的国家带来新的现代意识。这所军校带来的影响以及它在国家建设中的重要作用，也许远比创建人预见得更为深远：实际上，军事技术与国民经济的现代化程度越高，人们就会越发认识到旧体制的陈腐和落后，李承晚及其继任者对这个国家的控制也就越弱。在某种程度上，这些学生和美国教官之间的关系非常重要，因为这些美国教官代表了新的意识和观念，而他们的一言一行反映了两种相互矛盾的概念：军中严格的等级观念，以及同一层级对个人自由的高度尊重。

现代化进程有其内在的规律性和阶段性：在这个过程中，首先应该是教育现代化，而后是社会现代化，然后是经济现代化，最后才是政治现代化。军事体系的现代化带动了其他高等学府的教育现代化。当一个国家树立了自己的社会形象、培养出人才并恢复了信心之后，它会希望自己能在国际经济舞台上一展身手，这些工程类人才便找到了施展才华的机会，这是一种政府主导型的资本主义，在一定程度上与日本的发展模式非常类似，但韩国的发展更成功，因为日本的成功毕竟有一些先例可循，而韩国几乎是从零开始。

韩国在20世纪60至70年代的发展应该说是人类社会发展的一个奇迹，是坏事变好事的范例。韩国的统治者李承晚在三十年里从来没有放弃过狭隘的独裁意识，他多次镇压学生运动。即便如此，人们追求理想生活的浪潮从未停止过，反而在镇压之下愈演愈烈。经济成功提高了整个社会的乐观情绪和国民自信心，民主的独立意志开始暗潮涌动，并首先在学生中间迸发出来。尽管李承晚政府始终认为，他们还可以像往常那样发展经济，社会的一切权力都集中在国家上层，但变革的思想已经深入人心。人民迫切需要变革已是整个国家的历史大势，非个人可以左右。变革既非起点，亦非归宿，而是社会发展的永恒规律，因为社会的期望和追求是永远不会

第十一章 结局

停止的。它要求社会上层接受这个现实，顺应这股潮流。1960 年 4 月，当李承晚最终下台时，韩国陆军参谋长说："我个人尊敬李承晚博士，但历史拒绝了他，嘲弄了他，而且不再信任他。目睹眼前的现实，我感到难过。"

这一切的背后都隐藏着美国的深刻影响。冷战初期，美国高层人士始终支持韩国实行威权体制，但美国也给韩国带来了其他影响。很多到美国学习的韩国青年发现，你完全既可以是忠诚于国家的公民，又可以是追求自由的个人，两者并不矛盾。忠诚于国家隐含着一种内在的复杂性：反对政府的同时依旧可以热爱祖国，两者同样不矛盾。于是，韩国社会开始以一种极少有人理解又没有计划或预期的方式，以缓慢、踉跄的脚步，走向更自由的社会。20 世纪 70 年代末，这个循序渐进的民主化进程起步了。越来越多的韩国青年人对自己的能力和生活越来越有信心，与此同时，他们也需要得到越来越多的自由，享受越来越真实的繁荣。天才与野心的结合，勤奋工作的精神，良好的教育，让他们成为国家的主宰者，这也是一个国家走向繁荣的根本动力。一旦他们感受到了新生活的美好，就很难让他们停止追寻的脚步。

有一段时间，韩国政府试图镇压这些新兴社会力量，但都在反抗面前败下阵来：经济越成功，普通韩国公民对自己就越有信心，就越想分享这些成功带来的经济和政治成果。政府面临一场它永远无法理解的危机，在某种意义上，这是一场因为期望值上升而带来的抗议。政治自由化的压力最初主要来自大学生，工会组织和普通中产阶级民众随后陆续加入进来。"到 1987 年，韩国已经发生了不可逆转的变化，"20 世纪 80 年代末负责远东及太平洋事务的助理国务卿加斯顿·西格德说，"中产阶级成为权力阶层。这种变化不可忽视。政府对付的不是左翼学生力量。左翼学生可能冲在表面，但所有人都很清楚，这些示威运动的背后支持者是强大的中产阶级。"韩国转瞬间摇身一变，化为一个充满活力、富有效率和极为成功的民主国家。韩国第一位民选总统卢泰愚曾对弗兰克·吉布森说："我很难想到，近代史上还有哪一个国家能像韩国这样在如此短的时间内，依靠自身力量从一个集权国家转变为民主国家。"在韩国，经济成功不仅是政府推动的结果，也是顺应社会中低层民众需要和期望的结果，尽管这种顺应也许是政府不情愿的，但它对社会进步的促进作用是不可否认的。

对于曾在那里战斗过的美国人和其他人来说，不管他们在那里付出了多少，但在回到故乡之后却大多缺乏认可，曾经的牺牲没有换来应得的回报。而韩国的成功对于他们曾经的牺牲以及那些不仅牺牲青春而且把生命留在那里的人来说，无疑是一个迟来的追认，而这个成功带给他们的认可和荣誉，或许是他们始料未及的。他们中的很多人一直把这段往事深深地埋藏于心。刚从朝鲜回国时，他们都不愿意听到与这场战争有关的任何事情，从来不向家人和老友提及这段残酷的经历，或者说，他们想说也没人能理解。如果有人想了解这段故事，那对他们来说就更残忍了，因为这无疑是让他们撕开尚未痊愈的伤疤。他们的孩子也许只知道自己的父亲曾经是战士，其他恐怕一无所知。至于他们当时隶属哪支部队，参加过什么战斗，对这些孩子来说就如同天外的故事。孩子们也许会抱怨父亲，埋怨他们从来不给自己讲讲战争故事，他们把和那段经历有关的全部记忆都深深地隐藏起来。但是，他们在那里所做的一切，以及他们为什么要做这些，依旧是他们人生中最重要的一个片段。他们引以为荣，更为自己能在那么艰苦恶劣的条件下没有被打倒而感到自豪。他们为那些没有回家的人而默哀，半个多世纪之后，这些死者依然有资格分享这份荣耀，这依旧是很多人最难忘、最珍贵的经历。很多人以自己的方式记述那段往事，并因此成为职业史学家。在他们的第二代或是第三代的鼓励下，很多迟暮之人最终拿起了笔，记述自己的朝鲜岁月，并以私人创办、复印甚至是手写稿的形式，让后人了解那段历史，追忆那段往事。实际上，他们中的很多人都有自己的朝鲜战争历史陈列室或是小图书馆，墙壁上挂着各次战斗的地形图。但是，像他们埋藏在心头的很多经历和记忆一样，这些陈列室不对外人开放。除了当年的战友，他们不会去向别人解释自己在那里做了什么以及为什么这样做；那段经历中最关键的部分，也是别人看来最宝贵、最准确的部分，似乎已经遗失到某个不为人知的地方。他们一直保持联系，通过一种特殊的纽带，他们还可以交流那段特殊的经历，因为只有亲身经历这场战争的人，才能

第十一章 结局

理解这段奇妙的往事。这些人一直有电话和书信往来，到了晚年，神奇的互联网为他们创造了新的生活，让他们找到原以为随着时间流逝而永远失去了的老朋友和老战友。参加过朝鲜战争的老兵组织了战友会，建立各师及各团的通信录，每年还要召开年会。老友依旧，新友不断，很多在朝鲜隶属相邻部队却相互不认识的人，通过这些活动成为新朋友。参加过某一场战斗的战友们偶尔会小聚一次，共同追忆半个世纪前的往事。第2师第9团的炮兵观察员雷伯德说："在这些聚会上，你会不由自主地强迫自己去追忆，想起你在过去五十年里一直想忘却的东西。"

越来越多的人重访韩国。开始只是个别人，后来有越来越多的人，然后回来把那里的故事讲给自己的战友听。于是，开始有人组织老兵旅游团。他们回到昔日洛东江战役中曾经战斗过的地方，还有砥平里等重要战场。但还没有人去参观曾让他们惨遭杀戮的军隅里和"长手套"，因为这两个地方位于三八线以北，目前尚未对外开放。很多人第一次来到这里时的感觉是憎恨，但是今天这个国家本身的成功，这个国家令人赞叹的现代化程度以及当地人对他们的真挚感激，这些他们在本土没有得到的奖赏，都给他们留下了深刻印象。另外，让他们引以为豪的是，尽管他们在这场战争中没有获得传统意义上的胜利，但他们的付出毕竟带来了回报，因为冷战结束了，人类已经穿越意识形态的隔阂。他们向世人祈祷，但愿永远不再有战争。

尾声

朝鲜战争让民主党深受其害。它遗留下的大笔债务首先得由民主党来承担，然后由全体美国人承担。在那段时间里，杜鲁门承受着各个方面的压力。这种压力不仅归因于朝鲜战争和蒋介石的失败，更源于在这个异常艰难、极端痛苦的时代里，内忧外困让民主党人心力交瘁。1952年是战后民主党执政的第七个年头，尽管他们在经济和政治上取得了巨大成就，但无论是民主党还是共和党（乃至整个国家），都不得不接受一种不安多于胜利的新型战争。共产党国家很可能将成为资本主义的永恒敌人。因此，到了1952年，美国人需要改变自己、调整自己，这一点毫不奇怪。但是，那个时代的教训却挥之不去，就像病毒一样，渗入到民主党人的血液之中。而共和党人也找到了自己能做的事——能言善辩的他们一如既往，在嘴上绝不姑息共产主义；他们把共和党标榜为打击共产主义的卫士，他们的使命就是坚定不移地对抗赫鲁晓夫和他的继承人。国家安全也发生了变化：共产主义阵营的威胁已经摆在面前，但如何准确衡量这种威胁却越来越难，因为它现在和共和党的政治深深地、盘根错节地纠缠在一起。20世纪50年代之后，中国一直就是最让共和党头疼的一个问题。他们不敢直面挑战，回应指责，更无法解释这一切是如何发生的，这让共和党在政治上倍感煎熬。中国是他们最大的心病。于是，人们马上就忘记了朝鲜战争后出现的一个更大的问题：美国是否需要把真正严肃的国家安全问题与民主政治运动中日趋激烈的反共潮流区分开来。那么，美国是否对哪些是真正的国家安全问题，哪些只是少数人别有用心造成的假象做出了明智的选择呢？民主党的固有弱点让他们在这个问题上左右为难，并最终变为促成美国涉足越南战争的一个重要原因。"二战"之后，民主党在稳定欧洲政治经济局势方面取得的成功大多被人们淡忘，毕竟，他们在中国问题上的失败是显而易见的。

在1952年大选之后的几年里，尽管海外军事力量的配置基本就位，但冷战氛围急剧增长，并成为美国的头号政治问题。此外，斗争的焦点也不只限于与苏联的欧洲主导权之争,在这个战场上(越南),苏联同样是美国的头号敌人,苏联已经成为名副其实的超级大国,他们凭借自身强大的实力,把自己的意愿和政治体制强加于他的卫星国。在这些国家里,美国通常与本土的民族主义视为一体,他们唯一的追求就是基督教式的民主资本主义。现在,人们把这些地区看成第三次世界大战的新战场。在这里,对抗西方殖民地或新殖民体系的本土力量不断强化,为此,他们经常会求助于社会主义的援助和武器。在这些国家,冲突与对立在地缘政治上并没有什么意义,更谈不上有重要性,因而不至于改变全球力量的对比。在凯南看来,他们就属于那些在政治战略上毫无价值的国家。他认为,莫斯科和某些共产党国家之间的冲突不可避免。英国和法国已经认识到,在这个新的时期,继续维持他们的殖民统治已毫无意义,因此,他们正在逐渐放弃这些殖民地;但是,美国却开始打着反共的旗帜来到这里,这让他们的盟友颇感意外。

于是,为适应政治环境的变化,即便是民主党也开始循序渐进地调整战略。到1960年,当代的绝大部分矛盾都在肯尼迪这个或许是民主党最有魅力的年轻总统候选人身上集中体现出来。肯尼迪是一个智力超群、极具时代气息的政治人物。他的政治思维严谨而冷酷,这让他在这个被核武器所笼罩的新政治气氛中得心应手,因为在当时的氛围里,一个合格的领导人需要的是冷静,而不是热情。从他身上从来就看不到真正的政治激情,但又看不到绝对的理性。很多人以为理性可以解决一切问题,但实际上未必。这就意味着,肯尼迪和同时代的其他民主党人相比更能代表"新政"时期民主党的冲突性力量,因为当时的民主党已不再是原来的那个民主党,而是演变为冷战时期的民主党。毫无疑问,肯尼迪至少在表面上比前任候选人阿德莱·史蒂文森更强硬。自肯尼迪之后,再也无人指责民主党候选人对共产主义心慈手软了。谈到20世纪60年代总统竞选期间的肯尼迪,强硬派专栏作家约瑟夫·阿尔索普说过:"他太神奇了!他比史蒂文森更有男人味!"[1] 在1960年的大选中,肯尼迪和民主党在菲德尔·卡斯特罗的问题上采取了比竞选对手理查德·尼克松更强硬的态度,而卡斯特罗则是在艾森豪威尔执政期间成为古巴领导人,也就是说,卡斯特罗问题始于共和党执政期间。这一点很重要,因为此时的古巴已经成为总统是否"够男人"的试金石。在1960年的大选中,副总统候选人林登·约翰逊走遍南方各州,在每次演说中都不会忘记拿卡斯特罗说事:"我打算先把他洗干净,然后刮掉他的大胡子,最后再打他的屁股。"肯尼迪指责共和党造成美苏在导弹数量上的差异——这足以说明,真正对共产党心慈手软的是共和党,他们使整个国家陷入核恐惧之中。事实马上就验证了他的指责,双方在战略导弹数量上出现明显落差——美国有2000枚,而苏联只有67枚。但共和党仍然采取防御性姿态,而自恃强大无比的赫鲁晓夫也从来没有纠正过肯尼迪的错误。[2]

肯尼迪私下里或许认为完美的中国政策以及拒不承认台湾属于中国的做法有点非理性,或许更愿意向某些思想更趋自由派的助手表达这种感受,但他肯定不敢冒着政治风险去改变,至少在他的第一个任期里,他还没有这样的胆量。他可以私下里直言不讳地谈论这些,因为为人直率坦诚恰恰是他的个人魅力,也让他得到现实主义者的美名。但肯尼迪的坦诚大多只是表现于非正式场合,他很少在公开场合显露这样的魅力。正因为如此,那些有机会和他私下交往的人甚至会更喜欢他,认为他现实客观,而不是一个胆小怕事的人。大选之前,他可能向自由派助手承诺过,一旦当选,他将对中国实施新政策,但是大选之后,他告诉这些人,现在还不是谈论中国的时候;他可能会含糊其词地说些"或许应该在第二个任期"之类的话……很清楚,一定要等到第二任期才能考虑这件事。

不过,他的执政从一开始就遇到了麻烦,实际上,他们一直处于守势。肯尼迪仅以区区10万张选票的微弱优势战胜对手尼克松,绝对是名副其实的险胜。之后,中情局制订的一个让人无法理解的计划(帮助古巴反政府力量在古巴海岸线登陆,从卡斯特罗手中夺取政权)把他推向了火坑。这项由中情局而不是军方策划的"猪湾入侵"*计划,因肯尼迪未能提供有效的

---

* Bay of Pigs,也称"吉隆滩"之战,1961年,1400多名在古巴革命后逃到美国的古巴流亡分子,在美国中央情报局的支持下,从猪湾登陆,试图在古巴制造内乱,推翻卡斯特罗政府。但是,这次战斗仅仅持续了72个小时,入侵的流亡分子有114人被击毙,另有1189人被俘。当时肯尼迪政府否认支持了推翻卡斯特罗的行动。

空中支援以彻底失败而告终。从政治角度说，这次事件让肯尼迪深受其害，让他处于更加不利的境地。两个月之后，他在维也纳与赫鲁晓夫会晤。苏联领导人认为"猪湾入侵"事件是不合时宜的越轨行为，认为这是肯尼迪犯下的大错，赫鲁晓夫甚至以此来恐吓肯尼迪。西方世界与共产主义世界唯一可以用枪炮一决雌雄的地方就是越南，赫鲁晓夫认为这更能显示他的强壮和勇敢，而肯尼迪不仅决定迎战，还要增加赌注，准备在越南豪赌一场。

但关于越南，有一个重要问题始终没有得到回答：如果说民主党不能解决中国问题，那么他怎么能在越南避免同样的失败呢？这个问题始终没有得到回答，因为根本就没有人提出这个问题。政府里没人谈论中国。而越南现在是否会变成又一个新中国，以及是否需要追究越战中输给共产主义的责任，这还不是他们最紧迫的问题。因此，他们需要在这个问题上划清界限：对中国的政策可以暂时搁置。但是，不可否认的是，越南和中国是同一个问题的两个方面。在这两个国家中，中国已成定局——任何政策都是徒劳，而越南的问题还在发展当中，或是更确切地说，悲剧正在酝酿之中。相同的政治力量把他们紧紧地拴在一起，相互影响，不可分割：如果你不理解那些曾在中国赢得胜利的民族主义和社会主义力量，自然也就不能应对它们在越南给美国人带来的真正挑战。那些不想输给越南人、不想在另一个从来不是美国盟友的亚洲国家丢脸的美国人，恰恰是那些对中国的政策漠不关心的人。新政府对改革过气的杜勒斯政策信心百倍，决心彻底抛弃大多数过时的政策，坚决把中国挡在联合国的大门之外。曾在肯尼迪政府任职的著名中国问题专家艾伦·惠廷指出，在中国问题上，肯尼迪"总体上是谨慎的"。[3]

1961年夏天，肯尼迪在海恩尼斯港的家中迎来了时任美国驻联合国代表阿德莱·史蒂文森、负责国际组织事务的助理国务卿哈林·克里夫兰及总统助理兼历史学家阿瑟·施莱辛格。谈到中国时，肯尼迪说，眼前他最大的愿望就是在可预见的未来把毛泽东领导的中国排除在联合国之外。总统意识到让所有人下定决心的时刻已经到来，便大声对妻子喊道："杰姬，我们现在需要'血腥玛丽'。"[4] 他告诉满脸狐疑的史蒂文森，一年后再处理中国问题,但这一年好像遥遥无期。

在几周之后的一次会议上,与会人员再次提出中国问题,当时参加会议的包括史蒂文森、施莱辛格、总统国家安全事务助理麦克乔治·邦迪,以及高级国内事务助理兼首席演说撰稿人特德·索伦森。肯尼迪说,史蒂文森的处境很糟糕,因为他要把新中国挡在联合国大门之外。他告诉史蒂文森:"你现在要做的事情,也许是世界上最难做的事,让台湾在联合国里代表中国,这个想法本身并没有什么意义。但是,如果我们输掉这场斗争,让红色中国在我们任期的第一年里就进入联合国:这既是你的第一年,也是我的第一年,那么就相当于把我们赶下了台。因此,我们今年不能让他们加入联合国;我们的真正机会应该在明年。今年是选举年,我们可以将中国加入联合国一事延迟到选举年之后。总之,你今年的唯一任务,就是想方设法把中国拦在联合国之外。不管你需要什么,只要能完成这个任务,我都会不遗余力地支持你。"史蒂文森问,阻止中国加入联合国是一年内的任务,还是长期性目标。肯尼迪回答,至少一年。他本人已经亲自向蒋介石表态:他绝对不会把中国在联合国的席位问题当作一个国内政治问题。之后,肯尼迪居然若无其事地提出,他正在组建一个团队,成员都是那些主张"中国第一"的人,包括卢斯、贾德和霍华德等几个人,让他们专门负责处理中国事务。当时,每个意识到还有一些人正在不遗余力地帮助蒋介石,而且这件事本身似乎与肯尼迪的选举毫不相干的在场者,听到此话后都迷惑不解地想:他以往对政治形势的冷静而现实的评价是不是已经离他而去。仅仅因为总统先生一个善意的电话,就让他们改变对蒋介石的立场是不可能的事情。此时的肯尼迪依旧是世界上最理性的人,但却在执行最不理性的政策。

1961年晚秋,肯尼迪决定再一次升级时打时停、连绵不断的越南战争。当时,美国只向南越派出了600名军事顾问。随着肯尼迪执行极端危险的升级政策,尽管最初只是以顾问和支援部队形式有限参与,但到1963年,驻南越的美军达到1.7万人。肯尼迪的升级战略意味着,尽管美国在越南战争初期的参与程度相对有限,但星条旗在越南的土地上已无处不在,并被敌人视为交战者。这是一场美国自己都无法控制最终将走向何处的战争,但对抗美国代言人(南越)的力量(越共)也有深刻的历史动机。强大而富有的美国认为,自己将是这场战争的主宰者,但随着战争的深入,他们逐渐发现自己对情势越来越缺乏控制力,实际上,他们正在重复法国人走过的路。著名记者、史学家伯纳德·福尔说:"美国人正在复制法国人的足迹,却做着不一样的梦。"福尔最终命丧越南。[5]

在肯尼迪涉足越南的诸多因素中,占主要地位的还是源于国内政治因素:由于在第一个任期里未能在中国问题上有所作为,因此,肯尼迪绝不能再失去另一个国家、一个已经发生战争的国家(越南)。尽管美国人在战场上的存在越来越明显,但把南越从共产党手中拯救出来依旧是可做可不做的事情,这更多地事关民主党不想被赶出华盛顿。冷战思维对美国国内政策带来的最大影响莫过于越南战争的升级,对美国人来说,以反殖民主义为由发动战争的动机显然毫无号召力,反而是反共思维更具说服力。艾奇逊作为民主党的外交事务老手、传统主义者及欧洲事务代言人,蒋介石当年的失败曾让他颜面扫地,而在当前的新形势下,艾奇逊在越南这个貌似无关紧要的问题上却成为最铁腕的强硬派之一,他的强硬甚至让他在杜鲁门执政期间的很多老同事都深感震惊。多年之后,杜鲁门的白宫高级顾问乔治·艾尔塞说:"对于迪安,我最难忘的一件事就是他在越南问题上的立场转变——他应该清楚这样做不会有什么结果,可他现在却越来越像以前一直在批评他的右翼势力。"[6]相反,艾奇逊对他认定的政府内温和派人士,比如史蒂文森、切斯特·鲍尔斯以及凯南等人,越来越充满敌意,他在那段时间里把嘲弄自己的老同事凯南当成日常工作。在肯尼迪任命凯南担任驻南斯拉夫大使时,艾奇逊甚至在朋友面前对凯南发出非同寻常的恶毒攻击:"就凭老乔治的木头脑袋,铁托每天都会像节日一样轻松愉快。"[7]

此外,提高对越南战争的参与程度,无疑是肯尼迪政府最大的冒险之举,因为它暴露了肯尼迪谋取政治利益的真实目的:靠越南战争为1964年大选争取时间。由于美国人在这个过程中陷得太深,因此,只有取得更有说服力的结果,才能给国内一个好的交代。肯尼迪需要给美国人拿出且要尽快拿出成果。但这些结果并没有而且永远都不会出现。因此，为了弥补战场上成果的缺失，肯尼迪政府很快就抛出更可怕的工具——制造一台巨大无比的撒谎机器，它的基地在华盛顿，而最主要的辅助设备则设在西贡，这台机器不仅会系统化地拒绝所有来自战场上的负面消息，而且还能根据要求制造出他们幻想中的胜利和成功，无数从来就不存在的胜利和成功。它将自欺欺人的伎俩发挥到极致：在那段时间，这台撒谎机器确实物尽所用，让真实的消息整整推迟三年才传到华盛顿，当然，它也开启了美国政府公信力不断萎缩的时代。在这三年里，美国对真正有效的政策丧失了理性判断力。1963年，肯尼迪总统遇害身亡。

他原打算在自己的第二个任期里彻底解决越南问题，结果却未能如愿。他的前任把中国政策这个包袱扔给了他，而他则给继任挖下了一个更深的泥潭——越南。肯尼迪从来没有放弃过他特有的幽默感，国家安全委员会曾就前一任政府留下的一些灾难性问题进行讨论，肯尼迪在会后风趣地说："没关系，想想我们以后也会给下一届政府留下更多的麻烦，他们也许比我们还可怜。"[8]

这个可怜的继任者就是林登·约翰逊，但没人认为他是个可怜的家伙，尤其是那些以前被他击败的人现在至少可以轻松下来，并最终为一件原本不赞成的事情（越南战争）投上一个赞成票。肯尼迪给他的最大礼包就是越南。到1963年秋，越共基本上赢了这场战争。美国政府用了三年的时间，才把越南变成地缘政治上貌似重要的一环，实际上，即便是华盛顿的权威人士也不知道它的重要性到底体现在什么地方。到约翰逊上台时，美国人跑到越南打仗的一个重要理由就是他们已经在那里打仗了，如果不把这场战争打下去，即使战争不把他们拖垮，其他方面的压力也会让他们喘不过气。过去的这三年里，美国官员讲了很多玩世不恭的话，无非是想告诉人们，美国人在那里打得很漂亮，而且越南很重要，所以把越来越多的美国大兵扔到越南去打一场永远也打不赢的战争是合乎道理的。

约翰逊是与肯尼迪截然不同的总统。肯尼迪（私下里）一直强调要把欧洲的强硬共产主义和第三世界中的共产主义——民族主义区分开来，而约翰逊很少在共产主义阵营中搞区别对待，而且他几乎不给身边人留下质疑的空间。在约翰逊的眼里，世界其他国家与美国的关系并不像肯尼迪想象的那么亲近。如果说约翰逊的高瞻远瞩让他在1964年的大选中脱颖而出，那么，他更希望能把获取的权力尽快施展到国内事务上，而不像肯尼迪那样，乐于在外交事务上大显身手。他从不过分关注外交政策，除非它们直接影响到他的国内政策。1965年，华盛顿最优秀的外交政策分析家之一菲利普·盖林曾预言了约翰逊与外界世界的冲突："除非事到临头，林登·约翰逊从不对国际事务发生真正的兴趣。"[9]

约翰逊认为越南属于世界的四流国家。他不了解这个弱小但勇猛的国家的精明之处，不知道它在过去是如何抵抗强大的中国，在最近又如何打败法国的。越南的历史就是一部宿命论的历史。战争的一方是那些把法国人赶出越南的男男女女，那些革命英雄，尽管美国从不把这场革命看成是真正的革命；而战争的另一方是努力英勇作战的南越军队，他们的大多数高级将领是亲西方派，是那些当年和法国人并肩作战的人。站在美国人对面的对手，灵活机动、勇敢善战，有自己的政治和军事战术，这一点和毛泽东有异曲同工之妙，或者说，是从毛泽东那里学到的本事。和他们交过手的人，永远不会低估他们的能力和表现，只有华盛顿那些自以为无所不能、对这种新型战争一无所知的人，才会不识时务地嘲笑他们缺乏传统的作战组织。越战初期，华盛顿的高层争执不下——一方为河内摇旗呐喊，另一方则为美国擂鼓助威，双方都各执己见，据理力争。事实证明，河内拥有比美国更多的选择，因为他们可以在不付出巨大代价的情况下继续玩下去。最终，他们还是放弃了这场游戏，因为他们经常没有好结果。

1964年，正当约翰逊准备对越战做出最终决策的时候，三个因素突然又让他变得异常强硬：首先是他本人的变化。他对自己的形象有了新的认识，希望自己高人一筹，在挑战面前绝不低头，让所有斗争带上个人色彩，以此证明自己的男子汉气魄。就任之后，约翰逊告诉肯尼迪政府的首席新闻秘书皮埃尔·塞林格，他的工作就是一定要把约翰逊描绘成得克萨斯州的大块头，高大威猛，勇敢坚定。谈到多米尼加的反美领导人，约翰逊对麦克乔治·邦迪说："告诉那些不像男人的王八蛋，我可什么都干得出来。"

第二个因素是隐藏在表面之下、美国人潜意识深处的种族主义。朝鲜战争开始时，这种思维就让很多美国高层人士困惑不已。这种根深蒂固的种族主义认为，亚洲人身材矮小，工业和技术落后，因此，他们天生就是劣等民族，抵挡不住先进的美国技术和强大的美国军队。可以肯定的是，这种错判从一开始就站不住脚，所有人都低估了朝鲜军队在战争初期乃至随后的战斗力。麦克阿瑟不仅误判了中国人的对策，更没有意识到他们的军队会有多么强大，这一切都让美国人在朝鲜战争初期付出了惨重代价。当约翰逊在国家安全委员会谈到越南时，还狂妄地称之为"一个破烂的四等国家"。[10] 偶尔，他也会像阿尔蒙德一样，称那些北越士兵为"洗衣工"。就在即将做出是否向越南派兵这个重大决定时，约翰逊的种族主义再现身形。他声称，越南人和墨西哥人一样都属于劣等民族，必须先兵后礼，只有在他们面前显示你的强大威力，他们才会给你应有的尊重。他总喜欢说，越南人不可能欺骗他，因为他了解这些人，也和像他们这样的人打过交道，比如墨西哥人。现在，只要你让墨西哥人知道谁是老板，他们就会听你的话，但是，"你要是不盯着他们，他们就会跑到你的后院，只要你不做声，他们就会抢夺你的地盘。第二天，这些瘦小孱弱的墨西哥人就会光着脚，跑到你的门口，当真来接收你的地盘。但如果你从一开始就告诉这些家伙，'等着吧，等我有时间再和你们算账'，他们就知道，一旦把你惹急了，你就会给他们颜色看。只要让他们知道了你的厉害，你就可以高枕无忧了"。[11]

最后也是最重要的一个因素是政治因素。作为一个政治家，约翰逊如果要把美国大兵派到越南打仗，肯定需要一个政治上的理由。这是最重要的事情，但这次约翰逊犯了一个错误：他还固守以往的政见，而没有着眼于未来。他以为历史可以预见未来。在1964年的大选中，面对更强硬的共和党人候选人巴里·戈德华特（他的失败，部分原因可以归结为他说他不会让美国小伙子去做本应由亚洲小伙子们做的事），约翰逊取得了压倒性胜利。但是，约翰逊却错误地解读了这场胜利背后的政治学。对战争政治学的错误认识和西贡失陷的代价，促使他联想到国民党在中国的失败以及强硬的国内政治力量。约翰逊马上就对这些政治力量警觉起来，因为它们对自己最了解的两个地方而言意义非凡：一个是华盛顿，在这里，他看到反麦卡锡的参议员们被彻底毁掉；另一个是得克萨斯州，在当地石油大亨的支持下，当地的麦卡锡主义势力仍然凶猛可畏。也正是在得克萨斯，当约翰逊由一个"新政"自由派众议员转变为参议员时，他在政治上开始逐渐向这些支持麦卡锡的右翼势力靠拢，并进而对他们产生依赖。

在制定最终的越南政策时，中国因素对约翰逊影响甚大。他一直在谈论中国，私下里经常提及中国是如何在50年代初毁掉民主党政府的，以及一旦把越南输给共产党，整个美国将被淹没在麦卡锡主义的洪水之中。他经常会说，杜鲁门和艾奇逊丢了中国，这就像是一个咒语：当他们丢了中国，他们就丢了国会，因为国会中的共和党总能找到攻击民主党的理由。约翰逊私下里在和比尔·莫耶斯和乔治·里迪等挚友及助理交谈时，经常会一抒胸怀，坦言对失去"伟大社会"的担忧。"伟大社会"*是他最大的心愿，但是，约翰逊还是因为在越南问题上的软弱而失去了他最珍爱的"伟大社会"。

约翰逊经常说，他会坚守自己的梦想。他还说，杜鲁门和艾奇逊居然被人们指责为妥协，谁能相信呢？"你们这些小伙子还很年轻，"约翰逊对莫耶斯和其他年轻人说，"你们根本就不了解国会和亚洲之间到底有什么关系。如果胡志明走在西贡的大街上，他们就永远也不会让你得到'伟大社会'和'民权'。"他说，国会不关心这些立法。"他们只是一味地拿越南说事，越南，越南，越南，好像除了越南，什么也没有，简直让我无法忍受。"[12] 莫耶斯认为，约翰逊似乎比肯尼迪还难以忘怀刚刚过去的那段历史。约翰逊从不认为美国正在发生变化，即使当肯尼迪在他生命的最后几周里感觉有可能讨论和平时，他也是这么认为。奇怪的是，约翰逊并不认为美国人想到越南打仗，不过他以为自己知道该怎样逃过华盛顿政治体系

---

* 其核心内容是保障民权、向贫困宣战。作为行政纲领，它实际上继承了罗斯福总统推行的"新政"和"公平施政"的精髓。

尾声

的讨伐,但实际上他不知道。约翰逊同样没有想到的是,缓和冷战带来的紧张压力可能会带来新的政治回报,他更没有意识到,美国也在变化,不愿做冷战奴隶的新一代人,正成为美国社会的主流。

约翰逊没有且无法看到的是,在1965年与北越部队开战前夕,美国所有的军事和政治力量都是表面上的,自以为令人恐惧,而实际上美国人打这场战争的弱点被隐藏起来了。其中很大一部分原因在于,约翰逊的越南战争归根到底是恐吓。这些缺陷虽然常见却极其致命:美国人无力操纵这场遥远的、政治意义大于军事意义的战争;美国人在内心深处就没有耐心等待胜利,美国大兵也不能把自己变成"越南人",这些困难是远非决策者所能想到的。相比而言,越南人的劣势是表面上的,虽然这种劣势显而易见——他们缺少大量现代化的武器装备,但越南人的优势令人生畏,只不过是被表面的劣势所掩盖而已。他们会以自己的方式去发挥这些优势,而一旦优势显现,就会让美国人心惊胆战。道理很简单:这毕竟是在他们的土地上。

保罗·麦吉中士于1952年6月退役。一年多之前,他在砥平里南侧的"麦吉"山上阻击中国人。麦吉想继续留在军中,因为他喜欢陆军,而且自视为一个不错的甚至可以说得上优秀的士兵,但他还是接受军方的伤病劝退,回到北卡罗来纳州的家中。父亲开了一家小机修厂,他的工作是维修棉纺织厂的零部件。后来,父亲的健康状况急转直下,麦吉便成了家中唯一的经济支柱。在朝鲜作战时,他从来没有怀疑过自己所做之事的正确性。他自愿去到朝鲜,即使是在砥平里战役最艰难的时刻,他也没有怀疑过自己的决定,在随后的半个世纪里,亦是如此。他认为,那的确不是一场受欢迎的战争,大多数美国人早已忘记了这场战争,但对于他本人以及其他曾在那里战斗过的人来说,朝鲜战争意义非凡,值得他们为此承担那么多痛苦,付出那么多生命。麦吉认为,后来共产党阵营没有再做朝鲜那样的尝试,说明美国到那里去打仗是正确的。由于回到了北卡罗来纳的贝尔蒙特老家,麦吉就错过了继续留在陆军的机会。在朝鲜战争之后的几年里,陆军也忘记了他的存在。偶尔还会有征兵人员来到乡下探望他,看看他过得如何,问他是否还想回到军中。50年代末期,陆军准备在布莱格堡筹建特种兵。有人看了他的资料,认为他是率领这支特战部队的最佳人选,是最理想的"绿色贝雷帽"成员,于是,他们想尽办法让他回到军中。尽管麦吉一直认为这是自己最应该做的事情,但家庭的责任还是胜过了他的情感追求。麦吉认为,如果回到陆军,他很可能会参加自己的第三场战斗,也就是在越南;他怀疑自己能不能还像在朝鲜那样幸运活着回到美国。

  他还没有听说过哪个去过朝鲜的人对这场战争和他有不同的看法。偶尔想起很多曾和他并肩作战的人没能回家,他会感到一丝忧伤。在那场战争中成为他挚友的比尔·克拉茨中士,几年前刚刚去世。他们的友谊延续一生。此后,麦吉很少参加朝鲜战争的老兵聚会,因为他们都老了,而且人越来越少,而每次看到他们日渐衰老的面容,每次听到有人离去的消息,都会让他更加难过。他至今仍与克莱特斯·因蒙保持联系,因蒙当时是第二个登上"麦吉"山的人。他们每月通话一次,实际上,他们心有灵犀,以致每次拿起电话时,都很清楚对方在想什么;他们的交流无须以语言为桥梁——他们曾同战斗、共患难,和很多战友永别。即使没有语言,他们的心也是相通的,他们的行动永远是最坚强的纽带。麦吉一直认为,不管怎样,他都绝不曾也不会后悔去过那里,在那里战斗;那是他应该做的事情,而且他最终做到了。当你回想起那段时光时,你都会心感宽慰,因为这样的选择并不多。

注 释

序言：被忘却的战争

[1] Max Hastings, *The Korean War*, p. 329.
[2] Joseph Goulden, *Korea*, p. 3.
[3] 同上，xv 页。
[4] Glen Paige, *The Korean Decision*, p. 243.
[5] 作者对乔治·罗素的采访。
[6] Max Hastings, *The Korean War*, p. 329.

第一章 云山惊兆

[1] 作者对菲尔·彼得森的采访。
[2] 作者对比尔·理查森的采访。
[3] 作者对本·博伊德的采访。
[4] William Breuer, *Shadow Warriors*, p. 106.
[5] 作者对芭芭拉·汤普森·福尔茨和约翰·S. D. 艾森豪威尔的采访。
[6] Sun Yup Paik, *From Pusan to Panmunjom*, p. 85.
[7] 同上，87—88 页。
[8] Russell Spurr, *Enter the Dragon*, p. 161.
[9] 作者对拉尔夫·霍克利的采访。
[10] 作者对"面糊"米勒的采访。
[11] 作者对莱斯特·乌尔班的采访。
[12] Clay Blair, *The Forgotten War*, p. 381. 哈罗德·约翰逊的口述史，美国军队战争学院图书馆。
[13] 作者对休利特·雷纳的采访。
[14] 作者对比尔·理查森的采访。
[15] 作者对菲尔莫尔·麦卡比的采访。

[16] 作者对威廉·韦斯特的采访。
[17] 同上。
[18] Roy Appleman, *South to the Naktong, North to the Yalu*, p. 690.
[19] 同上，691 页。
[20] 作者对本·博伊德的采访。
[21] 作者对比尔·理查森的采访。
[22] 作者对罗伯特·凯斯的采访。
[23] 作者对比尔·理查森的采访。
[24] 作者对菲尔·彼得森的采访。
[25] 作者对雷·戴维斯的采访。
[26] 作者对比尔·理查森的采访。
[27] 作者对罗伯特·凯斯的采访。
[28] Richard Rovere and Arthur M. Schlesinger Jr. *The General and the President*, p. 136.
[29] Clay Blair, *The Forgotten War*, p. 391.
[30] Matthew B. Ridgway, *The Korean War*, p. 59.
[31] 同上，60 页。
[32] Dean Ancheson, *Present at Creation*, p. 466.

第二章　天寒地冻：朝鲜人民军南下

一

[1] Seigei Goncharov, John Lewis, and Xue Litai, *Uncertain Partners*, p. 138.
[2] 同上，135 页。
[3] 作者在写作《出类拔萃之辈》(*The Best and Brightest*) 时对艾弗利·哈里曼的采访。
[4] *Uncertain Partners*, pp. 136-7.
[5] 同上，140 页。
[6] 凯瑟琳·威瑟斯比，国际冷战史计划，6—7 期，1995、1996 年之交的冬天。
[7] Shen Zhihua, "Sino-North Korean Conflict and its Resolution during the Korean War," *Cold War International History Project Bulletin*, Issues 14/15, Winter 2003/Spring 2004, pp.9-24.
[8] *Uncertain Partners*, pp. 144-5.
[9] Chen Jian, *China's Road to the Korean War*, p. 112.
[10] Shen Zhihua, "Sino-North Korean Conflict and its Resolution during the Korean War," *Cold War International History Project Bulletin*, Issues 14/15, Winter 2003/Spring 2004, pp.9-24.
[11] 作者对杰克·辛格劳布的采访。
[12] George F. Kennan, *Memoires 1925-1950*, p. 484.
[13] Joseph Goulden, *Korea*, p. 44.
[14] Glenn D. Paige, *The Korean Decision*, p. 88.
[15] Robert Myers, *Korea in Cross Currents*, p. 83.
[16] John Allison, *Ambassador from the Plain*, p. 130.
[17] Glenn D. Paige, *The Korean Decision*, p. 74.
[18] John Allison, *Ambassador from the Plain*, p. 129.
[19] 同上，131 页。

注 释

[20] 同上，135 页。
[21] 同上，136—137 页。
[22] Max Hastings, *The Korean War*, p. 65.

二

[1] 作者对埃里克斯·吉布尼的采访。
[2] William Leary ed., *MacArthur and the American Century*, p. 255.
[3] Bruce Cumins, *The Origins of the Korean War*, Vol. II, p. 233.
[4] Babara Tuchman, *Stilwell and the American Experience in China*, p. 522.
[5] Robert Myers, *Korea in Cross Currents*, p. 8.
[6] Clay Blair, *The Forgotten War*, p. 38.
[7] Robert T. Oliver, *Syngman Rhee: The Man behind the Myth*, p. 9.
[8] Robert Myers, *Korea in Cross Currents*, p. 28.
[9] Warren Zimmerman, *First Great Triumph*, p. 465.
[10] 同上。
[11] Robert Myers, *Korea in Cross Currents*, p. 27.
[12] Joseph Goulden, *Korea*, p. 7.
[13] Robert T. Oliver, *Syngman Rhee: The Man behind the Myth*, p. 111.
[14] Robert Myers, *Korea in Cross Currents*, p. 36-37.
[15] 同上，37 页。
[16] Townsend Hoopes, *The Devil and John Foster Dulles*, p. 78.
[17] Max Hartings, *Korean War* p.33.
[18] Clay Blain, *The Forgotten War*, p. 44.

三

[1] Cahrles Armstrong, *The North Korean Revolution*, p. 228.
[2] 同上。

四

[1] Clay Blair, *The Forgotten War*, p. 51.
[2] Joseph Goulden, *Korea*, p. 34.
[3] Clay Blair, *The Forgotten War*, p. 57.

第三章　华盛顿介入战争

一

[1] John Allison, *Ambassador from the Plain*, p. 131.
[2] 杜鲁门写的话，藏哈里·杜鲁门图书馆。
[3] Bruce Cumins, *The Origins of the Korean War*, vol. II, pp. 48, 780.
[4] David McCullough, *Truman*, p. 451.
[5] Robert Ferrell ed., *Off the Record*, p. 349.
[6] 同上，452 页。

[7] 同上。
[8] 乔治·埃尔斯文件，1950年6月26日，哈里·杜鲁门图书馆。
[9] Robert Donovan, *The Tumultuous Years*, p. 197.
[10] 同上，199页。
[11] Glenn D. Paige, *The Korean Decision*, p. 141.
[12] 哈里·杜鲁门给贝斯·杜鲁门的信，1950年6月26日，哈里·杜鲁门图书馆。
[13] Walter Issacson and Evan Thomas, *The Wise Man*, p. 512.
[14] 顾维钧口述史，哥伦比亚大学图书馆。
[15] Keith D. McFarland and David L. Roll, *Louis Johnson and the Arming of America*, pp. 260, 279-80.
[16] Walter Issacson and Evan Thomas, *The Wise Man*, p. 494.
[17] 乔治·埃尔斯备忘录，1950年6月30日，哈里·杜鲁门图书馆。
[18] 弗兰克·佩斯口述史，哈里·杜鲁门图书馆。
[19] Eric Goldman, *The Crucial Decade*, p. 157.
[20] 克莱顿·詹姆斯采访John Chiles，麦克阿瑟纪念图书馆，弗吉尼亚州诺福克。

二

[1] Jonathan Soffer, *General Matthew B. Ridgeway*, p. 114; Clay Blair, *The Forgotten War*, p. 79.
[2] Dwight D. Eisenhower, *At Ease*, p. 213.
[3] Max Hastings, *The Korean War*, p. 65.
[4] W. A. Swanberg, *Luce and his Empire*, p. 311.
[5] 作者对约翰·哈特的采访。
[6] George F. Kennan, *Memoires 1925-1950*, p. 382.
[7] William Manchester, *American Caesar*, p. 15.
[8] John Dower, *War without Mercy*, p. 152.
[9] Stanley Karnow, *In Our Image*, p. 96.
[10] John Dower, *War without Mercy*, p. 151.
[11] Stanley Karnow, *In Our Image*, pp. 127-8.
[12] 同上，140页。
[13] John Dower, *War without Mercy*, p. 152.
[14] Stanley Karnow, *In Our Image*, p. 106.
[15] Warren Zimmerman, *First Great Triumph*, p. 390.
[16] 同上，391页。
[17] D. Clayton James, *The Years of McArthur*, Vol. I, p. 39.
[18] William Manchester, *American Caesar*, p. 41.
[19] D. Clayton James, *The Years of McArthur*, Vol. I, p. 347.

三

[1] 《步兵》（*Infantry*）杂志，2002年春季号。
[2] William Manchester, *American Caesar*, p. 26.
[3] D. Clayton James, *The Years of McArthur*, Vol. III, p. 183.
[4] William Manchester, *American Caesar*, p. 93.
[5] D. Clayton James, *The Years of McArthur*, Vol. I, pp. 169-71.

注 释

[6] William Manchester, *American Caesar*, p. 134.

四

[1] William Manchester, *American Caesar*, pp. 170-71.
[2] 同上，186 页。
[3] 同上，281 页。
[4] 同上，337 页。
[5] John Gunther, *The Riddle of McArthur*, pp. 41-42.
[6] William Manchester, *American Caesar*, p. 322.
[7] 同上，149—150 页。
[8] Geoffrey Perret, *Old Soldier Never Die*, p. 157.
[9] Carlo D'Este, *Eisenhower*, p. 222.
[10] Dwight D. Eisenhower, *At Ease*, pp. 216-7.
[11] William Manchester, *American Caesar*, p. 152.
[12] D. Clayton James, *The Years of McArthur*, Vol. I, p.411.
[13] Douglas McArthur, *Reminiscence*, p. 96.
[14] William Manchester, *American Caesar*, p. 240.
[15] Arthur M. Schlesinger Jr., *The General and the President*, p. 22.
[16] Clark Lee and Richard Henschel, *Douglas MacArthur*, p. 87.
[17] John Gunther, *The Riddle of McArthur*, p. 23.
[18] 同上，42 页。
[19] Robert Ferrell ed., *The Eisenhower Diaries*, p. 22.
[20] Arthur M. Schlesinger Jr., *The General and the President*, pp. 23-24; William Manchester, *American Caesar*, pp. 362-3.
[21] D. Clayton James, *The Years of McArthur*, Vol. III, p.195.
[22] 同上，200 页。
[23] William Manchester, *American Caesar*, p. 357.
[24] John Gunther, *The Riddle of McArthur*, p. 61.
[25] William Manchester, *American Caesar*, p. 524.
[26] Robert Ferrell ed., *Off the Record*, p. 47.
[27] 同上，60 页。
[28] 作者对比尔·麦卡弗雷的采访。
[29] Eben Ayer, *Truman in the White House*, edited by Robert H. Ferrell, p. 81.
[30] D. Clayton James, *The Years of McArthur*, Vol. III, p.19.
[31] 同上，22—23 页。
[32] 同上，22 页。
[33] 同上，19 页。
[34] Eben Ayer, *Truman in the White House*, edited by Robert H. Ferrell, p. 360.
[35] D. Clayton James, *The Years of McArthur*, Vol. III, p.60; Arthur M. Schlesinger Jr., *The General and the President*, p. 92.
[36] D. Clayton James, *The Years of McArthur*, Vol. III, p.109.
[37] William Leary ed., *MacArthur and the American Century*, p. 243.

五

[1] 作者对吉姆·辛顿上校的采访。
[2] 作者对萨姆·梅斯的采访。
[3] 约翰·托兰在写作《漫长的战斗》(*Mortal Combat*)时对凯斯·比奇的采访，富兰克林·罗斯福图书馆。
[4] Donald Knox, *The Korean War*, Vol. I, p. 10.
[5] Clay Blair, *The Forgotten War*, p. 381.
[6] T. R. Ferenbach, *This Kind of War*, p. 102.
[7] Clay Blair, *The Forgotten War*, p. 88.
[8] D. Clayton James, *The Years of McArthur*, Vol. III, p.84
[9] Keyes Beech, *Tokyo and Points East*, pp. 145-46.
[10] Max Hastings, *The Korean War*, pp. 95-96.
[11] Ha Jin, *War Trash*.
[12] Donald Knox, *The Korean War*, Vol. I, p. 6.
[13] 同上，17 页。
[14] T. R. Ferenbach, *This Kind of War*, p. 73.
[15] 作者对弗雷德·拉德中校的采访。
[16] Donald Knox, *The Korean War*, Vol. I, pp. 19-21.
[17] Denis Warner, "The Opening Round of the Korean War," *Military History*, june, 2000.
[18] 同上。
[19] Donald Knox, *The Korean War*, Vol. I, p. 33.
[20] 作者对威廉·韦斯特的采访。
[21] T. R. Ferenbach, *This Kind of War*, p. 122.
[22] Roy Appleman, *South to the Naktong, North to the Yalu*, pp. 214-15.
[23] Clay Blair, *The Forgotten War*, pp. 186-87.
[24] 同上，187 页。
[25] 同上，189 页。李奇微口述史，美国军队战争学院图书馆。
[26] Roy Appleman, *Ridgeway Duels for Korea*, p. 4.

六

[1] 迈克·林奇写给威尔森·希夫纳的信。感谢希夫纳好意。
[2] Vernon A. Walters, *Silent Missions*, p. 195.
[3] Wilson Heefner, *Patton's Bulldog*, pp. 159-60.
[4] 作者采访萨姆·威尔逊·沃克。
[5] Wilson Heefner, *Patton's Bulldog*, pp.5-13.
[6] 作者采访萨姆·沃克。
[7] Reginald Thompson, *Cry Korea*, p. 235.
[8] 作者采访弗兰克·吉布尼。
[9] Clay Blair, *The Forgotten War*, p. 35.
[10] 同上。
[11] 作者对比尔·麦卡弗雷的采访。

[12] Roy Appleman, *Escaping the Trap*, p. 45.
[13] William Leary ed., *MacArthur and the American Century*, p. 241.
[14] J. D. Coleman, *Wonju*, p. 93.
[15] 作者对比尔·麦卡弗雷的采访。
[16] 科雷·布莱尔对约翰·凯斯的采访，美国军队战争学院。
[17] 作者对比尔·麦卡弗雷的采访。
[18] 麦克·麦克里斯口述史，美国军队战争学院；作者对莱顿·泰纳的采访。
[19] 作者对莱顿·泰纳的采访。
[20] Wilson Heefner, *Patton's Bulldog*, p. 185. 作者对莱顿·泰纳的采访。Max Hastings, *The Korean War*, p. 84.
[21] Joseph Goulden, *Korea*, p. 201. 莱姆·谢福德在海军陆战队历史档案和哥伦比亚大学口述史中心的口述史。
[22] Shen Zhihua, "Sino-North Korean Conflict and its Resolution during the Korean War," *Cold War International History Project Bulletin*, Issues 14/15, Winter 2003/Spring 2004, pp.9-24.

第四章 洲际政治

一

[1] Richard Norton Dewey, *Thomas Dewey and His Times*, p. 35.
[2] David Oshinsky, *A Conspiracy So Immense*, pp. 49-50.
[3] 同上，53页。
[4] 同上。
[5] Merle Miller, *Plain Speaking*, p. 164.
[6] Robert Ferrell ed., *Off the Record*, p.133.
[7] Lawton Collins, *War in Peacetime*, p. 39.
[8] Thomas Christensen, *Useful Adversaries*, p. 39.
[9] Robert Heinl, *Victory at High Tide*, p. 4.
[10] 同上。
[11] Omar Bradley and Clay Blair, *A General's Life*, p. 474.
[12] David McCullough, *Truman*, p. 738.
[13] Robert Myers, *Korea in Cross Currents*, p. 79.
[14] Walter Issacson and Evan Thomas, *The Wise Man*, p. 338.
[15] Richard Rovere and Arthur M. Schlesinger Jr., *The General and the President*, p. 120.
[16] Dean Acheson, *Present at the Creation*, pp. 126-7.
[17] Bruce Cumins, *The Origins of the Korean War*, Vol. II, p. 45.
[18] Walter Issacson and Evan Thomas, *The Wise Man*, p. 465.
[19] David Chute, The Great Fear, pp. 42-43.
[20] Walter Issacson and Evan Thomas, *The Wise Man*, p. 547.
[21] David Halberstam, *The Best and The Brightest*, p. 332. 作者对约翰·卡特·文森特的采访。
[22] Walter Issacson and Evan Thomas, *The Wise Man*, p. 464.
[23] David S. McLellan, *Dean Acheson: The State Department Years*, p. 383.
[24] Walter Issacson and Evan Thomas, *The Wise Man*, p. 475.
[25] Nuell Pharr Davis, *Lawrence and Oppenheimer*, p. 294.

［26］Alistair Cooke, *A General on Trial*, pp. 107-108.
［27］作者对穆里·开普顿的采访，见《五十年代》(*The Fifties*), 13 页。
［28］作者对霍默·比加特的采访，《纽约时报》。
［29］Allen Weinstein, *Perjury*, p. 37.
［30］Walter Issacson and Evan Thomas, *The Wise Man*, p. 491.
［31］作者对卢修斯·巴特尔的采访。
［32］作者在《出类拔萃之辈》中对詹姆斯·赖斯顿的采访。
［33］Eric Goldman, *The Crucial Decade*, pp. 134-35.
［34］Robert Donovan, *The Tumultuous Years*, p. 133.
［35］Eric Goldman, *The Crucial Decade*, pp. 134-35.
［36］同上，134 页。

二

［1］Barton Gellman, *Contending with Kennan*, p. 14.
［2］Rosemary Foot, *The Wrong War*, p. 60.
［3］Walter Issacson and Evan Thomas, *The Wise Man*, p. 150.
［4］George F. Kennan, *Memoires 1925-1950*, pp. 294-95.
［5］Walter Issacson and Evan Thomas, *The Wise Man*, p. 477.
［6］Rosemary Foot, *The Wrong War*, p. 39.
［7］Omar Bradley and Clay Blair, *A General's Life*, p. 519.
［8］Walter Issacson and Evan Thomas, *The Wise Man*, p. 499.
［9］Dean Ancheson, *Present at Creation*, p. 373.
［10］Walter Issacson and Evan Thomas, *The Wise Man*, p. 504.

三

［1］David McCullough, *Truman*, p. 493.
［2］同上，320 页。
［3］Jules Abels, *Out of the Jaws of Victory*, p. 182.
［4］Omar Bradley and Clay Blair, *A General's Life*, p. 444.
［5］David McCullough, *Truman*, pp. 324-25.
［6］Cabell Phillips, *The Truman Presidency*, p. 47.
［7］David McCullough, *Truman*, p. 525.
［8］Jules Abels, *Out of the Jaws of Victory*, p. 95.
［9］Eric Goldman, *The Crucial Decade*, p. 83.
［10］同上，19 页。
［11］William Manchester, *The Glory and the Dream*, p. 465.
［12］Jules Abels, *Out of the Jaws of Victory*, p. 150.
［13］同上，12—13 页。
［14］Keith D. McFarland and David L. Roll, *Louis Johnson and the Arming of America*, p. 133.
［15］同上，137—139 页。
［16］Robert Donovan, *The Tumultuous Years*, p. 16.
［17］David McCullough, *Truman*, p. 675.

［18］Jules Abels, *Out of the Jaws of Victory*, p. 141.
［19］Richard Norton Dewey, *Thomas Dewey and His Times*, p. 26.
［20］Cabell Phillips, *The Truman Presidency*, pp. 243-44.
［21］David McCullough, *Truman*, p. 712.

四

［1］《生活》(*Life*) 杂志，1948 年 12 月 20 日。
［2］Omar Bradley and Clay Blair, *A General's Life*, p. 549.
［3］Joseph Goulden, *Korea*, p. 155. Robert Donovan, *The Tumultuous Years*, pp. 260-62.
［4］Clay Blair, *The Forgotten War*, pp. 184-85.
［5］Robert Donovan, *The Tumultuous Years*, p. 261.
［6］作者对艾德·罗尼中将（退役）的采访。托兰对罗尼的采访，富兰克林·罗斯福图书馆。
［7］Matthew B. Ridgway, *The Korean War*, p. 36.
［8］Clay Blair, *The Forgotten War*, pp. 188-89.
［9］Joseph Goulden, *Korea*, pp. 161-62.
［10］David McCullough, *Truman*, p. 741.
［11］Robert Heinl, *Victory at High Tide*, pp. 6-7.
［12］Omar Bradley and Clay Blair, *A General's Life*, p. 503.
［13］Robert Ferrell ed., *Off the Record*, p.189.
［14］Ed Clay, *General of the Army: George C Marshall*, p. 234; David Oshinsky, *A Conspiracy So Immense*, p. 36.
［15］John Melby, *The Mandate of Heaven*, p. 135.
［16］Richard Rovere and Arthur M. Schlesinger Jr., *The General and the President*, p. 195.
［17］E. J. Kahn, *The China Hands*, p. 82.
［18］Babara Tuchman, *Stilwell and the American Experience in China*, p. 303.
［19］同上，316 页。
［20］E. J. Kahn, *The China Hands*, p. 184.
［21］John Melby, *The Mandate of Heaven*, p. 55.
［22］Ed Clay, *General of the Army: George C Marshall*, p. 574.
［23］作者为《出类拔萃之辈》一书对沃尔顿·巴特沃斯的采访。
［24］John Melby, *The Mandate of Heaven*, p. 97.
［25］Zi Zhongyun, *No Exit?*, p. 25.
［26］同上，27 页。
［27］Ed Clay, *General of the Army: George C Marshall*, p. 574.

五

［1］John Fairbank and Albert Feuerwerker, *The Cambridge History of China*, Vol. 13, p. 758.
［2］Ed Clay, *General of the Army: George C Marshall*, p. 758.
［3］John Melby, *The Mandate of Heaven*, p. 44.
［4］John Fairbank and Albert Feuerwerker, *The Cambridge History of China*, Vol. 13, p. 764.
［5］Robert Payne, *Mao*, p. 227.
［6］Harrison Salisbury, *The New Emperors*, p. 6.

[7] W. A. Swanberg, *Luce and his Empire*, p. 282.
[8] Ed Clay, *General of the Army: George C Marshall*, p. 634.
[9] Harrison Salisbury, *The New Emperors*, p. 8.
[10] Richard Rovere and Arthur M. Schlesinger Jr. *The General and the President*, pp. 214-15.
[11] John Melby, *The Mandate of Heaven*, p. 289.
[12] Ed Clay, *General of the Army: George C Marshall*, p. 634.
[13] Richard Rovere and Arthur M. Schlesinger Jr. *The General and the President*, p. 214.
[14] Zi Zhongyun, *No Exit?*, pp. 101-102.
[15] Ross Y. Koen, *The China Lobby in American Politics*, p. 90.
[16] Ed Clay, *General of the Army: George C Marshall*, p. 674.

六

[1] Thomas Christensen, *Useful Adversaries*, p. 70.
[2] Robert Herzstein, *Henry Luce and the American Crusade in Asia*, p. 5.
[3] David Halberstam, *The Powers that Be*, pp. 57-58.
[4] W. A. Swanberg, *Luce and his Empire*, p. 186.
[5] 作者采访阿兰·布林克利教授。
[6] 同上。
[7] Theodore H. White, *In Search of History*, pp. 176-78.
[8] 同上，205—206 页。
[9] E. J. Kahn, *The China Hands*, p. 10.
[10] W. A. Swanberg, *Luce and his Empire*, p. 266.
[11] 顾维钧口述史，哥伦比亚大学。
[12] Ed Clay, *General of the Army: George C Marshall*, p. 686.
[13] Richard Rovere and Arthur M. Schlesinger Jr. *The General and the President*, p. 230.
[14] 同上，213 页。
[15] Zi Zhongyun, *No Exit?*, p. 260.
[16] Cabell Phillips, *The Truman Presidency*, p. 286.
[17] David Halberstam, *Fifties*, p. 56.
[18] 马修·康奈利文件，哈里·杜鲁门图书馆。
[19] David E. Lilienthal, *The Journal of David E. Lilienthal: Vol. II*, p. 525.
[20] 顾维钧口述史，哥伦比亚大学。
[21] 同上。
[22] E. J. Kahn, *The China Hands*, p. 247.

第五章 孤注一掷：朝鲜人民军挺进釜山

一

[1] Roy Appleman, *South to the Naktong, North to the Yalu*, p.289.
[2] 作者对查尔斯·哈梅尔的采访。
[3] T. R. Ferenbach, *This Kind of War*, p. 138.
[4] Seigei Goncharov, John Lewis, and Xue Litai, *Uncertain Partners*, p. 155.

注 释　　687

[5] 托兰档案中对迈克·林奇的采访，富兰克林·罗斯福图书馆。
[6] 迈克·林奇对克雷和琼安·布莱尔的采访，美国军队战争学院图书馆。
[7] Roy Appleman, *South to the Naktong, North to the Yalu*, p.335. 作者对莱顿·泰纳的采访。
[8] 作者对乔治·罗素的采访。
[9] 作者对乔·斯特莱克的采访。军士长哈罗德·格雷厄姆写给贝利·罗登的信，1951 年 6 月 29 日。
[10] 作者对欧文·埃勒的采访。
[11] 同上。
[12] 作者对特里·麦克丹尼尔的采访。
[13] 作者对拉斯第·戴维森的采访。
[14] 作者对乔治·罗素的采访。
[15] 作者对贝利·罗登的采访。
[16] 军士长哈罗德·格雷厄姆写给贝利·罗登的信。
[17] 同上。
[18] Donald Knox, *The Korean War*, Vol. II, pp. 62-63. 作者对乔·斯特莱克的采访。
[19] 托兰档案中对迈克·林奇的采访，富兰克林·罗斯福图书馆。
[20] 同上。Wilson Heefner, *Patton's Bulldog*, p. 220. 作者对莱顿·泰纳的采访。
[21] Roy Appleman, *South to the Naktong, North to the Yalu*, pp. 462-63; Clay Blair, *The Forgotten War*, pp. 250-51.
[22] 作者对李·比勒的采访。
[23] 作者对李·比乐和基诺·扎皮亚的采访。
[24] 同上。作者对查尔斯·哈梅尔的采访。
[25] 同上。
[26] 作者对杰西·哈斯金斯的采访。
[27] 作者对弗恩·韦斯特的采访。
[28] 同上。
[29] 作者对李·比勒的采访。
[30] 作者对乔治·罗素的采访。
[31] 作者对退役中将哈罗德·摩尔的采访。
[32] 保罗·弗里曼口述史，美国军队战争学院图书馆。
[33] 同上。
[34] 同上。
[35] 保罗·弗里曼的信。感谢安妮·西维尔·弗里曼·麦克里奥德的好意。
[36] 作者对贝利·罗登的采访。
[37] 作者对杰克·墨菲的采访。
[38] 同上。

第六章　仁川登陆：麦克阿瑟力挽狂澜

一

[1] Geoffrey Perret, *Old Soldiers Never Die*, p. 548.
[2] Bruce Cumins, *The Origins of the Korean War*, Vol. II, p. 692.
[3] Robert Heinl, *Victory at High Tide*, p. 30.

［4］同上，24页。
［5］同上，26页。
［6］同上，27页。
［7］同上，10页。
［8］同上，40页。
［9］William Allen White, *The Autobiography of William Allen White*, pp. 572-73.
［10］Clark Lee and Richard Henschel, *Douglas MacArthur*, p. 99.
［11］Dwight D. Eisenhower, *At Ease*, p. 214.
［12］John Allison, *Ambassador from the Plain*, p. 168.
［13］Robert Heinl, *Victory at High Tide*, p. 40.
［14］Douglas McArthur, *Reminiscence*, p. 349.
［15］作者对麦克·麦卡弗雷的采访。
［16］Robert Heinl, *Victory at High Tide*, p. 40.
［17］作者与弗雷德·拉德的谈话，1963年。
［18］Robert Heinl, *Victory at High Tide*, pp. 40-42; William Manchester, *American Caesar*, pp. 576-77; Clay Blair, *The Forgotten War*, pp. 231-32.
［19］Robert Smith, *MacArthur in Korea*, p. 78.
［20］Clay Blair, *The Forgotten War*, p. 236.
［21］Joseph Goulden, *Korea*, pp. 209-10.
［22］Clay Blair, *The Forgotten War*, p. 229.
［23］作者对马修·李奇微的采访。
［24］奥利弗·史密斯的口述史，哥伦比亚大学，美国海军陆战队历史部门。
［25］奥利弗·史密斯私人日记，存于美国海军陆战队历史部门。
［26］Martin Russ, *Breakout*, p. 17.
［27］同上，208页。

二

［1］作者对陈兼的采访。
［2］Seigei Goncharov, John Lewis, and Xue Litai, *Uncertain Partners*, p. 149.
［3］Shen Zhihua, "Sino-North Korean Conflict and its Resolution during the Korean War," *Cold War International History Project Bulletin*, Issues 14/15, Winter 2003/Spring 2004, pp.9-24.
［4］Edwin H. Simmons, *Over the Seawall*, p. 23. 作者对埃德温·西蒙斯的采访。
［5］作者对埃德温·西蒙斯的采访。
［6］奥利弗·史密斯的口述史，哥伦比亚大学。
［7］Joseph Alexander, *The Battle of the Barricades*, p. 19.
［8］作者对埃德温·西蒙斯的采访。
［9］John Toland, *In Mortal Combat*, p. 205.
［10］同上，210页。
［11］Robert Heinl, *Victory at High Tide*, p. 242.
［12］同上，294页。
［13］Joseph Goulden, *Korea*, p. 241.
［14］Stanley Weintraub, *MacArthur's War*, p. 204.

注 释

[15] 作者对杰克·墨菲的采访。
[16] 同上。
[17] 作者对马修·李奇微的采访。Matthew B. Ridgway, *The Korean War*, p. 59.

三

[1] 作者对罗伯特·梅耶斯的采访。
[2] Ross Y. Koen, *The China Lobby in American Politics*, p. 83.
[3] Zi Zhongyun, *No Exit?*, pp. 243-44.
[4] 同上,278—279 页。

第七章 跨过三八线,向北挺进

一

[1] David Halberstam, *The Best and The Brightest*, p. 324.
[2] Rosemary Foot, *The Wrong War*, p. 52.
[3] 同上,43 页。
[4] George F. Kennan, *Memoires 1925-1950*, pp. 490-93.
[5] 同上,102—103 页。
[6] 同上,488 页。
[7] 同上,73 页。
[8] Dean Ancheson, *Present at Creation*, p. 445.
[9] Rosemary Foot, *The Wrong War*, pp. 69-70.
[10] Omar Bradley and Clay Blair, *A General's Life*, p. 558.
[11] 詹姆斯·韦伯文件,哈里·杜鲁门图书馆。
[12] Walter Issacson and Evan Thomas, *The Wise Man*, p. 532.
[13] 作者对卢修斯·巴特尔的采访。
[14] Walter Issacson and Evan Thomas, *The Wise Man*, p. 540.
[15] Stanley Weintraub, *MacArthur's War*, p. 163.
[16] 作者对弗兰克·吉布尼的采访。
[17] Russell Spurr, *Enter the Dragon*, p. 428.
[18] Stanley Weintraub, *MacArthur's War*, p. 162.
[19] Matthew B. Ridgway, *The Korean War*, p. 45.
[20] 同上,44 页。
[21] Reginald Thompson, *Cry Korea*, p. 87.

二

[1] K. M. Panikkar, *In Two Chinas*, p. 23.
[2] 同上,25 页。
[3] 同上,27 页。
[4] 同上,108 页。
[5] 同上,109—112 页。
[6] Walter Issacson and Evan Thomas, *The Wise Man*, p. 533.

［7］Rosemary Foot, *The Wrong War*, p. 81.
［8］Chen Jian, *China's Road to the Korean War*, pp. 153-54.
［9］同上。
［10］作者对陈兼的采访。
［11］同上。
［12］Rosemary Foot, *The Wrong War*, p. 44.
［13］Shen Zhihua, "Sino-North Korean Conflict and its Resolution during the Korean War," *Cold War International History Project Bulletin*, Issues 14/15, Winter 2003/Spring 2004, pp.9-24.
［14］Chen Jian, *China's Road to the Korean War*, p. 161.

三

［1］Delis Bloodworth, *The Messiah and the Mandarins*, p. 62.
［2］Milovan Djilas, *Conversations with Stalin*, p. 182.
［3］Seigei Goncharov, John Lewis, and Xue Litai, *Uncertain Partners*, p. 29.
［4］同上，29—30 页。
［5］同上，62 页。
［6］Walter Laquer, *Stalin: The Glasnost Revelations*, p. 179.
［7］同上，183 页。
［8］同上，189 页。
［9］Adam B. Ulam, *Stalin: The Man and his Era*, p. 695.
［10］Seigei Goncharov, John Lewis, and Xue Litai, *Uncertain Partners*, p. 85.
［11］Sreobe Talbott ed., *Khrushchev Remembers*, pp. 239-240.
［12］同上，239 页。
［13］Chen Jian, *China's Road to the Korean War*, p. 172.
［14］同上，173—175 页。
［15］同上，182 页。
［16］Peng Dehuai, *Memoirs of a Chinese Marshal*, p. 7.
［17］同上，383 页。
［18］同上，161 页。
［19］Chen Jian, *China's Road to the Korean War*, pp. 195-96.
［20］同上，201 页。
［21］同上，202 页。
［22］同上，207 页。

四

［1］尼利·诺兰德采访，哈里·杜鲁门图书馆。
［2］查理·墨菲采访，哈里·杜鲁门图书馆。
［3］马特·康奈利采访，哈里·杜鲁门图书馆。
［4］Dean Ancheson, *Present at Creation*, p. 456.
［5］约翰·穆西奥采访，哈里·杜鲁门图书馆。
［6］Vernon A. Walters, *Silent Missions*, p. 204.
［7］弗农·沃尔特斯采访，WGBH 电视台"美国大师"。(American Masters)

［8］作者对弗兰克·吉布尼的采访。
［9］John Toland, *In Mortal Combat*, p. 241.
［10］同上, 241—242 页。Clay Blair, *The Forgotten War*, pp. 346-49. Russell Spurr, *Enter the Dragon*, p. 159.
［11］迪安·腊斯克采访, 哈里·杜鲁门图书馆。
［12］John Gunther, *The Riddle of McArthur*, p.200.
［13］Dean Ancheson, *Present at Creation*, p. 455.
［14］Matthew B. Ridgway, *The Korean War*, pp. 37-38. Russell Spurr, *Enter the Dragon*, p. 158. Clay Blair, *The Forgotten War*, p. 188.
［15］*New York World Telegram*, April 8, 1964.
［16］作者对马修·李奇微的采访。
［17］Bruce Cumins, *The Origins of the Korean War*, Vol. II, p. 97.
［18］Stanley Weintraub, *MacArthur's War*, p. 291.
［19］Bruce Cumins, *The Origins of the Korean War*, Vol. II, p. 103.
［20］Lawton Collins, *War in Peacetime*, p. 215.
［21］迈克·林奇采访, 托兰文件, 富兰克林·罗斯福图书馆。
［22］Geoffrey Perret, *Old Soldier Never Die*, p. 551.
［23］Carol Petillo Morris, *Douglas MacArthur: The Philippine Years*, pp. 204-213.
［24］Chen Jian, *China's Road to the Korean War*, p. 148.
［25］Clark Lee and Richard Henschel, *Douglas MacArthur*, p. 166.
［26］Dean Ancheson, *Present at Creation*, p. 424.
［27］Stanley Weintraub, *MacArthur's War*, p. 161.
［28］William Stueck, *Rethinking the Korean War*, p. 113.
［29］作者对卡勒顿·维斯特的采访。
［30］克莱顿·詹姆斯采访罗杰·艾格博格, 麦克阿瑟纪念图书馆。
［31］作者对弗兰克·维斯纳尔的采访。
［32］海军历史中心的当代历史课, 1990 年 6 月 20 日。
［33］Frank Kluchhohn, the *Reporter*, August 19, 1952.
［34］作者对弗兰克·吉布尼的采访。
［35］同上。
［36］Bruce Cumins, *The Origins of the Korean War*, Vol. II, p. 106.
［37］作者对约瑟夫·弗罗姆的采访。
［38］同上。
［39］Bruce Cumins, *The Origins of the Korean War*, Vol. II, p. 112.
［40］同上。
［41］作者对比尔·麦卡弗雷的采访。
［42］Clay Blair, *The Forgotten War*, p. 377.
［43］作者对比尔·特雷恩的采访。
［44］作者对卡莱顿·斯威夫特的采访。
［45］同上。
［46］作者对罗伯特·梅耶斯的采访。
［47］作者对比尔·特雷恩的采访。

[48] Wilson Heefner, *Patton's Bulldog*, p. 264.
[49] 同上，272 页。
[50] 作者对比尔·特雷恩的采访。
[51] Clay Blair, *The Forgotten War*, p. 379.
[52] Wilson Heefner, *Patton's Bulldog*, p. 272.
[53] 作者对比尔·特雷恩的采访。
[54] 汤姆·兰伯特采访，托兰文件，富兰克林·罗斯福图书馆。

五

[1] Edwin Barley, *Joe McCarthy and the Press*, p. 68.
[2] 同上，73 页。
[3] 作者在《五十年代》一书中对穆里·开普顿的采访。
[4] David Oshinsky, *A Conspiracy So Immense*, p. 174.
[5] James Patterson, *Mr. Republican*, p. 455.
[6] David Oshinsky, *A Conspiracy So Immense*, pp. 168-69.
[7] 同上，178 页。
[8] Clay Blair, *The Forgotten War*, p. 400.
[9] Matthew B. Ridgway, *The Korean War*, p. 65.
[10] John Toland, *In Mortal Combat*, p. 281.
[11] 同上，282 页。
[12] 同上。Wilson Heefner, *Patton's Bulldog*, pp. 281-82. 作者对莱顿·泰纳的采访。托兰采访泰纳，托兰文件，富兰克林·罗斯福图书馆。
[13] Stanley Weintraub, *MacArthur's War*, p. 221.
[14] Matthew B. Ridgway, *The Korean War*, p. 63.
[15] Geoffrey Perret, *Old Soldier Never Die*, p. 548.

第八章　志愿军猛击

一

[1] 作者对吉姆·辛顿的采访。
[2] 同上。
[3] 作者对保罗·奥多德的采访。
[4] 作者对约翰·卡雷的采访。
[5] 作者对马尔康姆·麦克马洪的采访。
[6] 作者对萨姆·梅斯的采访。
[7] 作者对约翰·艾森豪威尔和迪克·格伦瑟的采访。
[8] S. L. A. Marshall, *The River and the Gauntlet*, p. 1.
[9] 作者对约翰·艾森豪威尔的采访。

二

[1] 作者对谢尔曼·普拉特的采访。Sherman Pratt, *Decisive Battles of the Korean War*, pp. 15-20.
[2] 保罗·弗里曼的书信，由安·西维尔·弗里曼和罗伊·麦克里奥德夫妇好意提供。

三

[1] 作者对阿兰·琼斯的采访。
[2] 作者对基恩·高桥的采访。
[3] 同上。
[4] 作者对迪克·雷伯德的采访。
[5] 作者对布卢斯·里特的采访。
[6] 作者对约翰·里特、比利·廷克尔、约翰·叶茨的采访。
[7] 作者对萨姆·梅斯的采访。
[8] 作者对查理·西斯的采访。
[9] 作者对萨姆·梅斯的采访。
[10] 同上。Russell Spurr, *Enter the Dragon*, p. 193.

四

[1] 保罗·弗里曼口述史，美国军队战争学院图书馆。
[2] 作者对迪克·雷伯德的采访。
[3] Roy Appleman, *Escaping the Trap*, p. 47.
[4] Clay Blair, *The Forgotten War*, p. 32.
[5] 维克托·克鲁莱克口述史，美国海军历史部。
[6] Martin Russ, *Breakout*, p. 17.
[7] Jon T. Hoffman, *Chesty*, pp. 370-71.
[8] 作者对詹姆斯·劳伦斯的采访。
[9] Martin Russ, *Breakout*, p. 186.
[10] Bill Sloan, *Brotherhood of Heroes*, p. 58.
[11] 同上，310 页。
[12] 阿尔法·鲍泽口述史，美国军队战争学院图书馆。
[13] 同上。
[14] Martin Russ, *Breakout*, p. 64.
[15] 克莱顿·詹姆斯对奥利弗·史密斯的采访，麦克阿瑟纪念图书馆。
[16] Jon T. Hoffman, *Chesty*, p. 378.
[17] 作者对比尔·麦卡弗雷的采访。
[18] 作者对詹姆斯·劳伦斯的采访。
[19] Martin Russ, *Breakout*, p. 52.
[20] 詹姆斯·劳伦斯就长津湖战役给美国海军陆战队会议准备的文件，作者对詹姆斯·劳伦斯的采访。
[21] Edwin Simmons, *Frozen Chosin*, 美国海军陆战队纪念丛书，2002 年，34 页。
[22] Martin Russ, *Breakout*, p. 71.
[23] 同上，72 页。
[24] Benis Frank, *The Epic of Chosin*, U. S. Marine Corp History Division.
[25] Matthew B. Ridgway, *The Korean War*, p. 65.
[26] 作者对詹姆斯·劳伦斯的采访。Martin Russ, *Breakout*, p. 82.
[27] Martin Russ, *Breakout*, p. 82.
[28] Benis Frank, *The Epic of Chosin*, p. 49.

[29] Clay Blair, *The Forgotten War*, p. 456.
[30] 同上。
[31] 作者对詹姆斯·劳伦斯的采访。
[32] Clay Blair, *The Forgotten War*, p. 418.
[33] Russell Gugeler, *Combat Operations in Korea*, p. 62.
[34] Martin Russ, *Breakout*, pp. 196-97. Clay Blair, *The Forgotten War*, pp. 462-63.
[35] Clay Blair, *The Forgotten War*, p. 464.
[36] Wilson Heefner, *Patton's Bulldog*, p. 295.

五

[1] 保罗·弗里曼口述史，美国军队战争学院图书馆。
[2] Clay Blair, *The Forgotten War*, p. 478.
[3] S. L. A. Marshall, *The River and the Gauntlet*, p. 264.
[4] 作者对阿兰·琼斯的采访。
[5] 作者对马尔科姆·麦克唐纳的采访。麦克唐纳家人回忆。
[6] Clay Blair, *The Forgotten War*, p. 477.
[7] 作者对拉里·方纳的采访。
[8] 作者对哈罗德·摩尔的采访。
[9] Clay Blair, *The Forgotten War*, pp. 478-81.
[10] 作者对吉姆·辛顿的采访。
[11] 作者对萨姆·梅斯和查理·西斯的采访。
[12] 作者对阿兰·琼斯的采访。
[13] 同上。作者对比尔·伍德的采访。

六

[1] 作者对马尔科姆·麦克唐纳的采访。
[2] S. L. A. Marshall, *The River and the Gauntlet*, p. 319.
[3] 同上，320 页。
[4] Russell Spurr, *Enter the Dragon*, p. 193.
[5] 作者对保罗·奥多德的采访。

七

[1] 作者对基诺·皮亚扎的采访。
[2] 同上。
[3] 同上。作者对拉里·方纳和阿拉里奇·扎切勒的采访。
[4] 作者对阿拉里奇·扎切勒的采访。
[5] 作者对鲍勃·涅灵的采访。
[6] 作者对汉克·爱默生的采访。
[7] 作者对查理·西斯的采访。

八

[1] 阿尔法·鲍泽口述史,美国韩军陆战队历史部。
[2] Jon T. Hoffman, *Chesty*, p. 410.
[3] Martin Russ, *Breakout*, p. 6.
[4] 阿尔法·鲍泽口述史,美国韩军陆战队历史部。
[5] Edwin Simmons, *Frozen Chosin*, p. 35.
[6] 克莱顿·詹姆斯对奥利弗·史密斯的采访,麦克阿瑟纪念图书馆。
[7] S. L. A. Marshall, *Bringing Up the Rear*, pp. 181-83.
[8] Jon T. Hoffman, *Chesty*, p. 417.

九

[1] Clay Blair, *The Forgotten War*, p. 468.
[2] 作者对马修·李奇微的采访。
[3] William Manchester, *American Caesar*, p. 617.
[4] Max Hastings, *The Korean War*, p. 178.
[5] D. Clayton James, *Refighting the Last War*, p. 45.
[6] Omar Bradley and Clay Blair, *A General's Life*, p. 626.
[7] 作者对马修·李奇微的采访。
[8] Dean Ancheson, *Present at Creation*, p. 518.
[9] 作者对乔·弗罗姆的采访。
[10] Omar Bradley and Clay Blair, *A General's Life*, p. 603.
[11] 同上。
[12] 同上。
[13] Robert Herzstein, *Henry Luce and the American Crusade in Asia*, p. 139.
[14] 同上,147 页。
[15] 同上,136 页。
[16] Matthew B. Ridgway, *The Korean War*, p. 61.
[17] 同上。作者对马修·李奇微的采访。
[18] Max Hastings, *The Korean War*, p. 170.
[19] 同上,167 页。
[20] 作者对萨姆·梅斯的采访。

十

[1] 作者对杰克·墨菲的采访。
[2] Clay Blair, *The Forgotten War*, p. 69.
[3] 同上。
[4] 作者对肯·汉堡的采访。Clay Blair, *Ridgway's Paratroopers*, pp. 138-41.
[5] 马修·李奇微采访,托兰文件,富兰克林·罗斯福图书馆。
[6] Matthew B. Ridgway, *The Korean War*, p. 110.
[7] Matthew B. Ridgway, *The Korean War*, 献词。
[8] Clay Blair, *The Forgotten War*, p. 569.

［9］Matthew B. Ridgway, *The Korean War*, p. 83.
［10］George Allen, *None So Blind*, p. 96.
［11］Omar Bradley and Clay Blair, *A General's Life*, p. 608.
［12］Matthew B. Ridgway, *The Korean War*, pp. 88-89.
［13］哈罗德·约翰逊的口述史，美国军队战争学院图书馆。
［14］John Toland, *In Mortal Combat*, p. 378.
［15］同上。

十一

［1］Clay Blair, *The Forgotten War*, pp. 566-67.
［2］Max Hastings, *The Korean War*, p. 186.
［3］同上，569 页。
［4］Omar Bradley and Clay Blair, *A General's Life*, p. 646.
［5］Clay Blair, *Ridgway's Paratroopers*, p. 111.
［6］J. D. Coleman, *Wonju*, p. 59.
［7］作者对比尔·麦卡弗雷的采访。
［8］. Clay Blair, *The Forgotten War*, p. 574.
［9］作者对乔治·阿伦的采访。
［10］麦克·麦克里斯采访，科雷·布莱尔文件，美国军队战争学院。

第九章 学会与志愿军打仗：双联隧道、原州和砥平里激战

一

［1］Li Xiaobing et al., *Mao's Generals Remember Korea*, p. 11.
［2］Russell Spurr, *Enter the Dragon*, p. 252.
［3］作者对瓦尔特·基利莱的采访。
［4］Russell Spurr, *Enter the Dragon*, pp. 41-42.
［5］同上，167 页。
［6］同上，80—81 页。
［7］同上。
［8］Li Xiaobing et al., *Mao's Generals Remember Korea*, p. 54.
［9］同上，18 页。
［10］同上。
［11］同上。
［12］Matthew B. Ridgway, *The Korean War*, pp. 93-94.

二

［1］作者对约翰·卡雷的采访。
［2］Russell Spurr, *Enter the Dragon*, p. 285.
［3］保罗·弗里曼口述史，美国军队战争学院图书馆。Kenneth Hamburger, *Leadership in the Crucible*, pp. 92-93.
［4］保罗·弗里曼口述史，美国军队战争学院图书馆。

三

[1] Kenneth Hamburger, *Leadership in the Crucible*, p. 98.
[2] 作者对莫里斯·芬德森的采访。
[3] Kenneth Hamburger, *Leadership in the Crucible*, pp. 99-100.
[4] 同上，100 页。Roy Appleman, *Ridgeway Duels for Korea*, pp. 202-203. Russell Gugeler, *Combat Operations in Korea*, pp. 85-87. 作者对幸存者的采访，包括拉隆·威尔森和理查德·福克勒。
[5] 作者对拉伦·威尔森的采访。
[6] 作者对理查德·福克勒的采访。
[7] Russell Gugeler, *Combat Operations in Korea*, pp. 80-90.
[8] 作者对拉伦·威尔森的采访。Russell Gugeler, *Combat Operations in Korea*, pp. 87-90.
[9] Kenneth Hamburger, *Leadership in the Crucible*, p. 103
[10] Paul Freeman, *Wonju to Chipuongi*, U. S. Army War College Library.

四

[1] J. D. Coleman, *Wonju*, p. 91.
[2] 同上，58 页。
[3] Kenneth Hamburger, *Leadership in the Crucible*, pp. 89-90.
[4] 乔治·斯图尔特，私人回忆。
[5] Donald Knox, *The Korean War*, Vol. II, p. 25.
[6] Harold Martin, *Saturday Evening Post*, May 19, 1951.
[7] 乔治·斯图尔特，私人回忆。
[8] 作者对肯尼斯·汉堡的采访，汉堡曾对乔治·斯图尔特做过长篇采访。
[9] 作者对谢尔曼·普拉特的采访。Sherman Pratt, *Decisive Battle of the Korean War*, p. 154.
[10] Kenneth Hamburger, *Leadership in the Crucible*, p.111.
[11] 保罗·弗里曼口述史，美国军队战争学院图书馆。
[12] 乔治·斯图尔特，私人回忆。
[13] 同上。
[14] Paul Freeman, *Wonju to Chipuongi*, U. S. Army War College Library.

五

[1] 作者对谢尔曼·普拉特的采访。
[2] Kenneth Hamburger, *Leadership in the Crucible*, p.154.
[3] 同上，176 页。
[4] Roy Appleman, *Ridgeway Duels for Korea*, p. 258.
[5] 作者对谢尔曼·普拉特的采访。

六

[1] Clay Blair, *The Forgotten War*, p. 685.
[2] J. D. Coleman, *Wonju*, p. 91.
[3] 同上，94 页。
[4] 作者对比尔·麦卡弗雷的采访。

［5］作者对 J. D. 科尔曼的采访。
［6］Sun Yup Paik, *From Pusan to Panmujon*, pp. 125-26.
［7］J. D. Coleman, *Wonju*, p. 95.
［8］同上，103—104 页。
［9］Clay Blair, *The Forgotten War*, p. 689.
［10］同上，740 页。
［11］作者对肯尼斯·汉堡的采访。
［12］乔治·斯图尔特，私人回忆。
［13］同上。

七

［1］作者对保罗·麦基的采访。
［2］同上。
［3］作者对罗伯特·霍尔医生的采访。
［4］保罗·弗里曼口述史，美国军队战争学院图书馆。

八

［1］Martin Blumenson, *Army Magazine*, August 2002. 作者对马丁·布鲁门松的采访。
［2］Kenneth Hamburger, *Leadership in the Crucible*, p. 205.
［3］Clay Blair, *The Forgotten War*, p. 700.
［4］作者对马丁·布鲁门松的采访。
［5］作者对汤姆·梅伦的采访。
［6］Kenneth Hamburger, *Leadership in the Crucible*, p. 200.
［7］同上，200—201 页。
［8］Clay Blair, *The Forgotten War*, p. 707.
［9］Kenneth Hamburger, *Leadership in the Crucible*, pp. 206-207, 213-214.

九

［1］作者对克莱塔斯·因蒙和保罗·麦基的采访。
［2］作者对罗伯特·霍尔医生的采访。
［3］Donald Knox, *The Korean War*, Vol. II, p. 73.
［4］Kenneth Hamburger, *Leadership in the Crucible*, p. 215.

十

［1］作者对陈兼的采访。
［2］同上。

第十章　将军和总统

一

［1］Clay Blair, *The Forgotten War*, p. 659.
［2］Harry S. Truman, *Memoires*, Vol. II, p. 420.

［3］同上，416 页。
［4］Max Hastings, *The Korean War*, pp. 192-193.
［5］Omar Bradley and Clay Blair, *A General's Life*, p. 616.
［6］Stanley Weintraub, *MacArthur's War*, p. 305.
［7］同上，616 页。
［8］William Manchester, *American Caesar*, p. 625.
［9］保罗·弗里曼口述史，美国军队战争学院图书馆。
［10］Stanley Weintraub, *MacArthur's War*, p. 305.
［11］Clay Blair, *The Forgotten War*, pp. 767-768.
［12］Dean Ancheson, *Present at Creation*, p. 519.
［13］Margaret Truman, *Harry Truman*, p. 513.

二

［1］Joseph Goulden, *Korea*, pp. 477-78.
［2］Harry S. Truman, *Memoires*, Vol. II, pp. 446-47.
［3］Doris Kearns Goodwin, *Team of Rivals*, p. 383.
［4］作者对乔治·艾尔塞的采访。乔治·艾尔塞采访，哈里·杜鲁门图书馆。
［5］Robert Donovan, *The Tumultuous Years*, p. 355.
［6］杜鲁门采访，哈里·杜鲁门图书馆。
［7］Clay Blair, *The Forgotten War*, p. 788.
［8］Eric Goldman, *The Crucial Decade*, pp. 201-202.

三

［1］W. A. Swanberg, *Luce and his Empire*, p. 312.
［2］Max Hastings, *The Korean War*, p. 207.
［3］Richard Rovere and Arthur M. Schlesinger Jr. *The General and the President*, p. 5.
［4］Robert Caro, *Master of the Senate*, pp. 369-70.
［5］David Halberstam, *Fifties*, p. 114.
［6］Joseph Goulden, *Korea*, p. 507.
［7］David Halberstam, *Fifties*, p. 115.
［8］Dean Ancheson, *Present at Creation*, p. 524.
［9］Joseph Goulden, *Korea*, p. 498.
［10］Robert Caro, *Master of the Senate*, p. 372.
［11］Joseph Goulden, *Korea*, p. 527.
［12］Omar Bradley and Clay Blair, *A General's Life*, p. 640.
［13］Joseph Goulden, *Korea*, pp. 534-535.
［14］Dean Acheson, *Among Friends*, p. 103.

第十一章 结局

一

［1］作者对比尔·麦卡弗雷的采访。

[2] Vernon A. Walters, *Silent Missions*, pp. 209-10.
[3] Dwight D. Eisenhower, *At Ease*, p. 227.

二

[1] Richard Norton Dewey, *Thomas Dewey and His Times*, p. 591.
[2] William Manchester, *The Glory and the Dream*, p. 465.
[3] Robert Caro, *Master of the Senate*, p. 525.
[4] 作者对哈罗德·摩尔的采访。
[5] S. L. A. Marshall, *Pork Chop Hill*, p. 146.
[6] 作者对乔·克莱门斯、瓦尔特·罗素、哈罗德·摩尔的采访。

尾声

[1] David Halberstam, *The Best and The Brightest*, p. 24.
[2] 作者对莱斯利·盖尔布的采访。
[3] 作者对艾伦·惠廷的采访。
[4] Arthur M. Schlesinger Jr., *A Thousand Days*, pp. 479-80.
[5] 作者对伯纳德·福尔的采访。
[6] 作者对乔治·艾尔塞的采访。
[7] Douglas Brinkley, *Dean Acheson*, p. 91.
[8] Theodore Sorensen, *Kennedy*, p. 294.
[9] Philip Geyelin, *Lyndon Johnson and the World*, p. 17.
[10] David Halberstam, *The Best and The Brightest*, p. 512.
[11] 同上，531 页。
[12] 作者对比尔·莫耶斯和乔治·里迪的采访。

后记

从某种程度上说，创作本书源自1963年我与弗雷德·拉德中校的多次长谈。拉德是一位将军的儿子，毕业于西点军校，勇敢善战，足智多谋，获得过很多荣誉。拉德是我最喜欢的军官之一，是我最好的朋友。他于1987年去世，享年67岁。越南战争期间，拉德任南越军第9师高级顾问，该师驻扎在湄公河三角洲中部的薄寮市。有一次，他的越南同事、第9师师长向一群美国高级军官吹嘘该师有多出色，于是，拉德把这位驻越美军司令保罗·哈金斯将军拉到一边，告诉他事情可不是那么一帆风顺。他的直言不讳反而让哈金斯将军严厉地驳斥他在中伤一位优秀的南越军指挥官。从某种意义上说，越南战争是拉德军旅生涯中最大的障碍，他永远无法用乐观的言辞去描述这样一场失败的战争。

当然，越南是那时人们谈论最多的话题，但随着我们的交往逐步增多，我们开始越来越多地谈论朝鲜战争。他亲身经历过那场战争，而我对朝鲜战争的兴趣也越发浓厚。中国人朝参战其实不过是十三年前的事情，弗雷德经常会提到那场战争的惨烈与恐怖。随着中国军队跨过鸭绿江并出人意料地突袭美军，战斗规模无限升级，战事变得异常激烈。当时，他是一位将军的副官，而那位将军就是阿尔蒙德，本书的主要角色之一。具有讽刺意义的是，出于对阿尔蒙德将军的尊重，他在谈到将军的战时表现时，措辞极为谨慎，有些评论显然是他经过深思熟虑才做出的。这些谈话给我留下的最深刻印象，是征战朝鲜的美国军人在那种极端条件下所受到的折磨与考验，他们很多人可能只比我大一两岁（朝鲜战争开始时，我只有16岁）。他们要面对冰天雪地的寒冬，再加上敌人的大规模进攻——那很可能是美国军事史上遭到的最大规模伏击，那种艰难与残酷令人心寒胆战。在薄寮市的那段时间里，以及当他与我在西贡的住宅里相会时，我们常常一遍又一遍地谈论朝鲜战争。

此后，中国军队向他们发起进攻的场景不时浮现在我的眼前。从越南回到美国后，我决定研究一下那段历史，了解那段时间到底发生了什么，为什么会那样，并因此而写下了《出类拔萃之辈》（*The Best and the Brightest*）这本书。我经常想象1950年11月和12月的朝鲜，这些幻想中的景象一直萦绕在我的脑海里，我觉得自己一定要写一本介绍朝鲜战争的书。在我第一次听到拉德的故事44年之后，我终于写成了这本书。

这样一本书不可能是简单的流水账。作者首先要确认这个话题对自己意义深刻，但这本书应该有自己的脉络——它引领你回到那段历史，而你一路学习。它不仅仅是讲述中国是如何参战的，以及最关键的那几周里到底发生了什么。战争的背后注定会有无数的政治故事，正是这些政治故事决定了双方在这场战争中的所有行为。朝鲜战争中发生了很多著名的战役：人们不断地向我说起战争初期战况异常惨烈的"釜山防御圈"战役，所以我必须要了解这场战役。后来，又有人向我讲起砥平里战斗，这也是美国指挥官第一次学会如何与中国人打仗。

在1969年创作《出类拔萃之辈》时，我觉得写这本书很轻松。在那七年里，越南一直是我工作与生活的中心。因此，我对越南战争的始末、战场上发生的每一件大事都了如指掌。但朝鲜对我来说却是完全不同的概念。因此，在写作本书的前两年里，我不仅阅读了大量现有文献，采访相关人士，而且还要形成一种当时发生过什么的感觉。我有很多优秀的老师，大多是那场战争中幸存下来的军人，我非常感谢我采访过的那些人和那些家庭对我的支持和热情款待。我发现朝鲜战场老兵团体中的许多高级军官，尤其是第2师的军官，对我特别有帮助，他们引导我回到炮火硝烟的岁月，重

后记

温那段我最感兴趣的历史，或者他们认为我必须了解的历史。

在写作本书过程中，最大的快乐就是经常能得到意外的收获。很多人在接受采访时为我提供了很多意想不到的信息，让我对整个战争有了更深的认识。更重要的是，这些认识形成了我在漫长的新闻职业生涯中最珍惜的东西：尊重平凡人的伟大之处。

一个小故事能说明这一点。在我写书的时候，很多人建议我到北卡罗来纳州夏洛特市郊，去采访一个名叫保罗·麦吉的人。我给麦吉打了一个电话，只是简单地介绍了一下情况，效果应该不算好。他好像对接受我的采访并无热情，但我们还是约定在星期六见面。在紧张地工作了一个星期之后，我原本以为这无疑是一件轻松的事情。事实证明，采访麦吉先生是一项非常艰难的工作：花了五天时间，进行了五次采访，每次都在北卡罗来纳州不同的城市。在我们第一次约会的那天早晨，当我到达夏洛特市的时候，正下着鹅毛大雪，绝对是一个糟糕的天气。我已经预定了下午3点返回纽约的航班。当时我待在夏洛特机场的一家旅馆，取消采访麦吉、尽早搭乘航班返回纽约的想法强烈地撞击着我。但我回头一想，为什么不见一见麦吉呢？自己大老远地从纽约跑到夏洛特，只有见到他才算没有白跑一趟。于是，我步行离开机场，设法找到麦吉的家。在我们见面的四个小时里，麦吉滔滔不绝，告诉我当他还是那个年轻的排长时，砥平里那三天到底发生了什么。麦吉好像已经等了我55年，他清楚地记得每一件事，似乎这些事就发生在昨天。麦吉为人谦逊坦诚，思维敏捷，记忆力超群。他向我讲起了他如何在砥平里带领全排坚守阵地的情形，情节之详细让我吃惊。此外，他还向我提到几个和他一起顺利撤退的战友，以及他们的姓名和电话，他们可以对这些细节作证。这对我来说真是一个令人激动的早晨，至少提醒我为什么要写这本书。

致谢

由于本书讲述的事件发生在五十多年前，因此，笔者针对本书进行的采访与笔者创作的其他书籍略有不同。采访次数不多，但我花了大量时间用来确定哪些战役有意义，然后，再寻找曾参加过这些战役的幸存老兵。这就是说，我要用大量时间决定应该采访哪些老兵；在找到合适的采访对象之后，对他们进行多次采访，向他们了解更多的情况。受访者名单如下（考虑到军衔有所变动，故本处未采用军衔）：

乔治·艾伦（George Allen）、杰克·贝尔德（Jack Baird）、李·比勒尔（Lee Beahler）、余斌（Bin Yu）、卢修斯·巴特（Lucius Battle）、本·博伊德（Ben Boyd）、马丁·布鲁曼森（Martin Blumenson）、阿兰·布林克利（Alan Brinkley）、约西亚·邦廷三世（Josiah Bunting Ⅲ）、约翰·卡利（John Carley）、赫歇尔·查普曼（Herschel Chapman）、陈兼（Jian Chen）、乔·克里斯托弗（Joe Christopher）、乔·克莱门斯（Joe Clemons）、J. D. 科尔曼（J. D. Coleman）、约翰·库克（John Cook）、布鲁斯·卡明斯（Bruce Cumings）、鲍勃·科蒂斯（Bob Curtis）、拉斯蒂·戴维森（Rusty Davidson）、詹姆斯·迪顿（James Ditton）、埃尔文·艾勒尔（Erwin Ehler）、约翰·艾森豪威尔（John S. D. Eisenhower）、乔治·艾尔西（George Elsey）、汉克·埃莫森（Hank Emerson）、多萝西·巴索尔蒂·弗兰克（Dorothy Bartholdi Frank）、拉里·法纳姆（Larry Farnum）、莫里斯·芬德森（Maurice Fenderson）、莱昂

纳德·费雷尔（Leonard Ferrell）、艾尔·富恩（Al Fern）、托马斯·弗格森（Thomas Fergusson）、比尔·费德勒（Bill Fiedler）、理查德·福克勒（Richard Fockler）、巴巴拉·汤普森·福尔兹（Barbara Thompson Foltz）、林恩·弗里曼（Lynn Freeman）、乔·弗洛姆（Joe Fromm）、赖斯·杰尔博（Les Gelb）、亚历克斯·吉布尼（Alex Gibney）、弗里克·吉布尼（Frank Gibney）、乔·古尔登（Joe Goulden）、安迪·古德帕斯特（Andy Goodpaster）、鲁·格莱格（Lu Gregg）、斯蒂夫·加里（Steve Gray）、迪克·格伦瑟（Dick Gruenther）、大卫·哈克沃思（David Hackworth）、亚历山大·黑格（Alexander Haig）、罗伯特·霍尔博士（Robert Hall）、布奇·海迈尔（Butch Hammel）、肯·汉堡（Ken Hamburger）、约翰·哈特（John Hart）、杰西·哈斯金斯（Jesse Haskins）、查尔斯·海沃德（Charles Hayward）、查理·希斯（Charley Heath）、弗吉尼亚·希斯（Virginia Heath）、肯·赫克勒（Ken Hechler）、威尔逊·赫夫纳（Wilson Heefner）、拉尔夫·霍克利（Ralph Hockley）、卡洛林·霍克利（Carolyn Hockley）、克莱特斯·因蒙（Cletus Inmon）、雷蒙德·詹宁斯（Raymond Jennings）、乔治·约翰逊（George Johnson）、吉姆·辛顿（Jim Hinton）、阿兰·琼斯（Alan Jones）、阿瑟·朱诺特（Arthur Junot）、罗伯特·凯斯（Robert Kies）、沃尔特·基利雷（Walter Killilae）、鲍勃·金斯顿（Bob Kingston）、比尔·莱瑟姆（Bill Latham）、吉姆·劳伦斯（Jim Lawrence）、约翰·刘易斯（John Lewis）、詹姆斯·利利（James Lilley）、马尔科姆·麦克唐纳（Malcolm Mac Donald）、萨姆·梅斯（Sam Mace）、查理·梅恩（Charley Main）、艾尔·马凯（Al Makkay）、乔·马雷兹（Joe Marez）、约翰·马丁（John Martin）、布拉德·马丁（Brad Martin）、菲尔莫尔·麦卡比（Filmore McAbee）、比尔·麦卡弗雷（Bill McCaffrey）、大卫·麦卡洛（David McCullough）、特里·麦克丹尼尔（Terry McDaniel）、保罗·麦吉（Paul McGee）、格伦·麦圭尔（Glenn McGuyer）、安妮·塞维尔·弗里曼·麦克洛德（Anne Sewell Freeman McLeod）、罗伊·麦克洛德（Roy McLeod）、汤姆·梅林（Tom Mellen）、赫伯特·米勒（Herbert Miller）、艾伦·米利特（Allan Millett）、杰克·墨菲（Jack Murphy）、鲍勃·迈尔斯（Bob Myers）、鲍勃·内林（Bob Nehrling）、

致谢

克莱门斯·尼尔森（Clemmom Nelson）、保罗·奥多德（Paulo'Dowd）、菲尔·彼得森（Phil Peterson）、基诺·皮亚扎（Gino Piazza）、谢尔曼·普拉特（Sherman Pratt）、休伊特·雷尼尔（Hewlett Rainier）、迪克·雷伯德（Dick Raybould）、安德鲁·雷纳（Andrew Reyna）、贝里·罗登（Berry Rhoden）、比尔·理查德森（Bill Richardson）、布鲁斯·里特（Bruce Ritter）、阿登·罗利（Arden Rowley）、艾德·罗尼（Ed Rowny）、乔治·拉塞尔（George Russell）、沃尔特·拉塞尔（Walter Russell）、佩里·塞杰（Perry Sager）、阿瑟·施莱辛格（Arthur Schlesinger）、小鲍勃·谢弗（Jr., Bob Shaffer）、杰克·辛洛布（Jack Singlaub）、埃德温·西蒙斯（Edwin Simmons）、比尔·斯坦伯格（Bill Steinberg）、乔·斯特赖克（Joe Stryker）、卡尔顿·斯威夫特（Carleton Swift）、基恩·高桥（Gene Takahashi）、比尔·特雷恩（Bill Train）、比尔·廷克尔（Billie Tinkle）、雷顿·乔·泰纳（Layton Joe Tyner）、莱斯特·厄本（Lester Urban）、萨姆·沃克（Sam Walker）、凯瑟琳·韦瑟比（Kathryn Weathersby）、比尔·韦斯特（Bill West）、沃恩·韦斯特（Vaughn West）、莱伦·威尔逊（Laron Wilson）、艾伦·怀廷（Allen Whiting）、弗兰克·威斯纳（Frank Wisner）、小霍克·伍德（Jr., Hawk Wood）、哈里斯·沃福德（Harris Wofford）、约翰·耶茨（John Yates）、阿拉里奇·扎克勒（Alarich Zacherle）。

此外，我在以前创作时进行的一些采访也为本书提供了大量的素材，其中包括弗雷德·拉德（Fred Ladd）与我的对话，对《先驱论坛报》及《纽约时报》传奇记者霍莫尔·比加特（Homer Bigart）的采访和讨论，我在越南的几位前任及好友沃尔顿·巴特沃斯（Walton Butterworth）。其他人还包括：埃夫里尔·哈里曼（Averell Harriman）、汤森·胡普斯（Townsend Hoopes）、默里·凯普顿（Murray Kempton，我的一位挚友）、比尔·莫耶斯（Bill Moyers）、乔治·里迪（George Reedy）、詹姆斯·赖斯顿（James Reston，我在《纽约时报》的第一位资助人）、阿瑟·施莱辛格（Arthur Schlesinger）、小约翰·卡特·文森特（Jr., John Carter Vincent）及白修德（Theodore White，我的一位朋友）。此外，在创作《出类拔萃之辈》时，我与李奇微将军成为朋友。他非常喜欢这本书（很大一部分原因在于，他是这本书中为数不多的几个英雄人物之一），此后，我们一直保持着联系。在他的晚年，我记得是在1988年，我们还通过几次电话。一次通话时，他还提到准备写另一本回忆朝鲜战争的书。很明显，他对此前写过的几本书的某些章节不太满意。另外，也许是因为艾奇逊的怂恿吧？艾奇逊在一封信中建议李奇微谈谈他对麦克阿瑟的看法。此外，我认为还有一个原因就是麦克阿瑟后来对李奇微的批评。谈到这件事，他有点激动，声音略显高亢激昂。李奇微在电话里畅所欲言，分析了麦克阿瑟贸然北上的原因，以及他为什么要分割指挥权。他说，是为了削弱沃克将军和参联会的影响力和独立性，让沃克与阿尔蒙德竞争，而阿尔蒙德完全是受麦克阿瑟控制的。他说，这事是针对参联会来的。在跨越三八线之后，最终的指挥权和控制权就从华盛顿和朝鲜转移到东京。李奇微还对东京的远东司令部与朝鲜战场的现实彻底脱节的问题提出了严厉批评，说东京司令部根本不知道把美国士兵送到那么远去干什么。我觉得他的语言是极其尖刻的。他在讲话的时候，我一直做速记，然后进行整理。通过这次谈话，我感觉他好像有再写一本书的想法，而且可能会与我合著这本书。几周之后，我再次打电话问他到底有什么想法，他说他已经放弃了写书的念头。他现在年逾八旬（李奇微出生于1895年），没有写书的精力了。但是，这次谈话的部分内容体现在本书当中。

在这本书的出版过程中，很多人给予我非常大的帮助。我在此向他们表示真挚的谢意：首先是第2师的官兵，尤其是朝鲜战争老兵会中的该师军官，包括查克·海沃德（Chuck Hayward）、查理·西斯（Charley Heath）和拉尔夫·霍克利（Ralph Hockley）；还有第1骑兵师的乔·克里斯托弗对我帮助极大，我通过他联系到很多曾经参加过云山战斗的幸存老兵。埃德温·西蒙斯克服了很多困难，帮我联系到第1海军陆战师，并找到了非常了解O. P.史密斯少将的吉姆·劳伦斯。

此外，我还要对如下人士表示感谢：本书的编辑汤姆·恩格尔哈特（Tom Engelhart），编辑这本内容繁杂的书绝非轻而易举之事；本·斯金纳（Ben Skinner）是一位才华横溢的年轻作家，在调查和研究美国做出越过三八线

致谢

并继续北上的决策问题中,他做了大量的工作,付出了辛勤的汗水;还有我的邻居琳达·德罗金(Linda Drogin)主动参与了本书的创作,帮助我完成了大量的查阅与核对工作。同时,我还要感谢我的老朋友乔·古尔登(Joe Goulden),他本人创作过一本介绍朝鲜战争的书,非常出色,而且极有影响力,更重要的是,他也为我的这本书提供了很多帮助,更给了我很多鼓励和支持。不能不提的还有华盛顿伍德罗·威尔逊国际中心(Woodrow Wilson Center)的"冷战国际历史研究组",尤其是凯瑟琳·韦瑟比(Kathryn Weathersby)对本书的支持,该中心保留了很多不为西方世界所知的最新资料。

在本书创作过程中,我还拜访了很多知名的图书馆,并得到它们的热情接待。这本书的面世也离不开如下研究机构及其相关人员的大力支持,其中包括:宾夕法尼亚州卡莱尔市的美国陆军军事历史学会,学会的赞助服务部主任理查德·萨默斯博士(Richard Sommers)及迈克尔·莫纳汉(Michael Monahan)、理查德·贝克尔(Richard Baker)、兰迪·哈肯伯格(Randy Hackenburg)和帕梅拉·切尼(Pamela Cheney);位于缅因州的美国海军陆战队大学(Marine Corps University)历史系的弗雷德·阿利森博士(Fred Allison)、丹尼·克劳福德(Danny Crawford)以及理查德·坎普(Richard Camp);位于弗吉尼亚州诺福克市的道格拉斯·麦克阿瑟档案馆(MacArthur Archives),尤其感谢詹姆斯·佐贝尔(James Zobel)的大力帮助-哈里·杜鲁门图书馆(Harry Truman Library)的馆长迈克尔·迪瓦恩(Michael Devine),以及利兹·萨夫利(Liz Safly)、艾米·威廉姆斯(Amy Williams)和兰迪·索威尔(Randy Sowell);林登·约翰逊图书馆(Lyndon Johnson Library)的贝蒂·苏·弗洛尔斯(Betty Sue Flowers);富兰克林·罗斯福图书馆(Franklin Roosevelt Library)的馆员阿莉西亚·维沃纳(Alycia Vivona)和罗伯特·克拉克(Robert Clark)、凯伦·安森(Karen Anson)、马特·汉森(Matt Hanson)、弗吉尼亚·莱维克(Virginia Lewick)和马克·雷诺维奇(Mark Renovitch);纽约公共图书馆(New York Public Library)的韦恩·福尔曼(Wayne Furman)、大卫·史密斯(David Smith)和我的朋友吉恩·斯特劳斯(Jean Strouse)。外交关系委员会(Council on Foreign Relations)的李·古斯茨(Lee

Gusts)也对我慷慨相助。纽约社会图书馆(New York Society Library)一如既往地为我提供大力支持,可以说,那里为我本人以及纽约的其他作家提供了一片创作的绿洲。

亥伯龙出版社(Hyperion)的鲍勃·米勒(Bob Miller)和威尔·施瓦布(Will Schwalbe)一直对本书信心百倍,他们从一开始就对这本书寄予了很大的希望。尽管和大多数历史作品一样,本书未能按计划出版,但他们始终坚定地支持着我。此外,我还要感谢亥伯龙出版社其他职员对我本人的支持以及他们为本书出版而做出的贡献,他们包括:艾伦·阿彻(Ellen Archer)、简·考明斯(Jane Comins)、克莱尔·麦基恩(Claire McKean)、弗雷兹·梅茨(Fritz Metsch)、埃米丽·古尔德(Emily Gould)、布伦丹·达菲(Brendan Dufry)、贝斯·格布哈特(Beth Gebhard)、凯蒂·温赖特(Katie Wainwright)、查理·戴维森(Charlie Davidson)、文森特·斯坦利(Vincent Stanley)、里克·威利特(Rick Wilier)、基索莫·卡琳加(Chisomo Kalinga)、萨拉·拉克(Sarah Rucker)、马哈·卡莉尔(Maha Khalil)以及简·桑索恩(Jane Sansone)。同时,我还要感谢我三十多年的老朋友、哈珀—柯林斯出版公司(Harper-Collins)的简·贝克·弗里德曼(Jane Becker Friedman)。一并感谢我的老朋友马蒂·加布斯(Marty Garbus)和鲍勃·所罗门(Bob Solomon)。感谢我的朋友卡洛琳·帕奇思(Carolyn Parqueth)再一次帮助我完成了大部分采访的笔录工作。当然,还要感谢我的电脑专家查理斯·鲁斯(Charles Roos),他一次次地帮我维护了电脑里的文档。

创作这样一本书显然不是什么创举,因为前人已经创作了很多同题材的巨作。在这个行当里,我们必须随时借鉴前人的经验,更需要感谢他们的尝试,尤其是对于这个发生在五十多年前的故事。因此,我必须提到对本书产生了重要影响的最著名的几部作品:科雷·布莱尔(Clay Blair)的百科全书式的著作《被遗忘的战争》(*The Forgotten War*),这本书是介绍朝鲜战争最权威、最具说服力的大作;威廉·曼彻斯特(William Manchester)的《美国的恺撒大帝:道格拉斯·麦克阿瑟》(*American Caesar: Douglas MacArthur*);罗伊·艾普曼(Roy Appleman)的相关作品;马歇尔(S. L. A.

致谢

Marshall)的《清川江与大手套》(The River and the Gauntlet);乔·古尔登(Joe Goulden)的《朝鲜》(Korea);马克斯·黑斯廷斯(Max Hastings)的《朝鲜战争》(The Korean War);马丁·拉斯(Martin Russ)的《突破:长津湖战役,朝鲜1950》(Breakout: Chosin Reservoir Campaign, Korea 1950)。约翰·刘易斯(John Lewis)、谢尔盖·冈察洛夫(Sergei Goncharov)和薛理泰合著的《不确定的伙伴:斯大林、毛泽东及朝鲜战争》(Uncertain Partners: Stalin, Mao and the Korean War)是一本开创性的著作,而我与刘易斯教授的长谈更是受益匪浅。此前一直担任外交关系委员会主任的老朋友莱斯·盖尔布(Les Gelb)始终是我最信得过的顾问和最有思想的合作伙伴。

我的两位朋友哈尔·摩尔(Hal Moore)中将(曾在朝鲜战争中担任连长)和乔·加洛韦(Joe Galloway)和我一同创作了《我们曾经是战士,而且年轻》(We Were Soldiers Once...And Young),这是本人认为迄今为止描写发生在越南的那些战斗的最佳作品。在本书的创作过程中,他们一如既往地支持我,为我提供了很多宝贵的建议。此外,在过去的十几年时间里,我的朋友斯科特·莫耶斯(Scott Moyers)一直在勤勤恳恳地帮助我,关注着我,并且在手稿撰写工作之后给予我极大的帮助。最后,我还要感谢我最钦佩的著名摄影师大卫·道格拉斯·邓肯(David Douglas Duncan)。他曾经和海军陆战队第1师一同从长津湖突围,就凭借这一点,他足以值得我们尊敬;他拍摄的照片可以提醒我们那些人是怎么度过那段日子的。他允许我用他拍摄的一张照片作为本书封面,对我来说是荣誉的象征。